핵심사례 269선

소송에 바로 쓰는

상속 · 유류분 실무해설

저자 경태현 상속전문변호사(법무법인 천명 대표변호사)

법률출판사

머리말

저는 상속전문로펌인 법무법인 천명의 대표변호사로서 2003년부터 현재까지 20년 넘게 2000건이 넘는 상속상담, 상속설계 및 상속분쟁 예방자문, 상속재산분할심판청구소송 및 유류분소송 등 상속 관련 자문과 소송을 진행해 왔고 현재도 6명의 구성원 및 소속변호사와 함께 상속사건을 전문적으로 다루고 있습니다.

사람의 일생은 스스로 통제할 수 없는 출생에서부터 누구도 피할 수 없는 사망까지 다양한 법률관계가 형성됩니다. 출생으로 인한 가족관계 그리고 사망으로 인한 상속문제는 일반인 입장에서 가장 중요한 법률관계로서 대한민국이 세계 10대 경제대국으로 발전한 현재시점에서는 가족간의 재산문제 중 상속문제는 복잡한 쟁점과 더불어 수많은 분쟁이 일어나고 있으며 분쟁예방의 필요성 역시 매우 큽니다.

상속에 관한 법률영역은 가족관계의 특수성을 바탕으로 부동산, 예금, 비상장주식, 상장주식, 보험, 채권, 채무, 세금 등 모든 재산분야를 취급하면서 상속재산분할심판청구, 기여분청구, 유류분반환청구소송, 증여무효확인소송 또는 상속회복청구소송, 유언검인, 유언효력확인소송, 혼외자 인지청구소송, 호적 및 가족관계등록부를 정정하는 친생자관계부존재확인소송 및 친생자관계존재확인소송 등 일반인에게는 매우 생소하고 복잡한 법률절차를 다루는 전문영역입니다.

법률전문가가 아닌 일반인들은 뉴스, 블로그, 유튜브 등의 인터넷정보와 상속이론책 등을 통해서 상속관련 법률정보를 쉽게 습득할 수도 있지만, 너무나도 일반론적인 정보에 불과하기에 본인 사안에 동일하게 부합하거나 유사한 상속사례를 찾지 못하기 때문에 수많은 의뢰인들이 자신에 꼭맞는 구체적인 해결책을 구하기 위해서 저자에게 수많은 상담과 소송의뢰를 하고 계십니다.

저는 그동안 20년 넘게 상담하고 수행해온 상속 · 유류분 핵심사례를 정리해서 올바른 상속사례에 관한 분석과 소송의 방향성을 제시하고자 본 저서를 준비하게 되었습니다.

다양하고 복잡한 상속사례에 대한 법률분석은 "상속개시 전후 구분, 피상속인과 상속인의 국적, 호적 및 가족관계등록부 확인, 이혼 및 재혼여부, 자녀들과 부모 형제들의 가족관계 구성, 대습상속인 존재, 혼외자의 상속권, 친생자존부확인소송의 필요성, 양자의 상속권, 법정상속분, 유류분비율, 사망원인과 암, 치매 등 투병기간, 기여분 인정여부와 인정비율, 국내상속재산과 해외상속재산 구분, 유언이 필요한 사안인지, 유언의 존재와 효력, 유언공증인지 자필유언이나 녹음유언인지 여부, 유언검인절차가 필요한지, 유언효력확인소송 또는 유언집행청구소송의 필요여부, 사인증여 인정여부, 상속개시 당시 잔존하는 상속재산의 구성(부동산, 자동차, 은행예금, 비상장주식과 증권사 상장주식, 보험, 채권, 담보대출금채무, 신용채무, 임차보증금반환채무, 대여금채권 및 채무), 상속재산분할협의와 상속재산분할심판청구, 명의신탁 부동산과 차명예금 여부, 사전증여된 경우 그 증여효력과 증여무효소송 필요성, 다양한 증여방식의 검토(부동산매매형식 증여와 입증방법, 부동산매수자금증여, 전세금증여, 사업자금증여, 기존보유 부동산매각한 후의 매각대금증여, 토지보상금 증여, 은행예금에서 현금, ATM기, 체크카드, 신용카드, 수표, 계좌이체를 통한 증여, 보험금 및 주식증여, 부동산담보대출을 통한 증여 등), 유류분기초재산의 구성, 특별수익의 존재 및 범위, 유류분계산방식, 유류분반환방법, 유류분반환범위, 유류분반환순서, 부재자재산관리인선임과 실종선고, 상속포기와 한정승인 그리고 특별한정승인, 증여등기, 법정상속등기와 협의분할상속등기, 유언상속등기, 유언대용신탁등기 등" 아주 세분화된 주제별로 치밀하게 분석하는 것부터 시작됩니다.

이에 저자는 상속 · 유류분 사례의 핵심쟁점인 〈상속일반론〉, 〈상속재산분할심판청구〉, 〈기여분〉, 〈유류분반환청구소송〉, 〈유언의 효력과 집행(유언검인, 유언효력확인소송 등)〉, 〈성년후견제도, 증여무효소송, 유언무효소송, 상속예금무단인출〉, 〈호적 및 가족관계등록부(인지, 친생자, 이중호적)〉, 〈혼외자의 상속권과 유류분〉, 〈부재자재산관리인선임과 실종선고〉, 〈상속포기, 한정승인, 특별한정승인〉, 〈부동산등기(증여등기, 상속등기, 유언상속등기, 유언대용신탁등기)〉 등으로 크게 분류한 후 각 세부적인 대표적인 핵심사례를 법률규정과 판례와 더불어 그 해결책을 본 저서에 기재하였습니다. 물론 상속분야는 상당히 방대하고 복잡한 영역에 해당하는 만큼 모든 사례를 다룰 수는 없는 한계는 분명히 있지만 이 책을 통해서 시행착오를 최소화할 수 있는 최적의 해결책이라고 생각합니다.

본 책이 일반인들뿐만 아니라 상속문제(분쟁예방 및 소송 포함)를 담당하는 공무원, 법무사, 세무사, 회계사, 변호사 등 각종 전문가들에게도 다양하고 복잡한 사례분석에 대한 조그마한 도움이 되길 바라며 상속 · 유류분 문제를 둘러싼 복잡한 가족 간의 갈등과 문제해결에 대한 최적의 해결책이 될 수 있기를 바랍니다.

무엇보다도 제가 20년 동안 법조계에서 상속전문변호사로서 성실히 일을 할 수 있게 언제나 든든하게 지원해준 가족들에게 사랑하고 감사하다는 말을 전합니다. 끝으로 바쁜 업무 중에서도 본 저서 출간에 특히 많은 도움을 주었던 법무법인 천명 소속 양석준 변호사님, 정윤진 변호사님, 김지수 변호사님, 서지선 변호사님, 정강훈 변호사님, 김한식 상속가사팀장님, 조성희 마케팅 팀장님과 소속직원들에게도 깊은 감사를 드립니다.

2024년 10월 31일
서초동 법무법인 천명 사무실에서
대표변호사 경태현

차 례

제1장 상속법 일반

제2장 상속재산분할심판청구

제3장 기여분결정청구

제4장 유류분반환청구소송

제5장 유언의 효력과 집행(유언검인, 유언효력확인소송 등)

제6장 성년후견제도, 증여무효소송, 유언무효소송, 상속예금무단인출

제7장 호적 및 가족관계등록부(인지, 친생자, 이중호적)

제8장 혼외자의 상속권과 유류분

제9장 부재자재산관리인선임과 실종선고

제10장 상속포기, 한정승인, 특별한정승인

제11장 부동산등기

(증여등기, 상속등기, 유언상속등기, 유언대용신탁등기)

제12장 유류분 제도에 관한 헌법재판소 위헌결정과 헌법불합치결정과 향후 전망

제1장
상속법 일반

사 례

태아를 고려하지 않고 진행된 상속재산분할과 상속개시

안녕하세요, 법무법인 천명의 경태현 대표변호사입니다.

우리 민법 제1000조 제3항에서는 배 속의 아이, 즉 태아는 상속순위에 관하여는 이미 출생한 것으로 본다고 규정하고 있습니다. 따라서 상속인들이 상속재산을 구체적으로 분할할 때에는 태아도 한 사람의 몫으로 간주하고 계산해야 합니다. 이런 경우 사산 등의 특별한 사정이 없는 한 태아가 출생한 뒤 상속개시 시에 소급하여 상속권을 인정하게 됩니다.

만일 상속 당시 피상속인의 배우자가 임신 중인 사실을 모르고 상속 재산을 나누어 가졌다고 하더라도 태어난 아이가 피상속인의 자식이라면 다른 공동 상속인들은 상속 절차 종결 후라도 상속인 자격을 갖춘 자의 상속분을 주어야 합니다. 또한 상속과 마찬가지로 유류분권에 관하여도 태아가 살아서 출생한 경우라면 상속개시 시로 소급하여 유류분권리자의 지위를 취득하게 됩니다.

오늘은 이러한 태아의 상속권에 대한 고민을 가지고 저희 법무법인 천명을 찾아주신 분이 있어, 그 질문과 답변을 알려드리도록 하겠습니다.

Questions ■ ■ ■

안녕하세요.
경태현 변호사님께서 수년간 상속전문변호사로 일해오신 전문가라는 얘기를 듣고 이렇게 질문드리게 되었습니다.

몇 년 전, 제가 아이를 임신하고 있을 때 저희 남편이 세상을 떠났습니다.
그 과정에서 정신이 없었던 저는 시어머니가 상속포기(상속재산분할협의서를 작성해서 시어머니에게 전 재산이 상속되었습니다)를 하라고 하는 것에 따를 수밖에 없었는데요.
그 이후 남편의 재산은 하나도 상속받지 못하고 아이를 혼자서 키우다보니 경제적으로도 체력적으로도 너무 힘에 부쳐서요.

상속포기를 한 것이 너무 후회되어 당시 작성한 상속 서류를 보니 상속인이 시부모님과 저 3명으로 기재되어 있더라구요.
찾아보니 임신 중인 아이도 상속인이 될 수 있다는데, 제 아이 몫의 상속분을 지금이라도 찾아올 수 있을까요?

변호사님의 현명한 조언 부탁드립니다.

Answers ■ ■ ■

귀하께서는 이미 상속 절차가 모두 이루어진 상태에서 인정받지 못한 태아의 상속분을 보장받을 수 있는지 궁금하신 것 같습니다.

피상속인인 남편 분이 사망하셔서 상속이 개시되었을 때 임신 중인 아이를 고려하지 않고 배우자인 귀하만 있는 것으로 본다면 상속인은 귀하와 시부모님이 되고 법정상속분은 귀하가 3/7지분, 시부모님이 각 2/7지분이 됩니다. 그런데 남편 분이 사망할 당시에 귀하가 임신 중이었고 그 후에 자녀가 아무런 문제없이 태어나 상속권이 인정된다면 상속인은 귀하와 태어난 자녀가 됩니다. 그리고 이때 법정상속분은 자녀가 2/5지분이고 귀하가 3/5지분이 됩니다.

귀하의 경우 귀하께서 배우자 분의 사망 당시에 자녀를 임신하고 있었고 현재도 자녀가 잘 크고 있는 것으로 보이므로, 우리 민법에서 규정하고 있는 태아의 상속권을 인정받을 수 있으실 것입니다. 이러한 상황에서 과거에 귀하와 시부모님 간의 합의로만 작성된 상속재산분할협의는 공동상속인 전원의 동의 없이 혹은 공동상속인을 누락하여 이루어진 협의로 보게 되어 무효에 해당합니다.

그러므로 귀하와 자녀분은 상속회복청구소송을 제기하셔서 정당한 상속분을 찾으시는 것이 바람직할 것으로 보입니다. 다만 상속회복청구권은 침해를 안 날로부터 3년, 침해행위가 있은 날로부터 10년 내에 행사해야 한다는 점 유념하시길 바랍니다.

※ 민법

제999조(상속회복청구권)

① 상속권이 참칭상속권자로 인하여 침해된 때에는 상속권자 또는 그 법정대리인은 상속회복의 소를 제기할 수 있다.

② 제1항의 상속회복청구권은 그 침해를 안 날부터 3년, 상속권의 침해행위가 있은 날부터 10년을 경과하면 소멸된다. 〈개정 2002. 1. 14.〉

[전문개정 1990. 1. 13.]

제1000조(상속의 순위)

① 상속에 있어서는 다음 순위로 상속인이 된다. 〈개정 1990. 1. 13.〉

1. 피상속인의 직계비속
2. 피상속인의 직계존속
3. 피상속인의 형제자매
4. 피상속인의 4촌 이내의 방계혈족

② 전항의 경우에 동순위의 상속인이 수인인 때에는 최근친을 선순위로 하고 동친등의 상속인이 수인인 때에는 공동상속인이 된다.

③ 태아는 상속순위에 관하여는 이미 출생한 것으로 본다. 〈개정 1990. 1. 13.〉

[제목개정 1990. 1. 13.]

제1009조(법정상속분)

① 동순위의 상속인이 수인인 때에는 그 상속분은 균분으로 한다. 〈개정 1977. 12. 31., 1990. 1. 13.〉

② 피상속인의 배우자의 상속분은 직계비속과 공동으로 상속하는 때에는 직계비속의 상속분의 5할을 가산하고, 직계존속과 공동으로 상속하는 때에는 직계존속의 상속분의 5할을 가산한다. 〈개정 1990. 1. 13.〉

③ 삭제 〈1990. 1. 13.〉

※ 판례

상속재산의 협의분할은 공동상속인 간의 일종의 계약으로서 공동상속인 전원이 참여하여야 하고 일부 상속인만으로 한 협의분할은 무효라고 할 것이나(대법원 1995. 4. 7. 선고 93다54736 판결 참조), 반드시 한 자리에서 이루어질 필요는 없고 순차적으로 이루어질 수도 있으며(대법원 2001. 11. 27. 선고 2000두9731 판결 참조), 상속인 중 한사람이 만든 분할 원안을 다른 상속인이 후에 돌아가며 승인하여도 무방하다.(대법원 2004. 10. 28. 선고 2003다65438,65445 판결)

사 례

상속인과 가족관계등록부(구 호적, 제적등본)

안녕하세요, 법무법인 천명의 경태현 대표변호사입니다.

상속은 가족관계를 중심으로 이루어집니다. 여기서 가족관계는 실제 혈연관계가 있는가를 기준으로 하지만 항상 모든 상속인에 대해 유전자 검사를 진행할 수는 없는 노릇이기 때문에 일반적으로는 가족관계등록부(구 호적, 제적등본)를 기준으로 상속을 받게 됩니다. 그렇기 때문에 경우에 따라서는 친자녀가 아닌데 가족관계등록부상 자녀로 등재되어있는 자가 상속인이 되고, 실제로 친자녀이지만 가족관계등록부상 친자관계가 형성되어있지 않아 상속인이 되지 못하는 경우가 발생하곤 합니다.

이러한 사태가 발생하게 된다면 친생자관계존부확인의소와 같은 소송을 통해 가족관계를 사실과 합치하도록 정정하여 문제를 해결할 수 있습니다. 따라서 실제 친자관계가 존재하지 않는데 등록부상 자녀로 등재되어있는 자에 대해 친생자관계부존재확인소송을 제기한다면 그를 등록부에서 말소하여 상속인에서 배제할 수도 있을 것입니다.

이는 정당해 보이지만 한편으로 또 다른 문제를 발생시킬 수 있습니다. 예를 들어 평생 부모를 친부모라 생각하며 동거하며 서로를 양육하고 부양했는데 사실은 친자관계가 없었던 경우를 생각해볼 수 있습니다. 이러한 경우에서 그 자녀를 상속인에서 배제하는 일이 과연 정당하다 할 수 있을지 생각해볼 필요가 있겠습니다.

오늘은 이와 관련하여 질문주신 내용을 바탕으로 설명을 이어나가 보도록 하겠습니다.

Questions ■ ■ ■

안녕하세요, 변호사님. 제가 최근에 가족관계와 상속과 관련하여 문제가 좀 생겼습니다.
저는 평생 제가 부모님의 친자녀라 생각하며 살았고 이에 대해 의심해본 적도 없었습니다.
그러다 얼마 전 부모님께서 비슷한 시기에 돌아가셔서 힘든 날들을 보냈습니다.
부모님께서 돌아가신 후에 누나로부터 연락이 왔는데 제가 부모님의 친자녀가 아니라는 것입니다.
그리고는 저에게 친생자 소송을 제기할 것이라 합니다.
평소에 누나는 저나 부모님과 왕래도 거의 없었고 부모님이 아프실 때 신경도 쓰지 않았습니다.
제가 부모님의 친자녀가 아니라는 사실도 충격이고 모든 상황이 혼란스럽습니다.
이런 문제들을 해결할 수 있을 방안을 찾아보고자 합니다.
감사합니다.

Answers ■ ■ ■

귀하께서는 부모님과의 친자관계 및 재산상속 문제로 혼란스러운 상황을 겪고 계신 것 같습니다.

우선 귀하가 실제로 부모님의 친자녀가 아닌지를 먼저 확인해보셔야 할 것으로 보입니다. 부모님께서 사망하셨기 때문에 부모님의 형제자매 혹은 친척과의 유전자검사를 통해 친자관계를 확인해보실 수 있습니다. 만일 부모님의 친자가 맞다면 달리 문제될 것이 없으므로 친자가 아니라는 것을 전제로 설명을 드리도록 하겠습니다.

기본적으로 상속은 가족관계를 바탕으로 이루어집니다. 따라서 친자녀가 아닌 자가 자녀로 가족관계등록부(구 호적, 제적등본)에 등재되어 있다면 상속인은 그 자녀에게 친생자관계 부존재확인소송을 제기하여 상속인에서 배제시킬 수 있습니다.

다만 귀하의 경우 부모님의 친자녀는 아니지만 오랜 시간 실제 동거양육하며 함께 지낸 것으로 보입니다. 이런 경우 입양의 효력이 있다고 보아 현재 가족관계등록부(구 호적, 제적등본)의 부모자 관계를 유지할 수 있습니다. 관련해서 아래 대법원 판례를 참고해보시기 바랍니다.

"당사자가 양친자관계를 창설할 의사로 친생자출생신고를 하고 거기에 입양의 실질적 요건이 모두 구비되어 있다면 그 형식에 다소 잘못이 있더라도 입양의 효력이 발생하고, 양친자관계는 파양에 의하여 해소될 수 있는 점을 제외하고는 법률적으로 친생자관계와 똑같은 내용을 갖게 되므로 이 경우의 허위의 친생자 출생신고는 법률상의 친자관계인 양친자관계를 공시하는 입양신고의 기능을 발휘하게 되는 것이고(당원 1977.7.26 선고 77다492 판결참조) 이와 같이 진실에 부합하지 않는 친생자출생신고의 호적기재가 법률상의 친자관계인 양친자관계를 공시하는 것으로 그 효력을 인정하는 이상 파양에 의하여 양친자관계를 해소할 필요가 있는 등 특별한 사정이 없는한 그 호적기재 자체를 말소하여 법률상 친자관계의 존재를 부정하게 되는 친생자관계부존재확인청구는 허용될 수 없다고 보아야할 것이기 때문이다." (대법원 1988. 2. 23. 선고 85므86 판결)

다만, 위와 같은 내용에도 불구하고 등록부상 자녀가 호적정리(친생자 관계 말소)에 동의한다면 사실상 파양의미의 친생자관계부존재확인소송을 통해 호적정리를 할 수는 있을 것입니다. 그러나 귀하께서는 이를 원치 않는 것으로 보이므로 부모님과의 양자관계가 인정되어 문제없이 상속을 받으실 수 있을 것으로 보입니다.

※ 민법

제865조(다른 사유를 원인으로 하는 친생관계존부확인의 소)

① 제845조, 제846조, 제848조, 제850조, 제851조, 제862조와 제863조의 규정에 의하여 소를 제기할 수 있는 자는 다른 사유를 원인으로 하여 친생자관계존부의 확인의 소를 제기할 수 있다.

② 제1항의 경우에 당사자일방이 사망한 때에는 그 사망을 안 날로부터 2년내에 검사를 상대로 하여 소를 제기할 수 있다. 〈개정 2005. 3. 31.〉

사례

아버지 보다 형제가 먼저 사망한 경우 사망한 형제의 상속분은 누가 받나요?

Questions ■ ■ ■

안녕하세요 변호사님, 상속 관련해서 도움 받고자 이렇게 질문 남깁니다.
저는 4남매 중 장녀이고 아래로 남자형제가 2명이 있습니다.
막내 여동생은 사망했고 여동생 남편과 그 밑으로 막내 여동생의 자녀 둘이 있습니다.
다만, 여동생 남편은 여동생 사망 후 곧바로 재혼했습니다.
최근 아버지께서 돌아가셔서 아버지 명의의 주택을 상속받게 되었는데요.
형제들과 상속재산분할에 관해 얘기하다보니, 막내 여동생의 자녀들에게도 상속재산분할협의서를 받아야 하는지 궁금합니다.
변호사님의 첨언 부탁드립니다. 감사합니다.

Answers ■ ■ ■

귀하께서는 아버지가 남겨주신 부동산(상속재산)을 구체적으로 분할하는 상속재산분할협의 과정에 계신 것 같습니다.

상속인들은 상속재산을 각자의 법정상속분대로 분할하거나, 피상속인의 유언이 있다면 그 유언에 따라 상속재산을 상속처리할 수 있습니다.

귀하의 경우에는 아버지가 별다른 유언을 남기지 않고 돌아가셨기 때문에 상속인들은 상속재산을 법정상속분에 따라 잠정적으로 공유하고 있는 상황입니다.

따라서 상속재산분할협의를 통해 상속재산을 구체적으로 분할하는 절차를 거쳐야 합니다.

이 경우 상속개시 전 사망한 형제의 자녀들에게도 협의 할을 위한 동의를 받아야 하는지 알려드리겠습니다.

원칙적으로 아버지의 상속인들은 4남매이고 법정상속분은 각 1/4지분씩입니다. 그런데 막내 여동생이 먼저 사망한 경우 막내 여동생의 남편과 자녀들2명이 막내 여동생의 1/4지분을 그대로 상속받습니다. 이를 "대습상속"과 "대습상속인"이라고 합니다.

다만, 막내 여동생의 남편이 아버지 사망전에 재혼한 경우 대습상속인에서 배제되고 이런 경우에는 막내 여동생의 자녀들 2명만이 대습상속인이 되며, 막내 여동생 자녀들 2명은 막내 여동생의 1/4지분을 균등하게 분할받으므로 전체 상속재산의 1/8지분씩을 상속받게 됩니다(민법 제1001조, 민법 제1003조 2항)..

결국, 막내 여동생분의 두 자녀들이 막내 여동생분의 상속분을 그대로 상속받게 되는 것입니다.

이런 경우, 아버지가 남겨주신 주택의 상속인은 생존하고 계신 자녀 3명과, 사망한 자녀 1명의 대습상속인들(자녀들)입니다. 그러므로 법정상속분이 아닌 다른 지분으로 상속받기를 원하신다면 사망한 막내 여동생분의 자녀들에게도 상속재산분할협의서 및 그에 대한 동의를 받아야 할 것 입니다.

※ 민법

제1000조(상속의 순위)

① 상속에 있어서는 다음 순위로 상속인이 된다.

1. 피상속인의 직계비속
2. 피상속인의 직계존속
3. 피상속인의 형제자매
4. 피상속인의 4촌 이내의 방계혈족

② 전항의 경우에 동순위의 상속인이 수인인 때에는 최근친을 선순위로 하고 동친등의 상속인이 수인인 때에는 공동상속인이 된다.

③ 태아는 상속순위에 관하여는 이미 출생한 것으로 본다.

제1001조(대습상속)

전조제1항제1호와 제3호의 규정에 의하여 상속인이 될 직계비속 또는 형제자매가 상속개시 전에 사망하거나 결격자가 된 경우에 그 직계비속이 있는 때에는 그 직계비속이 사망하거나 결격된 자의 순위에 갈음하여 상속인이 된다.

제1003조(배우자의 상속순위)

① 피상속인의 배우자는 제1000조제1항제1호와 제2호의 규정에 의한 상속인이 있는 경우에는 그 상속인과 동순위로 공동상속인이 되고 그 상속인이 없는 때에는 단독상속인이 된다.

② 제1001조의 경우에 상속개시 전에 사망 또는 결격된 자의 배우자는 동조의 규정에 의한 상속인과 동순위로 공동상속인이 되고 그 상속인이 없는 때에는 단독상속인이 된다.

사 례

1남이 아버지보다 먼저 사망한 후 1남 가족들의 대습상속분과 유류분

Questions ■ ■ ■

어머니는 이혼하셨고 아버지의 자녀는 1남과 딸1,2 총 3남매입니다. 아버님이 최근 돌아가셨습니다. 저희들은 딸1,2입니다.

그런데 1남이 15년전에 먼저 사망했습니다. 1남의 유족으로는 1남 처와 자녀들 2명입니다. 알아보니 아버지의 상속인은 딸1,2 뿐만 아니라 1남의 유족들도 상속을 받는다고 들었습니다.

이런 상황에서 1남의 처와 자녀들 2명의 상속분과 유류분비율은 어떻게 되나요?

Answers ■ ■ ■

아버지의 상속인들은 1남 2녀 총 3명이고 법정상속분은 각 1/3지분씩이고 유류분은 그 절반이므로 각 1/6지분씩입니다.

먼저 사망한 상속인 1남의 배우자 처와 자녀들 2명이 사망한 상속인 1남의 상속분 1/3를 한도로 대신해서 상속분과 유류분(배우자 처는 1.5지분, 자녀들 2명은 각 1지분의 비율)을 물려받습니다.

다만, 1남의 배우자 처가 아버지 사망하기 전에 다른 남자와 재혼하면 대습상속인으로부터 배제됩니다. 아래 표는 위 사례에 따른 상속분과 유류분계산표이니 참고하시길 바랍니다.

- 대습상속인의 상속분과 유류분 계산표 -

피상속인 (아버지)		먼저 사망한 1남		최종상속분	유류분
상속인	상속분	대습상속인	대습상속분		
망 1남	1/3	처(며느리)	3/7	3/21 (=1/3×3/7)	3/42 (=3/21×1/2)
		자녀(손주)1	2/7	2/21 (=1/3×2/7)	1/21 (=2/21×1/2)
		자녀(손주)2	2/7	2/21 (=1/3×2/7)	1/21 (=2/21×1/2)
1녀	1/3			7/21 (=1/3×7/7)	1/6 (=1/3×1/2)
2녀	1/3			7/21 (=1/3×7/7)	1/6 (=1/3×1/2)

※ 판례

유류분과 관련하여, 민법 제1112조는 상속인의 유류분은 피상속인의 직계비속이나 배우자의 경우는 그 법정상속분의 2분의 1, 피상속인의 직계존속이나 형제자매의 경우는 그 법정상속분의 3분의 1이라고 규정하고 있고, 민법 제1113조 제1항은 "유류분은 피상속인의 상속개시시에 있어서 가진 재산의 가액에 증여재산의 가액을 가산하고 채무의 전액을 공제하여 이를 산정한다."라고 규정하고 있으며, 민법 제1118조는 "제1001조(대습상속), 제1008조(특별수익자의 상속분), 제1010조(대습상속분)의 규정은 유류분에 이를 준용한다."라고 규정하고 있다(대법원 2015. 10. 29. 선고 2013다60753 판결)

사례

동시사망과 대습상속, 상속인과 피상속인이 동일한 사고로 사망했을 때

안녕하세요, 법무법인 천명의 경태현 대표변호사입니다.

오늘은 동시사망과 대습상속에 관한 이야기를 드리려 합니다. 동시사망과 대습상속과 관련해서 유명한 사건으로는 'KAL기 추락사건'을 떠올려 보실 수 있습니다. 1997년 서울 김포발 KAL기가 괌에서 추락하여 승객 254명 가운데 229명이 숨진 안타까운 사건이 있었습니다. 이때 함께 문제되었던 사건이, 당시 약 1,000억 원의 재산을 가지고 있던 기업의 회장과 그의 부인, 아들, 딸, 며느리, 손주들이 모두 이 KAL기에 탑승하여 전원이 세상을 떠났습니다.

다만 회장의 사위는 다른 가족들보다 하루 늦게 출발하게 되어있어 참사를 피할 수 있었고, 이후 사위와 회장의 형제자매 간의 상속분쟁 시작되었습니다. 만일 사위의 대습상속권이 인정된다면 사위가 모든 재산을 상속받게 되고, 인정되지 않는다면 형제자매들이 상속을 받게 되는 상황이었지요.

판결이 어떻게 나왔는지에 관해서는 아래에서 자세히 설명 드리도록 하겠습니다. 동시사망과 대습상속에 관해서만 알고 싶으시다면 아래 답변의 3번 항목으로 바로 이동하시면 됩니다.

Questions ■ ■ ■

안녕하세요, 변호사님.

사망시간과 상속의 관계, 그리고 동시사망과 대습상속에 관하여 질문 드리고자 합니다.

포괄적인 질문이지만 간추려 답변주시면 감사하겠습니다.

Answers ■ ■ ■

귀하의 질문에 답변 드리도록 하겠습니다.

사망시간과 상속의 관계에 관해서는 3가지 경우로 나누어 설명을 드릴 수 있겠습니다.

1. 상속인이 피상속인보다 먼저 사망한 경우

이 경우는 대습상속이 명확하게 적용되는 상황입니다. 우리 민법 제 1001조에서는 상속인이 될 직계비속 또는 형제자매가 상속개시 전에 사망하거나 결격자가 된 경우에 그 직계비속이 있는 때에는 그 직계비속이 사망하거나 결격된 자의 순위에 갈음하여 상속인이 된다고 규정하고 있습니다. 따라서 상속인이 피상속인보다 먼저 사망한 것이 확실하다면 대습상속 규정에 따라 상속이 이루어지게 될 것입니다. 다만 당연히 대습상속인이 존재하지 않는다면 대습상속은 이루어지지 않습니다.

2. 상속인이 피상속인보다 나중에 사망한 경우

이 경우에는 대습상속 문제가 아니라 일반적인 상속 순위에 따라 상속이 이루어집니다. 따라서 피상속인이 사망함에 따라 상속인에게 재산상속이 이루어지고, 이후 상속인이 사망함에 따라 그 상속인의 상속인에게 다시 재산이 상속될 것입니다.

3. 상속인과 피상속인이 동시에 사망한 경우

이 경우가 위에서 말씀드린 'KAL기 추락사건'에서 문제된 사안입니다.

우리 민법 제 30조에 따라 2인 이상이 동일한 위난으로 사망한 경우에는 동시에 사망한 것으로 추정됩니다. 따라서 KAL기에 탑승한 회장과 가족들도 동시에 사망한 것으로 추정되었고, 이에 따라 사위와 형제자매들 간의 치열한 분쟁이 시작되었습니다.

사위의 주장은 본인이 대습상속인으로서 모든 재산을 상속받는다는 것이었습니다. 만일 동시에 사망한 경우에도 대습상속이 인정된다면 사위는 회장의 딸의 대습상속인으로서 재산을 상속받을 수 있게 됩니다. 사위가 대습상속을 받게 된다면 사위는 딸(직계비속)의 순위에 갈음하여 상속을 받게 됩니다. 피상속인의 직계비속은 형제자매보다 선순위 상속인이기 때문에 직계비속의 순위에 갈음한 상속이 이루어진다면 형제자매는 당연히 상속을 받을 수 없게 됩니다.

반면 형제자매 측의 주장은 동시에 사망한 경우에는 대습상속 규정이 적용되지 않는다는 것입니다. 법률에는 '상속인이 될 직계비속 또는 형제자매가 상속개시 전에 사망하거나 결격자가 된 경우에' 라고 규정되어 있기 때문에 동시사망을 상속개시 전에 사망한 것이라 볼 수 있는가에 대한 의견대립이 이어졌습니다. 만일 대습상속 규정이 적용되지 않는다면, 사위는 회장의 상속인이 아니고 선순위 상속인들이 모두 사망한 상태이기 때문에 형제자매들에게 상속이 이루어질 수도 있는 상황이었습니다.

이에 대해 법원은 다음과 같이 판단했습니다.

"만일 피대습자가 피상속인의 사망, 즉 상속개시와 동시에 사망한 것으로 추정되는 경우에만 그 직계비속 또는 배우자가 본위상속과 대습상속의 어느 쪽도 하지 못하게 된다면 동시사망 추정 이외의 경우에 비하여 현저히 불공평하고 불합리한 것이라 할 것이고, 이는 앞서 본 대습상속제도 및 동시사망 추정규정의 입법 취지에도 반하는 것이므로, 민법 제1001조의 '상속인이 될 직계비속이 상속개시 전에 사망한 경우'에는 '상속인이 될 직계비속이 상속개시와 동시에 사망한 것으로 추정되는 경우'도 포함하는 것으로 합목적적으로 해석함이 상당하고... (대법원 2001. 3. 9. 선고 99다13157 판결)"

쉽게 설명 드리자면 상속인과 피상속인이 동시에 사망한 경우에도 대습상속 규정이 적용된다는 것입니다. 이러한 법원의 판결에 따라 동시사망의 경우에도 대습상속이 적용되는 것으로 인정되었고 사위가 모든 재산을 상속받는 것으로 분쟁을 막을 내리게 되었습니다. 지금도 이 판례는 동시사망과 대습상속에 관한 중요한 판례로 언급됩니다. 따라서 더욱 자세한 내용이 궁금하시다면 전체 판례 내용을 참고해보시는 것도 추천 드립니다.

※ 민법

제1001조(대습상속)

전조제1항제1호와 제3호의 규정에 의하여 상속인이 될 직계비속 또는 형제자매가 상속개시 전에 사망하거나 결격자가 된 경우에 그 직계비속이 있는 때에는 그 직계비속이 사망하거나 결격된 자의 순위에 갈음하여 상속인이 된다. 〈개정 2014. 12. 30.〉

사례

재혼부부 사망순서와 상속대상, 상속순위 및 비율이 궁금합니다.

Questions ■ ■ ■

안녕하세요.

궁금한 것이 있어서 글 남겨 봅니다.

1. 상황

1) A(남)와 B(여)는 두 사람 모두 재혼한 재혼 부부임. (결혼생활 약 50년)

2) A는 재혼 전 전처와의 사이에서 딸 C를 낳았음. [C는 A의 가족관계증명서에 등재되고, B의 가족관계증명서에 등재되지 않음]

3) B는 재혼 전 전남편과의 사이에서 딸 D와 아들 E를 낳았음. [D와 E는 A의 가족관계증명서에 등재되지 않고, B의 가족관계증명서에 등재됨]

4) A와 B는 재혼 후 아들 F를 낳음. [F는 A와 B 모두의 가족관계증명서에 등재됨]

5) B는 ㄱ아파트를 단독소유하고 있음.

2. 질문

*질문1: 현 상태에서 A 사망 시 상속자 대상과 비율은 어떻게 되나요?

*질문2: 현 상태에서 B 사망 시 상속자 대상과 비율은 어떻게 되나요?

*질문3: ㄱ아파트를 매도하여 현금화했을 경우에 A 사망 시 상속자 대상과 비율은 어떻게 되나요?

*질문4: ㄱ아파트를 매도하여 현금화했을 경우에 B 사망 시 상속자 대상과 비율은 어떻게 되나요?

감사합니다.

Answers ■ ■ ■

안녕하세요. 법무법인 천명 대표변호사 경태현입니다.

재혼가정의 경우 남편 기준 상속과 아내 기준 상속이 다릅니다.
그리고 사망순서에 따른 상속인과 상속비율이 달라질 것입니다.

귀하의 질문에 순차적으로 답변 드립니다.

***질문1: 현 상태에서 A 사망 시 상속자 대상과 비율은 어떻게 되나요?**

➔ 남편A가 먼저 사망하면 남편 상속재산에 대해서는 배우자 B와 남편의 친자들 C, F만이 상속인이고 나머지 D, E는 상속인이 아닙니다.
법정상속분은 배우자가 1.5지분, 친자들 2명이 각 1지분씩입니다. 이를 분모화하면 배우자 B는 3/7지분, 남편의 친자들 C, F는 각 2/7지분씩입니다.
다만, 아파트가 아내B의 명의이므로 원칙적으로는 A사망 시 상속재산으로 보기는 어렵습니다.

***질문2: 현 상태에서 B 사망 시 상속자 대상과 비율은 어떻게 되나요?**

➔ 아내 B가 먼저 사망하면 아내 상속재산에 대해서는 배우자 A와 친자들 D, E, F만 상속인이고 C는 상속인이 아닙니다.
법정상속분은 배우자가 1.5지분, 친자들 3명이 각 1지분씩입니다. 이를 분모화하면 배우자 A는 3/9지분, 친자들 D, E, F 각 2/9지분씩입니다.

***질문3: ㄱ아파트를 매도하여 현금화했을 경우에 A 사망 시 상속자 대상과 비율은 어떻게 되나요?**

➔ 매각해서 현금화한 경우도 동일합니다. 상속재산이 부동산이 아닌 현금일 뿐이니 차이가 없습니다.
다만, 아파트가 아내B의 명의이므로 원칙적으로는 A 사망 시 상속재산으로 보기는 어렵습니다.

*질문4: ㄱ아파트를 매도하여 현금화했을 경우에 B 사망 시 상속자 대상과 비율은 어떻게 되나요?

➜ 매각해서 현금화한 경우도 동일합니다. 상속재산이 부동산이 아닌 현금일 뿐이니 차이가 없습니다.

※ 민법

제1009조(법정상속분)

① 동순위의 상속인이 수인인 때에는 그 상속분은 균분으로 한다. 〈개정 1977. 12. 31., 1990. 1. 13.〉

② 피상속인의 배우자의 상속분은 직계비속과 공동으로 상속하는 때에는 직계비속의 상속분의 5할을 가산하고, 직계존속과 공동으로 상속하는 때에는 직계존속의 상속분의 5할을 가산한다. 〈개정 1990. 1. 13.〉

③ 삭제 〈1990. 1. 13.〉

사 례

친부가 이혼하고 재혼하여 계모와 이복형제를 둔 경우 유산상속문제

Questions ■ ■ ■

친부가 제가 초등학교 2학년 때 친모와 이혼하시고 거의 곧바로 재혼해서 이복남동생을 두었습니다. 저는 친모와 생활했고요. 최근 친부의 가족관계증명서 발급해보니 저 말고도 계모와 이복동생이 나옵니다.

친부가 건강이 좋지 않으신데 친부가 사망할 경우 유산상속은 어떻게 되나요?

만약 친부가 계모 혹은 이복동생에게만 전 재산을 증여하거나 유언하면 저는 한 푼도 못 받나요?

친부의 재산을 물려받은 계모가 추후 사망할 경우 유산을 제가 받을 수 있나요?

Answers ■ ■ ■

재혼가정의 호적과 상속문제입니다.

재혼하신 친부의 가족관계증명서에는 배우자인 계모와 친자들인 귀하와 이복동생이 나오게 됩니다. 이런 경우 친부가 사망할 경우 귀하는 계모와 이복동생과 더불어 친부의 상속권자입니다. 법정상속분은 배우자인 계모가 1.5지분, 귀하와 이복동생이 각 1지분씩이고 이를 분모화하면 계모가 3/7지분, 귀하와 이복동생이 각 2/7지분씩입니다.

만약 친부가 전 재산을 계모 혹은 이복동생에게만 증여나 유언으로 물려준다면 귀하는 법정상속분의 절반에 해당하는 유류분 1/7지분을 주장할 수 있습니다.

반면에 친부의 재산을 물려받은 계모가 추후 사망할 경우에 계모의 유산은 귀하가 상속받을 수 없습니다.

계모의 유산은 친자인 이복동생만 상속받고 귀하는 친자도 아니고 입양된 양자도 아니므로 상속권이 없습니다.

※ 민법

제1009조(법정상속분)

① 동순위의 상속인이 수인인 때에는 그 상속분은 균분으로 한다. 〈개정 1977. 12. 31., 1990. 1. 13.〉

② 피상속인의 배우자의 상속분은 직계비속과 공동으로 상속하는 때에는 직계비속의 상속분의 5할을 가산하고, 직계존속과 공동으로 상속하는 때에는 직계존속의 상속분의 5할을 가산한다. 〈개정 1990. 1. 13.〉

③ 삭제 〈1990. 1. 13.〉

사 례

재혼한 배우자의 자필유언장에 대한 유류분청구

Questions

아버지가 외도로 어머니와 이혼하시고 재혼해서 살았는데 작년에 돌아가셨습니다.

그런데 얼마 전에 법원에서 우편물이 와서 받았는데, 아버지 생전에 유언장을 작성했는데 모든 재산을 새로 재혼한 그 여자 앞으로 상속한다는 유언장이 있고 그 내용을 확인해야 하니 법원에 와서 확인하라는 내용이었습니다.

원래 유산을 받을 생각도 없었는데 막상 생전에는 가정이 있는 사람하고 바람이 나 남의 가정을 깬 여자가 아버지의 재산을 전부 상속받는다고 하니 그대로 있을 수 없다는 생각이 듭니다. 이런 경우에 제가 할 수 있는 것은 뭐가 있을까요? 형제는 저와 여동생이 있습니다.

Answers

안녕하세요. 유언상속 관련 문제입니다.

사실관계를 정리하면 아버님이 재혼한 후에 사망하면 상속인들은 재혼한 배우자와 귀하의 형제들입니다. 만일 귀하의 형제가 2명이라면, 법정상속분은 재혼한 여자가 3/7지분이고 귀하의 형제들이 각 2/7지분이 됩니다.

그런데 아버지의 유언장이 형식을 전부 갖춘 유효한 유언장이고 모두 아버님의 자필로 작성되었다면 아버님의 재산은 유언에 기재된 내용대로 재혼한 여자에게 모두 포괄적으로 상속됩니다. 따라서 귀하의 형제들에게 상속될 재산은 없게 됩니다.

그러나 만일 법원에서 지정한 유언검인기일에 출석해서 유언장 원본을 보았는데 아버님의 자필이 아니라거나 어떤 다른 이유로 그 내용을 인정할 수 없다면 그 자리에서 이의제기를 할 수 있습니다. 만일 귀하의 형제들 중 누군가가 참석해서 이의를 제기하면 재혼한 여자분은 그 유언장으로는 곧바로 상속을 받을 수 없고 귀하들을 상대로 유언효력확인소송 혹은 유언집행청구소송 등의 소송을 통해 유언장의 진위 여부를 가리게 됩니다.

그러나 만일 귀하들이 이의를 제기하지 않거나 이의를 제기했다고 하더라도 유언효력소송에서 해당 유언장이 유효하다고 판단될 경우에는 귀하의 형제는 재혼한 여자분을 상대로 유류분반환청구소송을 통해서 귀하들의 법정상속분의 절반인 1/7지분의 재산의 반환을 청구할 수 있는데, 이것을 '유류분반환청구'이라고 합니다.

그러므로 일단 유언검인기일에 참석하신 후에 원본을 확인하고 해당 유언장이 적법하다고 판단되면 곧바로 유류분반환청구소송을 제기하셔도 되고, 만일 아버님의 자필이 아니라거나 이의를 제기하시면 재혼한 배우자가 제기하는 유언효력확인소송 혹은 유언집행청구소송 등의 소송과정에서 무효를 주장하면서, 예비적으로 유언이 유효가 될 경우를 대비해서 유류분을 주장하시거나 재혼한 여자분을 상대로 별소 혹은 반소로 유류분반환청구소송을 제기해도 됩니다.

다만 추후의 방향은 자필유언장의 원본을 확인해야 하므로 보다 자세한 것은 법원에서 송달받은 서류를 지참해서 방문상담해 주시기 바랍니다.

※ 민법

제1009조(법정상속분)

① 동순위의 상속인이 수인인 때에는 그 상속분은 균분으로 한다. 〈개정 1977. 12. 31., 1990. 1. 13.〉

② 피상속인의 배우자의 상속분은 직계비속과 공동으로 상속하는 때에는 직계비속의 상속분의 5할을 가산하고, 직계존속과 공동으로 상속하는 때에는 직계존속의 상속분의 5할을 가산한다. 〈개정 1990. 1. 13.〉

③ 삭제 〈1990. 1. 13.〉

제1115조(유류분의 보전)

① 유류분권리자가 피상속인의 제1114조에 규정된 증여 및 유증으로 인하여 그 유류분에 부족이 생긴 때에는 부족한 한도에서 그 재산의 반환을 청구할 수 있다.

② 제1항의 경우에 증여 및 유증을 받은 자가 수인인 때에는 각자가 얻은 유증가액의 비례로 반환하여야 한다.

[본조신설 1977. 12. 31.]

사례

아버지가 돌아가신 이후 재산상속절차

(상속재산조회, 상속등기, 취득세, 상속세 등)

Questions ■ ■ ■

아버지가 갑작스럽게 돌아가신 지 1개월이 거의 다 되어갑니다.

아직 사망신고를 하지 못했습니다.

알고 있는 아버지 상속재산으로는 가지고 계신 시골땅과 주택, 서울 소재 아파트 그리고 보험과 예금 약간이 있습니다. 가족은 어머니와 1남 2녀입니다. 저희들은 어머니에게 모두 상속하려고 합니다. 여기서 어머니에게 상속하려면 어떤 절차를 밟아야 하는지 궁금합니다.

1. 저희들이 모르는 전체 상속재산을 조회하려면 어떻게 해야 하나요?
   전체 상속재산의 현황 파악한 후 금융재산을 알게 되면 해당 은행들을 일일이 찾아가 상속절차를 받아야 하나요? 예를 들어 국민은행, 농협, 신한은행에 예금, 적금, 정기예금 등 수많다면 각 은행에 각각 직접 가서 이야기를 하고 상속처리를 해야 하나요? 그리고 이 때 상속세 신고납부를 위한 서류들도 받을 수 있나요?

2. 어머니 앞으로 모두 하고자 하면 저희 3남매가 상속포기서를 써야 하는 건지 아니면 어디 서류상의 절차가 필요한지요?

3. 상속등기를 위해 우선적으로 취득세를 내고 처리를 해야 하는지요?

4. 부동산상속 절차는 어떻게 되나요? 먼저 관할지역 등기소에 가나요? 아니면 부동산중개

업소를 먼저 가야 하나요? 혼자 할 수 있나요? 아니면 법무사나 변호사를 찾아가야 하나요? 변호사나 법무사와 세무사 어디를 찾아가야 하나요?

5. 취득세와 상속세는 별개의 개념인가요?? 상속세는 어느 정도 나오나요? 상속세 신고 및 납부는 금융자산과 부동산상속에 따로따로 내야 하나요? 아니면 부동산을 포함한 금융재산 전부 처분 후 신고와 납부를 해야 하나요?

Answers ■ ■ ■

아버지의 상속인들은 어머니와 자녀들 3명입니다.

법정상속분은 어머니가 1.5 지분, 자녀들이 1 지분씩이고 이를 분모화하면 어머님이 3/9 지분, 자녀들은 각 2/9 지분씩입니다.

위 법정상속분에도 불구하고 자녀들이 아버지 사망일로부터 3개월 내에 법원에 상속포기신청을 하거나 전원이 상속재산분할협의서(사실상 상속포기서류)를 통해서 어머님이 전부 상속을 받을 수 있습니다.

그리고 상속절차를 진행하려면 먼저 아버지에 대한 사망신고를 1개월 내에 해야 하고 지연 시 과태료가 있습니다. 그러므로 조속히 병원에서 사망진단서를 발급받아 사망신고를 하시길 바랍니다.

1. **사망신고를 하시면서 동시에 주민센터(동사무소)나 구청에 "안심상속원스톱서비스"를 신청하시면 전체 아버지의 상속재산과 상속채무(부동산, 예금, 증권, 보험, 자동차, 금융부채, 체납세금 등)를 일괄해서 조회, 확인할 수 있을 것입니다.**

안심상속원스톱서비스를 하시면 2주 정도 지나서 금융재산에 대한 통보가 문자로 옵니다.

이 경우 해당 금융기관만 통보하고 구체적 내역이 통보되지 않습니다.

이런 경우 해당 은행, 보험사, 증권사를 개별적으로 방문해서 잔고증명서를 전부 확인해야 할 것입니다. 잔고증명서를 받으시면서 개별 금융기관에 상속처리를 하기 위한 서식이나 양식을 안내받고 필요서류를 설명받아야 할 것입니다. 개별적인 금융기관별로 양식이나 서식이 다릅니다.

이를 설명받고 필요서류를 준비해서 보험금 수령, 상속예금이나 증권 명의변경이나 인출 등을 전부 개별적으로 진행해야 할 것입니다.

그리고 이때 받은 잔고증명서와 서류들을 기초로 상속세 신고를 해야 할 것입니다.

2. 어머님이 단독상속을 받게 하려면 2가지 방법이 있습니다.

① 첫 번째 방법은 자녀들이 3개월 내에 법원에 상속포기를 하고 상속포기결정문이 나오면 어머님이 단독상속을 받는 방법입니다. 이 방법은 자녀들 중에 신용불량이나 채무가 많은 경우에 자녀들이 상속을 받으면 그 상속재산으로 채권자들에게 변제해야 하거나 사해행위취소소송이 제기될 우려가 있을 경우에 사용하게 됩니다.

② 두 번째 방법은 상속인들 전원이 상속재산분할협의서를 작성하고 인감도장날인, 인감증명서를 첨부해서 어머님이 전부 상속등기를 하는 방법입니다.

3. 상속등기를 하려면 6개월 내에 구청에 취득세, 등록세를 납부하고 이에 대한 영수증을 첨부해서 상속등기를 진행해야 합니다.

원칙적으로 상속등기에 대한 기간제한은 없습니다. 다만, 상속등기를 하지 않더라도 취득세, 등록세는 6개월 내에 신고 납부해야 합니다. 지연될 경우 가산세의 불이익이 있습니다.

따라서, 6개월 내에 취득세, 등록세를 신고납부하면 되고 상속등기는 그 이후에 해도 무방합니다.

4. 상속부동산의 경우 해당 부동산 소재지 관할 등기소에 가서 상속등기를 진행하시면 됩니다. 상속등기는 상속인들 간 법정상속지분등기 혹은 협의하여 상속재산분할협의서를 작성해서 상속등기를 할 수 있습니다. 직접 가능도 하지만 부동산이 많고 복잡하다면 근처 법무사나 저희 로펌의 도움을 받아 보시길 바랍니다. 그리고 상속세는 세무사의 도움을 받으시면 됩니다.

저희 로펌에서 상속포기, 상속등기, 상속재산분할협의, 상속세 등을 전반적인 상속처리를 상담과 진행을 해드리고 있으니 아래 자료를 지참해서 방문상담을 해주시길 바랍니다.

- 아버지 제적등본, 기본증명서, 가족관계증명서, 혼인관계증명서, 주민등록말소자초본
- 어머니와 자녀들 각자 기본증명서, 가족관계증명서, 주민등록초본, 인감도장, 인감증명서
- 안심상속원스톱서비스 조회결과 내역과 아버지 상속재산내역인 부동산등기부등본, 잔고증명서 등 내역 일체

5. 취득세와 상속세는 별개입니다.

취득세는 부동산상속등기에 필요한 지방세로서 지방자치단체에 신고납부해야 하고, 상속세는 국세로서 국세청 세무서에 신고 납부해야 합니다.

상속세신고는 금융재산과 부동산을 별도로 신고하는 것이 아니고 전체 부동산과 예금, 주식, 보험 등을 합산해서 6개월 내에 상속세신고납부를 해야 합니다. 반드시 상속재산인 부동산과 상속예금 등을 처분한 후 상속세를 신고할 필요는 없습니다.

즉, 상속재산 처리와 상속세신고는 별개이고, 상속세 신고는 사망 당시 부동산과 예금 등을 합산해서 신고납부만 하시면 되고 반드시 미리 상속등기나 상속예금인출 등을 먼저 해야 할 필요는 없습니다(다만, 통상적으로는 상속등기나 상속예금을 처리하고 나서 상속세 신고납부를 하게 됩니다.)

상속세는 기본적으로 배우자인 어머님이 계시므로 일괄공제 5억 원과 배우자공제 5억 원 합계 10억 원이 공제되므로 전체 상속재산 중 10억 원까지는 공제되어 10억 원 초과부분만 상속세를 부담하시면 됩니다.

결국 상속재산이 10억 원 미만이라면 별도의 상속세는 발생하지 않습니다.

사례

가족관계증명서상 연결되지 않는 친모로부터 상속받는 방법

(증여세 상속세 등 절세)

Questions ■ ■ ■

저의 아버님은 본처가 있는 상태에서 그리고 어머님은 남편이 있는 상태에서 서로 관계를 맺어 저를 낳았습니다.

이로 인해 저의 모친 가족관계등록부상 저는 아들로 등재되어있지 않고, 다른 사람이 아들로 등재되어있습니다.

모친 명의로 아파트 1채가 있는데(시가 4억 원) 친자인 제가 이전받고 싶습니다.

그런데 가족관계증명서상에 자녀로 등재되어있지 않아 법적으로는 남남이니 증여세나 상속세 공제가 되지 않을 것 같습니다.

그리고 친자 아닌 다른 사람이 자녀로 등재되어있어 추후 친모가 사망하시면 상속문제가 복잡해질 것 같습니다.

증여세나 상속세를 절세하고 추후 상속문제를 예방할 방법이 없나요?

Answers ■ ■ ■

우선 귀하의 상황으로 볼 때 귀하가 친모와 가족관계증명서상에 친자관계로 등재되어있지 않아 증여의 경우 자녀 공제를 받지 못하고 친모의 자녀로 다른 사람이 등재되어있어 추후 상속분쟁이 발생할 여지가 있습니다.

그러므로 이런 경우

1. 먼저 친생자관계부존재확인소송(귀하의 호적상 모와 귀하) 및 친생자관계존재확인소송(귀하와 친모)을 통해 귀하와 친모 간에 가족관계증명서를 제대로 정정해야 할 것입니다.

2. 또한 친자 아닌 사람이 친모의 자녀로 등재되어있으므로 친생자관계부존재확인소송(친자 아닌 사람과 친모)을 통해 어머님의 가족관계증명서상에서 삭제, 말소해야 할 것입니다.

위와 같이 해서 귀하가 친모의 가족관계증명서상에 등재된 유일한 자녀가 된다면 추후 친모가 사망할 경우 상속분쟁 등은 전혀 없게 될 것입니다.

그리고 증여의 경우 10년에 1번씩 자녀 공제 5000만 원을 받지만 나머지 초과금액에 대해서는 증여세를 납부해야 할 것입니다.

따라서 증여공제한도 내에서는 증여를 받고 이를 초과한 부분에 대해서는 증여보다는 유언공증을 하시는 것이 절세에 유리합니다. 즉, 친모가 유언공증을 하시게 된다면 총 5억 원까지는 상속세가 일괄공제되므로 귀하의 경우는 상속세를 한 푼도 납부할 필요가 없게 될 것입니다.

위 친자확인소송과 유언공증 등 보다 구체적인 것은 아래 자료를 지참해서 방문상담을 해주시길 바랍니다.
- 아버지 제적등본, 기본증명서, 가족관계증명서, 혼인관계증명서
- 본인 기본증명서, 가족관계증명서, 주민등록초본
➔ 본인의 신분증으로 구청이나 주민센터에서 발급 가능

- 어머님의 기본증명서, 가족관계증명서, 혼인관계증명서, 주민등록초본
- 어머니 친자 아닌 사람의 기본증명서, 가족관계증명서, 주민등록초본
➔ 어머님의 신분증으로 구청이나 주민센터에서 발급 가능

- 어머니 소유 아파트등기부등본

사 례

미혼인 형제가 사망한 경우 부모님이 아닌 형제들이 곧바로 상속받는 방법

Questions ■ ■ ■

올해 6월에 미혼이셨던 형이 갑작스럽게 고인이 되셨습니다.
형의 유산은 시가 8억 원가량의 아파트와 예금 약 2억 원가량이 있습니다.
가족으로는 부모님 모두 계시고 형제는 고인이 되신 분을 제외하고 3남매가 있습니다.

부모님 역시 연세가 많으시고 특히 아버님의 경우 사채가 상당히 많아 고민입니다.
알아보기는 부모님이 상속자라고 하더군요.
부모님은 저희 형제들에게 곧바로 상속하고 싶다고 하십니다.

만약 부모님이 상속받으면 형님에 대한 상속세를 내야 하고 추후 다시 부모님이 돌아가시면 또다시 상속세를 저희들이 부담해야 하니(참고로 아버지는 재산이 없지만, 어머니의 경우 약 20억 원가량의 작은 상가건물과 아파트가 있습니다.) 이중으로 세금 부담이 되고 아버지 사채가 있어 채권자들이 상속재산을 가져갈 것이 걱정되어 상의드립니다.

미혼인 형의 상속을 부모님을 거치지 않고 저희들 3남매가 균등하게 각 1/3 지분씩 상속을 곧바로 받을 방법이 없나요?

만약 저희들 3남매가 상속을 받을 수 있고 이로 인해 상속세가 많이 나오더라도 할 수 있다면 진행하고 싶습니다. 방법을 알려주시고 변호사님에게 의뢰하는 절차도 궁금합니다.

Answers ■ ■ ■

원칙적으로 미혼 형님의 법정상속인은 유언이 없으므로 부모님이 될 것이고 법정상속지분은 아버님과 어머님이 각 1/2지분씩입니다.

그런데 아버지의 사채 빚으로 인해 아버지가 1/2지분을 상속받으면 채권자들에게 강제집행 당할 우려가 큰 상황이고 추후 어머니 사망 시 막대한 상속세를 고려해서 이중의 상속세를 고민하시는 것으로 보입니다.

이런 상황에서 해결책을 안내해 드리자면 아래 방법이 가능할 것입니다.

미혼 형님의 재산을 부모님이 상속받지 않고 곧바로 형제들이 상속을 받고자 하신다면 부모님이 모두 형님 사망일로부터 3개월 내에 가정법원에 상속포기를 신청해서 상속포기결정문을 받으면 될 것입니다.

부모님의 상속포기결정이 법원으로부터 나오면 그때 이를 기초로 형제들 3명이 협의분할 혹은 법정지분(1/3지분씩)으로 부동산상속등기를 하거나 상속예금을 곧바로 상속받을 수 있습니다.

다만, 이 경우 상속세는 본래 상속인이었던 부모님이 아니므로 본래 정상적인 상속세보다는 더 많이 부과될 수 있으니 이 점 유의해야 합니다.

그리고 특히 주의할 것은 상속포기 신청과 상속포기 결정문이 나오는 전후를 불문하고 부모님은 미혼 형님의 상속재산에 대한 일절 처분행위 등을 하시면 안 된다는 것입니다. 잘못 처분행위 등을 하게 된다면 상속포기가 무효가 되는 단순승인이 될 수 있기 때문입니다. 그러므로 상속포기 방법을 진행하기 위해서는 저희 로펌으로부터 사전에 충분한 설명 등을 받고 저희 로펌을 통해서 상속포기신청과 이후 상속등기 등 상속처리를 의뢰해주시길 바랍니다.

우선적으로 상속포기 신청에 필요한 서류는 아래와 같습니다.

1. 상속인(부모님) 서류

- 각 가족관계증명서, 주민등록등본, 주민등록초본, 인감증명서, 인감도장

2. 피상속인(망인) 서류

- 기본증명서(사망신고가 표시), 가족관계증명서, 주민등록말소자초본

저희 로펌에서는 상속포기, 한정승인, 특별한정승인, 상속재산분할협의서, 상속등기, 상속세 자문 등에 대해서 일괄처리와 구체적인 진행을 해드리고 있으니 위 자료를 지참해서 방문상담을 해주시길 바랍니다.

사례

자녀, 부모 없는 부부(딩크족)의 상속문제와 상속순위 그리고 유언 유류분

안녕하세요. 상속전문 법무법인 천명 대표변호사 경태현입니다.

피상속인의 사망으로 상속이 개시되면, 상속인들은 피상속인의 재산을 나누어 상속받게 됩니다. 그런데, 모든 상속인이 재산을 받게 되는 것은 아니고 우리 민법에 규정된 상속 순위에서 최우선 상속인의 지위를 가진 사람만을 대상으로 재산이 분배됩니다. 우리 민법은 아래와 같이 상속 순위를 규정하고 있습니다.

제1000조(상속의 순위)
① 상속에 있어서는 다음 순위로 상속인이 된다.
1. 피상속인의 직계비속
2. 피상속인의 직계존속
3. 피상속인의 형제자매
4. 피상속인의 4촌 이내의 방계혈족

② 전항의 경우에 동순위의 상속인이 수인인 때에는 최근친을 선순위로 하고 동친등의 상속인이 수인인 때에는 공동상속인이 된다.
③ 태아는 상속순위에 관하여는 이미 출생한 것으로 본다.

제1003조(배우자의 상속순위)
① 피상속인의 배우자는 제1000조제1항제1호와 제2호의 규정에 의한 상속인이 있는 경우에는 그 상속인과 동순위로 공동상속인이 되고 그 상속인이 없는 때에는 단독상속인이 된다.

오늘은 저희 법무법인 천명을 찾아주신 분들 중 "자녀(직계비속), 부모(직계존속) 없는 부부의 상속문제와 상속순위 그리고 유언 유류분"과 관련된 사례에 대해 살펴보려 합니다. 아래에서 질문과 답변의 형식으로 쉽게 풀어 설명해 드리도록 하겠습니다.

Questions ■ ■ ■

안녕하세요. 경태현 변호사님.

변호사님께서 상속 분야의 최고권위자라고 들었습니다.

상속 관련해서 무지해서, 변호사님께서 해결책을 쉽게 풀어 알려주셨으면 합니다.

저희 누나와 매형은 10년 전에 결혼했으나 자녀는 없습니다.
두 분이 연로하시고 병환이 있으신데 돌볼 사람이 없어 제가 5년 이상 매일 집으로 방문하여 돌보고 있는 상황입니다.

두 분이 돌아가신 뒤에 저에게 모든 재산을 다 물려준다고 합니다.
저와 누나를 제외하고도 형제가 많고, 매형도 형제가 많아서 유언을 해놓아야 할 것 같은데 어떻게 해야 하는지 궁금합니다.

아무 문제 없이 재산을 물려받으려면 제가 어떻게 해야 할까요.
혹시 저의 다른 형제들이나 매형의 형제들이 추후에 저에게 유류분을 청구하면 유류분을 줘야 하나요?

변호사님의 명쾌한 답변을 기다리겠습니다.

Answers ■ ■ ■

누나와 매형의 경우 자녀(직계비속)가 없고, 서로 부모님(직계존속)도 계시지 않은 상태로 보입니다. 그리고 각자 형제들이 존재하는 것으로 보입니다. 이런 경우 상속과 관련해서 사망순서가 중요하게 작용할 것입니다.

앞서 말씀드린 바와 같이 상속은 우리 민법에 규정된 상속 순위에 따라 이루어지는데, 민법 제1003조에 따라 피상속인의 직계비속 및 직계존속이 없는 경우 피상속인의 배우자가 단독상속인이 되기 때문입니다. 그러므로 누나와 매형의 경우에도 둘 중 한 명이 먼저 사망할 경우 남은 한 쪽이 단독상속인의 지위를 가지게 될 것입니다.

아래에서는 사망순서에 따라 상황을 나누어 설명 드리도록 하겠습니다.

1. 매형이 먼저 사망하고 이후 누님이 사망할 경우

➜ 매형의 단독상속인은 배우자인 누나가 될 것이고 매형의 형제들은 상속인이 되지 않습니다. 그러므로 누나가 매형의 재산을 전부 단독상속 받게 될 것이고, 매형의 상속재산과 누나의 고유재산은 누나가 사망한 이후 귀하를 포함한 누나의 형제들에게 상속될 것입니다.

2. 누나가 먼저 사망하고 이후 매형이 사망할 경우

➜ 위와 마찬가지로 누나의 단독상속인은 배우자인 매형이 될 것이고 귀하를 포함한 누나의 형제들은 상속인이 되지 않을 것입니다. 그러므로 매형이 누나의 재산을 전부 단독상속 받은 후, 누나의 상속재산과 매형의 고유재산은 매형이 사망한 이후 매형의 형제들에게 상속될 것입니다.

그러므로 매형의 재산과 누나의 재산에 대해 사망순서를 고려하여 미리 유언공증 혹은 유언대용신탁을 귀하에게 단독 혹은 공동명의로 해주시면 될 것입니다(특히 최근에는 저희 로펌을 통해서 유언대용신탁도 많이 활용되고 있습니다).

질문하신 것처럼 귀하에게 전부 유언이나 유언대용신탁을 할 경우 과거에는 형제자매들의 유류분문제가 발생되어 고민이 되었지만 이와 같이 부모, 자녀없이 사망해서 형제자매가 상속인이 될 경우에 있어 최근 헌법재판소에서 형제자매 유류분에 대해서 위헌결정이 되어 더 이상 형제자매들의 유류분청구소송문제는 전혀 걱정하지 않으셔도 될 것입니다.

다만, 누나, 매형의 구두유언만으로는 효력이 생기지 않으므로 매형과 누나의 보유재산 내역인 부동산등기부등본, 은행잔고증명서 등을 정리하신 후 그를 바탕으로 일부 사전증여, 유언공증, 유언대용신탁 등 귀하의 상황에 가장 적합한 방법을 취해야 할 것이고 구체적인 진행은 저희 법무법인 천명이 도와드릴 것입니다.

저희 로펌에서 귀하와 같은 복잡한 경우의 사전 및 사후 상속설계를 진행해드리고 있습니다. 증여, 유언공증, 유언대용신탁 등의 전반적인 절차에 체계적이고 전문적인 도움을 드리고 있으니, 상속전문가의 도움이 필요하시다면 아래 서류를 지참해서 방문상담을 받아 보시길 권해드립니다.

- 누나 가족관계증명서, 혼인관계증명서, 주민등록초본
- 매형 가족관계증명서, 혼인관계증명서, 주민등록초본
- 누나와 매형 재산내역(부동산등기부등본, 은행잔고증명서 등)

사 례

증여세 및 상속세 절세방법에 대해

안녕하세요. 상속전문변호사 경태현입니다.

상속상담을 하다보면 증여세 및 상속세와 관련해서 "합법적인 방법으로 증여세 및 상속세를 절세하는 방법"에 관한 질문이 많습니다. 아래에서는 증여세 및 상속세 절세방법에 대해 살펴보도록 하겠습니다.

증여의 경우 절세를 위해서는 현재 보유하고 있는 재산들(부동산, 주식 등)의 가치가 얼마인지 그리고 향후 자산별 가치가 얼마나 상승할 것인지 마지막으로 배우자와 자녀들에 대한 재산분배 계획 등을 잘 분석해서 일반적으로는 가치 상승폭이 가장 클 것이라고 예상되는 재산부터 먼저 증여하고, 배우자 및 자녀공제 제도 등을 최대한 활용해야만 가장 큰 절세효과를 볼 수 있습니다.

① 10년 단위로 증여를 하며 증여세 절세가 가능합니다.

증여세의 경우 10년 이내의 증여는 합산해서 계산됩니다. 따라서 10년 단위로 증여를 하면 합산이 되지 않아 증여세가 절세됩니다.

예를 들어 부모가 80세까지 생존한다고 할 때 자녀가 1살 때부터 증여계획을 한다면 총 8회의 증여세 절세 효과를 볼 수 있습니다.

자녀에게 증여할 경우 10년간 1회 5000만 원이 공제됩니다(미성년자인 경우 2000만 원, 며느리나 사위의 경우 1000만 원). 만약 자녀에게 최초 5000만 원을 증여하여 공제받고 다시 10년이 경과한 시점에서 다시 5000만 원을 증여하면 또다시 5000만 원이 공제됩니다.

따라서, 증여시점을 10년 간격으로 증여를 하면 여러 번에 걸쳐 증여세가 절세됩니다. 그리고 배우자에게 증여할 경우 10년간 1회 6억 원이 공제됩니다. 배우자 증여 역시 증여시점을 10년 간격으로 증여를 하면 여러 번에 걸쳐 증여세가 절세됩니다. 또한 금융소득종합과세에 해당하는 부모의 경우 자녀들에게 사전증여를 하면 금융소득종합과세되는 금액을 분산시키는 장점이 있습니다.

② 주식의 경우

실질주식의 가치보다 저평가되거나 과도한 주가하락시점에 증여하면 증여세를 줄이는 하나의 방법입니다. 특히 증여 당시 주가가 낮다면 향후 주가가 상승할수록 증여세 절세효과는 더욱 커집니다. 또한, 증여받은 주식에 대한 배당금 수익과 향후 주가상승으로 인한 매매차익이 발생되므로 자녀들에게 증여세 절세와 더불어 종자돈 마련을 해줄 수 있는 좋은 재테크 수단입니다. 실제 금융위기 등으로 상장주식들이 실질 가치보다 폭락하는 경우 많은 상장사 대주주들이 자녀들에 주식을 증여하는 경우가 많은데 이는 증여세 절세를 위한 것입니다.

[주식증여가액의 평가방법은 상장주식의 경우 증여일 전후 각 2개월간의 증권거래소 또는 코스닥시장의 최종시세가액 평균액으로 계산하고, 비상장주식은 과거 3년간 순손익가치와 평가기준일 현재의 순자산가치를 가중평균하여 계산합니다]

최근 증권사 등에서 판매되고 있는 이른바 '어린이 펀드'도 주식과 마찬가지로 취급되어 증여세 신고를 미리 하신다면 펀드환매 수익은 증여세 대상에서 배제되므로 증여세 절세 수단과 종자돈 마련방법으로 각광받고 있습니다.

③ 부동산 증여

증여 당시의 시가(증여일 전 6개월 후 3개월 이내에 매매가액이나 2개 이상의 감정가액 평균액, 수용보상가액, 공매나 경매가액이 있는 경우 그 가액 혹은 동일 유사한 재산의 매매사례가액, 하지만 위 가액자료가 없는 경우 보충적으로 공시지가, 개별주택가격, 공동주택가격 등 기준시가)를 기준으로 증여세가 부과됩니다. 그러므로 주식과 마찬가지로 현재 부동산 가액이 얼마인지 그리고 향후 얼마나 가치가 상승할 것인지를 먼저 파악해서 가치 상승폭이 가장 큰 부동산을 먼저 증여하는 것이 증여세 절세효과를 볼 수 있습니다.

④ **부담부 증여**

부담부증여의 경우 증여받는 재산과 더불어 증여재산의 전세보증금, 월세보증금, 담보대출 채무를 부담하는 조건으로 증여받는 것으로서 증여재산의 가액에서 자신이 부담한 채무액을 공제한 나머지 가액, 즉 순수한 증여액에 대해서만 증여세가 부과됩니다. 다만, 증여자에게는 채무에 대한 양도소득세가 부과될 수 있습니다.

예외적인 경우를 제외한 통상적인 경우 부담부증여를 적절히 이용하면 일반 증여보다는 전체 세금부담을 감소시킬 수 있습니다. 통상적으로 부담부증여의 경우 증여자가 양도소득세를 부담하게 되지만 양도세 부담액보다 증여세 감소액이 크므로 전체적인 절세효과가 있습니다.

⑤ **부동산을 증여하는 대신에 법인(주식회사)을 설립해서 주식회사의 주식을 자녀에게 증여한 후 그 법인에 부동산을 증여하는 방식으로 우회적인 증여방법**

법인에 부동산을 증여할 경우 증여세가 면제되는 대신에 법인세율이 적용되므로 일방적으로 증여세보다 세부담이 적어질 수 있습니다. 그뿐만 아니라 법인을 설립해서 부동산을 보유할 경우 임대료 수입에 대해 법인세율이 적용되므로 개인이 임대소득자로서 납부할 소득세에 비해 세금을 절세할 수 가능성이 높습니다.

⑥ **상속세와 증여세의 비교**

우리나라 상속세 및 증여세는 10~50%의 누진세율 과세체계를 가지고 있습니다. 하지만, 상속세와 증여세는 여러 가지 차이가 있어 존재합니다.

상속세의 경우 상속인들의 최소한의 생활안정과 생활기초의 유지를 위해 각종 공제제도가 많아 실질 상속세가 많이 감소됩니다. 그 상속공제에는 배우자공제, 인적공제, 일괄공제, 금융자산공제, 동거주택상속공제, 영농상속공제, 가업상속공제 등 다양합니다.

배우자공제는 최소 5억 원이고, 법정상속분(최대 30억 한도)까지 공제되며, 인적공제(자녀공제, 미성년자공제, 연로자공제, 장애인공제 등)액이 5억 원 미만이면 일괄공제(5억 원)를 할 수가 있고, 동거주택상속공제는 주택가액(부수토지 포함)의 100%(6억 원 한도), 영농상속공제는

30억 원 한도, 금융재산공제는 순금융자산의 20%(2억 원 한도), 가업상속공제는 최대 600억 원 한도입니다.

따라서 통상적으로 부부 중 1명이 사망하여 상속이 개시되는 경우 총 상속재산이 10억 원까지는 일괄공제와 배우자공제로 인해 상속세가 부과되지 않고 10억 원 초과금액에 대해서만 상속세율에 따라 상속세가 부과됩니다. 반면에 부모가 모두 사망하여 자녀들에게 상속이 개시되는 경우 총 상속재산이 5억 원까지는 일괄공제로 인해 상속세가 부과되지 않고 5억 원 초과금액에 대해서만 상속세율에 따라 상속세가 부과됩니다.

결국 일반 서민의 경우 배우자가 있는 경우 10억 원, 배우자가 없고 자녀들만 있는 경우 5억 원까지는 상속세가 부과되지 않습니다.

증여의 경우 누진세이므로 여러 번에 나누어 증여한다면 총 세금이 감소됩니다. 다만, 10년 이내의 증여는 합산해서 과세됩니다(손자, 며느리 제3자 증여의 경우 5년 이내 증여만 합산). 증여의 경우 증여자가 생전에 계획성 있게 재산을 이전할 수 있으며, 사후 상속인들 간의 분쟁을 최소화할 수 있습니다(다만 유류분반환문제는 남아 있습니다). 또한 증여의 경우 사후에 상속인들이 갑자기 상속세 납부를 위한 현금 마련할 부담감이 없습니다. 다만, 앞서 살펴본바와 같이 증여의 경우 절세를 위해서는 현재 보유하고 있는 재산들(부동산, 주식 등)의 가치가 얼마인지 그리고 향후 자산별 가치가 얼마나 상승할 것인지를 잘 분석해서 일반적으로는 가치 상승폭이 가장 클 것이라고 예상되는 재산부터 먼저 증여해야만 가장 큰 절세효과를 볼 수 있습니다.

⑦ 상속세 및 증여세 절세를 위한 기본원칙 최종정리

- 장기 증여상속계획을 수립하고 계획에 따라 순차적으로 진행한다.
- 자녀들이나 배우자에게 증여할 것은 한 번에 진행하지 말고 10년 단위로 천천히 증여하면 절세할 수 있다.
- 배우자에게 증여하면 배우자 공제 6억 원을 활용하면 증여세 및 상속세가 절세된다.
- 배우자에게 증여하고 배우자가 10년 이후에 매각하면 양도소득세가 절세된다.
- 배우자에게 임대소득이 있는 부동산이나 배당금이 있는 주식을 증여하면 소득이 분산되어

낮은 세율을 적용받아 종합소득세가 절세된다.

- 법인을 설립해서 법인에게 증여하면 증여세가 면제되는 대신에 법인세율이 적용되어 절세된다.
- 향후 가치 상승이 큰 자산(부동산, 주식 등)을 먼저 증여한다.
- 수익성(임대료, 배당수익 등)이 있는 자산(부동산, 주식 등)을 먼저 증여한다.
- 상속재산이 10억 미만이더라도 적극적으로 (2개 이상의 감정평가법인으로터 감정평가를 받아서) 상속세 신고를 해야만 추후 양도소득세를 절세할 수 있다.
- 지나치게 낮은 가액으로 증여를 하거나 상속을 받을 경우 양도할 때 양도소득세가 많이 발생된다.
- 상속세와 증여세 공제한도를 초과한 경우 상속세와 증여세 신고는 상속개시일로부터(정확히는 상속개시일이 속한 달의 말일부터) 6개월 이내에 또는 증여일(정확히는 증여일이 속한 달의 말일부터)로부터 3개월 이내에 반드시 신고한다.

상속세와 증여세를 위 기한 내에 신고를 하면 상속세액과 증여세액의 3%를 신고세액으로 공제받고, 만약 신고를 하지 않는다면 신고불성실 가산세로 20%, 납부불성실가산세로 미납·미달납부세액×미납기간×22/100,000(연 8.03%)이 부과되니 이점도 반드시 주의해야 합니다.

사 례

구하라법 국회통과(상속권 상실선고제도), 그 구체적 내용과 앞으로의 방향

안녕하세요, 법무법인 천명의 경태현 대표변호사입니다.

일명 '구하라법'에 대해 들어보신 분들이 많을 것입니다. '구하라법'은 양육 의무를 다하지 않은 부모가 자녀의 유산을 상속받지 못하게 하는 내용의 법률입니다.

2019년 사망한 가수 고 구하라 씨의 오빠가 '어린 구 씨를 버리고 가출한 친모가 상속재산의 절반을 받아 가려 한다'며 입법을 청원하면서 '구하라법'이라는 명칭이 붙게 된 해당 법률은 앞선 20대, 21대 국회에서도 발의되었으나 임기 만료로 폐기된 바가 있습니다. 그 동안 구하라 씨 사건뿐만 아니라 그동안 천안함, 세월호, 대양호 사건 같은 경우에도 동일한 현행법의 문제점과 입법청원이 있었지만 국회 통과는 되지 않았습니다.

그러나 2020년 6월 2일 발의된 후 1436일 만에, 2024년 8월 29일 위 '구하라법' 민법 개정안이 국회를 통과하면서 2026년 1월부터 해당 법률이 시행됩니다.

그래서 '구하라법'에 대해서 질문과 답변의 형식으로 설명해 드리겠습니다.

Questions ■ ■ ■

안녕하세요. 경태현 변호사님.

오늘 뉴스를 보다가 '구하라법'이 국회에서 통과되었다는 소식을 접하게 되었습니다.

이에 대해 자세한 설명을 듣고 싶어서 상속전문변호사님께 질문드리게 되었습니다.

'구하라법'에 대해 좀 더 자세히 설명해주세요.

이번 국회 통과를 통해 어떤 것이 바뀐 것인지 앞으로 어떻게 되는지 구체적으로 알려주시면 감사하겠습니다.

Answers ■ ■ ■

안녕하세요, 법무법인 천명의 대표변호사 경태현입니다.

귀하께서는 올해 2024년 8월 29일 국회에서 통과된 '구하라법'에 대한 질문을 남겨주신 것으로 보입니다.

'구하라법'은 피상속인에게 부양의무를 다하지 않았거나 학대 등 범죄를 저지른 경우와 같이 상속을 받을만한 자격이 없는 법정상속인의 상속권을 제한하는 내용의 민법 개정안입니다.

현행법에 따르면 상속인은 피상속인과 혈연관계가 있으면 원칙적으로 상속을 받을 수 있게 되어 있고, 아주 제한적으로만 상속결격사유를 규정하고 있습니다.

그러나 최근 고 '구하라'씨의 경우를 비롯해 양육에 기여하지 않은 친부모가 보상금, 보험금을 달라며 소송을 제기하거나 재산의 상속을 주장하는 등 국민 정서상 상속을 납득할 수 없는 경우가 있어 사회적 논란이 지속되어 왔습니다.

또한 사회구성원들의 인식이 가족으로서의 권리가 존재하기 위해서는 무조건적 혈연주의가 아니라 가족으로서의 기본적 의무를 다해야 한다는 방향으로 변화해 가고 있다며 자녀양육에 대한 자신의 의무는 다하지 않으면서도 자녀의 안타까운 사망으로 인한 재산적 이득만큼은 온전히 가져가는 결과를 정당화할 수 없다고 민법 개정의 필요성이 역설되기도 했습니다.

그 필요성이 지속적으로 인정됨에 따라 '구하라법'이 드디어 국회를 통과하게 되어, 피상속인에 대한 부양의무를 중대하게 위반하거나 중대한 범죄행위, 또는 그 밖에 심히 부당한 대우를 한 경우를 '상속권 상실'이 가능한 조건으로 적시하게 된 것입니다.

구하라법은 구체적으로 아래와 같이 민법 제1004조의2를 신설하는 개정안입니다.

※ 민법 제1004조의2(상속권 상실선고)

① 피상속인은 상속인이 될 사람이 피상속인의 직계존속으로서 다음 각 호의 어느 하나에 해당하는 경우에는 제1068조에 따른 공정증서에 의한 유언으로 상속권 상실의 의사를 표시할 수 있다. 이 경우 유언집행자는 가정법원에 그 사람의 상속권 상실을 청구하여야 한다.

1. 피상속인에 대한 부양의무를 중대하게 위반한 경우(미성년자에 대한 부양의무로 한정한다)
2. 피상속인 또는 그 배우자나 피상속인의 직계비속에게 중대한 범죄행위(제1004조의 경우는 제외한다)를 하거나 그밖에 심히 부당한 대우를 한 경우

② 제1항의 유언에 따라 상속권상실의 대상이 될 사람은 유언집행자가 되지 못한다.

③ 제1항에 따른 유언이 없었던 경우 공동상속인은 피상속인의 직계존속으로서 다음 각 호의 사유가 있는 사람이 상속인이 되었음을 안 날부터 6개월 이내에 가정법원에 그 사람의 상속권 상실을 청구할 수 있다.

1. 피상속인에 대한 부양의무를 중대하게 위반한 경우(미성년자에 대한 부양의무로 한정한다)
2. 피상속인에게 중대한 범죄행위(제1004조의 경우는 제외한다)를 하거나 그 밖에 심히 부당한 대우를 한 경우

④ 제3항의 청구를 할 수 있는 공동상속인이 없거나 모든 공동상속인에게 제3항 각 호의 사유가 있는 경우에는 상속권 상실선고의 확정에 의해 상속인이 될 사람이 이를 청구할 수 있다.

⑤ 가정법원은 상속권 상실을 청구하는 원인이 된 사유의 경위와 정도, 상속인과 피상속인의 관계, 상속재산의 규모와 형성 과정 및 그 밖의 사정을 종합적으로 고려하여 제1항, 제3항 또는 제4항에 따른 청구를 인용하거나 기각할 수 있다.

⑥ 상속개시 후에 상속권 상실의 선고가 확정된 경우 그 선고를 받은 사람은 상속이 개시된 때에 소급하여 상속권을 상실한다. 다만, 이로써 해당 선고가 확정되기 전에 취득

한 제3자의 권리를 해치지 못한다.
⑦ 가정법원은 제1항, 제3항 또는 제4항에 따른 상속권 상실의 청구를 받은 경우 이해관계인 또는 검사의 청구에 따라 상속재산관리인을 선임하거나 그 밖에 상속재산의 보존 및 관리에 필요한 처분을 명할 수 있다.
⑧ 가정법원이 제7항에 따라 상속재산관리인을 선임한 경우 상속재산관리인의 직무, 권한, 담보제공 및 보수 등에 관하여는 제24조부터 제26조까지를 준용한다.

※ 위 신설되는 민법 제1004조의2는 상속권상실제도를 규정합니다.

상속권상실제도란 말그대로 규정된 요건에 해당하는 경우 상속권을 상실하게 되는 것을 말합니다. 이때 민법 제1004조인 상속결격사유와 다른 것은 상속결격사유는 애초부터 상속권이 없었던 것으로 보게 되는 사유이고, 상속권상실의 경우 상속권이 있었지만 가정법원의 선고로 상속권을 상실한 것으로 소급적용하는 것입니다.

● **상속권 상실제도의 요건**

1. 피상속인의 직계존속인 상속인이 피상속인이 미성년자일 때 그에 대한 부양의무를 중대하게 위반한 경우
2. 피상속인 또는 그 배우자나 피상속인의 직계비속에게 중대한 범죄행위(1004조 제외)를 하거나 그 밖에 심히 부당한 대우를 한 경우

다만, 종래 상속결격사유에 해당하는 민법 제1004조가 유지되므로 제1004조에 해당하는 행위를 한 경우에는 민법 제1004조에 의한 상속결격이 되고, 제1004조 이외의 범죄행위를 한 경우에는 상속권상실제도가 적용될 것입니다.

*** 참고**
민법 제1004조(상속인의 결격사유)
다음 각 호의 어느 하나에 해당한 자는 상속인이 되지 못한다.

1. 고의로 직계존속, 피상속인, 그 배우자 또는 상속의 선순위나 동순위에 있는 자를 살해하거나 살해하려 한 자
2. 고의로 직계존속, 피상속인과 그 배우자에게 상해를 가하여 사망에 이르게 한 자
3. 사기 또는 강박으로 피상속인의 상속에 관한 유언 또는 유언의 철회를 방해한 자
4. 사기 또는 강박으로 피상속인의 상속에 관한 유언을 하게 한 자
5. 피상속인의 상속에 관한 유언서를 위조·변조·파기 또는 은닉한 자

● 상속권 상실선고 절차

위 요건이 있는 경우 실제 상속권 상실을 위해서는 피상속인의 유언 또는 공동상속인 등이 청구를 해야 하고 가정법원이 이를 받아들여야 합니다.

구체적인 상속권 상실 절차는 다음과 같습니다.

1. 우선, 피상속인은 유언공증으로 상속권상실의 의사를 표시할 수 있습니다.
2. 만약 피상속인이 별도의 유언공증을 남기지 않은 경우라면 어떨까요?

유언을 통한 피상속인의 별도의 의사표시가 없었다 하더라도

1) 피상속인의 직계존속인 상속인이 피상속인이 미성년자일 때 그에 대한 부양의무를 중대하게 위반했거나, 2) 피상속인에게 중대한 범죄행위(제1004조 제외)를 하거나 그 밖에 심히 부당한 대우를 한 사실이 존재한다면 공동상속인이 상속인이 되었음을 안 날로부터 6개월 이내에 가정법원에 상속권 상실을 청구할 수 있습니다.

위 청구가 이루어졌을 경우 가정법원은 상속권 상실 청구의 원인이 된 사유의 경위와 정도, 상속인과 피상속인의 관계, 상속재산의 규모와 형성 과정 및 그 밖의 사정을 종합적으로 고려하여 해당 청구를 인용하거나 기각하게 될 것입니다.

상속권 상실의 선고가 확정된 상속인은 상속이 개시된 때에 소급하여 상속권을 상실합니다. 다만, 확정 전에 취득한 제3자의 권리를 해치지 못합니다. 또한, 상속권 상실청구의 경우

상속재산관리인 선임 기타 상속재산 보존 및 관리에 필요한 처분절차를 진행할 수 있습니다.

●상속권 상실제도의 적용시기

구하라법은 2026년 1월 1일부터 시행되는데(부칙 제1, 4조), 헌법재판소가 유류분 조항에 대해 헌법불합치 결정을 내린 2024년 4월 25일 이후 상속이 개시된 경우에도 소급적용될 수 있는데 이 경우 2026. 1. 1.부터 6개월 이내에 상속권상실청구를 할 수 있습니다.(부칙 제2, 3조).

●주의할 점

마지막으로 주의하실 점이 있습니다. 신설된 상속권상실제도의 경우 피상속인의 "직계존속"에 한해 적용되는 제도입니다.

그러므로 만약 피상속인의 "직계비속"이 피상속인에게 제1004조의2의 요건에 해당하는 행위를 했다 하더라도 상속권상실제도가 적용되지는 않을 것입니다. 하지만, 직계비속의 행위가 제1004조의 요건 또한 충족한다면 기존 민법에 따라 상속결격자가 될 것입니다.

제2장
상속재산분할심판청구

사 례

사전증여를 받은 상속인과의 상속재산분할협의와 상속분

Questions ■ ■ ■

안녕하세요. 작년 9월에 아버지가 돌아가셨고, 상속인은 어머니와 오빠 그리고 저까지 3명입니다.

아버지는 서울에 다가구 주택과 단독주택을 가지고 계셨고, 오빠는 가족들과 함께 단독주택에서 20년 이상 함께 살고 있습니다.

그런데 이번에 아버지가 돌아가시고 상속문제로 등기부등본을 떼어보고 아버지가 10년 전에 오빠에게 현재 살고 있는 단독주택을 증여해줬다는 사실을 알게 되었습니다. 그동안 저는 그 사실을 전혀 알지 못했습니다.

그래서 그 사실을 알고 오빠에게 어떻게 된 거냐고 물으니 단독주택은 예전에 아버지가 증여해 줬는데 집안에 분란이 생길까 봐 그동안 말하지 않았다고 하면서, 자신이 제사도 지내고 부모님도 모셔야 하니 아버지가 증여해 준 것이라고 합니다. 그리고 아버지가 증여해 주신 것은 아버지 의사니까 건드리지 말고 남은 다가구주택을 법정상속분대로 나누자고 합니다.

그래서 저는 오빠는 이미 단독주택을 증여받았으니, 오빠는 빠지고 어머니와 저가 다가구주택을 받아야 한다고 했지만, 어머니는 오빠 편을 들어 법정지분대로 나누자는 입장입니다. 그러다 보니 상속세신고를 하고도 그 상태로 그냥 있습니다.

그러나 그렇다고 계속 아버지 명의로 두는 것도 곤란하고 다가구주택에서 나오는 월세도 오빠가 전부 가져가고 있습니다. 그래서 어떻게 해서든 다가구 주택 문제를 해결해야 하는데, 이런 경우에는 어떻게 해야 하나요?

Answers ■ ■ ■

안녕하세요. 상속재산분할심판청구 관련 문제로 보입니다.

일단 말씀하신 것처럼 상속인으로 어머니와 귀하의 남매가 있다면 어머니의 법정상속분은 3/7지분이고, 오빠와 귀하의 지분은 각 2/7지분입니다. 따라서 만일 누구도 증여를 받은 상속인이 없다면 모든 재산은 위와 같은 법정상속분대로 공동등기해서 함께 소유하게 됩니다. 물론 이러한 비율을 무시하고 합의를 하면 그러한 합의가 우선됩니다.

그러나 합의가 되지도 않고 상속인들 중 누군가가 사전증여를 받은 사실이 있다면, 그러한 사전증여가 거액의 재산인 경우 그리고 배우자가 아니라 자녀인 상속인인 경우는 대부분 특별수익으로 추정됩니다.
그리고 이러한 사전증여(특별수익)를 받은 상속인은 자신의 법정상속분에 해당하는 상속분액에서 그만큼을 공제하게 됩니다.

즉 귀하의 오빠는 "{(다가구주택+단독주택)×법정상속분 2/7}-단독주택=최종적으로 받게 되는 상속지분액"이 됩니다.

따라서 만일 단독주택의 가격이 단독주택과 다가구주택 합계의 2/7 이상이라면 더 이상 잔존재산에서는 상속을 받을 권리가 없습니다.

다만, 이 경우 두 부동산의 시가는 아버님이 사망할 당시를 기준으로 하는데, 전세보증금이 있다면 이를 공제해야 합니다.

그러므로 특별한 사정이 없다면 귀하와 어머니가 귀하 2/5지분, 어머니가 3/5지분으로 다가구 주택을 상속받게 되는데, 이러한 등기는 상속인 전원의 협의나 법원의 상속재산분할심판청구 판결문이 있어야 합니다. 상속인 중 일부가 일방적으로 등기할 수 있는 경우는 법정상속분대로 등기하는 것 외에는 없습니다.

따라서 이러한 사정을 오빠와 어머니에게 설득해 보셔서 소송 없이 합의를 할 수 있도록 협의해 보시고, 만일 그럼에도 불구하고 합의가 어렵다면 그때 가서 상속재산분할심판청구소송을 제기하는 것을 고려해 보시기 바랍니다.

다만 상속재산분할심판청구소송을 제기하시게 되면 어머니가 귀하와 오빠를 상대로 기여분을 청구할 수 있습니다. 대부분은 재산을 형성하고 혼인을 유지하면서 아버님을 간병한 것에 대한 기여분주장이 될 것으로 예상되므로 이에 대한 공방 여부도 감안하시기 바랍니다.

※ 민법

제1008조(특별수익자의 상속분)
공동상속인 중에 피상속인으로부터 재산의 증여 또는 유증을 받은 자가 있는 경우에 그 수증재산이 자기의 상속분에 달하지 못한 때에는 그 부족한 부분의 한도에서 상속분이 있다. 〈개정 1977. 12. 31.〉

제1008조의2(기여분)
① 공동상속인 중에 상당한 기간 동거ㆍ간호 그 밖의 방법으로 피상속인을 특별히 부양하거나 피상속인의 재산의 유지 또는 증가에 특별히 기여한 자가 있을 때에는 상속개시 당시의 피상속인의 재산가액에서 공동상속인의 협의로 정한 그 자의 기여분을 공제한 것을 상속재산으로 보고 제1009조 및 제1010조에 의하여 산정한 상속분에 기여분을 가산한 액으로써 그 자의 상속분으로 한다. 〈개정 2005. 3. 31.〉
② 제1항의 협의가 되지 아니하거나 협의할 수 없는 때에는 가정법원은 제1항에 규정된 기여자의 청구에 의하여 기여의 시기ㆍ방법 및 정도와 상속재산의 액 기타의 사정을 참작하여 기여분을 정한다.
③ 기여분은 상속이 개시된 때의 피상속인의 재산가액에서 유증의 가액을 공제한 액을 넘지 못한다.
④ 제2항의 규정에 의한 청구는 제1013조제2항의 규정에 의한 청구가 있을 경우 또는 제1014조에 규정하는 경우에 할 수 있다.
[본조신설 1990. 1. 13.]

제1009조(법정상속분)

① 동순위의 상속인이 수인인 때에는 그 상속분은 균분으로 한다. 〈개정 1977. 12. 31., 1990. 1. 13.〉
② 피상속인의 배우자의 상속분은 직계비속과 공동으로 상속하는 때에는 직계비속의 상속분의 5할을 가산하고, 직계존속과 공동으로 상속하는 때에는 직계존속의 상속분의 5할을 가산한다. 〈개정 1990. 1. 13.〉
③ 삭제 〈1990. 1. 13.〉

제1013조(협의에 의한 분할)
① 전조의 경우외에는 공동상속인은 언제든지 그 협의에 의하여 상속재산을 분할할 수 있다.
② 제269조의 규정은 전항의 상속재산의 분할에 준용한다.

※ 판례

유언자가 부담부 유증을 하였는지는 유언에 사용한 문언 및 그 외 제반 사정을 종합적으로 고려하여 탐구된 유언자의 의사에 따라 결정되어야 하는데, 유언자가 임차권 또는 근저당권이 설정된 목적물을 특정유증하였다면 특별한 사정이 없는 한 유증을 받은 자가 그 임대보증금반환채무 또는 피담보채무를 인수할 것을 부담으로 정하여 유증하였다고 볼 수 있다. (대법원 2022. 1. 27. 선고 2017다265884 판결)

사 례

증여받은 부동산이 수용된 경우 상속재산분할협의, 유류분청구

안녕하세요. 상속전문 법무법인 천명의 경태현 대표변호사입니다.

어느 상속인이 피상속인으로부터 미리 증여받은 재산이 있는 경우 이는 해당 상속인의 특별수익으로 되어 자신의 상속분에서 특별수익액을 공제하고 남은 부분에 대해서만 상속분이 있게 됩니다. 만일 증여한 재산 이외에 피상속인이 소유하고 있던 재산이 없거나 적어 다른 공동상속인에게 유류분부족액이 발생한다면, 공동상속인들은 증여를 받은 상속인에게 유류분반환청구소송을 제기할 수 있습니다.

특별수익자가 부동산을 증여받았다면 특별수익액은 증여받은 부동산의 상속개시 당시의 시가를 기준으로 산정됩니다. 다만, 간혹 증여받은 부동산이 상속개시 이전에 수용되는 경우가 있습니다. 이러한 경우에는 어떻게 특별수익액을 산정해야 하는지가 문제될 수 있습니다.

이와 관련하여 먼저 아래 질문을 읽어보신 후 설명을 이어가 보도록 하겠습니다.

Questions ■ ■ ■

안녕하세요, 변호사님. 상속 관련해서 질문이 있어서 이렇게 글 남깁니다.

아버지께서 얼마 전 돌아가셨습니다.
그런데 아버지께서 동생에게 미리 증여한 토지가 있어서, 법률상으로 동생은 그 토지 시가를 상속분에서 공제하고 남은 부분에 대해서만 상속분이 있는 것으로 알고 있습니다.

그런데 그 토지가 몇 년 전에 소방도로가 생긴다고 수용되었다고 합니다.

이런 경우에는 그 토지를 얼마로 계산해서 상속분을 나누면 되는 것인가요?
(상속인은 어머니, 저, 동생 이렇게 셋입니다.)

답변 주시면 감사하겠습니다.

Answers ■ ■ ■

귀하께서는 특별수익자가 증여받은 토지가 수용된 경우의 상속재산분할방법에 관해 궁금해하고 계신 것 같습니다.

기본적으로 상속인들의 상속분은 배우자인 어머니가 1.5지분, 자녀인 귀하와 동생이 각 1지분씩입니다. 이를 분모화하면 어머니가 3/7지분, 귀하와 동생이 각 2/7지분씩입니다.

그런데 아버지가 이미 동생분께 생전에 증여한 토지가 있다면 그 토지의 상속개시시의 시가와 남은 상속재산을 합산해서 위 상속분에 따라 계산을 하고, 그렇게 산정된 상속분에서 각자 증여받은 재산가액을 공제하면 각자의 구체적 상속분이 됩니다.

다만, 증여받은 토지가 상속개시 이전에 수용되었다면 위와 같이 상속개시시의 시가에 따라 상속분을 산정하지 않습니다. 이 경우에는 수용보상금을 증여받은 것과 같게 보아 수용보상금에 물가상승률을 반영한 금액으로 특별수익액을 산정하면 될 것입니다.

이와 같이 상속분을 계산한 결과, 동생에게 더 이상 상속분이 존재하지 않는다면 동생분은 더 이상 상속재산에서 상속을 받으실 수 없습니다. 그리고 증여재산이(수용보상금)의 규모가 커서 남은 상속재산을 귀하와 어머님이 분할하여 상속받아도 유류분이 침해될 경우 동생분에 대해 유류분반환청구소송을 제기할 수 있습니다.

위 설명 드린 내용을 바탕으로 상속인인 어머님과 동생분과 상속재산분할협의를 진행해 보시기 바랍니다. 만일 협의가 도저히 이루어지지 않는다면 법원에 상속재산분할심판청구 소송을 제기해서 법원의 조정이나 판결을 통해 구체적인 분할을 해야 할 것입니다.

※ 민법

제1008조(특별수익자의 상속분)
공동상속인 중에 피상속인으로부터 재산의 증여 또는 유증을 받은 자가 있는 경우에 그 수증재산이 자기의 상속분에 달하지 못한 때에는 그 부족한 부분의 한도에서 상속분이 있다. 〈개정 1977. 12. 31.〉

제1009조(법정상속분)
① 동순위의 상속인이 수인인 때에는 그 상속분은 균분으로 한다. 〈개정 1977. 12. 31., 1990. 1. 13.〉
② 피상속인의 배우자의 상속분은 직계비속과 공동으로 상속하는 때에는 직계비속의 상속분의 5할을 가산하고, 직계존속과 공동으로 상속하는 때에는 직계존속의 상속분의 5할을 가산한다. 〈개정 1990. 1. 13.〉
③ 삭제 〈1990. 1. 13.〉

제1013조(협의에 의한 분할)
① 전조의 경우외에는 공동상속인은 언제든지 그 협의에 의하여 상속재산을 분할할 수 있다.
② 제269조의 규정은 전항의 상속재산의 분할에 준용한다.

제1115조(유류분의 보전)
① 유류분권리자가 피상속인의 제1114조에 규정된 증여 및 유증으로 인하여 그 유류분에 부족이 생긴 때에는 부족한 한도에서 그 재산의 반환을 청구할 수 있다.
② 제1항의 경우에 증여 및 유증을 받은 자가 수인인 때에는 각자가 얻은 유증가액의 비례로 반환하여야 한다.
[본조신설 1977. 12. 31.]

※ 판례

대법원은 최근 "민법 문언의 해석과 유류분 제도의 입법취지 등을 종합할 때 피상속인이 상속개시 전에 재산을 증여하여 그 재산이 유류분반환청구의 대상이 된 경우, 수증자가 증여받은 재산을 상속개시 전에 처분하였거나 수용되었다면 민법 제1113조 제1항에 따라 유류분을 산정함에 있어서 그 증여재산의 가액은 증여재산의 현실 가치인 처분 당시의 가액을 기준으로 상속개시까지 사이의 물가변동률을 반영하는 방법으로 산정하여야 한다.(대법원 2023. 5. 18.선고 2019다222867 유류분반환청구 참조)"라고 판시하여 유류분액산정시 증여재산의 현실 가치인 처분 당시의 가액을 기준으로 상속개시까지 사이의 물가변동률을 반영하는 방법으로 증여재산의 가액을 산정하도록 하였습니다.

사 례

상속재산분할협의 중 공동상속인이 사망했다면

안녕하세요, 법무법인 천명의 경태현 대표변호사입니다.

피상속인이 사망하게 되면 상속인들은 상속재산을 구체적으로 분할하는 상속재산분할협의 절차를 거치게 됩니다. 상속인들은 각자의 법정상속분대로 상속재산을 분할할 수도 있지만, 특별수익이나 기여분 기타 사정에 의해 상속분은 협의로 변경될 수 있습니다. 이러한 절차를 거쳐 상속재산이 구체적으로 분할된다면 상속인들은 각자의 상속분에 따라 재산을 실질적으로 취득할 수 있게 되는 것입니다.

그런데 위와 같은 상속재산분할절차를 마치기 전에 상속인 중 누군가가 사망하는 상황이 생길 수 있습니다. 이러한 경우 아직 상속재산이 구체적으로 분할되지 않았기 때문에 상속재산분할절차는 완료되지 않고 상속절차가 지연될 수 있습니다.

오늘은 상속재산분할협의를 완료하기 전 상속인이 사망한 경우, 상속절차를 진행하는 방법에 관해 이야기를 드려보도록 하겠습니다.

Questions ■ ■ ■

안녕하세요, 변호사님. 상속전문변호사이시라고 소개를 받아 이렇게 질문 남기게 되었습니다.

우선 얼마 전 아버지께서 돌아가셔서 상속 절차를 진행하는 상황입니다.
상속인으로는 어머니와 저를 포함한 자녀 3명입니다.

아버지께서 돌아가시기 전부터 모든 상속인들 동의하에 제가 아버지 부동산을 상속받기로 협의된 상황입니다.

그런데 아버지가 돌아가시고 또다시 1개월도 안 되어 곧바로 작은 형님이 사망해서 둘째 형수님과 조카가 형님의 상속을 받게 되었습니다.

이런 경우 제 아버지 부동산 단독상속 건과 관련해서도 형수님과 조카가 권리가 있는 것인가요?

답변 기다리겠습니다. 감사합니다.

Answers ■ ■ ■

귀하께서는 공동상속인이던 작은 형님이 사망한 경우, 형수님과 조카가 아버님의 상속과 관련해서도 권리를 가지는가를 궁금해하고 계신 것 같습니다.

아버님께서 돌아가셨을 때, 상속인들은 어머님과 자녀 3명이었고, 법정상속분은 어머니가 1.5지분, 자녀들이 각 1지분씩을 가지게 됩니다. 이를 분모화하면 어머니가 3/9지분, 자녀들이 각 2/9지분씩입니다.

그런데 작은형님께서 아버님 상속개시 이후에 사망하셨다면 작은형님의 상속분인 2/9지분이 그대로 형수님과 조카들에게 다시 상속됩니다. 따라서 귀하께서 단독으로 상속을 받기 위해서는 작은형님의 상속인인 형수님과 조카들의 동의와 관련 서류를 받으셔야지 아버님의 부동산을 단독상속받을 수 있을 것입니다.
아버지께서 돌아가시기 전에 이미 협의된 내용이라 할지라도, 상속개시 이전에 이루어진 상속재산분할협의는 무효인 협의로 법률상 효력이 없습니다.

먼저 작은 형님의 상속인들과 단독상속건에 대해 협의를 진행해 보시고 협의가 이루어지지 않는다면 다른 상속인의 상속분이라도 양도를 받으신 후 상속재산을 분할하시거나, 부동산을 반드시 단독으로 취득하셔야 한다면 작은형님 상속분만큼의 지분을 매수하는 방법도 고려해 보셔야 할 것으로 보입니다.

※ 민법

제1001조(대습상속)
전조 제1항 제1호와 제3호의 규정에 의하여 상속인이 될 직계비속 또는 형제자매가 상속개시 전에 사망하거나 결격자가 된 경우에 그 직계비속이 있는 때에는 그 직계비속이 사망하거나 결격된 자의 순위에 갈음하여 상속인이 된다. 〈개정 2014. 12. 30.〉

제1009조(법정상속분)
① 동순위의 상속인이 수인인 때에는 그 상속분은 균분으로 한다. 〈개정 1977. 12. 31., 1990. 1. 13.〉
② 피상속인의 배우자의 상속분은 직계비속과 공동으로 상속하는 때에는 직계비속의 상속분의 5할을 가산하고, 직계존속과 공동으로 상속하는 때에는 직계존속의 상속분의 5할을 가산한다. 〈개정 1990. 1. 13.〉
③ 삭제 〈1990. 1. 13.〉

제1013조(협의에 의한 분할)
① 전조의 경우 외에는 공동상속인은 언제든지 그 협의에 의하여 상속재산을 분할할 수 있다.
② 제269조의 규정은 전항의 상속재산의 분할에 준용한다.

※ 판례

유류분을 포함한 상속의 포기는 상속이 개시된 후 일정한 기간 내에만 가능하고 가정법원에 신고하는 등 일정한 절차와 방식에 따라야만 그 효력이 있다 할 것인데 피고 주장의 위 상속포기약정은 이 사건 상속개시 전에 이루어진 것으로서 위와 같은 절차와 방식에 따르지도 아니하여 그 효력이 없다.(대법원 1994. 10. 14. 선고 94다8334 판결)

사 례

지체장애 1급인 가족이 있을 때 상속재산분할협의서 작성하는 법

안녕하세요, 법무법인 천명의 경태현 대표변호사입니다.

가족 중에 장애, 질병 등의 사유로 혼자서 삶을 영위하는 것이 어려운 분이 있다면 상속뿐만 아니라 여러 법적인 절차를 진행하는 것이 매우 힘들어집니다. 특히 상속의 경우 공동상속인 전원의 동의가 필요한 일들이 많기 때문에 많은 분들이 저희 로펌에 도움을 청하시고 계십니다.

오랜 기간 상속 로펌의 대표변호사로 일하다 보면 다양한 사례들을 접하곤 하는데요. 오늘의 주제는 위와 관련된 '지체장애 1급인 가족이 있을 때 상속재산분할협의서 작성하는 법'입니다. 아래 글을 읽어보시고 도움이 되셨으면 좋겠습니다.

Questions ■ ■ ■

변호사님께 상속포기 문제로 상담하고 싶어서 이렇게 글을 적게 되었습니다. 저는 현재 임대아파트에 거주하고 있고 명의는 아버지로 되어있었습니다. 병원에 계시다가 돌아가셔서 재계약을 할 수 없던 상황이었구요.

알아보니까 상속재산분할협의를 해야지 문제가 해결될 것 같은데 우선 어머니는 상속포기를 할 예정입니다. 문제는 저희 형이 지체장애1급이어서 상속포기를 스스로 할 수가 없습니다. 법적인 대리인을 구하라고 하는데 어떤 절차를 밟아야 하는지 모르겠습니다. 저 같은 상황에 처했을 시 어떻게 해야 하는지 알려주시면 정말 감사하겠습니다.

Answers ■ ■ ■

우선 돌아가신 아버지의 상속인들은 귀하의 어머니와 귀하, 그리고 형님 이렇게 세분입니다. 따라서 법정상속분은 어머니가 1.5지분, 형과 귀하가 각각 1지분씩입니다. 하지만 위 상속분에도 불구하고 귀하는 상속재산분할협의서를 작성하여 단독상속을 진행하시려는 듯합니다.

이는 아시는 것처럼 상속인들 전원의 동의가 필요한데 형님의 지체장애로 인하여 상속재산분할협의서 작성이 어려우시다면 가정법원에 성년후견신청을 하시는 방법을 제안드립니다.

그리고 임시처분을 통해 어머님이나 귀하 혹은 친족들 중 한명을 임시후견인으로 지정받아 거주보장을 위한 상속재산분할협의서 작성명령을 받아보시기 바랍니다. 임시처분이 불가능하다면 최대한 빠르게 성년후견결정을 받아 법원의 허가를 통하여 상속재산분할협의서를 작성하시면 되겠습니다.

아래에서는 기본적인 상속포기 신청 방법과 함께 성년후견인 제도에 대해 알려드리도록 하겠습니다.

1) 상속포기 신청서 접수
- 피상속인의 최후 주소지 관할 법원에 접수합니다.

2) 상속포기 수리 및 심판서 결정문 송부
- 상속포기 심사는 서류심사 원칙이라 신고로 진행이 됩니다. 법원의 재량에 따라 기간이 다르지만 일반적으로 1~2개월 정도 소요됩니다.

3) 수리
- 법원에서 결정문을 받았을 때 '수리한다'라고 기재되어있다면 상속포기 신고가 수리된 것입니다.

4) 각하

– 만약 요건불비로 인하여 각하된 때에는 심판 고지 일로부터 14일내에 항고가 가능합니다.

성년후견제도란?

– 질병, 장애 등의 사유로 정신적 제약을 가진 사람들의 법적 업무 등을 편리하게 봐주고 대리하여 관리해주는 사람을 성년후견인이라고 합니다. 본인을 대신하여 임대차계약이나 금융, 상속업무 등을 대리할 수 있습니다만 모든 사안에서 전부 가능한 것은 아니기 때문에 신청 전에 상속전문변호사와 상담을 받아보시는 것을 권해드립니다.

※ 민법

제929조(성년후견심판에 의한 후견의 개시)

가정법원의 성년후견개시심판이 있는 경우에는 그 심판을 받은 사람의 성년후견인을 두어야 한다.

[전문개정 2011. 3. 7.]

제936조(성년후견인의 선임)

① 제929조에 따른 성년후견인은 가정법원이 직권으로 선임한다.

② 가정법원은 성년후견인이 사망, 결격, 그 밖의 사유로 없게 된 경우에도 직권으로 또는 피성년후견인, 친족, 이해관계인, 검사, 지방자치단체의 장의 청구에 의하여 성년후견인을 선임한다.

③ 가정법원은 성년후견인이 선임된 경우에도 필요하다고 인정하면 직권으로 또는 제2항의 청구권자나 성년후견인의 청구에 의하여 추가로 성년후견인을 선임할 수 있다.

④ 가정법원이 성년후견인을 선임할 때에는 피성년후견인의 의사를 존중하여야 하며, 그 밖에 피성년후견인의 건강, 생활관계, 재산상황, 성년후견인이 될 사람의 직업과 경험, 피성년후견인과의 이해관계의 유무(법인이 성년후견인이 될 때에는 사업의 종류와 내용, 법인이나 그 대표자와 피성년후견인 사이의 이해관계의 유무를 말한다) 등의 사정도 고려하여야 한다.

[전문개정 2011. 3. 7.]

제1013조(협의에 의한 분할)

① 전조의 경우외에는 공동상속인은 언제든지 그 협의에 의하여 상속재산을 분할할 수 있다.

② 제269조의 규정은 전항의 상속재산의 분할에 준용한다.

사례

상속재산분할협의서 작성방법과 상속소송을 걸지 않겠다고 기재하면 효력이 있나요?

Questions ■ ■ ■

안녕하세요, 가족끼리 상속분할협의서를 작성하려 합니다.

최근에 아버지께서 유언 없이 돌아가셔서 지방에 있는 작은 땅이랑 경기도에 있는 아파트, 예금 등을 정리해야 합니다. 상속인들은 5명이고 저희끼리는 가족회의로 막내가 전부 갖는 것으로 이야기되었습니다.

그러면 협의서를 작성할 때 그냥 상속재산 전부(재산 나열하고)를 00이가 상속받는 것으로 한다. 이런 식으로 작성을 해도 될까요? 아니면 뭐 아파트 따로 땅 따로 이런 식으로 개별적으로 작성을 해야 하는 것인가요?

저희가 현재로서는 아무 분란도 없고 모두 합의를 한 상태라서 내부적으로는 문제가 없어 보이긴 합니다. 또 지금은 그렇긴 한데 혹시 나중에 유류분이나 관련 상속 소송을 걸지 않겠다고 협의서에 명시한다면 효력이 있을까요?

Answers ■ ■ ■

안녕하세요, 상속재산분할협의서 법무법인 천명 대표변호사 경태현입니다.

상속재산분할협의서에는 모든 재산 목록을 정확하게 기재하여야 하고 각각의 재산에 대하여 00에게 상속한다고 기재하는 것이 원칙입니다. 물론 1인에게 모든 재산을 전부

상속한다고 작성하여도 상관없습니다. 즉 총괄 상속재산분할협의서에는 전체 재산을 모두 기재하여야 하고 등기용 상속재산분할협의서의 경우에는 다른 기타 재산을 작성하지 않아도 됩니다.

다만 은행이나 구청 등 각각 기관에서 원하는 협의서 양식이 존재하기 때문에 이에 맞추어 작성을 하고 제출하여야만 상속처리가 될 것입니다. 따라서 부동산등기용 협의서를 별도로 준비하여 상속등기를 진행하시고 예금의 경우에는 금융기관 양식을 받아서 그대로 작성하신 뒤 인출을 하시면 되겠습니다.

유류분부분의 경우 상속재산분할협의서를 작성하면서 이를 청구하지 않고 포기하겠다는 문구를 기재할 수 있습니다.

협의서에 추후 일체의 상속분할이나 유류분청구를 하지 않겠다는 부제소특약을 기재하시면 되는데, 예를 들면 공동상속인 A, B, C는 위 협의로 정한 것 이외에는 상대방에게 민사, 가사, 형사 등 일체의 분쟁을 제기하지 않겠다고 작성하시면 되겠습니다.

※ 민법

제1013조(협의에 의한 분할)

① 전조의 경우외에는 공동상속인은 언제든지 그 협의에 의하여 상속재산을 분할할 수 있다.

② 제269조의 규정은 전항의 상속재산의 분할에 준용한다.

사 례

대습상속인인 조카의 행방을 할 수 없는 경우의 상속재산분할

Questions ■ ■ ■

아버지께서 돌아가셔서 상속처리를 해야 하는 데 어려움이 있어 문의를 드리게 되었습니다.

상속인은 저와 동생 그리고 누나가 있는데, 누나는 오래전에 사망해서 상속인은 조카 한 명이 있습니다. 사위는 재혼을 해서 지금은 연락이 되지 않고 있습니다.

지금은 연락이 되지 않지만 조카도 상속권이 있다고 하는데 오랫동안 연락을 하지 않아 지금 어디에 있는지 모릅니다.

아버님은 생전에 재산은 저와 동생이 1/2씩 상속을 받으라고 했는데 만일 조카가 자신의 상속을 주장하게 되면 어떻게 해야 하는지 궁금합니다.

Answers ■ ■ ■

안녕하세요. 법무법인 천명의 경태현 대표변호사입니다.

원칙적으로 아버님이 사망하시게 되면 귀하의 형제들인 2남 1녀가 되고, 법정상속분은 각 1/3지분이 됩니다.

그런데 만일 자녀들 중 누군가가 아버님보다 먼저 사망하게 되면 그의 자녀가 대신 대습상속을 받게 됩니다.

귀하의 경우는 사위가 재혼을 했으므로 상속인이 아니게 되고, 조카가 사망한 누나의 상속분 1/3지분을 대습상속받아 상속인은 귀하, 동생, 그리고 사망한 누나의 상속인인 조카가 되고, 이때 법정상속분은 각 1/3이 됩니다.

다만 아버님이 귀하의 형제에게 각 1/2지분씩 상속을 받을 것을 유언으로 남기셨다고 하는데, 유언은 민법의 규정에 따른 유언만이 법률상 효력이 있습니다.

대부분 유언은 자필유언장 또는 유언공증의 형식을 취하게 되는데, 만일 이러한 유언장이 없이 말 또는 생전에 의사로 이러한 취지의 당부를 한 것에 불과하다면, 이것을 유언으로 볼 수 없으므로, 법정상속분의 비율에 따라 분할하는 것이 원칙입니다.

만일 이 경우 비율을 변경하고자 한다면 조카와 상속재산분할협의를 하거나 법원에 상속재산분할심판청구소송을 신청해서 변경할 수 있습니다.

또한 조카의 경우 상속재산분할심판청구의 소를 신청하면 법원의 도움을 받아 주민등록초본을 발급받아 주소 확인이 가능하나, 소송을 하지 않은 상태에서는 주변에 물어서 확인하는 것이 대부분입니다.

그러므로 조카를 좀 더 찾아보시고 도저히 찾기 어렵다면, 아버님의 제적등본, 기본증명서, 가족관계증명서, 혼인관계증명서, 주민등록말소자초본, 귀하와 동생의 가족관계증명서, 주민등록초본, 상속처리할 부동산등기부등본, 귀하나 동생분이 생전에 증여받은 재산이 있다면 그것을 증명할 수 있는 자료 등을 준비해서 상속재산분할심판청구 혹은 부재자재산관리인선임청구, 실종선고 등의 구체적 방법에 관하여 방문상담을 받아 보시길 바랍니다.

※ 민법

제1009조(법정상속분)

① 동순위의 상속인이 수인인 때에는 그 상속분은 균분으로 한다. 〈개정 1977. 12. 31., 1990. 1. 13.〉

② 피상속인의 배우자의 상속분은 직계비속과 공동으로 상속하는 때에는 직계비속의 상속분의 5할을 가산하고, 직계존속과 공동으로 상속하는 때에는 직계존속의 상속분의 5할을 가산한다. 〈개정 1990. 1. 13.〉

③ 삭제 〈1990. 1. 13.〉

제1013조(협의에 의한 분할)

① 전조의 경우외에는 공동상속인은 언제든지 그 협의에 의하여 상속재산을 분할할 수 있다.

② 제269조의 규정은 전항의 상속재산의 분할에 준용한다.

제1060조(유언의 요식성)

유언은 본법의 정한 방식에 의하지 아니하면 효력이 생하지 아니한다.

사 례

해외에 거주하는 상속인의 상속재산분할협의서 작성법

Questions ■ ■ ■

어머니가 언니와 임대아파트에 살고 있었는데 얼마 전에 돌아가셨습니다. 그래서 임대인의 명의를 어머니에게서 언니로 바꾸려고 하는데 형제들의 동의가 필요하다고 합니다.

그런데 형제들 중 한 명이 해외에서 있는데 그 형제의 서류도 필요하다고 합니다. 이런 경우에 해외에 있는 자녀도 국내에 입국해서 서류를 작성해야 하는지 아니면 입국하지 않고도 하는 방법이 있는지 궁금합니다.

Answers ■ ■ ■

안녕하세요. 상속재산분할협의서 법무법인 천명 대표변호사 경태현입니다.

어머니께서 별도의 유언을 남기지 않고 돌아가신 경우 자녀들이 공동상속인이 되어 명의변경을 하려고 한다면 상속인들인 가족들이 어머니 명의의 보증금을 한 자녀에게 이전한다는 상속재산분할협의서의 제출이 필수입니다. 따라서 협의서에 한명이라도 누락되면 그 협의서는 효력이 없고 명의변경도 어렵게 됩니다.

그런데 귀하의 경우에는 상속인 중 한 명이 해외에 있어서 동의서의 발급이 어려운 것으로 보이나, 해외에 거주하는 한국국적자의 경우에는 해당 국가의 한국영사관에 가서 재외국민등록부등본, 거주확인서, 서명인증서, 상속재산분할협의서 작성에 대한 위임장을 발급받아 한국영사관 인증을 받은 후에 한국의 대리인에게 우편으로 보내면 됩니다. 그리고 한국에서 위임을 받은 대리인이 해당 서류를 받아 상속재산분할협의서에 동의절차를 진행하면 됩니다.

※ 민법

제1013조(협의에 의한 분할)

① 전조의 경우외에는 공동상속인은 언제든지 그 협의에 의하여 상속재산을 분할할 수 있다.

② 제269조의 규정은 전항의 상속재산의 분할에 준용한다.

사 례

이복형제가 있는 상속재산분할협의

Questions

어머니 재산상속문제입니다. 어머니는 아버지와 10년 전부터 별거 중입니다. 서로 왕래도 하지 않으시고 이혼만 하지 않을 뿐 완전히 남남으로 사셨습니다. 그런데 어머니가 살던 빌라가 재개발돼서 분양받은 아파트가 있습니다. 그 아파트를 분양받을 때 조합원의 추가분담금이 있어서 대출을 받아 지급했고 그 돈은 제가 갚고 있습니다.

아버지는 어머니 명의의 아파트는 제가 그동안 어머니하고 살고 있었기 때문에 저에게 상속해 주신다고 하는데 이복형제가 자기도 상속인이라고 하면서 제 명의로 하는데 반대하고 있습니다. 그리고 반반씩 하든가 아니면 아버지 명의로 상속했다가 나중에 나누자고 합니다.

그동안 어머니와 살면서 아버지는 저희에게 아무 도움도 주지 않았고 이 아파트는 오직 어머니와 저의 힘으로 만든 것입니다. 그리고 이복형제도 이 아파트와 아무 관계가 없습니다. 이럴 때는 어떻게 해야 하나요.

Answers ■ ■ ■

안녕하세요. 상속전문변호사 경태현입니다. 어머님의 상속인은 아버지와 친자인 귀하이고 이복형제는 어머니의 친자도 아니고 어머니가 동거양육하지도 않았다면 어머님의 상속인이 아닙니다.

이때 법정상속분은 아버지가 1.5지분, 귀하가 1지분이지만, 아버지와 귀하가 협의를 해서 귀하가 단독상속받는 것으로 하는 상속재산분할협의를 하면 어머니의 상속재산은 귀하가 단독으로 분할받을 수 있습니다.

그러나 이복형제가 어머니의 가족관계등록부에 자녀로 기재되어 있고, 이러한 점을 주장하면서 상속분할을 요구한다면 귀하와 아버지만의 합의만으로는 어머니의 상속재산에 대한 상속재산분할협의서를 작성할 수 없습니다.

이 경우 귀하는 이복형제를 상대로 친생자관계부존재확인의소를 제기해서 이복형제를 가족관계등록부에서 말소할 수 있습니다.

다만 이러한 경우에도 이복형제는 입양의 효력을 주장할 수 있으나, 어머니와 이복형제가 함께 동거하면서 어머니가 이복형제를 양육한 사실이 없다면 입양의 효력이 없으므로 말소가 가능합니다.

더욱 자세한 것은 어머니의 기본증명서, 가족관계증명서, 혼인관계증명서, 전 주소가 기재된 주민등록초본, 귀하의 전 주소가 기재된 주민등록초본, 아버지의 가족관계증명서, 혼인관계증명서, 전 주소가 기재된 주민등록초본, 어머니의 상속부동산 등기부등본 등 자료를 준비해서 상담을 받아 보시길 바랍니다.

※ 민법

제865조(다른 사유를 원인으로 하는 친생관계존부확인의 소)

① 제845조, 제846조, 제848조, 제850조, 제851조, 제862조와 제863조의 규정에 의하여 소를 제기할 수 있는 자는 다른 사유를 원인으로 하여 친생자관계존부의 확인의 소를 제기할 수 있다.

② 제1항의 경우에 당사자일방이 사망한 때에는 그 사망을 안 날로부터 2년내에 검사를 상대로 하여 소를 제기할 수 있다. 〈개정 2005. 3. 31.〉

제1009조(법정상속분)

① 동순위의 상속인이 수인인 때에는 그 상속분은 균분으로 한다. 〈개정 1977. 12. 31., 1990. 1. 13.〉

② 피상속인의 배우자의 상속분은 직계비속과 공동으로 상속하는 때에는 직계비속의 상속분의 5할을 가산하고, 직계존속과 공동으로 상속하는 때에는 직계존속의 상속분의 5할을 가산한다. 〈개정 1990. 1. 13.〉

③ 삭제 〈1990. 1. 13.〉

사 례

임신 중인 자녀를 제외하고 한 상속재산분할협의의 효력

Questions

결혼하고 얼마 지나지 않아 남편이 사망했고 당시에 저는 임신 중이었습니다. 갑작스러운 남편의 사망으로 정신이 없었던 저는 시아버님이 시키는 대로 함께 다니면서 상속포기서에 도장을 찍어 남편 명의의 재산을 시아버님께 넘긴다는 데 동의했습니다. 그 당시 시아버님은 나중에 재산을 다 정리해서 처리해 주겠다고 하셨습니다.

그런데 남편 명의의 집과 돈을 모두 시아버님 명의로 넘긴 후에 저는 친정으로 가서 아이를 낳고 다시 시댁으로 들어갔습니다. 그런데 시부모님과 함께 사는 것이 쉽지 않았고 더구나 남편이 결혼 초에 사망한 일이 마치 저의 책임인 것처럼 저를 원망하셔서 더 이상 있을 수 없어서 집을 나와 다시 친정으로 돌아갔습니다.

이제는 더 이상 시댁과 관계를 지속하기가 어렵다는 생각이 듭니다. 그런데 시부모님들과 시동생은 제가 모든 재산을 포기한다는 포기서에 도장을 찍었기 때문에 제게 줄 것이 없다고 합니다.

처음에 도장을 찍으라고 할 때에는 분명히 나중에 정리해서 준다고 하셨는데, 지금에 와서 제가 포기해서 그냥 나가라고 하니 너무 억울합니다. 포기한 것을 원래대로 다시 돌려놓을 수는 없을까요?

Answers ■ ■ ■

남편분의 자녀가 없이 배우자인 귀하만 있는 상태에서 남편분이 사망함으로써 남편분을 피상속인으로 하는 상속이 일어난 경우 상속인은 귀하와 시부모님이 되고 법정상속분은 귀하가 3/7지분, 시부모님이 각 2/7지분이 됩니다.

그런데 남편분이 사망할 당시에 귀하가 임신 중이었고 그 후에 자녀가 아무런 문제 없이 태어난다면 이 경우 상속인은 귀하와 태어난 자녀가 됩니다. 그리고 이때 법정상속분은 자녀가 2/5지분이고 귀하가 3/5지분이 됩니다.

따라서 만일 귀하가 시부모님과 귀하의 합의로 남편분의 모든 재산에 대한 상속을 포기했다면 이러한 합의는 상속인이 아닌 시부모님이 참여했을 뿐 정작 상속인인 자녀는 빠졌으므로 태아의 권리능력에 대하여 다수설인 해제조건부설의 입장에 의하면 태아를 배제한 상속재산분할협의는 당연히 무효이고 이 경우 귀하와 귀하의 자녀는 시부모님을 상대로 무효인 상속재산분할을 원인으로 가져간 부동산과 금융재산에 대해서 상속회복을 원인으로 하는 소유권말소나 이전등기를 청구할 수 있고 금전에 대한 반환을 청구할 수 있습니다. 반면, 판례의 입장인 정지조건부설에 의하면 태아를 배제한 상속재산분할협의는 일단 유효하고 태아는 제1014조(분할 후의 피인지자 등의 청구권)를 유추 적용하여 자신의 상속분에 해당하는 가액지급을 청구하여야 한다는 견해도 있을 수 있습니다.

다만 귀하의 상속포기가 협의분할이 아닌 법원에 상속포기신청을 함으로써 상속포기심판문을 받는 방법으로 포기된 것이라면, 귀하는 상속인으로부터 배제되므로 태어난 자녀가 유일한 상속인이 됩니다. 따라서 이 경우에는 자녀만 위 언급된 상속회복청구를 할 수 있습니다.

보다 구체적인 상담은 남편분과 귀하의 기본증명서, 가족관계증명서, 혼인관계증명서, 주민등록초본, 자녀의 기본증명서, 가족관계증명서, 주민등록초본, 남편 명의에서 시아버님 명의로 이전된 재산에 대한 부동산등기부등본과 각 금융자료 등을 준비해서 방문상담해 주시기 바랍니다.

※ 민법

제999조(상속회복청구권)

① 상속권이 참칭상속권자로 인하여 침해된 때에는 상속권자 또는 그 법정대리인은 상속회복의 소를 제기할 수 있다.

② 제1항의 상속회복청구권은 그 침해를 안 날부터 3년, 상속권의 침해행위가 있은 날부터 10년을 경과하면 소멸된다. 〈개정 2002. 1. 14.〉

[전문개정 1990. 1. 13.]

제1000조(상속의 순위)

① 상속에 있어서는 다음 순위로 상속인이 된다. 〈개정 1990. 1. 13.〉

1. 피상속인의 직계비속
2. 피상속인의 직계존속
3. 피상속인의 형제자매
4. 피상속인의 4촌 이내의 방계혈족

② 전항의 경우에 동순위의 상속인이 수인인 때에는 최근친을 선순위로 하고 동친등의 상속인이 수인인 때에는 공동상속인이 된다.

③ 태아는 상속순위에 관하여는 이미 출생한 것으로 본다. 〈개정 1990. 1. 13.〉

[제목개정 1990. 1. 13.]

제1009조(법정상속분)

① 동순위의 상속인이 수인인 때에는 그 상속분은 균분으로 한다. 〈개정 1977. 12. 31., 1990. 1. 13.〉

② 피상속인의 배우자의 상속분은 직계비속과 공동으로 상속하는 때에는 직계비속의 상속분의 5할을 가산하고, 직계존속과 공동으로 상속하는 때에는 직계존속의 상속분의 5할을 가산한다. 〈개정 1990. 1. 13.〉

③ 삭제 〈1990. 1. 13.〉

사 례

매매계약 후 이루어진 상속재산분할협의에 의해 손해를 입었다면…

안녕하세요, 법무법인 천명의 경태현 대표변호사입니다.

피상속인의 사망으로 상속이 개시되면 상속인들은 상속재산분할협의를 통해 상속재산을 나누어 상속받을 수 있습니다. 이때 중요한 것은 상속재산분할협의는 소급효가 존재한다는 것입니다. 즉, 상속재산분할협의가 완료된다면 상속인들은 상속개시로 소급하여 직접 피상속인으로부터 상속재산을 승계취득한 것으로 보게 되는 것이지요.

이렇게 상속재산분할협의를 완료하였는데, 협의 이전에 상속재산을 상속인으로부터 양수한 제3자가 있다면 상속재산분할협의 효력은 어떻게 될까요? 오늘은 저희 법무법인 천명을 찾아주신 사례를 바탕으로 이에 대해 설명 드리도록 하겠습니다.

Questions ■ ■ ■

안녕하세요, 변호사님.

상속 관련해서 억울한 사정이 생겨서 찾아보니 변호사님께서 이 분야의 전문가이신 것 같아 질문 드립니다.

저는 얼마 전 지인 갑과 갑이 상속받은 부동산에 대한 매매계약을 체결했습니다.
상속분할협의는 아직 완료되지 않은 상황이긴 했지만 갑이 이 부동산은 본인이 상속받기로 되어있기 때문에 문제될 것이 없다고 강력하게 설득해서 계약을 체결하게 되었는데요.

계약 체결 후에 소유권이전등기를 하려고 하니 등기가 완료되기 전에 상속재산분할 과정에서 갑이 아닌 다른 상속인이 그 부동산을 단독상속 받고 등기까지 마쳤더라구요.

저는 그 부동산으로 사업을 하려고 이미 여러 가지 준비를 마친 상태라 지금 이 부동산을 양수하지 못하면 큰 손해를 입게 됩니다.

저와 매매계약 체결 후 이루어진 상속재산분할이 정당한가요?

Answers ■ ■ ■

안녕하세요, 상속재산분할 법무법인 천명의 경태현 대표변호사입니다.

귀하께서는 부동산 매매계약을 체결한 후 소유권이전등기가 완료되기 전 상속재산분할을 통해 계약 당사자인 상속인이 아닌 다른 상속인에게 해당 부동산이 상속되었을 때 그 상속재산분할이 유효한지 궁금하신 것 같습니다.

> 민법
> 제1015조(분할의 소급효)
> 상속재산의 분할은 상속개시된 때에 소급하여 그 효력이 있다. 그러나 제삼자의 권리를 해하지 못한다.

우선, 앞서 말씀드렸듯 상속재산분할협의는 소급효가 존재합니다. 따라서 상속 개시 이후 상속재산분할을 통해 상속재산을 취득했다면 상속 개시시에 상속재산을 취득한 효과가 있는 것입니다. 구체적으로 설명하자면 피상속인의 사망으로 상속이 개시되었을 때 상속 개시 당시에는 공동상속인들이 상속재산을 잠정적으로 공유하고 있는 것으로 보게 됩니다. 이후 상속재산분할을 통해 공동상속인들이 상속재산을 나누어 취득하게 된다면 공유하고 있던 상속인들로부터 지분을 취득하는 것이 아닌 상속개시로 소급하여 당시에 피상속인으로부터 승계취득 한 것으로 보게 되는 것입니다.

다만 위 민법 제1015조의 단서를 보시면 분할의 소급효는 제삼자의 권리를 해하지 못한다고 규정하고 있습니다. 즉, 귀하께서는 매매계약 이후 이루어진 상속재산분할협의에 의해 계약 대상이었던 부동산을 양수하지 못하게 되어 불이익을 받게 되었으므로 위 상속재산분할협의에 대항할 수 있는 가능성이 있습니다.

그러나 귀하께서 권리를 주장하기 위해서는 상속재산에 속하는 각 재산에 대한 상속인의 지분에 관한 권리를 취득하고 효력발생요건과 대항요건을 갖추어야 합니다. 이러한 관점에서 귀하께서 소유권이전등기를 아직 경료하지 않은 사실은 효력발생요건의 결여로 볼 수 있으므로, 귀하께서 민법 제1015조의 제3자에 해당하지 않는다고 볼 여지가 큽니다.

참고 효력발생요건과 등기 : 종래에는 법률행위에 의한 물권변동에 있어서 의사주의를 채택한 결과 등기(구민§177)와 인도(구민§178)가 대항요건이 되어 있었으나 현행민법은 형식주의를 채택한 결과 이것이 효력발생요건으로 되어 있다.

다만 위 상속재산분할협의가 무효로 될 수 있는 가능성이 아예 없는 것은 아니고, 상속재산분할로 부동산을 상속한 자가 협의분할이 이루어지기 전 다른 상속인이 해당 부동산을 제3자에게 매도했다는 사실을 알았거나 매도한 상속인의 배임행위를 유인, 교사, 가담한 사정이 있다면 민법 제103조에 규정되어 있는 반사회질서의 법률행위에 해당하기 때문에 무효의 사유가 될 수 있습니다.

민법 제103조(반사회질서의 법률행위) 선량한 풍속 기타 사회질서에 위반한 사항을 내용으로 하는 법률행위는 무효로 한다.

이를 위해서는 귀하께서 해당 부동산을 상속받은 상속인이 매매계약을 미리 알고 있었고, 공동상속인의 배임행위에 가담했다는 사실을 구체적 증거를 통해 입증해야 하고 이를 극적으로 주장하시는 것이 필요할 것입니다. 대법원도 이와 같이 판단하고 있습니다.

"상속재산 협의분할로 위 부동산을 단독으로 상속한 자가 협의분할 이전에 공동상속인 중 1인이 그 부동산을 제3자에게 매도한 사실을 알면서도 상속재산 협의분할을 하였을 뿐 아니라 위 매도인의 배임행위(또는 배신행위)를 유인, 교사하거나 이에 협력하는 등 적극적으로 가담한 경우에는 위 상속재산 협의분할 중 위 매도인의 법정상속분에 관한 부분은 민법 제 103조 소정의 반사회질서의 법률행위에 해당한다 할 것이다." (대법원 1996. 4. 26. 선고 95다54426,54433 판결)

사 례

새어머니와 친자 간의 상속재산분할협의와 상속등기의 문제

Questions ■ ■ ■

지난 6월에 아버지가 돌아가셔서 저희 가족들 명의로 상속등기를 하려고 합니다. 그런데 어머니는 새어머니이신데 아버지의 집을 본인의 명의로 등기해 달라고 하십니다.

아버지의 가족관계등록부를 발급받아 보면 아버지의 자녀로는 저 혼자만이 있는데, 새어머니는 아버지와 재혼하기 전에 다른 남자와 사이에서 자녀를 낳았고, 그 자녀는 저희 집에 자주 왕래를 했습니다.

새어머니는 일단 아버지의 집을 본인의 이름으로 상속을 받으려고 하는데, 제가 알기로 나중에 그 집을 새어머니의 친자에게 증여해 주려는 것 같습니다.

새어머니를 설득하고 있지만 아버지의 친자는 저 말고는 없다보니 난감하기만 합니다. 새어머니는 자꾸 재촉을 하시는데 어떻게 처리해야 하나요? 참고로 저의 생모되시는 분은 제가 어릴 때 돌아가셔서 지금은 안 계십니다.

Answers ■ ■ ■

안녕하세요. 재산상속 전문변호사 경태현입니다.

재혼가정인 경우 사망하신 아버지의 상속인은 배우자인 새어머니와 친자인 귀하가 됩니다. 새어머니의 친자는 비록 새어머니의 친자이지만 아버님의 친자가 아니고 아버님의 가족관계등록부에 양자로 입적된 것도 아니므로 상속인이 될 수 없습니다.

따라서 아버지를 피상속인으로 하는 상속절차에서 상속인들인 새어머니와 귀하의 법정상속분은 새어머니가 3/5지분이고, 귀하가 2/5지분이 됩니다. 그러므로 아버님이 유언이 없이 사망했다면 원칙적으로 위와 같은 비율에 따라 상속되어야 할 것입니다.

물론 귀하와 새어머니 간에 상속재산분할협의를 통해서 아버님의 상속재산을 새어머니에게 전부 상속하게 하거나 다른 비율로 상속하게 한다면, 이러한 협의는 법정상속지분보다 우선하게 되어 협의된 내용 그대로 상속이 이루어집니다.

가령 귀하의 법정상속지분이 2/5지분이라고 하더라도 귀하가 아버님의 상속재산을 모두 새어머니에게 상속하는 것에 동의하는 상속재산분할협의서에 날인하게 된다면, 아버님의 상속재산은 모두 새어머니에게 상속됩니다.

그리고 이러한 상속재산분할협의는 최종적이고 확정적이기 때문에 일단 한번 합의가 이루어지고 상속재산분할협의서가 적법하게 작성되면 후에 이를 귀하의 의사에 따라 임의로 변경할 수 없습니다.

또한 귀하는 새어머니의 상속인이 아니기 때문에 이번에 아버님의 집을 새어머니 명의로 상속하게 되는 경우, 후에 새어머니가 사망하더라도 귀하는 아무런 권리가 없고, 그 집은 새어머니의 친자에게 상속됩니다.

그러므로 만약 새어머니가 인감도장과 인감증명서를 요구하면 주기 전에 충분히 생각한 후 새어머니의 제안이 합당하다고 생각하시면 그 합의에 따라 상속재산분할협의서를 작성하고 상속등기를 하면 될 것입니다.

그러므로 현재로써는 일단 새어머니와 법정상속비율을 기준으로 상속등기를 하는 것에 협의를 해보시기 바랍니다.

그럼에도 불구하고 새어머니가 일방적 주장만을 함으로써 원만한 합의가 어렵다면 귀하는 가정법원에 상속재산분할심판청구소송을 신청함으로써 법원의 조정이나 판결을 통해 귀하의 권리를 확보할 수 있습니다.

보다 자세한 것은 아버지 기본증명서, 가족관계증명서, 혼인관계증명서, 주민등록말소자초본, 상속부동산등기부등본, 상속예금거래내역서 등을 기초로 상담을 해주시길 바랍니다.

※ 민법

제1009조(법정상속분)
① 동순위의 상속인이 수인인 때에는 그 상속분은 균분으로 한다. 〈개정 1977. 12. 31., 1990. 1. 13.〉
② 피상속인의 배우자의 상속분은 직계비속과 공동으로 상속하는 때에는 직계비속의 상속분의 5할을 가산하고, 직계존속과 공동으로 상속하는 때에는 직계존속의 상속분의 5할을 가산한다. 〈개정 1990. 1. 13.〉
③ 삭제 〈1990. 1. 13.〉

제1013조(협의에 의한 분할)
① 전조의 경우외에는 공동상속인은 언제든지 그 협의에 의하여 상속재산을 분할할 수 있다.
② 제269조의 규정은 전항의 상속재산의 분할에 준용한다.

사 례

상속재산의 분할방법

Questions ■ ■ ■

시아버님이 돌아가신 지 벌써 3년이 지났고, 시어머니가 돌아가신 지도 벌써 1년이 지났네요.

저는 1남 3녀 중에 며느리입니다.
시아버님은 돌아가시기 전에 5년 정도 병석에 누워계셨지요. 돌아가시기 얼마 전에는 치매까지 앓으셔서 고생도 많이 했어요. 시누이들은 시아버님을 요양병원에 모시자고 했지만 그 당시에는 시어머니도 계시고 저의 남편도 시아버님을 집에서 모시고 싶다고 해서 병수발을 집에서 했어요.

그동안 많은 고생을 하고 거의 집을 찾지 않는 시누이들과 시어머니나 남편 사이에서 이런 저런 섭섭한 다툼도 있었지만, 아무튼 5년간의 병치료를 끝으로 시아버님이 돌아가셨어요. 그 후에 시어머니도 조금씩 건강이 좋지 않으시다가 지난 1년 전에 돌아가시고, 얼마 전에 1년 상을 집에서 치렀습니다.

그런데 시어머니가 돌아가시고 나서 시아버님 명의로 남아 있던 집 문제로 집안이 시끄러워지기 시작했어요.

남은 재산이라고 해봐야 시부모님이 사시던 집과 얼마의 예금이 있는데, 집은 시가로 약 18억 원 정도 한다고 하고, 1층은 상가 3개가 있는데 보증금 2억 원에 월세로 250만 원을 받고 있습니다. 그동안 상가에서 나오는 월세로 시부모님들이 생활하셨고 모자라는 병원비는 남편이 보태왔습니다.

그런데 시누이들은 부모님들이 모두 돌아가셨으니 이제 집을 똑같이 4분의 1씩 공동명의로 하자고 하네요.

그렇지만 남편은 그동안 시누이들이 한 행동이 괘씸해서 그렇게는 할 수 없다고 해요.

시누이들은 자신들도 똑같은 자식이고 아들 딸 구분이 없이 똑같이 4분의 1씩이기 때문에 법대로 하자고 해요.

이런 남편과 시누이들 사이에서 힘이 듭니다. 큰 분란 없이 해결할 수 있는 방법이 없을까요?

Answers ■ ■ ■

사실관계를 정리하면, 시아버님이 사망한 후 시아버님의 재산을 정리하지 않은 상태에서 시어머니가 돌아가시자 재산상속문제가 불거진 것으로 보입니다. 그리고 상속인으로는 자녀인 1남 3녀가 있는데, 딸들은 법정지분을 기준으로 각 1/4씩 상속등기를 할 것을 주장하는 반면에 귀하의 남편은 이것을 거부하고 있는 것으로 보입니다. 이러한 사실관계를 기준으로 귀하의 질문에 답변을 드리겠습니다.

일단 특별한 이유가 없고 귀하의 남편이 부모님으로부터 증여를 받은 사실이 없다면 원칙적으로 상속재산은 딸들의 주장과 같이 1/4씩 취득하게 됩니다.

그러나 이 중 일부의 상속인(이 사건의 경우는 귀하의 남편)이 이를 거부하고 원만한 합의를 할 수 없기 때문에 이 경우 딸들이 할 수 있는 방법은 남편분의 동의 없이 일방적으로 1/4씩 등기를 하든가 법원에 상속재산분할심판청구소송을 하는 것입니다.

만일 법원에 상속재산분할심판청구소송을 제기하게 되면 법원의 조정이나 판결을 거쳐 구체적인 분할절차를 밟게 되는데, 이때 분할방법으로는 일부 상속인이 상속재산을 전부 취득하고 다른 상속인들에게 금액을 지급하는 방법, 해당 부동산을 경매해서 그 대금을 각자의 상속분에 따라 취득하는 방법입니다.

그러나 이러한 분할방법 이전에 먼저 각자의 상속분을 정하거나 합의를 보게 되는데, 만일 상속인들 중에 증여를 받은 상속인이 없다면 기여분에 따라 지분이 변경될 수 있습니다. 만일 기여분에 의한 변경이 없다면 합의가 없는 한 4분의 1 비율로 각자가 상속분을 취득하게 됩니다.

특히 귀하의 경우 남편이 기여분을 주장할 필요가 충분히 있고 법원에서도 인정될 가능성이 충분해 보입니다. 그러므로 기여분으로 인한 상속분의 변경 등에 대한 구체적인 것은 관련 자료를 지참해서 방문상담해 주시기 바랍니다.

사 례

상속재산분할청구절차와 재산분할방법 등

Questions

어머님이 돌아가셔서 상속재산분할과 관련해서 문의 드립니다.

어머님 상속재산이 여러 지역에 땅과 집 그리고 예금이 있습니다. 갑작스럽게 돌아가셔서 별도 유언은 없습니다.

형제들은 2남 1녀이고 저는 장남입니다.
하지만 동생들과는 협의가 되지 않고 있습니다. 그래서 저는 법원에 상속재산분할청구를 하려고 합니다.

이와 관련된 질문을 드리겠습니다.

1. 3남매인데 제가 동생들과 상관없이 저 혼자 상속재산분할청구를 신청할 수 있는 것이 맞나요?

2. 상속재산분할청구 신청 후 협의과정에서 동생들 두 명과 얼굴을 마주하고 싶지는 않습니다. 대면하는 것을 거부할 수 있나요?

3. 상속재산이 여기저기 흩어진 땅, 주택, 예금을 대상으로 신청하는 것인데 3명이 각자 이 땅은 내 땅하고 나누어 가지기에는 땅의 크기와 위치, 가격이 상이해서 이런 경우 보통 법원에서 어떻게 분할하는지요?

4. 마지막으로 만약 제 동생들이 어머니 생전에 저보다 많은 재산을 증여받았다는 것이 법원에서 밝혀진다면 이 경우 n분의 1이 되지 않고 저에게 더 많이 올 수 있나요? 이런 사전증여를 밝히기 위해서는 변호사님에게 의뢰하면 조사를 해주나요?

Answers ■ ■ ■

어머니의 상속인들은 자녀들 3명이고 법정상속분은 각 1/3지분씩입니다.

그런데 위 법정상속분에도 불구하고 전원 협의를 해서 상속재산분할비율과 분할방법을 정할 수 있습니다.

다만, 기여분이 있는 경우와 사전 증여받은 재산(특별수익)이 있는 경우 그리고 공동소유가 부적절해서 구체적인 분할을 원하는 경우, 형제들 간의 감정적인 부분 등 여러 가지 이유로 상속협의가 안 되는 경우가 있습니다.
이런 경우 법적절차로는 "상속재산분할심판청구"가 있습니다.

귀하의 경우 상속재산분할심판청구소송에 대한 절차 및 구체적 분할방법 등에 대한 질문으로 보입니다.

1. 3남매인데 제가 동생들과 상관없이 저 혼자 상속재산분할청구를 신청할 수 있는 것이 맞나요?

→ 상속재산분할심판청구는 상속인들 전원이 관여되어야 합니다. 귀하가 상속재산분할청구를 한다면 나머지 2명을 상대로 해야 하고, 할 수 있습니다. 반대로 귀하와 동생 중 1인이 나머지 1인을 상대로 상속재산분할청구를 할 수도 있습니다. 그리고 동생들 2명이 귀하를 상대로 상속분할청구를 할 수도 있습니다.

2. 상속재산분할청구 신청 후 협의과정에서 동생들 두 명과 얼굴을 마주하고 싶지는 않습니다. 대면하는 것을 거부할 수 있나요?

➜ 귀하가 변호사를 선임해서 소송대리인을 통해서 상속재산분할청구를 하면 귀하 대신에 변호사가 법원의 조정절차와 재판절차를 전적으로 진행할 수 있습니다. 그러므로 변호사를 선임해서 진행하면서 굳이 대면을 할 필요가 없습니다.

3. 상속재산이 여기저기 흩어진 땅, 주택, 예금을 대상으로 신청하는 것인데 3명이 각자 이 땅은 내 땅하고 나눠가지기에는 땅의 크기와 위치, 가격이 상이해서 이런 경우 보통 법원에서 어떻게 분할하는지요?

➜ 상속재산분할청구를 하는 경우 가장 중요한 것 중의 하나가 상속재산에 대한 구체적인 분할방법이 됩니다.

가정법원에서는 각 상속부동산에 대한 시가감정을 해서 가치평가를 하고 각자의 점유, 이용 상태, 가치를 고려하고 상속인들의 의사를 확인해서 가능한 현물분할(어느 것은 누가 상속받고 어느 것은 누가 상속받는 형태)로 하고 각자 개별분할한 후 부족한 상속가액에 대한 현금정산을 하게 됩니다.

만약 전부 현물분할과 현금정산이 부적절하다면 최종적으로는 부동산의 경우는 경매분할을 하게 될 것입니다.

사 례

상속재산분할심판청구의 당사자가 될 수 있는 사람은 누구일까요?

안녕하세요, 법무법인 천명의 경태현 대표변호사입니다.

상속인이 여러 명일 경우 상속재산은 잠정적 공유 상태에 놓이게 됩니다. 따라서 상속재산분할 절차를 통해 상속재신을 상속인의 단독소유로 만드는 것이 필요합니다. 이때 상속재산분할청구소송은 협의에 의한 상속재산 분할이 원만히 이루어지지 않는 경우 법원에 재판을 청구하여 분할하는 절차를 말합니다.

오늘은 이러한 상속재산분할청구소송의 당사자에 대해 저희 법무법인 천명에 질문주신 것을 바탕으로 이에 대해 쉽게 풀어 알려드리겠습니다.

Questions ■ ■ ■

안녕하세요 변호사님, 상속 관련해서 질문이 있어 남깁니다.

상속재산분할심판청구를 하려고 하는데, 저희 집안 사정이 조금 애매해서 정확히 누가 청구를 할 수 있는지 알아야 할 것 같습니다.

변호사님께서 상속재산분할심판청구의 당사자에 대해 정리해서 알려주시면 감사하겠습니다.

Answers ■ ■ ■

1. 상속재산분할심판청구의 당사자에 대해서

원칙적으로 상속재산분할심판청구의 당사자는 필수적공동소송이므로 공동상속인들 전원입니다.

다만, 아래에서는 "상속재산분할심판청구소송의 당사자와 관련된 문제"에 대해서 살펴보도록 하겠습니다.

2. 가정법원에 상속포기결정을 받지 않은 공동상속인일 것

상속개시 사실을 안날로부터 3개월 내에 상속포기 또는 한정승인을 가정법원에 신고할 수 있습니다.

만일 상속포기나 한정승인을 하지 않으면 단순승인이 됩니다.

① 단순승인 상속인(o)

상속포기나 한정승인을 하지 않은 단순승인한 공동상속인은 당연히 상속재산분할심판청구의 당사자가 됩니다.

② 상속포기자(x)

가정법원에 상속포기신고를 하고 상속포기 결정문을 받은 경우 그 상속포기자는 당사자적격이 없습니다.

즉, 상속포기는 상속이 개시된 때에 소급하여 그 효력이 있고(민법 제1042조), 상속포기자는 처음부터 상속인이 아니었던 것이 되므로, 수인의 상속인 중 상속포기신고가 수리된 경우 그 상속포기자는 상속재산분할심판청구의 당사자가 아닙니다.

③ 한정승인 상속인(o)

한정승인신고를 하고 한정승인결정을 받은 경우 그에 따른 청산절차가 종료되지 않은 경우에는 상속인 자격이 유지되므로 상속재산분할심판청구의 당사자입니다.

④ 초과특별수익 상속인(o)

공동상속인 중 초과특별수익으로 인하여 구체적 상속분이 "0" 혹은 "-"가 된 상속인 역시 당사자적격을 있고 실질적으로 사전증여 등 특별수익을 한 상속인으로 인해 협의가 원만히 되지 않아 상속재산분할심판청구소송이 진행됩니다.

3. 사실혼 배우자와 사실상의 양자(x)

혼인과 입양의 경우 모두 창설적신고로서 혼인신고와 입양신고를 해야만 법적으로 인정됩니다. 그러므로 혼인신고되지 않은 피상속인의 사실혼 배우자, 입양신고되지 않은 사실상의 양자는 법률상 상속인에 해당하지 않으므로 당연히 상속재산분할심판청구의 당사자적격이 없습니다.

4. 사후인지를 청구한 자, 친생자관계존재확인의 소, 아버지를 정하는 소, 파양무효나 이혼무효의 소를 제기한 자 등(△)

피상속인과 관계에서 위 소송을 진행하는 경우 그 당사자는 그 승소"확정"판결이 있기 전에는 당사자적격이 없습니다.

다만, 실무적으로는 그 해당 소송이 계속 중인 때에는 그 판결확정을 기다려 상속재산분할심판청구사건을 처리하는 것이 바람직할 것입니다.

5. 중혼배우자(o)

중혼배우자는 상속재산분할심판청구의 상속인적격을 갖게 됩니다.

중혼은 혼인취소사유로서(민법 816조 1호 , 810조), 혼인의 취소는 소급효가 없고(민법 824조), 그 혼인취소의 판결확정 시점에 혼인관계가 종료되는 것입니다.

따라서, 혼인 중에 부부 일방이 사망하여 상대방이 배우자로서 망인의 재산을 상속받은 후에 그 혼인이 중혼이라는 이유 등으로 취소되었다는 사정만으로 그 전에 이루어진 상속관계가 소급하여 무효라거나 또는 그 상속재산이 법률상 원인없이 취득한 것이라고 볼 수 없습니다.

6. 상속분 "전부"의 양수인(o), 양도인(x)

상속분" 전부"가 양도된 경우 그 양수인도 상속재산분할심판청구의 당사자적격을 가진다. 여기서 말하는 상속분의 양도란 상속재산분할 전에 적극재산과 소극재산을 모두 포함한 상속재산 "전부"에 관하여 공동상속인이 가지는 포괄적 상속분, 즉 상속인 지위의 양도를 의미하므로, 상속재산을 구성하는 개개의 물건 또는 권리에 대한 개개의 물권적 양도는 이에 해당되지 않습니다.

반대의 당연한 결과로서, 상속분 전부를 양도한 상속인(양도인)은 상속재산분할심판청구의 당사자적격이 없게 됩니다.

7. 포괄적 수유자(o) 및 특정적 수유자(x)

포괄적 유증을 받은 자는 상속인과 동일한 권리의무가 있으므로(민법 1078조), 포괄적 수유자 역시 상속재산분할심판청구의 당사자가 됩니다.

공동상속인의 1인이 포괄적 수유자인 경우도 마찬가지입니다. 이 경우 공동상속인이자 포괄적 수유자가 동일인이 될 것입니다.

반면 특정적 유증을 받은 경우 특정적 수유자는 상속재산분할심판청구의 당사자는 아닙니다.

8. 유언집행자(x)

유언집행자가 지정 또는 선임되어 있다고 하더라도 유언집행자가 상속재산분할심판청구의 당사자가 되지는 않습니다.

유언집행자는 이해관계인으로서 상속재산분할심판청구의 절차에 필요한 경우 참가할 수 있습니다.

9. 태아(△)

태아의 상속법상의 지위에 관하여는 정지조건설과 해제조건설의 대립이 있습니다.

현행 판례는 정지조건설을 취하고 있고 따라서, 태아 상태에서는 상속재산분할심판청구의 당사자적격을 인정할 수는 없습니다.

다만, 가까운 장래에 출생할 것이 예정되어 있는 경우에 관하여는, 그 태아가 출생할 때까지 상속재산분할심판절차를 중지하여야 한다는 견해와 태아의 출생시까지 상속재산분할심판절차를 중지하는 것이 원칙이지만 급박한 사정이 있는 때에는 특별대리인을 선임하여 태아를 절차에 참가하게 할 것이라는 견해 등이 있습니다.

10. 상속인에 대한 채권자(x)

상속인에 대한 채권자가 상속인의 "상속재산분할심판청구권"을 대위행사할 수 있는지에 관하여는 견해대립이 있지만 실무적으로 대위행사를 인정하기 어렵고 상속재산분할심판청구의 당사자적격은 없다고 볼 것입니다.

상속개시 후 상속재산 중 특정재산에 대한 상속인의 지분만을 양수한 자와 상속인에 대한 채권자에 불과한 자는 특정재산에 대해서 소유권을 취득할 경우 민법 262조의 규정에 따라 그 재산에 대한 "공유물분할청구"를 함으로써 족하다고 할 것입니다.

11. 피상속인의 채권자, 상속재산의 일부를 매수한 자, 상속재산에 대해 제한물권을 가지고 있는 자(x)

상속재산과 피상속인의 이해관계인에 불과하므로 상속재산분할심판청구의 당사자적격이 없습니다.

다만 이해관계인으로서 재판장의 허가를 받아 상속재산분할심판절차에 참가할 수 있을 뿐입니다.

12. 연락두절 등 소재불명인 상속인에 대한 상속재산분할심판청구

공동상속인 중 연락두절이나 소재불명의 상속인이 있다면 주소보정 등을 송달을 해보고 도저히 송달이 안 될 경우에는 "공시송달"의 방법으로 상속재산분할심판청구를 진행할 수 있습니다.

물론 해당 상속인이 부재자라고 판단될 경우에는 가정법원은 "부재자재산관리인을 선임"하여 분할절차를 진행하거나 장기간의 생사불명자에 대하여 실종선고의 요건이 구비된 경우에는 "실종선고"를 받은 후 생사불명자의 상속인을 당사자로 하여 분할절차를 진행할 수도 있습니다.

따라서, 상속인 중에 소재불명자가 있는 경우 부재자재산관리인이 선임되어 있거나, 실종선고가 된 경우가 아니라면 송달절차를 진행하다가 송달이 안되면 "공시송달"의 방법으로 상속재산분할절차를 진행할 수 있습니다.

상속재산분할심판이 있은 나온 이후에 그 소재불명자가 피상속인 상속개시 이전에 먼저 사망한 것으로 판명되었다면, 상속재산분할심판의 당사자가 아닌 자를 참가시킨 것이 되어 그 상속재산분할심판은 무효라고 할 것입니다.

반면에 피상속인 상속개시 후 상속재산분할심판 전에 그 소재불명자가 사망한 것으로 판명된 경우에는 상속인의 확정에 문제가 있었던 것은 아니므로 상속재산분할심판이 무효는 아닙니다(이 경우 소재불명자의 상속인들에게 그 심판의 효력이 미치게 될 것입니다).

※ 민법

제1042조(포기의 소급효)
상속의 포기는 상속개시된 때에 소급하여 그 효력이 있다.

제816조(혼인취소의 사유)
혼인은 다음 각 호의 어느 하나의 경우에는 법원에 그 취소를 청구할 수 있다. 〈개정 1990. 1. 13., 2005. 3. 31.〉

1. 혼인이 제807조 내지 제809조(제815조의 규정에 의하여 혼인의 무효사유에 해당하는 경우를 제외한다. 이하 제817조 및 제820조에서 같다) 또는 제810조의 규정에 위반한 때
2. 혼인 당시 당사자 일방에 부부생활을 계속할 수 없는 악질 기타 중대사유있음을 알지 못한 때
3. 사기 또는 강박으로 인하여 혼인의 의사표시를 한 때

제810조(중혼의 금지)
배우자 있는 자는 다시 혼인하지 못한다.

제824조(혼인취소의 효력)
혼인의 취소의 효력은 기왕에 소급하지 아니한다.

제1078조(포괄적 수증자의 권리의무)
포괄적 유증을 받은 자는 상속인과 동일한 권리의무가 있다. 〈개정 1990. 1. 13.〉

사 례

공무원 연금, 사망보험금 등의 상속재산여부와 유류분 대상 여부

안녕하세요. 법무법인 천명의 경태현 대표변호사입니다.

피상속인께서 돌아가시면, 상속인들은 피상속인의 재산을 나누어 상속받게 됩니다. 대부분의 경우 부동산, 동산 등이 상속재산에 해당할 것입니다. 그러나 때때로 상속재산에 포함되는지 여부를 판단하기 어려운 것들이 존재하곤 합니다. 예를 들어 공무원 연금, 손해배상청구권, 임차권 등이 있을 것입니다. 법원은 이러한 사항들에 대해 각각의 성질에 특유한 이유를 들어 상속재산 포함 여부를 판단하고 있습니다.

오늘은 저희 법무법인 천명을 찾아주신 사례와 함께 상속성 여부가 문제되는 대표적인 사항들에 대해 알려드리도록 하겠습니다.

Questions ▪ ▪ ▪

안녕하세요. 상속재산분할 관련하여 알아보던 중 경태현 변호사님께서 이 분야의 전문가라는 소식을 접하고 이렇게 질문 남기게 되었습니다.

얼마 전 저희 아버지께서 돌아가셨습니다.
저의 친모는 돌아가셨고, 아버지는 현재 새어머니와 재혼하신 상태입니다.

아버지께서는 아버지가 받고 계셨던 공무원 연금을 새어머니에게, 소유하신 토지는 저에게 상속하는 자필유언을 해 놓으셨습니다.

이런 경우 유언대로 재산상속이 이루어지는 과정에서 새어머니가 저에게 유류분신청을 할 수 있을까요?

Answers ■ ■ ■

귀하께서는 공무원 연금이 상속재산에 포함되는지 여부가 궁금하신 것 같습니다.

재산의 종류 중에서는 상속성 인정 여부가 문제되는 재산들이 있습니다. 만약 특정 재산의 상속성이 인정되지 않는다면 그 재산은 상속재산분할의 대상이 아닙니다. 만약 위 사안에서 공무원 연금의 상속성이 인정되지 않는다면 공무원 연금은 새어머니의 유류분액에서 공제되지 않기 때문에 새어머니는 자신이 가진 온전한 유류분을 귀하께 청구할 수 있을 것입니다.

그렇다면 공무원 연금을 포함한 상속성 인정 여부가 문제되는 재산들에 대해 알아보겠습니다.

※ 생명보험금지급청구권

피상속인이 자신을 피보험자 겸 보험수익자로 지정하여 생명보험계약을 체결하고 보험금을 납입하였다면 그 보험금지급청구권은 상속재산이 됩니다. 그러나 피상속인이 이러한 계약에서 보험수익자를 ① 공동상속인들 중 특정인으로 지정하거나, ② 추상적으로 '상속인'이라고만 지정하거나, ③ 상속인이 아닌 제3자를 지정하거나, ④ 보험수익자를 지정하지 않은 경우 이는 상속재산에 속하지 않습니다.

피상속인이 타인을 피보험자로 하는 생명보험계약을 체결하여 자신을 보험수익자로 지정한 경우에 법원은 그 보험금지급청구권을 상속인의 고유재산으로 보아 상속성을 인정하지 않고 있습니다. 상속재산이 아닌 고유재산이지만 아래에서 보는 바와 같이 특별수익에 해당하여 유류분산정의 기초재산이 될 수는 있습니다.

최근 사망보험금과 관련한 대법원 판례에서 "피상속인이 자신을 피보험자로 하되 공동상속인이 아닌 ① 제3자를 보험수익자로 지정한 생명보험계약을 체결하거나 ② 중간에 제3자로 보험수익자를 변경하고 보험료를 납입하다 사망하여 그 제3자가 생명보험금을 수령하는 경우, 피상속인이 보험수익자인 제3자에게 증여하였다고 봄이 타당하고, 공동상속인이 아닌 제3자에 대한 증여이므로 민법 제1114조에 따라 보험수익자를 그 '제3자로 지정 또는 변경한 것'이 상속개시 전 1년간에 이루어졌거나 당사자 쌍방이 그 당시 유류분권리자에 손해를 가할 것을 알고 이루어졌어야 유류분산정의 기초재산에 포함되는 증여가 있었다고 볼 수 있다(대법원 2022. 8. 11. 선고 2020다247428 판결)."라고 판시한 바 있습니다.

결국 사망보험금은 고유재산이기는 하지만 유류분반환대상이 되는 특별수익 여부는 최근 위 대법원 판례의 취지에 따라 판단될 수 있습니다. 다만 필자의 견해에 의하면 수령된 보험금에 전체 납부된 보험료에 대한 피상속인의 납부 보험료의 비율을 반영(사망보험금 X 피상속인이 납부한 보험료 / 납부된 전체 보험료 = 특별수익)하여 특별수익이 인정될 것으로 보입니다.

반면에, 피상속인이 공동상속인들 중 1인을 피보험자로, 상속인을 보험수익자로 지정하고 사망한 경우에는 피상속인의 보험계약상 지위를 상속재산으로서 상속받게 됩니다.

※ 유족급여

공무원연금, 사립학교교직원연금, 군인연금 등 법률에 의해 지급되는 유족급여는 유족의 생활보장을 위한 사회보장적 급여의 성질을 띠기 때문에 우리 법률에서는 이를 상속재산에 속하지 않는 것으로 보고 있습니다.

회사 내규, 단체협약, 취업규칙 등에 의한 유족급여나 상조회에서 지급하는 사망위로금 등은 내규 등에 의하여 그 지급대상, 방법의 정함이 있으면 그를 따르고 그렇지 않은 경우 상속순위가 같은 배우자 및 자녀들에게 균분하여 귀속하는 것으로 봅니다. 이 역시 상속재산에 해당하지 않는 것으로 보고 있습니다.

※ 손해배상청구권

피상속인이 생전에 손해배상청구권을 취득하고 이를 행사할 의사표시를 하였다면 이는 상속재산에 포함됩니다. 또한, 피상속인이 교통사고 등으로 즉사한 경우라고 하더라도 소위 '시간적 간격설'과 서울고등법원 1991. 1. 11. 선고 90르1595 판결에 따르면 피상속인이 손해배상청구권을 취득하고 이를 상속재산으로 간주하게 됩니다.

※ 임차권

임차권은 원칙적으로 상속성이 인정됩니다. 그러나 주거용 건물의 경우, 주택임대차보호법 9조 2항에 따라 임차인이 사망할 당시 상속인이 그 주택에서 가정공동생활을 하고 있지 않다면 민법상 상속인이 아닌 그 주택에서 가정공동생활을 하던 사실혼관계의 배우자와 2촌 이내의 친족이 공동으로 임차인의 권리와 의무를 승계하게 됩니다.

이와 같이 알아본 바에 따라 위 사안을 다시 살펴보면, 아버지가 자필유언으로 새어머니에게 상속한 공무원 연금은 상속성이 인정되지 않으므로 새어머니의 유류분액에서 공제되지 않을 것입니다. 그러므로 만약 아버지로부터 새어머니에게 이루어진 별도의 증여, 상속이 없다면 새어머니는 귀하를 상대로 유류분청구를 할 수 있을 것입니다.

피상속인이 다른 상속인에게 상속한 재산이 상속성을 띠는지, 또한 그 재산이 추후 유류분청구 등의 문제를 일으킬 수 있을지 걱정하시는 분들이 계실 것 같습니다. 이러한 사항에 대해 보다 자세히 알고 싶으시다면 구체적 자료를 바탕으로 상담 받아보시길 바랍니다.

사 례

증여받은 재산은 분할대상은 아니나 유류분반환대상에 포함

Questions ■ ■ ■

할아버지가 돌아가셨는데, 돌아가시기 전에 저희 아버지에게 가지고 계시던 집과 밭을 증여해 주었습니다.

아버지가 증여받으신 집에서는 현재 할머니가 생활하고 계십니다.
아버지 형제로는 고모 2명이 있는데 이 중 큰고모는 현재 연락이 되지 않고 있습니다.
예전에 고모부가 사업을 한다고 할아버지 집을 담보로 해서 돈을 빌리고는 갚지 않은 상태에서 사업이 망해 행방을 알 수 없습니다.

할머니는 저희 아버지가 생활비를 보내드리고 있는데 나중에 큰고모가 나타나 집과 땅을 내놓으라고 하지 않을까 할머니가 걱정을 하십니다.
만일 큰고모가 나타나서 자기 동의 없이 집과 땅을 줬으니 다시 내놓으라고 소송을 하면 뺏길 수도 있는지요?

Answers ■ ■ ■

안녕하세요. 재산상속 법무법인 천명 대표변호사 경태현입니다.

할아버지가 돌아가시면 상속인은 할머니와 3명의 자녀들입니다.
이때 법정상속분은 할머니가 1.5지분, 자녀들이 각 1지분씩이므로, 재산에 대한 할머니의 몫은 3/9지분이고, 나머지 자녀들은 각 2/9지분입니다.

따라서 할아버지가 별다른 조치 없이 그대로 사망하셨다면 특별한 이유가 없는 한 위와 같은 비율에 따라 재산이 분할됩니다.

그러나 이미 생전에 증여한 재산은 분할의 대상이 되지 않습니다.
분할의 대상이 되는 재산은 할아버지가 증여나 유언 등의 별다른 조치 없이 사망한 경우만 분할의 대상이 됩니다.

따라서 이미 할아버지가 귀하의 아버님에게 생전에 증여한 재산은 분할의 대상이 아닙니다.
다만 분할의 대상이 아니라고 하더라도 별다른 재산을 증여나 상속받지 못한 경우에는 유류분반환을 청구할 수 있습니다.

귀하의 사례에서는 아버님이 할아버지로부터 모든 재산을 증여받은 것으로 보이고, 그로 인하여 큰고모는 재산을 증여받거나 상속받지 못한 것으로 보입니다.
이 경우 큰고모는 할아버지가 사망한 날로부터 10년 안에 유류분반환청구소송을 해서 원래의 법정상속분인 2/9지분의 절반인 1/9지분만큼을 반환해 줄 것을 요구할 수 있습니다.

그러나 큰고모부가 할아버지의 부동산을 담보로 제공하고 대출금을 변제하지 않아 할아버지가 그 돈을 대신 갚아 줬고 그 후에 돌려받지 못했다면, 갚아 준 돈을 증여한 것으로 볼 수 있습니다.

이때 그 돈이 큰고모에 대한 증여로 인정된다면, 큰고모는 할아버지가 갚아 준 돈만큼을 증여받은 것이 되고, 그 돈이 큰고모의 유류분보다 많다면 큰고모는 유류분 부족분이 없으므로 유류분반환청구소송을 해도 패소의 가능성이 높게 됩니다.

그러므로 가능하면 시간이 지나 은행의 금융기록이 삭제되기 전에 할아버지가 큰고모부의 대출금을 대신 갚아 줬다는 증거를 확보해서 보관해 두시기 바랍니다.

보다 자세한 내용은 할아버지의 기본증명서, 가족관계증명서, 증여한 부동산 내역과 할아버지가 큰고모부의 대출금을 갚아 준 증거를 준비하셔서 방문상담해 주시기 바랍니다.

※ 민법

제1009조(법정상속분)

① 동순위의 상속인이 수인인 때에는 그 상속분은 균분으로 한다. 〈개정 1977. 12. 31., 1990. 1. 13.〉

② 피상속인의 배우자의 상속분은 직계비속과 공동으로 상속하는 때에는 직계비속의 상속분의 5할을 가산하고, 직계존속과 공동으로 상속하는 때에는 직계존속의 상속분의 5할을 가산한다. 〈개정 1990. 1. 13.〉

③ 삭제 〈1990. 1. 13.〉

제1115조(유류분의 보전)

① 유류분권리자가 피상속인의 제1114조에 규정된 증여 및 유증으로 인하여 그 유류분에 부족이 생긴 때에는 부족한 한도에서 그 재산의 반환을 청구할 수 있다.

② 제1항의 경우에 증여 및 유증을 받은 자가 수인인 때에는 각자가 얻은 유증가액의 비례로 반환하여야 한다.

[본조신설 1977. 12. 31.]

사 례

실제 상속재산분할심판에서 받을 수 있는 최종상속분액을 계산하는 방법

안녕하세요, 상속재산분할 법무법인 천명 경태현 대표변호사입니다.

상속재산분할청구소송은 협의에 의하여 상속재산을 나누는 것이 원만하지 않을 때, 법원에 재판을 청구하여 분할을 하는 절차를 말하는 것입니다.
상속인이 여러 명일 경우에는 상속재산이 잠정적으로 '공유'에 속하기 때문에 분할을 통하여 상속재산을 단독소유로 만들어야 합니다.
이 절차가 바로 상속재산의 분할인 것이지요.

오늘은 "실제 상속재산분할심판에서 받을 수 있는 최종상속분액을 계산하는 방법"을 알려드리려 합니다. 위에서 말씀 드린 대로 계산이 상당히 복잡하고 의뢰인의 개별 상황에 따라 바뀌는 것이 한두 가지가 아닙니다.

그럼에도 불구하고 대략적 계산방식이 어떻게 되는지 궁금하신 분들을 위하여 최대한 자세하게 작성을 하였으니 읽어보시고 도움이 되었으면 좋겠습니다.

Questions ■ ■ ■

안녕하세요 변호사님.

저희 아버지께서 얼마 전 돌아가셨습니다.
아버지의 상속인은 배우자인 어머니와 저를 포함한 자녀 두 명이 있습니다.

아버지께서는 사망 당시 가액 4억 원인 토지를 남기셨습니다.

아버지는 사망 전에 저(B)에게 2억 원을 증여해주셨고 동생(C)에게는 유언공증을 통하여 4천만 원을 유증해주셨습니다.

이때 어머니(A)의 기여분은 8,000만 원이라고 가정한다면 각 상속인들이 받을 수 있는 최종 상속분액은 얼마인지 변호사님께서 알려주시면 감사하겠습니다.

Answers ■ ■ ■

귀하의 사안에서 구체적 상속분을 계산해드리겠습니다.

1. 간주상속재산

분할대상인 상속재산 4억 원

+B가 증여받은 금액(특별수익) 2억 원

+C가 유증받은 금액(특별수익) 4,000만 원

- A의 기여분 8,000만 원

= 5억 6천이 간주상속재산입니다.

2. 법정상속분액

A의 경우 간주상속재산 5억 6천만 원에서 X 3/7을 하면 2억 4천만 원입니다.

B와 C는 각각 간주상속재산 5억 6천만 원에서 X 2/7을 하면 각 1억 6천만 원입니다.

*배우자의 경우 자녀들의 상속분에 5할(50%)이 가산되기 때문에 3/7이라는 숫자가 나오는 것입니다.

3. 구체적 상속분액

A의 경우 법정상속분액 2억 4천만 원이고,

B의 경우 법정상속분액 1억 6천만 원에서 특별수익 2억 원을 공제하면 -4천만 원,

C의 경우 법정상속분액 1억 6천만 원에서 특별수익 4천만 원을 공제하면 1억 2천만

원입니다.

여기서 초과특별수익자 B가 있으므로, B의 초과특별수익을 안분하면 아래와 같이 상속분이 수정됩니다.

A의 경우 2억4천만 원에서 2천4백만 원을 공제하면(-4천만 원x3/5)=2억1천6백만 원
C의 경우 1억2천만 원에서 1천6백만 원을 공제하면(-4천만 원x2/5)=1억4백만 원이 됩니다.
*B가 초과하여 받은 금액이 4천만 원이므로 이것을 다시 위 비율에 따라 나누는 것입니다.

이때 B의 구체적 상속분은 0원입니다.
그리고 여기에 A의 기여분 8,000만 원을 더하면 A의 구체적 상속분(최종상속분)은 2억9천 6백만 원(기여분 8,000만 원+2억1천6백만 원)

C의 경우 기여분이 없으므로 수정된 상속분 1억 4백만 원이 그대로 최종상속분이 됩니다.

4. 구체적 상속분율
A의 경우 2억 9천 6백만 원/4억 원 = 0.74
B의 경우 0
C의 경우 1억 4백만 원/4억 원 = 0.26 이 됩니다.

5. 최종 상속분액
[상속개시(피상속인의 사망) 이후에 토지의 시가가 상승하여 6억이 된 경우]
A는 6억 원 x 0.74 = 4억 4천 4백만 원
B는 0원
C는 6억 원 x 0.26 = 1억 5천 6백만 원을 가져가게 됩니다.

* 일반적인 상속재산분할에서는 위와 같은 구체적 상속분을 정하는 것으로 심판이 종결되나, 상속인들이 수 개의 부동산을 서로 하나씩 취득하거나 일부 상속인이 상속부동산을 취득하고 다른 상속인에게 현금으로 정산하는 대상분할의 경우에는 위와 같은 비율을 심판의 종결 당시(사실심 변론종결시) 시가를 적용해서 정산을 하게 됩니다.

※ 민법

제1009조(법정상속분)

① 동순위의 상속인이 수인인 때에는 그 상속분은 균분으로 한다. 〈개정 1977. 12. 31., 1990. 1. 13.〉

② 피상속인의 배우자의 상속분은 직계비속과 공동으로 상속하는 때에는 직계비속의 상속분의 5할을 가산하고, 직계존속과 공동으로 상속하는 때에는 직계존속의 상속분의 5할을 가산한다. 〈개정 1990. 1. 13.〉

③ 삭제 〈1990. 1. 13.〉

사례

사전 증여가 있는 경우 상속재산분할청구소송과 구체적 상속분

Questions ■ ■ ■

아버지 슬하 2남 1녀이고 저는 1녀입니다. 어머니는 오래전 운명했습니다.

아버지가 작년 겨울에 돌아가셨는데, 아버지 상속재산인 상가건물 1채(시가 10억)를 가지고 3남매가 협의가 안 되고 있습니다.

그 이유는 과거 7년 전에 아들 2명에게 각자 아파트 1채씩(각 4억)을 증여하였기 때문입니다.

딸로서 증여받지 못한 저는 7년 전 아들 2에게 증여한 아파트도 포함해서 계산하고자 하고, 아들들은 증여는 따지지 않고 남은 상속재산만을 균등하게 1/3지분씩 분할하자는 입장입니다.

만약 제가 상속분할청구소송을 하는 경우 상속재산은 돌아가시기 직전, 명의로 갖고 있던 재산을 의미하는지, 아니면 살아계셨을 때 다른 자식에게 증여한 것을 포함하여 보유했던 재산까지 포함하는지 알고 싶습니다.

Answers ■ ■ ■

안녕하세요. 상속분할청구소송 전문변호사 경태현입니다.

상속재산에 대한 상속인들 간 전원 협의가 되지 않아 상속재산분할소송을 진행할 경우에 있어서

1. 분할대상인 상속재산은 망인 사망 당시 망인 명의로 잔존 상속재산을 의미합니다.

2. 다만, 기존에 증여된 재산에 대해서 잔존 상속재산을 분할할 경우 과거 증여된 재산을 무시하는 것이 아니라 잔존 상속재산을 합산해서 상속분을 곱해서 상속재산을 구체적으로 분할하게 됩니다.

귀하의 경우 총 18억(증여재산 아파트 각 4억씩 합계 8억 원+상속재산 10억)의 1/3지분은 각 6억 원입니다.

결국 잔존 상속재산을 구체적으로 분할할 경우 분할비율은 과거 증여재산을 합산해서 상속분을 계산하고 이미 증여받은 상속인들은 증여받은 부분만큼 남은 상속재산에서 공제하고 상속분을 계산하게 됩니다.
그러므로 사전 증여받은 아들들은 잔존상속재산에서 각 2억 원(6억 원-4억 원)씩을 받고 딸은 6억 원을 분할 받게 될 것입니다.

이를 "구체적 상속분"이라고 합니다.

따라서, 아들들이 증여받은 부분과 잔존 재산을 합산해서 각 1/3지분씩 상속분을 가지게 되고 아들들은 이미 증여받은 부분만큼 공제해서 잔존 상속재산에 대해서는 증여받지 못한 딸이 더 많이 분할 받게 될 것입니다.

그러므로 구체적 상속분을 계산하기 위해서는 상속재산 및 증여재산을 기초로 계산해야 하고 이에 대한 보다 자세한 설명은 해당 등기부등본 등 자료를 기초로 방문상담을 해주시길 바랍니다.

※ 민법

제1008조(특별수익자의 상속분)

공동상속인 중에 피상속인으로부터 재산의 증여 또는 유증을 받은 자가 있는 경우에 그 수증재산이 자기의 상속분에 달하지 못한 때에는 그 부족한 부분의 한도에서 상속분이 있다. 〈개정 1977. 12. 31.〉

사 례

공동상속인들 중 1인이 협의가 안 될 경우에 대한 구체적 분할방법

Questions ■ ■ ■

저희 집은 아버님과 어머님 3남 1녀입니다.
어머님은 최근 2015년 1월 중순에 사망하셨습니다.

어머님 명의로 된 단독주택(시가 5억5천)이 있습니다.
위 단독주택은 아버님과 어머님이 평생 일궈놓으시고 자녀들 분가까지 시킨 후 남은 재산입니다.

이에 남자 3형제는 아버님에게 협의분할로 단독상속을 하고자 합니다.
그런데 딸 1명이 자신의 상속분을 요구하면서 협의를 해주지 않고 전화도 받지 않습니다.
아버님의 노후 보장을 위해서 아버님 단독상속을 받든지 매각해서 정리해야 할 것으로 보입니다.
정리할 수 있는 방법이 궁금합니다.

Answers ■ ■ ■

어머님의 명의이므로 일단 상속재산에 해당됩니다.
어머님의 유언도 없기 때문에 법률적으로는 아버님이 1.5지분, 자녀들이 각 1지분씩입니다.
그리고 이를 분모화하면 아버님이 3/11지분, 자녀들이 각 2/11지분씩입니다.

위와 같은 법정지분이 있는데 상속인들 전원이 협의해서 분할방법을 정할 수 없다면 결국 법원에 상속재산분할심판청구소송을 제기해서 법원의 조정이나 판결을 통해 구체적인 분할방법을 정해야 할 것입니다.

특히 자녀들 중 1인만 분할방법에 동의하지 않는다면 나머지 상속인들의 의사에 기초해서 분할방법이 정해질 가능성이 매우 큰 상태입니다.

또한 어머님의 명의이지만 아버님이 재산형성, 유지, 관리에 특별한 기여가 많았고 명의만 어머님 명의로 한 것이라면 아버님 입장에서는 기여분청구소송을 고려해 보시길 바랍니다.

법원에서 아버님의 기여분을 인정한다면 그 기여분만큼은 아버님이 먼저 상속받고 나머지 재산에서 대하여 법정상속분대로 다시 분할하게 될 것입니다.

※ 민법

제1008조의2(기여분)

① 공동상속인 중에 상당한 기간 동거·간호 그 밖의 방법으로 피상속인을 특별히 부양하거나 피상속인의 재산의 유지 또는 증가에 특별히 기여한 자가 있을 때에는 상속개시 당시의 피상속인의 재산가액에서 공동상속인의 협의로 정한 그 자의 기여분을 공제한 것을 상속재산으로 보고 제1009조 및 제1010조에 의하여 산정한 상속분에 기여분을 가산한 액으로써 그 자의 상속분으로 한다. 〈개정 2005. 3. 31.〉

② 제1항의 협의가 되지 아니하거나 협의할 수 없는 때에는 가정법원은 제1항에 규정된 기여자의 청구에 의하여 기여의 시기·방법 및 정도와 상속재산의 액 기타의 사정을 참작하여 기여분을 정한다.

③ 기여분은 상속이 개시된 때의 피상속인의 재산가액에서 유증의 가액을 공제한 액을 넘지 못한다.

④ 제2항의 규정에 의한 청구는 제1013조제2항의 규정에 의한 청구가 있을 경우 또는 제1014조에 규정하는 경우에 할 수 있다.

[본조신설 1990. 1. 13.]

제1009조(법정상속분)

① 동순위의 상속인이 수인인 때에는 그 상속분은 균분으로 한다. 〈개정 1977. 12.

31., 1990. 1. 13.〉
② 피상속인의 배우자의 상속분은 직계비속과 공동으로 상속하는 때에는 직계비속의 상속분의 5할을 가산하고, 직계존속과 공동으로 상속하는 때에는 직계존속의 상속분의 5할을 가산한다. 〈개정 1990. 1. 13.〉
③ 삭제 〈1990. 1. 13.〉

사 례

상속재산의 분할은 구체적으로 어떻게 해야 하나요?

Questions ■ ■ ■

저희 아버지는 얼마 전 사망하셨는데, 상속재산으로 약간의 부동산과 주식 그리고 은행예금이 있습니다.

상속인으로는 어머니를 비롯하여 남동생과 여동생 등 총 6명입니다.

이 경우 상속재산의 분할은 어떻게 하는지요?

Answers ■ ■ ■

재산상속은 피상속인의 사망으로 개시되며, 재산상속인이 수인인 때에는 상속재산은 그 공동상속인의 공유로 됩니다(민법 제997조 및 제1006조).

상속재산의 분할이라 함은 상속개시로 인하여 생긴 공동상속인 간에 상속재산의 공유관계를 종료시키고 각 상속인에게 그의 상속분을 확정 · 배분시키는 일종의 청산행위입니다.

상속재산을 분할하는 방법에는 세 가지가 있습니다.

첫째, 유언에 의한 분할입니다.

피상속인은 유언으로 상속재산의 분할방법을 정하거나 이를 정할 것을 제3자에게 위탁할 수 있고, 상속개시의 날로부터 5년을 초과하지 아니하는 기간 내의 그 분할을 금지할 수 있습니다(민법 제1012조).

둘째, 협의에 의한 분할입니다.

공동상속인은 유언에 의한 분할방법의 지정이나 분할금지가 없으면, 언제든지 그 협의에 의하여 상속재산을 분할할 수 있습니다(민법 제1013조 제1항).

협의는 공동상속인 전원의 동의가 있어야 하며(대법원 2001. 6. 29. 선고 2001다28299 판결), 그 분할되는 몫은 반드시 각자의 법정상속분에 따르지 않아도 됩니다.

그러나 상속인 중에 미성년자와 그 친권자가 있는 경우에는 친권자가 그 미성년자의 주소지를 관할하는 가정법원에 특별대리인선임신청을 하여 그 선임된 특별대리인과 분할의 협의를 하여야 합니다(민법 제921조).

셋째, 법원에 의한 분할입니다.

공동상속인 사이에서 상속재산분할의 협의가 성립되지 아니한 때에는 각 공동상속인은 가정법원에 분할을 청구할 수 있습니다(민법 제1013조 제2항).

여기에서 '협의가 성립되지 아니한 때'에는 분할방법에 관해서 뿐만 아니라 분할 여부에 관하여 의견이 일치하지 않는 경우도 포함됩니다.

이런 경우에는 각 공동상속인은 먼저 가정법원에 조정을 신청하여야 하며(가사소송법 제2조 제1항 마류사건 제10호), 조정이 성립되지 않으면 심판을 청구할 수 있습니다. 이를 조정전치주의라고 합니다. 다만, 실무적으로는 조정전치주의가 적용되지 않고 곧바로 상속재산분할심판청구를 할 수도 있습니다.

상속재산분할심판에 의한 분할방법은 현물분할을 원칙으로 하며, 현물분할과 가액현금정산방식을 혼합해서 분할하기도 하며 만약 도저히 현물로 분할할 수 없거나 분할로 인하여 현저히 그 가액이 감소될 염려가 있는 때에는 가정법원은 물건의 경매를 명하기도 합니다.

이상에서 살펴본 바와 같이 귀하의 경우에 상속재산의 분할에 관하여 부친이 특별히 유언을 남기지 않고 돌아가셨다면 우선 가족(공동상속인)간의 원만한 협의에 의하여 해결하도록 하고, 협의가 성립되지 아니하는 때에는 나머지 공동상속인을 상대로 그들의 보통재판적 소재지(상대방의 주민등록상 주소지)에 있는 가정법원에 조정신청을 할 수 있으며, 조정에 관하여 조정을 하지 아니하기로 하는 결정이 있거나, 조정이 성립되지 아니한 경우에는 제소신청에 의한 방법으로 상속재산을 분할할 수 있습니다.

※ 민법

제997조(상속개시의 원인)
상속은 사망으로 인하여 개시된다. 〈개정 1990. 1. 13.〉
[제목개정 1990. 1. 13.]

제1006조(공동상속과 재산의 공유)
상속인이 수인인 때에는 상속재산은 그 공유로 한다. 〈개정 1990. 1. 13.〉

제1012조(유언에 의한 분할방법의 지정, 분할금지)
피상속인은 유언으로 상속재산의 분할방법을 정하거나 이를 정할 것을 제삼자에게 위탁할 수 있고 상속개시의 날로부터 5년을 초과하지 아니하는 기간내의 그 분할을 금지할 수 있다.

제1013조(협의에 의한 분할)
① 전조의 경우외에는 공동상속인은 언제든지 그 협의에 의하여 상속재산을 분할할 수 있다.
② 제269조의 규정은 전항의 상속재산의 분할에 준용한다.

※ 판례

상속재산에 대하여 그 소유의 범위를 정하는 내용의 공동상속재산 분할협의는 그 행위의 객관적 성질상 상속인 상호간의 이해의 대립이 생길 우려가 있는 민법 제921조 소정의 이해상반되는 행위에 해당하므로 공동상속인인 친권자와 미성년인 수인의 자 사이에 상속재산 분할협의를 하게 되는 경우에는 미성년자 각자마다 특별대리인을 선임하여 그 각 특별대리인이 각 미성년자인 자를 대리하여 상속재산분할의 협의를 하여야 하고, 만약 친권자가 수인의 미성년자의 법정대리인으로서 상속재산 분할협의를 한 것이라면 이는 민법 제921조에 위반된 것으로서 이러한 대리행위에 의하여 성립된 상속재산 분할협의는 적법한 추인이 없는 한 무효라고 할 것이다. (대법원 2001. 6. 29. 선고 2001다28299 판결)

사례

유언이 존재하고 기여분이 인정될 경우 구체적인 상속재산분할과 유류분계산

Questions

안녕하세요 변호사님.

저희 아버지께서 얼마 전 돌아가셨습니다.

아버지의 상속인들은 아들을 포함한 자녀 3명(1녀, 2녀, 아들)입니다.

아버지 상속재산은 부동산과 예금을 합쳐 10억 원 정도 됩니다.

아버지는 유언공증을 통해 3억 원을 2녀에게 상속해주셨고, 1녀는 기여분 소송을 통해 기여분 인정액으로 1억 원을 법원으로부터 인정받았습니다.

이때 구체적 상속분할과 유류분이 어떻게 될지 변호사님께서 계산해주시면 감사하겠습니다.

Answers

1. 상속재산 10억 원의 구체적 분할액

- 유언공증을 통해 2녀가 3억 원을 우선적으로 취득합니다.
- 기여분 소송에서 1녀가 1억 원을 기여분으로 취득합니다.
- 그렇다면 총 10억 원 중 유증된 3억 원은 2녀가, 기여분 1억 원은 1녀가 취득하므로 나머지 6억 원은 결국 아들과 1녀가 각 3억 원씩 공동상속받고 2녀는 유증 3억 원으로 인해 더 이상 구체적 상속분이 없게 됩니다.

결국 아들은 상속분 3억 원, 1녀는 4억 원(상속분 3억 원+기여분 1억 원)을 최종 상속받게 됩니다. 2녀는 유언공증으로 3억 원을 상속받습니다.

2. 유류분계산

유류분계산에서는 기여분을 공제하고 계산합니다.

기여분 1억 원을 제외한 나머지 9억 원이 유류분계산의 기초재산이 됩니다.

자녀들이 3명이므로 법정상속분은 1/3이고, 유류분은 그 절반인 각 1/6지분씩입니다.

결국 유류분계산을 해보면 자녀들은 총 9억 원의 1/6 지분인 1억5000만 원이 각자의 유류분이 됩니다.

3. 유류분부족액 계산

그런데 자녀들 3명 모두 3억 원씩 상속받아 각자의 유류분액 1억5000만 원 이상을 상속받았으므로 유류분 반환문제는 전혀 발생하지 않습니다.

위 사례는 실제 저희 로펌에서 자문과 소송을 통해 해결된 부분을 사례로 알려드린 것으로서 다른 구체적인 사례 특히 기여분의 인정범위와 유언의 범위에 따라 계산은 달라질 수 있다는 점을 참고하시길 바랍니다.

사례

배우자 상속공제와 일괄공제로 인해 총 10억 원까지는 상속세가 없나요?

Questions

아버지께서 최근 돌아가셔서 상속세신고를 준비 중입니다. 유족은 어머니와 자녀들 4명입니다.

아버지 상속재산이 아파트 8억 원, 상속예금 1억 합계 9억 원 가량입니다. 총 10억 원이 넘지 않는데 10억 원까지는 상속세가 없다고 하던데 맞나요? 어떤 곳에서는 5억 원까지는 상속세가 없다고 하던데 헷갈리네요.

변호사님이 명확히 알려주세요.

Answers

상속세과세가액에서 인적공제로서 "배우자 상속공제" 이외에 "기초공제"와 "그 밖의 인적공제" 그리고 "일괄공제"가 있습니다.

여기서 "기초공제"는 무조건 2억 원을 공제하고 "그 밖의 인적공제"를 합산해서 인적공제합니다.

"그 밖의 인적공제"는 아래와 같이 상속인, 동거가족 중에 자녀, 미성년자, 연로자, 장애인이 있는 경우 그 인원수와 무관하게 그리고 중복공제됩니다. 그 밖의 인적공제는 상속포기로 인해 상속을 받지 않는 경우에도 적용해서 공제합니다.

※ **그 밖의 인적공제에 대해서**

1. 자녀(태아포함) : 1인당 5000만 원
2. 미성년자 : 상속인(배우자 제외) 및 동거가족 중 19세 미만인 사람은 1인당 1000만 원×19세가 될 때까지의 연수
3. 연로자 : 상속인(배우자 제외) 및 동거가족 중 65세 이상인 사람은 1인당 5000만 원
4. 장애인 : 상속인(배우자 포함) 및 동거가족 중 장애인 1인당 1000만 원×상속개시일 현재 성별·연령별 기대여명(期待餘命)의 연수

동거가족

상속개시일 현재 피상속인이 사실상 부양하고 있는 직계존비속(배우자의 직계존속을 포함) 및 형제자매를 말합니다(상증법 제18조 제1항)

"일괄공제"는 무조건 5억 원을 공제합니다. 비록 상속세 신고기한 내에 신고가 없어도 공제됩니다.

다만, "기초공제 2억 원과 그 밖의 인적공제 합계액"과 "일괄공제 5억 원" 중 큰 금액을 선택해서 공제받아야 하고 중복공제되지는 않습니다. 즉, 선택적 관계입니다(상증법 제21조 제1항).

① "기초공제 2억 원과 그 밖의 인적공제 합계액" 〉 일괄공제 5억 원 =〉 "기초공제 2억 원과 그 밖의 인적공제 합계액"

② "기초공제 2억 원과 그 밖의 인적공제 합계액" 〈 일괄공제 5억 원 =〉 "일괄공제 5억 원"

다만, 배우자가 단독상속인으로서 유일한 경우에는 예외적으로 일괄공제는 적용되지 않고 기초공제와 그 밖의 인적공제만 합산하여 공제합니다(상증법 제21조 2항).

사례의 경우 배우자와 자녀들 4명이 있으므로 기초공제 2억 원과 그 밖의 인적공제 2억 원(1인당 5000만 원×자녀들 4명) 합계가 4억 원이므로 일괄공제 5억 원을 적용하게 됩니다.

따라서, 배우자공제 5억 원과 일괄공제 5억 원 합계 10억 원까지는 인적공제되어 상속세가 없습니다.

※ 상속세 및 증여세법 제20조(그 밖의 인적공제)

① 거주자의 사망으로 상속이 개시되는 경우로서 다음 각 호의 어느 하나에 해당하는 경우에는 해당 금액을 상속세 과세가액에서 공제한다. 이 경우 제1호에 해당하는 사람이 제2호에 해당하는 경우 또는 제4호에 해당하는 사람이 제1호부터 제3호까지 또는 제19조에 해당하는 경우에는 각각 그 금액을 합산하여 공제한다.〈개정 2010. 12. 27., 2015. 12. 15., 2016. 12. 20., 2022. 12. 31.〉

1. 자녀(태아를 포함한다) 1명에 대해서는 5천만 원
2. 상속인(배우자는 제외한다) 및 동거가족 중 미성년자(태아를 포함한다)에 대해서는 1천만 원에 19세가 될 때까지의 연수(年數)를 곱하여 계산한 금액
3. 상속인(배우자는 제외한다) 및 동거가족 중 65세 이상인 사람에 대해서는 5천만 원
4. 상속인 및 동거가족 중 장애인에 대해서는 1천만 원에 상속개시일 현재 「통계법」 제18조에 따라 통계청장이 승인하여 고시하는 통계표에 따른 성별·연령별 기대여명(期待餘命)의 연수를 곱하여 계산한 금액

② 제1항제2호부터 제4호까지에 규정된 동거가족과 같은 항 제4호에 규정된 장애인의 범위 및 같은 항에 따른 공제를 받기 위한 증명서류의 제출에 필요한 사항은 대통령령으로 정한다.〈개정 2022. 12. 31.〉

③ 제1항제2호 및 제4호를 적용할 때 1년 미만의 기간은 1년으로 한다.

※ 상속세 및 증여세법 시행령 제18조(기타 인적공제)

① 법 제20조제1항의 규정에 의한 동거가족은 상속개시일 현재 피상속인이 사실상 부양하고 있는 직계존비속(배우자의 직계존속을 포함한다) 및 형제자매를 말한다.

② 법 제20조제1항제1호 및 제2호에 따라 태아에 대한 공제를 받으려는 사람은 상속세 과세표준신고를 할 때 기획재정부령으로 정하는 임신 사실을 확인할 수 있는 서류를

납세지 관할 세무서장에게 제출해야 한다.〈신설 2023. 2. 28.〉
③ 법 제20조제1항제4호에 따른 장애인은 「소득세법 시행령」 제107조제1항 각 호의 어느 하나에 해당하는 사람로 한다.〈개정 2005. 8. 5., 2023. 2. 28.〉
④ 법 제20조제1항제4호에 따라 장애인에 대한 공제를 받으려는 사람은 상속세 과세표준 신고를 할 때 기획재정부령으로 정하는 장애인증명서를 납세지 관할 세무서장에게 제출해야 한다. 이 경우 해당 장애인이 「국가유공자 등 예우 및 지원에 관한 법률」에 따른 상이자의 증명을 받은 사람 또는 「장애인복지법」에 따른 장애인등록증을 교부받은 사람인 경우에는 해당 증명서 또는 등록증으로 장애인증명서를 갈음할 수 있다.〈개정 2023. 2. 28.〉

※ 상속세 및 증여세법 제21조(일괄공제)
① 거주자의 사망으로 상속이 개시되는 경우에 상속인이나 수유자는 제18조와 제20조제1항에 따른 공제액을 합친 금액과 5억 원 중 큰 금액으로 공제받을 수 있다. 다만, 제67조 또는 「국세기본법」 제45조의3에 따른 신고가 없는 경우에는 5억 원을 공제한다.〈개정 2019. 12. 31., 2022. 12. 31.〉
② 제1항을 적용할 때 피상속인의 배우자가 단독으로 상속받는 경우에는 제18조와 제20조제1항에 따른 공제액을 합친 금액으로만 공제한다.

사례

배우자가 있으면 배우자 상속공제는 30억 원까지 무조건 되나요?

Questions ■ ■ ■

아버지께서 지난 12월에 돌아가셨고 어머니와 아들과 딸 2남매가 공동상속인입니다. 상속세 때문에 질문드립니다.

부친 재산이 상속재산으로 남기신 것은 작은 주택상가건물 18억, 예금 2억 원이 있고, 임대차보증금 1억 원 채무가 있어 순상속액은 19억 원입니다. 장례비 1000만 원이 소요되었고 이는 어머님이 전부 부담하셨습니다.

참고로 어머니가 과거 7년 전에 증여받은 가액이 9억 원이 있고, 아들에게 2억 원을 증여한 바 있습니다.

어머님이 전부 상속받는 것으로 남매간 상속협의를 진행하고 있는데요. 실제 이번 6월 말에 분할완료해서 상속세신고를 하려고 합니다.

만약 어머님이 전부 19억 원 상속받으면 배우자 상속공제 30억 원 한도이니 상속세가 없나요? 주변에서는 배우자가 있는 경우 30억 원까지는 배우자 상속공제로 상속세가 없다고 하던데 맞나요?

만약 어머님이 전부 상속받는다면 얼마까지 배우자상속공제되나요? 19억 원 전부 배우자상속공제되나요?

Answers ■ ■ ■

상속세과세가액에서 인적공제로서 배우자 상속공제는 메우 중요합니다. 배우자 상속공제를 받으면 상속세 과세표준이 감소해서 결국 상속세 절세효과가 있습니다.

여기서 배우자(법률혼 배우자만을 의미하고 사실혼 배우자는 포함하지 않습니다)가 존재할 경우 최소한 5억 원은 공제됩니다. 하지만 배우자가 상속재산 전부를 상속받는다고 해서 무조건 배우자 상속공제가 30억 원이 되는 것은 절대로 아님을 주의해야 합니다.

정확하게는 **"배우자상속재산분할기한" 내에 "배우자가 실제 상속받은 금액"과 "배우자상속공제한도" 중 "적은" 금액이** 실제 **"배우자상속공제범위"**에 해당하고 이는 최소 5억 원에서 최대 30억 원입니다.

따라서, 아래와 같이 정확히 확인해야만 정확한 "배우자상속공제범위"가 결정됩니다.

1. "배우자상속재산분할기한" 내에 "배우자가 실제 상속받은 금액"

"배우자상속재산분할기한" 내에 상속재산의 등기, 등록, 명의개서 등을 통해 실제 배우자가 상속받은 가액(사전증여재산가액 및 추정상속재산가액은 제외) - 배우자가 승계하기로 한 공과금과 채무액 - 배우자 상속재산 중 비과세재산 - 배우자 상속재산 중 과세가액불산입액

> ※ 배우자상속재산분할기한
> 상속세 과세표준 신고기한의 다음날로부터 9개월=>사망한 날에 해당하는 달로부터 총 15개월(6개월+9개월), 1년 3개월을 의미합니다.

만약 배우자상속재산분할기한내에 실제 등기 등 분할하지 않는 경우에는 5억 원만 배우자 상속공제를 받습니다.

2. 배우자 상속공제한도

배우자 상속공제한도는 아래 계산한 **"배우자상속공제한도"와 "30억" 중 "적은" 금액**을 최종한도로 합니다. 즉, 아래 계산 결과 30억 미만인 경우 그 금액, 30억 원을 초과하는 경우는 30억 원이 최대임

※ 배우자 상속공제한도
= (A+B+C)×D−E
= (A : 상속재산의 가액-B : 상속인이 아닌 수유자가 유증받은 재산가액+C : 상속개시일 전 10년 이내에 상속인에게 증여한 재산가액)×D : 배우자의 법정상속분-E : 배우자의 사전증여재산에 대한 과세표준

① A : 상속재산의 가액
상속재산(유증재산+사인증여재산)+간주상속재산+추정상속재산-비과세상속재산-공과금 및 상속채무액-공익법인 등 출연재산 및 공익신탁재산

② B : 상속인이 아닌 수유자가 유증받은 재산가액
상속인에게 유증한 재산가액을 차감하지 않습니다.

③ C : 상속개시일 전 10년 이내에 상속인에게 증여한 재산가액
상속개시 전 5년이내에 상속인 이외의 자에게 증여한 재산가액은 합산하지 않습니다.

④ D : 배우자의 법정상속분
공동상속인 중 상속포기 신고한 사람이 있는 경우 그 사람이 상속포기하지 않은 것을 기준으로 법정상속분을 계산합니다.

⑤ E : 배우자의 사전증여재산에 대한 과세표준
상속세 및 증여세법 제13조에 따라 배우자가 증여받은 재산에 대한 상속세 및 증여세법 제55조에 따른 증여세과세표준

3. 배우자상속재산분할기한 내에 분할하지 않은 경우

➜ 5억 원 공제

4. 배우자상속재산분할기한 내에 상속회복청구소송 혹은 상속재산분할심판청구소송 등으로 인해 분할하지 않은 경우

➜ 배우자상속재산미분할신고서를 그 기한인 15개월 내에 신고하고 상속회복청구소송 혹은 상속재산분할심판청구소송이 종료된 날로부터 6개월 내에 배우자상속재산분할을 하고 그 신고한 경우에는 배우자상속재산분할기한 내에 실제 분할받은 것으로 보아 배우자상속공제한도 내에서 전부 공제됩니다(상속세 및 증여세법 제19조 제3항).

5. 배우자가 실제 상속받은 가액이 5억 원 미만인 경우

➜ 5억 원 공제

6. 사례 해설

1) 배우자가 실제 상속받은 금액 : 19억 원

= 주택상가건물 18억+예금 2억 원-임대차보증금 1억 원 채무

(다만, 장례비 1000만 원은 공제하지 않습니다)

2) 배우자 상속공제한도

9.85억 원= (주택상가건물 18억+예금 2억 원-임대차보증금 1억 원+어머니가 증여받은 가액이 9억 원+아들이 증여받은 가액 2억 원)×3/7-3억 원(배우자의 사전증여재산에 대한 과세표준)

3) 배우자 상속공제액

상속재산을 전부 배우자인 어머니가 상속을 받아도 위 1. 과 2. 중 적은 금액 9.85억 원이므로 위 범위 내에서 배우자상속공제됩니다.

※ 상속세 및 증여세법 제19조(배우자 상속공제)

① 거주자의 사망으로 상속이 개시되어 배우자가 실제 상속받은 금액의 경우 다음 각 호의 금액 중 작은 금액을 한도로 상속세 과세가액에서 공제한다. 〈개정 2016. 12. 20.〉

1. 다음 계산식에 따라 계산한 한도금액

> 한도금액 = (A−B+C)×D−E
> A: 대통령령으로 정하는 상속재산의 가액
> B: 상속재산 중 상속인이 아닌 수유자가 유증 등을 받은 재산의 가액
> C: 제13조제1항제1호에 따른 재산가액
> D: 「민법」 제1009조에 따른 배우자의 법정상속분(공동상속인 중 상속을 포기한 사람이 있는 경우에는 그 사람이 포기하지 아니한 경우의 배우자 법정상속분을 말한다)
> E: 제13조에 따라 상속재산에 가산한 증여재산 중 배우자가 사전증여받은 재산에 대한 제 55조제1항에 따른 증여세 과세표준

2. 30억 원

② 제1항에 따른 배우자 상속공제는 제67조에 따른 상속세과세표준신고기한의 다음날부터 9개월이 되는 날(이하 이 조에서 "배우자상속재산분할기한"이라 한다)까지 배우자의 상속재산을 분할(등기 · 등록 · 명의개서 등이 필요한 경우에는 그 등기 · 등록 · 명의개서 등이 된 것에 한정한다. 이하 이 조에서 같다)한 경우에 적용한다. 이 경우 상속인은 상속재산의 분할사실을 배우자상속재산분할기한까지 납세지 관할세무서장에게 신고하여야 한다. 〈개정 2020. 12. 22.〉

③ 제2항에도 불구하고 대통령령으로 정하는 부득이한 사유로 배우자상속재산분할기한까지 배우자의 상속재산을 분할할 수 없는 경우로서 배우자상속재산분할기한[부득이한 사유가 소(訴)의 제기나 심판청구로 인한 경우에는 소송 또는 심판청구가 종료된 날]의 다음날부터 6개월이 되는 날(배우자상속재산분할기한의 다음날부터 6개월이 지나 제76조에 따른 과세표준과 세액의 결정이 있는 경우에는 그 결정일을 말한다)까지 상속재산을 분할하여 신고하는 경우에는 배우자상속재산분할기한까지 분할한 것으로 본다. 다만, 상속인이 그 부득이한 사유를 대통령령으로 정하는 바에 따라 배우자상속재산분할기한까지 납세지 관할세무서장에게 신고하는 경우에 한정한다. 〈개정 2014. 1. 1., 2019. 12. 31., 2020. 6. 9.〉

④ 제1항의 경우에 배우자가 실제 상속받은 금액이 없거나 상속받은 금액이 5억 원 미만이면 제2항에도 불구하고 5억 원을 공제한다.

[전문개정 2010. 1. 1.]

[2014. 1. 1. 법률 제12168호에 의하여 2012. 5. 31. 위헌결정된 이 조 제3항을 개정함.]

※ 상속세 및 증여세법 시행령 제17조(배우자 상속재산의 가액 및 미분할 사유)

① 법 제19조제1항제1호의 계산식에서 "대통령령으로 정하는 상속재산의 가액"이란 상속으로 인하여 얻은 자산총액에서 다음 각 호의 재산의 가액을 뺀 것을 말한다.〈신설 2002. 12. 30., 2017. 2. 7.〉

1. 법 제12조의 규정에 의한 비과세되는 상속재산
2. 법 제14조의 규정에 의한 공과금 및 채무
3. 법 제16조의 규정에 의한 공익법인등의 출연재산에 대한 상속세과세가액 불산입 재산
4. 법 제17조의 규정에 의한 공익신탁재산에 대한 상속세과세가액 불산입 재산

② 법 제19조제3항 본문에서 "대통령령으로 정하는 부득이한 사유"란 다음 각 호의 어느 하나에 해당하는 경우를 말한다.〈개정 2010. 2. 18., 2014. 2. 21.〉

1. 상속인등이 상속재산에 대하여 상속회복청구의 소를 제기하거나 상속재산 분할의 심판을 청구한 경우
2. 상속인이 확정되지 아니하는 부득이한 사유등으로 배우자상속분을 분할하지 못하는 사실을 관할세무서장이 인정하는 경우

③ 법 제19조제3항 단서에 따라 상속재산을 분할할 수 없는 사유를 신고하는 자는 제2항 각 호의 어느 하나에 해당하는 사유를 입증할 수 있는 서류를 첨부하여 법 제19조제2항에 따른 배우자상속재산분할기한 내에 기획재정부령으로 정하는 바에 따라 신고하여야 한다. 〈개정 1998. 12. 31., 2002. 12. 30., 2008. 2. 29., 2010. 2. 18., 2010. 12. 30.〉
[제목개정 2002. 12. 30.]

사례

사망보험금은 상속인의 고유재산이라고 하던데 상속세 부과대상인가요?

Questions ■ ■ ■

어머님이 돌아가신 이후 상속재산을 조회 중에 있습니다. 어머님이 보험을 생전에 가입하신 것이 있는데 살아생전에는 어머님이 매월 생존연금을 받으셨습니다. 그런데 보험계약자인 어머님이 돌아가신 경우에는 그 사망보험금을 보험수익자인 저에게 지급한다고 합니다. 보험회사에는 상속형 즉시연금보험이라고 하던데요.

이렇게 지급받은 사망보험금은 상속세 부과대상인가요? 상속세를 신고 납부해야 하나요? 어디에서는 사망보험금은 상속재산이 아닌 고유재산이라고 하던데 그러면 상속세를 납부하지 않아도 되나요?

Answers ■ ■ ■

우선 보험계약에 따른 사망보험금이 상속재산인지 여부와 상속인의 고유재산인지 여부를 먼저 판단해야 하고, 그 다음으로 상속세 부과대상인지를 판단해야 합니다. 이를 구분해서 판단해야 할 것입니다.

기본적으로 사망보험금이 상속재산에 해당한다면 상속세 부과대상입니다.

반면에 사망보험금이 상속재산이 아닌 상속인의 고유재산이라면 상속세 부과대상인지가 문제됩니다.

어머님의 사망으로 인해 지급될 사망보험금이 있는 경우에 보험수익자가 지정된 경우, 그 사망보험금은 상속재산이 아닌 상속인의 고유재산에 해당합니다.

구체적으로 살펴보면, 보험계약자는 어머니, 피보험자도 어머니로 하되 어머니가 사망할 경우 보험수익자를 자녀인 귀하로 지정한 생명보험계약에 있어서 피보험자의 사망이라는 보험사고가 발생한 때 귀하는 보험수익자의 지위에서 보험자에 대하여 보험금 지급을 청구할 수 있고, 이와 같은 권리는 보험계약의 효력으로 당연히 생기는 것으로서 상속인의 고유재산에 해당합니다.

특히 귀하 사안처럼 보험자(보험회사)가 보험수익자(어머니)에게 매월 생존연금을 지급하다가 만기가 도래하기 전에 피보험자(어머니)가 사망하면 사망보험금을 보험수익자에게 지급하는 상속형 즉시연금보험의 사망보험금 성격에 대해서 대법원은 상속형 즉시연금보험 계약 역시 생명보험으로서 인정하였고, 이에 따라 피상속인의 사망 후 지급되는 보험금은 보험수익자의 고유재산이라고 판단하였습니다(대법원 2023. 6. 29. 선고 2019다300934 판결).

그런데 주의할 것은 사망보험금이 상속재산이 아닌 고유재산으로 인정되는 경우라도 상속세에서는 다르게 취급되어 고유재산인 사망보험금의 경우에도 상속세부과에 있어서는 상속재산으로 간주하여 과세합니다(상증세법 제8조 제1항).

※ 상속세 및 증여세법 제8조(상속재산으로 보는 보험금)
① 피상속인의 사망으로 인하여 받는 생명보험 또는 손해보험의 보험금으로서 피상속인이 보험계약자인 보험계약에 의하여 받는 것은 상속재산으로 본다.
② 보험계약자가 피상속인이 아닌 경우에도 피상속인이 실질적으로 보험료를 납부하였을 때에는 피상속인을 보험계약자로 보아 제1항을 적용한다.
[전문개정 2010. 1. 1.]

※ 상속세 및 증여세법 시행령 제4조(상속재산으로 보는 보험금)
① 법 제8조제1항에 따라 상속재산으로 보는 보험금의 가액은 다음 계산식에 따라 계산한

금액으로 한다. <개정 2012. 2. 2., 2015. 2. 3.>

$$\text{지급받은 보험금의 총 합계액} \times \frac{\text{피상속인이 부담한 보험료의 금액}}{\text{해당 보험계약에 따라 피상속인의 사망시까지 납입된 보험료의 총합계액}}$$

② 제1항의 규정을 적용함에 있어서 피상속인이 부담한 보험료는 보험증권에 기재된 보험료의 금액에 의하여 계산하고 보험계약에 의하여 피상속인이 지급받는 배당금등으로서 당해 보험료에 충당한 것이 있을 경우에는 그 충당된 부분의 배당금등의 상당액은 피상속인이 부담한 보험료에 포함한다.

※ 대법원 판례

[1] 생명보험은 피보험자의 사망, 생존, 사망과 생존을 보험사고로 하는 보험이다(상법 제730조). 생명보험의 보험계약자가 스스로를 피보험자로 하면서 자신이 생존할 때의 보험수익자로 자기 자신을, 자신이 사망할 때의 보험수익자로 상속인을 지정한 후 피보험자가 사망하여 보험사고가 발생한 경우, 이에 따른 보험금청구권은 상속인들의 고유재산으로 보아야 하고 이를 상속재산이라고 할 수는 없다. 상속인들은 보험수익자의 지위에서 보험자에 대하여 보험금 지급을 청구할 수 있고 이러한 권리는 보험계약의 효력으로 당연히 생기는 것이기 때문이다.

보험계약이 피보험자의 사망, 생존, 사망과 생존을 보험사고로 하는 이상 이는 생명보험에 해당하고, 보험계약에서 다액인 보험료를 일시에 납입하여야 한다거나 사망보험금이 일시 납입한 보험료와 유사한 금액으로 산출되도록 설계되어 있다 하더라도 특별한 사정이 없는 한 생명보험으로서의 법적 성질이나 상속인이 보험수익자 지위에서 취득하는 사망보험금청구권의 성질이 달라지는 것은 아니다.

[2] 갑이 을 보험회사와 자신을 피보험자로 하는 상속연금형 즉시연금보험계약을 체결하고 보험료 1억 원을 일시에 납입하였는데, 위 보험계약은 보험수익자가 매월 생존연금을 지급받다가 만기가 도래하면 납입 보험료와 동일한 액수의 만기보험금을 지급받지만, 만기가 도래하기 전 피보험자가 사망하면 만기보험금 지급을 위해 적립된 금액과 일정 금액을 합산한 액수의 사망보험금을 받는 내용의 보험으로, 갑은 자신이 생존할 경우의 보험수익자를 자기 자신으로, 사망할 경우의 보험수익자를 상속인으로 지정하였고, 그 후 갑이 생존연금을 지급받다가 만기가 도래하기 전 사망하여 공동상속인인 병 등이 보험수익자로서 보험계약에 따른 사망보험금을 수령한 사안에서,

위 보험계약은 보험자가 보험수익자에게 매월 생존연금을 지급하다가 만기가 도래하면 만기보험금을 지급하고 만기가 도래하기 전에 피보험자가 사망하면 사망보험금을 지급하는 내용이므로 사람의 사망과 생존 모두를 보험사고로 하는 생명보험계약에 해당하는데, 피보험자가 만기까지 생존할 경우 납입 보험료 상당액을 만기보험금으로 지급하도록 약정되어 있으므로 보험자는 일시 납입된 보험료 중 상당 부분을 적립금으로 계상해 두어야 하지만, 만기 이전에도 생존연금을 지급해야 하므로 재원 마련을 위해 적립금을 운용할 수밖에 없고, 만기 이전에 피보험자가 사망한 경우 당시까지 적립금으로 계상된 금액뿐만 아니라 일정 액수를 더하여 사망보험금을 지급하게 되므로 사망보험금이 납입 보험료와 액수가 유사하게 산출된다 하여 피상속인의 생전 보유 재산인 보험료 납입 재원과 동일한 것이라고 평가하기는 어렵고, 생명보험계약으로서의 법적 성질이 달라진다고 보기도 어려울 뿐만 아니라, 위 보험계약에 따른 사망보험금청구권은 갑의 사망이라는 보험사고가 발생하여 보험수익자로 지정된 병 등이 보험계약의 효력에 따라 고유한 권리로 취득한 것이지 갑으로부터 상속한 것이 아니므로, 병 등이 위 보험계약에 따라 사망보험금을 수령한 행위는 고유재산인 자신들의 보험금청구권을 추심하여 만족을 얻은 것으로 보아야 하고, 상속재산에 대한 처분행위로 평가할 수는 없는데도, 이와 달리 본 원심판단에 법리오해의 잘못이 있다고 한 사례(대법원 2023. 6. 29. 선고 2019다300934 판결)

사례

상속재산분할심판청구소송과 상속세, 취득세의 관계

Questions

아버지가 돌아가신 후 형제들 2남2녀가 서로 협의가 되지 않아 상속재산분할심판청구소송을 진행하려고 합니다.

그런데 상속세를 6개월 내에 신고납부를 해야 한다고 하던데 어떻게 처리해야 하나요?

혹시 상속재산분할심판청구소송을 제기하면 상속세 신고납부가 보류되거나 연장되나요? 상속세가 상당히 많아 매우 부담스러운 상황입니다. 만약 6개월 내에 상속세 신고납부를 하지 않으면 가산세가 붙는다고 하던데 이에 다른 사람들은 어떻게 하는지 궁금합니다.

그리고 상속재산분할심판청구소송을 제기할 때 상속등기는 법정지분등기로 하고 진행하나요? 아니면 돌아가신 아버지 명의상태에서 제기해야 하나요?

Answers

망인이 사망하면 원칙적으로 6개월 내에 상속세, 취득세를 신고납부해야만 합니다. 그런데 상속인 간에 상속비율, 분할방법에 협의가 되지 않아 상속재산분할심판청구소송을 제기해서 진행해야 하는 경우가 많습니다.

이런 경우 상속세, 취득세를 납부하고 상속재산분할심판청구를 해야 하는지 아니면 상속세,

취득세를 납부하지 않고 상속재산분할심판청구를 해야 하는지 궁금하신 분들이 상당히 많습니다.

그런데, 상속재산분할심판청구소송과 상속세, 취득세의 관계는 원칙적으로 무관합니다.

통상 상속인들 간 상속비율 그리고 분할방법에 대해 협의가 안 되어 상속재산분할심판청구소송을 진행할 경우에 각종 상속재산과 관련된 세금인 취득세, 상속세 등은 상속재산분할심판청구소송과 무관하게 상속인들간 연대납부의무를 부담합니다.

즉, 상속세 등 세금과 상속재산분할심판청구소송은 별개로 생각해야 합니다.

상속재산분할심판청구를 진행하는 것과 무관하게 세금을 납부해야 하고 하지 않으면 가산세가 부과되고 이는 공동상속인이 연대해서 책임져야 할 것입니다. 상속재산분할심판청구를 제기했다고 해서 상속세, 취득세 신고납부기한이 원칙적으로는 연장, 보류되지 않습니다.

그리고 상속등기는 법정상속지분등기를 하고 상속재산분할심판청구소송을 제기해도 되고 피상속인의 명의로 그대로 둔채 상속재산분할심판청구소송을 제기해도 됩니다. 그런데 통상은 피상속인의 명의로 그대로 둔채 상속재산분할심판청구소송을 진행하는 것이 일반적입니다.

따라서, 이런 경우 많은 공동상속인들은 우선 상속재산분할심판청구소송 진행과 무관하게 상속세와 취득세 등 세금은 일단 법정지분에 따라 신고납부하시고 추후 상속재산분할심판청구소송의 결과 상속지분이 변경된다면 최종변경 확정된 상속지분에 따라 상속세 경정청구나 초과 납부한 부분에 대한 구상권행사 등으로 별개로 해결해야 할 것입니다.

1. 실제 많은 사례에서는 상속세는 연대납부이고 가산세 불이익이 있으므로 공동으로

신고납부해서 신고세액공제(현재 3%)를 받고 세금과는 별개로 피상속인 명의로 부동산 등기나 금융재산을 그대로 두고 상속재산분할심판청구소송을 진행해서 판결결과에 따라 상속등기나 상속예금을 구체적으로 분할하고 추후 상속세경정청구나 구상권으로 해결하고 있습니다.

2. 만약 상속인들 중 일부가 자신의 법정상속분을 납부하지 않을 경우 다른 상속인이 대신 납부하면 추후 상속재산분할심판결과에 따라 구상권행사를 하게 됩니다.
3. 그리고 상속인들 중 상당수가 납부하지 않을 경우에는 해당 세무서가 상속재산에 대한 압류추심을 통해서 강제징수를 하게 될 것입니다.

상속재산분할심판과 상속세의 관계 등에 대해 보다 자세한 것은 피상속인의 기본증명서, 가족관계증명서, 상속재산내역서인 부동산등기부등본, 은행거래내역서 등을 지참해서 방문상담을 해주시길 바랍니다.

사례

상속세, 제 지분만큼만 미리 내도 될까요?

안녕하세요. 상속전문 법무법인 천명 경태현 대표변호사입니다.

상속등기의 경우 별다른 기한이 없지만, 취득세(등록세 포함) 및 상속세의 경우 사망 후 6개월 내 신고납부를 하지 않으면 가산세(신고불성실, 납부불성실)를 추가로 부담해야 합니다.
현재 우리나라는 일정한도를 초과한 상속재산에 대해서는 상속인들에게 연대해서 상속세를 부과하고 있습니다(이른바 유산세라고 합니다).

만약 법정상속분이 아닌 임의의 상속지분을 위한 협의를 하고 있는 상태라면, 그 지분이 정해진 뒤 그 지분에 따라 상속세를 내고 싶은 것이 당연할 것입니다. 그러나 사안에 따라서는 상속재산분할에 관한 협의가 잘 이루어지지 않은 채로 시간이 흘러 상속세부터 미리 신고납부해야하는 경우가 있을 것입니다. 이런 경우 임의의 상속분이 정해지지 않고, 협의도 잘 이루어지지 않고 있는 상태이니 우선 나만이라도 법정상속분에 따라 납부해야겠다고 생각하실 수도 있습니다.

저희 법무법인에도 상속재산분할과 상속세에 대한 고민을 하고 찾아주신 분이 계셨습니다. 오늘은 그 사례와 함께 상속세 납부 기한에 대해 알아보겠습니다.

Questions ■ ■ ■

안녕하세요. 경태현 변호사님.

최근 상속과 관련하여 형제들과 협의가 잘 이루어지지 않고 있어 변호사님께 조언을 구하려 합니다.

얼마 전 아버지가 돌아가셨는데요.

아버지께서 별다른 유언을 남기진 않으셔서 형제들과 상속재산분할협의를 하고 있는데 생각보다 잘 진전되지 않고 있는 상황입니다.

현재 아버지가 돌아가시고 5개월이 지난 시점이라 조만간 상속세를 납부해야 할 것 같은데, 혹시 이 경우 제 법정지분만 미리 상속세를 납부해도 될까요?

Answers ■ ■ ■

안녕하세요. 상속전문 법무법인 천명의 대표변호사 경태현입니다.

귀하께서는 상속재산분할협의가 아직 이루어지지 않은 상태에서 상속세만 자신의 지분만큼 미리 납부해도 괜찮은지 궁금하신 것 같습니다.

원칙적으로 상속재산분할협의 및 상속등기에는 기한제한이 없습니다. 협의를 계속 하지 않거나 상속재산분할소송 등이 진행되지 않는다면 잠정적으로 법정상속분할이라고 볼 가능성은 있습니다. 그렇다고 해도 당사자 일방이 전원의 협의 없이 임의로 분할비율을 조정하거나 변경할 수는 없습니다.

상속세의 경우 6개월 내 신고 및 납부가 이루어지지 않는다면 신고불성실, 납부불성실의 가산세가 부과되므로 기한을 지켜 납부할 필요가 있습니다. 귀하의 경우 이 점을 고려하여 귀하의 법정지분만큼 미리 납부하여 납부 연체를 피하려 하고 계신 것 같습니다. 그러나 상속세는 전체 금액이 납부되어야 합니다. 상속세의 경우 상속인 전원의 상속세 전부를 납부해야 하는 연대납세의무가 있으므로 상속인 중 일부가 자신의 법정상속지분을 기준으로 하는 상속세를 납부한다고 해서 나머지 납부되지 않은 상속세에 대한 연대납부의무가 면제되는 것은 아닙니다. 따라서 귀하께서 일부만 납부할 경우 나머지 금액에 대해 가산세까지 부담하게 되어 문제가 발생할 수 있습니다.

귀하의 경우 현재 상속재산분할협의가 원활히 이루어지지 않고 있는 상태입니다. 이러한 경우 가능한 상속인 전원이 법정상속분에 따라 신고납부하셔서 가산세의 불이익을 우선 피하시길 바랍니다. 만일 다른 상속인들이 협조하지 않으면 일단 귀하께서 먼저 납부하신 후에 상속재산분할협의나 법원의 판결에 따라 확정된 지분을 기준으로 납부하지 않은 상속인들에게 귀하가 납부한 상속세의 반환을 구상금청구소송을 할 수 있습니다.

또한 상속재산분할협의는 상속세와 달리 기한제한이 없으므로 상속세 신고 전후 모두 가능하기 때문에 상속재산분할협의는 계속 진행하셔도 될 것 입니다. 만약 이후에도 계속해서 협의가 이루어지지 않는다면 가정법원에 상속재산분할심판청구소송을 제기하여 법원의 조정이나 판결을 통해 구체적 분할절차를 밟으실 수 있을 것입니다.

저희 상속전문 법무법인 천명은 상속세는 물론 상속재산분할협의 전반적인 과정에 대해 도움을 드리고 있습니다. 이에 대해 궁금한 점이 있으시거나, 비슷한 상황에서 고민이 있으시다면 저희 법무법인에서 관련서류를 지참해서 방문상담을 받아보시길 바랍니다.

사 례

주택을 상속받은 경우의 상속주택 비과세 특례

안녕하세요. 상속전문 법무법인 천명의 대표변호사 경태현입니다.

일시적 2주택 비과세 특례에 대해 들어보신 분이 있으실 것입니다.
소득세법상 세대의 주택 수는 세대원이 보유한 주택을 모두 합치는 게 원칙이나, 부득이한 사정이 있거나 본인의 의사와 무관하게 취득한 주택에 대해서는 주택 수 산정에서 제외하게 됩니다. 예를 들어, 노부모를 모시기 위해 세대를 합치는 경우 일시적 2주택, 즉 1주택으로 간주하여 비과세 특례를 부여하게 됩니다. 이를 이른바 '효도 비과세'라고 일컫기도 합니다.

이렇게 일정 요건을 충족하면 1세대 2주택이더라도 비과세 혜택을 받을 수 있는데요. 오늘은 상속주택에 적용되는 "일시적 2주택 비과세 특례"에 대해 알아보도록 하겠습니다. 아래에서 질문과 답변의 형식으로 설명해 드리겠습니다.

Questions ■ ■ ■

안녕하세요. 변호사님.

아버지께서 세상을 떠나시면서 거주하시던 주택을 저에게 물려주셨습니다.
저는 지금 가족들과 살고 있는 주택이 한 채 있어서 지금 총 두 채를 가지고 있는 상황입니다.
이 주택 두 채 중 한 채를 매도하려고 하는데요.

알아보니 상속주택의 경우 비과세 특례가 있다고 해서요.
이러한 비과세 특례는 어떤 경우에 어떻게 적용받을 수 있는 건가요?

변호사님께 현명한 답변을 구하고자 합니다. 답변 기다리겠습니다.

Answers ■ ■ ■

안녕하세요. 상속전문 법무법인 천명의 대표변호사 경태현입니다.

기존주택을 보유한 상속인이 상속개시로 인해 피상속인(망인)으로부터 주택을 상속받을 경우에 일시적 2주택이 되는 상황이 발생됩니다. 이런 상황에서의 상속주택 비과세 특례에 대해 궁금하신 것 같습니다.

소득세법 시행령 제155조 2항은 '상속받은 주택과 그 밖의 주택(일반주택)을 각각 1개씩 소유하고 있는 1세대가 일반주택을 양도하는 경우 1개의 주택을 소유하고 있는 것으로 보아 1주택 비과세를 적용한다'라는 취지의 상속주택 비과세 특례에 대해 규정하고 있습니다.

즉, 상속주택 비과세 특례는 상속개시 당시 한 세대에서 한 채의 주택만을 보유하고 있던 자가 상속주택을 물려받은 뒤, 상속주택이 아닌 일반주택을 양도하는 경우에 적용되는 것입니다. 두 주택 중 일반주택이 아닌 상속주택을 매도하는 경우에는 적용되지 않습니다. 여기서 주의할 것은 여기서 '상속주택 비과세 특례'라고 표현하지만 이는 상속받은 주택을 처분할 때 '상속주택에 대한 비과세'를 한다는 의미가 결코 아니라 상속주택을 주택수에 반영하지 않아 상속인이 보유한 기존주택(세법상 일반주택)을 처분할 때 '기존주택에 대한 비과세를 적용한다는 것입니다.

다시 한번 요약하자면 상속주택 비과세 특례는
① 상속개시(사망) 당시 1세대 1주택자가
② 상속주택(주택 한 채만 적용)을 물려받은 뒤
③ 상속주택이 아닌 일반주택을 양도하는 경우에 적용되는 것입니다.

이러한 위 세가지 요건을 모두 충족해야 비로소 비과세 혜택을 받을 수 있고, 이때 일반주택의 처분 시한을 따로 규정하고 있지는 않습니다. 또, 주택 여러 채를 상속받은 경우 단한 채에만 적용됩니다. 그리고, 상속 후 주택을 취득했다면 해당 주택을 처분할 때에는 특례가 적용되지 않습니다.

세부적으로 들어가면 조금 더 복잡한 요건을 가지고 있습니다. 피상속인과 상속인이 별도 세대를 구성한 상태여야 하고, 상속개시일 전부터 보유하던 주택만 비과세를 적용받을 수 있습니다. 그러므로 부모와 동거하면서 주택을 물려받은 경우라면 특례가 적용되지 않을 것입니다. 귀하의 경우에서 만약 아버지와 동거한 경우라면 아버지 소유 한 채, 본인 소유 한 채의 주택이 있어 1세대 2주택에 해당되기 때문입니다.

다만, 60세 이상 노부모를 동거 봉양하기 위해 합가한 경우에는 합가 이전부터 소유한 주택에 비과세 특례가 적용됩니다. 즉, 동거 봉양 합가 상태에서 상속을 받으면 비과세인 반면 동일 세대원 상속은 과세 대상이 되는 것이지요. 합가는 부모와 자식이 세대 분리 후 다시 합치는 것에 해당하고, 부모 자식 세대가 계속 동거한 것은 인정되지 않습니다.

그러므로 귀하의 경우에도 상속받은 주택이 아닌 원래 보유하고 있던 주택을 처분한다면 그에 대해서 비과세 특례를 적용받을 수 있을 것입니다.

저희 로펌을 찾아주시는 많은 분들께서도 절세 방법에 대해 문의주시곤 합니다. 그러나 상속을 어떻게 하느냐에 따라 절세 여부가 크게 달라질 수 있기 때문에, 절세에 유리한 지분 배분법에 대해 상속전문가의 도움을 받으시는 것이 가장 적절합니다. 그러므로 보다 자세한 것은 저희 상속 특화 로펌 법무법인 천명과 세무사의 자문을 동시에 받아 정확한 법률과 세무상담을 받아 보시길 바랍니다.

※소득세법 시행령

제155조(1세대1주택의 특례)

① 국내에 1주택을 소유한 1세대가 그 주택(이하 이 항에서 "종전의 주택"이라 한다)을 양도하기 전에 다른 주택(이하 이 조에서 "신규 주택"이라 한다)을 취득(자기가 건설하여 취득한 경우를 포함한다)함으로써 일시적으로 2주택이 된 경우 종전의 주택을 취득한 날부터 1년 이상이 지난 후 신규 주택을 취득하고 신규 주택을 취득한 날부터 3년 이내에 종전의 주택을 양도하는 경우(제18항에 따른 사유에 해당하는 경우를 포함한다)에는 이를 1세대1주택으로 보아 제154조제1항을 적용한다. 이 경우 제154조제1항제1호, 같은 항 제2호가목 및 같은 항 제3호의 어느 하나에 해당하는 경우에는 종전의 주택을 취득한 날부터 1년 이상이 지난 후 다른 주택을 취득하는 요건을 적용하지 않으며, 종전의 주택 및 그 부수토지의 일부가 제154조제1항제2호가목에 따라 협의매수되거나 수용되는 경우로서 해당 잔존하는 주택 및 그 부수 토지를 그 양도일 또는 수용일부터 5년 이내에 양도하는 때에는 해당 잔존하는 주택 및 그 부수토지의 양도는 종전의 주택 및 그 부수토지의 양도 또는 수용에 포함되는 것으로 본다. 〈개정 2023.2.28〉

② 상속받은 주택[조합원입주권 또는 분양권을 상속받아 사업시행 완료 후 취득한 신축주택을 포함하며, 피상속인이 상속개시 당시 2 이상의 주택{상속받은 1주택이 「도시 및 주거환경정비법」에 따른 재개발사업(이하 "재개발사업"이라 한다), 재건축사업(이하 "재건축사업"이라 한다) 또는 「빈집 및 소규모주택 정비에 관한 특례법」에 따른 소규모재건축사업, 소규모재개발사업, 가로주택정비사업, 자율주택정비사업(이하 "소규모재건축사업등"이라 한다)의 시행으로 2 이상의 주택이 된 경우를 포함한다}을 소유한 경우에는 다음 각 호의 순위에 따른 1주택을 말한다]과 그 밖의 주택(상속개시 당시 보유한 주택 또는 상속개시 당시 보유한 조합원입주권이나 분양권에 의하여 사업시행 완료 후 취득한 신축주택만 해당하며, 상속개시일부터 소급하여 2년 이내에 피상속인으로부터 증여받은 주택 또는 증여받은 조합원입주권이나 분양권에 의하여 사업시행 완료 후 취득한 신축주택은 제외한다. 이하 이 항에서 "일반주택"이라 한다)을 국내에 각각 1개씩 소유하고 있는 1세대가 일반주택을 양도하는 경우에는 국내에 1개의 주택을 소유하고 있는 것으로 보아 제154조제1항을 적용한다. 다만, 상속인과 피상속인이 상속개시 당시 1세대인 경우에는 1주택을 보유하고 1세대를 구성하는 자가 직계존속(배우자의 직계존속을 포함하며, 세대를 합친 날 현재 직계존속 중 어느 한 사람 또는 모두가 60세 이상으로서 1주택을 보유하고 있는 경우만 해당한다)을 동거봉양하기 위하여 세대를 합침에 따라 2주택을 보유하게 되는 경우로서 합치기 이전부터 보유하고 있었던 주택만 상속받은 주택으로 본다(이하 제3항, 제7항제1호, 제156조의2제7항제1호 및 제156조의3제5항제1호에서 같다). 〈개정 1997.12.31, 2002.10.1, 2002.12.30, 2008.2.22, 2010.2.18, 2012.2.2, 2013.2.15, 2014.2.21, 2017.2.3, 2018.2.13, 2020.2.11, 2021.2.17, 2022.2.15〉

1. 피상속인이 소유한 기간이 가장 긴 1주택
2. 피상속인이 소유한 기간이 같은 주택이 2이상일 경우에는 피상속인이 거주한 기간이 가장 긴 1주택
3. 피상속인이 소유한 기간 및 거주한 기간이 모두 같은 주택이 2이상일 경우에는 피상속인이 상속개시 당시 거주한 1주택
4. 피상속인이 거주한 사실이 없는 주택으로서 소유한 기간이 같은 주택이 2이상일 경우에는 기준시가가 가장 높은 1주택(기준시가가 같은 경우에는 상속인이 선택하는 1주택)

제3장
기여분결정청구

사례

기여분 제도와 기여분의 결정방법

Questions

아버지께서 지난 5월경에 돌아가셨습니다.
가족은 어머니와 2남 2녀 4남매입니다.

아버지께서 단독주택 한 채를 남기셨습니다. 평소 아버지께서는 집은 어머니 것이라고 해서 저희들은 그동안 당연히 어머님 소유로 생각하고 있었습니다.

그런데 문제는 바로 맏딸입니다. 맏딸은 자신의 상속지분을 포기할 수 없다고 합니다. 저희 형제들이 맏딸에게 일단 어머니에게 모두 상속하고 나중에 어머니가 돌아가시면 상속받으라고 했지만 막무가내로 싫다고 합니다.

참고로 맏딸은 오래전에 결혼한 후 친정집에 그다지 많이 방문하지도 않았고, 아버지가 오랜 시간 투병했음에도 불구하고 문병이나 병원비 일부조차 부담하지도 않았습니다.
원래 저희 집은 명의만 아버지로 되어 있지 실질적으로 어머니의 집이라고 할 수 있습니다.

아버지와 어머니는 저희 4남매를 어렵게 키우시고 무일푼으로 시작해서 집을 한 채 마련한 것 말고는 재산이 없었습니다. 그리고 아버지는 일찍 직장을 그만두셨고 오랜 시간 투병해서 아버지를 대신해 어머니께서 집을 유지하려고 파출부 등을 나가시면서 생활비와 병원비를 버셨고, 지극정성으로 아버지 간병을 해서 집을 지킬 수 있었습니다.

도저히 장녀가 협의가 안 되는데 어머니는 기여분이라는 것을 주장할 수 없나요?
나머지 자녀들 3명은 어머니의 기여를 전적으로 인정하고 어머니 단독상속을 받아야 한다고 생각하는데 어머니 기여분이 이런 경우 더 많이 인정되나요?

제가 막내딸인데 저 역시 부모님과 같이 살면서 병간호와 생활에 도움을 줬는데 기여분을 받을 수 있나요.

어머니는 장녀가 협조를 해주지 않아 너무 걱정이 많으십니다.
어떻게 방법이 없나요?

기여분 제도라는 것이 있다고 하던데 방법을 알려주세요.
기여분을 받으려면 어떤 서류가 있어야 하나요?

Answers ■ ■ ■

아버지께서 유언을 하지 않고 사망하신 경우 상속인은 어머니와 자녀들 4명이고 법정상속분은 어머니가 1.5지분, 자녀들이 각 1지분씩입니다. 이를 분모화하면 어머님이 3/11지분, 자녀들이 2/11지분씩입니다.

위와 같이 아버지의 상속재산에 대해 적법, 유효한 유언이 없는 경우 상속인들은 법정상속분에 따라 상속받습니다.

다만, 위 법정지분대로 상속을 받을 경우 매우 부당한 경우가 발생하는 상황이 있습니다.
특히, 기여분이 인정되어야 할 상속인이 존재할 경우입니다.

● **기여분 제도의 의의**

유언이 존재하지 않은 경우, 공동상속인들 간 실질적인 공평을 기하기 위해서 1990년 민법 개정을 통해 기여분 제도가 신설되었고 이에 따라 법정상속분대로가 아닌 상속재산분할이 가능합니다.

즉, 기여분 제도는 상속인들 중에 상속재산의 형성, 유지, 관리에 특별한 역할을 하였거나 간병, 부양에 특별한 희생을 동반한 기여를 한 사람이 있다면 상속인들 간 협의를 통해 혹은 가정법원의 재판을 통해 기여분을 인정받을 수 있습니다.

하지만, 상속인들 간 전원 협의가 안 될 경우 기여분에 대해 인정받고자 하신다면 가정법원에 "기여분소송"을 제기해서 법원의 조정이나 판결을 거쳐 기여분을 인정받아야 할 것입니다.

만약 기여분이 인정되면 기여분을 그 기여자의 단독상속을 받는 것으로 하고 기여분을 제외한 나머지 재산을 상속재산으로 보고 법정상속분에 따라 다시 분할을 하게 됩니다. 결과적으로 기여분권자는 [기여분+기여분을 제외한 상속재산 중 법정상속분]을 상속받게 됩니다.

● **기여분의 결정방법 등**

기여분을 인정할 것인지 그리고 인정한다면 어느 정도 인정할 것인지는

1) 공동상속인들 간 협의를 통해 우선적으로 결정합니다.

2) 전원 협의가 안 될 경우에는 가정법원에 기여분결정청구소송을 제기해서 가정법원의 조정이나 판결을 통해 인정됩니다.

➡ 가정법원은 기여자의 기여의 시기, 방법, 정도와 상속재산의 규모와 액수, 기타 사정을 종합해서 기여분을 결정합니다(민법 제1008조의2 제2항).

통상 가정법원은 기여분을 전체 상속재산 중 비율로 결정하나 금액 혹은 일정 부동산 자체를 기여분으로 인정할 수도 있습니다.

● **기여분청구소송을 하기 위해서는**

① 기본적으로 기여한 구체적 사실관계를 먼저 준비하시고

② 그 사실관계를 입증할 만한 증빙서류나 녹음자료 혹은 증인 등 직접증거와 간접증거를 준비해야 할 것입니다.

그리고 공동상속인 중에 기여분을 주장할 수 있는 상속인 수에는 제한이 없습니다. 다만, 여러 사람이 전부 기여분을 주장하면 기여분 주장에 힘이 실리지 않고 기여분 인정비율이 매우 희석됩니다. 따라서, 기여분을 주장하신다면 어머님만 기여분을 강력하게 주장하는 것이 전략적으로 바람직해 보입니다.

특히 귀하의 사례에서 자녀들 3명이 어머니의 기여를 인정하고 있고 장녀만 반대하는 상황이고, 어머님이 상속재산을 형성, 유지, 관리 그리고 간병, 부양에 특별한 기여를 한 것으로 보이고 가정법원에서 인정해줄 가능성이 매우 커 보입니다.

기여분소송 등 보다 자세한 것은 피상속인(망인)의 기본증명서, 가족관계증명서, 주민등록말소자초본, 상속재산내역인 부동산등기부등본과 예금잔고증명서, 기여분을 주장할 구체적 사실관계와 내용 정리한 진술서 등을 지참해서 방문상담을 해주시길 바랍니다.

※ 민법

제1008조의2(기여분)

① 공동상속인 중에 상당한 기간 동거·간호 그 밖의 방법으로 피상속인을 특별히 부양하거나 피상속인의 재산의 유지 또는 증가에 특별히 기여한 자가 있을 때에는 상속개시 당시의 피상속인의 재산가액에서 공동상속인의 협의로 정한 그 자의 기여분을 공제한 것을 상속재산으로 보고 제1009조 및 제1010조에 의하여 산정한 상속분에 기여분을 가산한 액으로써 그 자의 상속분으로 한다. 〈개정 2005. 3. 31.〉

② 제1항의 협의가 되지 아니하거나 협의할 수 없는 때에는 가정법원은 제1항에 규정된 기여자의 청구에 의하여 기여의 시기·방법 및 정도와 상속재산의 액 기타의 사정을 참작하여 기여분을 정한다.

③ 기여분은 상속이 개시된 때의 피상속인의 재산가액에서 유증의 가액을 공제한 액을 넘지 못한다.

④ 제2항의 규정에 의한 청구는 제1013조제2항의 규정에 의한 청구가 있을 경우 또는 제1014조에 규정하는 경우에 할 수 있다.

[본조신설 1990. 1. 13.]

사 례

외할머니의 부양과 간병, 재산관리와 기여분제도의 관계

Questions ■ ■ ■

얼마 전에 외할머니가 돌아가셨습니다.
상속인으로는 큰외삼촌과 엄마 그리고 작은외삼촌이 있습니다.

작은외삼촌에게 장애가 있어 저희 엄마는 20대 때부터 지금까지 외할머니와 작은외삼촌과 함께 살면서 부양해 왔습니다.

아버지는 엄마와 결혼할 때 외할머니와 작은외삼촌을 돌봐 주기로 해서 결혼하고 곧바로 외할머니 집에 들어와 지금까지 외할머니와 작은외삼촌을 돌봐 주었습니다.

그렇게 수십 년간 저희 가족은 외할머니, 외삼촌과 살면서 외할머니와 작은외삼촌의 생계를 보살펴 주었습니다.

외할머니 집은 다세대주택인데 그동안 부모님들이 외할머니 집을 관리해주었고 월세는 모두 외할머니에게 드렸습니다.

그동안 큰외삼촌은 아무것도 하지 않았고 오히려 큰외삼촌이 결혼할 때 외할머니가 아파트를 사주었다고 합니다.

그런데 외할머니가 돌아가시자 큰외삼촌이 "외할머니 집을 작은 외삼촌을 제외하고 큰외삼촌과 엄마가 똑같이 나누자."라고 합니다.

저희는 외할머니가 생전에 집을 엄마에게 주신다고 하셨는데, 유언장은 없습니다.

그렇지만 큰외삼촌도 평소에 외할머니가 집을 엄마에게 준다는 것을 다 알고 있었고, 그동안 외할머니와 작은외삼촌을 저희 식구들이 돌봐 왔기 때문에 당연히 그렇게 하는 것으로 알고 있었습니다.

그런데 외할머니가 돌아가시자 큰외삼촌이 말을 바꾸고 있습니다.
이런 경우에는 어떻게 해야 하나요?

기여분제도라는 것이 있다고 하는데 저희 엄마가 기여분을 주장할 수는 없나요?

Answers ■ ■ ■

외할머니의 상속인은 큰외삼촌과 귀하의 어머니 그리고 작은외삼촌입니다.

따라서 특별한 사정이 없는 한 외할머니의 상속재산은 원칙적으로 어머니를 포함한 상속인들이 각 1/3씩 취득하게 됩니다.

만일 이러한 지분을 변경해서 귀하의 어머니와 큰외삼촌이 1/2씩 취득하고자 한다면, 작은외삼촌의 동의가 필요합니다.

물론 이때 작은외삼촌의 인지능력에는 문제가 없어야 합니다. 만일 인지능력에 문제가 있다면 작은외삼촌이 동의하더라도 정상적인 동의로 볼 수 없기 때문에 무효가 됩니다.

그런데 귀하의 어머니가 기여분을 인정받을 수 있다면 이러한 상속분이 변경됩니다. 만일 어머니의 기여분이 30%로 인정되면 먼저 외할머니의 재산에서 30%를 어머니에게 분배하고 나머지 70%를 나누게 됩니다.

이때 만일 상속인 중 누군가가 생전에 할머니로부터 증여를 받은 재산이 있다면 증여를 받은 상속인은 그만큼을 공제하게 됩니다.

따라서 만일 귀하의 어머니에게 기여분이 인정되고 큰외삼촌이 증여받은 재산을 증명할 수 있다면, 어머니는 1/3이 아니라 50%가 넘게 상속을 받을 수 있습니다.

다만 기여분제도는 피상속인의 재산 형성과 유지 그리고 부양과 간병에 특별한 기여를 한 상속인에게 기여분을 인정할 수 있는 제도입니다.

따라서 만일 기여분을 인정받고자 하신다면 어머니의 특별한 기여를 증명해야 합니다.

다만 가정법원 판례를 보면 딸인 상속인이 결혼 전부터 부모님을 모시고 살면서 단순히 부양만을 한 것이 아니라 자신과 같은 수준의 생활을 할 수 있도록 한 사안에서 기여분이 인정된 사례가 있습니다.

그러므로 어머니의 경우도 기여분이 인정될 가능성이 있습니다.

그러나 말씀드린 것처럼 기여분제도는 특별한 기여를 전제로 하고 있을 뿐 어느 정도를 특별한 기여로 보는지에 대한 객관적 기준은 없습니다.

또한 기여분제도에 의하면 기여분을 인정할 수 있다고 할 뿐 어느 정도를 인정해야 하는 것은 전적으로 개별적 사정에 따른 가정법원의 판단에 일임하고 있습니다.

그러므로 기여분의 인정 여부와 인정될 기여분의 정도에 대한 상담은 아래의 자료를 지참하신 후 방문상담해 주시기 바랍니다.

■ **준비해 주실 서류**

1. 상속재산분할대상인 외할머니의 주택에 대한 부동산등기부등본
2. 외할머니의 기본증명서, 가족관계증명서, 혼인관계증명서, 전 주소가 다 나오는 말소자 초본
3. 외할아버지의 제적등본
4. 작은외삼촌의 가족관계증명서, 전 주소지가 다 나오는 주민등록초본
5. 큰외삼촌에게 사주었다는 아파트 등기부등본

※ 민법

제1008조의2(기여분)

① 공동상속인 중에 상당한 기간 동거 · 간호 그 밖의 방법으로 피상속인을 특별히 부양하거나 피상속인의 재산의 유지 또는 증가에 특별히 기여한 자가 있을 때에는 상속개시 당시의 피상속인의 재산가액에서 공동상속인의 협의로 정한 그 자의 기여분을 공제한 것을 상속재산으로 보고 제1009조 및 제1010조에 의하여 산정한 상속분에 기여분을 가산한 액으로써 그 자의 상속분으로 한다. 〈개정 2005. 3. 31.〉

② 제1항의 협의가 되지 아니하거나 협의할 수 없는 때에는 가정법원은 제1항에 규정된 기여자의 청구에 의하여 기여의 시기 · 방법 및 정도와 상속재산의 액 기타의 사정을 참작하여 기여분을 정한다.

③ 기여분은 상속이 개시된 때의 피상속인의 재산가액에서 유증의 가액을 공제한 액을 넘지 못한다.

④ 제2항의 규정에 의한 청구는 제1013조제2항의 규정에 의한 청구가 있을 경우 또는 제1014조에 규정하는 경우에 할 수 있다.

[본조신설 1990. 1. 13.]

※ 판례

민법이 친족 사이의 부양에 관하여 그 당사자의 신분관계에 따라 달리 규정하고, 피상속인을 특별히 부양한 자를 기여분을 인정받을 수 있는 자에 포함시키는 제1008조의2 규정을 신설함과 아울러 재산상속인이 동시에 호주상속을 할 경우에 그 고유의 상속분의 5할을 가산하도록 한 규정(1990. 1. 13. 법률 제4199호로 개정되기 전의 제1009조 제1항 단서)을 삭제한 취지에 비추어 볼 때, 성년(成年)인 자(子)가 부양의무의 존부나 그 순위에 구애됨이 없이 스스로 장기간 그 부모와 동거하면서 생계유지의 수준을 넘는 부양자 자신과 같은 생활수준을 유지하는 부양을 한 경우에는 부양의 시기 · 방법 및 정도의 면에서 각기 특별한 부양이 된다고 보아 각 공동상속인 간의 공평을 도모한다는 측면에서 그 부모의 상속재산에 대하여 기여분을 인정함이 상당하다. (대법원 1998. 12. 8. 선고 97므513,520,97스12 판결)

사 례

법정상속지분 변경위한 시부모에 대한 며느리의 기여분주장

Questions ■ ■ ■

저의 남편이 6월초에 갑자기 심장마비로 저세상 사람이 되었습니다.

저는 남편과 결혼한 지 8년차인데 아이가 없습니다. 그동안 아이를 갖기 위해서 엄청난 노력을 했지만 안타깝게도 하느님이 아이를 보내주시지 않으셨습니다.
현재 시부모님은 생존해 계시고 시동생과 시누이가 있습니다.
갑작스런 남편의 사망에 허망하게 시간을 보내다가 상속문제로 문의드리게 되었습니다.

현재 상태에서 상속인은 누구이고 법정상속지분은 어떻게 되나요?
시부모님과 제가 공동으로 상속받나요?
아이가 없어서 그런가요?

저희 부부는 맞벌이 부부였습니다. 남편이 사망할 때까지도 같이 맞벌이를 했고요.
결혼 당시부터 양가 부모님의 도움을 거의 받지 않고 결혼식부터 전세집 장만 그리고 계속된 이사 등을 하면서 아파트 한 채를 분양받았습니다.

현재 남편명의로 분양받은 아파트 1채(시가 6억 원 가량), 근저당 채무 3억 원, 자동차 약 1000만 원 시세, 예금 4000만 원, 사망보험금 약 1억 원 가량, 회사퇴직금이 있습니다.

위 상속재산을 어떻게 나눠야 하나요?

참고로 저와 남편은 처음부터 모든 것을 같이 일궜고 제 월급과 남편 월급을 알뜰히 모아서 현재 재산을 일구었습니다.
그런데 아파트 명의 등은 모두 남편 명의로 되어 있고 제 명의로 된 재산은 거의 없습니다(약간의 일반 보험하고 예금 1000만 원 가량이 전부).

이런 상황에서 시부모님과 무조건 나눠야 하나요?
남편 명의이지만 결혼기간 동안의 제가 벌은 모든 급여는 대출이자 갚고 아파트 분양대금에 사용되었습니다.
제 기여도는 전혀 고려되지 않나요? 너무 억울합니다. 제 기여도를 주장하고 싶어요.
시부모님은 아이도 없으니 법정지분대로 나누자고 하는데 너무 억울합니다.
시부모님은 상속에 어떤 역할이나 기여를 한 것도 없는데 같이 나눠야 한다니 저는 앞으로 어떻게 살아가야 하나요?

남편이 살아 있거나 아이만 있어도 이런 일이 발생하지 않는데 너무 억울합니다. 제발 도와주세요.

Answers ■ ■ ■

남편과 사이에서 아이가 없는 경우 상속인은 배우자인 귀하와 시부모님입니다.

법정상속지분은 배우자인 귀하가 1.5지분, 시부모님은 각 1지분씩입니다.
이를 분모화하면 귀하가 3/7지분, 시부모님은 각 2/7지분씩입니다.
만약 아이가 있었다면 상속인은 귀하와 아이만이고, 시부모님은 전혀 상속인이 아니게 되었습니다. 안타깝게도 아이가 없어 시부모님도 상속인이 된 것입니다.

다만, 위 법정상속비율이 있음에도 불구하고 기여분 등이 있어 상속인들 전원이 협의해서 법정상속지분이 아닌 협의한 대로 상속분할이 모두 가능합니다.

여기 문제되는 상속재산은 "남편명의로 분양받은 아파트 1채(시가 6억 원 가량), 근저당 채무 3억 원, 자동차 약 1000만 원 시세, 예금 4000만 원, 회사퇴직금"이고 사망보험금의 경우 보험수익자가 귀하가 지정된 경우 귀하가 단독으로 수령할 수 있는 고유재산입니다.

만약 사망보험금의 수익자가 법정상속인 혹은 미지정 상태라면 위 법정상속지분에 따라 보험금은 귀속됩니다(귀하 3/7지분, 시부모님 2/7지분씩).
그런데 문제는 "상속재산"에 대해서 위 법정상속지분대로 분할하는 것이 매우 불공평한 경우가 있습니다. 이는 상속인 중에 특별한 기여를 한 사람이 있는 경우입니다. 이를 "기여분제도"라고 합니다.

귀하의 경우 배우자로서 결혼 초기부터 상속재산의 형성, 유지, 관리에 특별한 역할을 한 것으로 보입니다.
이런 경우 귀하는 기여분을 다른 상속인들(시부모님)과 협의할 수 있고 협의가 안 된다면 기여분소송을 진행할 수 있습니다.

귀하의 기여분(기여도)과 관련해서 결혼초기에 아무것도 없었고 부부가 맞벌이로서 서로 경제활동을 하면서 하나하나씩 재산을 형성하였는데 재산 명의는 돌아가신 남편 명의로 대부분 형성되어있고 부인인 귀하 명의로는 재산이 거의 없다면 배우자인 귀하는 기여분을 충분히 법원으로부터 인정받을 수 있습니다.

그러므로 귀하의 기여분에 대해서 협의를 해보시고 도저히 협의가 안 된다면 기여분 소송을 진행해 보시길 바랍니다.
기여분이 인정될 경우에는 인정되는 기여분을 귀하의 단독상속분으로 하고 기여분을 제외한 나머지 상속재산에 대해서 다시 귀하 3/7지분, 시부모님 각 2/7지분씩으로 분할하게 됩니다.

결국 귀하의 기여분이 인정된다면 최종적으로 "기여분+기여분을 제외한 상속재산의 3/7지분"이 귀하의 상속분이 될 것입니다.

기여분소송과 상속재산분할 등 보다 자세한 것은 아래 자료를 지참해서 방문상담을 해주시길 바랍니다.

- 남편 기본증명서(상세), 가족관계증명서(상세), 혼인관계증명서(상세), 주민등록말소자초본(과거주소포함)
- 남편 상속재산인 아파트등기부등본, 은행잔고증명서와 은행거래내역서(결혼부터 현재까지), 퇴직금지급예정서, 자동차등록증
- 아파트등기권리증, 분양계약서, 기존 전세계약서 내지 월세계약서
- 아파트 대출계약서 내지 대출약정서, 대출원리금 납부확인서 및 대출잔액증명서
- 남편 소득금액증명(결혼전부터 현재까지, 세무서 발급), 재직증명서(결혼전부터 현재까지, 회사 발급)
- 귀하 소득금액증명(결혼전부터 현재까지, 세무서 발급), 재직증명서(결혼전부터 현재까지, 회사발급)
- 보험계약서 내지 보험증권

※ 민법

제1000조(상속의 순위)

① 상속에 있어서는 다음 순위로 상속인이 된다. 〈개정 1990. 1. 13.〉

1. 피상속인의 직계비속
2. 피상속인의 직계존속
3. 피상속인의 형제자매
4. 피상속인의 4촌 이내의 방계혈족

② 전항의 경우에 동순위의 상속인이 수인인 때에는 최근친을 선순위로 하고 동친등의 상속인이 수인인 때에는 공동상속인이 된다.

③ 태아는 상속순위에 관하여는 이미 출생한 것으로 본다. 〈개정 1990. 1. 13.〉

[제목개정 1990. 1. 13.]

제1008조의2(기여분)

① 공동상속인 중에 상당한 기간 동거·간호 그 밖의 방법으로 피상속인을 특별히 부양하거나 피상속인의 재산의 유지 또는 증가에 특별히 기여한 자가 있을 때에는 상속개시

당시의 피상속인의 재산가액에서 공동상속인의 협의로 정한 그 자의 기여분을 공제한 것을 상속재산으로 보고 제1009조 및 제1010조에 의하여 산정한 상속분에 기여분을 가산한 액으로써 그 자의 상속분으로 한다. 〈개정 2005. 3. 31.〉
② 제1항의 협의가 되지 아니하거나 협의할 수 없는 때에는 가정법원은 제1항에 규정된 기여자의 청구에 의하여 기여의 시기ㆍ방법 및 정도와 상속재산의 액 기타의 사정을 참작하여 기여분을 정한다.
③ 기여분은 상속이 개시된 때의 피상속인의 재산가액에서 유증의 가액을 공제한 액을 넘지 못한다.
④ 제2항의 규정에 의한 청구는 제1013조제2항의 규정에 의한 청구가 있을 경우 또는 제1014조에 규정하는 경우에 할 수 있다.
[본조신설 1990. 1. 13.]

제1009조(법정상속분)
① 동순위의 상속인이 수인인 때에는 그 상속분은 균분으로 한다. 〈개정 1977. 12. 31., 1990. 1. 13.〉
② 피상속인의 배우자의 상속분은 직계비속과 공동으로 상속하는 때에는 직계비속의 상속분의 5할을 가산하고, 직계존속과 공동으로 상속하는 때에는 직계존속의 상속분의 5할을 가산한다. 〈개정 1990. 1. 13.〉
③ 삭제 〈1990. 1. 13.〉

제1013조(협의에 의한 분할)
① 전조의 경우외에는 공동상속인은 언제든지 그 협의에 의하여 상속재산을 분할할 수 있다.
② 제269조의 규정은 전항의 상속재산의 분할에 준용한다.

사례

기여분청구절차와 인정유형에 대해 알려주세요.

Questions

안녕하세요 변호사님

이번에 우리 아내가 세상을 떠났습니다.
자식들은 하나같이 돈 조금이라도 더 받으려 극성입니다.
그렇지만 자기 엄마 아플 때는 시간 없다며 다 나 몰라라 하고 아픈 아내의 병수발은 다 제가 도맡아했습니다.

아내가 장사를 하던 사람이라 남기고 간 재산이 좀 있어요.
인터넷에 찾아보니 기여분이라는 제도가 있던데요.
이러한 기여분을 청구하려면 어떻게 하면 될까요?

상속전문변호사님께서 친절하게 설명주시면 감사하겠습니다.

Answers

귀하께서는 기여분청구절차가 궁금하신 것 같습니다.

기여분에 관해서는 원칙적으로 공동상속인들 간에 협의를 통해 결정하고 협의가 안 될 경우에는 기여자가 가정법원에 청구하여 가정법원이 기여의 시기, 방법 및 정도와 상속재산의 가액 기타 사정을 참작하여 결정하게 됩니다.

이러한 기여분청구소송의 청구인은 공동상속인 중 기여를 주장하는 상속인이고, 상대방은 기여분청구인 이외의 다른 공동상속인들 전원입니다. 관할 가정법원은 상대방 중 1인의 주소지를 관할하는 가정법원이 됩니다.

기여분청구소송은 절차상의 특수성을 가지고 있습니다. 기여분청구를 독자적으로 하는 것은 불가능하고 반드시 상속재산분할심판청구 또는 피인지자 등의 상속분에 상당한 가액의 지급청구가 있는 때에 비로소 병합하여 심리, 판단하게 됩니다.

기여분은 가정법원이 기여의 시기, 방법 및 정도와 상속재산의 가액 기타 사정을 참작하여 결정하게 됩니다. 우선적으로는 기여분의 인정 여부를 결정하고, 인정할 경우 그 인정비율 내지 가액을 결정하게 됩니다. 다만, 이때에는 상속개시 시 피상속인의 재산가액에서 유증의 가액을 공제한 액을 넘지 못합니다.

기여분은 특별한 기여행위가 있어야 하고 그에 대한 증빙자료가 있어야만 인정됩니다. 여기서 특별한 기여란 가족관계에서 통상 기대되는 정도의 것을 넘는 기여를 의미하므로 가족 간의 통상적인 역할이나 부양만으로는 기여분이 인정되기 어렵습니다.

기여분의 인정유형으로는 피상속인의 사업수행과 관련해서 노무를 제공하거나 무이자 금전대여, 금전 기타 재산의 증여, 부동산 등의 사용대차 등과 같은 재산상 이익을 주는 것이 있을 수 있습니다. 이에 더하여 피상속인의 신병에 대해 상속인이 극진한 요양간호를 하면서 이로 인해 직업상의, 경제적으로 희생을 하는 것, 자신의 자력이나 근로수입이 없는 피상속인을 전적으로 부양하는 것 등도 기여분의 유형에 포함됩니다.

※ 민법

제1008조의2(기여분)

① 공동상속인 중에 상당한 기간 동거·간호 그 밖의 방법으로 피상속인을 특별히 부양하거나 피상속인의 재산의 유지 또는 증가에 특별히 기여한 자가 있을 때에는 상속개시

당시의 피상속인의 재산가액에서 공동상속인의 협의로 정한 그 자의 기여분을 공제한 것을 상속재산으로 보고 제1009조 및 제1010조에 의하여 산정한 상속분에 기여분을 가산한 액으로써 그 자의 상속분으로 한다. 〈개정 2005. 3. 31.〉
② 제1항의 협의가 되지 아니하거나 협의할 수 없는 때에는 가정법원은 제1항에 규정된 기여자의 청구에 의하여 기여의 시기·방법 및 정도와 상속재산의 액 기타의 사정을 참작하여 기여분을 정한다.
③ 기여분은 상속이 개시된 때의 피상속인의 재산가액에서 유증의 가액을 공제한 액을 넘지 못한다.
④ 제2항의 규정에 의한 청구는 제1013조제2항의 규정에 의한 청구가 있을 경우 또는 제1014조에 규정하는 경우에 할 수 있다.
[본조신설 1990. 1. 13.]

※ 판례

"민법 제1008조의2가 정한 기여분제도는 공동상속인 중에 피상속인을 특별히 부양하였거나 피상속인의 재산 유지 또는 증가에 특별히 기여하였을 경우 이를 상속분 산정에 고려함으로써 공동상속인 간의 실질적 공평을 도모하려는 것인바, 기여분을 인정하기 위해서는 공동상속인 간의 공평을 위하여 상속분을 조정하여야 할 필요가 있을 만큼 피상속인을 특별히 부양하였다거나 피상속인의 상속재산 유지 또는 증가에 특별히 기여하였다는 사실이 인정되어야 한다."(대법원 2014. 11. 25.자 2012스156,157 결정)

사 례

아들 반대로 분할하지 못한 상속재산과 어머님의 기여분청구

Questions ■ ■ ■

아버지가 돌아가셨고, 가족은 어머니와 1남 3녀가 있습니다. 상속재산은 아파트와 얼마간의 은행예금이 있습니다.

어머니와 딸들은 아파트를 어머니 명의로 하고 예금도 상속세와 취득세를 납부하고 남은 돈은 어머니가 갖으시도록 하려고 하는데, 아들이 합의를 해 주지 않고 아파트를 자기 명의로 하고 어머니를 모시고 살겠다고 하고 있습니다.
그래서 아버지가 돌아가신지 6개월이 다 되어 가는 지금까지 상속처리를 못하고 있습니다.

만일 구청에서 취득세를 내라는 이번 달까지 재산상속을 하지 못하면 취득세는 어떻게 해야 하나요? 가산세가 붙을 텐데 세금을 먼저 낼 수는 없나요?

아들이 끝까지 동의를 해 주지 않으면 아파트와 예금은 어떻게 해야 하나요? 어머니는 암으로 5년 정도 고생하신 아버지를 간호해 드렸고 근검절약해서 지금까지 저희 4남매를 키우신 분인데 이러한 것으로 기여분청구가 될까요?

아들은 아버지가 아프실 때에도 병원비 하나 낸 적이 없는데 어머니 생각은 안 하고 자기 욕심만 차리려고 하니 답답한 마음뿐입니다.
아파트를 아들에게 상속하면 어머니를 구박해도 저희가 어떻게 할 수 없고 며느리도 자기밖에 모르는데 어머니가 아파트라도 갖고 계셔야 그나마 여생을 고생하시지 않을 것 같아 걱정입니다.

좋은 방법이 있다면 알려 주시기 바랍니다.

Answers ■ ■ ■

취득세는 재산상속의 협의와 무관하게 납부하도록 되어 있습니다. 따라서 상속협의가 없고 등기를 하지 않았어도 기한 내에 취득세를 납부하는데는 문제가 없습니다. 다만 이러한 취득세나 상속세의 납부를 위해서 아버님의 예금을 출금할 필요성이 있다고 하더라도 아들이 동의를 하지 않으면 출금이 어렵습니다.

따라서 우선 상속인들이 자신들의 자금으로 취득세를 납부한 후 각자의 상속비율이 정해지면 그 후에 정산하는 것이 옳을 듯합니다.

또한 어머니의 경우는 아버님과 함께 재산을 형성하고 상당기간 간병을 했다면 기여분을 인정받을 가능성이 높습니다. 다만 이러한 기여분의 인정은 상속인 간의 협의에 의하는데 아들이 이것을 인정하지 않는다면 법원에 상속재산분할과 기여분청구를 통해서 법원의 판결을 받아 기여분을 인정받아야 합니다.

다만 이때 기여분이 인정된다고 하더라도 어느 정도의 기여분이 인정될지의 여부는 개별적 사정에 따라 법원이 판단에 따르게 되므로 귀하의 질문만으로는 기여분이 인정될 가능성의 정도나 인정의 정도를 정확하게 답변 드리기는 한계가 있습니다.

따라서 기여분청구와 인정의 정도에 대해서 보다 자세히 상담을 받고자 하시면 관련자료를 준비해서 방문상담해주시길 바랍니다.

준비해 주실 자료

- 아버님과 어머니의 기본증명서, 가족관계증명서, 혼인관계증명서(상세), 주민등록초본
- 상속재산인 아파트의 등기부등본과 예금의 잔액증명
- 어머니 명의의 부동산과 예금이 있다면 그 재산을 증명할 수 있는 자료. 다만 예금이 1,000만 원 미만인 경우는 생략하셔도 됩니다.
- 아버님의 건강보험요양급여 (국민건강보험공단에서 발급받으실 수 있습니다.)

※ 민법

제1008조의2(기여분)

① 공동상속인 중에 상당한 기간 동거·간호 그 밖의 방법으로 피상속인을 특별히 부양하거나 피상속인의 재산의 유지 또는 증가에 특별히 기여한 자가 있을 때에는 상속개시 당시의 피상속인의 재산가액에서 공동상속인의 협의로 정한 그 자의 기여분을 공제한 것을 상속재산으로 보고 제1009조 및 제1010조에 의하여 산정한 상속분에 기여분을 가산한 액으로써 그 자의 상속분으로 한다. 〈개정 2005. 3. 31.〉

② 제1항의 협의가 되지 아니하거나 협의할 수 없는 때에는 가정법원은 제1항에 규정된 기여자의 청구에 의하여 기여의 시기·방법 및 정도와 상속재산의 액 기타의 사정을 참작하여 기여분을 정한다.

③ 기여분은 상속이 개시된 때의 피상속인의 재산가액에서 유증의 가액을 공제한 액을 넘지 못한다.

④ 제2항의 규정에 의한 청구는 제1013조제2항의 규정에 의한 청구가 있을 경우 또는 제1014조에 규정하는 경우에 할 수 있다.

[본조신설 1990. 1. 13.]

사 례

기여분청구에서 말하는 '특별한 기여'란?

안녕하세요, 법무법인 천명의 경태현 대표변호사입니다.

일반적으로 가족이 함께 살아가다 보면 저마다 달리 서로에게 크고 작은 도움을 주게 됩니다. 이렇게 주고 받은 도움은 추후 기여분청구의 문제로 이어질 수 있습니다. 하지만 피상속인에게 도움을 주었다고 해서 그 모든 행위가 기여분으로 인정되는 것은 아닙니다. 기여분청구에도 일정한 기준이 존재한다는 것입니다. 오늘의 글에서는 그 기준에 대한 설명을 드리려 합니다.

Questions ■ ■ ■

안녕하세요 변호사님. 상속분야 전문가이시라고 전해 들어 이렇게 질문 남기게 되었습니다.

저희 아버지께서는 전처와 혼인하여 2명의 자녀를 두고 생활하시다 이혼하신 후, 어머니와 재혼하셔서 다시 저를 출산하셨습니다. 얼마 전 아버지께서 돌아가셔서 상속이 개시되었습니다. 아버지께서는 8억 상당의 부동산을 상속재산으로 남기셨습니다. 공동상속인은 어머니와 저 그리고 전처와의 자녀 2명으로 총 4명인 것으로 알고 있습니다.

전처의 자녀 측에서는 법정상속분에 따라 분할하자고 주장했지만 그렇게 하기에는 어머니께서 아버지에게 기여한 바가 크다고 생각합니다. 어머니는 아버지의 명의로 된 가게에서 아버지 대신 일을 하셨고, 아버지께서 돌아가시기 전 병으로 입원해 계실 때에 병간호를 맡아 하셨습니다.

어머니께서 따로 가지고 계신 재산이 별도로 없기 때문에 기여분이라도 인정받아 생활자금을 확보해야 할 것 같습니다. 이런 경우 기여분 인정될 수 있는지 궁금합니다. 감사합니다.

Answers ■ ■ ■

귀하께서는 어머님의 기여분이 인정될 가능성에 대해 궁금해하고 계신 것 같습니다.

기여분은 공동상속인 중 피상속인을 특별히 부양하거나 피상속인의 재산의 유지, 증가에 특별히 기여한 자가 있을 때 그 상속인의 상속분에 기여분을 가산하여 인정하는 제도입니다. 여기에서 이야기하는 특별한 기여란 피상속인과 해당 상속인의 관계를 고려하였을 때 통상 기대되는 정도의 것을 넘어서는 기여를 의미합니다.

특히 부부간에는 부양의무가 존재하기 때문에 일반적인 가사노동이나 간호 등은 기여분 규정에서 말하는 특별한 기여에 해당하지 않는다고 보는 것이 통설입니다. 따라서 배우자에게 기여분이 인정되려면 부부사이에서 통상 기대되는 정도를 넘어 피상속인의 재산 유지, 증가에 기여 하였거나 기여자가 스스로의 직업을 희생하면서 요양간호를 한 사실이 등이 존재해야 할 것입니다.

귀하의 어머님의 경우 피상속인 명의의 가게 유지를 돕기 위해 노무를 제공하고 피상속인이 사망하기 전 병간호를 하셨던 것으로 보입니다. 이 경우 사안을 더욱 면밀히 살펴보아야 하기 때문에 기여분이 반드시 인정될 것이라 확답을 드리기 어렵습니다. 하지만, 어머님이 피상속인 재산 유지에 기여하며 간병 등을 제공한 사실이 존재하고 어머님에게 별도의 재산이 없는 상황이기 때문에 기여분이 인정될 확률이 높아 보입니다.

따라서 기여분청구를 진행해보시고 어려움이 있으시다면 법무법인 천명으로 방문하셔서 상담을 진행해 보시는 방법도 추천드립니다.

오늘 설명드린 내용과 달리 자녀가 부모에 대한 기여분을 청구하는 경우라면 앞서 말씀드렸던 특별한 기여의 기준이 달라질 수 있습니다. 성년인 자와 부모 사이의 부양이 제2차적 부양의무 내지 '생활부조적 부양'인 반면, 배우자 사이의 부양은 제1차적 의무 내지 '생활유지적부양'에 해당합니다. 따라서 동일한 내용 및 정도의 부양행위라고 하더라도 생활유지의

무를 지는 부부 사이에 있어서는 통상의 기여행위로 되는 반면에 생활부조의무를 지는 성년인 자녀와 부모 사이에 있어서는 특별한 기여행위로 인정될 수도 있는 것이지요.

※ 민법

제1008조의2(기여분)

① 공동상속인 중에 상당한 기간 동거·간호 그 밖의 방법으로 피상속인을 특별히 부양하거나 피상속인의 재산의 유지 또는 증가에 특별히 기여한 자가 있을 때에는 상속개시 당시의 피상속인의 재산가액에서 공동상속인의 협의로 정한 그 자의 기여분을 공제한 것을 상속재산으로 보고 제1009조 및 제1010조에 의하여 산정한 상속분에 기여분을 가산한 액으로써 그 자의 상속분으로 한다. 〈개정 2005. 3. 31.〉

② 제1항의 협의가 되지 아니하거나 협의할 수 없는 때에는 가정법원은 제1항에 규정된 기여자의 청구에 의하여 기여의 시기·방법 및 정도와 상속재산의 액 기타의 사정을 참작하여 기여분을 정한다.

③ 기여분은 상속이 개시된 때의 피상속인의 재산가액에서 유증의 가액을 공제한 액을 넘지 못한다.

④ 제2항의 규정에 의한 청구는 제1013조제2항의 규정에 의한 청구가 있을 경우 또는 제1014조에 규정하는 경우에 할 수 있다.

[본조신설 1990. 1. 13.]

※ 판례

"민법 제1008조의2가 정한 기여분제도는 공동상속인 중에 피상속인을 특별히 부양하였거나 피상속인의 재산 유지 또는 증가에 특별히 기여하였을 경우 이를 상속분 산정에 고려함으로써 공동상속인 간의 실질적 공평을 도모하려는 것인바, 기여분을 인정하기 위해서는 공동상속인 간의 공평을 위하여 상속분을 조정하여야 할 필요가 있을 만큼 피상속인을 특별히 부양하였다거나 피상속인의 상속재산 유지 또는 증가에 특별히 기여하였다는 사실이 인정되어야 한다."(대법원 2014. 11. 25.자 2012스156,157 결정)

"망인은 공무원으로 종사하면서 적으나마 월급을 받아 왔고, 교통사고를 당하여 치료를 받으면서 처로부터 간병을 받았다고 하더라도 이는 부부간의 부양의무 이행의 일환일 뿐, 망인의 상속재산 취득에 특별히 기여한 것으로 볼 수 없으며, 또한 처가 위 망인과는 별도로 쌀 소매업, 잡화상, 여관업 등의 사업을 하여 소득을 얻었다고 하더라도 이는 위 망인의 도움이 있었거나 망인과 공동으로 이를 경영한 것이고, 더욱이 처는 위 망인과의 혼인생활 중인 1976.경부터 1988.경까지 사이에 상속재산인 이 사건 부동산들보다 더 많은 부동산들을 취득하여 처 앞으로 소유권이전등기를 마친 점 등에 비추어 보면, 위 부동산의 취득과 유지에 있어 위 망인의 처로서 통상 기대되는 정도를 넘어 특별히 기여한 경우에 해당한다고는 볼 수 없다." (대법원 1996. 7. 10.자 95스30,31 결정)

사 례

할머니의 재산상속과 기여분 상속

Questions ■ ■ ■

안녕하세요. 할머니 재산상속으로 문의드립니다.

저희 가족은 원래 아버지, 어머니 그리고 할머니와 함께 할머니 명의 아파트에 살았습니다. 할머니께서는 지난겨울에 돌아가셨고 이렇다 할 유언장을 남기시지 않으셨습니다. 아직도 아파트 명의는 할머니로 되어있습니다.

아버지와 어머니께서는 결혼했을 때부터 줄곧 할머니와 함께 살며 할머니를 부양하였습니다. 할머니 슬하에는 고모와 아버지가 계시며 고모는 수십 년 전 출가하여 지방에 살고 계십니다. 하지만 실제 20년 넘게 고모 측과는 연락조차 하지 않고 살아 왔습니다. 그런데 아버지께서는 3년 전에 돌아가셨습니다.

여기서 질문이 있습니다.

1. 할머니 명의 아파트에 재산 분할 비율은 어떻게 될까요?
2. 만약 고모가 돌아가실 경우 고모와 결혼하신 고모부께서 상속권을 물려받을 수 있나요?
3. 아파트가 노후화되어 생활하는데 지장이 있어 매각하고 싶은데 상속을 하지 못해서 고민입니다. 고모님과는 연락하지 않은지 너무 오래되어 연락처도 모릅니다. 그리고 어렵게 연락이 되어도 고모님이 반대를 하면 어찌해야 할까요?
4. 고모님이 무리한 욕심을 부릴 경우 고모님에게 아버지와 어머니가 평생 부양하고 각종 생활비, 병원비 등을 부담하였다고 기여분을 주장할 수 있나요?

Answers ■ ■ ■

할머니가 유언을 하지 않고 사망해서 할머니 명의 아파트에 대한 상속문제가 발생된 것입니다.

질문에 대해서 순차적으로 답변 드리겠습니다.

1. 할머니 명의 아파트에 재산 분할 비율은 어떻게 될까요?

: 할머니의 유언이 없으므로 고모와 아버지가 1:1비율로 상속됩니다. 다만, 아버지가 이미 사망하였으므로 아버지의 1/2지분은 그대로 어머니와 귀하 형제들에게 상속됩니다. 이를 대습상속이라고 합니다.

결국 고모와 귀하 집안이 각 1/2지분씩입니다.

다만, 아버지와 어머니의 기여분이 있으므로 이 부분을 고모와 협의해서 위 비율을 조절할 수 있습니다.

2. 만약 고모가 돌아가실 경우 고모와 결혼하신 고모부께서 상속권을 물려받을 수 있나요?

: 네 맞습니다. 고모가 사망할 경우 고모의 상속 지분 1/2지분이 고모부와 그 자녀들에게 다시 상속됩니다.

3. 아파트가 노후화되어 생활하는 데 지장이 있어 매각하고 싶은데 상속을 하지 못해서 고민입니다. 고모님과는 연락하지 않은 지 너무 오래되어 연락처도 모릅니다. 그리고 어렵게 연락이 되어도 고모님이 반대를 하면 어찌해야 할까요?

: 우선 고모님을 어떻게든 찾아 상속재산분할협의를 좀 더 해보시고 만약 연락이 안 되거나 도저히 협의가 안 된다면 가정법원에 기여분 및 상속분할심판청구소송을 제기해서 법원의 조정이나 판결을 거쳐 구체적인 분할절차를 밟아야 할 것입니다.

4. 고모님이 무리한 욕심을 부릴 경우 고모님에게 아버지와 어머니가 평생 부양하고 각종 생활비, 병원비 등을 부담하였다고 기여분을 주장할 수 있나요?

: 할머니 상속재산인 아파트 형성, 유지, 관리에 특별한 기여를 하고, 간병 부양 등

특별한 희생을 아버지와 어머님이 해온 것으로 보입니다. 이런 경우 기여분을 고모님에게 주장해서 인정된 기여분 만큼은 단독으로 상속받고 인정된 기여분을 제외한 나머지 재산을 1/2씩 상속받아야 할 것입니다. 비록 기여자인 아버지가 사망했어도 아버지의 기여분 자체가 어머니와 귀하 형제들에게 상속되므로 기여분 주장을 할 수 있습니다.

이를 위해서는 기여분 결정 및 상속재산분할심판청구소송을 제기해야 할 것입니다.

보다 자세한 것은 할머니의 기본증명서, 가족관계증명서, 주민등록말소자초본, 아버지 제적등본, 기본증명서, 가족관계증명서, 혼인관계증명서, 주민등록초본, 상속재산인 아파트등기부등본 등을 모두 지참해서 방문상담을 해주시길 바랍니다.

※ 민법

제1001조(대습상속)

전조제1항제1호와 제3호의 규정에 의하여 상속인이 될 직계비속 또는 형제자매가 상속개시 전에 사망하거나 결격자가 된 경우에 그 직계비속이 있는 때에는 그 직계비속이 사망하거나 결격된 자의 순위에 갈음하여 상속인이 된다. 〈개정 2014. 12. 30.〉

제1008조의2(기여분)

① 공동상속인 중에 상당한 기간 동거·간호 그 밖의 방법으로 피상속인을 특별히 부양하거나 피상속인의 재산의 유지 또는 증가에 특별히 기여한 자가 있을 때에는 상속개시 당시의 피상속인의 재산가액에서 공동상속인의 협의로 정한 그 자의 기여분을 공제한 것을 상속재산으로 보고 제1009조 및 제1010조에 의하여 산정한 상속분에 기여분을 가산한 액으로써 그 자의 상속분으로 한다. 〈개정 2005. 3. 31.〉

② 제1항의 협의가 되지 아니하거나 협의할 수 없는 때에는 가정법원은 제1항에 규정된 기여자의 청구에 의하여 기여의 시기·방법 및 정도와 상속재산의 액 기타의 사정을 참작하여 기여분을 정한다.

③ 기여분은 상속이 개시된 때의 피상속인의 재산가액에서 유증의 가액을 공제한 액을 넘지 못한다.

④ 제2항의 규정에 의한 청구는 제1013조제2항의 규정에 의한 청구가 있을 경우 또는 제1014조에 규정하는 경우에 할 수 있다.

[본조신설 1990. 1. 13.]

사례

부모님 토지에서 농사를 지은 자식의 기여분

안녕하세요, 법무법인 천명의 경태현 대표변호사입니다.

우리나라 민법 제1008조의2에서는 기여분이라는 제도를 규정하고 있습니다. 기여분이란, 공동상속인 중에 상당한 기간 동거·간호 그 밖의 방법으로 피상속인을 특별히 부양하거나 피상속인의 재산의 유지 또는 증가에 특별히 기여한 자에게 인정되는 것으로, 기여분 권리자는 상속분에 추가적으로 기여분을 가산한 액수를 상속재산으로 받게 됩니다. 기여분은 상속재산분할심판청구와 함께 청구되는 것이 보통입니다.

판례에 따르면 기여분으로 인정되는 경우의 예시는 이러합니다.

① 피상속인의 사업수행과 관련하여 노무를 제공하거나 무이자 금전대여, 금전이나 그 밖의 재산의 증여, 부동산 등의 사용대차 등과 같은 재산상의 이익을 주는 것

② 피상속인의 신병으로 간호인, 개호인을 고용해야 하는 경우에 상속인의 요양간호에 의하여 그 비용의 지출을 면하였거나 기여자가 스스로의 직업을 희생하면서 간호에 임하는 등과 같은 요양간호

오늘은 이 기여분제도 중에서 농사도 기여분으로 인정될지 그 여부에 대해 알아보려고 합니다. 이를 위해서, 저희 법무법인 천명을 찾아주신 사례를 함께 살펴보시죠.

Questions ■ ■ ■

안녕하세요 경태현 변호사님!

상속전문변호사님께 조언을 구하고 싶은 것이 있어 이렇게 질문드리게 되었습니다.

저희는 3형제입니다.
그리고 그중 막내가 20년 전부터 모친을 모시고 살고 있습니다.
또한 막내가 모친 소유의 땅에서 20년간 농사를 지었습니다.

그런데 어머니가 얼마 전 돌아가시고 막내가 자신의 기여분을 주장하면서 자신이 상속재산의 70%를 가져가겠다고 합니다.
어머니께서 유언을 따로 남기진 않으셨습니다.

아무리 이유가 있다고 해도 막내가 주장하는 대로 상속이 이루어질 수 있나요?
변호사님의 조언을 기다리겠습니다.

Answers ■ ■ ■

질문 주신 사안의 경우 피상속인이 별도로 남긴 유언이 존재하지 않으므로 자녀들 3명이 공동상속을 받게 될 것이고, 각각 1/3 지분씩의 법정상속분을 갖게 됩니다. 그런데 이렇게 법정상속분이 정해져 있더라도 이를 꼭 따라야 하는 것은 아닙니다. 상속인들 전원이 기여분, 사전증여 부분 등을 고려해서 상속비율을 변경하고 구체적인 분할방법을 정할 수 있습니다.

다만, 이를 위해선 상속인들 전원의 합의가 필요합니다. 그러나 귀하의 경우 전원 협의가 힘든 상황으로 보입니다. 이런 경우 막내가 법원에 기여분청구소송을 제기하여 법원의 조정 혹은 판결을 받아낼 가능성이 있습니다. 귀하의 사례는 상속인 중 1인이 자신의 기여분을 주장하는 것으로, 귀하를 포함한 다른 상속인들은 그 기여분을 인정할 것인지에 대한 여부 및 그 정도를 결정하여 막내의 기여분 주장에 대한 대응을 해야할 것입니다.

지금 막내가 주장하는 기여분의 이유로는 두가지가 있습니다. ① 본인이 20년간 부모님을 모시고 산 사실, ② 본인이 어머니 소유의 땅에서 20년 동안 농사를 지은 사실입니다.

이와 유사한 사례를 다룬 판례가 있어 소개드리고자 합니다.

"성년(成年)인 자(子)가 부양의무의 존부나 그 순위에 구애됨이 없이 스스로 장기간 그 부모와 동거하면서 생계유지의 수준을 넘는 부양자 자신과 같은 생활수준을 유지하는 부양을 한 경우에는 앞서 본 판단 기준인 부양의 시기 · 방법 및 정도의 면에서 각기 특별한 부양이 된다고 보아 각 공동상속인 간의 공평을 도모한다는 측면에서 그 부모의 상속재산에 대하여 기여분을 인정함이 상당하다고 할 것이다." (대법원 1998. 12. 8. 선고 97므513,520,97스12 판결)

위 판례의 구체적 사례에서 기여분 주장자는 19년간 부모와 동거하면서 부양하고 피상속인의 농사를 도맡아 했습니다. 법원은 이 사실에 비추어 기여분 10%를 인정했습니다.

질문 주신 사례에서 막내의 경우에도 모친을 부양함과 동시에 농사일에 20년간 관여한 사실이 있습니다. 위 판례에 따르면 법원에서 그 사실을 바탕으로 막내의 기여분을 인정할 가능성이 있는 것으로 보입니다. 그러나 막내가 주장하는 70%의 비율은 다소 과한 것으로 보이므로, 다른 형제와 함께 변호사를 선임하여 법원에서 이에 대해 문제제기를 하는 것이 바람직할 것으로 생각됩니다.

※ 민법

제1008조의2(기여분)

① 공동상속인 중에 상당한 기간 동거 · 간호 그 밖의 방법으로 피상속인을 특별히 부양하거나 피상속인의 재산의 유지 또는 증가에 특별히 기여한 자가 있을 때에는 상속개시 당시의 피상속인의 재산가액에서 공동상속인의 협의로 정한 그 자의 기여분을 공제한 것을 상속재산으로 보고 제1009조 및 제1010조에 의하여 산정한 상속분에 기여분을 가산한 액으로써 그 자의 상속분으로 한다. 〈개정 2005. 3. 31.〉

② 제1항의 협의가 되지 아니하거나 협의할 수 없는 때에는 가정법원은 제1항에 규정된 기여자의 청구에 의하여 기여의 시기 · 방법 및 정도와 상속재산의 액 기타의 사정을 참작하여 기여분을 정한다.

③ 기여분은 상속이 개시된 때의 피상속인의 재산가액에서 유증의 가액을 공제한 액을 넘지 못한다.
④ 제2항의 규정에 의한 청구는 제1013조제2항의 규정에 의한 청구가 있을 경우 또는 제1014조에 규정하는 경우에 할 수 있다.
[본조신설 1990. 1. 13.]

제1009조(법정상속분)
① 동순위의 상속인이 수인인 때에는 그 상속분은 균분으로 한다. 〈개정 1977. 12. 31., 1990. 1. 13.〉
② 피상속인의 배우자의 상속분은 직계비속과 공동으로 상속하는 때에는 직계비속의 상속분의 5할을 가산하고, 직계존속과 공동으로 상속하는 때에는 직계존속의 상속분의 5할을 가산한다. 〈개정 1990. 1. 13.〉
③ 삭제 〈1990. 1. 13.〉

제1013조(협의에 의한 분할)
① 전조의 경우 외에는 공동상속인은 언제든지 그 협의에 의하여 상속재산을 분할할 수 있다.
② 제269조의 규정은 전항의 상속재산의 분할에 준용한다.

사 례

어머니에게 사 준 부동산에 대한 기여분청구

Questions

오래전에 저희 부부의 돈을 투여해서 어머니 명의로 아파트를 분양받았습니다. 계약금, 중도금, 잔금 등 증명할 자료와 방법이 있습니다.

그런데 어머니가 돌아가시고 아파트를 저희 명의로 하려고 하는데 여동생이 그 집이 어머니 명의로 되어있으니 나누자고 합니다.

어머니가 살아 계실 때는 그 집이 당연히 저희 것이고 다만 명의만 어머니로 한 것을 알고 있었고, 어머니도 생전에는 이 집은 저희 것이라고 하셨는데, 어머니가 돌아가시고 이런 문제에 부딪히니 어렵습니다.

이 집을 저희가 받을 수 있는 방법이 없나요? 만일 소송을 한다면 어떤 방법으로 해야 하는지요? 혹시 명의신탁으로 주장해서 아파트를 찾을 수는 없나요?

Answers

사실관계를 보면 귀하께서 어머니 명의로 아파트를 분양받아 계약금과 중도금 및 잔금을 납부한 것으로 보이고 그 납부내역도 갖고 계신 것으로 보입니다. 또한 어머니가 돌아가신 후에 아버님은 안 계시고 자녀들이 상속인인데 이 중 일부가 어머니 명의의 아파트를 귀하에게 단독으로 상속하는 데 이의를 제기하고 있는 것으로 보입니다. 따라서 이러한 사실관계에 따라 설명 드리도록 하겠습니다.

일단 귀하의 각 계좌내역으로 귀하께서 어머니 명의의 아파트를 매수한 것은 인정될 것으로 보입니다.

그러나 단지 귀하께서 분양대금을 납부했다고 해서 해당 아파트가 귀하의 명의신탁재산이 된다고 단정할 수 없습니다. 귀하께서 어머니를 위해서 아파트의 분양대금을 납부한 후 그 집을 어머니에게 증여한 것으로 볼 여지도 있습니다.

또한 명의신탁은 크게 매도인이 명의신탁인 사실을 아는 경우와 모르는 경우가 있는데, 아파트 분양의 경우 건설사가 실제 분양자가 귀하인 사실을 알지 못했을 것입니다. 이와 같이 실제 분양자가 귀하인 것을 모르고 계약상 분양자가 어머니인 것으로 알고 어머니에게 분양을 한 경우에는 귀하에게 명의신탁이 인정된다고 하더라도 분양대금을 반환받을 수 있을 뿐 아파트 자체에 대한 반환 요구를 하기는 어렵습니다.

그러므로 귀하의 경우는 명의신탁이 아닌 기여분 주장을 하는 것이 보다 합리적으로 보입니다. 그런데 기여분 주장은 공동상속인 전원의 합의에 의해서 인정되는 것인데, 상속인 중 일부가 이에 대해서 이의를 제기하면 가정법원에 기여분결정 및 상속재산분할심판청구소송을 제기해서 법원을 통해 인정받을 수밖에 없습니다.

보다 구체적인 것은 아버님의 제적등본, 어머니의 기본증명서, 가족관계증명서, 아파트 분양계약서와 분양대금을 귀하가 지급한 사실을 확인할 수 있는 자료, 이외에 귀하가 해당 부동산을 실제 소유자로써 관리했다고 인정할 수 있는 자료 등을 준비해서 상담받아 보시기 바랍니다.

※ 민법

제1008조의2(기여분)

① 공동상속인 중에 상당한 기간 동거·간호 그 밖의 방법으로 피상속인을 특별히 부양하거나 피상속인의 재산의 유지 또는 증가에 특별히 기여한 자가 있을 때에는 상속개시 당시의 피상속인의 재산가액에서 공동상속인의 협의로 정한 그 자의 기여분을 공제한 것을 상속재산으로 보고 제1009조 및 제1010조에 의하여 산정한 상속분에 기여분을 가산한 액으로써 그 자의 상속분으로 한다. 〈개정 2005. 3. 31.〉

② 제1항의 협의가 되지 아니하거나 협의할 수 없는 때에는 가정법원은 제1항에 규정된 기여자의 청구에 의하여 기여의 시기·방법 및 정도와 상속재산의 액 기타의 사정을 참작하여 기여분을 정한다.

③ 기여분은 상속이 개시된 때의 피상속인의 재산가액에서 유증의 가액을 공제한 액을 넘지 못한다.

④ 제2항의 규정에 의한 청구는 제1013조제2항의 규정에 의한 청구가 있을 경우 또는 제1014조에 규정하는 경우에 할 수 있다.

[본조신설 1990. 1. 13.]

사 례

20년간 부모님을 부양하였을 경우 기여분 인정을 받을 수 있나요?

Questions ■ ■ ■

안녕하세요, 변호사님께 상담 좀 드리려 합니다.

아버님은 작년 말경에 소천하셨고 자녀는 총 5명으로 제가 막내입니다. 모두 지방에서 뿔뿔이 흩어져서 살고 있었고 제가 그나마 여력이 되어 아버님을 모시고 산 지는 20년 넘었습니다. 저희 부부와 아버님이 함께 살고 있는 주택은 아버님 명의로 되어있고 공시지가 약 8억입니다.

형제들이 형편이 좋지 못하여 저희가 부양에 드는 모든 돈을 전부 부담하였고 마지막 순간까지 지켜드렸습니다. 다른 형제들은 그간의 노고를 인정해주어 협의가 잘 마무리되는 줄 알았는데 누나 한 명이 협의를 해주지 않고 있습니다.

제가 말씀드린 대로라면 기여분 인정될 여지가 있을까요? 기여분 인정받는 기준이 무엇인지 알려주세요.

Answers ■ ■ ■

귀하의 경우 금전적으로 기여하였다는 증빙자료가 있다면 인정받을 수 있을 것으로 보입니다.

기여분을 인정받는 기준에 대해서 물어보셨는데 일반적인 수준의 부양으로는 인정되지 않고 '특별한 기여'가 있어야 인정이 됩니다. 그리고 그 정도는 해당 상속인에게 기여분을 인정하지 않는다면 다른 상속인과의 공평을 해할 정도에 이르러야 합니다.

명쾌하게 이 경우에는 기여분이 인정되고 안 되고를 딱 잘라서 말씀드리면 편하겠지만,

이것이 어려운 이유는 아무리 유사한 사례라고 할지라도 상속인의 주장, 피상속인의 재산 규모 등 개별 사실관계에 따라서 결과가 매우 다르게 나올 수 있기 때문입니다. 당연히 인정의 정도 역시 주장하는 방법, 상대방의 답변, 재판부 등에 따라 다르게 나오게 됩니다.

※ 민법

제1008조의2(기여분)

① 공동상속인 중에 상당한 기간 동거·간호 그 밖의 방법으로 피상속인을 특별히 부양하거나 피상속인의 재산의 유지 또는 증가에 특별히 기여한 자가 있을 때에는 상속개시 당시의 피상속인의 재산가액에서 공동상속인의 협의로 정한 그 자의 기여분을 공제한 것을 상속재산으로 보고 제1009조 및 제1010조에 의하여 산정한 상속분에 기여분을 가산한 액으로써 그 자의 상속분으로 한다. 〈개정 2005. 3. 31.〉

② 제1항의 협의가 되지 아니하거나 협의할 수 없는 때에는 가정법원은 제1항에 규정된 기여자의 청구에 의하여 기여의 시기·방법 및 정도와 상속재산의 액 기타의 사정을 참작하여 기여분을 정한다.

③ 기여분은 상속이 개시된 때의 피상속인의 재산가액에서 유증의 가액을 공제한 액을 넘지 못한다.

④ 제2항의 규정에 의한 청구는 제1013조제2항의 규정에 의한 청구가 있을 경우 또는 제1014조에 규정하는 경우에 할 수 있다.

[본조신설 1990. 1. 13.]

※ 판례

"민법 제1008조의2가 정한 기여분제도는 공동상속인 중에 피상속인을 특별히 부양하였거나 피상속인의 재산 유지 또는 증가에 특별히 기여하였을 경우 이를 상속분 산정에 고려함으로써 공동상속인 간의 실질적 공평을 도모하려는 것인바, 기여분을 인정하기 위해서는 공동상속인 간의 공평을 위하여 상속분을 조정하여야 할 필요가 있을 만큼 피상속인을 특별히 부양하였다거나 피상속인의 상속재산 유지 또는 증가에 특별히 기여하였다는 사실이 인정되어야 한다." (대법원 2014. 11. 25.자 2012스156,157 결정)

사 례

할머니 유산상속에 관한 아버지, 어머니의 기여분

Questions ■ ■ ■

친할머니 유산문제에 대해 물어볼 게 있습니다.

작년 11월 말 친할머니가 돌아가셨어요.
돌아가시면서 유언도 안 남기셨는데 친할머니 유산을 어떻게 나눠가져야 하나요?

할머니 자녀는 2남 3녀이고 아버지가 장남입니다.
저희 엄마가 25년 넘게 시집살이 당하면서 대리효도 했거든요.
엄마가 시집올 때 증조할머니 할머니 병수발을 다 들고 제사 혼자서 맏며느리라서 다 하고 제가 어렸을 때 기억을 살펴봐도 엄마 혼자 온갖 고생은 다 하셨습니다.

장남인 아버지가 돈을 형제 중에 제일 잘 번다는 이유로 그리고 장남이란 이유로 병원비를 모두 다 지불했고요. 그 금액이 어마어마합니다. 아마도 병원비만 합쳐도 상당한 금액이 될 것입니다.

할머니 명의로 상속재산이 집, 토지가 있는데 당연히 아버지가 물려받아야 한다고 생각합니다. 그런데 고모들이 할머니에게 제대로 한 것도 없이 할머니의 자식이라는 이유로 유산을 달라고 하는데 아버지는 유언이 없어 난감해하십니다.

아버지와 엄마는 당연히 고모들이 할머니 유산을 아버지에게 전부 양보하실 것이라고 생각했나 봐요. 하지만 법이라는 것이 그런 것이 아닌가 봅니다.

아버지 어머니가 증조할머니, 할머니 효도하고 병수발을 들고 병원비를 전부 냈고 제사도 모두 혼자 지내왔는데 정말 우리나라 법률에 의하면 유언이 없으면 공평하게 n분의 1로 돌아가야 합니까??

아버지, 어머니는 몇십 년간 제사 혼자 지내고 병원비, 경조사비를 모두 냈고요. 작은아버지, 고모들을 위해 정말 온갖 지원을 다 해줬습니다. 장남이라는 이유로 집안일을 도맡아 했는데 정말 억울합니다. 물론 보상을 받으려고 효도를 한 것은 아니지만 너무 억울해서 문의드립니다.

상속전문변호사님이 부디 좋은 해결책을 알려주시길 바랍니다.

Answers ■ ■ ■

친할머니께서 유언 없이 사망한 경우 자녀들 5남매가 각 균등하게 각 1/5지분씩 상속권을 갖게 됩니다.

그런데 구체적인 사실관계로 볼때 1/5씩 즉, 1/n으로 분할하는 것이 공평하지 않은 경우가 있는데 그 경우가 공동상속인들 중에 일부가 "기여분"이 있는 경우입니다.

기여분이라는 것은 할머니의 상속재산 형성, 유지, 관리에 특별한 역할을 하거나 간병, 부양 등 특별한 희생을 동반한 역할을 한 경우에 해당합니다.

귀하의 사실관계로 볼 때 아버지는 할머니 재산에 대한 기여분이 인정될 것으로 보입니다. 다만, 기여분의 인정비율은 아버지, 어머니의 기여 정도를 종합적으로 판단해서 법원에서 조정이나 판결을 통해 최종결정할 것입니다.

아버지의 기여분에 대해 나머지 형제들이 전원 협의해서 인정해주면 되지만 만약 일부라도 동의하지 않는다면 가정법원에 기여분결정 및 상속재산분할심판청구소송을 제기해서 법원의 조정이나 판결을 통해 기여분을 인정받고 상속재산을 분할해야 할 것입니다.

기여분은 원칙적으로 상속인들 중에 인정되는 것으로서 아버지가 주장할 수 있고 며느리인 어머니는 주장할 수 없습니다. 하지만, 며느리인 어머니의 기여가 남편인 아버지의 기여로 인정되는 경우가 상당히 많습니다.

그러므로 귀하의 집안상속분할에 있어 나머지 상속인들이 아버지의 기여분을 인정해주지 않는다면 아버지와 어머니가 할머니를 위해서 그리고 가족들 전원을 위해서 기여한 내용을 정리한 후 해당 입증자료를 준비해서 적극적으로 기여분결정 및 상속재산분할심판청구소송을 진행해야 할 것입니다.

보다 자세한 것은 할머니 기본증명서, 가족관계증명서, 주민등록말소자초본, 할머니 재산내역인 부동산등기부등본, 예금잔고증명서, 아버지와 어머니의 기여분 내용을 주장정리해서 방문상담을 받아 보시길 바랍니다.

※ 민법

제1009조(법정상속분)

① 동순위의 상속인이 수인인 때에는 그 상속분은 균분으로 한다. 〈개정 1977. 12. 31., 1990. 1. 13.〉

② 피상속인의 배우자의 상속분은 직계비속과 공동으로 상속하는 때에는 직계비속의 상속분의 5할을 가산하고, 직계존속과 공동으로 상속하는 때에는 직계존속의 상속분의 5할을 가산한다. 〈개정 1990. 1. 13.〉

③ 삭제 〈1990. 1. 13.〉

제1008조의2(기여분)

① 공동상속인 중에 상당한 기간 동거ㆍ간호 그 밖의 방법으로 피상속인을 특별히 부양하거나 피상속인의 재산의 유지 또는 증가에 특별히 기여한 자가 있을 때에는 상속개시 당시의 피상속인의 재산가액에서 공동상속인의 협의로 정한 그 자의 기여분을 공제한 것을 상속재산으로 보고 제1009조 및 제1010조에 의하여 산정한 상속분에 기여분을

가산한 액으로써 그 자의 상속분으로 한다. 〈개정 2005. 3. 31.〉
② 제1항의 협의가 되지 아니하거나 협의할 수 없는 때에는 가정법원은 제1항에 규정된 기여자의 청구에 의하여 기여의 시기·방법 및 정도와 상속재산의 액 기타의 사정을 참작하여 기여분을 정한다.
③ 기여분은 상속이 개시된 때의 피상속인의 재산가액에서 유증의 가액을 공제한 액을 넘지 못한다.
④ 제2항의 규정에 의한 청구는 제1013조제2항의 규정에 의한 청구가 있을 경우 또는 제1014조에 규정하는 경우에 할 수 있다.
[본조신설 1990. 1. 13.]

※ 판례

"민법 제1008조의2가 정한 기여분제도는 공동상속인 중에 피상속인을 특별히 부양하였거나 피상속인의 재산 유지 또는 증가에 특별히 기여하였을 경우 이를 상속분 산정에 고려함으로써 공동상속인 간의 실질적 공평을 도모하려는 것인바, 기여분을 인정하기 위해서는 공동상속인 간의 공평을 위하여 상속분을 조정하여야 할 필요가 있을 만큼 피상속인을 특별히 부양하였다거나 피상속인의 상속재산 유지 또는 증가에 특별히 기여하였다는 사실이 인정되어야 한다." (대법원 2014. 11. 25.자 2012스156,157 결정)

사 례

이혼한 며느리의 기여분

안녕하세요, 법무법인 천명의 경태현 대표변호사입니다.

저희 법무법인 천명을 찾아주시는 사례들을 보면 많은 분들께서 며느리 혹은 사위 또한 상속인이 될 수 있는지 물어보십니다. 우리나라의 가족 문화상 며느리나 사위 또한 한 가족처럼 지내는 경우가 많기 때문에 헷갈리시는 것 같습니다. 그러나 며느리나 사위는 우리 민법에서 규정하고 있는 상속인이 아니며, 제3자로 취급됩니다. 그러므로 며느리나 사위에게 상속이 이루어지기 위해서는 피상속인의 유언이나 상속인들의 분할협의 등이 있어야 합니다.

그렇다면 유언 혹은 분할협의 등이 없는 경우 며느리나 사위에 대한 상속은 아예 불가능한 것일까요? 오늘은 며느리 및 사위의 상속 가능성에 대해 설명 드리고, 최근 저희 법무법인 천명을 찾아주신 사례를 통해 이혼한 며느리의 상속 가능성에 대해서도 알려드리겠습니다.

Questions ■ ■ ■

안녕하세요 변호사님.
유산상속 관련해서 문제가 생겨서 상속전문변호사님께 질문드리게 되었어요.

저는 작년, 결혼 10년차에 남편과 이혼하게 되었습니다.
그리고 한 달 전 시아버님이 돌아가셨다는 소식을 들었는데요, 시아버님이 남기신 재산은 약 30억이라고 들었습니다.

찾아보니까 시아버님의 상속인은 전남편과 시어머니가 된다고 하는데, 사실 이혼하기 전 시아버지가 저를 많이 아껴주셔서 저에게 재산관리를 맡기셨어요.
시아버님의 재산을 매매하거나 관리하는 일을 했었는데, 그때 일로 아버님 재산에 제 기여도가 꽤 됩니다.

혹시 제 기여도를 통해서 제가 시아버님의 재산을 상속받을 수 있는 방법이 있을까요?

변호사님의 현명한 조언 부탁드립니다.

Answers ■ ■ ■

귀하께서는 이혼한 전남편의 아버지가 사망하셨을 때 귀하가 상속을 받을 수 있는지 궁금하신 것 같습니다.

우선 귀하의 상황에 대해 설명 드리기 전 며느리 및 사위의 상속에 대해 전반적으로 알려드리도록 하겠습니다.

우리 민법에서는 ① 피상속인의 직계비속(자녀, 손자녀 등), ② 직계존속(부모, 조부모 등), ③ 형제자매, ④ 4촌이내 방계혈족(삼촌, 고모, 이모 등) 순으로 상속인과 그 순위를 규정하고 있습니다. 이때 법률상 배우자의 경우 피상속인의 직계비속 또는 직계존속 상속인이 있는 경우에는 함께 공동상속인이 되고, 위 상속인이 없을 때에는 단독으로 상속받게 됩니다. 여기서 법률상 배우자는 혼인관계에 있는 사람이어야 하고, 사실혼 배우자나 이혼한 전 배우자의 경우에는 상속을 받을 수 없습니다.

이에 따르면, 며느리 혹은 사위는 상속인의 지위를 가질 수 없습니다. 그러나 상속이 아예 불가능한 것은 아닙니다.

1. 대습상속

대습상속을 쉽게 설명하자면 이렇습니다. 자녀 갑남이 그 아버지인 을남보다 먼저 사망했다면, 아버지 을남이 사망했을 때 갑남의 자녀 또는 배우자가 갑남의 상속분을 대습한다는 것입니다.

그러므로 대습상속이 일어난다면 며느리 혹은 사위가 상속받을 수 있는 가능성이 있습니다. 이때 만약 상속인인 남편의 사망으로 인해 며느리가 상속인의 지위를 취득하게 되었다면,

시아버지 혹은 시어머니가 사망할 당시까지 재혼을 하지 않아야 한다는 점을 유념하시기 바랍니다.

2. 기여분

위 규정에 따르면 기여분을 받을 수 있는 자는 법정상속인이어야 합니다. 따라서 망인의 며느리는 원칙상 상속재산 및 기여분에 대한 권리가 인정되지 않습니다. 그러나 며느리도 기여도를 인정받아 상속재산을 받을 수 있는 경우가 있습니다. 바로 남편의 기여분을 청구하면서, 남편의 기여사실에 며느리가 배우자로서 대신 부양하였음을 주장하는 것입니다.

다만 판례에서 기여분에 대해 "기여분제도는 공동상속인 중에 피상속인을 특별히 부양하였거나 피상속인의 재산 유지 또는 증가에 특별히 기여하였을 경우 이를 상속분 산정에 고려함으로써 공동상속인 간의 실질적 공평을 도모하려는 것인바, 기여분을 인정하기 위해서는 공동상속인 간의 공평을 위하여 상속분을 조정하여야 할 필요가 있을 만큼 피상속인을 특별히 부양하였다거나 피상속인의 상속재산 유지 또는 증가에 특별히 기여하였다는 사실이 인정되어야 한다." 라고 판시하고 있는 만큼 그 '특별한 수준'의 기여라는 것이 인정되는 것은 쉽지 않습니다. 때문에 이를 주장하고자 한다면 기여한 사실에 대한 구체적 근거자료를 준비해야할 것입니다.
이렇게 며느리 혹은 사위의 상속 가능성에 대해 전반적으로 알아보았습니다.

질문주신 사안의 경우, 기여분이 인정되는 것은 어려울 것으로 보입니다. 이혼을 한다는 것은 배우자와의 인척 관계가 종료된다는 것을 의미합니다. 따라서 이혼한 며느리의 신분인 귀하께서 상속인이 될 수는 없고, 기여분이라는 것도 상속인에 대해서만 인정되는 것이니 재산증식에 기여했다 하더라도 그것이 시아버지의 재산에 대한 기여분으로 인정될 수는 없을 것입니다.

※ 민법

제1001조(대습상속)

전조제1항제1호와 제3호의 규정에 의하여 상속인이 될 직계비속 또는 형제자매가 상속개시 전에 사망하거나 결격자가 된 경우에 그 직계비속이 있는 때에는 그 직계비속이 사망하거나 결격된 자의 순위에 갈음하여 상속인이 된다.

제1004조(상속인의 결격사유)

다음 각 호의 어느 하나에 해당한 자는 상속인이 되지 못한다. 〈개정 1990. 1. 13., 2005. 3. 31.〉

1. 고의로 직계존속, 피상속인, 그 배우자 또는 상속의 선순위나 동순위에 있는 자를 살해하거나 살해하려한 자
2. 고의로 직계존속, 피상속인과 그 배우자에게 상해를 가하여 사망에 이르게 한 자
3. 사기 또는 강박으로 피상속인의 상속에 관한 유언 또는 유언의 철회를 방해한 자
4. 사기 또는 강박으로 피상속인의 상속에 관한 유언을 하게 한 자
5. 피상속인의 상속에 관한 유언서를 위조·변조·파기 또는 은닉한 자

제1008조의2(기여분)

① 공동상속인 중에 상당한 기간 동거·간호 그 밖의 방법으로 피상속인을 특별히 부양하거나 피상속인의 재산의 유지 또는 증가에 특별히 기여한 자가 있을 때에는 상속개시 당시의 피상속인의 재산가액에서 공동상속인의 협의로 정한 그 자의 기여분을 공제한 것을 상속재산으로 보고 제1009조 및 제1010조에 의하여 산정한 상속분에 기여분을 가산한 액으로써 그 자의 상속분으로 한다.

※ 판례

민법 제1008조의2가 정한 기여분제도는 공동상속인 중에 피상속인을 특별히 부양하였거나 피상속인의 재산 유지 또는 증가에 특별히 기여하였을 경우 이를 상속분 산정에 고려함으로써 공동상속인 간의 실질적 공평을 도모하려는 것인바, 기여분을 인정하기 위해서는 공동상속인 간의 공평을 위하여 상속분을 조정하여야 할 필요가 있을 만큼 피상속인을 특별히 부양하였다거나 피상속인의 상속재산 유지 또는 증가에 특별히 기여하였다는 사실이 인정되어야 한다. (대법원 2014. 11. 25.자 2012스156,157 결정)

사 례

재혼 배우자인 제가 기여분 주장을 한다면 인정이 될 수 있을까요?

안녕하세요, 배우자 기여분 문제 해결 법무법인 천명 경태현 대표변호사입니다.

민법 제1008조의2 1항은 기여분이라는 제도를 설명하는 조항입니다.
'기여분'이라는 키워드에서 알 수 있겠지만 이는 '공동상속인 중에 상당 기간동안 동거, 간호 등으로 피상속인을 특별히 부양하거나 재산의 유지 또는 증가에 특별히 기여한 자에게 상속분을 산정할 때 해당 기여분을 가산해주는 제도'입니다.

상속인들 간의 공평을 유지하기 위해 등장한 제도인 것이지요.
이 기여분 소송은 단순히 내가 더 많은 기여를 했다고 해서 공동상속인에게 바로 제기할 수 있는 성질의 것이 아닙니다.

상속재산분할심판청구나 조정신청이 존재하여야만 기여분의 결정청구를 할 수 있고, 현재까지 민법에 의하면 유류분반환청구의 경우에는 기여분결정청구가 허용된다고 볼 수 없습니다. (다만, 최근 헌법재판소에서는 유류분청구에 대해서 기여분을 반영하지 않는 것은 헌법에 반한다고 하면서 2025. 12. 31.까지 민법 개정을 하라고 헌법불합치결정을 하였습니다. 그러므로 앞으로는 유류분청구에 기여분 부분이 반영될 것으로 예상됩니다.)

오늘은 [배우자의 기여분]에 대하여 궁금하신 분들을 위해 "재혼 배우자인 제가 기여분 주장을 한다면 인정이 될 수 있을까요?"라는 주제를 토대로 아래 상담사례를 준비해보았습니다.

Questions ■ ■ ■

안녕하세요, 상속 문제로 답답해서 변호사님의 도움을 받으려 합니다.

얼마 전에 제 남편이 하늘로 떠났습니다. 결혼할 당시에 저는 초혼이었고 남편은 재혼이었습니다. 전 부인에게서는 2명의 자녀가 있었고 저와 남편 사이에는 자녀가 없습니다. 전처 자녀들은 한두 번 본 것 이외에는 남편과 연락도 안 하고 지냈습니다.

장례식 때도 첫째아들은 오지도 않았고 사실상 남남처럼 살아왔는데, 남편 죽고 상속문제가 있으니 바로 제게 연락을 해서 단도직입적으로 돈을 받겠다고 얘기하더군요.
저와 산 세월이 더 오래되었고 제가 반평생 마음 쓰고 고생하면서 함께 산 부인인데 한평생 아버지를 나 몰라라 한 매정한 자녀들에게 재산이 나눠진다는 게 참 그렇습니다.

법이 그렇다면 어쩔 수 없이 따르는 것이 맞는데
배우자인 제가 기여분을 주장한다면 재산분할 결과가 대략 어떻게 될지 궁금합니다.
1) 남편의 간병수발(간암치료)을 10년 넘게 해왔습니다.
2) 혼인기간은 22년인데 이 기간도 반영이 될까요?
3) 제가 나이가 좀 있는데 판사님이 노후보장 명목으로 감안해주기도 하나요?

제가 지금까지 남편에게 기여한 것을 인정받고 싶은데 질문들에 대해서 답변을 주신다면 너무 감사드리겠습니다.

Answers ■ ■ ■

질문에 대해서 순차적으로 답변 드리고 나서 기여분에 대하여 말씀드리도록 하겠습니다.

1) 간병부양 인정 여부

➜ 귀하께서 상당 기간 동안 간병부양을 하셨고 다른 자녀들은 전혀 기여한 바가 없다고 한다면 배우자인 귀하의 기여분은 인정이 될 가능성이 크다고 볼 수 있겠습니다.

2) 결혼기간 고려 여부

➜ 결혼한 기간이 20년이 넘으셨는데 이 기간 역시 상당하게 고려 및 참작됩니다.

3) 배우자가 고령인 점

➜ 이 부분은 원칙적으로는 반영이 되지 않지만 노후보장, 생계유지를 목적으로 참작될 가능성이 높습니다.

기여분을 인정받으시려면 혼인부터 사망까지 시간순서대로 간병, 부양, 상속재산의 형성, 유지 및 관리를 하신 부분에 대하여 사실관계를 정리해주시고 이후 방문상담해 주신다면 증거자료 수집에 대해 추가적으로 안내 드리도록 하겠습니다.

위 내용과 함께 상속재산내역, 망인의 제적등본, 기본증명서, 가족관계증명서, 혼인관계증명서, 주민등록말소자초본 서류들을 지참해주시기 바랍니다.

상담사례를 보시고도 대체 어느 정도로 기여를 해야 기여분 인정을 받을 수 있는 것인지 여전히 궁금하신 분들이 많이 계실 겁니다. 자신의 상황과 위 의뢰인의 상황이 항상 똑같은 것은 아니니까요.

그런 분들을 위하여 아래 기여분이 문제되는 〈대표적인 케이스〉들을 나열해보겠습니다.

기여행위는 기여한 자의 행위로 인하여 상속재산이 유지 또는 증가가 되어야 하거나 피상속인을 부양하거나 간병해야 하는데 이것을 특별한 기여라고 부를 수 있을 정도여야 합니다.

따라서 명확한 인과관계가 드러나는 증거자료가 필요하고 단순히 정신적인 원조나 협력 또는 일반적인 배우자나 자녀에게 기대되는 정도의 기여는 포함되지 않습니다.

대표적으로 피상속인의 사업과 관련하여 노무를 제공하였다거나 부동산을 매수할 당시 금전을 지원해 주었다거나 그 밖의 재산상의 이익을 주었다면 기여행위로 볼 수 있습니다. 또 장기간 피상속인과 함께 거주하면서 오직 자신의 부담으로 피상속인을 부양하고 간병했다면 통상 기대되는 정도를 넘어서는 기여로 판단될 수 있습니다.

배우자끼리는 1차적으로 서로를 부양해주어야 할 의무가 있다고 보기 때문에 단순 가사노동을 하였고 매우 일반적인 간호를 하였다면 이는 특별한 기여에 포함되지 않을 수 있습니다. 다만 여기에서도 상속받을 재산이 그렇게 크지 않아서 배우자가 생계를 유지하는 게 어렵다고 판단되는 동시에 유일 재산이 배우자가 거주하고 있는 주택인 경우에는 가사노동을 담당한 사정을 이유로 들어 배우자의 기여분을 적극 인정한 하급심 판례도 존재합니다.

※ 민법

제1008조의2(기여분)

① 공동상속인 중에 상당한 기간 동거·간호 그 밖의 방법으로 피상속인을 특별히 부양하거나 피상속인의 재산의 유지 또는 증가에 특별히 기여한 자가 있을 때에는 상속개시 당시의 피상속인의 재산가액에서 공동상속인의 협의로 정한 그 자의 기여분을 공제한 것을 상속재산으로 보고 제1009조 및 제1010조에 의하여 산정한 상속분에 기여분을 가산한 액으로써 그 자의 상속분으로 한다. 〈개정 2005. 3. 31.〉

② 제1항의 협의가 되지 아니하거나 협의할 수 없는 때에는 가정법원은 제1항에 규정된 기여자의 청구에 의하여 기여의 시기·방법 및 정도와 상속재산의 액 기타의 사정을 참작하여 기여분을 정한다.

③ 기여분은 상속이 개시된 때의 피상속인의 재산가액에서 유증의 가액을 공제한 액을 넘지 못한다.

④ 제2항의 규정에 의한 청구는 제1013조제2항의 규정에 의한 청구가 있을 경우 또는 제1014조에 규정하는 경우에 할 수 있다.

[본조신설 1990. 1. 13.]

※ 판례

“청구인은 1974년경 피상속인과 혼인한 후 경찰공무원 등으로 근무하면서 그 수입으로 전업주부인 피상속인과 함께 생활해왔고, 청구인이 심장판막증, 폐렴 등으로 여러 차례 입원치료를 받고 사망할 때까지 열심히 병간호하였을 뿐만 아니라, 청구인이 마련한 자금으로 유일한 상속재산인 이 사건 상속재산을 취득한 것으로서, 피상속인의 상속재산의 유지 또는 증가에 특별히 기여하였으므로, 피상속인의 상속재산에 대한 청구인의 기여분을 70%로 정하는 것이 상당하다." (서울가정법원 2013. 12. 30.자 2013느합100 심판)

사 례

미혼 형제의 사망과 형제상속 그리고 기여분

Questions ▪ ▪ ▪

저의 형제는 3남 3녀 6남매입니다.

최근 5째인 막내오빠가 돌아가셨습니다.

저는 막내딸 6째입니다.

결혼하지 않은 미혼상태이고 자녀, 부모님 모두 안 계십니다.

그동안 외롭게 혼자 살아왔고 왕래는 수십 년 동안 저랑만 했습니다.

다른 형제들과는 연락 안 하고 사이가 안 좋았습니다.

저만 유일하게 교류를 하면서 왔다 갔다 했고 집안청소, 밑반찬 그리고 병간호도 5년 넘게 해왔습니다.

장례식장에도 저 포함해서 딸들만 3명 참석했습니다.

상속재산은 작은 아파트 1채(시가 2억 원)와 현금 3000만 원이 있습니다. 아파트 구입할 때도 같이 다니고 구입할 때 돈이 부족해서 잔금을 빌려주기까지 하였습니다.

언니들은 제가 홀로 고생한 것을 잘 알고 있기에 저에게 모두 상속을 포기해준다고 합니다.

하지만 오빠들과는 연락도 하지 않고 있는 상태라서 어떤 입장인지 모르겠습니다.

저는 제가 얼마를 상속받더라도 오빠들 2명에게는 상속을 주고 싶지 않아요.

이런 상황에서 어떻게 해야 하나요?

상속 때문에 연락하기도 싫습니다.

변호사님을 통해 해결하고 싶은데 방법을 알려주시길 바랍니다.

Answers ■ ■ ■

미혼인 형제가 배우자, 자녀, 그리고 부모님이 없는 상태에서 사망할 경우 상속인들은 나머지 형제들 5명이고 법정상속분은 각 1/5지분씩입니다.
위 법정상속분에도 불구하고 상속인들 간 전원 협의를 해서 상속을 귀하가 전부 상속받을 수 있습니다.

하지만, 상속인들 전원 협의가 안 되거나 연락 자체가 안 된다면 법원에 귀하는 기여분 및 상속재산분할심판청구소송을 제기해서 법원의 조정이나 판결을 거쳐 구체적인 분할을 해야 할 것입니다.

위 기여분 및 상속재산분할심판청구소송을 저희 로펌에서 진행해드리고 굳이 다른 상속인들과 연락을 하거나 만날 필요는 없어 보입니다.

유언이 없으므로 귀하로서는 그동안 수십 년 동안 홀로 간병, 부양하면서 망인을 돌봐주었던 사실관계를 먼저 정리하시고 그에 따른 증빙자료를 준비해서 기여분소송을 진행해야 할 것입니다.

귀하의 경우 기여분이 상당히 인정될 여지가 매우 크므로 적극적으로 기여분 및 상속재산분할심판청구소송을 진행해 보시길 바랍니다.

보다 자세한 것은 망인의 기본증명서, 가족관계증명서, 주민등록말소자초본(과거주소내역 포함), 상속재산인 부동산등기부등본, 예금잔고증명서, 병원진료기록, 귀하와 언니들의 가족관계증명서, 주민등록초본 등을 지참해서 방문상담을 해주시길 바랍니다.

※ 민법

제1008조의2(기여분)

① 공동상속인 중에 상당한 기간 동거·간호 그 밖의 방법으로 피상속인을 특별히 부양하거나 피상속인의 재산의 유지 또는 증가에 특별히 기여한 자가 있을 때에는 상속개시 당시의 피상속인의 재산가액에서 공동상속인의 협의로 정한 그 자의 기여분을 공제한 것을 상속재산으로 보고 제1009조 및 제1010조에 의하여 산정한 상속분에 기여분을 가산한 액으로써 그 자의 상속분으로 한다. 〈개정 2005. 3. 31.〉

② 제1항의 협의가 되지 아니하거나 협의할 수 없는 때에는 가정법원은 제1항에 규정된 기여자의 청구에 의하여 기여의 시기·방법 및 정도와 상속재산의 액 기타의 사정을 참작하여 기여분을 정한다.

③ 기여분은 상속이 개시된 때의 피상속인의 재산가액에서 유증의 가액을 공제한 액을 넘지 못한다.

④ 제2항의 규정에 의한 청구는 제1013조제2항의 규정에 의한 청구가 있을 경우 또는 제1014조에 규정하는 경우에 할 수 있다.

[본조신설 1990. 1. 13.]

사 례

어머니 명의로 명의신탁한 아파트의 상속재산분할과 기여분청구

Questions ■ ■ ■

변호사님께 문의드립니다.

저는 장남으로 지금까지 부모님을 모시고 살았습니다.
그런데 아버님이 돌아가시고 어머니와 함께 살게 되었는데 그 후에 사업에 어려움이 있어 기존의 제 명의로 된 집을 팔고 어머니 명의로 작은 아파트를 사서 어머니와 함께 저희 식구들이 살게 되었습니다. 물론 그 아파트를 산 자금은 모두 제 돈이고 증거도 있습니다.

그런데 어머니가 얼마 전에 돌아가셨습니다. 어머니가 돌아가시고 상속문제가 생겼는데, 저는 당연히 그 집이 제 소유이기 때문에 동생들이 당연히 그 집을 제 명의로 상속하는데 동의할 것으로 생각했습니다.

그런데 갑자기 동생들이 태도를 바꿔서 어머니 명의로 되어 있으니 법정지분대로 나누자고 합니다. 이런 경우에 어떻게 해야 하나요?

참고로 그동안 어머니의 생활비와 병원비도 모두 본인이 부담했습니다.

Answers ■ ■ ■

귀하의 질문은 당초 귀하의 자금으로 어머니 명의의 아파트를 매수했는데, 어머니가 사망하자 다른 상속인들이 해당 아파트가 어머니의 소유임을 전제로 법정상속분을 요구하는 것으로 보입니다.

이 경우 귀하는 먼저 해당 아파트가 귀하의 자금으로 매수된 것을 증명해야 합니다. 이 부분은 귀하가 증거가 있다고 하므로 큰 어려움은 없을 것으로 보입니다.

그런데 귀하의 자금으로 매수했다고 하더라도 귀하께서 어머니 명의로 매수해서 어머니에게 증여했을 가능성도 배제할 수 없습니다. 따라서 귀하는 해당 아파트를 귀하의 자금으로 매수한 것 이외에 명의를 불문하고 귀하가 해당 아파트의 진정한 소유자로써 소유권을 행사해왔다는 사실을 증명할 필요가 있습니다.

또한 이와 별도로 귀하가 해당 아파트를 귀하의 자금으로 매수한 점을 들어 기여분청구를 할 수 있습니다.

귀하 부부가 어머니 명의로 아파트를 산 경우, 부동산실명법에 따라 그러한 명의신탁은 무효이므로 명의신탁의 유형(3자간 명의신탁, 계약명의신탁)에 따라 명의신탁무효를 원인으로 소유권을 되찾는 별도 민사소송(소유권말소청구 및 소유권이전등기청구 또는 부당이득반환청구 등)을 하거나 아니면 상속재산분할심판청구를 하면서 동시에 기여분을 주장할 것인지의 여부 아니면 그렇지 않다면 두 개의 주장을 하나로 묶어 할 것인지(주위적, 예비적)의 여부는, 구체적 사실관계에 따라 결정될 것입니다.

따라서 보다 자세한 상담은 아래 자료를 지참해서 방문상담을 해주시길 바랍니다.

- 아버님과 어머니의 제적등본과 기본증명서, 가족관계증명서, 말소자초본, 귀하의 가족관계증명서와 혼인관계증명서 및 전 주소가 기재된 주민등록초본, 귀하가 매도한 귀하 명의의 아파트 등기부등본과 어머니 명의의 아파트 등기부등본, 귀하가 귀하의 자금으로 어머니 명의의 아파트를 매수한 사실을 증명할 수 있는 입증자료, 어머니 명의의 아파트가 귀하의 소유인 사실을 증명할 수 있는 자료

※ 민법

제1008조의2(기여분)

① 공동상속인 중에 상당한 기간 동거ㆍ간호 그 밖의 방법으로 피상속인을 특별히 부양하거나 피상속인의 재산의 유지 또는 증가에 특별히 기여한 자가 있을 때에는 상속개시 당시의 피상속인의 재산가액에서 공동상속인의 협의로 정한 그 자의 기여분을 공제한 것을 상속재산으로 보고 제1009조 및 제1010조에 의하여 산정한 상속분에 기여분을 가산한 액으로써 그 자의 상속분으로 한다. 〈개정 2005. 3. 31.〉

② 제1항의 협의가 되지 아니하거나 협의할 수 없는 때에는 가정법원은 제1항에 규정된 기여자의 청구에 의하여 기여의 시기ㆍ방법 및 정도와 상속재산의 액 기타의 사정을 참작하여 기여분을 정한다.

③ 기여분은 상속이 개시된 때의 피상속인의 재산가액에서 유증의 가액을 공제한 액을 넘지 못한다.

④ 제2항의 규정에 의한 청구는 제1013조제2항의 규정에 의한 청구가 있을 경우 또는 제1014조에 규정하는 경우에 할 수 있다.

[본조신설 1990. 1. 13.]

사 례

할아버지의 주택신축 비용을 부담하고 함께 동거부양한 경우 기여분 인정여부

Questions ■ ■ ■

얼마 전에 할아버지께서 돌아가셨고, 상속재산은 약 16억이 됩니다.

그런데 아버지는 약 5년 전에 먼저 돌아가셔서 저의 어머니와 제가 대습상속을 하게 되었습니다.

할아버지의 49제가 지내고 가족들 간에 할아버지의 상속재산 약 16억을 할머니에게 현금 일부하고 사시던 집을 상속하게 하고, 저희 가족들이 약 2억 5,000만 원 하는 토지를 받고 나머지 삼촌 3명과 고모 2명이서 각각 약 2억씩 분할하는 게 어떻겠냐고 얘기가 나왔습니다.

그러나 저희 가족들은 약 30년간 할아버지를 모셨고 그때 할아버지 명의로 주택(집)을 지을 때 아버지가 5천만 원을 보태셨습니다.

그리고 이후 모든 공과금과 생활비도 전부 저희 부모님들이 부담하셨습니다. 삼촌들과 고모들은 가끔 할아버지와 할머니를 방문했을 뿐 별다른 기여를 하지 않았습니다.

그래서 저는 저희가 2억 5,000만 원을 분할받고 삼촌들과 고모들이 2억 원씩을 상속하는 것이 부당하다고 생각합니다. 그러나 할머니는 저희 부모님들의 기여를 인정하시는데, 삼촌과 고모들은 5,000만 원 이상 더 줄 수는 없다고 합니다.

그래서 기여분소송을 생각하고 있습니다. 만일 저와 어머니가 기여분소송을 제기하면 기여분을 인정받을 수 있는지요, 만일 인정받을 수 있다면 얼마나 인정될 수 있는지 문의드립니다.

Answers ■ ■ ■

피상속인인 할아버지가 유언 없이 사망했다면, 상속인들 간에 협의를 통해서 상속인 중 누구에게 기여분을 인정할지의 여부와 그 정도를 고려해서 상속재산분할협의안을 작성할 수 있습니다.

그러나 전체 상속인들 중 한 명이라도 이의를 제기해 원만한 협의에 이르지 못한다면 상속인 중 일부의 신청으로 법원에 기여분소송을 제기해서 법원으로부터 기여분을 인정받을 수 있습니다.

이때 기여분의 인정 여부는 상속재산의 형성, 유지, 관리에 특별한 역할을 하거나 피상속인에 대한 간병, 부양 등 특별한 기여를 인정받아야 하는데 이러한 인정을 위해서는 기여분을 주장하는 상속인이 기여분에 대한 구체적인 주장과 더불어 입증을 해야 합니다. 그리고 기여분이 인정된다고 하더라도 어느 정도의 기여분을 인정할지의 여부는 법원의 판단에 따르게 됩니다.

말씀하신 것을 참고하면, 아버님과 어머니가 피상속인인 할아버지 명의의 재산을 형성하는데 상당한 기여를 하고 부양에 기여를 한 것으로 보입니다.

그러나 이러한 기여가 법원으로 부터 인정받을 수 있는지의 여부와 인정이 된다면 어느 정도의 기여분이 인정될지는 구체적 내용을 상담을 받아야 할 것으로 보입니다.

그러므로 보다 구체적인 상담은 아래 관련 자료를 모두 지참해서 방문상담을 해주시길 바랍니다.

- 할아버지의 기본증명서, 가족관계증명서, 주민등록말소자초본
- 아버지의 기본증명서, 가족관계증명서, 혼인관계증명서, 주민등록말소자초본
- 할아버지 상속재산이 부동산등기부등본, 예금거래내역서
- 아버지가 할아버지 명의의 주택을 신축할 때 5,000만 원을 지급했다는 사실을 확인할 수 있는 자료
- 기타 기여분을 위한 입증자료

※ 민법

제1008조의2(기여분)

① 공동상속인 중에 상당한 기간 동거 · 간호 그 밖의 방법으로 피상속인을 특별히 부양하거나 피상속인의 재산의 유지 또는 증가에 특별히 기여한 자가 있을 때에는 상속개시 당시의 피상속인의 재산가액에서 공동상속인의 협의로 정한 그 자의 기여분을 공제한 것을 상속재산으로 보고 제1009조 및 제1010조에 의하여 산정한 상속분에 기여분을 가산한 액으로써 그 자의 상속분으로 한다. 〈개정 2005. 3. 31.〉

② 제1항의 협의가 되지 아니하거나 협의할 수 없는 때에는 가정법원은 제1항에 규정된 기여자의 청구에 의하여 기여의 시기 · 방법 및 정도와 상속재산의 액 기타의 사정을 참작하여 기여분을 정한다.

③ 기여분은 상속이 개시된 때의 피상속인의 재산가액에서 유증의 가액을 공제한 액을 넘지 못한다.

④ 제2항의 규정에 의한 청구는 제1013조제2항의 규정에 의한 청구가 있을 경우 또는 제1014조에 규정하는 경우에 할 수 있다.

[본조신설 1990. 1. 13.]

사 례

아버지와 동거하면서 간병부양을 한 아들의 기여분 인정 여부

Questions ■ ■ ■

안녕하세요. 기여분 소송에 대해서 문의 드립니다.

최근에 아버지가 돌아가셨는데, 상속인은 자녀들인 누나, 저 그리고 여동생이 있습니다. 상속재산은 아버지가 사시던 집과 땅이 있는데 생전에 증여해 주신 것은 없습니다.

저희 가족은 20년 이상 아버지를 모시고 살았는데, 아버지가 오랫동안 건강이 좋지 못하셔서 저희 부부가 아버지 생활비와 병원비를 다 부담했고 아버지 간병도 저희 부부가 했습니다. 그래서 아버지도 생전에 이 집을 저희 것이라고 하시고는 했고, 누나와 여동생도 이런 아버지 말에 이의를 달지 않았습니다.

그런데 아버지가 돌아가시자 생전에는 잘 찾아오지도 않고 아버지 병원비나 생활비도 전혀 내지 않던 누나와 여동생이 자신도 상속인이니 똑같이 받아야 한다고 합니다.
저도 누나와 여동생에게 전혀 주지 않고 제가 다 갖겠다는 것은 아닙니다.

그러나 생전에는 아무것도 하지 않고 저에게 모두 맡겨 놓았다가 아버지가 돌아가시자 자기도 자식이라고 손을 내미는 누나와 여동생을 용납하기 어렵습니다.
그래서 기여분소송을 하려고 합니다.

만일 제가 기여분 소송을 하면 인정을 받을 수 있는지 인정을 받을 수 있다면 얼마를 받을 수 있는지 궁금합니다.

Answers ■ ■ ■

아버님이 별도의 유언 없이 돌아가셨다면 원칙적으로 상속인들은 동일한 지분씩 분할을 받게 되므로 귀하와 누나 그리고 여동생의 법정상속분은 각 1/3지분씩입니다.

그러나 민법 제1008조의 2에서는 기여분 규정을 두면서 피상속인의 부양과 간병에 특별한 기여를 한 상속인에 대해서는 기여분을 인정할 수 있다고 하고 있습니다.

따라서 아버님과 생활기간, 부양의 정도, 아버님의 경제적 능력, 간병기간과 지급된 비용 등에 따라 기여분이 인정될 가능성이 있습니다.

다만 이러한 경우 기여분이 인정된다고 하더라도 그 정도는 법원의 재량이므로 실제 기여분 소송에서 어느 정도의 기여분을 인정받을 수 있는지는 실제 소송을 해야 알 수 있습니다.

이 경우 법원에서 조정이나 판결을 통해 기여분이 인정된다면, 인정된 기여분만큼은 우선적으로 기여자인 귀하에게 분할되고 기여분을 제외한 나머지를 각 1/3지분씩 분할받게 됩니다.

보다 구체적인 상담은 아래의 자료를 준비하셔서 사전예약 후 방문상담해 주시기 바랍니다.

1. 아버님의 가족관계증명서, 기본증명서, 혼인관계증명서, 말소자초본,
2. 귀하의 가족관계증명서, 과거 주소가 기재된 주민등록초본, 주민등록등본
3. 상속재산인 부동산등기부등본
4. 국민건강보험공단의 요양급여내역

※ 민법

제1009조(법정상속분)

① 동순위의 상속인이 수인인 때에는 그 상속분은 균분으로 한다. 〈개정 1977. 12. 31., 1990. 1. 13.〉

② 피상속인의 배우자의 상속분은 직계비속과 공동으로 상속하는 때에는 직계비속의 상속분의 5할을 가산하고, 직계존속과 공동으로 상속하는 때에는 직계존속의 상속분의 5할을 가산한다. 〈개정 1990. 1. 13.〉

③ 삭제 〈1990. 1. 13.〉

제1008조의2(기여분)

① 공동상속인 중에 상당한 기간 동거·간호 그 밖의 방법으로 피상속인을 특별히 부양하거나 피상속인의 재산의 유지 또는 증가에 특별히 기여한 자가 있을 때에는 상속개시 당시의 피상속인의 재산가액에서 공동상속인의 협의로 정한 그 자의 기여분을 공제한 것을 상속재산으로 보고 제1009조 및 제1010조에 의하여 산정한 상속분에 기여분을 가산한 액으로써 그 자의 상속분으로 한다. 〈개정 2005. 3. 31.〉

② 제1항의 협의가 되지 아니하거나 협의할 수 없는 때에는 가정법원은 제1항에 규정된 기여자의 청구에 의하여 기여의 시기·방법 및 정도와 상속재산의 액 기타의 사정을 참작하여 기여분을 정한다.

③ 기여분은 상속이 개시된 때의 피상속인의 재산가액에서 유증의 가액을 공제한 액을 넘지 못한다.

④ 제2항의 규정에 의한 청구는 제1013조제2항의 규정에 의한 청구가 있을 경우 또는 제1014조에 규정하는 경우에 할 수 있다.

[본조신설 1990. 1. 13.]

사 례

전업주부의 법정상속비율과 기여분의 인정

안녕하세요, 법무법인 천명의 경태현 대표변호사입니다.

부부가 평생 함께 하지 못하고 이혼하게 된다면 합의를 통해 자녀와 재산에 대한 문제를 해결하기도 하지만 이러한 합의에 이르지 못하고 법원에 이혼과 재산분할을 신청하는 경우도 있습니다. 이런 경우 법원은 혼인기간, 경제활동의 정도, 재산의 규모, 재산형성과 그 재산을 유지하는데 든 기여도 등을 고려해 배우자들의 재산에 대한 분할비율을 정하게 됩니다. 이것을 이혼에 따른 재산분할이라고 합니다.

이러한 이혼에 따른 재산분할에서 부부 중 한 명이 전업주부로서 경제활동을 하지 않았다고 해도 분할 받을 재산이 없다고 판단하지는 않습니다. 실제 이혼재산분할 판결에 따르면 남자와 여자가 혼인해서 2명의 자녀를 두고 재산의 합계가 약 6억 원인 경우에 '남편은 전업주부인 아내에게 약 3억 원의 돈을 재산분할로 지급하라.'고 판단한 경우도 있습니다. 즉 아내가 전업주부로 생활했더라도 가정을 돌보고 자녀들을 양육하면서 남편이 경제생활을 원만히 할 수 있도록 한 기여를 인정해 재산의 약 50%에 해당하는 금액을 분할받도록 한 것입니다.

그런데 반대로 부부가 중간에 이혼하지 않고 남편이 사망할 때까지 해로를 했다면 전혀 다른 결과가 나오게 됩니다. 민법 규정에 의하면 배우자는 법정상속분이 1.5지분이고 자녀들은 1의 지분이므로 남편과 사이에서 2명의 자녀를 둔 위 사례의 아내는 1.5/3.5지분의 법정상속분을 취득하게 되는데, 이 지분에 따라 구체적 금액을 계산하면 6억 원의 1.5/3.5지분에 해당하는 2억 5,700만 원 정도가 산출됩니다. 따라서 단순계산에 의하면 남편과의 가정불화로 이혼한 배우자가 평생을 함께한 배우자보다 더 많은 재산을 취득하게 될 불합리하고 아이러니한 상황이 발생될 가능성이 존재하는 것입니다.

이와 같은 불합리한 결과를 방지하기 위해 우리 법에서는 기여분이라는 제도를 규정하고 있습니다. 오늘은 저희 법무법인 천명을 찾아주신 사례를 바탕으로 이러한 기여분의 인정과 판결에 대해 소개해 드리려 합니다.

Questions ■ ■ ■

안녕하세요, 변호사님.

변호사님께서 상속 분야에서 실력이 뛰어나다고 들어서 도움을 받고자 질문드립니다.

얼마 전 우리 남편이 세상을 떠났습니다.

남편이 남긴 재산은 6억 정도 되구요.

이래저래 순탄치 않은 결혼생활이었지만, 남편은 오랜 기간을 함께 해온 평생의 동반자였습니다.

제가 전업주부였긴 하지만 사업으로 바쁜 남편을 위해 가정에서의 일거리는 제가 모두 해결하다시피 했습니다.

남편이 많이 아프던 시절에는 제가 병수발을 도맡아하기도 하였구요.

그러나 자녀들 2명과 상속에 대해 얘기해보는데 법정상속분에 따라 받는 금액이 제가 평생 노력한 것에 비해 적다는 생각이 들었습니다.

오랫동안 남편을 위했던 저의 노력이 인정받을 수 있는 방법이 있을까요?

있다면 변호사님께서 꼭 알려주시길 바라겠습니다.

Answers ■ ■ ■

귀하의 경우 상속재산분할에서 기여분을 주장할 수 있을 것으로 보입니다. 기여분제도란, 피상속인의 재산의 유지 또는 증가에 관하여 특별히 기여하였거나 피상속인을 특별히 부양한 자가 있는 경우 이를 상속분 산정시 고려하는 상속법상 제도입니다.

이러한 기여분제도의 규정에 의하면 기여분이 있는 상속인의 재산상속비율은 아래와 같이 계산됩니다.

{(상속재산－기여)}×해당 상속인의 법정상속분/상속인의 법정상속분의 합계}＋기여

만일 전업주부이신 귀하의 기여가 20%로 인정됐다고 가정했을 때 이 식을 귀하의 사례에 대입해보면

{(6억 원－6억 원×20%)×1.5/3.5)}+(6억x20%)

가 될 것입니다.

구체적인 금액은 이렇게 됩니다.

{(6억－1억2천만 원)×1.5/3.5}+1억2천만 원=약 3억2천만 원

이 금액은 전체 상속재산 중 약 54%를 차지하는데, 만일 기여분이 인정되지 않는다면 적용되었을 법정상속비율인 1.5/3.5=약 42% 와 비교했을 때 배우자의 상속비율이 약 11%p가 증가하게 되는 결과를 가져오게 됩니다. 그러므로 귀하께서는 상속재산분할 과정에서 기여분을 주장하셔서 평생 동안 남편을 부양해온 노력을 인정받으시는 것이 바람직할 것으로 보입니다.

이러한 기여분제도는 보통 두 가지의 형태로 인정됩니다.

첫 번째는 상속인의 기여도에 따른 일정한 비율이나 금액을 결정하여 이에 해당하는 재산을 기여가 인정되는 상속인에게 먼저 분할한 뒤 남은 재산을 법정상속비율에 따라 분할해 주는 방법입니다.

그리고 두 번째는 피상속인으로부터 일정한 재산을 생전에 증여받은 상속인이 있는 경우 원칙적으로 증여받은 재산을 특별수익으로 해서 상속받을 몫에서 공제해야 하지만, 그렇게 하지 않고 증여받은 재산을 기여에 따라 받은 것으로 보아 해당 상속인이 원래 갖고 있던 법정상속분에 해당하는 상속재산을 취득하도록 하는 방법입니다.

이러한 기여의 인정은 통상 자녀보다는 배우자에게 인정되는 경우가 많은데, 평생을 사망한 배우자와 함께 가정을 유지하면서 재산형성에 기여한 배우자를 자녀와 다르게 취급해야 할 필요성 때문인 것으로 보입니다. 다만, 배우자라고 해서 기여분이 무조건

인정되는 것은 아니고, 개별적인 각 사안에 따라 그 여부가 달라질 것이므로 각 사안과 제반사정을 면밀히 살핀 후에 방법을 모색하고 증거를 수집해서 순차적으로 접근하는 것이 필요할 것입니다.

※ 민법

제1008조의2(기여분)

① 공동상속인 중에 상당한 기간 동거 · 간호 그 밖의 방법으로 피상속인을 특별히 부양하거나 피상속인의 재산의 유지 또는 증가에 특별히 기여한 자가 있을 때에는 상속개시 당시의 피상속인의 재산가액에서 공동상속인의 협의로 정한 그 자의 기여분을 공제한 것을 상속재산으로 보고 제1009조 및 제1010조에 의하여 산정한 상속분에 기여분을 가산한 액으로써 그 자의 상속분으로 한다. 〈개정 2005. 3. 31.〉

② 제1항의 협의가 되지 아니하거나 협의할 수 없는 때에는 가정법원은 제1항에 규정된 기여자의 청구에 의하여 기여의 시기 · 방법 및 정도와 상속재산의 액 기타의 사정을 참작하여 기여분을 정한다.

③ 기여분은 상속이 개시된 때의 피상속인의 재산가액에서 유증의 가액을 공제한 액을 넘지 못한다.

④ 제2항의 규정에 의한 청구는 제1013조제2항의 규정에 의한 청구가 있을 경우 또는 제1014조에 규정하는 경우에 할 수 있다.

[본조신설 1990. 1. 13.]

사 례

사망한 아들에 대한 어머니의 기여분 인정

Questions ■ ■ ■

안녕하세요 변호사님.

상속 기여분 관련해서 질문이 있어서 상속전문변호사님께 연락드리게 되었습니다.

저희 남편이 얼마전 세상을 떠났습니다.

자녀는 없어서 상속인은 저와 저희 시어머니 둘이에요.

남편은 6억 정도의 아파트랑 2억 5천 정도의 현금을 남겼습니다.

그런데 재산분할을 하려 하니 어머니가 자신의 기여분이 100%로 인정되어야 한다고 주장하시지 뭡니까.

저는 출장이 잦은 직업이라서 남편과 오랜 시간 함께한 편은 아닙니다.

어머니께서 결혼기간동안 남편 뒷바라지와 병수발 같은 것을 거의 도맡아 해주신 것도 맞고, 남편이 아파트를 살 때 1억5천 정도 돈을 지원해주신 것도 맞습니다. (당시 아파트 가액은 3억 원이었습니다.)

또 어머니께서 남편의 급여 통장을 관리하면서 이것저것 투자도 하신 것으로 알고 있어요.

그렇지만 제가 남편의 상속재산을 단 한 푼도 받지 못한다는 것은 불합리한 것 같아서요.

정말 어머니의 기여분이 100%로 인정받을 수 있는 가능성이 있나요?

변호사님의 답변 부탁드립니다.

Answers ■ ■ ■

귀하의 경우 자녀가 없으므로 어머니와 며느리가 상속인이고 어머니는 1지분, 며느리는 1.5지분입니다. 이를 분모화하면 어머님이 2/5지분, 며느리가 3/5지분입니다. 상속재산의 합계는 약 8억 5천만 원입니다. 어머니는 전체 상속재산 100%를 주장하고 있는 상황인 것으로 보입니다.

이와 관련한 대법원 판례에서는 아래와 같이 판시하고 있습니다.

"살피건대, 갑 제1 내지 16호증, 을 제5, 8, 10, 11호증(각 가지번호 포함)의 각 기재에 심문 전체의 취지를 종합하면, 청구인은 피상속인의 모로서 피상속인이 사망할 때까지 함께 생활하면서 피상속인을 뒷바라지한 사실, 피상속인은 2008. 5. 24. 상대방과 혼인하였으나, 혼인 이후에도 실제로 상대방과 함께 생활한 기간은 6개월 가량에 불과하고, 피상속인은 한국에서, 상대방은 필리핀에서 각 별도로 생활하던 중 피상속인이 사망에 이르게 된 사실, 청구인은 그 소유인 서울 **구 **동 ○○○ ***동 ***호를 D에게 임대하여 받은 임대보증금 중 1억 4,860만 원을 피상속인에게 지급하여 별지 1목록 기재 부동산의 분양대금 3억 원 중 절반에 해당하는 대금을 지원해 주었고, 2012.5. 9. 1,700만 원, 2012. 5. 22. 1,100만 원을 지급하는 등 별지 2 목록 기재 금융재산의 형성에도 도움을 준 사실, 청구인은 20여 년간 피상속인의 급여를 주도적으로 관리하면서 부동산 투자, 금융상품 가입 등을 통해 피상속인의 재산 증가에 직접적으로 기여하였고, 피상속인과 함께 생활하면서 기본적인 생활비를 부담하는 등 피상속인의 재산 유지에도 기여한 사실, 상대방은 혼인 이후 5년 동안 피상속인에게 생활비 등으로 지급한 돈이 합계 1,360만 원 가량에 불과하고, 그마저도 대부분 다시 상대방에게 사업자금 명목으로 지급되는 등 피상속인의 재산에 별다른 기여를 하지 못한 사실이 인정되는바, 위 인정사실을 종합하여 보면, 청구인은 이 사건 상속재산의 유지 및 증가에 특별히 기여하였다고 봄이 상당하고, 상속재산의 가액, 그 기여방법과 정도 등 이 사건심문에 나타난 여러 사정을 종합적으로 고려하여 보면, 그 기여분의 비율은 이 사건 상속재산의 70%로 정함이 상당하다." (서울가정법원 2013느합165)

그러므로 귀하의 사안에서도 어머니의 기여분이 100%로 인정될 확률은 적고, 70% 내외로 인정될 것으로 보입니다. 만약 70%의 기여분이 인정된다면 구체적 상속분은 아래와 같이 산정될 것입니다.

- 어머니 : 82/100[=(1-기여분 70%)×2/5+기여분 70%] 지분
- 며느리 : 18/100[=(1-기여분 70%)×3/5] 지분

그리고 위와 같이 정해진 구체적 상속분에 따라 상속재산을 분할하게 될 것입니다. 위 판결의 사례에서는 어머니에게 상속부동산과 상속예금을 단독으로 취득하게 하고 며느리의 상속분 18%에 해당하는 금원인 144,538,450원[=상속재산의 총액 802,991,392원×며느리의 구체적 상속분 18/100지분(원 미만 버림)]을 어머니가 지급하는 방법으로 분할방법을 결정했습니다.

※ 민법

제1008조의2(기여분)

① 공동상속인 중에 상당한 기간 동거ㆍ간호 그 밖의 방법으로 피상속인을 특별히 부양하거나 피상속인의 재산의 유지 또는 증가에 특별히 기여한 자가 있을 때에는 상속개시 당시의 피상속인의 재산가액에서 공동상속인의 협의로 정한 그 자의 기여분을 공제한 것을 상속재산으로 보고 제1009조 및 제1010조에 의하여 산정한 상속분에 기여분을 가산한 액으로써 그 자의 상속분으로 한다. 〈개정 2005. 3. 31.〉

② 제1항의 협의가 되지 아니하거나 협의할 수 없는 때에는 가정법원은 제1항에 규정된 기여자의 청구에 의하여 기여의 시기ㆍ방법 및 정도와 상속재산의 액 기타의 사정을 참작하여 기여분을 정한다.

③ 기여분은 상속이 개시된 때의 피상속인의 재산가액에서 유증의 가액을 공제한 액을 넘지 못한다.

④ 제2항의 규정에 의한 청구는 제1013조제2항의 규정에 의한 청구가 있을 경우 또는 제1014조에 규정하는 경우에 할 수 있다.

[본조신설 1990. 1. 13.]

사례

상속인 중 기여분이 있는 경우 구체적 상속분의 계산

피상속인의 사망과 동시에 상속이 개시됩니다.
그런데 피상속인이 생전에 증여한 재산이 상당히 있고 남아 있는 상속재산이 있는 경우에 있어 기여분을 주장하는 상속인이 존재하고 이에 대해 상속인들간 전원 협의가 안 될 경우가 많습니다.

이때 기여분을 주장하는 상속인이 기여분소송 및 상속재산분할심판청구소송을 제기해서 상속재산분할을 하게 되는데 기여분이 만약 인정된다면 기여분계산과 더불어 기존 증여재산을 합산해서 상속재산을 분할하는 비율과 방법이 문제됩니다.

오늘은 상속인 중 기여분이 있는 경우의 구체적 상속분 계산방법에 대해 여러 가지 사례를 통해 설명 드리도록 하겠습니다.

Questions ■ ■ ■

안녕하세요 변호사님.

얼마 전 아버지가 돌아가셔서 상속재산분할을 하려고 하는데, 어머니가 자신의 기여분을 주장하고 있습니다.
아버지의 상속인으로는 어머니, 오빠, 그리고 저까지 세 명이 있습니다.

기여분이 인정된다면 그 계산과 상속재산 분할 비율, 방법이 어찌될지 궁금합니다.
답변 기다리겠습니다.

Answers ■ ■ ■

귀하의 상황에서 법정상속지분은 어머니가 1.5지분, 자녀들이 각 1지분씩이고 이를 분모화하면 어머니가 3/7지분, 자녀들이 각 2/7지분씩입니다.

귀하의 사례를 바탕으로 여러 가지 기여분과 특별수익이 반영된 상속재산분할비율과 방법을 구체적으로 살펴보도록 하겠습니다.

[1] 재산은 10억, 어머니 기여분은 30%, 증여받은 상속인이 없는 경우

1. 어머니의 기여분 3억 원
2. 기여분 3억 원을 제외한 나머지 7억 원의 상속재산에 대한 법정상속분
   : 어머니 3억(7억 원×3/7), 아들 2억 원(7억 원×2/7), 딸 2억 원(7억 원×2/7)
3. 최종 상속분
   : 어머니 6억 원(기여분 3억 원+법정상속분 3억 원), 아들 2억 원(법정상속분), 딸 2억 원(법정상속분)

[2] 상속재산은 10억 원, 어머니 기여분은 30%, 아들이 1억 원 증여받은 경우

1. 어머니의 기여분 3억 원
2. 기여분 3억 원을 제외한 나머지 7억 원의 상속재산과 아들 증여액 1억 원 합계 8억 원(간주상속재산)에 대한 법정상속분
   : 어머니 3억4285만 원(8억 원×3/7), 아들 1억2857만 원[2억2857만 원(8억 원×2/7)-1억 원], 딸 2억2857만 원(8억 원×2/7)
3. 최종 상속분
   : 어머니 6억4285만 원(기여분 3억 원+법정상속분 3억4285만 원), 아들 1억2857만 원(법정상속분), 딸 2억2857만 원(법정상속분)

(*계산상 반올림을 하였습니다)

[3] 상속재산은 10억 원, 어머니 기여분은 30%, 아들이 1억 원, 딸 5000만 원을 각 증여받은 경우

1. 어머니의 기여분 3억 원
2. 기여분 3억 원을 제외한 나머지 7억 원의 상속재산과 아들 증여액 1억 원, 딸 증여액 5000만 원 합계 8억5000만 원(간주상속재산)에 대한 법정상속분
: 어머니 3억6428만 원(8억5000만 원×3/7), 아들 1억4285만 원[2억4285만 원(8억5000만 원×2/7)−1억 원], 딸 1억9285만 원[2억4285만 원(8억5000만 원×2/7)−5000만 원]
3. 최종 상속분
: 어머니 6억6428만 원(기여분 3억 원+법정상속분 3억6428만 원), 아들 1억4285만 원(법정상속분), 딸 1억9285만 원(법정상속분)

(*계산상 반올림을 하였습니다)

④ 상속재산은 10억 원, 어머니 기여분은 30%, 어머니 1억 원, 아들이 1억 원, 딸 5000만 원을 각 증여받은 경우

1. 어머니의 기여분 3억 원
2. 기여분 3억 원을 제외한 나머지 7억 원의 상속재산과 어머니 증여액 1억 원, 아들 증여액 1억 원, 딸 증여액 5000만 원 합계 9억5000만 원(간주상속재산)에 대한 법정상속분
: 어머니 3억714만 원[4억714만 원(9억5000만 원×3/7)−1억 원], 아들 1억7142만 원[2억7142만 원(9억5000만 원×2/7)−1억 원], 딸 2억2142만 원[2억7142만 원(9억5000만 원×2/7)−5000만 원]
3. 최종 상속분
: 어머니 6억714만 원(기여분 3억 원+법정상속분 3억714만 원), 아들 1억7142만 원(법정상속분), 딸 2억2142만 원(법정상속분)

(*계산상 반올림을 하였습니다)

기여분과 증여(특별수익)이 존재하는 경우에 대표적인 사례를 위에서 살펴보았습니다.

하지만 위 사례 이외에 특별수익자가 자신의 법정상속분을 초과한 사례도 있는바, 초과특별

수익을 받은 상속인은 잔존 상속재산에 대한 권리가 전혀 없으며, 초과된 특별수익분을 나머지 상속인들에게 법정상속분에 따라 안분해야 이로 인해 나머지 상속인들의 상속분이 변경됩니다.

따라서, 이 경우에는 좀 복잡한 계산이 필요합니다. 이 부분에 대해서는 본 저서에서 설명 드리기 한계가 있으니 방문상담을 통해 자세한 상담을 받아 보시길 바랍니다.

※ 판례

공동상속인의 상속분은 그 유류분을 침해하지 않는 한 피상속인이 유언으로 지정한 때에는 그에 의하고 그러한 유언이 없을 때에는 법정상속분에 의하나, 피상속인으로부터 재산의 증여 또는 유증을 받은 자는 그 수증재산이 자기의 상속분에 부족한 한도 내에서만 상속분이 있고(민법 제1008조), 피상속인의 재산의 유지 또는 증가에 특별히 기여하거나 피상속인을 특별히 부양한 공동상속인은 상속 개시 당시의 피상속인의 재산가액에서 그 기여분을 공제한 액을 상속재산으로 보고 지정상속분 또는 법정상속분에 기여분을 가산한 액으로써 그 자의 상속분으로 하므로(민법 제1008조의2 제1항), 지정상속분이나 법정상속분이 곧 공동상속인의 상속분이 되는 것이 아니고 특별수익이나 기여분이 있는 한 그에 의하여 수정된 것이 재산분할의 기준이 되는 구체적 상속분이라 할 수 있다. (대법원 2001. 2. 9. 선고 2000다51797 판결)

사 례

기여분을 산정하는 방법

안녕하세요, 법무법인 천명의 경태현 대표변호사입니다.

상속에는 '기여분'이라는 제도가 존재합니다. 기여분이란 민법 제1008의2조 1항에 따라 공동상속인 중에 상당한 기간 동거 · 간호, 그 밖의 방법으로 피상속인을 특별히 부양하거나 피상속인의 재산의 유지 또는 증가에 특별히 기여한 자가 있을 때에, 상속개시 당시의 피상속인의 재산가액에서 공동상속인의 협의로 정한 그자의 기여분을 공제한 것을 상속재산으로 보고 법정상속분을 산정한 뒤, 기여행위를 한 공동상속인에 대해서 법정상속분에 기여분을 더한 상속분을 인정해 주는 제도입니다.

기여분은 공동상속인들과 협의를 거쳐 인정될 수 있고, 협의가 이루어지지 않거나 협의를 할 수 없는 경우에는 기여분결정심판청구소송을 제기할 수 있습니다.

이러한 기여분이 어떠한 방법으로 산정되는지에 관하여 질문 주신 내용이 있습니다. 따라서 오늘은 기여분 산정의 방법에 관하여 설명 드리도록 하겠습니다.

Questions ■ ■ ■

안녕하세요 변호사님.
상속분야 전문가이시라고 소개받아 이렇게 글을 남기게 되었습니다.

저희 어머니께서 돌아가셔서 상속재산분할과정을 거치고 있습니다.
저희 형제 중 막내가 어머니를 부양했기 때문에 막내에게 기여분을 인정해 주자는 상황입니다.
그래서 기여분을 계산하려 하는데, 이러한 경우에 통상 어떠한 방식으로 기여분을 인정해 주는지 궁금합니다.

예를 들어, 가액으로 산정되는지 지분으로 산정되는지, 일반적으로 얼마정도를 인정해 주는지 여쭤보고 싶습니다.

감사합니다.

Answers ▪▪▪

귀하께서는 기여분을 산정하는 방법에 관하여 궁금해하고 계신 것 같습니다.

우선 기여분은 가액으로 산정되기도 하고 상속재산에 대한 비율로 산정되기도 합니다. 따라서 두가지 방법 모두 가능하다고 보시면 됩니다. 다만 실무상으로는 가액보다는 비율로 정하는 방식이 널리 이용되고 있습니다.

또한 가액이나 비율이 아닌 특정물로 기여분을 정하는 경우도 있는데, 이는 부적절하다고 평가되는 부분이 있기도 하지만 상속인들 사이에 협의가 이루어진 경우라면 무효로 되지는 않을 것입니다. 실제로 하급심 재판례 중에는 상속재산 중 특정물로 기여분을 정한 경우도 존재합니다. (서울고등법원 2016. 10. 25.자 2015브373 결정)

추가적으로 기여분을 어느 정도 액수로 산정해야 할지를 질문해 주셨는데, 이 부분에 관하여는 정확한 답변을 드리기 어렵습니다. 민법 제 1008조의2 2항을 보면, 기여분을 정함에 있어서는 기여의 시기나 방법 및 정도, 상속재산의 액수, 그 밖에 사정을 참작하여 산정해야 한다고 규정되어 있습니다. 여기에서 말하는 '그 밖의 사정'이란 유류분이나 상속채무의 액수, 유언의 의한 기여분지정이 있었는지 여부, 피상속인의 재산을 감소시킨 행위가 있었는지 등이 포함될 것입니다.

따라서 기여분이란 다양한 사정을 넓게 고려해볼 필요가 있으며 일반적으로 얼마 정도를 인정한다고 딱 잘라 말하기 힘든 부분이 존재합니다. 따라서 귀하와 형제분들의 사정을 고려하여 기여분을 산정해보시고, 그럼에도 기여분을 산정하시는 일에 어려움이 있으시다면 구체적인 자료를 바탕으로 저희 법무법인 천명에 상담을 요청해보셔도 좋습니다.

※ 민법

제1008조의2(기여분)

① 공동상속인 중에 상당한 기간 동거ㆍ간호 그 밖의 방법으로 피상속인을 특별히 부양하거나 피상속인의 재산의 유지 또는 증가에 특별히 기여한 자가 있을 때에는 상속개시 당시의 피상속인의 재산가액에서 공동상속인의 협의로 정한 그 자의 기여분을 공제한 것을 상속재산으로 보고 제1009조 및 제1010조에 의하여 산정한 상속분에 기여분을 가산한 액으로써 그 자의 상속분으로 한다. 〈개정 2005. 3. 31.〉

② 제1항의 협의가 되지 아니하거나 협의할 수 없는 때에는 가정법원은 제1항에 규정된 기여자의 청구에 의하여 기여의 시기ㆍ방법 및 정도와 상속재산의 액 기타의 사정을 참작하여 기여분을 정한다.

③ 기여분은 상속이 개시된 때의 피상속인의 재산가액에서 유증의 가액을 공제한 액을 넘지 못한다.

④ 제2항의 규정에 의한 청구는 제1013조제2항의 규정에 의한 청구가 있을 경우 또는 제1014조에 규정하는 경우에 할 수 있다.

[본조신설 1990. 1. 13.]

사례

재혼가족에서 새아버지의 사망과 상속문제

Questions

저의 어머님이 16년 전에 재혼하셨습니다.
새아버지에게는 아들이 1명이 있고, 어머니에게는 저희 남매가 있었습니다.

그런데 새아버지가 갑작스럽게 심장마비로 지난 1월달에 돌아가셨습니다.
저희들이 알아보니 저희 어머니와 그 아들이 상속을 받는 것으로 알고 있습니다.

그동안 그 아들과는 거의 교류를 하지 않았습니다.
저희 남매는 새아버지와 상당히 밀접하게 생활해 왔습니다.
경제적 도움을 드리거나 병원 등 모시는 일을 저의 남매가 모두 했습니다.
저희는 상속인이 될 수 없나요?

새아버지 명의로 땅과 집이 되어 있는데 재혼 당시 새아버지는 거의 재산이 없었고 어머니와 새아버지가 시장에서 가게를 하시면서 형성한 재산입니다. 그리고 빚도 약 5000만 원 가량 되는데 어머니와 그 아들이 상속재산을 나눠야 하는 것이 너무나 억울합니다.
어머니가 고생한 부분을 인정받을 방법이 있나요?

변호사님을 통해서 어떻게 소송을 걸어보면 조금이라도 억울한 것을 해결할 방법이 있는지 문의드립니다.

Answers ■ ■ ■

새아버지의 상속인은 배우자인 어머니와 친자인 그 아들입니다.

귀하들은 새아버지의 친자가 아니고 호적에 양자로도 등재되지 않았다면 비록 교류를 많이 하고 경제적 도움을 드리거나 간병 등을 했어도 안타깝지만 상속인이 아닙니다.

현재로서는 어머니가 1.5지분, 친자인 아들이 1지분이고 이를 분모화하면 어머니가 3/5지분, 아들이 2/5지분입니다.

그리고 상속재산뿐만 아니라 상속채무도 위 비율로 상속되므로 상속채무 역시 위 비율로 부담해야 할 것입니다.

다만, 언급하신 것처럼 재혼 당시에는 거의 재산이 없었고 어머님이 새아버지와 더불어 시장에서 장사를 하면서 재산을 형성하였는데 어머님 명의 재산은 거의 없고 새아버지 명의 재산이 많다면 결국 어머님이 새아버지의 상속재산의 형성, 유지, 관리에 특별한 역할을 하였거나 간병, 부양 등을 한 것으로 볼 수 있고 이 경우에는 그 아들을 상대로 "기여분 소송"을 통해 인정되는 기여분만큼은 추가로 상속을 받게 될 것입니다.

그러므로 그 아들과 협의를 좀 더 해보시고 도저히 협의가 안 된다면 아래 자료를 지참해서 기여분소송 및 상속재산분할심판청구소송을 위해서 방문상담을 해주시길 바랍니다.

- 새아버지의 기본증명서, 가족관계증명서, 혼인관계증명서, 주민등록말소자초본, 상속재산내역(등기부등본, 예금거래내역서 등), 부채내역 등

※ 민법

제1008조의2(기여분)

① 공동상속인 중에 상당한 기간 동거·간호 그 밖의 방법으로 피상속인을 특별히 부양하거나 피상속인의 재산의 유지 또는 증가에 특별히 기여한 자가 있을 때에는 상속개시 당시의 피상속인의 재산가액에서 공동상속인의 협의로 정한 그 자의 기여분을 공제한 것을 상속재산으로 보고 제1009조 및 제1010조에 의하여 산정한 상속분에 기여분을 가산한 액으로써 그 자의 상속분으로 한다. 〈개정 2005. 3. 31.〉

② 제1항의 협의가 되지 아니하거나 협의할 수 없는 때에는 가정법원은 제1항에 규정된 기여자의 청구에 의하여 기여의 시기·방법 및 정도와 상속재산의 액 기타의 사정을 참작하여 기여분을 정한다.

③ 기여분은 상속이 개시된 때의 피상속인의 재산가액에서 유증의 가액을 공제한 액을 넘지 못한다.

④ 제2항의 규정에 의한 청구는 제1013조제2항의 규정에 의한 청구가 있을 경우 또는 제1014조에 규정하는 경우에 할 수 있다.

[본조신설 1990. 1. 13.]

제1009조(법정상속분)

① 동순위의 상속인이 수인인 때에는 그 상속분은 균분으로 한다. 〈개정 1977. 12. 31., 1990. 1. 13.〉

② 피상속인의 배우자의 상속분은 직계비속과 공동으로 상속하는 때에는 직계비속의 상속분의 5할을 가산하고, 직계존속과 공동으로 상속하는 때에는 직계존속의 상속분의 5할을 가산한다. 〈개정 1990. 1. 13.〉

③ 삭제 〈1990. 1. 13.〉

사 례

혼외자 상속(이복형제 상속)과 어머니의 기여분소송

Questions ■ ■ ■

아버지가 최근 5월에 심근경색으로 갑자기 사망했습니다.

가족은 어머니와 저 그리고 여동생입니다.
그런데 문제가 있습니다. 아버지께서는 오래전 외도를 해서 혼외자 남동생을 호적에 올리셨습니다.
그동안 교류가 거의 없었는데 아버지가 돌아가시고 나서 최근 저희들에게 상속재산분할심판청구 소장이 왔습니다.

아버지가 유언 없이 갑자기 사망해서 어머니 1.5지분, 저와 여동생, 이복동생 혼외자가 1지분씩으로 공동상속 받는 것은 알고 있습니다.
하지만, 법정지분으로 분할하기는 어머님이 너무 억울하십니다.
어머니의 상속비율을 높일 수 있는 법적인 방법이 없을까요????

아버지와 어머니는 결혼생활을 30년 이상 해오면서 맏며느리로서 사람들이 다들 혀를 내두르는 시집살이를 해오면서 아버지가 퇴직 후 식당을 하실 때 거의 8년 동안 24시간 식당에서 함께 사시며 가정경제를 이끌어 오셨습니다.

부동산과 예금 명의가 모두 아버지의 명의라고 해서 어머니와 같이 형성한 재산을 전부 아버지 상속재산으로 봐서 법정상속비율대로 나누는 것은 불공평하다고 생각합니다.
만약 어머니가 이혼을 했었다면 30년의 결혼생활에 대한 어머니 재산분할이 더 많다는 것을 알고 있습니다. 상속에 있어서도 30년의 혼인기간에 대한 어머니 기여를 제외하고 상속분으로 분할해서 혼외자에게 줄 수 있는지 알고 싶습니다.

Answers ■ ■ ■

혼외자가 모든 재산이 아버지 명의로 된 것을 이유로 상속재산분할심판청구를 한 것으로 보입니다.

이와 같이 혼외자가 상속재산분할심판청구소송을 제기한 경우 결혼생활 30년 넘게 해서 상속재산의 형성, 유지, 관리 등에 특별한 기여를 하신 어머님이 대응하시는 방법은 기여분을 주장하시면서 별도의 기여분소송을 반소로 제기하는 것입니다.

만약 가정법원에서 어머님의 기여분이 인정된다면 인정되는 기여분만큼은 어머님의 고유재산으로 분할하고 기여분을 제외한 나머지 부분에 대해 어머님은 다시 1.5지분을 받게 될 것입니다.
(예를 들어 전체 상속재산 중에 어머님의 기여분이 50% 인정되면 나머지 50%에 대해 어머님과 귀하, 동생, 혼외자가 1.5 : 1 : 1 : 1의 비율로 분할하게 될 것입니다)

어머님의 상속재산에 대한 기여분은 상속재산의 형성, 유지, 관리에 특별한 역할 그리고 간병, 부양 등 특별한 역할을 한 경우에 해당합니다.

그러므로 가정법원에 기여분소송을 주장 및 제기하는 방법은 우선 기여분에 대한 사실관계(6하원칙으로)를 정리하시고 이를 기초로 이에 대한 증거를 수집하는 방법을 저희 로펌에서 알려드릴 것입니다.

기여분소송에 따른 소송비용 등은 상속재산분할심판청구소장 및 어머님의 구체적인 기여분 내용을 확인해 봐야 합니다.

그러므로 위에서 설명 드린 대로 어머님의 기여분에 대한 사실관계를 최대한 상세히 정리해서 방문상담을 해주시길 바랍니다.

만약 기여분 주장을 위한 사실관계를 정리하는 방법을 잘 모른다면 우선 소장을 지참해서 방문상담을 해주시길 바랍니다.

※ 민법

제1008조의2(기여분)

공동상속인 중에 상당한 기간 동거·간호 그 밖의 방법으로 피상속인을 특별히 부양하거나 피상속인의 재산의 유지 또는 증가에 특별히 기여한 자가 있을 때에는 상속개시 당시의 피상속인의 재산가액에서 공동상속인의 협의로 정한 그 자의 기여분을 공제한 것을 상속재산으로 보고 제1009조 및 제1010조에 의하여 산정한 상속분에 기여분을 가산한 액으로써 그 자의 상속분으로 한다. 〈개정 2005. 3. 31.〉

② 제1항의 협의가 되지 아니하거나 협의할 수 없는 때에는 가정법원은 제1항에 규정된 기여자의 청구에 의하여 기여의 시기·방법 및 정도와 상속재산의 액 기타의 사정을 참작하여 기여분을 정한다.

③ 기여분은 상속이 개시된 때의 피상속인의 재산가액에서 유증의 가액을 공제한 액을 넘지 못한다.

④ 제2항의 규정에 의한 청구는 제1013조제2항의 규정에 의한 청구가 있을 경우 또는 제1014조에 규정하는 경우에 할 수 있다.

[본조신설 1990. 1. 13.]

제1009조(법정상속분)

① 동순위의 상속인이 수인인 때에는 그 상속분은 균분으로 한다. 〈개정 1977. 12. 31., 1990. 1. 13.〉

② 피상속인의 배우자의 상속분은 직계비속과 공동으로 상속하는 때에는 직계비속의 상속분의 5할을 가산하고, 직계존속과 공동으로 상속하는 때에는 직계존속의 상속분의 5할을 가산한다. 〈개정 1990. 1. 13.〉

③ 삭제 〈1990. 1. 13.〉

사 례

기여분과 유류분의 관계(헌법재판소 헌법불합치결정)

안녕하세요, 법무법인 천명의 경태현 대표변호사입니다.

기여분은 상속인들 중에서 상속재산의 형성, 유지에 특별한 기여를 하였거나 간병, 부양에 특별한 희생을 동반한 기여를 한 상속인이 존재할 경우 피상속인 사망 당시 존재하는 잔존상속재산에서 기여분을 인정해주는 제도입니다. 기여분은 잔존상속재산에 대해 상속인들 전원의 합의 또는 가정법원의 심판(판결)로 결정됩니다.

또한, 잔존상속재산에서 기여분이 인정되면 그 기여분은 기여자에게 귀속할 고유재산에 해당하게 되어 유류분계산에서 반영될 특별수익인 유증이나 증여와는 전혀 달라집니다. 따라서, 기여분은 유류분계산을 위한 기초재산에 포함되지 않습니다.

이외에도 기여분은 아래와 같은 특징이 있습니다.

1) 상속인들 중에서 기여분을 주장해야 하고 상속인이 아닌 자는 기여분을 주장할 수 없습니다.
2) 사망 당시 상속재산 중에서 기여분을 주장해야 하고 만약 상속재산이 없다면 기여분을 주장할 여지가 전혀 없습니다. 또한 유증재산에 대해서는 기여분을 청구할 수 없습니다.
   따라서, 피상속인이 증여 혹은 유언을 통해 재산정리를 하여 사망 당시 잔존하는 상속재산이 전혀 없다면 기여자가 아무리 특별하고 많은 기여가 있더라도 기여분을 주장할 여지 자체가 없고 억울한 기여자는 증여와 유증재산에 대해 유류분침해를 이유로 유류분반환청구를 할 수 있을 뿐입니다.
3) 기여분이 인정되더라도 이는 유류분침해가 아닙니다. 즉, 인정된 기여분은 유류분반환청구의 대상이 될 수 없습니다.
4) 기여분청구소송은 독자적으로 진행될 수 없고 반드시 상속재산분할심판청구소송과 병합되어 진행되어야 합니다.

오늘은 이러한 기여분이 유증, 유류분과 어떤 관계를 가지고 있는지 저희 법무법인 천명을 찾아주신 사례를 통해 더욱 자세히 설명 드리도록 하겠습니다.

Questions ■ ■ ■

안녕하세요 변호사님.
상속 기여분 관련해서 질문드리려고 합니다.

저희 아버지께서 얼마 전 돌아가셨습니다.
상속재산은 6억 원 정도를 남기셨고 아버지 슬하에는 저를 포함해 3남매가 있습니다.

아버지께서는 유언공증을 통해 3억 원을 사회복지단체에 유증하셨어요.
그래서 지금 3억 원이 남은 것인데….
이런 상황에서 막내가 기여분소송을 제기해서 기여분으로 1억 5천을 인정받았어요.
막내가 기여분 1억 5천에 상속분 5천을 가져가서, 저와 둘째 동생은 각 5천만 원씩 상속받게 된 상황입니다.

저와 둘째 동생이 막내가 받은 기여분에 유류분반환청구소송을 할 수 있나요?
또, 사회복지단체에도 유류분반환소송을 제기할 수 있나요?

변호사님의 조언 부탁드립니다.

Answers ■ ■ ■

안녕하세요, 법무법인 천명의 경태현 대표변호사입니다.

우선, 피상속인의 상속재산 중에 유언이 있다면 그 유언(유증)대상이 되는 상속재산에 대해서는 기여분이 인정될 여지가 전혀 없습니다. 위에서 살펴 본 바와 같이 기여분은 잔존상속재산 범위 내에서만 주장입증해서 인정받는 것으로서 생전 증여나 유언(유증)이 존재하는 경우에는 그 부분에 대한 기여분을 주장해서 인정되지 않습니다.

결론적으로, 유언(유증)이 기여분에 우선한다고 볼 수 있습니다.
또한 기여분과 유류분은 원칙적으로 서로 전혀 관계가 없습니다.

위에서 살펴본 바와 같이 기여분은 잔존 상속재산에서 기여자에게 인정하는 것이고, 인정된 기여분은 그 기여자의 고유재산에 해당합니다. 따라서, 잔존 상속재산 중에 기여분이 인정된 경우 유류분계산의 기초재산에서는 인정된 기여분을 공제하고 나머지 재산을 기초로 유류분을 계산합니다. 그러므로 잔존 상속재산 중에서 인정된 기여분은 유류분반환청구의 대상이 되지 않습니다.

반대로 현행 민법 규정에 의하면 잔존 상속재산 중에서 기여분이 인정되지 않는 이상 원칙적으로 유류분계산에서 기여분을 공제하지 않고 유류분을 계산합니다.

그동안 대법원 판례는 원칙적으로 유류분반환청구에 대해서 피고의 기여분 공제항변은 고려하지 않았습니다. 그런데 최근 대법원은 '피상속인으로부터 생전 증여를 받은 상속인이 피상속인을 특별히 부양하였거나 피상속인의 재산의 유지 또는 증가에 특별히 기여하였고, 피상속인의 생전 증여에 상속인의 위와 같은 특별한 부양 내지 기여에 대한 대가의 의미가 포함되어 있는 경우와 같이 상속인이 증여받은 재산을 상속분의 선급으로 취급한다면 오히려 공동상속인들 사이의 실질적인 형평을 해치는 결과가 초래되는 경우에는 그러한 한도 내에서 생전 증여를 특별수익에서 제외할 수 있다'라고 판시[대법원 2022. 3. 17. 선고 2021다230083(본소), 2021다230090(반소) 판결]하였는데, 이는 우회적으로 이 사건 토지를 증여한 것은 그러한 부양 및 기여에 대한 대가적 성질이라고 할 것이므로, 이 사건 토지는 특별수익에서 제외되어야 할 것입니다.

<u>다만, 최근 헌법재판소에서는 유류분청구에 대해서 기여분을 반영하지 않는 것은 헌법에 반한다고 하면서 2025. 12. 31.까지 민법 개정을 하라고 헌법불합치결정을 하였습니다. 그러므로 앞으로는 유류분청구에 기여분 부분이 반영될 것으로 예상됩니다.</u>

이러한 관점에서 귀하의 경우를 살펴보면, 귀하와 둘째 동생은 막내의 기여분에 대한 유류분반환청구를 할 수는 없을 것입니다. 그러나 사회복지단체를 상대로는 유류분반환청구소송을 할 수 있을 것입니다. 귀하와 둘째 동생의 각 법정상속분액이 1억5000만 원(유류분산정기초재산 4억5000만 원x1/3)이고, 유류분은 그의 절반인 7500만 원입니다. 귀하와 둘째 동생은 각 5천만 원씩 상속받았으므로 유류분부족액은 각 2500만 원이 됩니다. 그러므로 귀하와 둘째 동생은 유류분반환청구소송을 통해 사회복지단체로부터 각 2500만 원씩 해당하는 유류분 부족액을 반환받을 수 있을 것입니다.

※ 판례

"민법 제1008조의2, 제1112조, 제1113조 제1항, 제1118조에 비추어 보면, 기여분은 상속재산분할의 전제 문제로서의 성격을 가지는 것으로서, 상속인들의 상속분을 일정부분 보장하기 위하여 피상속인의 재산처분의 자유를 제한하는 유류분과는 서로 관계가 없다. 따라서 공동상속인 중에 상당한 기간 동거·간호 그 밖의 방법으로 피상속인을 특별히 부양하거나 피상속인의 재산의 유지 또는 증가에 특별히 기여한 사람이 있을지라도 공동상속인의 협의 또는 가정법원의 심판으로 기여분이 결정되지 않은 이상 유류분반환청구소송에서 기여분을 주장할 수 없음은 물론이거니와, 설령 공동상속인의협의 또는 가정법원의 심판으로 기여분이 결정되었다고 하더라도 유류분을 산정함에 있어 기여분을 공제할 수 없고, 기여분으로 유류분에 부족이 생겼다고 하여 기여분에 대하여 반환을 청구할 수도 없다." (대법원 2015. 10. 29. 선고 2013다60753 판결)

<u>다만, 최근 헌법재판소에서는 유류분청구에 대해서 기여분을 반영하지 않는 것은 헌법에 반한다고 하면서 2025. 12. 31.까지 민법 개정을 하라고 헌법불합치결정을 하였습니다. 그러므로 앞으로는 유류분청구에 기여분 부분이 반영될 것으로 예상됩니다.</u>

※ 민법

제1008조의2(기여분)

① 공동상속인 중에 상당한 기간 동거·간호 그 밖의 방법으로 피상속인을 특별히 부양하거나 피상속인의 재산의 유지 또는 증가에 특별히 기여한 자가 있을 때에는 상속개시 당시의 피상속인의 재산가액에서 공동상속인의 협의로 정한 그 자의 기여분을 공제한 것을 상속재산으로 보고 제1009조 및 제1010조에 의하여 산정한 상속분에 기여분을 가산한 액으로써 그 자의 상속분으로 한다. 〈개정 2005. 3. 31.〉

② 제1항의 협의가 되지 아니하거나 협의할 수 없는 때에는 가정법원은 제1항에 규정된

기여자의 청구에 의하여 기여의 시기ㆍ방법 및 정도와 상속재산의 액 기타의 사정을 참작하여 기여분을 정한다.
③ 기여분은 상속이 개시된 때의 피상속인의 재산가액에서 유증의 가액을 공제한 액을 넘지 못한다.
④ 제2항의 규정에 의한 청구는 제1013조제2항의 규정에 의한 청구가 있을 경우 또는 제1014조에 규정하는 경우에 할 수 있다.
[본조신설 1990. 1. 13.]

제1112조(유류분의 권리자와 유류분)
상속인의 유류분은 다음 각호에 의한다.
1. 피상속인의 직계비속은 그 법정상속분의 2분의 1
2. 피상속인의 배우자는 그 법정상속분의 2분의 1
3. 피상속인의 직계존속은 그 법정상속분의 3분의 1
4. 피상속인의 형제자매는 그 법정상속분의 3분의 1
[본조신설 1977. 12. 31.]
[단순위헌, 2020헌가4, 2024.4.26, 민법(1977. 12. 31. 법률 제3051호로 개정된 것) 제1112조 제4호는 헌법에 위반된다.][헌법불합치, 2020헌가4, 2024.4.26, 민법(1977. 12. 31. 법률 제3051호로 개정된 것) 제1112조 제1호부터 제3호 및 제1118조는 모두 헌법에 합치되지 아니한다. 위 조항들은 2025. 12. 31.을 시한으로 입법자가 개정할 때까지 계속 적용된다.]

제1113조(유류분의 산정)
① 유류분은 피상속인의 상속개시시에 있어서 가진 재산의 가액에 증여재산의 가액을 가산하고 채무의 전액을 공제하여 이를 산정한다.
② 조건부의 권리 또는 존속기간이 불확정한 권리는 가정법원이 선임한 감정인의 평가에 의하여 그 가격을 정한다.
[본조신설 1977. 12. 31.]

제1118조(준용규정) 제1001조, 제1008조, 제1010조의 규정은 유류분에 이를 준용한다.
[본조신설 1977. 12. 31.]
[헌법불합치, 2020헌가4, 2024.4.26, 민법(1977. 12. 31. 법률 제3051호로 개정된 것) 제1112조 제1호부터 제3호 및 제1118조는 모두 헌법에 합치되지 아니한다. 위 조항들은 2025. 12. 31.을 시한으로 입법자가 개정할 때까지 계속 적용된다.]

제4장
유류분반환청구소송

사례

유류분제도에 대한 헌법재판소의 위헌결정과 헌법불합치결정

안녕하세요, 법무법인 천명의 경태현 대표변호사입니다.

2024년 4월 25일, 드디어 헌법재판소에서 유류분에 대한 위헌결정과 헌법불합치결정 등을 하였습니다.

다만, 위 판결에서 헌법재판소가 유류분제도 자체를 대상으로 위헌결정을 내린 것이 아니라 ① 유류분제도 자체 및 형제자매의 유류분을 제외한 나머지 유류분제도에 대한 규정에 대해서는 합헌결정을 내렸고 ② 형제자매의 유류분에 관해서는 위헌결정, ③ 유류분제도의 적용에서 유류분청구권 상실제도와 기여분의 반영에 대해서는 헌법불합치 결정을 내렸는데요.

위 판결이 잘 이해되지 않으셨다면 아래에 헌법재판소의 결정을 질문과 답변의 형식으로 쉽게 풀어 설명해 드릴 테니 참고해주시면 되겠습니다.

Questions ▪ ▪ ▪

안녕하세요 변호사님.

최근 헌법재판소에서 유류분에 대한 판결이 나왔다고 하는데, 뉴스 등의 자료만 보고서는 이해가 잘 안 되어서 질문드립니다.

이번 판결을 통해 어떤 것이 바뀐 것인지 알려주시면 감사하겠습니다.

Answers ■ ■ ■

귀하께서는 2024년 4월 25일 선고된 유류분제도에 대한 위헌결정 등에 대해 궁금하신 것 같습니다.

선고는 아래와 같습니다.

- 피상속인의 형제자매의 유류분을 규정한 민법 제1112조 제4호 : 단순위헌
- 유류분상실사유를 별도로 규정하지 아니한 민법 제1112조 제1호부터 제3호 : 헌법불합치
- 기여분에 관한 민법 제1008조의2를 준용하는 규정을 두지 아니한 민법 제1118조 : 헌법불합치

여기서 단순 위헌은 결정 즉시 해당 법률의 효력이 사라지지만, 헌법불합치 결정은 법 개정 시까지 법률이 유효하다는 차이가 있습니다. 위 판결에서 법률 개정의 시한은 2025년 12월 31일이고, 이때까지 개정이 완료되지 않으면 법률은 효력을 잃게 됩니다.

*** 판결요지**

우선, 헌법재판소는 유류분제도 자체의 입법목적의 정당성은 인정된다고 하여 유류분제도 자체는 합헌결정을 내렸습니다.

"...유류분제도는 피상속인의 재산처분행위로부터 유족들의 생존권을 보호하고, 상속재산형성에 대한 기여 및 상속재산에 대한 기대를 보장하려는 데에 그 취지가 있고, 가족의 연대가 종국적으로 단절되는 것을 저지하는 기능을 갖는다... (판결 중)"

민법

제1112조(유류분의 권리자와 유류분) 상속인의 유류분은 다음 각호에 의한다.

1. 피상속인의 직계비속은 그 법정상속분의 2분의 1
2. 피상속인의 배우자는 그 법정상속분의 2분의 1

3. 피상속인의 직계존속은 그 법정상속분의 3분의 1
4. 피상속인의 형제자매는 그 법정상속분의 3분의 1(위헌결정으로 효력이 상실)

다만, 개별조항인 민법 제1112조의 합리성을 판단하는 과정에서 헌법재판소는 피상속인의 형제자매는 상속재산형성에 대한 기여나 상속재산에 대한 기대 등이 거의 인정되지 않음에도 불구하고 유류분권을 부여하는 것은 그 타당한 이유를 찾기 어렵다고 판단하였습니다. 이에 따라 위 민법 제1112조의 제4호가 단순위헌이 되어 무효인 법률이 되었는데요.

이때 중요한 것은 형제자매의 유류분이라는 것은 부모님이 돌아가신 다음 부모님의 상속재산을 대상으로 한 형제자매들(즉, 직계비속) 사이의 상속분쟁을 얘기하는 것이 아닌(이 부분은 여전히 유류분제도가 합헌입니다), 피상속인이 선순위 상속인(배우자, 직계비속, 직계존속) 없이 사망하여 피상속인의 형제자매들이 상속인이 된 경우 이 형제자매들에게 유류분을 인정할 수 없다는 것입니다. 대표적인 사례로서 미혼이고 자녀 그리고 부모님도 안 계신 미혼형제가 사망하면 다른 형제들이 최우선 상속인들이고 그 상속분은 균등합니다. 다만, 그 미혼형제가 다른 형제들에게 상속되지 않게 하기 위해서 증여나 유언을 통해 자신의 재산상속을 결정한 경우 다른 형제들은 이번 헌법재판소의 위헌결정으로 인해 더 이상은 유류분을 주장할 수 없게 된 것입니다.

이에 더불어 헌법재판소는 민법 제1112조에 대한 합리성 여부 판단에서, 민법 제1112조 제1호부터 제3호가 유류분 상실사유를 별도로 규정하지 아니한 것이 불합리하다는 헌법불합치 결정을 내렸는데요. 피상속인을 장기간 유기하거나 정신적 · 신체적으로 학대하는 등의 패륜적인 행위를 일삼은 상속인의 유류분을 인정하는 것이 타당하지 않다는 것이 그 이유였습니다. 이에 따라 위 민법 제1112조 제1호부터 제3호에 대해 국회는 2025.12.31까지 유류분상실에 관한 구체적인 규정을 입법하여야 하고, 입법 전까지는 현행 규정이 그대로 적용됩니다.

민법

제1118조(준용규정) 제1001조, 제1008조, 제1010조의 규정은 유류분에 이를 준용한다.

제1008조의2(기여분)

① 공동상속인 중에 상당한 기간 동거 · 간호 그 밖의 방법으로 피상속인을 특별히 부양하거나 피상속인의 재산의 유지 또는 증가에 특별히 기여한 자가 있을 때에는 상속개시 당시의 피상속인의 재산가액에서 공동상속인의 협의로 정한 그 자의 기여분을 공제한

것을 상속재산으로 보고 제1009조 및 제1010조에 의하여 산정한 상속분에 기여분을 가산한 액으로써 그 자의 상속분으로 한다.
② 제1항의 협의가 되지 아니하거나 협의할 수 없는 때에는 가정법원은 제1항에 규정된 기여자의 청구에 의하여 기여의 시기·방법 및 정도와 상속재산의 액 기타의 사정을 참작하여 기여분을 정한다.
③ 기여분은 상속이 개시된 때의 피상속인의 재산가액에서 유증의 가액을 공제한 액을 넘지 못한다.
④ 제2항의 규정에 의한 청구는 제1013조제2항의 규정에 의한 청구가 있을 경우 또는 제1014조에 규정하는 경우에 할 수 있다.

마지막으로 민법 제1118조에 대해 헌법재판소는 본 법률에서 민법 제1008조의2를 준용하는 규정을 두지 않은 것에 대한 헌법불합치 결정을 내렸는데요. 그 이유에 대해 헌법재판소는 피상속인을 오랜 기간 부양하거나 상속재산형성에 기여한 기여상속인이 그 보답으로 피상속인으로부터 재산의 일부를 증여받더라도 해당 증여 재산이 유류분 산정 기초재산에 산입되므로, 기여상속인은 비기여상속인의 유류분반환청구에 응하여 위 증여재산을 반환하여야 하는 부당하고 불합리한 상황이 발생하게 된다고 판시하였습니다. 따라서 민법 제1118조 또한 국회는 2025.12.31까지 기여분 인정에 관한 구체적 규정을 입법하여야 하고, 입법 전까지는 현행 규정 그대로 적용됩니다.

위 민법 제1112조와 제1118조를 제외한 나머지 유류분 관련 조항에 대해서 헌법재판소는 모두 합헌 결정을 내렸습니다.

참고

① 유류분 산정 기초재산을 규정하고 조건부권리 또는 불확정한 권리에 대한 가격을 감정인이 정하도록 한 민법 제1113조,
② 유류분 산정 기초재산에 산입되는 증여의 범위를 피상속인이 상속개시 전 1년간에 행한 증여로 한정하면서 예외적으로 당사자 쌍방이 해의를 가지고 증여한 경우에는 상속개시 1년 전에 행한 증여도 유류분 산정 기초재산에 산입하도록 하는 민법 제1114조,
③ 유류분 부족분을 원물로 반환하도록 하고 증여 및 유증을 받은 자가 수인인 경우 각자가 얻은 각각의 가액에 비례하여 유류분을 반환하도록 한 민법 제1115조 및
④ 유류분반환시 유증을 증여보다 먼저 반환하도록 한 민법 제1116조

➜ 모두 헌법 제37조 제2항에 따른 기본권제한의 입법한계를 일탈하지 아니하므로 합헌

즉 정리하자면 앞으로 형제자매 상속유류분문제가 아닌 이상 기존 유류분제도 자체는 합헌이므로, 2025.12.31까지는 기존대로 유류분반환청구소송 등이 진행될 것이며 그 이후에는 패륜 등에 관한 유류분상실제도와 기여분 부분이 유류분반환청구소송에서 구체적 유류분반환여부 및 반환범위에 영향을 미치게 될 것입니다.

판결의 영향

실질적으로, 앞으로 개정 신설될 유류분 상실제도는 이미 기존 대법원 및 하급심 판례에서 신의칙 위반 및 권리 남용의 법리를 이용해 일부 반영되고 있었습니다. 또한 기여분과 관련하여서도 대법원과 하급심에서 일부 반영되고 있었습니다.

참고

"상속인으로부터 생전 증여를 받은 상속인이 피상속인을 특별히 부양하였거나 피상속인의 재산의 유지 또는 증가에 특별히 기여하였고, 피상속인의 생전 증여에 상속인의 위와 같은 특별한 부양 내지 기여에 대한 대가의 의미가 포함되어 있는 경우와 같이 상속인이 증여받은 재산을 상속분의 선급으로 취급한다면 오히려 공동상속인들 사이의 실질적인 형평을 해치는 결과가 초래되는 경우에는 그러한 한도 내에서 생전 증여를 특별수익에서 제외할 수 있다(대법원 2022.3.17. 선고 2021다230083,230090 판결)"

따라서 헌법재판소의 결정에 따른 민법이 개정되기 전이더라도, 기존의 신의칙위반 및 권리남용 법리와 기여분을 보다 적극적으로 반영하여 판결이 나올 것으로 예상됩니다. 또한 기여분 반영의 경우에도 그 요건을 매우 엄격하게 판단하여 판결하는 경향이 있었으나 이번 헌법재판소 결정에 의해 그 판단이 좀 더 완화될 것으로 예상됩니다.

개정이 이루어진 이후에는 당연히 개정된 규정이 반영되게 됩니다.

***개정이 되지 않는다면?**

원칙적으로 개정 시한까지 헌법불합치 결정된 법률의 개정이 이루어지지 않는다면 그 법률의 효력은 사라집니다. 이 경우 판결은 두 가지 방향성을 띨 것으로 예상됩니다. 첫 번째는 법률개정 시까지 유류분반환심판 등의 재판이 정지되는 것입니다.

국회에서는 2025. 12. 31. 적극적으로 민법 개정을 할 것으로 예상되고 만약 그때까지

하지 않는다면 그 이후에는 법원에서는 해당 유류분청구소송을 개정될 때까지 보류할 가능성이 매우 큽니다.

물론 이와 달리 재판이 정지되지 않고, 헌법재판소의 판결 취지를 반영하여 판결을 내릴 가능성도 존재합니다. 이는 2025.12.31의 시한 내 개정이 이루어지는지 여부를 확인한 후 더 자세히 살펴봐야 할 것으로 보입니다.

참고로, 최근 2024. 8. 28. 속칭 "구하라법"이 국회통과되어 미성년자부양의무불이행, 패륜 등을 한 피상속인의 직계존속에 대한 상속권 상실제도가 이제 본격적으로 2026. 1. 1. 시행될 것입니다.

***이미 확정된 유류분판결에 대한 재심 가능 여부**

헌법재판소법 제47조 제3항에 의하면 위헌결정 받은 조항이 "형벌조항"인 경우에는 법률의 제정 시로 소급하여 그 효력을 모두 상실시키고, 유죄의 확정판결에 대하여 재심을 청구할 수 있습니다. 반면에 형벌규정이 아닌 기타 규정인 경우에는 헌법재판소법 제47조 제2항 본문에 의하여 소급효가 아닌 장래효만 갖게 됩니다.

이미 유류분소송이 진행되어 유류분판결이 확정된 경우에는 형사처벌을 하는 형벌조항이 아니므로 원칙적으로 재심사유에 해당하지 않을 것입니다. 특히 헌법불합치결정 부분에서는 2025. 12. 31.까지 기존 민법을 잠정 적용하라고 판시하였으므로 더욱더 이미 확정된 유류분판결에 대한 재심사유는 없어 보입니다.

결국 이미 유류분소송이 과거에 진행되어 확정된 경우에는 최근 위헌결정 또는 헌법불합치결정을 기초로 재심청구는 불가능할 것입니다.

사 례

유류분청구는 누가 할 수 있나요?

안녕하세요, 법무법인 천명의 경태현 대표변호사입니다.

유류분반환청구는 상속전문변호사로서 가장 많이 다루는 사건 중 하나입니다. 그만큼 유류분 분쟁이 자주 문제 된다는 의미일 것이겠지요. 유류분반환청구는 상속인들 간 문제 되기도 하고 제3자와 상속인 간의 분쟁이 되기도 합니다. 그렇다면 유류분반환청구는 누가 제기하게 되는 것일까요. 오늘은 이 유류분반환청구권자에 대해 주신 질문을 바탕으로 이야기를 시작해보도록 하겠습니다.

Questions ■ ■ ■

안녕하세요 변호사님.
유류분관련하여 찾아보던 중 궁금증이 생겨 질문 남깁니다.

일반적으로 배우자나 자녀가 유류분반환청구를 하는 것을 보았는데요, 배우자나 자녀가 아니더라도 유류분청구를 할 수 있나요?
유류분반환청구를 누가 할 수 있는가에 대해 질문 드립니다.

미리 답변 감사드립니다.

Answers ■ ■ ■

귀하께서는 유류분반환청구권자의 범위에 대해 궁금해하고 계신 것 같습니다.

우선 유류분반환청구권에서 가장 중요한 것은 최우선순위 상속권자인가 아닌가에 달려있을 것입니다. 일반적으로 유류분권은 상속인이 가지게 된다고 보시면 됩니다. 다시 말해 상속인이 아닌 사람은 유류분권이 없게 되는 것이지요.

예를 들어 설명 드리겠습니다. 부모와 자녀 1명이 있는 가정이 있다고 생각해보겠습니다. 이때 부가 사망한다면 배우자와 자녀가 1순위 상속인으로서 최우선순위 상속권자가 될 것입니다. 이런 경우 배우자와 자녀가 상속인이자 유류분권자가 됩니다. 부의 직계존속, 형제들은 최우선 상속인이 아니기 때문에 유류분권도 없게 되겠지요.

하지만, 배우자와 자녀가 없고 직계존속(어머니 아버지 등)만 있는 경우에는 최우선 상속권자인 직계존속이 상속인이자 유류분권자가 될 것입니다.
반면에 배우자, 자녀, 직계존속 모두 없고 형제들만 있는 경우라면 형제들이 상속권자이지만, 형제들의 유류분은 최근 헌법재판소의 위헌결정으로 인해 폐지되었습니다.

추가적으로 알아두셔야 할 점이 하나 더 존재합니다. 민법 제1112조를 보시면 유류분권리자와 유류분비율을 정하고 있습니다. 피상속인의 직계비속과 배우자는 법정상속분의 2분의 1, 직계존속은 법정상속분 3분의 1 만큼의 유류분이 인정됩니다. 여기에는 피상속인의 4촌 이내의 방계혈족의 유류분권이나 유류분 비율에 관한 규정이 없다는 것을 알 수 있습니다. 이를 보면 우리 민법에서는 4순위 상속인인 피상속인의 4촌 이내의 방계혈족에게 유류분권을 인정하지 않고 있음을 확인할 수 있습니다. 따라서 피상속인의 4촌 이내의 방계혈족은 비록 상속인이라 할지라도 유류분반환청구를 할 수 없음을 알아두시면 되겠습니다.

※ 민법

제1000조(상속의 순위) ① 상속에 있어서는 다음 순위로 상속인이 된다. 〈개정 1990. 1. 13.〉

1. 피상속인의 직계비속
2. 피상속인의 직계존속
3. 피상속인의 형제자매
4. 피상속인의 4촌 이내의 방계혈족

② 전항의 경우에 동순위의 상속인이 수인인 때에는 최근친을 선순위로 하고 동친등의 상속인이 수인인 때에는 공동상속인이 된다.

③ 태아는 상속순위에 관하여는 이미 출생한 것으로 본다. 〈개정 1990. 1. 13.〉

[제목개정 1990. 1. 13.]

제1112조(유류분의 권리자와 유류분) 상속인의 유류분은 다음 각호에 의한다.

1. 피상속인의 직계비속은 그 법정상속분의 2분의 1
2. 피상속인의 배우자는 그 법정상속분의 2분의 1
3. 피상속인의 직계존속은 그 법정상속분의 3분의 1
4. 피상속인의 형제자매는 그 법정상속분의 3분의 1

[본조신설 1977. 12. 31.][단순위헌, 2020헌가4, 2024.4.26, 민법(1977. 12. 31. 법률 제3051호로 개정된 것) 제1112조 제4호는 헌법에 위반된다.][헌법불합치, 2020헌가4, 2024.4.26, 민법(1977. 12. 31. 법률 제3051호로 개정된 것) 제1112조 제1호부터 제3호 및 제1118조는 모두 헌법에 합치되지 아니한다. 위 조항들은 2025. 12. 31.을 시한으로 입법자가 개정할 때까지 계속 적용된다.]

참고

2024.4.25. 헌법재판소에서 선고된 유류분제도 위헌결정 등에 의해 피상속인의 형제자매의 유류분을 규정한 민법 제1112조 제4호 단순위헌결정됨

사례

손자, 손녀도 친할머니 재산에 유류분청구를 할 수 있나요?

Questions ■ ■ ■

저희들 부친이 폭행, 음주 등으로 문제가 많으셨고 친어머니와 오래전에 이혼했습니다. 이혼한 뒤로 저와 여동생은 친어머니와 같이 살았습니다. 중학교 때 이후로 뵌 적이 아예 없고 부친과 통화나 만남을 아예 가진 적이 없습니다.

부친의 어머니(친할머니)가 상당한 재산을 가지고 있다고 들었습니다. 친할머니의 자녀들은 큰아버지, 부친, 고모 2명 총 4명입니다. 만약 친할머니가 돌아가신다면 저희들 손자, 손녀도 유류분반환청구가 가능한가요?

Answers ■ ■ ■

안녕하세요. 유류분반환청구 법무법인 천명 대표변호사 경태현입니다.

친할머니의 상속인은 원칙적으로 부친 포함 자녀들 4명이고 각 법정상속분은 1인당 1/4지분씩입니다. 그리고 사전증여, 유언이 존재할 경우 유류분은 법정상속분의 절반이므로 각 1/8지분씩입니다.
부친이 생존하고 계신 경우에는 선순위상속인은 부친만이고 손자, 손녀는 상속인이 아닙니다.
만약 부친이 이미 돌아가신 경우라면 부친의 법정상속분과 유류분은 없어지지 않으며 다른 부친 형제들에게 귀속되지 않고 그대로 손자, 손녀인 귀하와 남동생에게 상속됩니다. 이를 대습상속이라고 합니다.

따라서, 만약 친할머니의 재산이 증여되거나 유언된 경우 부친이 돌아가신 상태에서는 손자, 손녀가 대습상속인으로서 유류분청구를 할 수 있습니다(반면에 부친이 생존해 있다면 부친만 유류분청구를 할 수 있고 손자, 손녀가 직접 유류분청구를 할 수는 없습니다).

※ 용어해설

대습상속인 ➜ 피상속인보다 먼저 사망한 상속인의 상속인(배우자와 자녀들)
피대습인 ➜ 피상속인보다 먼저 사망한 상속인

예를 들어, 아들이 2000. 1. 1.에 먼저 사망하고 아버지가 2024. 1. 1.에 사망했다면, 아버지의 대습상속인은 며느리와 손자이고 피대습인은 아들입니다.

※ 민법

제1000조(상속의 순위)
① 상속에 있어서는 다음 순위로 상속인이 된다.
1. 피상속인의 직계비속
2. 피상속인의 직계존속
3. 피상속인의 형제자매
4. 피상속인의 4촌 이내의 방계혈족

② 전항의 경우에 동순위의 상속인이 수인인 때에는 최근친을 선순위로 하고 동친등의 상속인이 수인인 때에는 공동상속인이 된다.
③ 태아는 상속순위에 관하여는 이미 출생한 것으로 본다.

제1001조(대습상속)
전조제1항제1호와 제3호의 규정에 의하여 상속인이 될 직계비속 또는 형제자매가 상속개시 전에 사망하거나 결격자가 된 경우에 그 직계비속이 있는 때에는 그 직계비속이 사망하거나 결격된 자의 순위에 갈음하여 상속인이 된다.

제1112조(유류분의 권리자와 유류분)

상속인의 유류분은 다음 각호에 의한다.

1. 피상속인의 직계비속은 그 법정상속분의 2분의 1
2. 피상속인의 배우자는 그 법정상속분의 2분의 1
3. 피상속인의 직계존속은 그 법정상속분의 3분의 1
4. 피상속인의 형제자매는 그 법정상속분의 3분의 1

※ 판례

유류분과 관련하여, 민법 제1112조는 상속인의 유류분은 피상속인의 직계비속이나 배우자의 경우는 그 법정상속분의 2분의 1, 피상속인의 직계존속의 경우는 그 법정상속분의 3분의 1이라고 규정하고 있고, 민법 제1113조 제1항은 "유류분은 피상속인의 상속개시시에 있어서 가진 재산의 가액에 증여재산의 가액을 가산하고 채무의 전액을 공제하여 이를 산정한다."라고 규정하고 있으며, 민법 제1118조는 "제1001조(대습상속), 제1008조(특별수익자의 상속분), 제1010조(대습상속분)의 규정은 유류분에 이를 준용한다."라고 규정하고 있다(대법원 2015. 10. 29. 선고 2013다60753 판결)

참고

2024.4.25. 헌법재판소에서 선고된 유류분제도 위헌결정 등에 의해 피상속인의 형제자매의 유류분을 규정한 민법 제1112조 제4호 단순위헌결정됨

사례

할아버지 증여재산에 대해 친손주들(대습상속인)도 유류분청구를 할 수 있나요?

Questions ■ ■ ■

안녕하세요, 변호사님.

친가 조부께서 작년 여름에 돌아가셨고(할머니는 5년 전에 돌아가셨고요), 살아생전인 8년 전에 오랜 시간 동안 보유해오던 강남구 삼성동 상가건물을 작은 아버지에게 증여한 사실을 조부께서 돌아가시기 약 1년 전쯤에 알게 되었습니다.

저희 아버지께서는 장남이지만 이미 20년 전에 돌아가셨고, 어머니는 이혼하셨으니 형제는 저와 여동생만 있습니다.

저희 남매들은 친가와 왕래를 지속적으로 했음에도 5년 전 증여 당시 저와 제 동생에게 상의하시거나 전혀 알리지 않고 작은아버지에게 전부 증여를 하였습니다.

이런 상황에서 저희 남매는 아무것도 상속받을 권리가 없나요? 유류분이라는 것이 있다던데 저희들도 해당되나요? 해당된다면 유류분은 얼마인지 알고 싶습니다.

Answers ■ ■ ■

조부님의 상속인들은 자녀들이고 아버지와 작은 아버지입니다.

다른 자녀들이 없고 아버지와 작은 아버지만 있다면 원칙적으로 1인당 법정상속분은 각 1/2지분씩입니다. 그리고 사전증여된 경우 최소한 보장될 유류분은 법정상속분의 절반이므로 1인당 각 1/4지분씩입니다.

그런데 아버지가 20년 전에 먼저 돌아가신 경우 아버지의 상속분과 유류분은 그대로 자녀들인 귀하와 동생에게 상속됩니다(어머니는 이혼하였으므로 대습상속인이 아닙니다). 이를 "대습상속"과 "대습상속인"이라고 합니다.

그러므로 귀하와 동생은 대습상속인으로서 조부님 관련 상속권과 유류분을 주장할 수 있습니다.

조부님으로부터 작은아버지에게 생전증여된 부동산에 대해서 귀하와 동생은 대습상속인으로서 1/4지분에 해당하는 유류분청구를 할 수 있습니다.

보다 상세한 것은 아래 자료를 지참해서 방문상담을 해주시길 바랍니다.

- 할아버지 제적등본, 기본증명서, 가족관계증명서, 혼인관계증명서, 주민등록말소자초본
- 아버지 제적등본
- 본인과 동생의 각 기본증명서, 가족관계증명서, 주민등록초본
- 작은아버지에게 증여된 부동산등기부등본

※ 민법

제1000조(상속의 순위)

① 상속에 있어서는 다음 순위로 상속인이 된다.

1. 피상속인의 직계비속
2. 피상속인의 직계존속
3. 피상속인의 형제자매
4. 피상속인의 4촌 이내의 방계혈족

② 전항의 경우에 동순위의 상속인이 수인인 때에는 최근친을 선순위로 하고 동친등의 상속인이 수인인 때에는 공동상속인이 된다.

③ 태아는 상속순위에 관하여는 이미 출생한 것으로 본다.

제1001조(대습상속)
전조제1항제1호와 제3호의 규정에 의하여 상속인이 될 직계비속 또는 형제자매가 상속개시 전에 사망하거나 결격자가 된 경우에 그 직계비속이 있는 때에는 그 직계비속이 사망하거나 결격된 자의 순위에 갈음하여 상속인이 된다.

제1112조(유류분의 권리자와 유류분)
상속인의 유류분은 다음 각호에 의한다.
1. 피상속인의 직계비속은 그 법정상속분의 2분의 1
2. 피상속인의 배우자는 그 법정상속분의 2분의 1
3. 피상속인의 직계존속은 그 법정상속분의 3분의 1
4. 피상속인의 형제자매는 그 법정상속분의 3분의 1

사 례

조카가 재산을 물려받았을 때 유류분청구를 할 수 있는 사람은?

안녕하세요, 법무법인 천명의 경태현 대표변호사입니다.

상속절차에서 발생하는 분쟁 중 상당수는 유류분반환청구에 관한 내용이라고 할 수 있을 것입니다. 그만큼 유류분이 상속에 미치는 영향이 큰 것이지요. 그렇다면 이 유류분반환청구는 누가 할 수 있을까요?

우리 민법에서는 적극적으로 누가 유류분권자인지를 규정하고 있지는 않습니다. 다만 민법 제1112조에서 피상속인의 직계비속, 배우자, 직계존속의 유류분 비율을 정함으로써 이들이 곧 유류분권자임을 간접적으로 명시하고 있습니다. 다만 이들 모두가 언제나 유류분권자인 것은 아니고 이들 중 상속인인 자만이 유류분권자가 될 것입니다.

이것이 무슨 의미인가 하면, 피상속인의 배우자와 직계비속이 존재하는 경우에 직계존속과 형제자매는 상속인이 아닙니다. 따라서 이때에는 직계존속과 형제자매는 유류분권자도 아닙니다. 하지만 배우자와 직계비속이 없다면 다음 순위 상속인인 직계존속이 상속인이 됩니다. 이때 직계존속은 상속인이자 유류분권자가 되는 것입니다.

아직 유류분권자에 대해 잘 이해하지 못하셨다면 아래 질문과 답변에서 이해에 도움을 받으실 수 있을 것입니다.

Questions ■ ■ ■

안녕하세요,

유류분 관련해서 변호사님의 조언을 구하고자 이렇게 글 남깁니다.

제 이모께서 저에게 땅을 유증하신다며 유언공증을 남겨주신다고 합니다.
이모는 결혼도 하지 않으셨고 자녀도 없습니다.
이때 제가 땅을 유증받으면 다른 이모, 삼촌, 할머니께서 유류분반환청구를 하실 수 있나요?

답변 기다리겠습니다.
감사합니다.

Answers ■ ■ ■

귀하께서는 이모님으로부터 부동산을 유증받을 경우 다른 친척들에게 유류분을 반환해야 하는지에 관해 궁금해하고 계신 것 같습니다.

이모님께서 미혼이고 자녀가 없다면 상속인은 현재 직계존속인 할머니가 유일합니다. 이모님의 형제자매인 다른 이모나 삼촌분들은 피상속인의 형제자매로서 할머니께서 살아계신 한 상속인이 아닙니다.

따라서 유류분반환청구를 할 수 있는 사람 또한 상속인인 할머니가 유일합니다. 형제자매는 직계존속이 생존해 있는 한 상속인이 아니기 때문에 유류분권 또한 갖지 않습니다.

유언으로 전 재산을 조카에게 유증한다면 할머니는 추후 1/3지분에 대한 유류분을 청구할 수 있습니다. 다만, 전 재산이 아닌 토지만 귀하에게 유증하시고 나머지 재산이 상속인인 할머니에게 상속되어 그 상속재산이 전체 재산의 1/3을 초과하면 유류분 부족액이 없어 귀하에게 유류분반환청구를 제기하실 수 없습니다.

반면, 상속재산이 전체 재산에서 1/3보다 부족하다면 그 부족분에 한하여 귀하에게 유류분반환청구를 제기할 수 있습니다.

다만, 할머님께서 이모님보다 먼저 돌아가실 경우 상속인이 될 수 있는 직계존속이 없으므로 다음 순위 상속인인 형제들이(이모, 삼촌) 상속인이 되어 상속권을 취득하게 되지만, 유류분권은 최근 헌법재판소의 위헌결정으로 인해 없습니다.

※ 민법

제1112조(유류분의 권리자와 유류분) 상속인의 유류분은 다음 각호에 의한다.

1. 피상속인의 직계비속은 그 법정상속분의 2분의 1
2. 피상속인의 배우자는 그 법정상속분의 2분의 1
3. 피상속인의 직계존속은 그 법정상속분의 3분의 1
4. 피상속인의 형제자매는 그 법정상속분의 3분의 1

[본조신설 1977. 12. 31.][단순위헌, 2020헌가4, 2024.4.26, 민법(1977. 12. 31. 법률 제3051호로 개정된 것) 제1112조 제4호는 헌법에 위반된다.][헌법불합치, 2020헌가4, 2024.4.26, 민법(1977. 12. 31. 법률 제3051호로 개정된 것) 제1112조 제1호부터 제3호 및 제1118조는 모두 헌법에 합치되지 아니한다. 위 조항들은 2025. 12. 31.을 시한으로 입법자가 개정할 때까지 계속 적용된다.]

제1115조(유류분의 보전)
① 유류분권리자가 피상속인의 제1114조에 규정된 증여 및 유증으로 인하여 그 유류분에 부족이 생긴 때에는 부족한 한도에서 그 재산의 반환을 청구할 수 있다.
② 제1항의 경우에 증여 및 유증을 받은 자가 수인인 때에는 각자가 얻은 유증가액의 비례로 반환하여야 한다.
[본조신설 1977. 12. 31.]

참고

2024.4.25. 헌법재판소에서 선고된 유류분제도 위헌결정 등에 의해 피상속인의 형제자매의 유류분을 규정한 민법 제1112조 제4호 단순위헌결정됨

사례

14년 전 돌아가신 어머니의 유류분을 아들인 제가 청구할 수 있을까요?

안녕하세요, 법무법인 천명의 경태현 대표변호사입니다.

오늘의 주제는 유류분반환청구권에 관한 내용입니다. 유류분반환청구는 상속분쟁 중에서도 가장 많이 문제 되는 사안 중 하나입니다. 유류분반환청구권을 확실하게 행사하기 위해서는 내게 유류분반환청구권이 있음을 인지하고 적절한 기간 내에 권리를 행사하는 것이 중요합니다.

오늘 다룰 내용을 잘 살펴보시면 대습상속인이 유류분반환청구를 할 수 있는지 여부, 유류분반환청구권의 소멸시효 등 다양한 정보를 확인하실 수 있습니다. 글을 잘 읽어보시고 본인에게 유사한 문제가 있으시면 아래 안내된 연락처를 통해 연락해주시면 되겠습니다.

Questions ■ ■ ■

안녕하세요 변호사님.
더운 날 고생이 많으십니다.

유류분 관련해서 조언을 구해보고자 이렇게 글을 쓰게 되었습니다. 글에 두서가 없더라도 양해 부탁드립니다.

저희 어머니께서는 14년 전쯤 제가 어렸을 때 돌아가셨습니다. 어머니께서 돌아가시고 시간이 흘러, 지금으로부터 8년 전쯤 외할아버지께서도 돌아가셨습니다. 외할아버지께서 돌아가셨을 때 저는 외할아버지께서 재산이 있는 줄도 몰랐고 상속에 관한 생각 자체가 없었습니다.

그렇게 살다 몇 개월 전쯤 외삼촌이 혼자 할아버지의 재산을 증여받은 사실을 알게 되었습니다.

삼촌에게 돌아가신 어머니 몫의 상속분을 달라고 했지만, 삼촌은 지금은 돈이 없으니 할머니께서 돌아가시면 그때 한 번에 주시겠다고 했습니다. 그런데 저는 그 말을 믿지도 못하겠고 지금 어머니 몫의 재산을 받길 원합니다.

삼촌이 거의 13억 원에 달하는 재산을 증여받은 것으로 알고 있습니다. 필요하다면 소송을 통해 어머니의 몫을 찾고 싶습니다. 도움 주시면 감사하겠습니다.

Answers ■ ■ ■

귀하께서는 외할아버지보다 먼저 돌아가신 어머니의 유류분을 반환받기를 원하시는 것으로 보입니다. 기본적으로 외할아버지가 돌아가셨다면 어머니가 다른 상속인들과 함께 공동상속인이 됩니다.

하지만 어머니가 외할아버지보다 먼저 돌아가신 경우라면 귀하는 대습상속인으로서 어머니의 상속분 및 유류분을 주장하실 수 있습니다.

민법 제1001조(대습상속)
전조제1항제1호와 제3호의 규정에 의하여 상속인이 될 직계비속 또는 형제자매가 상속개시 전에 사망하거나 결격자가 된 경우에 그 직계비속이 있는 때에는 그 직계비속이 사망하거나 결격된 자의 순위에 갈음하여 상속인이 된다. 〈개정 2014. 12. 30.〉

따라서 귀하께서 유류분반환청구의 주체가 되실 수 있음은 분명합니다. 또한 귀하의 어머니의 경우 외할아버지의 직계비속에 해당하여 법정상속분 2분의 1에 해당하는 금액을 유류분으로 청구하실 수 있습니다.

다만 알아두셔야 할 점은 유류분반환청구권은 민법에서 아래와 같이 소멸시효를 규정하고 있습니다.

민법 제1117조(소멸시효)
반환의 청구권은 유류분권리자가 상속의 개시와 반환하여야 할 증여 또는 유증을 한 사실을 안 때로부터 1년 내에 하지 아니하면 시효에 의하여 소멸한다. 상속이 개시한 때로부터 10년을 경과한 때도 같다.

이를 귀하에게 적용한다면 외할아버지 사망일 이후 10년, 외할아버지께서 삼촌에게 증여한 사실을 안 날로부터 1년 이내에 유류분청구소송을 제기하셔야 합니다. 기재해주신 내용에 따르면 아직 소멸시효는 경과하지 않은 것으로 보이지만, 신속하게 소를 제기하셔서 안전하게 권리를 보전하실 필요가 있어 보입니다.

오늘 설명드린 내용에서 확인하실 수 있듯이 유류분반환청구권에는 소멸시효가 존재합니다. 따라서 본인에게 유류분반환청구권이 있음을 알게 되셨다면 전문가의 도움을 통해 신속하게 권리를 행사하실 필요가 있습니다.

사 례

증여받은 상속인이 사망해도 유류분청구를 할 수 있다!!!

Questions ■ ■ ■

우선 저희 아버지는 5남매이신데, 할아버지께서 작년 12월에 돌아가셨습니다.

할아버지는 미리 거주하시는 집을 큰아버지한테 사전증여해 주셨는데, 큰아버지는 2017년에 돌아가셨고, 그 집은 사촌형 명의로 다시 재차 상속되었습니다. 그런데 그 후에 사촌형이 그 집을 팔고 사업한다고 가서 지금은 연락이 되지 않습니다.

할머니는 사촌형이 집을 판 후에 저희 아버지와 어머니가 모시다가 나중에 요양원에서 지내시다가 돌아가셨습니다.

생전에 할아버지께서 큰아버지에게 증여를 하였다가 큰아버지가 사망한 후에 다시 사촌형에게 넘어간 후 판 부동산에 대해서 유류분반환청구소송을 할 수 있을까요?

Answers ■ ■ ■

안녕하세요. 법무법인 천명 대표변호사 경태현입니다.

할아버지의 상속인들은 자녀들 5명이므로 자녀들의 법정상속분은 각 1/5지분씩이고 유류분은 그 절반인 각 1/10지분이 됩니다.

할아버지의 집을 상속인 중 일부인 큰아들이 증여를 받은 후에 큰아들이 사망하자 큰아들을 피상속인으로 하는 상속절차에서 큰아들의 상속인들이 상속재산분할협의를 통해 해당 부동산을 큰아들의 장남(사촌형)에게 상속하게 한 경우, 할아버지가 사망하게 되면 유류분 청구소송을 할 수 있습니다.

다만 이때 큰아버지의 집을 단독으로 상속받은 장남을 상대로 할 것인지, 아니면 큰아버지의 상속인인 큰어머니와 그의 가족 전부를 상대로 하는 것이냐의 문제가 남아 있는데, 이 부분은 법리검토가 이루어져야 할 것으로 보입니다.

통상 이 경우 장남을 상대로 신청하는 것이 사실관계나 법리에 비추어 볼 때 합당하다고 볼 수 있습니다.

보다 자세한 답변은 사실관계의 확인과 법리 검토를 위하여 방문 상담해 주시기 바랍니다.

※ 민법

제1009조(법정상속분)
① 동순위의 상속인이 수인인 때에는 그 상속분은 균분으로 한다. 〈개정 1977. 12. 31., 1990. 1. 13.〉
② 피상속인의 배우자의 상속분은 직계비속과 공동으로 상속하는 때에는 직계비속의 상속분의 5할을 가산하고, 직계존속과 공동으로 상속하는 때에는 직계존속의 상속분의 5할을 가산한다. 〈개정 1990. 1. 13.〉
③ 삭제 〈1990. 1. 13.〉

제1115조(유류분의 보전)
① 유류분권리자가 피상속인의 제1114조에 규정된 증여 및 유증으로 인하여 그 유류분에 부족이 생긴 때에는 부족한 한도에서 그 재산의 반환을 청구할 수 있다.
② 제1항의 경우에 증여 및 유증을 받은 자가 수인인 때에는 각자가 얻은 유증가액의 비례로 반환하여야 한다.
[본조신설 1977. 12. 31.]

※ 판례

“한편 민법 제1118조에 의하여 준용되는 민법 제1008조에서 "공동상속인 중에 피상속인으로부터 재산의 증여 또는 유증을 받은 자가 있는 경우에 그 수증재산이 자기의 상속분에 달하지 못한 때에는 그 부족한 부분의 한도에서 상속분이 있다."고 규정하고 있는바, 이는 공동상속인 중에 피상속인으로부터 재산의 증여 또는 유증을 받은 특별수익자가 있는 경우에 공동상속인들 사이의 공평을 기하기 위하여 그 수증재산을 상속분의 선급으로 다루어 구체적인 상속분을 산정함에 있어 이를 참작하도록 하려는 데 있다고 할 것이므로(당원 1995. 6. 30. 선고 93다11715 판결 참조), 공동상속인 중에 피상속인으로부터 재산의 생전 증여에 의하여 특별수익을 한 자가 있는 경우에는 민법 제1114조의 규정은 그 적용이 배제된다고 할 것이고, 따라서 그 증여는 상속개시 1년 이전의 것인지 여부, 당사자 쌍방이 손해를 가할 것을 알고서 하였는지 여부에 관계없이 유류분 산정을 위한 기초재산에 산입된다고 할 것이다.” (대법원 1996. 2. 9. 선고 95다17885 판결)

사 례

남편 사망 이후 며느리가 시어머니 상속 관련 유류분청구를 위해 준비해야 할 사항

Questions ■ ■ ■

저희 남편이 암투병을 3년간 하다 최근에 돌아가셨습니다.
가족은 저와 아들, 딸입니다.

남편의 시댁 가족은 홀어머니, 남편, 시누이인데 이번에 남편이 사망한 것입니다.

남편 투병하고 사망하기 전부터 시누이는 시어머니 재산을 혼자 독차지하려고 모든 방법을 동원하려고 했는데, 그동안 시누이의 행태로 비추어 볼 때 향후 시어머니 사망 후(생전 사전증여, 제3자 매매, 유언 등) 정상적 법정비율의 상속을 기대하기 어려워 저희는 유류분반환청구소송을 해야 할 것이 자명해 보입니다.

그래서 저희 가족들은 시어머니 사망 전에 향후 유류분청구를 명확히 하기 위해서 필요한 제반사항을 준비하려 합니다. 제발 변호사님이 도와주세요.

이에 궁금한 사항은 아래와 같습니다.

1. 상속액에 대한 상속받을 기준이 되는 시기는 언제인가요?
2. 피상속인 사망 전 상속액 축소를 위해 사전 처분한 것들은 어떻게 알 수 있을까요?
3. 피상속인 사망 후 유류분 청구소송이 반드시 수반되어야 할 것 같은데 지금부터 필요한, 준비해야 할 것들을 말씀해 주시면 감사하겠습니다.

Answers ■ ■ ■

안녕하세요. 유류분청구소송 법무법인 천명 대표변호사 경태현입니다.

시어머니의 상속인은 남편과 시누이고 법정상속분은 각 1/2지분씩이며, 유류분은 그 절반이므로 각 1/4지분씩입니다.
그런데 남편이 시어머니보다 먼저 사망했으므로 남편의 상속분과 유류분은 그대로 부인인 귀하와 자녀들 2명이 상속받습니다. 이를 대습상속이라고 합니다.

다만, 귀하가 시어머니 사망 전에 재혼할 경우에는 귀하의 대습상속권이 없게 되고 자녀들만이 대습상속인이 됩니다.

현재 상황으로 볼 때 시누이가 모든 수단을 동원해서 시어머니의 전체 재산을 증여받거나 유언을 받을 가능성이 큰 경우로 보입니다. 향후 시어머니 사망 이후에 귀하 가족들은 침해된 유류분을 청구해야 할 것입니다.

질문에 순차적으로 답변 드리겠습니다.

1. 상속액에 대한 상속받을 기준이되는 시기는 언제인가요?

➜ 유류분산정의 기준시점은 시어머니 상속개시시점 즉 사망 당시입니다.

2. 피상속인 사망 전 상속액 축소를 위해 사전 처분한 것들은 어떻게 알 수 있을까요?

➜ 이는 시어머니 사망 이후 부동산 매각 여부, 해당 금융계좌분석조회를 통해서 사전처분한 대상 특정과 더불어 그 자금의 흐름은 분석조회해서 유류분대상으로 산입해야 할 것입니다.

3. 피상속인 사망 후 유류분 청구소송이 반드시 수반되어야 할것 같은데 지금부터 필요한, 준비해야 할 것들

➜ 가장 현실적으로 유류분소송을 준비할 수 있는 부분은 남편 사망 전, 사망 후 그리고

현재 알고 있는 시어머니의 재산 내역 정리와 더불어 그 재산변동 여부를 확인하는 것입니다.

구체적인 부동산 주소를 알면 해당 부동산등기부등본을 발급받아 확인해놓아야 할 것이고 시어머니와 대화, 교류가 가능하면 대화 녹음 등을 통해서 재산이 시누이에게 이전된 것에 대한 증빙자료 등을 확보해야 할 것입니다.

만약 도저히 추가적인 정보를 확보할 수 없다면 시어머니 사망 이후 안심상속원스톱서비스, 재산세납부내역, 금융거래내역조회 등을 통해서 사전증여된 추가 재산내역을 확인하시고 이를 기초로 유류분반환청구소송을 진행해야 할 것으로 보입니다.

또한 유류분반환청구소송 절차에서는 상속인이 직접 조회할 수 없는 은행전표, 수표조회, 계좌조회 추적 등을 할 수 있고 이를 통해 시누이가 증여받은 재산내역을 입증할 수 있을 것입니다.

사례

자녀 없는 사망하고 아내에게만 유언한 경우 시부모님(직계존속)의 유류분청구

Questions ■ ■ ■

최근 남편이 암투병을 하다가 사망했습니다. 저와는 15년 전에 결혼했지만 자녀는 없습니다.

남편은 작년 병원에서 전 재산을 배우자인 저에게 물려준다고 출장을 통해서 유언공증을 해주었습니다.

남편의 가족은 시부모님들과 형, 누나 2명이 있습니다.
이런 상황에서 제가 남편의 전 재산을 상속받을 수 있나요?

혹시 남편의 시부모님들과 형제자매들이 저에게 유류분소송을 걸 수 있나요?

유류분소송을 할 수 있다면 어느 정도인가요?

Answers ■ ■ ■

안녕하세요. 유류분전문변호사 법무법인 천명 대표변호사 경태현입니다.

귀하의 사안처럼 부모, 형제들 그리고 배우자만 있고 자녀가 없는 사람이 사망할 경우에 상속인은 부모와 배우자로서 공동상속됩니다. 여기서 형제들은 후순위로서 상속인이 아닙니다.

부모와 배우자의 법정상속분은 부모님들은 각 1지분씩이고, 배우자는 1.5지분입니다. 이를 분모화하면 부모님들은 각 2/7지분씩, 배우자는 3/7지분씩입니다.

만약 배우자에게 적법유효한 유언공증을 통해서 전 재산을 물려주고 사망할 경우 부모님들은 각자 자신의 법정상속분의 1/3에 해당하는 유류분반환청구를 할 수 있습니다.

피상속인의 직계비속의 유류분비율은 법정상속분의 1/3이므로 피상속인의 시아버지와 시어머니는 각자 2/21지분씩(2/7×1/3)에 해당하는 유류분을 배우자인 귀하에게 청구할 수 있습니다.

다만, 최근의 대법원과 헌법재판소의 취지에 의하면 귀하의 배우자로서 공동재산을 형성했고 그 재산형성에 기여한 부분이 있거나 노후보장과 생계유지 부분에 대해서 고려될 부분이 있다면 유류분소송절차에서 이를 반영해서 구체적인 유류분반환범위가 결정될 것입니다.

※ 민법

제1112조(유류분의 권리자와 유류분) 상속인의 유류분은 다음 각호에 의한다.

1. 피상속인의 직계비속은 그 법정상속분의 2분의 1
2. 피상속인의 배우자는 그 법정상속분의 2분의 1
3. 피상속인의 직계존속은 그 법정상속분의 3분의 1
4. 피상속인의 형제자매는 그 법정상속분의 3분의 1

[본조신설 1977. 12. 31.][단순위헌, 2020헌가4, 2024.4.26, 민법(1977. 12. 31. 법률 제3051호로 개정된 것) 제1112조 제4호는 헌법에 위반된다.][헌법불합치, 2020헌가4, 2024.4.26, 민법(1977. 12. 31. 법률 제3051호로 개정된 것) 제1112조 제1호부터 제3호 및 제1118조는 모두 헌법에 합치되지 아니한다. 이 조항들은 2025. 12. 31.을 시한으로 입법자가 개정할 때까지 계속 적용된다.]

※ 판례

"어떠한 생전 증여가 특별수익에 해당하는지는 피상속인의 생전의 자산, 수입, 생활 수준, 가정상황 등을 참작하고 공동상속인들 간의 형평을 고려하여 당해 생전 증여가 장차 상속인으로 될 사람에게 돌아갈 상속재산 중의 그의 몫의 일부를 미리 준 것으로 볼 수 있는지에 의하여 결정하여야 한다(대법원 2014. 11. 25. 자 2012스156 결정 등 다수)."라고 하면서,

"생전 증여를 받은 상속인이 배우자로서 일생 동안 피상속인의 반려가 되어 그와 함께 가정공동체를 형성하고 이를 토대로 서로 헌신하며 가족의 경제적 기반인 재산을 획득·유지하고 자녀들에게 양육과 지원을 계속해 온 경우, 생전 증여에는 위와 같은 배우자의 기여나 노력에 대한 보상 내지 평가, 실질적 공동재산의 청산, 배우자 여생에 대한 부양의무 이행 등의 의미도 함께 담겨 있다고 봄이 타당하므로 그러한 한도 내에서는 생전 증여를 특별수익에서 제외하더라도 자녀인 공동상속인들과의 관계에서 공평을 해친다고 말할 수 없다(대법원 2011. 12. 8. 선고 2010다66644 판결)."라고 설시하고 있습니다.

사 례

아버지 상속에서 어머니 상속분을 포기한 경우 유류분청구

Questions ■ ■ ■

유류분반환소송에 대해서 질문 드리겠습니다.

아버지께서는 2007년에 돌아가셨고 재산은 큰형님에게 모두 상속되었습니다. 그때 큰형님은 돌아가신 아버지의 재산을 모두 상속받았는데 어머니도 아무런 상속을 받지 못했습니다. 그때 어머니가 계셔서 뭐라고 하지는 못했지만 저는 그때 유산을 전혀 받지 못했습니다.

그런데 최근에 어머니가 돌아가셨습니다. 아버지가 돌아가셨을 때 모든 재산을 큰형님 명의로 하다 보니 어머니의 재산은 없습니다.

그래서 지금에 유류분반환을 해서 받을 수 있는지 궁금합니다.

Answers ■ ■ ■

안녕하세요. 법무법인 천명 경태현 대표변호사입니다.

원칙적으로 아버지 상속과 어머니 상속은 구분됩니다. 물론 예외적인 경우가 있으나 이것은 상속재산을 상속인들이 분할협의를 통해서 어머니의 상속분을 포기한 경우인데 대법원은 어머니의 상속분을 포기해서 큰형님에게 양도한 것은 어머니의 실질적인 증여라고 해서 어머니 사후에 유류분반환청구를 할 수 있다고 판시하였습니다.

따라서 귀하가 유류분반환을 청구하는 대상은 아버님이 생전에 증여한 재산을 대상으로 하게 되는데, 아버지가 돌아가신지 10년이 경과되었다면 유류분반환청구의 소멸시효가 경과되어 아버지 상속 관련해서는 더 이상 유류분청구를 할 수 없습니다.

다만, 어머니 상속과 관련해서 위와 같이 어머니의 상속분을 포기해서 큰형님에게 양도한 것이 실질 증여이므로 이에 대한 유류분청구를 할 수 있고 별도로 어머니 명의로 된 재산이 있었고 그 재산 역시도 큰형님 혹은 그 가족들에게 모두 증여나 유언되었다면 귀하는 어머니 상속을 원인으로 유류분반환청구를 할 수 있을 것입니다. 반면에 어머니 명의로 된 재산이 없고 전부 아버지 명의였다면, 위와 같이 어머니 상속분 포기한 부분만이 유류분청구를 할 수 있을 것입니다.

※ 민법

제1115조(유류분의 보전)

① 유류분권리자가 피상속인의 제1114조에 규정된 증여 및 유증으로 인하여 그 유류분에 부족이 생긴 때에는 부족한 한도에서 그 재산의 반환을 청구할 수 있다.

② 제1항의 경우에 증여 및 유증을 받은 자가 수인인 때에는 각자가 얻은 유증가액의 비례로 반환하여야 한다.

[본조신설 1977. 12. 31.]

제1117조(소멸시효)

반환의 청구권은 유류분권리자가 상속의 개시와 반환하여야 할 증여 또는 유증을 한 사실을 안 때로부터 1년내에 하지 아니하면 시효에 의하여 소멸한다. 상속이 개시한 때로부터 10년을 경과한 때도 같다.

[본조신설 1977. 12. 31.]

※ 판례

어느 공동상속인이 다른 공동상속인에게 자신의 상속분을 무상으로 양도하는 것과 같은 내용으로 상속재산 분할협의가 이루어진 경우, 이에 따라 무상으로 양도된 것으로 볼 수 있는 상속분은 양도인의 사망으로 인한 상속에서 유류분 산정을 위한 기초재산에 포함된다고 보아야 하는지 여부(적극)

유류분에 관한 민법 제1118조 에 따라 준용되는 민법 제1008조 는 '특별수익자의 상속분' 에 관하여 "공동상속인 중에 피상속인으로부터 재산의 증여 또는 유증을 받은 자가 있는 경우에 그 수증재산이 자기의 상속분에 달하지 못한 때에는 그 부족한 부분의 한도에서 상속분이 있다."라고 정하고 있다. 공동상속인 중에 피상속인으로부터 재산의 생전 증여로 민법 제1008조 의 특별수익을 받은 사람이 있으면 민법 제1114조 가 적용되지 않으므로, 그 증여가 상속개시 1년 이전의 것인지 여부 또는 당사자 쌍방이 유류분권리자에 손해를 가할 것을 알고서 하였는지 여부와 관계없이 증여를 받은 재산이 유류분 산정을 위한 기초재산에 포함된다.

공동상속인이 다른 공동상속인에게 무상으로 자신의 상속분을 양도하는 것은 특별한 사정이 없는 한 유류분에 관한 민법 제1008조 의 증여에 해당하므로, 그 상속분은 양도인의 사망으로 인한 상속에서 유류분 산정을 위한 기초재산에 포함된다.

위와 같은 법리는 상속재산 분할협의의 실질적 내용이 어느 공동상속인이 다른 공동상속인에게 자신의 상속분을 무상으로 양도하는 것과 같은 때에도 마찬가지로 적용된다. 따라서 상속재산 분할협의에 따라 무상으로 양도된 것으로 볼 수 있는 상속분은 양도인의 사망으로 인한 상속에서 유류분 산정을 위한 기초재산에 포함된다고 보아야 한다(대법원 2021. 8. 19.선고 2017다230338 판결)

사 례

부모님 증여? 아버지 증여와 어머니 증여로 구분되는 유류분청구

Questions ■ ■ ■

저희 부모님은 15년 전쯤 저희 남매와 평생 같이 거주하던 2층 단독주택을 남동생에게 전부 증여해주셨습니다.

엄마는 11년 전에 돌아가시고 아버지는 최근 얼마 전에 돌아가셨어요.
남매인데 저는 아무것도 상속받지 못했습니다.

제가 남동생에게 유류분반환청구를 할 수 있나요? 10년이 지나서 안 되나요?

Answers ■ ■ ■

안녕하세요. 유류분반환청구소송 법무법인 천명 대표변호사 경태현입니다.

귀하의 경우 부모님이 남동생에게 단독주택을 증여한 것은 15년 전인 것으로 보입니다.

부모님 상속유류분이라는 법적개념은 없고 현행법상으로는 "어머니 상속유류분" 문제와 "아버지 상속유류분" 문제는 구분되어야 할 것입니다.

1. 만약 단독주택이 어머니 소유 명의였고 어머니이 남동생에게 증여한 것이라면 이미 어머니 사망한 지 10년이 경과되어 유류분청구소송을 할 수 있는 소멸시효가 경과된

것으로서 유류분을 반환받기 어렵습니다.

2. 반면에 단독주택이 아버지 소유 명의였고 아버님이 남동생에게 증여한 것이라면 최근에 돌아가셨고 1년이 경과하지 않았다면 유류분침해를 원인으로 유류분반환청구를 할 수 있습니다.

구체적으로 살펴보면 유류분반환청구소송의 대상이 되는 증여의 시기와 유류분반환청구소송을 할 수 있는 소멸시효를 구분해서 판단해야 합니다.

1. 유류분반환청구소송의 대상이 되는 증여

민법과 대법원 판례에 의하면 공동상속인에게 증여한 부분은 그 증여시기가 1년, 10년 등의 제한 없이 모두 유류분반환청구소송의 대상이 됩니다.

2. 유류분반환청구소송의 소멸시효

증여재산에 대한 유류분반환청구소송을 제기할 수 있는 기한은 망인이 사망한 이후 증여사실을 안 날로부터 1년(만약 증여 사실을 사망 전에 알았다면 사망일로부터 1년) 이내입니다. 그리고 늦어도 망인 사망한 날로부터 10년입니다.
그러므로 단독주택이 아버지 소유였고 아버지가 남동생에게 증여한 경우라면 공동상속인에 해당하는 남동생에게 증여한 지 비록 10년, 20년 등이 경과했어도 유류분반환청구소송의 대상이 되며, 다만, 귀하는 증여 사실을 이미 알았으므로 아버지 사망일로부터 1년 이내에 유류분반환청구소송을 해야 합니다.

보다 구체적인 것은 아래 자료를 기초로 상담을 받아보시길 바랍니다.
- 아버지 기본증명서, 가족관계증명서
- 상가부동산등기부등본

※ 민법

제1115조(유류분의 보전)

① 유류분권리자가 피상속인의 제1114조에 규정된 증여 및 유증으로 인하여 그 유류분에 부족이 생긴 때에는 부족한 한도에서 그 재산의 반환을 청구할 수 있다.

② 제1항의 경우에 증여 및 유증을 받은 자가 수인인 때에는 각자가 얻은 유증가액의 비례로 반환하여야 한다.

[본조신설 1977. 12. 31.]

제1117조(소멸시효)

반환의 청구권은 유류분권리자가 상속의 개시와 반환하여야 할 증여 또는 유증을 한 사실을 안 때로부터 1년내에 하지 아니하면 시효에 의하여 소멸한다. 상속이 개시한 때로부터 10년을 경과한 때도 같다.

[본조신설 1977. 12. 31.]

※ 판례

공동상속인 중에 피상속인으로부터 재산의 생전 증여에 의하여 특별수익을 한 자가 있는 경우에는 민법 제1114조의 규정은 그 적용이 배제되고, 따라서 그 증여는 상속개시 1년 이전의 것인지 여부, 당사자 쌍방이 손해를 가할 것을 알고서 하였는지 여부에 관계없이 유류분산정을 위한 기초재산에 산입된다(대법원 1996. 2. 9. 선고 95다17885 판결).

사 례

상속재산분할협의 이후 유류분청구, 가능한가요?

안녕하세요, 법무법인 천명의 경태현 대표변호사입니다.

일반적으로 상속재산분할협의에서 유류분보다 적은 상속분에 동의하는 경우는 거의 없습니다. 따라서 상속재산분할협의 이후에 유류분반환이 문제가 되는 경우도 많지 않습니다. 하지만 상속재산분할 이후 피상속인이 특정 상속인에게 재산을 증여하거나 유증한 사실을 뒤늦게 알게 되어 다시 유류분반환청구가 문제 되는 경우가 존재합니다. 오늘은 과연 상속재산분할협의 이후 다시 유류분반환청구를 하는 것이 가능한가에 대해 이야기해보도록 하겠습니다.

Questions ■ ■ ■

안녕하세요 변호사님. 상속 관련하여 궁금한 점이 있어 질문 드립니다.

아버지께서 돌아가신 후 형제들과 상속재산분할협의를 거치고 서류에 인감도장도 찍었습니다. 그런데, 알고 보니 아버지께서 막내에게 막대한 재산을 증여한 사실을 알게 되었습니다. 그 증여재산을 포함하여 다시 계산해보니, 제가 협의를 거쳐 승낙한 상속분이 현재 유류분에도 미치지 못합니다.
이러한 경우 지금이라도 유류분반환청구를 다시 제기할 수 있을까요?

답변 기다리도록 하겠습니다. 감사합니다.

Answers ■ ■ ■

귀하께서는 상속재산분할 이후 유류분 침해를 알게 되었을 때 다시 유류분반환청구를 할 수 있는지 궁금해하고 계신 것 같습니다.

이러한 경우 다시 유류분반환청구를 할 수 있을 것으로 보입니다.

유류분반환청구소송은 상속재산이 아닌 증여나 유증에 대한 청구이기 때문에 귀하께서 상속분할협의를 거치며 별도로 유류분을 포기하는 각서 등을 작성한 사실이 없다면 상속재산분할협의 이후에도 증여 혹은 유증한 재산에 대해 유류분반환청구가 가능합니다.

이와 관련하여 하급심 판례를 보시면, "공동상속인들이 상속재산분할협의를 함에 있어서 피상속인의 상속재산 및 피상속인의 생전 처분재산의 내역을 대략적이나마 확인한 상태에서 상속재산분할협의가 이루어졌다면 그러한 상속재산분할협의는 다른 재산에 대한 유류분반환청구권의 포기로 인정할 수 있다."라고 판시하면서도, "일부 공동상속인이 피상속인의 상속재산 및 피상속인의 생전 처분재산의 내역을 알지 못한 상태에서 일부 확인된 재산만에 관하여 상속재산분할협의를 하였다면 이로써 다른 전체 재산에 대한 유류분반환청구권을 포기하였다고 볼 수는 없다."라 판시한 바 있습니다.(서울고등법원 2015나2039447 판결, 수원지방법원 2018가합16846 판결).

따라서 유류분반환청구를 하고자 하는 상속인이 상속재산분할협의 당시 증여 혹은 유증사실을 인지하고 있었느냐가 중요한 사항이 될 것입니다.

귀하께서는 상속재산분할협의 당시 증여 사실을 인지하지 못하고 계셨기 때문에 이를 근거로 유류분반환청구를 제기하면 될 것으로 보입니다.

※ 판례

상속인들이 상속재산분할협의를 하였다거나 원고들이 그 당시 유류분을 주장하지 아니하였더라도 그로써 원고들이 피고에 대한 유류분반환청구권을 포기하였다고 인정할 수 없다(대법원 2016. 6. 9. 선고 2015다239591 판결)

사례

상속포기한 특별수익자에 대한 유류분청구

민법 제1008조는 상속인이 망인 즉, 피상속인으로부터 증여받은 것은 상속분의 선급(특별수익)이라고 보게 되고 이를 받은 사람을 특별수익자라 합니다. 특별수익자가 상속재산분할에 참가하는 경우, 그 수증재산이 자기의 상속분에 미달하는 때에는 그 부족분 한도에서 상속분을 가지게 됩니다. 원칙적으로 특별수익자가 자신의 상속분을 초과해서 증여받았다고 해서 상속재산분할에서는 그 상속분초과분을 반환할 필요는 없습니다.

하지만, 그 초과한 특별수익이 다른 상속인들의 유류분을 침해할 경우에는 그 침해 부분만큼을 유류분으로 반환해야 합니다.

그런데 그러한 초과특별수익자가 상속개시일로부터 3개월 내에 가정법원에 상속포기하는 경우에도 특별수익자는 유류분으로 반환해야 할까요? 상속포기한 특별수익자에 대한 유류분청구소송은 어떻게 되나요?

Questions ■ ■ ■

안녕하세요. 변호사님 정말 궁금한 것이 있어 문의드립니다.

저희 어머니께서 얼마 전 세상을 떠나셨습니다.
제가 형제 중 막내인데, 어머니께서 저에게 5년 전에 5억 정도의 현금을 다른 형제들 모르게 증여해주신 적이 있습니다.

저도 한창 어려울 때 받은 거고 지금은 상황이 많이 좋아졌습니다.
그래서 저도 다른 형제들이 남은 상속재산을 더 많이 받았으면 하는 마음에 3개월 내에 가정법원에 상속을 포기했습니다.

그런데 어떻게 알게 된 것인지 과거 5억 증여 사실을 알게 된 형제들이 제 상속분을 초과하는 액수만큼 반환하라고 요구하기 시작했습니다. 만약 주지 않는다면 유류분청구소송을 한다고 합니다.

저도 좋은 마음에 상속포기까지 했는데 이렇게 저를 매도하고 갈등이 생기니 속이 많이 상합니다.

이런 상황에서 제가 꼭 반환을 해야 하나요?

상속전문변호사님께서 꼭 좀 도와주시면 감사하겠습니다.
현명한 조언을 기다리겠습니다.

Answers ■ ■ ■

안녕하세요. 법무법인 천명의 경태현 대표변호사입니다.

귀하의 사안을 정리해보면, 귀하께서 어머니 생전인 5년 전에 어머니로부터 현금 5억을 증여받으셨는데 그 금액이 귀하의 상속분을 초과하는 것으로 보입니다. 그리고 그를 알게 된 형제들이 상속분 초과액만큼을 반환하라고 요구하는 상황인 것 같습니다. 이런 상황에서 귀하는 이미 상속포기를 한 상황임에도 상속분 초과액 혹은 유류분을 반환해야 하는지 궁금하신 것 같습니다.

결론부터 말씀드리면, 원칙적으로 특별수익자가 자신의 상속분을 초과해서 증여받았다고 해서 상속재산분할에서는 그 상속분초과분을 반환할 필요는 없습니다. 그러므로 귀하는 우선 상속분 초과액은 반환할 필요가 없습니다.

그리고 상속포기를 한 특별수익자는 단지 수증자로서의 지위만 가지게 됩니다. 이를 통해 상속포기한 특별수익자는 과거 증여로 인한 이익만을 취득하고 아무런 의무를 지지 않은 채 상속관계에서 이탈할 수 있습니다.

그러나 특별수익으로 인해 다른 공동상속인의 유류분을 침해하게 되는 경우 유류분반환청구의 문제가 발생할 수는 있으므로 이 부분은 별도로 판단해야 합니다.

상속포기의 효력으로 인해 상속포기자는 상속개시 당시로 소급하여 처음부터 상속인이 아닌 것 즉 제3자로 간주하게 되므로, 상속인으로서 어떤 지위나 권리의무의 주체가 될 수 없습니다. 다만 상속인의 지위가 없더라도 피상속인으로부터 생전에 증여를 받은 자이기 때문에 수증자(제3자)로서의 지위는 여전히 가지게 됩니다.

최근 대법원은 상속포기한 경우 유류분반환여부와 관련하여 「피상속인으로부터 **특별수익인 생전 증여를 받은 공동상속인이 상속을 포기한 경우에는 민법 제1114조가 적용되므로,** 그 증여가 **상속개시 전 1년간에 행한 것이거나 당사자 쌍방이 유류분권리자에 손해를 가할 것을 알고 한 경우에만** 유류분 산정을 위한 기초재산에 산입된다고 보아야 한다(대법원 2022. 3. 17. 선고 2020다267620 판결).」라고 하여, 상속포기를 한 특별수익자는 유류분 관련 조항인 민법 제1114조의 적용을 받는다고 판단하고 있습니다.

또한, 대법원은 민법 제1114조 후문에 관하여 당사자 쌍방이 증여 당시에 유류분권리자에 손해를 가할 것을 알고 증여를 한 때에는 상속개시 1년 전에 한 것에 대하여도 유류분반환청구가 허용된다. 증여 당시 법정상속분의 2분의 1을 유류분으로 갖는 직계비속들이 공동상속인으로서 유류분권리자가 되리라고 예상할 수 있는 경우에, 제3자에 대한 증여가 유류분권리자에게 손해를 가할 것을 알고 행해진 것이라고 보기 위해서는, **당사자 쌍방이 증여 당시 증여재산의 가액이 증여하고 남은 재산의 가액을 초과한다는 점을 알았던 사정뿐만 아니라, 장래 상속개시일에 이르기까지 피상속인의 재산이 증가하지 않으리라는 점까지 예견하고 증여를 행한 사정이 인정되어야 하고, 이러한 당사자 쌍방의 가해의 인식은 증여 당시를**

기준으로 판단하여야 한다(대법원 2012. 5. 24. 선고 2010다50809 판결).」라고 판단하고 있습니다.

따라서, 사전증여를 받은 특별수익자가 상속포기를 한 경우에는 상속인 아닌 제3자에 대한 증여에 해당하여 민법 제1114조에 의해서 원칙적으로 피상속인 사망 전 1년 이내에 행해진 것만이 유류분반환청구의 대상이 되고, 예외적으로 당사자 쌍방이 증여 당시에 유류분권리자에 손해를 가할 것을 알고 증여를 한 때(즉, 악의의 증여)에는 사망 전 1년 이전의 증여라도 유류분반환청구의 대상이 될 것입니다.

그러므로 귀하 사안의 경우 사전증여 특별수익자에 해당하고 상속포기를 하였으므로 상속개시 5년전의 사전증여에 대해서는 민법 제1114조에 따라 원칙적으로는 1년이내 증여가 아니고 1년이전 증여이므로 민법 제1114조 후문의 "악의의 증여"여부에 해당할지를 유류분반환청구소송에서 좀더 구체적으로 판단되어 실제 유류분반환여부가 결정될 것입니다.

보다 구체적인 상담은 아래 자료를 지참해서 방문상담을 해주시길 바랍니다.
- 어머니 기본증명서, 가족관계증명서, 혼인관계증명서, 주민등록말소자초본
- 어머니 잔존 상속재산내역인 부동산등기부등본, 예금잔고증명서 등 일체
- 귀하가 증여받은 자료내역

※ 민법

제1008조(특별수익자의 상속분)
공동상속인 중에 피상속인으로부터 재산의 증여 또는 유증을 받은 자가 있는 경우에 그 수증재산이 자기의 상속분에 달하지 못한 때에는 그 부족한 부분의 한도에서 상속분이 있다.

제1114조(산입될 증여)
증여는 상속개시 전의 1년간에 행한 것에 한하여 제1113조의 규정에 의하여 그 가액을

산정한다. 당사자 쌍방이 유류분권리자에 손해를 가할 것을 알고 증여를 한 때에는 1년전에 한 것도 같다.

※ 판례

피상속인으로부터 특별수익인 생전 증여를 받은 공동상속인이 상속을 포기한 경우에는 민법 제1114조가 적용되므로, 그 증여가 상속개시 전 1년간에 행한 것이거나 당사자 쌍방이 유류분권리자에 손해를 가할 것을 알고 한 경우에만 유류분 산정을 위한 기초재산에 산입된다고 보아야 한다(대법원 2022. 3. 17. 선고 2020다267620 판결).

사 례

상속포기각서와 유류분소송 여부

안녕하세요, 법무법인 천명의 경태현 대표변호사입니다.

상속포기는 상속개시 이후 피상속인의 적극재산(현금, 부동산 등)과 소극재산(채무 등)을 비롯한 일체의 재산에 대해 상속을 포기하는 것을 의미합니다. 상속을 포기하게 되면 상속개시부터 상속인이 아니었던 것으로 간주합니다. 다만, 상속포기는 피상속인이 사망한 이후 비로소 가능하고 살아생전에는 불가능합니다.

Questions ■ ■ ■

안녕하세요 변호사님. 상속 분야 전문가이시라고 소개받아 이렇게 글을 남기게 되었습니다.

저희 아버지께서 생전 가지고 계시던 재산은 고향에 있는 땅 하나밖에 없었습니다.

저는 장남으로서 그 땅을 제가 관리하고 싶었습니다. 그래서 제가 아버지에게 토지를 증여받고 형제들에게 제 사비로 현금 2천만 원씩을 지급한 후, 추후 아버지가 돌아가시면 형제들은 그 땅에 대한 권리를 주장하지 않는다는 내용의 각서를 쓰고 공증을 받았습니다.

하지만 얼마 전 아버지께서 돌아가신 후 동생 중 한 명이 저에게 유류분반환청구소송을 제기했습니다.

이러한 경우 제가 유류분을 반환해야 하는 게 맞나요? 만일 맞다면 제가 앞서 동생에게 준 현금 2천만 원은 어떻게 되는 건가요?

답변 기다리고 있겠습니다. 감사합니다.

Answers ■ ■ ■

귀하께서는 아버지의 토지에 대해 형제들이 상속을 포기할 것을 약속한 후 이를 각서로 남겨 공증을 받으신 것 같습니다.

상속포기는 상속인이 상속개시 있음을 안 날로부터 3개월 내에 할 수 있습니다. 따라서 상속포기는 상속이 개시된 후에야 할 수 있는 것이고, 상속개시 전 일어난 상속포기약정은 법률상 무효입니다.

이와 관련해서 대법원에서도, "유류분을 포함한 상속의 포기는 상속이 개시된 후 일정한 기간 내에만 가능하고 가정법원에 신고하는 등 일정한 절차와 방식을 따라야만 그 효력이 있으므로, 상속개시 전에 한 상속포기약정은 그와 같은 절차와 방식에 따르지 아니한 것으로 그 효력이 없다 할 것이고(대법원 1994. 10. 14. 선고 94다8334 판결 참조), 따라서 상속인 중의 1인이 피상속인의 생존시에 피상속인에 대하여 상속을 포기하기로 약정하였다고 하더라도, 상속개시 후 민법이 정하는 절차와 방식에 따라 상속포기를 하지 아니한 이상, 상속개시 후에 자신의 상속권을 주장하는 것은 정당한 권리행사로서 권리남용에 해당하거나 또는 신의칙에 반하는 권리의 행사라고 할 수 없다고 할 것이다. (대법원 1998. 7. 24. 선고 98다9021 판결)" 라고 판시하며 상속개시 이전 이루어진 상속포기약정은 무효임을 밝히고 있습니다.

귀하와 형제들이 상속개시 전 진행한 상속포기약정은 법률상 무효에 해당합니다. 따라서 귀하의 형제가 상속포기약정에도 불구하고 유류분반환청구소송을 제기한 것은 약속 위반이라고 볼 수 있기는 하나, 법률상 문제없는 행위입니다. 따라서 해당 형제의 유류분계산 결과, 유류분 부족액이 발생한다면 이를 반환해야 할 것입니다.

다만 귀하께서 사전에 지급한 현금 2천만 원 또한 유류분 부족액 계산에 합산되어야 할 것이고, 이런 경우 유류분계산은 귀하 증여액에서 감축하고 그 부분만큼은 형제들이 증여받은 것으로 구성해서 사망 당시까지의 물가상승을 반영하여 유류분액에서 공제하거나 귀하 증여액은 그대로 하되 형제들 증여받은 금액을 사망 당시까지의 물가상승률을 가산해서 유류분반환액에서 공제하는 방법 등으로 해야 할 것입니다.

※ 민법

제1019조(승인, 포기의 기간)

① 상속인은 상속개시있음을 안 날로부터 3월 내에 단순승인이나 한정승인 또는 포기를 할 수 있다. 그러나 그 기간은 이해관계인 또는 검사의 청구에 의하여 가정법원이 이를 연장할 수 있다. 〈개정 1990. 1. 13.〉

② 상속인은 제1항의 승인 또는 포기를 하기 전에 상속재산을 조사할 수 있다. 〈개정 2002. 1. 14.〉

③ 제1항에도 불구하고 상속인은 상속채무가 상속재산을 초과하는 사실(이하 이 조에서 "상속채무 초과사실"이라 한다)을 중대한 과실 없이 제1항의 기간 내에 알지 못하고 단순승인(제1026조제1호 및 제2호에 따라 단순승인한 것으로 보는 경우를 포함한다. 이하 이 조에서 같다)을 한 경우에는 그 사실을 안 날부터 3개월 내에 한정승인을 할 수 있다. 〈개정 2022. 12. 13.〉

④ 제1항에도 불구하고 미성년자인 상속인이 상속채무가 상속재산을 초과하는 상속을 성년이 되기 전에 단순승인한 경우에는 성년이 된 후 그 상속의 상속채무 초과사실을 안 날부터 3개월 내에 한정승인을 할 수 있다. 미성년자인 상속인이 제3항에 따른 한정승인을 하지 아니하였거나 할 수 없었던 경우에도 또한 같다. 〈신설 2022. 12. 13.〉

제1041조(포기의 방식) 상속인이 상속을 포기할 때에는 제1019조제1항의 기간 내에 가정법원에 포기의 신고를 하여야 한다. 〈개정 1990. 1. 13.〉

사 례

유류분청구, 오로지 소송으로만 할 수 있을까요?

안녕하세요, 법무법인 천명의 경태현 대표변호사입니다.

상속사건을 다루며 가장 많이 진행하게 되는 소송 중 하나가 '유류분반환청구소송'입니다. 아무래도 유류분 산정이나 반환 문제에는 피상속인으로부터 사전 증여받은 재산이 있는지, 피상속인이 남긴 유언이 있는지, 유류분반환청구권의 소멸시효가 경과하지는 않았는지와 같이 분쟁의 소지가 될만한 부분이 많기 때문에 그만큼 많은 소송이 이루어지는 것 같습니다. 그렇다면 유류분을 반환받기 위해서는 반드시 소송을 제기해야만 하는 것인지 의문이 드실 수 있습니다.

사실 유류분반환은 소송이 아닌 다른 방법을 통해서도 이루어질 수 있습니다. 오늘은 소송 이외의 방법으로 유류분을 반환받을 수 있는 방법에 관해 설명 드리도록 하겠습니다.

Questions ■ ■ ■

변호사님 안녕하십니까. 상속 문제를 처리하는 도중에 문제가 생겨 질문 남깁니다.

저희 아버지께서 돌아가시면서 모든 재산을 장남에게 물려준다는 유언을 남기셨습니다. 저희 형제자매는 총 4명이기 때문에 재산을 상속받지 못한 형제들은 조만간 유류분반환을 요구할 계획입니다.

이때 유류분반환문제는 반드시 유류분반환청구소송이라는 소송을 통해서만 이루어질 수 있는 것일까요?
만일 소송 없이 합의가 가능한 부분이라면 언제부터 합의를 하는 것이 좋을까요?

답변 기다리겠습니다. 감사합니다.

Answers ■ ■ ■

귀하께서는 유류분반환이 반드시 소송으로만 이루어지는 것인지 궁금해하고 계신 것 같습니다.

결론부터 말씀드리자면 그렇지 않습니다. 유류분반환은 당사자 간 합의를 통해서도 이루어질 수 있습니다. 장남이 받은 유증에 대해 유류분반환을 요구하는 의사를 표시하시고 합의를 통해 유류분을 반환받으실 수 있습니다.

유류분반환합의를 하시면서 추후 분쟁을 예방하고 종국적으로 해결하시기 위해서 상속전문변호사 혹은 유류분전문변호사 등 전문성을 갖춘 변호사의 도움을 받아 '유류분반환합의서'를 작성하시는 것이 바람직할 것입니다.

추가적으로 합의시점에 관한 질문을 함께 주셨는데, 상속개시 이후에는 유언의 효력과 더불어 유류분권이 발생되기 때문에 피상속인이 사망한 이후에는 언제든지 협의를 시작하실 수 있습니다. 통상적으로는 유언장에 의해서 유언상속등기된 이후에 협의를 시작합니다. 다만 주의하실 점은 유류분반환청구권의 소멸시효인 1년 이내에는 유류분을 요구해야 할 것입니다. 1년 이내에 유증을 받은 상속인에 대하여 유류분반환의 의사표시를 하신다면 별도로 소송을 제기하지 않으셔도 소멸시효 이내에 유류분반환청구권을 행사한 것이 되어 문제없이 유류분을 반환받으실 수 있으실 것입니다.

※ 민법

제1005조(상속과 포괄적 권리의무의 승계)
상속인은 상속개시된 때로부터 피상속인의 재산에 관한 포괄적 권리의무를 승계한다. 그러나 피상속인의 일신에 전속한 것은 그러하지 아니하다. 〈개정 1990. 1. 13.〉

제1115조(유류분의 보전)
① 유류분권리자가 피상속인의 제1114조에 규정된 증여 및 유증으로 인하여 그 유류분에

부족이 생긴 때에는 부족한 한도에서 그 재산의 반환을 청구할 수 있다.
② 제1항의 경우에 증여 및 유증을 받은 자가 수인인 때에는 각자가 얻은 유증가액의 비례로 반환하여야 한다.
[본조신설 1977. 12. 31.]

제1117조(소멸시효)
반환의 청구권은 유류분권리자가 상속의 개시와 반환하여야 할 증여 또는 유증을 한 사실을 안 때로부터 1년 내에 하지 아니하면 시효에 의하여 소멸한다. 상속이 개시한 때로부터 10년을 경과한 때도 같다.
[본조신설 1977. 12. 31.]

※ 판례

유류분반환청구권의 행사는 재판상 또는 재판 외에서 상대방에 대한 의사표시의 방법으로 할 수 있다. 그 의사표시는 침해를 받은 유증 또는 증여행위를 지정하여 이에 대한 반환청구의 의사를 표시하면 그것으로 충분하고, 그로 인하여 생긴 목적물의 이전등기청구권이나 인도청구권 등을 행사하는 것과는 달리 그 목적물을 구체적으로 특정하여야 하는 것은 아니다.(대법원 2015. 11. 12. 선고 2011다55092,55108 판결)

유류분권리자가 위와 같은 방법으로 유류분반환청구권을 행사하면 민법 제 1117조 소정의 소멸시효 기간 안에 권리를 행사한 것이 된다.(대법원 2015. 11. 12. 선고 2011다55092,55108 판결)

사 례

며느리에게 증여한 부동산 유류분청구 가능할까?

안녕하세요, 법무법인 천명의 경태현 대표변호사입니다.

피상속인으로부터 특별히 재산을 증여받은 상속인이 있다면 공동상속인들은 상속개시 이후에 증여를 받은 상속인에 대해 유류분반환청구소송을 제기할 수 있습니다. 하지만, 간혹 상속인이 아니라 상속인의 배우자, 예를 들어 며느리 혹은 사위에게 재산을 증여하는 경우가 있습니다. 피상속인의 며느리와 사위는 기본적으로 상속인이 아니기 때문에 유류분반환청구에 있어서도 제3자로 취급됩니다.

제3자로 취급되면 무엇이 달라지느냐를 보면, 상속인에게 증여를 한 경우 그 시기에 상관없이 유류분반환청구의 대상이 됩니다. 하지만 제3자에게 증여를 한 경우 원칙적으로 상속개시 전 1년 이내에 행한 증여만이 유류분반환청구의 대상이 됩니다. 따라서 아들에게 증여를 하고자 할 때, 아들이 아닌 며느리에게 증여를 하여 추후 유류분반환청구를 피하려 하는 경우가 발생하는 것이지요.

다만, 상속개시 1년 이전에 제3자에게 한 모든 증여가 유류분반환청구로부터 자유로운 것은 아닙니다. 아래 질문과 답변을 자세히 읽어보신다면 제3자가 상속개시 1년 이전에 받은 증여가 언제 유류분반환청구의 대상이 되는가를 잘 이해하실 수 있을 것입니다.

Questions ■ ■ ■

안녕하세요, 유류분반환 때문에 고민이 좀 있어서 질문 남깁니다.

저희 아버지께서 3년 정도 전에 올케(며느리)에게 토지를 증여해 주셨습니다.
그리고 얼마 전 아버지께서 돌아가셨습니다.

아버지께서 따로 남기신 재산도 거의 없고, 저희 경제 상황도 좋지 않아서 유류분반환청구를 하려 했는데, 며느리가 3년 전에 받은 재산은 유류분 청구가 안 된다고 합니다.

우선 이 사항이 맞는가를 먼저 확인하고 싶고,
만일 그렇다고 한다면 어떻게 재산을 분할할 수 있는 방법이 없는지 여쭤보고 싶습니다.

감사합니다.

Answers ■ ■ ■

귀하께서는 피상속인의 며느리가 3년 전 증여받은 토지에 대해 유류분반환청구를 하고자 하시는 것 같습니다.

원칙적으로 며느리는 상속인이 아닌 제3자로서 시아버지가 돌아가시기 전 1년 이내에 증여한 재산만 유류분반환의 대상이 되고 1년 이전 즉, 귀하의 경우와 같이 이미 3년이 경과한 경우에는 유류분반환청구소송의 대상이 되지 않습니다.

다만, 제3자가 상속개시 1년 이전에 받은 증여라 할지라도 유류분반환청구를 제기할 수 있는 경우가 있는데, 증여를 한 당사자 쌍방이 유류분권리자에 손해를 가할 것을 알고 증여를 한 때에는 1년 전에 한 증여라 할지라도 유류분반환청구를 할 수 있습니다. 이를 '악의의 증여'라고 합니다.

'악의의 증여'를 입증하기 위해서는 증여 당사자 쌍방의 내심의 의사를 증명해야 하는데 이는 현실적으로 쉽지 않습니다. 따라서 실무에서는 통상 증여 당시 피상속인의 전체 재산 중 절반 이상에 이르는 과도한 재산이 증여된 경우, 증여 이후 남은 피상속인의 재산규모 등을 고려하여 '악의의 증여'에 해당하는지 여부를 판단하게 됩니다.

위에서 설명 드린 내용은, 며느리가 받은 증여를 제3자에 대한 증여라 보는 경우의 유류분반환청구에 관한 내용입니다. 이 이외에도 며느리에게 한 증여를 예외적으로 상속인의(며느리의 배우자인 남편) 특별수익이라고 보는 경우도 존재합니다. 대법원 판례에서는, 일반적으로 상속인의 직계비속이나 배우자가 증여를 받은 경우에는 그 상속인이 반환의무를 지지는 않으나, 증여 당시의 상황과 증여재산의 규모 등을 고려하여 실질적으로 피상속인으로부터 상속인에게 직접 증여된 것과 다르지 않다고 인정되는 경우에는 상속인의 직계비속이나 배우자에게 한 증여도 해당 상속인의 특별수익으로 고려할 수 있다고 보고 있습니다. (대법원 2007. 8. 28.자 2006스3, 4 결정)

따라서 귀하께서 피상속인으로부터 별다른 증여나 상속을 받지 못하셨다면 위 사항들을 적극적으로 주장하셔서 유류분반환청구소송을 진행하셔야 할 것입니다.

※ 민법

제1008조(특별수익자의 상속분)
공동상속인 중에 피상속인으로부터 재산의 증여 또는 유증을 받은 자가 있는 경우에 그 수증재산이 자기의 상속분에 달하지 못한 때에는 그 부족한 부분의 한도에서 상속분이 있다. 〈개정 1977. 12. 31.〉

제1114조(산입될 증여)
증여는 상속개시 전의 1년간에 행한 것에 한하여 제1113조의 규정에 의하여 그 가액을 산정한다. 당사자 쌍방이 유류분권리자에 손해를 가할 것을 알고 증여를 한 때에는 1년전에 한 것도 같다.

※ 판례

"한편 민법 제1118조에 의하여 준용되는 민법 제1008조에서 "공동상속인 중에 피상속인으로부터 재산의 증여 또는 유증을 받은 자가 있는 경우에 그 수증재산이 자기의 상속분에 달하지 못한 때에는 그 부족한 부분의 한도에서 상속분이 있다."고 규정하고 있는바, 이는 공동상속인 중에 피상속인으로부터 재산의 증여 또는 유증을 받은 특별수익자가 있는 경우에 공동상속인들 사이의 공평을 기하기 위하여 그 수증재산을 상속분의 선급으로 다루어 구체적인 상속분을 산정함에 있어 이를 참작하도록 하려는 데 있다고 할 것이므로(당원 1995. 6. 30. 선고 93다11715 판결 참조), 공동상속인 중에 피상속인으로부터 재산의 생전 증여에 의하여 특별수익을 한 자가 있는 경우에는 민법 제1114조의 규정은 그 적용이 배제된다고 할 것이고, 따라서 그 증여는 상속개시 1년 이전의 것인지 여부, 당사자 쌍방이 손해를 가할 것을 알고서 하였는지 여부에 관계없이 유류분 산정을 위한 기초재산에 산입된다고 할 것이다." (대법원 1996. 2. 9. 선고 95다17885 판결)

'공동상속인이 아닌 제3자에 대한 증여는 원칙적으로 상속개시 전의 1년간에 행한 것에 한하여 유류분반환청구를 할 수 있고, 다만 당사자 쌍방이 증여 당시에 유류분권리자에 손해를 가할 것을 알고 증여를 한 때에는 상속개시 1년 전에 한 것에 대하여도 유류분반환청구가 허용된다. 증여 당시 법정상속분의 2분의 1을 유류분으로 갖는 직계비속들이 공동상속인으로서 유류분권리자가 되리라고 예상할 수 있는 경우에, 제3자에 대한 증여가 유류분권리자에게 손해를 가할 것을 알고 행해진 것이라고 보기 위해서는, 당사자 쌍방이 증여 당시 증여재산의 가액이 증여하고 남은 재산의 가액을 초과한다는 점을 알았던 사정뿐만 아니라, 장래 상속개시일에 이르기까지 피상속인의 재산이 증가하지 않으리라는 점까지 예견하고 증여를 행한 사정이 인정되어야 하고, 이러한 당사자 쌍방의 가해의 인식은 증여 당시를 기준으로 판단하여야 한다(대법원 2012.05.24. 선고 2010다50809 판결).'

사례

부모님으로부터 매수한 부동산이 유류분청구 대상이 되나요?

안녕하세요, 법무법인 천명의 경태현 대표변호사입니다.

부모님이 특정 자녀에게만 재산을 증여한 후 사망하는 경우가 있습니다. 이때 남아있는 상속재산이 없거나 잔존 상속재산으로 상속이 이루어 졌음에도 불구하고 여전히 다른 자녀들에게 유류분 부족액이 발생한다면 다른 자녀들은 증여를 받은 자녀를 대상으로 유류분반환청구소송을 제기할 수 있습니다. 이러한 경우, 다른 자녀들도 사전에 증여받은 재산이 있다는 등의 별다른 사정이 존재하지 않는다면 증여를 받은 자녀는 형제들에게 유류분을 반환해야 할 것입니다.

하지만 위와 같이 부모님으로부터 재산을 증여받은 것이 아니라 매매를 통해 부모님의 재산을 취득한 경우에는 유류분 문제를 어떻게 보아야 할까요?

오늘은 글에서는 매매계약과 유류분반환청구에 관한 설명을 드려보도록 하겠습니다.

Questions ■ ■ ■

안녕하세요 변호사님. 유류분 반환 관련해서 질문을 하나 드리고 싶습니다.

우선 저희 어머니께서는 일찍이 돌아가셨고 남은 가족은 아버지와 저를 포함한 자녀 3명입니다. 몇 년 전, 제가 아버지와 매매계약을 체결해서 당시 시가로 아버지 명의의 집을 매수했습니다. 계약에 흠결은 전혀 없었고 기록도 모두 남아 있으며 세금도 전부 납부했습니다.

문제는 저희가 매수한 아버지 집의 가액이 근 몇 년간 많이 올랐습니다.
그리고 얼마 전 아버지께서 돌아가셨는데, 형제들이 아버지 집 가액이 오른 만큼 유류분을 반환하라고 주장하는 중입니다.

이런 경우 제가 유류분을 반환해야 하나요?

감사합니다.

Answers ■ ■ ■

귀하께서 아버님으로부터 매수한 부동산에 대해 형제들이 유류분 반환을 주장하는 상황으로 보입니다.

기본적으로 피상속인이 한 증여 내지 유증만이 유류분반환청구의 대상이 됩니다. 따라서 증여가 아닌 매매는 유류분반환청구의 대상이 되지 않습니다.

그러나 등기부상 매매로 되어 있으나 실제로 금전 거래가 없거나 거래가 있었더라도 매매대금을 환급한 경우, 이는 명목상은 매매이지만 실질적으로 증여이므로 유류분반환청구의 대상이 된다고 볼 수 있습니다.

하지만, 등기부상 매매이고 금전 거래가 있었으며 이를 다시 환급하지 않고 피상속인이 매매대금을 소유하고 있었거나 다른 곳에 사용한 경우 실질적으로 증여라 볼 수 없으므로 유류분반환청구의 대상이 되지 않습니다.

특히 매매 당시 시가 등을 고려해 보았을 때 정당한 가격에 거래되었다면, 더욱 증여라고 볼 수 없기 때문에 비록 추후 부동산 가액이 상승했다 하더라도 이를 유류분반환청구소송의 대상이 된다고 볼 수 없습니다.

따라서 귀하의 경우에도 위 설명 드린 바에 따라 증여라고 볼 수 있을 만한 사정이 존재하지 않는다면 형제들에게 유류분을 반환하지 않아도 될 것입니다.

추가적으로 등기부상 부동산 등기원인이 매매로 기재되어 있다면 그 부동산은 매매로 이전된 것으로 추정됩니다. 따라서 추후 다른 상속인들이 해당 부동산이 매매가 아닌 증여된 것이라 주장한다면 이를 주장하는 측에서 실질적 증여를 증명해야 할 것입니다.

※ 민법

제1008조(특별수익자의 상속분)
공동상속인 중에 피상속인으로부터 재산의 증여 또는 유증을 받은 자가 있는 경우에 그 수증재산이 자기의 상속분에 달하지 못한 때에는 그 부족한 부분의 한도에서 상속분이 있다. 〈개정 1977. 12. 31.〉

제1114조(산입될 증여)
증여는 상속개시 전의 1년간에 행한 것에 한하여 제1113조의 규정에 의하여 그 가액을 산정한다. 당사자 쌍방이 유류분권리자에 손해를 가할 것을 알고 증여를 한 때에는 1년전에 한 것도 같다.
[본조신설 1977. 12. 31.]

제1115조(유류분의 보전)
① 유류분권리자가 피상속인의 제1114조에 규정된 증여 및 유증으로 인하여 그 유류분에 부족이 생긴 때에는 부족한 한도에서 그 재산의 반환을 청구할 수 있다.
② 제1항의 경우에 증여 및 유증을 받은 자가 수인인 때에는 각자가 얻은 유증가액의 비례로 반환하여야 한다.
[본조신설 1977. 12. 31.]

사 례

영농자녀가 증여받은 농지도 유류분 대상인가요?

Questions ■ ■ ■

유류분계산 시에는 증여재산은 상속재산에 합산하여 계산한다고 들었습니다.

영농자녀로 증여받은 농지는 증여세도 감면받고, 상속세 계산할 때 증여재산으로 보지 않아 그 부분에 대해서는 상속세가 없다고 들었습니다.

그러면 영농자녀가 증여받은 농지는 증여재산으로 보지 않아 유류분청구의 대상에서 제외되는 게 아닌가요? 그 부분은 다른 형제로부터 유류권청구소송에 휘말리지 않겠죠?

Answers ■ ■ ■

유류분 관련 민법과 상속세 및 증여세법은 원칙적으로 적용 범위 등을 구분해서 판단해야 할 것입니다.

원칙적으로 유류분반환청구소송에서 산입되는 증여재산과 '상속세 및 증여세법'에서 합산되는 증여재산은 구분되어서 판단됩니다. 이런 관계로 유류분의 증여재산과 상속세 계산을 위한 증여재산이 반드시 일치하지 않을 수 있습니다.

유류분반환청구소송에서는 공동상속인에 대한 증여는 특별수익에 해당하는 것이라면 10년 등의 기간제한 없이 모두 유류분산정에 포함됩니다.

반면에 '상속세 및 증여세법'에서는 상속인에 대한 증여재산은 10년 이내의 것만 합산되어 상속세를 계산하게 됩니다(따라서, 10년 이전의 증여재산은 합산되지 않습니다).

특히 "영농자녀가 증여받은 농지 등(조세특례제한법 71조)"에 의한 경우 "상속세 및 증여세법"에서는 상속세 과세가액으로 합산하지는 않습니다.

조세특례제한법 71조에 의하면 증여세를 감면받은 농지 등은「상속세 및 증여세법」 제3조의2제1항을 적용하는 경우 상속재산에 가산하는 증여재산으로 보지 아니하며, 같은 법 제13조제1항에 따라 상속세 과세가액에 가산하는 증여재산가액에 포함시키지 아니합니다.

하지만, 유류분반환청구소송에서는 영농자녀가 증여받은 농지는 상속세 합산대상은 아니지만 역시 그 유류분산정의 기초재산에 합산되고 이로 인해 유류분권의 유류분을 침해한 경우라면 유류분반환청구소송의 대상이 될 것입니다.

※ 조세특례제한법

제71조(영농자녀등이 증여받는 농지 등에 대한 증여세의 감면)

① 다음 각 호의 요건을 모두 충족하는 농지ㆍ초지ㆍ산림지ㆍ어선ㆍ어업권ㆍ어업용 토지등ㆍ염전 또는 축사용지(해당 농지ㆍ초지ㆍ산림지ㆍ어선ㆍ어업권ㆍ어업용 토지등ㆍ염전 또는 축사용지를 영농조합법인 또는 영어조합법인에 현물출자하여 취득한 출자지분을 포함한다. 이하 이 조에서 "농지등"이라 한다)를 농지등의 소재지에 거주하면서「상속세 및 증여세법」 제18조의3제1항에 따른 영농(이하 이 조에서 "영농"이라 한다)에 종사하는 대통령령으로 정하는 거주자(이하 이 조에서 "자경농민등"이라 한다)가 대통령령으로 정하는 직계비속(이하 이 조에서 "영농자녀등"이라 한다)에게 2025년 12월 31일까지 증여하는 경우에는 해당 농지등의 가액에 대한 증여세의 100분의 100에 상당하는 세액을 감면한다. 〈개정 2010. 12. 27., 2011. 5. 30., 2011. 12. 31., 2014. 12. 23., 2015. 12. 15., 2017. 12. 19., 2019. 12. 31., 2020. 12. 29., 2022. 12. 31., 2023. 12. 31.〉

1. 다음 각 목의 어느 하나에 해당하는 농지등

가. 농지: 「농지법」 제2조제1호가목에 따른 토지로서 4만제곱미터 이내의 것

나. 초지: 「초지법」 제5조에 따른 초지조성허가를 받은 초지로서 14만8천500제곱미터 이내의 것

다. 산림지: 「산지관리법」 제4조제1항제1호에 따른 보전산지 중 「산림자원의 조성 및 관리에 관한 법률」에 따라 산림경영계획을 인가받거나 특수산림사업지구로 지정받아 새로 조림(造林)한 기간이 5년 이상인 산림지(채종림, 「산림보호법」 제7조에 따른 산림보호구역을 포함한다. 이하 이 목에서 같다)로서 29만7천제곱미터 이내의 것. 다만, 조림 기간이 20년 이상인 산림지의 경우에는 조림 기간이 5년 이상인 29만7천제곱미터 이내의 산림지를 포함하여 99만제곱미터 이내의 것으로 한다.

라. 축사용지: 축사 및 축사에 딸린 토지로서 해당 축사의 실제 건축면적을 「건축법」 제55조에 따른 건폐율로 나눈 면적의 범위 이내의 것

마. 어선: 「어선법」 제13조의2에 따른 총톤수 20톤 미만의 어선

바. 어업권: 「수산업법」 제2조 또는 「내수면어업법」 제7조에 따른 어업권으로서 10만제곱미터 이내의 것

사. 어업용 토지등: 4만제곱미터 이내의 것

아. 염전: 「소금산업 진흥법」 제2조제3호에 따른 염전으로서 6만제곱미터 이내의 것

2. 「국토의 계획 및 이용에 관한 법률」 제36조에 따른 주거지역ㆍ상업지역 및 공업지역 외에 소재하는 농지등

3. 「택지개발촉진법」에 따른 택지개발지구나 그 밖에 대통령령으로 정하는 개발사업지구로 지정된 지역 외에 소재하는 농지등

⑥ 제1항에 따라 증여세를 감면받은 농지등은 「상속세 및 증여세법」 제3조의2제1항을 적용하는 경우 상속재산에 가산하는 증여재산으로 보지 아니하며, 같은 법 제13조제1항에 따라 상속세 과세가액에 가산하는 증여재산가액에 포함시키지 아니한다.

사 례

10년 이전에 증여한 재산에 대해서도 가능한 유류분청구

Questions ■ ■ ■

부모님이 15년 전에 형에게 부동산을 증여해 주었습니다. 그런데 남은 집도 형에게 증여해 주려고 합니다.

만일 남은 집도 형에게 증여해 주면 나중에 부모님이 돌아가시면 15년 전에 증여해 준 부동산도 유류분에 포함이 되는지요, 아니면 10년이 넘어서 건물에는 청구할 수 없고 집에 대해서만 청구가 가능한지요?

Answers ■ ■ ■

안녕하세요. 법무법인 천명 경태현 대표변호사입니다.

대법원의 판례에 의하면 원칙적으로 공동상속인에 대한 증여는 그 기간의 제한이 없이 전부 유류분반환의 대상이 됩니다. 따라서 10년 이전에 증여받은 당사자가 공동상속인이라면 그 재산도 유류분반환대상에 포함이 됩니다.

그러므로 귀하의 경우에 15년 전에 부모님이 형에게 건물을 증여해 주었다면 특별한 사정이 없는 한 그 건물은 유류분반환대상에 포함이 됩니다.

다만 유류분반환청구는 증여자인 부모님이 사망한 후에 청구가 가능하므로 부모님이 사망하기 전에는 청구를 할 수 없습니다.

또한 대부분 부모님의 증여라고 하나 민법과 판례는 어머니와 아버님을 부모님이라고 통칭하지 않고 아버님은 아버님대로, 어머니는 어머니대로 구분하고 있습니다.

따라서 증여한 당사자가 아버님이라면 아버님의 사망일로부터 1년 안에 유류분반환청구를 해야 합니다.

유류분반환청구 등 보다 상세한 것은 아버지와 어머니의 각 가족관계증명서, 15년 전에 증여한 건물의 부동산등기부등본과 추가로 증여하려고 하는 집의 부동산등기부등본 및 귀하를 포함해서 다른 상속인이 증여받은 재산이 있다면 그 사실을 증명할 수 있는 자료를 준비해서 방문상담해 주시기 바랍니다.

※ 민법

제1115조(유류분의 보전)

① 유류분권리자가 피상속인의 제1114조에 규정된 증여 및 유증으로 인하여 그 유류분에 부족이 생긴 때에는 부족한 한도에서 그 재산의 반환을 청구할 수 있다.

② 제1항의 경우에 증여 및 유증을 받은 자가 수인인 때에는 각자가 얻은 유증가액의 비례로 반환하여야 한다.

[본조신설 1977. 12. 31.]

제1117조(소멸시효)

반환의 청구권은 유류분권리자가 상속의 개시와 반환하여야 할 증여 또는 유증을 한 사실을 안 때로부터 1년내에 하지 아니하면 시효에 의하여 소멸한다. 상속이 개시한 때로부터 10년을 경과한 때도 같다.

[본조신설 1977. 12. 31.]

※ **판례**

"공동상속인 중에 피상속인으로부터 재산의 생전 증여에 의하여 특별수익을 한 자가 있는 경우에는 민법 제1114조의 규정은 그 적용이 배제된다고 할 것이고, 따라서 그 증여는 상속개시 1년 이전의 것인지 여부, 당사자 쌍방이 손해를 가할 것을 알고서 하였는지 여부에 관계없이 유류분 산정을 위한 기초재산에 산입된다고 할 것이다." (대법원 1996. 2. 9. 선고 95다17885 판결)

사 례

재혼처, 아들 부부와 손자에게만 재산을 증여한 경우에 유류분대상이 되는 재산

Questions

유류분반환청구소송에 대해서 문의드립니다.

아버지가 강남에 약 80억 원 정도 하는 건물을 가지고 계셨는데 저희들에게는 아무런 상의도 없이 남동생과 올케, 조카에게 증여를 하셨습니다. 그리고 집은 새어머니에게 증여해 주고 돌아가셨습니다.

돌아가시고 확인을 해보니 거의 예금도 없고 아버지 명의로 된 재산도 없습니다. 저희는 아무것도 받은 게 없습니다.

남동생은 아버지가 새어머니와 재혼한 후에 낳은 아들인데 저희는 아버지가 어머니와 사이에서 낳은 딸들로 동복은 저와 여동생 2명이 있습니다.

유류분소송을 하면 승소할 수 있을까요?

Answers

안녕하세요 경태현 변호사입니다.

사실관계를 정리하면 사망하신 분은 아버님이고 가족으로는 재혼한 배우자와 그 사이에서 낳은 아들 1명, 전 부인과 사이에서 낳은 귀하 자매가 있는 것으로 보입니다.

따라서 상속인은 배우자인 재혼 처와 자녀들 3명이고, 민법 규정에 따라 각자의 상속분은 배우자가 3/9지분, 아들과 귀하 자매가 각 2/9지분이 됩니다. 그리고 귀하와 동생분의 유류분은 1/9지분이 됩니다.

이러한 유류분의 지분은 피상속인이 생전에 증여한 재산을 대상으로 하므로, 기본적으로는 아버님이 생전에 아들 부부와 아들의 자녀에게 증여한 약 80억 원의 건물과 재혼한 배우자에게 증여한 주택을 더한 값에 귀하와 여동생분의 유류분인 각 1/9을 곱하게 되면 귀하 자매가 받을 각 유류분액이 정해집니다.

그런데 아들의 배우자와 자녀는 상속인이 아닌 제3자이므로 민법 제1114조를 적용하게 되면 피상속인께서 사망하기 1년 이내에 증여한 재산에 대해서만 유류분청구가 가능하므로, 만일 증여행위가 1년 이전에 일어났다면 반환의 대상에서 원칙적으로는 제외됩니다.

다만 이러한 경우에도 며느리와 손자에게 증여한 재산이 1) "실질적으로 피상속인으로부터 상속인에게 직접 증여된 것과 다르지 않다고 인정되는 경우에는 상속인의 직계비속, 배우자, 직계존속 등에게 이루어진 증여나 유증도 특별수익으로서 이를 고려할 수 있다"는 대법원 판례(대법원 2007. 8. 28.자 2007스3,4 결정 등)에 따라 제3자에 대한 증여가 아닌 상속인에 해당하는 아들이 직접 증여받은 것으로 동일시되어 아들에게 곧바로 유류분 반환청구를 할 가능성도 있으며, 2) 비록 제3자로 파악되더라도 증여 당시 피상속인이 소유하던 전체 재산의 절반을 상회하면 이러한 증여를 유류분권자를 해할 의사가 있는 상태에서 한 것으로 봐서 반환청구가 가능하나, 이때에도 전체 재산의 범위를 어디까지로 해야 하는지에 대한 복잡한 문제가 있습니다.

또한 재혼한 배우자는 상속인이므로 재혼한 처에 대한 주택의 증여가 상속분의 선급으로 인정되면 기간의 제한이 없이 유류분청구를 할 수 있으나, 만일 이것을 상속분의 선급이 아닌 혼인 유지에 대한 보답, 재산분할적 성격, 주거안정을 위한 부양의무의 이행 등으로 판단되면 유류분반환대상에서 배제됩니다.

그러나 이러한 변수에도 불구하고 귀하와 여동생분이 아버님으로부터 재산을 증여받은 사실이 없다면 유류분반환청구소송에서 전부 패소를 당하는 경우는 생각하기 어렵습니다. 따라서 귀하의 경우 쟁점은 '유류분을 받을 수 있느냐?'의 문제가 아니라 '얼마를 받을 수 있느냐?'의 문제가 됩니다.

그런데 위에서 본 바와 같이 유류분의 대상이 되는 재산의 범위는 변수가 많고 이러한 변수는 사실관계와 이에 따라 적용될 법리에 따라 달라집니다.

그러므로 유류분반환청구소송은 가능하시나, 재혼한 배우자, 며느리와 손자를 대상으로도 할 것인지, 아니면 아들만을 상대로 하되 아들에게 며느리와 손자가 받은 것을 청구할지 등에 관한 보다 자세한 상담은 방문상담을 이용해 주시기 바랍니다.

※ 민법

제1009조(법정상속분)

① 동순위의 상속인이 수인인 때에는 그 상속분은 균분으로 한다. 〈개정 1977. 12. 31., 1990. 1. 13.〉

② 피상속인의 배우자의 상속분은 직계비속과 공동으로 상속하는 때에는 직계비속의 상속분의 5할을 가산하고, 직계존속과 공동으로 상속하는 때에는 직계존속의 상속분의 5할을 가산한다. 〈개정 1990. 1. 13.〉

③ 삭제 〈1990. 1. 13.〉

제1114조(산입될 증여)

증여는 상속개시 전의 1년간에 행한 것에 한하여 제1113조의 규정에 의하여 그 가액을 산정한다. 당사자 쌍방이 유류분권리자에 손해를 가할 것을 알고 증여를 한 때에는 1년전에 한 것도 같다.

[본조신설 1977. 12. 31.]

제1115조(유류분의 보전)

① 유류분권리자가 피상속인의 제1114조에 규정된 증여 및 유증으로 인하여 그 유류분에 부족이 생긴 때에는 부족한 한도에서 그 재산의 반환을 청구할 수 있다.

② 제1항의 경우에 증여 및 유증을 받은 자가 수인인 때에는 각자가 얻은 유증가액의 비례로 반환하여야 한다.
[본조신설 1977. 12. 31.]

※ 판례

"'증여 또는 유증의 경위, 증여나 유증된 물건의 가치, 성질, 수증자와 관계된 상속인이 실제 받은 이익 등을 고려하여 실질적으로 피상속인으로부터 상속인에게 직접 증여된 것과 다르지 않다고 인정되는 경우에는 상속인의 직계비속, 배우자, 직계존속 등에게 이루어진 증여나 유증도 특별수익으로서 이를 고려할 수 있다고 함이 상당하다(대법원 2007. 08. 28.자 2006스3,4 결정 참조)."라고 하여, 상속인의 배우자나 직계비속에게 이루어진 증여라고 하더라도 실질적으로 피상속인으로부터 상속인에게 직접 증여된 것으로 볼 수 있는 경우에는 해당 상속인의 특별수익이라고 판시한 바 있고, 여러 하급심에서도 위 대법원 법리에 따라 상속인의 배우자나 직계비속이 증여받은 부동산, 금전을 전부 당해 상속인의 특별수익으로 보고 유류분 산정에 반영하고 있는 사안이 상당수 있습니다.

"공동상속인이 아닌 제3자에 대한 증여는 원칙적으로 상속개시 전의 1년간에 행한 것에 한하여 유류분반환청구를 할 수 있고, 다만 당사자 쌍방이 증여 당시에 유류분권리자에 손해를 가할 것을 알고 증여를 한 때에는 상속개시 1년 전에 한 것에 대하여도 유류분반환청구가 허용된다. 증여 당시 법정상속분의 2분의 1을 유류분으로 갖는 직계비속들이 공동상속인으로서 유류분권리자가 되리라고 예상할 수 있는 경우에, 제3자에 대한 증여가 유류분권리자에게 손해를 가할 것을 알고 행해진 것이라고 보기 위해서는, 당사자 쌍방이 증여 당시 증여재산의 가액이 증여하고 남은 재산의 가액을 초과한다는 점을 알았던 사정뿐만 아니라, 장래 상속개시일에 이르기까지 피상속인의 재산이 증가하지 않으리라는 점까지 예견하고 증여를 행한 사정이 인정되어야 하고, 이러한 당사자 쌍방의 가해의 인식은 증여 당시를 기준으로 판단하여야 한다(대법원 2012.05.24. 선고 2010다50809 판결)."

"어떠한 생전 증여가 특별수익에 해당하는지는 피상속인의 생전의 자산, 수입, 생활 수준, 가정상황 등을 참작하고 공동상속인들 간의 형평을 고려하여 당해 생전 증여가 장차 상속인으로 될 사람에게 돌아갈 상속재산 중의 그의 몫의 일부를 미리 준 것으로 볼 수 있는지에 의하여 결정하여야 한다(대법원 2014. 11. 25. 자 2012스156 결정 등 다수)."라고 하면서,

“생전 증여를 받은 상속인이 배우자로서 일생 동안 피상속인의 반려가 되어 그와 함께 가정공동체를 형성하고 이를 토대로 서로 헌신하며 가족의 경제적 기반인 재산을 획득·유지하고 자녀들에게 양육과 지원을 계속해 온 경우, 생전 증여에는 위와 같은 배우자의 기여나 노력에 대한 보상 내지 평가, 실질적 공동재산의 청산, 배우자 여생에 대한 부양의무 이행 등의 의미도 함께 담겨 있다고 봄이 타당하므로 그러한 한도 내에서는 생전 증여를 특별수익에서 제외하더라도 자녀인 공동상속인들과의 관계에서 공평을 해친다고 말할 수 없다(대법원 2011. 12. 8. 선고 2010다66644 판결).”라고 설시하고 있습니다.

사례

증여부동산의 매각, 신규부동산의 명의변경취득과 유류분청구

Questions ■ ■ ■

시부모님이 남편에게 아파트를 증여해 주셨습니다. 그 후에 몇 년을 살다가 시부모님에게 증여받은 아파트를 팔고 다른 아파트를 구입하면서 남편이 사업문제로 제 명의로 등기를 해 주었습니다. 지금은 그 아파트에서 살고 있습니다.

이런 경우에 나중에 시부모님이 돌아가시면 시아주버니와 고모가 유류분반환청구를 하게 되면 남편이 제 명의로 해 준 아파트도 반환대상에 포함이 되나요? 만일 그때 소송을 하면 저에게 직접 하게 되나요? 아니면 아파트를 증여받은 사람이 남편이기 때문에 저에게는 할 수 없나요?

또 시부모님이 남편에게 아파트를 증여하고 나서 1년이 지났는데, 증여한 후 1년이 지나서 시부모님이 사망했는데도 유류분반환청구를 할 수 있나요?

Answers ■ ■ ■

안녕하세요. 법무법인 천명 대표변호사 경태현입니다.

원칙적으로 유류분반환청구의 대상은 남편분이 시부모님으로부터 증여받은 아파트가 됩니다. 그리고 증여받은 아파트를 매각한 경우에는 증여받은 아파트 자체를 반환할 수 없게 되므로 남편이 유류분을 돈으로 반환하게 됩니다(가액반환). 따라서 남편의 유류분반환의무를 귀하가 부담하지 않습니다.

남편 형제들의 유류분반환청구는 그 원인이 시부모님과 남편 사이의 증여가 원인이지 남편과 귀하의 증여를 대상으로 하지 않기 때문입니다.

남편의 유류분반환범위와 관련된 유류분계산에 대해서는 최근 대법원은 "민법 문언의 해석과 유류분 제도의 입법취지 등을 종합할 때 피상속인이 상속개시 전에 재산을 증여하여 그 재산이 유류분반환청구의 대상이 된 경우, **수증자가 증여받은 재산을 상속개시 전에 처분하였거나 수용되었다면** 민법 제1113조 제1항에 따라 유류분을 산정함에 있어서 그 증여재산의 가액은 **증여재산의 현실 가치인 처분 당시의 가액을 기준으로 상속개시까지 사이의 물가변동률을 반영하는 방법으로** 산정하여야 한다.(대법원 2023. 5. 18.선고 2019다222867 유류분반환청구 참조)"라고 판시하여 유류분액산정시 증여재산의 현실가치인 처분 당시의 가액(매매대금)을 기준으로 상속개시까지 사이의 물가변동률을 반영하는 방법으로 증여재산의 가액을 산정하도록 하였습니다.

그러나 예외적으로 남편분이 다른 형제들의 유류분반환청구를 피할 목적으로 귀하 명의로 새로운 아파트를 매수하고 그 당시 해당 아파트가 남편분의 유일한 재산이고 아파트를 제외하면 남은 재산으로 유류분에 해당하는 금액을 지급할 정도에 미치지 못하다면 귀하에게도 유류분을 청구할 수 있을 가능성(사해행위취소소송 혹은 악의의 양수인)을 배제할 수 없습니다.

또한 유류분반환청구는 증여시기를 기준으로 1년을 계산하는 것이 아니라 증여당사자인 시부모님이 사망한 날로부터 1년이므로 시부모님이 남편분에게 아파트를 증여한 후 1년이 지났다고 하더라도, 남편분의 형제들은 시부모님이 사망한 날로부터 1년 안에 유류분반환을 청구할 수 있습니다.

※ 민법

제1117조(소멸시효) 반환의 청구권은 유류분권리자가 상속의 개시와 반환하여야 할 증여 또는 유증을 한 사실을 안 때로부터 1년내에 하지 아니하면 시효에 의하여 소멸한다. 상속이 개시한 때로부터 10년을 경과한 때도 같다.
[본조신설 1977. 12. 31.]

※ 판례

"공동상속인 중에 피상속인으로부터 재산의 생전 증여에 의하여 특별수익을 한 자가 있는 경우에는 민법 제1114조의 규정은 그 적용이 배제된다고 할 것이고, 따라서 그 증여는 상속개시 1년 이전의 것인지 여부, 당사자 쌍방이 손해를 가할 것을 알고서 하였는지 여부에 관계없이 유류분 산정을 위한 기초재산에 산입된다고 할 것이다." (대법원 1996. 2. 9. 선고 95다17885 판결)

"민법 문언의 해석과 유류분 제도의 입법취지 등을 종합할 때 피상속인이 상속개시 전에 재산을 증여하여 그 재산이 유류분반환청구의 대상이 된 경우, 수증자가 증여받은 재산을 상속개시 전에 처분하였거나 수용되었다면 민법 제1113조 제1항에 따라 유류분을 산정함에 있어서 그 증여재산의 가액은 증여재산의 현실 가치인 처분 당시의 가액을 기준으로 상속개시까지 사이의 물가변동률을 반영하는 방법으로 산정하여야 한다.(대법원 2023. 5. 18.선고 2019다222867 판결)"

"수증자가 증여재산을 상속개시시까지 그대로 보유하고 있는 경우에는 그 재산의 상속개시 당시 시가를 증여재산의 가액으로 평가할 수 있으나, 상속개시 전에 증여재산이 처분되거나 수용된 경우 그 상태대로 재산에 편입시켜 유류분을 반환하도록 하는 것이 타당하다... (중략) ...특히 증여재산인 토지 일대에 개발사업이 시행된 결과 상속개시 전에 협의취득 또는 수용에 이른 경우 증여토지의 형상이 완전히 변모하고 개발사업의 진행 경과에 따라 가격의 등락이 결정되게 되는바, 이를 수증자나 다른 공동상속인들의 이익이나 손실로 돌리는 것은 부당하다. 정부의 부동산 정책과 개발사업에 따라 부동산 가액 변동성이 매우 큰 우리나라의 상황이 고려되어야 한다... (중략) ..만약 피상속인이 재산을 보유하다가 자신의 생전에 이를 처분하거나 재산이 수용된 후 사망하였다면 재산 자체의 시가상승으로 인한 이익이 상속재산에 편입될 여지가 없다. 그런데 피상속인이 생전에 증여를 한 다음 수증자에 의하여 처분되거나 수용되었다고 하여 그 재산의 시가상승 이익을 유류분 반환대상에 포함시키도록 재산가액을 산정한다면 수증자의 재산 처분을 제재하는 것과 마찬가지가 된다." (대법원 2023. 5. 18. 선고 2019다222867 판결)

사례

증여받은 후에 재증여된 부동산에 대한 유류분청구

Questions

7년 전에 어머니가 오빠에게 부동산을 증여했는데, 오빠가 그 부동산을 다시 조카에게 증여해주었습니다.

그때 어머니가 증여해주신 것은 빌라였는데 증여해 줄 당시에는 약 3억 원 정도 하는 것으로 알고 있는데 지금은 재개발이 된다고 해서 10억 원이 넘는다고 합니다.

증여한 재산이 증여한 재산이 다시 다른 사람에게 증여된 경우도 유류분반환소송이 가능한지요? 그리고 반환하는 금액은 3억 원인가요 아니면 조카에게 증여할 때 금액인가요?

Answers

안녕하세요. 법무법인 천명 대표변호사 경태현입니다.
사실관계를 확인하면 상속인은 귀하와 오빠만 있는 것으로 보입니다. 그리고 증여재산은 증여할 당시에는 3억 원이었는데 해당 부동산이 오빠의 자녀에게 다시 증여되고 어머니가 사망하실 당시에는 10억 원이 된 것으로 보입니다. 상속재산이 있는지 여부에 대해서는 말씀하시지 않아 알 수 없지만 일단 없는 것으로 전제하고 답변을 드리겠습니다.

먼저 오빠가 조카에게 증여받은 부동산을 재차 증여한 경우에 누구를 상대로 유류분반환청구소송을 할지가 문제 됩니다.

이러한 경우에는 아래의 대법원 판례가 귀하의 판단에 도움을 줄 수 있습니다.

"유류분반환청구권의 행사에 의하여 반환하여야 할 유증 또는 증여의 목적이 된 재산이 타인에게 양도된 경우 **그 양수인이 양도 당시 유류분권리자를 해함을 안 때에는 양수인에 대하여도 그 재산의 반환을 청구할 수 있다**고 보아야 할 것이다."(대법원 2002. 4. 26. 선고 2000다8878 판결)

따라서 귀하의 질문에 위와 같은 판례를 대입해 보면 조카가 귀하의 유류분 침해 사실을 알고 그 빌라를 증여받은 것으로 보이는 경우에는 조카를 상대로 직접 유류분반환을 요구할 수 있습니다. 물론 오빠에게도 반환을 청구할 수 있습니다.

만일 오빠에게 유류분을 청구하면 증여부동산을 보유하고 있지 않으므로 그때는 금전으로 청구할 수 있습니다. 반면에 조카에게 유류분청구를 한다면 조카가 그 부동산을 오빠가 어머니에게 증여받을 당시 그대로 소유하고 있는 경우에 만일 조카가 지분으로 반환한다고 할 경우 원물인 부동산지분으로 증여받게 됩니다.

그러므로 누구를 상대로 유류분반환청구소송을 할지의 여부는 반환방법과 반환의 가능 여부를 먼저 판단해 보아야 할 것입니다.

또한 어느 경우든 유류분반환청구의 대상인 증여부동산은 증여시점의 시가를 기준으로 하지 않고 어머니가 사망할 당시의 시가(상속개시 시가 원칙)를 기준으로 합니다.

따라서 귀하는 어머니의 사망일을 기준으로 하는 시가의 4분의 1에 대한 반환청구를 할 수 있는데, 만일 금전으로 청구하는 경우에는 현재의 시가(사실심변론종결시)를 다시 반영하게 됩니다.

이외에 보다 자세한 것은 아버님의 제적등본, 기본증명서, 어머니의 기본증명서, 가족관계증명서, 오빠에게 증여된 빌라의 부동산등기부등본, 만일 어머니의 사망 당시 남은 재산이 있었다면 해당 재산의 내역을 확인할 수 있는 자료, 귀하가 어머니로부터 증여를 받은 재산이 있다면 해당 재산을 증명할 수 있는 자료 등을 준비해서 방문상담을 받아보시기 바랍니다.

※ 판례

"반환의무자는 통상적으로 증여 또는 유증 대상 재산 자체를 반환하면 될 것이나 원물반환이 불가능한 경우에는 가액상당액을 반환할 수밖에 없다."(대법원 2013. 3. 14. 선고 2010다42624,42631 판결)

“다만 증여 이후 수증자나 수증자로부터 증여재산을 양수받은 사람이 자기의 비용으로 증여재산의 성상(성상) 등을 변경하여 상속개시 당시 그 가액이 증가되어 있는 경우, 유류분 부족액을 산정할 때 기준이 되는 증여재산의 가액에 관해서는 위와 같이 변경된 성상 등을 기준으로 증여재산의 상속개시 당시 가액을 산정하면 유류분권리자에게 부당한 이익을 주게 되므로, 그와 같은 변경이 있기 전 증여 당시의 성상 등을 기준으로 상속개시 당시 가액을 산정해야 한다.” (대법원 2022. 2. 10. 선고 2020다250783 판결)

사 례

유류분부족액 계산방식

Questions ■ ■ ■

변호사님 유류분계산? 유류분산정? 유류분액? 유류분부족액? 유류분침해액? 유류분반환액? 용어가 어렵네요.

실제 유류분반환청구소송에서 반환받는 유류분은 어떻게 계산되나요? 쉽게 설명해주세요

Answers ■ ■ ■

안녕하세요. 유류분전문 법무법인 천명 대표변호사 경태현입니다.

유류분반환청구소송에서 "유류분액"과 "유류분부족액"을 명확히 구분해야 합니다. "유류분액"은 상속인이 유류분산정의 기초재산(증여, 유증, 상속)에서 최소한 보장받아야 할 금액을 의미합니다.
반면에 실무적으로 유류분반환청구소송에서 실제 반환받는 부분을 "유류분부족액" "유류분침해액" "유류분반환액"이라고 합니다.

따라서, 유류분반환청구소송에서는 "유류분액"에서 해당 상속인이 증여, 유증, 상속받은 부분을 공제한 "유류분부족액"을 실제 반환받는 것이 핵심이 됩니다.

민법 및 대법원 판례에 의한 유류분부족액 산정방식(유류분부족액 계산방식)은 아래와

갈습니다.

유류분 부족액

= [유류분산정의 기초가 되는 재산액(A)×당해 유류분권자의 유류분율(B)]

- 당해 유류분권자의 특별수익액(C) - 당해 유류분권자의 순상속액(D)

A = 적극적 상속재산[1]+증여액[2] - 상속채무액

B = 피상속인의 직계비속, 배우자는 그 법정상속분의 1/2[3]

C = 당해 유류분권자의 수증액+수유액

D = 당해 유류분권자가 상속에 의하여 얻는 재산액[4] - 상속채무 분담액

※ 민법

제1113조(유류분의 산정)

① 유류분은 피상속인의 상속개시시에 있어서 가진 재산의 가액에 증여재산의 가액을 가산하고 채무의 전액을 공제하여 이를 산정한다.

② 조건부의 권리 또는 존속기간이 불확정한 권리는 가정법원이 선임한 감정인의 평가에 의하여 그 가격을 정한다.

[본조신설 1977. 12. 31.]

제1114조(산입될 증여)

증여는 상속개시 전의 1년간에 행한 것에 한하여 제1113조의 규정에 의하여 그 가액을 산정한다. 당사자 쌍방이 유류분권리자에 손해를 가할 것을 알고 증여를 한 때에는 1년전에 한 것도 같다.

[본조신설 1977. 12. 31.]

1) 적극적 상속재산은 유언재산(유증)과 유언없는 상속재산의 합계입니다.
2) 상속분의 선급인 특별수익에 해당하는 증여를 의미합니다.
3) 피상속인의 직계존속의 경우 법정상속분의 1/3
4) 유언없는 상속재산에 대해서 법정상속분으로 단순계산한 것이 아니라 공동상속인 전원의 특별수익을 합산해서 계산한 구체적 상속분액을 의미합니다.

※ 판례

유류분액은 피상속인의 상속개시 시점 당시의 적극재산 전체의 가액에 그가 증여한 재산의 가액을 더하고 그중에서 피상속인이 상속개시 시점에 부담하고 있었던 채무의 전액을 공제하여 유류분산정의 기초가 되는 재산액을 확정한 후(민법 제1113조 제1항), 민법 제1112조에 정해진 유류분의 비율을 곱하여 유류분권리자의 '유류분액'을 산정하고, 유류분권리자가 실제 반환을 청구할 수 있는 '유류분부족액'은 '유류분액'에서 유류분권리자가 받은 '특별수익액'과 '순상속분액'을 공제하는 방법으로 산정하는데, '순상속분액'은 특별수익을 고려한 '구체적인 상속분'에서 유류분권리자가 부담하는 '상속채무'를 공제하여 산정한다(대법원 2021. 8. 19. 선고 2017다235791 판결등 참조).

사 례

토지보상금에 대한 유류분청구소송

Questions ■ ■ ■

아버지는 어머니와 결혼하기 전부터 할아버지를 모시고 살고 있습니다. 큰아버지가 있지만 사업을 해서 서울에서 살기 때문에 할아버지는 아버지가 모셨습니다. 그래서 할아버지도 아버지에게 땅을 증여해주셨습니다. 그런데 최근에 땅이 개발지역에 들어가서 보상금이 나온다고 합니다.

그러자 큰아버지와 고모들이 아버지께 자신들의 몫을 달라고 합니다. 그동안 할아버지와 할머니를 전부 저희 부모님에게 맡겨 놓고 있다가 할아버지가 준 땅이 값이 오르고 돈이 나온다고 하자 자기 몫을 내놓으라고 하는 건 아니라고 생각합니다.

이미 할아버지가 아버지에게 준 땅인데 다시 나눠야 하나요? 할아버지는 주지 말라고 하십니다. 그러나 큰아버지와 고모들은 주지 않으면 소송을 하겠다고 합니다. 만일 주지 않으면 소송도 가능한가요? 나중에 할아버지가 돌아가신 후에는 유류분반환청구소송을 할 것 같은데 다른 방법이 없나요?

Answers ■ ■ ■

안녕하세요. 유류분반환청구소송 법무법인 천명 대표변호사 경태현입니다. 오래전에 증여받은 토지가 개발되어 수용보상금이 나오게 되자 다른 상속인들이 자신들 몫의 상속분을 요구하는 것으로 보입니다.

원칙적으로 다른 자녀들은 현재 아무런 권리가 없습니다. 할아버지가 귀하의 아버지에게 어떤 재산을 사전에 증여했다고 하더라도 그것은 할아버지가 자신의 재산을 자신의 의사에 따라 처분한 것이므로 큰아버지와 고모들이 단지 자녀라는 이유만으로 그 결정을 번복하거나 뒤집을 수 없습니다. 따라서 할아버지 생존하는 동안에는 큰아버지나 고모들의 주장할 권리는 전혀 없습니다.

다만 할아버지가 돌아가시게 되면 그 후에는 유류분반환청구소송을 할 수 있습니다. 이때 반환의 대상이 되는 것은 해당 부동산에 대한 보상금입니다. 그러나 만일 할아버지에게 토지를 증여받은 후에 귀하의 아버지께서 토지를 용도변경하는 방법으로 가치를 올려놓았다면 보상금은 증여받을 당시의 상태를 기준으로 재산정해서 그 금액을 기준으로 아버님의 증여금액을 계산해야 할 것입니다.

또한 큰아버지나 고모들이 할아버지로부터 증여를 받은 재산이 있다면 그만큼은 유류분청구금액에서 공제될 것입니다. 기타 자세한 것은 관련 자료를 안내받아 준비하신 후에 방문상담을 해 주시기 바랍니다.

※ 민법

제1008조(특별수익자의 상속분)
공동상속인 중에 피상속인으로부터 재산의 증여 또는 유증을 받은 자가 있는 경우에 그 수증재산이 자기의 상속분에 달하지 못한 때에는 그 부족한 부분의 한도에서 상속분이 있다. 〈개정 1977. 12. 31.〉

제1115조(유류분의 보전)
① 유류분권리자가 피상속인의 제1114조에 규정된 증여 및 유증으로 인하여 그 유류분에 부족이 생긴 때에는 부족한 한도에서 그 재산의 반환을 청구할 수 있다.
② 제1항의 경우에 증여 및 유증을 받은 자가 수인인 때에는 각자가 얻은 유증가액의 비례로 반환하여야 한다.
[본조신설 1977. 12. 31.]

※ 판례

"다만 증여 이후 수증자나 수증자로부터 증여재산을 양수받은 사람이 자기의 비용으로 증여재산의 성상(성상) 등을 변경하여 상속개시 당시 그 가액이 증가되어 있는 경우, 유류분 부족액을 산정할 때 기준이 되는 증여재산의 가액에 관해서는 위와 같이 변경된 성상 등을 기준으로 증여재산의 상속개시 당시 가액을 산정하면 유류분권리자에게 부당한 이익을 주게 되므로, 그와 같은 변경이 있기 전 증여 당시의 성상 등을 기준으로 상속개시 당시 가액을 산정해야 한다." (대법원 2022. 2. 10. 선고 2020다250783 판결)

"민법 문언의 해석과 유류분 제도의 입법취지 등을 종합할 때 피상속인이 상속개시 전에 재산을 증여하여 그 재산이 유류분반환청구의 대상이 된 경우, 수증자가 증여받은 재산을 상속개시 전에 처분하였거나 수용되었다면 민법 제1113조 제1항에 따라 유류분을 산정함에 있어서 그 증여재산의 가액은 증여재산의 현실 가치인 처분 당시의 가액을 기준으로 상속개시까지 사이의 물가변동률을 반영하는 방법으로 산정하여야 한다.(대법원 2023. 5. 18.선고 2019다222867 유류분반환청구 참조)"

사례

유류분청구 시 부동산 재산평가

안녕하세요, 법무법인 천명의 경태현 대표변호사입니다.

유류분반환청구를 하려면 유류분산정기초재산을 평가하는 과정을 거쳐야 합니다. 반환청구의 대상이 현금이라면 비교적 수월하게 재산평가가 이루어지겠으나, 부동산이나 채권 등 현금이 아닌 경우라면 일정한 기준을 마련한 후 재산평가가 이루어져야 할 것입니다. 이 중 부동산에 대한 유류분반환청구가 이루어졌을 때 부동산 가치가 어떻게 산정되는지에 관해 질문 주신 내용이 있었습니다. 따라서 오늘은 이 질문에 대해 답변해보는 시간을 가져보도록 하겠습니다.

Questions ■ ■ ■

수고하십니다 변호사님. 유류분 관련하여 질문드리려 글 남기게 되었습니다.

얼마 전 아버지가 돌아가셨습니다. 아버지가 돌아가시기 전 형이 농지와 집을 아버지로부터 증여받았습니다.

여기에 대해 유류분반환청구를 하려는 데 부동산의 시가와 공시지가가 크게 차이가 납니다. 통상 평당 6만 원에 거래되는 토지가 개별공시지가에는 평당 1만 원으로 나옵니다. 아버지께서 증여하셨을 당시 가격을 알지 못합니다.

따라서 이 중 어느 가격을 기준으로 유류분반환청구가 이루어지는지 질문드리고자 합니다.

감사합니다.

Answers ■ ■ ■

귀하께서는 아버님이 돌아가시기 전 형에게 증여하신 논과 집에 대해 유류분반환청구를 준비 중이신 것 같습니다.

우선 부동산을 증여한 경우 유류분산정은 증여 당시가 아니라 상속개시를 기준으로 합니다. 따라서 증여 당시 가격은 고려하지 않으셔도 될 것으로 보입니다.

그렇다면 유류분산정기초재산을 공시지가를 기준으로 평가되는지 시가를 기준으로 평가되는지 궁금하실 것입니다. 원칙적으로 유류분산정에서 부동산 재산평가는 교환가치의 감정에 의하여야 합니다. 다시 말해 공시지가가 아닌 시가를 기준으로 산정하는 것입니다.

다만 여기에서 시가란 개별 중개업소의 호가를 의미하는 것은 아니고, 법원이 선임한 감정인에 의해 평가된 감정평가액에 따라 계산하게 됩니다. 이를 원하지 않으신다면 형과 협의를 거치셔서 시가를 결정할 수도 있지만 협의가 이루어지지 않는다면 법원 감정평가액을 기준으로 유류분이 계산될 것입니다.

오늘은 부동산에 대한 유류분반환청구에 관해 설명드렸습니다.

추가적으로, 유류분반환은 원물반환이 원칙입니다.

따라서 부동산의 경우 부동산 지분으로 반환하는 것이 원칙이겠지요. 다만 증여나 유증 이후 매각하거나 제3자의 저당권이 존재하는 등 원물반환이 불가능하거나 현저히 곤란한 상황이거나, 쌍방이 가액으로 유류분을 반환하는 것에 합의한 경우라면 가액반환도 가능하다는 것이 판례와 통설의 입장이라는 점을 알아두시면 되겠습니다.

※ 판례

"우리 민법은 유류분제도를 인정하여 제1112조부터 제1118조까지 이에 관하여 규정하면서도 유류분의 반환방법에 관하여 별도의 규정을 두고 있지 않으나, 증여 또는 유증대상 재산 그 자체를 반환하는 것이 통상적인 반환방법이라고 할 것이므로, 유류분 권리자가 원물반환의 방법에 의하여 유류분반환을 청구하고 그와 같은 원물반환이 가능하다면 달리 특별한 사정이 없는 이상 법원은 유류분권리자가 청구하는 방법에 따라 원물반환을 명하여야 한다"(대법원 2014. 2. 13. 선고 2013다65963 판결)

이와 같이 유류분액을 산정함에 있어 반환의무자가 증여받은 재산의 시가는 상속개시 당시를 기준으로 산정하여야 하고, 당해 반환의무자에 대하여 반환하여야 할 재산의 범위를 확정한 다음 그 원물반환이 불가능하여 가액반환을 명하는 경우에는 그 가액은 사실심 변론종결시를 기준으로 산정하여야 한다. (대법원 2005. 6. 23. 선고 2004다51887 판결)

"다만 증여 이후 수증자나 수증자로부터 증여재산을 양수받은 사람이 자기의 비용으로 증여재산의 성상(성상) 등을 변경하여 상속개시 당시 그 가액이 증가되어 있는 경우, 유류분 부족액을 산정할 때 기준이 되는 증여재산의 가액에 관해서는 위와 같이 변경된 성상 등을 기준으로 증여재산의 상속개시 당시 가액을 산정하면 유류분권리자에게 부당한 이익을 주게 되므로, 그와 같은 변경이 있기 전 증여 당시의 성상 등을 기준으로 상속개시 당시 가액을 산정해야 한다." (대법원 2022. 2. 10. 선고 2020다250783 판결)

사 례

부동산 지분이 아닌 가액으로 유류분을 반환할 경우 유류분계산

안녕하세요, 법무법인 천명의 경태현 대표변호사입니다.

유류분반환청구를 통해 유류분을 반환하게 되었다면 원물로 유류분반환을 하는 것이 원칙입니다. 물론 쌍방이 가액으로 반환하는 일에 합의하였거나, 원물반환을 할 수 없는 특별한 사정이 존재한다면 가액반환이 이루어질 수도 있으나 기본적으로는 원물반환이 원칙임을 알아두셔야 합니다. 따라서 부동산에 대한 유류분 반환청구의 경우 부동산 지분으로, 주식에 대한 반환청구의 경우라면 주식으로 반환을 하게 되는 것이지요.

다만 앞서 말씀드린 바와 같이 원물반환이 불가능하거나 현저히 곤란한 경우에는 가액반환이 이루어질 수 있습니다. 예를 들어 피상속인으로부터 증여받은 부동산을 이미 처분했거나, 제3자가 목적물에 관하여 저당권을 취득한 경우가 있을 수 있겠습니다. 이러한 경우 가액으로 반환하게 되는데, 이처럼 가액반환을 하게 된 경우라면 원물반환을 하는 경우와 반환가액이 달라질 수 있습니다.

오늘은 이 내용과 관련하여 질문 주신 내용에 관하여 설명해 드리도록 하겠습니다.

Questions ■ ■ ■

안녕하세요, 변호사님. 유류분 관련하여 질문 하나 드리고자 합니다.

저희 어머니께서 돌아가신 지 3년 정도 되었습니다.
그런데 어머니께서 돌아가신 지 6년 전(지금으로부터 9년 전) 큰형에게 집을 한 채 증여하셨다는 사실을 알게 되었습니다.

따라서 유류분반환청구를 하려고 하는데, 큰형이 어머니 사망 이후에 지금으로부터 1년 전에 그 집을 팔아버려서 집은 남아있지 않습니다.

이러한 경우 유류분은 어떻게 계산되나요?

어머니께서 증여하신 시점, 어머니께서 돌아가신 시점, 유류분소송이 끝난 시점 등 다양한 기준이 존재할 수 있을 것 같아서 많이 헷갈리는 상황입니다.

도움 주시면 감사하겠습니다.

Answers ■ ■ ■

귀하께서 제기하려 하시는 유류분반환청구소송의 목적 부동산이 이미 처분된 경우인 것으로 보입니다.

우선 유류분은 원칙상 원물로 반환해야 합니다. 따라서 목적물이 부동산인 경우 부동산 지분으로 반환해야 하는 것입니다. 다만 귀하의 경우와 같이 더 이상 원물반환이 불가능한 경우라면 법원은 가액반환을 명해야 할 것입니다.

원물반환을 하는 경우라면 상속개시 후 반환하여야 할 증여 목적물의 가액이 변동된다고 하더라도, 반환의무자는 상속개시 시를 기준으로 확정된 범위의 원물을 반환하여야 합니다. 따라서 상속개시 후 증여 목적물의 가격 상승 또는 하락에 따른 이익과 위험은 유류분권리자가 부담하게 됩니다. 원물반환을 한다면 목적물의 가액이 상속개시 후에 변동된다고 하더라도 상속개시 당시를 기준으로 유류분반환범위를 정하게 되는 것이지요.

하지만 가액반환을 하게 된다면 위와 다릅니다. 원물반환이 불가능하여 가액반환을 하게 되는 경우에는 사실심 변론종결시를 기준으로 하여 반환가액을 산정하게 됩니다.

따라서 귀하께서 유류분반환청구소송을 제기하신다면, 사실심 변론종결시(재판 당시 현재)의 부동산 가치를 기준으로 가액을 산정하여 유류분을 반환받게 될 것입니다.

※ 민법

제1113조(유류분의 산정)

① 유류분은 피상속인의 상속개시시에 있어서 가진 재산의 가액에 증여재산의 가액을 가산하고 채무의 전액을 공제하여 이를 산정한다.

② 조건부의 권리 또는 존속기간이 불확정한 권리는 가정법원이 선임한 감정인의 평가에 의하여 그 가격을 정한다.

[본조신설 1977. 12. 31.]

※ 판례

"우리 민법은 유류분제도를 인정하여 제1112조부터 제1118조까지 이에 관하여 규정하면서도 유류분의 반환방법에 관하여 별도의 규정을 두고 있지 않으나, 증여 또는 유증대상 재산 그 자체를 반환하는 것이 통상적인 반환방법이라고 할 것이므로, 유류분 권리자가 원물반환의 방법에 의하여 유류분반환을 청구하고 그와 같은 원물반환이 가능하다면 달리 특별한 사정이 없는 이상 법원은 유류분권리자가 청구하는 방법에 따라 원물반환을 명하여야 한다"(대법원 2014. 2. 13. 선고 2013다65963 판결)

이와 같이 유류분액을 산정함에 있어 반환의무자가 증여받은 재산의 시가는 상속개시 당시를 기준으로 산정하여야 하고, 당해 반환의무자에 대하여 반환하여야 할 재산의 범위를 확정한 다음 그 원물반환이 불가능하여 가액반환을 명하는 경우에는 그 가액은 사실심 변론종결시를 기준으로 산정하여야 한다. (대법원 2005. 6. 23. 선고 2004다51887 판결)

다만, 증여부동산이 상속개시 전에 처분되거나 수용된 경우에 유류분 가액반환범위에 대해서

대법원은 최근 "민법 문언의 해석과 유류분 제도의 입법취지 등을 종합할 때 피상속인이 상속개시 전에 재산을 증여하여 그 재산이 유류분반환청구의 대상이 된 경우, 수증자가 증여받은 재산을 상속개시 전에 처분하였거나 수용되었다면 민법 제1113조 제1항에 따라 유류분을 산정함에 있어서 그 증여재산의 가액은 증여재산의 현실 가치인 처분 당시의 가액을 기준으로 상속개시까지 사이의 물가변동률을 반영하는 방법으로 산정하여야 한다.(대법원 2023. 5. 18.선고 2019다222867 유류분반환청구 참조)"라고 판시하여 유류분액산정시 증여재산의 현실 가치인 처분 당시의 가액을 기준으로 상속개시까지 사이의 물가변동률을 반영하는 방법으로 증여재산의 가액을 산정하도록 하였습니다.

사 례

유류분계산에서 공제될 상속채무 인정여부

(증여세, 상속세, 취득세, 양도세 등)

Questions ■ ■ ■

변호사님 제가 현재 유류분청구소송을 진행하려고 합니다.

피고가 대다수 재산을 부친으로부터 받았는데 사전증여재산과 유언재산 모두 있는 상황입니다. 그리고 증여 당시 증여세, 취득세 그리고 임대차 보증금과 근저당채무가 있었으며, 증여받은 이후 부동산을 매매한 것도 있는데 여기에 양도세, 중개수수료가 소요되었다고 합니다.

또한 상속개시 이후 장례비, 카드값, 취득세, 상속세 등 모두 있습니다.

유류분을 계산하기 위해서는 상속채무를 공제해야 하는데 어느 범위까지 인정되나요?

Answers ■ ■ ■

안녕하세요. 유류분전문변호사 경태현 변호사입니다.

실무상 유류분액과 유류분침해액(유류분부족액과 동일개념)은 전혀 다릅니다. 유류분액은 유류분산정의 기초재산에 유류분비율을 곱한 금액이고, 실제 유류분반환청구소송에서 반환받는 부분은 "유류분침해액"입니다.

아래에서는 "유류분침해액"의 계산방식을 살펴보도록 하고 세부항목으로 "공제될 상속채무의 범위"에 대해서 살펴보도록 하겠습니다.

현행 민법 및 대법원 판례(서울지법 1999. 3. 31. 선고 97가합20231 판결과 대법원 판례 등 다수)에 따라 인정되는 유류분침해액 산정의 기본식은 아래의 계산 방법과 같고, 이에 따라 유류분반환청구소송에서 원고의 부족액이 산정되어야 합니다.

유류분침해액= 유류분 산정의 기초가 되는 재산액(A)×당해 유류분권자의 유류분의 비율(B)– 당해 유류분권자의 특별수익액(C) – 당해 유류분권자의 구체적 상속분(D)

A = 적극상속재산(유증액 포함)+증여액 – 상속채무액

B = 피상속인의 직계비속은 그 법정상속분의 1/2

C = 당해 유류분권자의 수증액+수유액

D = 당해 유류분권자가 상속에 의하여 얻는 재산액 – 상속채무액

● **상속채무액**

유류분부족액을 계산할 때 상속채무액이 공제되어야 합니다.

상속채무는 "피상속인 사망 당시" 존재하는 피상속인의 일체의 채무를 의미합니다. 일체의 채무에는 사법상의 채무(대여금, 카드값 등), 공법상 채무인 조세(세금), 벌금, 과태료 등을 모두 포함됩니다.

다만, 아래에서 보는 바와 같이 상속채무로 볼 것인지 문제가 되는 쟁점이 있습니다.

1. 증여세, 증여부동산 등기비용(취득세, 등록세 등), 양도소득세, 중개수수료

피상속인으로부터 생전에 증여받음으로써 부담한 증여세, 증여부동산 등기비용(취득세, 등록세 등) 그리고 증여받은 부동산을 매매함으로써 발생된 양도소득세, 중개수수료 등은 피상속인의 생전에 이미 증여받은 유류분반환의무자의 고유채무로서 사망 당시 존재하는 상속채무라고 볼 수 없으므로 공제할 수 없다고 판례는 판시하고 있습니다.

2. 상속세, 상속부동산 등기비용(취득세,등록세 등), 장례비

판례는 피상속인 사망 이후에 지출된 비용으로서 사망 당시 존재하는 상속채무라고 볼 수 없으므로 공제할 수 없다고 판시하고 있습니다.

3. 건축법위반과 그에 따른 이행강제금

대법원은 건축법위반에 따른 이행강제금은 피상속인에게 부과된 일신전속적 성질에 해당하

는 상속인에게 승계될 수 없는 상속채무라 할 수 없다고 판시하고 있습니다.

4. 증여부동산과 유증부동산에 존재하는 임대차보증금, 대출금채무

대법원은 "유언자가 부담부 유증을 하였는지는 유언에 사용한 문언 및 그 외 제반 사정을 종합적으로 고려하여 탐구된 유언자의 의사에 따라 결정되어야 하는데, 유언자가 임차권 또는 근저당권이 설정된 목적물을 특정유증하였다면 특별한 사정이 없는 한 유증을 받은 자가 그 임대보증금반환채무 또는 피담보채무를 인수할 것을 부담으로 정하여 유증하였다고 볼 수 있다.(대법원 2022. 1. 27. 선고 2017다265884 판결)"라고 판시하면서 이를 상속채무로 보지는 않습니다. 다만, 이런 경우 유류분계산에서 "부담부증여" 혹은 "부담부유증"으로서 증여가액 또는 유증가액에서 임대차보증금부분 또는 피담보채무를 공제해서 유류분계산을 해야 할 것입니다.

※ 민법

제1113조(유류분의 산정) ① 유류분은 피상속인의 상속개시시에 있어서 가진 재산의 가액에 증여재산의 가액을 가산하고 채무의 전액을 공제하여 이를 산정한다.
② 조건부의 권리 또는 존속기간이 불확정한 권리는 가정법원이 선임한 감정인의 평가에 의하여 그 가격을 정한다.
[본조신설 1977. 12. 31.]

※ 판례

민법 제1113조 제1항은 "유류분은 피상속인의 상속개시시에 있어서 가진 재산의 가액에 증여재산의 가액을 가산하고 채무의 전액을 공제하여 이를 산정한다."라고 규정하고 있다. 이때 공제되어야 할 채무란 상속채무, 즉 피상속인의 채무를 가리키는 것이고, 여기에 상속세, 상속재산의 관리ㆍ보존을 위한 소송비용 등 상속재산에 관한 비용은 포함되지 아니한다(대법원 2015. 5. 14. 선고 2012다21720 판결)

사례

유증된 부동산에 전세보증금이 존재한다면 유류분계산

안녕하세요, 법무법인 천명의 경태현 대표변호사입니다.

상속인의 유류분을 산정하기 위해서는 그 기준이 되는 기초재산을 정확하게 파악하는 일이 중요합니다. 유류분 산정 기초재산을 정확하게 파악해야지만 유류분 산정과정에서 상속인에게 발생할 수 있는 불이익을 피할 수 있기 때문이지요.

오늘의 주제는 유증아파트에 전세보증금이 존재하는 경우 유류분 계산방법에 대해 질문 주신 내용입니다. 오늘의 주제와 같이 부동산의 경우 임대차 혹은 시가 등과 관련해서 문제 될 수 있는 요소가 상당수 존재합니다. 오늘 소개해드릴 내용을 잘 읽어보시고 이와 유사한 문제가 있으시다면 저 경태현 변호사가 대표로 있는 법무법인 천명의 도움을 받아보시길 권해드립니다.

Questions ■ ■ ■

안녕하십니까 변호사님.

유류분과 관련해서 전문가의 도움을 받고자 이렇게 글을 남기게 되었습니다.

현재 사정 전부를 구체적으로 남기는 것은 적절치 않은 것 같아서 핵심만 여쭈어보겠습니다. 예를 들어, 상속인 A가 가액 7억 원의 빌라를 유증받았다고 하겠습니다. 이때 이 빌라에는 상속개시 전부터 지금까지 임차인이 4억 원의 전세보증금으로 거주하고 있습니다. 임대차 계약은 적법하고 공인중개사무소에서 계약과 실거래가 신고 등 모든 절차가 다 이루어졌다고 가정하겠습니다.

이때 유류분 금액을 계산한다고 하면,

1) 아파트 시가 7억 원에서 전세보증금 4억 원을 뺀 3억 원을 기준으로 유류분을 계산하나요?

2) 아파트의 가액인 7억 원을 기준으로 계산하나요?

답변 기다리고 있겠습니다. 감사합니다.

Answers ■ ■ ■

귀하께서는 유증아파트에 전세보증금이 존재하는 경우 유류분계산 방법을 궁금해하시는 것 같습니다.

우선 위 경우는 7억 원의 아파트를 유증받았는데 4억 원의 전세보증금이 존재하는 경우입니다. 유류분은 기본적으로 유류분 산정 기초재산에 유류분비율을 곱해서 산정됩니다. 자세한 유류분 산정방식이 궁금하시다면 아래 정리된 내용을 참고하셔도 좋습니다.

{유류분 부족액 = 유류분 산정의 기초재산(A)×당해 유류분권리자의 유류분율(B) - 당해 유류분권리자의 특별수익액(C) - 당해 유류분권리자의 순상속액(D)A = 적극적 상속재산+증여재산 - 상속채무B = 법정상속분×유류분비율C = 당해 유류분권리자의 수증액+수유액D = 당해 유류분권리자가 상속에 의해 얻은 적극재산 - 상속채무분담액}

따라서 보증금채무가 존재하지 않는다고 한다면, 부동산 가액인 7억 원에 유류분 비율을 곱하여 계산한 값을 통해 유류분을 산정하게 됩니다. 하지만 보증금채무가 존재한다면 이를 부동산가액에서 공제하여 계산해야 하는지 여부가 문제 됩니다.

이와 관련하여 대법원은 "유언자가 부담부 유증을 하였는지는 유언에 사용한 문언 및 그 외 제반 사정을 종합적으로 고려하여 탐구된 유언자의 의사에 따라 결정되어야 하는데, 유언자가 임차권 또는 근저당권이 설정된 목적물을 특정유증하였다면 특별한 사정이 없는 한 유증을 받은 자가 그 임대보증금반환채무 또는 피담보채무를 인수할 것을 부담으로 정하여 유증하였다고 볼 수 있다.(대법원 2022. 1. 27. 선고 2017다265884 판결)"라고 판시하고 있습니다.

따라서 특별한 사정이 있는 경우가 아니라면 유증 받은 자가 임대보증금반환채무 또는 피담보채무를 인수할 것을 부담으로 정하여 유증하였다고 보는 것이 옳습니다.

귀하의 경우도 마찬가지로 특별한 사정이 없다면 시가 7억 원에서 전세보증금 4억 원을 공제한 3억 원이 유류분 계산의 기초자산이 되고 여기에 유류분비율을 곱해서 유류분을 계산하시면 됩니다.

오늘 소개해드린 대법원 판례를 보시면 '특별한 사정'이라는 내용이 포함되어 있습니다. 특별한 사정이 있는지 여부에 따라 재판결과가 달라질 수 있음을 알 수 있습니다. 판례를 읽다 보면 이러한 판시가 상당수 존재함을 확인하실 수 있습니다. 하지만 이렇게 특수한 사정이 있는가 없는가를 전문가가 아닌 일반인의 입장에서 파악하는 것은 어려운 일입니다. 따라서 상속, 유언, 유류분 등 법률적인 문제를 겪고 계신다면 반드시 고도의 전문성을 갖춘 상속전문변호사의 도움을 받아보시길 권해드립니다.

※ 민법

제1113조(유류분의 산정) ① 유류분은 피상속인의 상속개시시에 있어서 가진 재산의 가액에 증여재산의 가액을 가산하고 채무의 전액을 공제하여 이를 산정한다.
② 조건부의 권리 또는 존속기간이 불확정한 권리는 가정법원이 선임한 감정인의 평가에 의하여 그 가격을 정한다.
[본조신설 1977. 12. 31.]

사례

유증부동산에 임대차보증금과 근저당대출금이 있는 경우 유류분계산

Questions ■ ■ ■

모친이 최근 돌아가셨습니다. 모친 자녀는 형과 저 2명입니다.
모친 소유 아파트 시세 10억 원가량이 있는데 유언공증을 통해서 형이 전부 취득했습니다.

저는 유류분청구소송을 변호사님에게 의뢰하려고 합니다. 그런데 궁금한 것이 있습니다.

아파트 어머니가 임대 놓은 임대보증금 3억과 채무자가 어머니로 된 근저당 대출금 1억이 있습니다. 유증받은 부동산에 임대차보증금과 근저당대출금이 있는 경우 유류분계산은 어떻게 해야 하나요?

유증부동산 가액을 10억 원으로 하고 임대보증금 3억 원과 근저당 대출금 1억 원을 상속채무로 계산해야 하나요?

아니면 유증부동산 가액을 10억 원에서 임대보증금 3억 원과 근저당 대출금 1억 원을 공제한 6억 원으로 하고 상속채무는 없는 것으로 계산해야 하나요?

Answers ■ ■ ■

안녕하세요. 유류분반환청구소송 법무법인 천명 대표변호사 경태현입니다.

어머님의 상속인들은 형과 귀하 2명이고 법정상속분은 각 1/2지분씩입니다.

그리고 유류분은 법정상속분의 절반이므로 각 1/4지분씩입니다.

그런데 어머니의 유일한 아파트 재산을 형님이 유언공증으로 단독 취득한 것으로 보입니다. 이런 경우 귀하는 유증재산의 1/4에 해당하는 유류분을 청구할 수 있습니다.

다만, 사안처럼 유증부동산에 임대차보증금 혹은 근저당채무가 있는 경우에서 유류분계산 방식이 문제가 됩니다.

그동안의 하급심 법원 판결에서는 아래와 같이 2가지로 판단한 바 있습니다.

1) 유증부동산 가액을 임대차보증금, 근저당채무를 공제하지 않은 그 자체로 하고 임대차보증금, 근저당채무는 상속채무로 구성한 판결

2) 유증부동산 가액을 임대차보증금, 근저당채무를 공제한 순자산가액을 유증가액으로 구성하고 상속채무는 없는 것으로 한 판결(부담부 유증으로 구성한 판결)

최근 대법원 판례(대법원 2022. 1. 27. 선고 2017다265884 판결) 에 의하면 2)로 구성하고 있는바, 앞으로 2)의 태도로 하급심 판결도 모두 정리될 것으로 보입니다.

다만, 유증에 대한 판결로서 "증여"에도 곧바로 이와 같은 논리가 적용될 것인지는 앞으로 충분한 논의와 대법원 및 하급심 판결이 쌓여야 할 것으로 보입니다.

보다 구체적인 것은 아래 자료를 지참해서 방문상담을 받아보시길 바랍니다.

- 아버지의 제적등본, 기본증명서, 가족관계증명서, 혼인관계증명서, 주민등록말소자초본
- 본인의 기본증명서, 가족관계증명서, 주민등록초본
- 증여된 부동산등기부등본과 임대차계약서, 유증된 부동산등기부등본

※ 판례

유언자가 자신의 재산 전부 또는 전 재산의 비율적 일부가 아니라 일부 재산을 특정하여 유증한 특정유증의 경우에는, 유증 목적인 재산은 일단 상속재산으로서 상속인에게 귀속되고 유증을 받은 자는 유증의무자에 대하여 유증을 이행할 것을 청구할 수 있는 채권을 취득하게 된다(대법원 2010. 12. 23. 선고 2007다22859 판결 등 참조). 유언자가 임차권 또는 근저당권이 설정된 목적물을 특정유증하면서 유증을 받은 자가 그 임대차보증금반환채무 또는 피담보채무를 인수할 것을 부담으로 정한 경우에도 상속인이 상속개시시에 유증 목적물과 그에 관한 임대차보증금반환채무 또는 피담보채무를 상속하므로 이를 전제로 유류분 산정의 기초가 되는 재산액을 확정하여 유류분액을 산정하여야 한다. 이 경우 상속인은 유증을 이행할 의무를 부담함과 동시에 유증을 받은 자에게 유증 목적물에 관한 임대차보증금반환채무 등을 인수할 것을 요구할 수 있는 이익 또한 얻었다고 할 수 있으므로, 결국 그 특정유증으로 인해 유류분권리자가 얻은 순상속분액은 없다고 보아 유류분 부족액을 산정하여야 한다. 나아가 위와 같은 경우에 특정유증을 받은 자가 유증 목적물에 관한 임대차보증금반환채무 또는 피담보채무를 임차인 또는 근저당권자에게 변제하였다고 하더라도 상속인에 대한 관계에서는 자신의 채무 또는 장차 인수하여야 할 채무를 변제한 것이므로 상속인에 대하여 구상권을 행사할 수 없다고 봄이 타당하다. 위와 같은 법리는 유증 목적물에 관한 임대차계약에 대항력이 있는지 여부와 무관하게 적용된다.

한편 유언자가 부담부 유증을 하였는지 여부는 유언에 사용한 문언 및 그 외 제반 사정을 종합적으로 고려하여 탐구된 유언자의 의사에 따라 결정되어야 하는데(대법원 2003. 5. 27. 선고 2000다73445 판결 등 참조), 유언자가 임차권 또는 근저당권이 설정된 목적물을 특정유증하였다면 특별한 사정이 없는 한 유증을 받은 자가 그 임대보증금반환채무 또는 피담보채무를 인수할 것을 부담으로 정하여 유증하였다고 볼 수 있다(대법원 2022. 1. 27. 선고 2017다265884 판결)

사 례

임대차보증금, 근저당대출금이 있는 경우 부동산지분 유류분계산

Questions ■ ■ ■

최근 부친이 돌아가셔서 유류분청구소송을 계획 중입니다. 아마도 변호사님에게 부탁해야 할 것 같습니다.

부친 자녀들은 2남 2녀이고 저희들은 딸들입니다. 모친은 3년 전에 먼저 돌아가셨고요.

부친께서 12년 전에는 1남에게 상가건물을 증여하셨고, 8년 전에는 2남에게 단독주택을 증여하셨습니다. 저희들 딸들에게는 야속하게도 아무것도 주지 않으셨습니다.

저희들은 상가건물과 단독주택에 부동산지분으로 반환받고 싶은데요

궁금한 것이 있습니다. 아버지가 보유했던 상가건물과 단독주택에는 세입자들의 임대차보증금, 전세금, 근저당대출금이 있었습니다.

저희들이 생각하기에는 유류분 반환받는 지분만큼 부동산에 딸려 있는 임대보증금, 전세금과 근저당을 책임지게 되는 것 같은데 맞나요?

아니면 아들들이 임대차보증금, 전세금과 대출금을 부담하지 않아도 되나요?
인터넷에 찾아보니 너무 달라서 헷갈리네요. 경태현 변호사님이 최고 전문가이신 것 같아 문의드립니다. 그리고 조속한 시일 내에 찾아뵐 예정인데 어떤 서류를 준비해야 하나요?

자세히 상담 부탁드립니다.

Answers ■ ■ ■

안녕하세요. 유류분소송 법무법인 천명 대표변호사 경태현입니다.

아버지의 상속인들은 4남매이므로 법정상속분은 각 1/4지분씩이고, 유류분은 그 절반인 각 1/8지분씩입니다.

아버지께서 1남에는 상가건물, 2남에게는 단독주택을 미리 증여하였는데 그 증여 당시 부동산들에 임대차보증금, 전세금, 근저당대출금 등이 존재할 경우 유류분계산이 문제됩니다.

최근 대법원 판례에 의하면 증여부동산 혹은 유증부동산에 임대차보증금, 전세금, 근저당대출금 등은 특별한 사정이 없는 한 부담부증여, 부담부유증으로 판단되어 피고가 전부 부담하고 유류분소송의 피고 특별수익액을 계산할 때 해당 부동산가액에서 임대차보증금, 대출금을 공제하고 계산하게 됩니다.

결국 이런 경우 증여 당시의 임대차보증금과 근저당대출금은 피고 측이 전부 부담하는 것이 맞습니다(물론 증여 이후 피고가 추가로 받은 임대차보증금, 전세금, 근저당대출금은 당연히 피고의 단독부담이 됩니다).

다만, 유류분계산을 위와 같이 하고 부동산지분으로 유류분을 반환받을 경우 구체적인 부동산지분계산이 정확한지 반드시 체크해야 합니다.

즉, 유류분을 부동산지분으로 판결을 받은 경우 1) 그 판결문에 임대차보증금과 대출금을 누가 부담하는지 여부와 더불어 2) 임대차보증금과, 대출금을 공제하지 않는 부동산가액을 분모로 하고 귀하의 유류분지분을 분자로 한 유류분액이 계산되었는지를 확인해서 실제 유류분액을 확인해야 할 것입니다.

보다 자세한 유류분소송 등을 위해선 아래 자료를 지참해서 방문상담을 해주시길 바랍니다.

- 아버지 제적등본, 기본증명서, 가족관계증명서, 혼인관계증명서, 주민등록말소자초본
- 1남, 2남에게 증여된 부동산등기부등본 전부

※ 판례

"유언자가 임차권 또는 근저당권이 설정된 목적물을 특정유증하면서 유증을 받은 자가 그 임대차보증금반환채무 또는 피담보채무를 인수할 것을 부담으로 정한 경우 상속인이 상속개시 시에 유증 목적물과 그에 관한 임대차보증금반환채무 또는 피담보채무를 상속하므로 이를 전제로 유류분 산정의 기초가 되는 재산액을 확정하여 유류분액을 산정하여야 한다. 나아가 부담부유증의 경우 유증 전체의 가액에서 부담의 가액을 공제한 차액 상당을 유증 받은 것으로 보아 유류분반환범위를 정하여야 한다."(대법원 2022. 9. 29. 선고 2022다203583 판결)

한편 유언자가 부담부 유증을 하였는지 여부는 유언에 사용한 문언 및 그 외 제반 사정을 종합적으로 고려하여 탐구된 유언자의 의사에 따라 결정되어야 하는데(대법원 2003. 5. 27. 선고 2000다73445 판결 등 참조), 유언자가 임차권 또는 근저당권이 설정된 목적물을 특정유증하였다면 특별한 사정이 없는 한 유증을 받은 자가 그 임대보증금반환채무 또는 피담보채무를 인수할 것을 부담으로 정하여 유증하였다고 볼 수 있다(대법원 2022. 1. 27. 선고 2017다265884 판결)

사례

증여와 유언이 모두 있는데 유류분계산

Questions ■ ■ ■

저의 부친이 최근에 돌아가셔서 유류분소송문제가 발생되었습니다.

저희 집은 3형제고 어머님은 이미 5년 전에 돌아가셨습니다.
모두 아들이고 제가 셋째입니다.
부친은 생전에 5억 건물과 2.5억 건물을 보유하고 계셨습니다.

5억 건물은 살아생전인 2012년도에 셋째인 저에게 증여해주셨고, 나머지 2.5억 건물은 유언공증을 하셔서 첫째와 둘째에게 절반씩 상속하셨습니다.

그런데 최근 첫째와 둘째가 셋째인 저를 상대로 유류분청구소송을 하였습니다.
저는 첫째와 둘째를 상대로 유류분청구소송을 하지는 않았습니다.
이때 저도 유류분청구소송을 할 수 있나요?

그리고 궁금합니다. 제가 형들에게 유류분을 줘야 하나요?
또 유류분계산은 어떻게 하나요?
마지막으로 소장을 받은 지 10일 정도 지났는데 변호사님에게 의뢰하려면 어떻게 해야 하나요?

Answers ■ ■ ■

안녕하세요. 증여 유언 유류분계산 법무법인 천명 대표변호사 경태현입니다.
부친의 상속인들이 3명의 자녀라면 법정상속분은 각 1/3지분씩이고, 유류분은 그 절반인 각 1/6지분씩입니다.

유류분계산의 기초재산에는 증여재산과 유증재산을 전부 합산합니다.

1. 유류분계산의 기초재산 : 7억 5000만 원(= 증여 5억 원+유증 2억 5000만 원)
2. 1인당 유류분액 1억 2500만 원(7억 5000만 원/6)
3. 각자 유류분 부족액 : 없음

첫째, 둘째는 유증을 통해서 각자 1.25억 원을 받았으므로 유류분만큼 상속받아 유류분 부족액이 없습니다.
셋째는 자신의 유류분액 이상을 증여받았으므로 당연히 유류분 부족액이 없습니다.

보다 구체적이고 자세한 상담은 아래 자료를 지참해서 방문상담을 해주시길 바랍니다.

- 유류분소장
- 귀하와 형들이 증여 또는 유증받은 부동산등기부등본
- 기타 참고자료 일체

※ 민법

제1009조(법정상속분)

① 동순위의 상속인이 수인인 때에는 그 상속분은 균분으로 한다. 〈개정 1977. 12. 31., 1990. 1. 13.〉

② 피상속인의 배우자의 상속분은 직계비속과 공동으로 상속하는 때에는 직계비속의 상속분의 5할을 가산하고, 직계존속과 공동으로 상속하는 때에는 직계존속의 상속분의 5할을 가산한다. 〈개정 1990. 1. 13.〉

③ 삭제 〈1990. 1. 13.〉

제1112조(유류분의 권리자와 유류분)
상속인의 유류분은 다음 각호에 의한다.
1. 피상속인의 직계비속은 그 법정상속분의 2분의 1
2. 피상속인의 배우자는 그 법정상속분의 2분의 1
3. 피상속인의 직계존속은 그 법정상속분의 3분의 1
4. 피상속인의 형제자매는 그 법정상속분의 3분의 1
[본조신설 1977. 12. 31.][단순위헌, 2020헌가4, 2024.4.25, 민법(1977. 12. 31. 법률 제3051호로 개정된 것) 제1112조 제4호는 헌법에 위반된다.][헌법불합치, 2020헌가4, 2024.4.25, 민법(1977. 12. 31. 법률 제3051호로 개정된 것) 제1112조 제1호부터 제3호 및 제1118조는 모두 헌법에 합치되지 아니한다. 위 조항들은 2025. 12. 31.을 시한으로 입법자가 개정할 때까지 계속 적용된다.]

제1113조(유류분의 산정)
① 유류분은 피상속인의 상속개시시에 있어서 가진 재산의 가액에 증여재산의 가액을 가산하고 채무의 전액을 공제하여 이를 산정한다.
② 조건부의 권리 또는 존속기간이 불확정한 권리는 가정법원이 선임한 감정인의 평가에 의하여 그 가격을 정한다.
[본조신설 1977. 12. 31.]

제1115조(유류분의 보전)
① 유류분권리자가 피상속인의 제1114조에 규정된 증여 및 유증으로 인하여 그 유류분에 부족이 생긴 때에는 부족한 한도에서 그 재산의 반환을 청구할 수 있다.
② 제1항의 경우에 증여 및 유증을 받은 자가 수인인 때에는 각자가 얻은 유증가액의 비례로 반환하여야 한다.
[본조신설 1977. 12. 31.]

사 례

며느리와 손자, 손녀(제3자)에 대한 증여도 유류분청구를 할 수 있나요?

안녕하세요, 법무법인 천명의 경태현 대표변호사입니다.

피상속인이 공동상속인에게 행한 증여는 추후 상속과정에 지대한 영향을 미치게 됩니다. 유류분반환청구를 했을 시 유류분액을 계산하는 일에 해당 증여가 산입되기 때문이지요. 따라서 상속개시 이후 유류분으로 인한 분쟁이 발생할 것으로 예상되신다면 증여가 있었다는 증빙자료를 미리 준비해 두면 효과적일 것입니다.

오늘은 피상속인이 행한 증여 중 며느리와 손자, 손녀에게 한 증여가 있는 경우에 대해 설명 드리도록 하겠습니다.

Questions ■ ■ ■

안녕하세요 변호사님.
다름이 아니라 사전증여와 유류분 관련해서 질문이 있어서 글을 남깁니다.

저희 어머니께서 돌아가셔서 상속 및 유류분 문제 때문에 관련 정보를 찾아보던 중, 피상속인이 제3자에게 증여한 재산이 있는 경우 피상속인 사망 1년 이내에 이루어진 증여에 대해서만 유류분반환청구가 가능하다는 것을 보았습니다.

이때 제3자란 완전히 이해관계나 혈육관계가 없는 자를 말하는 것인가요?
피상속인의 며느리, 손자, 손녀는 여기에서 말하는 제3자에 포함되는 건가요?
제3자의 범위에 대해 완전히 이해하지 못해서 이렇게 질문드립니다.

답변 기다리도록 하겠습니다. 감사합니다.

Answers ■ ■ ■

귀하께서는 유류분계산에 산입되는 제3자에 대한 증여에 며느리, 손자, 손녀에 대한 증여가 포함되는지에 대해 궁금해하고 계신 것 같습니다.

우리 민법 제1114조 전문에서는 상속개시 전 1년, 다시 말해 피상속인이 사망하기 전 1년간에 행한 증여는 유류분계산에 산입된다고 규정하고 있습니다.

하지만 민법 제1118조와 제1008조에 따라 대법원 판례에 의하면 공동상속인에게 행한 증여는 그 시기에 상관없이 유류분계산에 산입되어 유류분반환청구의 대상이 됩니다.

대법원은 "**공동상속인 중에** 피상속인으로부터 재산의 생전 증여에 의하여 특별수익을 한 자가 있는 경우에는 **민법 제1114조의 규정은 그 적용이 배제된다고** 할 것이고, 따라서 **그 증여는 상속개시 1년 이전의 것인지 여부, 당사자 쌍방이 손해를 가할 것을 알고서 하였는지 여부에 관계없이** 유류분 산정을 위한 기초재산에 산입된다고 할 것이다."(대법원 1996. 2. 9. 선고 95다17885 판결)라고 판시하였습니다.

기본적으로 며느리와 손자, 손녀는 자녀가 살아있는 한 공동상속인이 되지 않습니다. 공동상속인이 아닌 며느리와 손자, 손녀는 제3자에 해당합니다. 위에 언급한 대로, 제3자에 대한 증여는 원칙적으로 피상속인이 사망하기 전 1년 이내의 증여만이 유류분반환청구의 대상이 됩니다. 따라서 며느리와 손자, 손녀에게 행한 증여 또한 사망 전 1년 이내에 행한 증여만이 유류분반환청구의 대상이 될 것입니다.

다만, 예외적으로 며느리와 손자, 손녀에게 사망 1년 이전에 행한 증여도 유류분반환청구의 대상이 되는 아래의 2가지 경우가 존재합니다.

첫째, 자녀의 신용불량이나 절세 등 다른 사정 때문에 제3자(며느리, 손자, 손녀)에게 증여했지만 사실상 자녀에게 증여한 것으로 간주할 수 있는 경우라면 비록 1년 이전에 행한 증여라도 유류분 반환청구의 대상이 될 수 있습니다.

이에 대해서 대법원은 "상속분의 산정에서 증여 또는 유증을 참작하게 되는 것은 원칙적으로 상속인이 유증 또는 증여를 받은 경우에만 발생하고, 그 상속인의 직계비속, 배우자, 직계존속이 유증 또는 증여를 받은 경우에는 그 상속인이 반환의무를 지지 않는다고 할 것이나, 증여 또는 유증의 경위, 증여나 유증된 물건의 가치, 성질, 수증자와 관계된 상속인이 실제 받은 이익 등을 고려하여 **실질적으로 피상속인으로부터 상속인에게 직접 증여된 것과 다르지 않다고 인정되는 경우에는 상속인의 직계비속, 배우자, 직계존속 등에게 이루어진 증여나 유증도 특별수익으로서 이를 고려할 수 있다**고 함이 상당하다. (대법원 2007년. 8.28.자 2006스3,4 결정)" 라고 하며 예외적으로 며느리, 손자, 손녀에게 1년 이전에 행한 증여도 유류분반환청구의 대상이 될 수 있음을 판시하고 있습니다.

둘째, 민법 제1114조 후문에 의해서 증여한 재산이 거의 유일한 재산이거나 재산의 대부분을 차지하는 경우에서 당사자 쌍방이 증여 당시에 유류분권리자에 손해를 가할 것을 알고 증여를 한 때에는 상속개시 1년 전에 한 것에 대하여도 제3자에(며느리, 손자, 손녀)에 대한 유류분반환청구가 허용됩니다.

대법원은 '공동상속인이 아닌 제3자에 대한 증여는 원칙적으로 상속개시 전의 1년간에 행한 것에 한하여 유류분반환청구를 할 수 있고, 다만 당사자 쌍방이 증여 당시에 유류분권리자에 손해를 가할 것을 알고 증여를 한 때에는 상속개시 1년 전에 한 것에 대하여도 유류분반환청구가 허용된다. 증여 당시 법정상속분의 2분의 1을 유류분으로 갖는 직계비속들이 공동상속인으로서 유류분권리자가 되리라고 예상할 수 있는 경우에, 제3자에 대한 증여가 유류분권리자에게 손해를 가할 것을 알고 행해진 것이라고 보기 위해서는, **당사자 쌍방이 증여 당시 증여재산의 가액이 증여하고 남은 재산의 가액을 초과한다는 점을 알았던 사정뿐만 아니라, 장래 상속개시일에 이르기까지 피상속인의 재산이 증가하지 않으리라는 점까지 예견하고 증여를 행한 사정이 인정되어야 하고, 이러한 당사자 쌍방의 가해의 인식은 증여 당시를 기준으로 판단하여야 한다**(대법원 2012.05.24. 선고 2010다

50809 판결).'라고 하여 예외적으로 며느리, 손자, 손녀에게 1년 이전에 행한 증여도 유류분반환청구의 대상이 될 수 있음을 판시하고 있습니다.

결론적으로 살펴보자면 기본적으로 피상속인이 사망하기 1년 이전에 며느리와 손자, 손녀에게 행한 증여는 유류분반환청구의 대상이 되지 않지만 예외적인 사정(2가지 경우)이 존재한다면 유류분반환청구에 대상이 될 수 있다라고 할 수 있습니다.

※ 민법

제1113조(유류분의 산정)

① 유류분은 피상속인의 상속개시시에 있어서 가진 재산의 가액에 증여재산의 가액을 가산하고 채무의 전액을 공제하여 이를 산정한다.

② 조건부의 권리 또는 존속기간이 불확정한 권리는 가정법원이 선임한 감정인의 평가에 의하여 그 가격을 정한다.

[본조신설 1977. 12. 31.]

제1114조(산입될 증여)

증여는 상속개시 전의 1년간에 행한 것에 한하여 제1113조의 규정에 의하여 그 가액을 산정한다. 당사자 쌍방이 유류분권리자에 손해를 가할 것을 알고 증여를 한 때에는 1년전에 한 것도 같다.

[본조신설 1977. 12. 31.]

제1118조(준용규정)

제1001조, 제1008조, 제1010조의 규정은 유류분에 이를 준용한다.

[본조신설 1977. 12. 31.][헌법불합치, 2020헌가4, 2024.4.25, 민법(1977. 12. 31. 법률 제3051호로 개정된 것) 제1112조 제1호부터 제3호 및 제1118조는 모두 헌법에 합치되지 아니한다. 위 조항들은 2025. 12. 31.을 시한으로 입법자가 개정할 때까지 계속 적용된다.]

사 례

사전증여받은 공동상속인이 수인인 경우 유류분청구와 유류분계산

안녕하세요, 법무법인 천명의 경태현 대표변호사입니다.

많은 분들께서 유류분을 계산하는 일에 있어서 어려움을 겪곤 하십니다.
기본적으로 유류분액을 다음과 같이 산정됩니다.

● 유류분액 = 유류분 산정의 기초재산(A)×당해 유류분권리자의 유류분율(B)

위와 같이 유류분액을 산정하게 되는데, 이를 산정하려면 적극적 상속재산, 증여받은 재산, 피상속인의 채무 등 따져 보아야 할 점이 다수 존재합니다. 이를 홀로 파악하고 유류분을 산정하여 유류분반환청구를 하시는 일은 전문가가 아닌 일반인의 입장에서 까다로울 수밖에 없습니다. 따라서 유류분과 관련하여 문제가 있으시다면 주저하지 마시고 상속전문변호사의 도움을 받아 보시길 권해드립니다.

Questions ■ ■ ■

안녕하세요 변호사님.
유류분 관련하여 질문드리고자 글 남깁니다.

저희 아버지께서 올해 초에 돌아가셨습니다.
아버지께서는 항상 두 아들에게 모든 재산을 물려주시길 원하셨습니다. 그래서 돌아가시기 전에 전 재산을 두 아들에게 증여하셨습니다. 재산은 30억 정도 되고 장남에게는 10억, 남동생에게는 20억을 증여한 것으로 알고 있습니다. 어머니와 두 언니는 더 이상 상속 유류분에 대한 권리주장을 하지 않기로 했는데 저는 경제적으로 여유가 없어서 그럴 수가 없는 상황입니다.

제가 드리고 싶은 질문은,

1. 제가 받을 수 있는 금액은 얼마 정도 되나요?

2. 만약 소송을 한다면 두 아들 모두에게 해야 하나요, 아니면 재산이 많은 남동생에게만 해도 되는 건가요?

답변 기다리겠습니다. 감사합니다.

Answers ■ ■ ■

귀하께서는 아버님이 두 아들에게 사전증여하신 재산에 대하여 유류분반환청구를 하고자 하시는 것 같습니다. 질문 주신 내용에 대해 순차적으로 답변해 드리도록 하겠습니다.

1. 유류분을 산정하기 위해서는 유류분율을 알아야 합니다. 우선 피상속인의 상속인은 배우자와 자녀 5남매를 포함해 총 6명이 됩니다. 이때 자녀들은 균등하게 1지분, 배우자는 이에 0.5를 가산하여 1.5의 지분을 가지게 됩니다. 이를 분수로 나타내면 배우자인 어머니가 3/13, 자녀들이 2/13씩 상속받게 됩니다.

이때 자녀의 유류분율은 법정상속분의 2분의 1에 해당하는 비율입니다. 따라서 법정상속분인 2/13에 2분의 1을 곱한 1/13이 귀하의 유류분율이 될 것입니다. 따라서 귀하는 30억의 1/13인 약 2억 3076만 원을 유류분으로 반환청구하실 수 있습니다.

2. 남동생에게만 유류분을 청구하는 것은 가능합니다. 다만 장남에 대한 유류분반환분을 남동생에게 전가해서 반환받는 것은 불가능합니다. 유류분반환범위와 반환비율은 모든 수증자가 받은 증여가액 중 각자 받은 증여가액 비율(유류분초과비율)에 따라 그 반환의 범위가 정해져야 합니다.

따라서 장남에 대한 유류분반환청구와 남동생에 대한 유류분반환청구는 별개입니다.

장남에 대해서는 따로 합의를 진행하시고 만약 합의가 되지 않는다면 별도의 소송을 제기하셔야 할 것입니다.

오늘 보신 내용과 같이, 사전증여받은 공동상속인에게 유류분반환청구를 한다면 해당 수증자가 증여받은 가액에 비례하여 유류분반환을 하게 됩니다. 추가적으로 위 사안에서처럼 장남, 남동생 등 공동상속인이 증여받은 경우라면, 해당 공동상속인의 유류분을 초과하여 증여받은 가액을 기준으로 유류분반환분을 산정합니다.

예를 들어) '갑'이 자녀 '을', '병' 중 '을'에게 3억 원을 증여하고, 또 복지단체에 3억 원을 기부(증여)하고 남은 재산 없이 사망한 경우라면, 유류분산정의 기초재산은 총 6억 원(증여 3억 원+기부 3억 원)이고, '을'과 '병'의 유류분액은 각 1/4지분이므로 각 1억 5000만 원씩입니다. 그리고 '을'의 유류분초과액은 1억 5000만 원(증여액 3억 원 - 유류분액 1억 5000만 원)이고, 복지단체는 고유한 유류분액이 없으므로 유류분초과액은 3억 원입니다. 결과적으로 병의 유류분부족액 1억 5000만 원은 유류분초과액비율에 따라 계산하면 '을'에게 5천만 원을, 복지단체에게 1억 원을 반환받을 수 있게 되겠지요.

※ 민법

제1009조(법정상속분)

① 동순위의 상속인이 수인인 때에는 그 상속분은 균분으로 한다. 〈개정 1977. 12. 31., 1990. 1. 13.〉

② 피상속인의 배우자의 상속분은 직계비속과 공동으로 상속하는 때에는 직계비속의 상속분의 5할을 가산하고, 직계존속과 공동으로 상속하는 때에는 직계존속의 상속분의 5할을 가산한다. 〈개정 1990. 1. 13.〉

③ 삭제 〈1990. 1. 13.〉

제1112조(유류분의 권리자와 유류분) 상속인의 유류분은 다음 각호에 의한다.

1. 피상속인의 직계비속은 그 법정상속분의 2분의 1
2. 피상속인의 배우자는 그 법정상속분의 2분의 1
3. 피상속인의 직계존속은 그 법정상속분의 3분의 1

4. 피상속인의 형제자매는 그 법정상속분의 3분의 1

[본조신설 1977. 12. 31.][단순위헌, 2020헌가4, 2024.4.25, 민법(1977. 12. 31. 법률 제3051호로 개정된 것) 제1112조 제4호는 헌법에 위반된다.][헌법불합치, 2020헌가4, 2024.4.25, 민법(1977. 12. 31. 법률 제3051호로 개정된 것) 제1112조 제1호부터 제3호 및 제1118조는 모두 헌법에 합치되지 아니한다. 위 조항들은 2025. 12. 31.을 시한으로 입법자가 개정할 때까지 계속 적용된다.]

제1115조(유류분의 보전)

① 유류분권리자가 피상속인의 제1114조에 규정된 증여 및 유증으로 인하여 그 유류분에 부족이 생긴 때에는 부족한 한도에서 그 재산의 반환을 청구할 수 있다.

② 제1항의 경우에 증여 및 유증을 받은 자가 수인인 때에는 각자가 얻은 유증가액의 비례로 반환하여야 한다.

[본조신설 1977. 12. 31.]

사 례

아버지가 손자에게 사전증여한 경우 유류분청구

안녕하세요, 법무법인 천명의 경태현 대표변호사입니다.

민법 제1114조에 의하면 피상속인이 상속인에게 혹은 사망 1년 이내의 기간에 제3자에게 증여한 것이 있다면 유류분계산시에 그 금액에 포함하여 유류분을 계산하게 됩니다. 그 외의 증여는 유류분계산에 포함하지 않는 것이 원칙입니다. 그러나 만약 피상속인이 제3자에게 대부분의 재산을 증여하여 상속재산이 거의 없는 상태라면 어떻게 될까요? 원칙적으로 그 증여가 사망 1년 내에 이루어진 게 아니라면 그 증여에 대해 상속인이 손쓸 방법이 없겠지만, 우리 민법에서는 이러한 상황에서도 침해된 상속인들의 권리를 보호하고 있습니다.

오늘은 저희 법무법인을 찾아주신 사례를 통해 위 내용을 더욱 자세히 알려드리도록 하겠습니다.

Questions ■ ■ ■

안녕하세요 경태현 변호사님, 정말 답답한 사정이 있어 이렇게 질문드리게 되었습니다.

아버님께서 지병으로 돌아가셨고, 아버님 슬하에는 3남 1녀가 있습니다. 어머님은 돌아가셨구요.
아버님 재산으로는 집이 있었고 그 외의 현금재산은 없다시피 한 상태입니다.
근데 상속을 위해 여기저기 찾아보니 아버님이 10년 전에 장남의 아들(장손)에게 그 집을 증여한 것을 알게 되었습니다.
아버님이 경증 치매를 오랫동안 앓아오셨는데 그 기간 동안에 벌어진 일입니다.
그 부동산은 증여 2년 후 장남에게 매매를 통한 소유권이전이 완료된 상태입니다.

아버님 사망 후 지금 시점에서 장남을 상대로 나머지 3형제가 유류분반환청구를 할 수 있을까요?

Answers ■ ■ ■

귀하의 경우 아버지의 상속인은 자녀 4명이 되어 그 법정상속분은 각 1/4지분씩입니다. 그리고 최소한 보장될 유류분은 그의 절반인 각 1/8지분씩입니다. 질문 주신 사안에서 문제가 되는 것은 사실상 아버지의 전 재산인 부동산이 10년 전 제3자에게 증여된 점입니다. 손자가 아버지의 1순위 상속인이 아니므로 민법상 피상속인이 제3자에게 증여한 경우로 보게 될 것입니다.

우리 민법 제1114조 후문에 따르면, 제3자에 대한 증여가 유류분 권리자에게 손해를 가할 것을 알고 행해졌다면 그에 대해서도 유류분반환청구가 가능하도록 규정하고 있습니다. 이를 악의의 증여라고 합니다. 대법원 판례에 따르면, 일정한 요건 충족 시 손자들이 받은 것을 자녀들의 특별수익으로 보아 자녀를 상대로 직접 유류분반환청구를 할 수도 있습니다. 아래 구체적 판례를 보여드리겠습니다.

"상속분의 산정에서 증여 또는 유증을 참작하게 되는 것은 원칙적으로 상속인이 유증 또는 증여를 받은 경우에만 발생하고, 그 상속인의 직계비속, 배우자, 직계존속이 유증 또는 증여를 받은 경우에는 그 상속인이 반환의무를 지지 않는다(대법원 2007. 8. 28.자 2006스3,4 결정)"라고 하여, 원칙적으로 상속인의 가족에게 행해진 증여에 대해서는 반환의무가 부여되지 않는다고 판시하고 있습니다. 그러나 한편으로 "증여 또는 유증의 경위, 증여나 유증된 물건의 가치, 성질, 수증자와 관계된 상속인이 실제 받은 이익 등을 고려하여 실질적으로 피상속인으로부터 상속인에게 직접 증여된 것과 다르지 않다고 인정되는 경우에는 상속인의 직계비속, 배우자, 직계존속 등에게 이루어진 증여나 유증도 특별수익으로서 이를 고려할 수 있다(동판례)" 라고 하면서 그에 예외를 두고 있는 것입니다.

이렇게 알아본 바에 따라서 귀하의 경우를 살펴보면, 손자에게 증여한 부동산은 사실상 아버지의 전 재산이며 더 이상 재산이 증가할 가능성이 희박하고, 증여 당시 경증의 치매를 앓고 계셨으므로 악의의 증여에 해당하여 유류분청구소송의 대상이 될 것으로 보입니다. 다만 실제 해당 부동산을 소유하고 있는 당사자는 장남이므로 장남 또는 장손을 대상으로 누구에게 유류분반환청구를 하는 것이 합리적인지를 검토할 필요가 있습니다.

특히 현재 장남에게 매매형식으로 부동산의 소유권이 이전되어 있는 점에 대해서, 이 매매가 실질 매매인지 형식적 매매인지 여부가 중요합니다. 세부적 검토는 필요하겠으나, 만약 법원에서 위 매매가 형식적인 것으로 인정된다면 사실상 장남에게 아버지가 직접 증여한 것으로 보아 큰아들에게 곧바로 유류분청구를 하는데 문제가 없을 것으로 보입니다.

이외에 나머지 증여재산 혹은 상속재산 존재 여부 등을 종합하여 큰아들과 장손 모두를 상대로 한 유류분청구소송을 진행하는 것도 검토해 볼 수 있습니다.

이렇게 손자에게 사전증여가 있었던 경우의 유류분반환청구소송에 대해 알아보셨습니다. 유류분에 관한 내용은 상속 관련 사안 중에서도 중점적으로 자주 다루어지는 사안인 만큼 많은 분들께서 이 문제로 고민하고 계실 것이라 사료됩니다. 만약 이와 같은 고민이 있으시다면 걱정 마시고 저희 상속 특화 법무법인 천명에서 상담받아보시길 바랍니다.

※ 민법

제1009조(법정상속분)
① 동순위의 상속인이 수인인 때에는 그 상속분은 균분으로 한다. 〈개정 1977. 12. 31., 1990. 1. 13.〉
② 피상속인의 배우자의 상속분은 직계비속과 공동으로 상속하는 때에는 직계비속의 상속분의 5할을 가산하고, 직계존속과 공동으로 상속하는 때에는 직계존속의 상속분의 5할을 가산한다. 〈개정 1990. 1. 13.〉
③ 삭제 〈1990. 1. 13.〉

제1112조(유류분의 권리자와 유류분) 상속인의 유류분은 다음 각호에 의한다.
1. 피상속인의 직계비속은 그 법정상속분의 2분의 1
2. 피상속인의 배우자는 그 법정상속분의 2분의 1
3. 피상속인의 직계존속은 그 법정상속분의 3분의 1
4. 피상속인의 형제자매는 그 법정상속분의 3분의 1

[본조신설 1977. 12. 31.][단순위헌, 2020헌가4, 2024.4.25, 민법(1977. 12. 31. 법률 제3051호로 개정된 것) 제1112조 제4호는 헌법에 위반된다.][헌법불합치, 2020헌가4, 2024.4.25, 민법(1977. 12. 31. 법률 제3051호로 개정된 것) 제1112조 제1호부터 제3호 및 제1118조는 모두 헌법에 합치되지 아니한다. 위 조항들은 2025. 12. 31.을 시한으로 입법자가 개정할 때까지 계속 적용된다.]

제1114조(산입될 증여)
증여는 상속개시 전의 1년간에 행한 것에 한하여 제1113조의 규정에 의하여 그 가액을 산정한다. 당사자 쌍방이 유류분권리자에 손해를 가할 것을 알고 증여를 한 때에는 1년전에 한 것도 같다.
[본조신설 1977. 12. 31.]

제1115조(유류분의 보전)
① 유류분권리자가 피상속인의 제1114조에 규정된 증여 및 유증으로 인하여 그 유류분에 부족이 생긴 때에는 부족한 한도에서 그 재산의 반환을 청구할 수 있다.
② 제1항의 경우에 증여 및 유증을 받은 자가 수인인 때에는 각자가 얻은 유증가액의 비례로 반환하여야 한다.
[본조신설 1977. 12. 31.]

※ 판례

‘공동상속인이 아닌 제3자에 대한 증여는 원칙적으로 상속개시 전의 1년간에 행한 것에 한하여 유류분반환청구를 할 수 있고, 다만 당사자 쌍방이 증여 당시에 유류분권리자에 손해를 가할 것을 알고 증여를 한 때에는 상속개시 1년 전에 한 것에 대하여도 유류분반환 청구가 허용된다. 증여 당시 법정상속분의 2분의 1을 유류분으로 갖는 직계비속들이 공동상속인으로서 유류분권리자가 되리라고 예상할 수 있는 경우에, 제3자에 대한 증여가 유류분권리자에게 손해를 가할 것을 알고 행해진 것이라고 보기 위해서는, 당사자 쌍방이 증여 당시 증여재산의 가액이 증여하고 남은 재산의 가액을 초과한다는 점을 알았던 사정뿐만 아니라, 장래 상속개시일에 이르기까지 피상속인의 재산이 증가하지 않으리라는 점까지 예견하고 증여를 행한 사정이 인정되어야 하고, 이러한 당사자 쌍방의 가해의 인식은 증여 당시를 기준으로 판단하여야 한다(대법원 2012.05.24. 선고 2010다50809 판결).’

사 례

사전증여 부동산이 다시 상속, 매매되었을 때 유류분청구

안녕하세요, 법무법인 천명의 경태현 대표변호사입니다.

유류분반환청구권에는 소멸시효가 존재합니다. 이 소멸시효 기간 내에 유류분반환청구권을 행사하지 않으면 권리가 소멸하여 더 이상 행사할 수 없게 됩니다.

다만 이 소멸시효 규정에 2가지의 기간이 존재하고, 증여와 상속이 얽혀있는 경우 소멸시효의 기준점을 파악하기 어렵기 때문에 많은 분들께서 이 소멸시효를 헷갈려 하십니다.

따라서 오늘 글에서는 질문과 답변을 통해 소멸시효에 관한 설명을 드리는 시간을 가져보도록 하겠습니다.

Questions ■ ■ ■

안녕하세요 변호사님.
유류분과 관련하여 권위자시라고 소개받아 이렇게 글 남깁니다.

저희 아버지께서 부동산을 오빠에게 증여하신 뒤 사망하셨습니다.
증여한 뒤에 거의 곧바로 사망하셨고 이는 대략 8년 정도 된 일입니다.
다만 저는 증여사실을 얼마 전에 알게 되었습니다.
여기서 문제는 오빠가 몇 달 전에 사망했는데 이 부동산을 배우자가 상속받았습니다.
지금은 그 배우자가 부동산을 이미 매각한 상황입니다.

1. 아버지께서 오빠한테 부동산을 증여한 것은 이미 8년 전인데 아직 유류분반환청구를 할

수 있을까요?

2. 만일 할 수 있다면 저는 누구에게 유류분반환청구를 해야 하는 것일까요?

답변 기다리겠습니다. 감사합니다.

Answers ■ ■ ■

귀하께서는 아버님께서 오빠분에게 증여한 부동산에 대해 유류분반환청구를 하고자 하시는 것 같습니다.

우선 사안을 정리하자면 아버님께서 오빠분에게 부동산을 증여하고 사망하신 후 오빠분이 사망하여 오빠분의 배우자가 상속을 받은 다음 매각해서 현금을 가져간 경우입니다.

질문에 순차적으로 답변드리도록 하겠습니다.

1. 아버지께서 오빠한테 부동산을 증여한 것은 이미 8년 전인데 아직 유류분반환청구를 할 수 있을까요?

➜ 우선 귀하께 유류분반환청구권이 생긴 시점은 부친이 사망하신 시점입니다. 부친이 오빠분에게 부동산을 증여한 후 사망하셨다면 귀하께서는 오빠분에게 유류분반환청구권을 행사할 수 있습니다.

유류분반환청구권의 소멸시효는 증여를 안 때로부터 1년, 상속개시로부터 10년입니다. 우선 상속개시로부터는 8년이 지났으므로 아직 10년이 경과하지 않았고, 귀하께서는 증여사실을 얼마 전에 알게 되셨으므로 증여를 안 날로부터 1년 내에 유류분반환청구권을 행사하시면 됩니다.

2. 만일 할 수 있다면 저는 누구에게 유류분반환청구를 해야 하는 것일까요?

➜ 원래대로라면 귀하께서는 부동산을 증여받은 오빠분에 대해 유류분반환청구를 제기하실 수 있습니다. 다만 오빠분이 사망하여 부동산이 배우자에게로 상속되었고 그 배우자

가 상속받은 부동산을 매각하여 현금을 가져간 경우입니다.
이런 경우 귀하는 오빠 배우자를 상대로 유류분반환청구소송을 제기하실 수 있습니다.
다만 원물인 부동산으로 유류분을 반환받으시기는 어렵고 가액으로 반환받으실 수 있을 것입니다.

※ 민법

제1005조(상속과 포괄적 권리의무의 승계)
상속인은 상속개시된 때로부터 피상속인의 재산에 관한 포괄적 권리의무를 승계한다. 그러나 피상속인의 일신에 전속한 것은 그러하지 아니하다. 〈개정 1990. 1. 13.〉

제1115조(유류분의 보전)
① 유류분권리자가 피상속인의 제1114조에 규정된 증여 및 유증으로 인하여 그 유류분에 부족이 생긴 때에는 부족한 한도에서 그 재산의 반환을 청구할 수 있다.
② 제1항의 경우에 증여 및 유증을 받은 자가 수인인 때에는 각자가 얻은 유증가액의 비례로 반환하여야 한다.
[본조신설 1977. 12. 31.]

제1117조(소멸시효)
반환의 청구권은 유류분권리자가 상속의 개시와 반환하여야 할 증여 또는 유증을 한 사실을 안 때로부터 1년내에 하지 아니하면 시효에 의하여 소멸한다. 상속이 개시한 때로부터 10년을 경과한 때도 같다.
[본조신설 1977. 12. 31.]

사 례

사전증여 부동산을 매도한 이후 개발로 부동산 가액이 상승했을 때 유류분계산

안녕하세요, 법무법인 천명의 경태현 대표변호사입니다.

공동상속인 중 한 명이 피상속인으로부터 부동산을 사전증여받은 경우, 다른 상속인들은 증여를 받은 상속인에 대해 유류분반환청구소송을 제기할 수 있습니다. 이때, 유류분반환청구의 목적이 되는 부동산의 가액은 상속개시 당시의 시가를 기준으로 하게 됩니다.

예를 들어 A라는 자가 5년 전 아버지로부터 시가 5억 원의 부동산을 증여받았는데, 추후 아버지께서 돌아가실 때 부동산 시가가 10억 원으로 상승했다고 하겠습니다. 그렇다면 A의 형제들은 증여받을 당시의 시가인 5억 원이 아닌, 상속개시 당시 시가인 10억 원을 기준으로 유류분반환청구를 제기할 수 있게 되는 것이지요.

다만 다음과 같은 경우도 생각해볼 수 있습니다. A라는 자가 이번에는 아버지로부터 시가 1억 원의 부동산을 증여받았는데, 증여받은 직후에 곧바로 이를 매도했다고 하겠습니다. 그런데 A가 부동산을 매도한 이후 개발이 진행되어 아버지가 사망할 당시에는 시가가 10억 원으로 상승했습니다. 이러한 경우 1억 원에 부동산을 매도한 A에 대해 다른 상속인들이 상속개시 당시의 시가인 10억 원을 기준으로 유류분반환청구를 할 수 있도록 한다면 A가 과도한 손해를 부담하게 될 것입니다.

위와 같은 문제가 발생했을 때 어떻게 해결할 수 있는가에 관하여 아래 질문과 답변을 통해 자세히 설명해 드리도록 하겠습니다.

Questions ■ ■ ■

안녕하세요. 요즘 유류분 문제로 고민이 많아서 이렇게 글 남깁니다. 도움 주시면 감사하겠습니다.

제가 약 12년 전쯤 아버지로부터 아파트를 증여받고 바로 팔았습니다.
그때 당시에 1억 원 정도에 팔았는데 이후에 그 아파트가 대단지로 재개발돼서 가격이 엄청나게 오른 상황입니다.

얼마 전 아버지께서 돌아가시고 형제가 유류분반환청구를 할 것이라 하는데,
옛날에 제가 매도한 금액으로 유류분을 계산해야 하나요,
아니면 현재 시가로 주어야 하나요?
잘못하면 제가 아파트를 팔아서 받은 돈보다 훨씬 많은 돈을 유류분으로 반환하게 생겼습니다.

답변 기다리겠습니다. 감사합니다.

Answers ■ ■ ■

귀하께서는 증여받은 아파트를 매각한 경우 유류분 계산이 어느 시점의 부동산 시가를 기준으로 이루어지는지 궁금해하고 계신 것 같습니다.

과거 대법원 판례에 의하면
부동산을 증여받고 이를 매도한 이후 피상속인이 사망하고 유류분반환청구가 제기될 경우 원칙적으로 아버지 사망 당시(상속개시)의 시가를 감정평가해서 유류분비율에 따른 유류분부족액을 계산하여 사실심변론종결 시를 감정평가해서 이를 기준으로 가액반환을 하였습니다.

그리고 증여받은 부동산이 제3자의 개발행위 등으로 매도 이후에 가액이 과도하게 상승한 경우, 상승한 가액을 기준으로 유류분을 계산한다면 유류분반환의무자의 입장에서는

부당한 결과가 발생될 여지가 있고 이러한 사안에 관해 대법원은 수증자 혹은 제3자의 개발행위로 인한 가치상승이 있는 경우, 실제 유류분 계산에서는 증여받은 당시의 현황 즉, 개발되지 않은 현황을 전제로 상속개시 당시의 가액을 산정해야 한다고 판시한 바 있습니다.

※ 판례

다만 증여 이후 수증자나 수증자로부터 증여재산을 양수받은 사람이 자기의 비용으로 증여재산의 성상(성상) 등을 변경하여 상속개시 당시 그 가액이 증가되어 있는 경우, 유류분 부족액을 산정할 때 기준이 되는 증여재산의 가액에 관해서는 위와 같이 변경된 성상 등을 기준으로 증여재산의 상속개시 당시 가액을 산정하면 유류분권리자에게 부당한 이익을 주게 되므로, 그와 같은 변경이 있기 전 증여 당시의 성상 등을 기준으로 상속개시 당시 가액을 산정해야 한다. (대법원 2022. 2. 10. 선고 2020다250783 판결)

<u>**하지만 최근 대법원은**</u> "민법 문언의 해석과 유류분 제도의 입법취지 등을 종합할 때 피상속인이 상속개시 전에 재산을 증여하여 그 재산이 유류분반환청구의 대상이 된 경우, 수증자가 증여받은 재산을 상속개시 전에 처분하였거나 수용되었다면 민법 제1113조 제1항에 따라 유류분을 산정함에 있어서 그 증여재산의 가액은 증여재산의 현실 가치인 처분 당시의 가액을 기준으로 상속개시까지 사이의 물가변동률을 반영하는 방법으로 산정하여야 한다.(대법원 2023. 5. 18.선고 2019다222867 유류분반환청구 참조)"라고 판시하여 유류분액산정 시 증여재산의 현실 가치인 처분 당시의 가액을 기준으로 상속개시까지 사이의 물가변동률을 반영하는 방법으로 증여재산의 가액을 산정하도록 하였습니다.

그러므로 최근 대법원 판례에 따라서 귀하 사안은 증여받은 아파트를 매각한 가액에서 아버지 사망 당시까지의 물가상승률을 가산해서 유류분을 계산하게 될 것입니다.

사 례

피대습인의 특별수익이 대습상속인의 특별수익으로 인정되나요?

안녕하세요, 법무법인 천명의 경태현 대표변호사입니다.

상속과 관련된 정보를 찾아보신 경험이 있으시다면 '대습상속'이라는 단어를 들어보신 적이 있으실 것입니다. 대습상속이란 상속인이 될 피상속인의 직계비속 또는 형제자매가 상속개시 이전에 사망하거나 결격자가 된 경우에 그 상속인의 직계비속이 있는 때에는 상속인 대신 그 직계비속이 상속인이 되게 하는 제도입니다.

예를 들어 A(할아버지) – B(아버지), C(큰아버지) – D(아들)이 있다고 할 때, B가 A보다 먼저 사망한 경우 D가 사망한 B를 대신하여 A의 재산을 상속받도록 하는 것이라 생각하시면 됩니다. 이는 사망하거나 결격자가 된 상속인의 유족 또는 가족들의 생존권을 보장하고, 정상적으로 상속이 이루어졌다면 추후 인정되었을 대습상속인들의 상속권을 보장하기 위한 제도라고 이해할 수 있습니다.

다만 우리 민법에는 사전에 상속인이 피상속인으로부터 재산을 증여받은 경우 이를 상속분에서 공제하고 남은 부분에 대해서만 상속을 받을 수 있도록 하는 특별수익 제도가 있습니다. 위 예시를 다시 가지고 와서, B가 A로부터 사전에 증여받은 재산이 있다고 하겠습니다. 그렇다면 추후 상속이 개시된다면 B는 A로부터 증여받은 재산을 상속분에서 공제하고 남은 부분에 대해서만 상속분이 있었을 것입니다. 그런데 B가 피상속인보다 먼저 사망하여 D가 상속을 받게 된다면 이때 B의 특별수익을 함께 고려해야 하는지가 문제 될 수 있습니다.

설명에 들어가기에 앞서 이러한 내용과 관련하여 질문 주신 내용을 먼저 살펴보도록 하겠습니다.

Questions ■ ■ ■

안녕하세요 변호사님. 상속 관련해서 고민이 있어서 질문 남깁니다.

저희 오빠에게 24살 된 아들이 있습니다.
결혼을 하고 낳은 자식은 아니고, 태어나자마자 헤어져서 지금까지도 연락을 따로 하지는 않은 것으로 알고 있습니다.
그러다 얼마 전 오빠가 세상을 떠났습니다. 제가 알기로 이런 상황이라면 추후 저희 아버지께서 돌아가시면 조카가 대습상속을 받는 것으로 알고 있습니다.

아이 엄마가 그걸 빌미로 계속 저희 집의 재산을 노리는 것 같습니다. 오빠가 살아있을 때 아이 엄마는 집요하게 오빠를 괴롭혔고, 오빠가 양육비 이외에 돈도 꽤 보내준 것으로 알고 있습니다.

그 여자에게 저희 집 재산이 가는 것은 가능한 막고 싶어서 아버지께서 돌아가실 때 전 재산을 저에게 유증한다는 유언은 남길 것입니다.
이런 상황에서 유류분을 막을 수 있는 방법이 있을지 궁금합니다.

답변 기다리겠습니다.

Answers ■ ■ ■

귀하께서는 대습상속인인 조카의 유류분반환청구를 방어할 수단을 찾고 계신 것 같습니다.

우선 상속인인 오빠분이 아버님보다 먼저 사망한 경우 조카는 대습상속인으로서 상속권을 행사할 수 있습니다. 상속권에는 당연히 유류분반환청구권이 포함되는 부분입니다. 이러한 유류분은 유언공증을 남긴다고 해도 청구할 수 있는 것이기 때문에 유류분을 원천방어하는 것은 쉽지 않은 상황입니다. 유류분을 최대한 감축하기 위해서는 특별수익이 있는가를 고려해 보아야 할 것입니다.

우선 귀하께서 말씀해주신 오빠분이 아이와 아이 어머니에게 보낸 재산은 아버님의 상속 부분에서 고려할 특별수익은 아닙니다. 아버님의 사망으로 인한 상속에서는 아버님이 직접 손자(조카)에게 증여한 재산이나 아버님이 오빠분에게 증여한 재산을 고려해 보아야 할 것입니다.

아버님께서 손자에게 직접 증여하신 재산은 없을 것으로 보이므로 아버님이 오빠분에게 증여한 재산이 있는가를 검토해보셔야 할 것으로 보입니다. 피대습인(오빠)이 수령한 특별수익을 대습상속인(조카)에게 특별수익으로 인정할 것인지에 관해서는 견해의 대립이 존재합니다. 다만 대습상속인은 피대습인이 보유하였던 상속분에 관해 대신 상속에 가담한다는 점, 특별수익은 공동상속인 간의 공평을 기하기 위한 규정인 점 등에 비추어 보면 대습상속인에게 피대습인이 받은 특별수익을 특별수익으로 인정해야 한다는 견해가 통설, 판례입니다.

따라서 아버님이 오빠분에게 미리 증여한 재산을 찾아보시고 그에 대한 증빙자료가 준비된다면 그 증여액에 대해서는 유류분액에서 감축하실 수 있을 것입니다.

※ 민법

제1001조(대습상속)
전조제1항제1호와 제3호의 규정에 의하여 상속인이 될 직계비속 또는 형제자매가 상속개시 전에 사망하거나 결격자가 된 경우에 그 직계비속이 있는 때에는 그 직계비속이 사망하거나 결격된 자의 순위에 갈음하여 상속인이 된다. 〈개정 2014. 12. 30.〉

제1008조(특별수익자의 상속분)
공동상속인 중에 피상속인으로부터 재산의 증여 또는 유증을 받은 자가 있는 경우에 그 수증재산이 자기의 상속분에 달하지 못한 때에는 그 부족한 부분의 한도에서 상속분이 있다.

※ 판례

피대습인이 생전에 피상속인으로부터 특별수익을 받은 경우 대습상속이 개시되었다고 하여 피대습인의 특별수익을 고려하지 않고 대습상속인의 구체적인 상속분을 산정한다면 대습상속인은 피대습인이 취득할 수 있었던 것 이상의 이익을 취득하게 된다. 이는 공동상속인들 사이의 공평을 해칠 뿐만 아니라 대습상속의 취지에도 반한다. 따라서 피대습인이 대습원인의 발생 이전에 피상속인으로부터 생전 증여로 특별수익을 받은 경우 그 생전 증여는 대습상속인의 특별수익으로 봄이 타당하다.(대법원 2022. 3. 17. 선고 2020다267620 판결)

사 례

부모님의 상가를 무상으로 임차한 경우와 무상거주한 경우 유류분청구

안녕하세요, 법무법인 천명의 경태현 대표변호사입니다.

가족이 함께 생활하다 보면 서로에게 무상으로 재산상 이익을 제공하는 경우가 있을 것입니다. 단순히 용돈이나 생활비 명목으로 금전을 지급하는 것 이외에도 무상으로 상가를 임차해주거나 주거를 제공하는 경우도 재산상 이익에 해당한다고 볼 수 있습니다. 그렇다면 이렇게 무상으로 제공한 모든 형태의 재산상 이익을 증여로 보아 특별수익에 해당한다고 볼 수 있을지에 대해 분쟁이 있을 수 있습니다. 실제로도 이러한 내용에 관해 주신 질문이 꽤 있는 것을 보니 많은 분들께서 궁금해하실 내용일 것이라 생각됩니다.

오늘은 피상속인이 상속인에게 무상으로 상가를 임차해주거나 주거를 제공한 행위도 증여로 보아 특별수익이나 유류분반환이 문제 되는지에 관해 설명해 드리도록 하겠습니다.

Questions ■ ■ ■

안녕하세요 변호사님. 상속 관련해서 질문 하나 드리고 싶습니다.

우선 제가 오랜 시간 아버지로부터 도움을 받으며 살아왔습니다.
그러던 중 아버지께서 돌아가셨고 형제들 사이에서 상속과 관련된 이야기가 나오는 중입니다.
그러던 중 동생이 제가 아버지로부터 상가를 무상으로 빌린 것과, 무상으로 부모님 명의의 집에 거주한 내용을 문제 삼고 있습니다.

동생의 이야기는 제가 그러한 도움을 받으며 월세만큼 이득을 보았으니 증여받은 것과 다르지 않다는 말입니다.

그런데 솔직히 저런 부분이 도움을 받은 것은 맞지만 증여라고 볼 수 있을지에 대해서는 의문이 듭니다.

가능하시다면 꼭 답변 부탁드립니다. 감사합니다

Answers ■ ■ ■

귀하께서는 부모님의 상가와 집을 무상으로 월세를 면제받으며 이용한 것이 유류분반환청구소송의 대상이 되는 증여에 해당하는지에 관하여 궁금해하고 계신 것 같습니다.

기본적으로 대법원 판례의 태도는 공유지분의 포기, 무상의 채무면제, 무상의 인적, 물적 담보의 제공, 법인설립을 위한 출연행위 등을 증여와 동일하게 보고 있습니다. 다만 모든 무상의 이익이나 면제가 유류분반환의 대상이 되는 것은 아니고, 무상의 이익이나 면제가 증여와 동일하다고 하더라도 해당 증여(이익이나 면제)가 '상속분의 선급'이라고 볼 수 있는 정도가 아니라면 특별수익에 포함되지 않습니다. 이에 따라, 소액의 용돈이나 생활비 등은 상속분의 선급이라고 볼 수 없기 때문에 증여라고 해도 유류분반환청구의 대상이 되지 않는 것이지요.

우선 귀하께서 무상으로 부모님의 상가를 임차해서 사용한 부분은 월세의 규모, 임대차 계약 여부 등에 따라 이를 상속분의 선급으로 보아 유류분반환청구의 대상이 된다고 볼 가능성이 있습니다. 하지만 이는 반드시 그렇다고 단정 지을 수는 없는 부분이고 계약이나 임차 당시의 제반 사정을 고려하여 유류분 반환의 대상이 되는 채무면제인지, 단순히 부모의 자녀에 대한 배려인지를 판단해야 할 것입니다.

다음으로 무상거주 부분 또한 증여라고 볼 여지는 있습니다. 다만, 법원에서는 통상적으로 자녀의 거주부분까지는 증여라고 판단하지 않는 것으로 보입니다.

오늘의 내용을 정리하자면, 부모님이 자식에게 무상으로 상가를 임차해주는 등의 방법으로 무상의 이익이나 면제를 제공한 경우 이를 증여로 보아 유류분반환청구의 대상이 될 수 있습니다. 다만 모든 무상의 이익이나 면제가 유류분반환청구의 대상이 되는 것은 아니고 제공한 이익 혹은 면제한 채무의 규모와 당시의 사정을 종합적으로 고려하여 유류분반환 여부를 결정하게 된다는 것으로 이해하시면 되겠습니다.

※ 판례

"여기서 어떠한 생전 증여가 특별수익에 해당하는지는 피상속인의 생전의 자산, 수입, 생활수준, 가정상황 등을 참작하고 공동상속인들 사이의 형평을 고려하여 당해 생전 증여가 장차 상속인으로 될 자에게 돌아갈 상속재산 중 그의 몫의 일부를 미리 주는 것이라고 볼 수 있는지에 의하여 결정하여야 한다." (대법원 2022. 3. 17. 선고 2021다230083(본소), 2021다230090(반소) 판결)

사례

홀로 부모님을 부양한 경우 유증받은 아파트가 특별수익에서 제외될 수 있는지

Questions ■ ■ ■

안녕하세요, 변호사님. 유류분 특별부양으로 궁금한 것이 있어 상담 요청합니다.

저는 삼 형제 중에 장남이고 8년 넘게 돌아가신 어머니를 부양하였습니다. 어머니는 제게 유증을 통하여 살고 계시던 아파트를 물려주셨는데 다른 두 형제가 제게 유류분반환청구소송을 걸어왔습니다.

지금까지 제가 부양한 내용에 대해 알려드리겠습니다. 어머님의 수술비(400만 원 이상) 및 병원 치료비, 아파트 대출금 이자 및 관리비 매월 납부, 휴대전화, 미납보험금 대납, 신용카드비용 납부(약 월 100만 원가량), 어머님 장례식 비용 단독 부담, 상속세신고비용 전부 부담 등…. 사실상 어머니의 생활에 들어가는 모든 비용을 지금까지 저 홀로 부담한 것이라고 보시면 됩니다.

인터넷으로 알아보았는데 위 사항들이 일반적이고 의무적인 부모 봉양이라는 것은 알고 있습니다. 그런데 제 생각에는 저처럼 모든 부분을 혼자 부담했다고 한다면(다른 형제들은 일절 없었습니다.) 이것 또한 특별 부양비가 될 수 있지 않나는 것입니다.

혹시 이 부분과 관련하여 제게 조언해주실 수 있을까요? 정확히 어떤 주장을 펼쳐야 제 의견이 많이 반영될 수 있는지 변호사님의 의견을 듣고 싶습니다.

Answers ■ ■ ■

안녕하세요, 유류분반환청구소송 법무법인 천명의 경태현 대표변호사입니다.

귀하께서는 유류분반환청구소송 피고의 입장에서 특별부양 대응방법을 질문하시는 것 같습니다.

아래에서 귀하에게 도움이 될 **최근 대법원 판례**를 소개해드리겠습니다.

'피상속인으로부터 생전 증여를 받은 상속인이 피상속인을 특별히 부양하였거나 피상속인의 재산의 유지 또는 증가에 특별히 기여하였고, 피상속인의 생전 증여에 상속인의 위와 같은 특별한 부양 내지 기여에 대한 대가의 의미가 포함되어 있는 경우와 같이 상속인이 증여받은 재산을 상속분의 선급으로 취급한다면 오히려 공동상속인들 사이의 실질적인 형평을 해치는 결과가 초래되는 경우에는 그러한 한도 내에서 생전 증여를 특별수익에서 제외할 수 있다' [대법원 2022. 3. 17. 선고 2021다230083(본소), 2021다230090(반소) 판결]

이러한 판결의 취지를 따를 시 평생 동안 피상속인을 위해 헌신한 귀하께서 피고가 된 경우 유류분 대상이 되는 아파트가 특별부양 및 기여에 대한 대가성이 있다고 인정이 된다면, 이는 유류분반환청구소송의 대상이 되는 특별수익에서 제외될 수 있겠습니다.

그러므로 귀하는 위에서 소개해드린 판례와 관련된 주장을 통하여 유류분소송에 대응하시면 됩니다.

- 특별수익이란?

민법 제1008조에서는 공동상속인 중에서 피상속인(망인)으로부터 재산의 증여 또는 유증을 받은 사람이 있는 경우 그 수증재산이 자기 상속분에 미달할 시에 그 부족한 부분의 한도 내에서 상속분이 있다고 하였습니다.

위 사안에서는 사례자가 아파트를 증여받은 특별수증자이고 재산을 받지 못한 나머지 형제들 사이의 공평을 기하고자 해당 재산을 상속분의 선급으로 다루는 것입니다. 하지만 읽어보셨다시피 사례자가 오랫동안 홀로 어머니를 부양하였고 다른 형제들은 부양의무를 일절 이행하지 않았기 때문에 만약 증여받은 아파트를 특별수익에 포함시킨다면 이것이 오히려 실질적 형평을 해치는 일이 될 수 있다고 볼 수도 있겠습니다.

※ 판례

그동안 대법원 판례는 원칙적으로 유류분반환청구에 대해서 피고의 기여분 공제항변은 고려하지 않았습니다. 그런데 최근 대법원은 '피상속인으로부터 생전 증여를 받은 상속인이 피상속인을 특별히 부양하였거나 피상속인의 재산의 유지 또는 증가에 특별히 기여하였고, 피상속인의 생전 증여에 상속인의 위와 같은 특별한 부양 내지 기여에 대한 대가의 의미가 포함되어 있는 경우와 같이 상속인이 증여받은 재산을 상속분의 선급으로 취급한다면 오히려 공동상속인들 사이의 실질적인 형평을 해치는 결과가 초래되는 경우에는 그러한 한도 내에서 생전 증여를 특별수익에서 제외할 수 있다'라고 판시[대법원 2022. 3. 17. 선고 2021다230083(본소), 2021다230090(반소) 판결]하였는데, 이는 구체적 사안에 따라서는 우회적으로 기여분을 인정하여 유류분에 반영한 것입니다.

그런데, 2024. 4. 25. 헌법재판소에서는 유류분청구에 대해서 기여분을 반영하지 않는 것은 헌법에 반한다고 하면서 2025. 12. 31.까지 민법 개정을 하라고 헌법불합치결정을 하였습니다. 그러므로 앞으로는 유류분청구에 기여분 부분이 적극적으로 반영될 것으로 예상됩니다.

사례

사망한 남편이 전처 자녀들에게 돈을 입금했다면 특별수익이 될 수 있는지

Questions ■ ■ ■

변호사님, 안녕하세요. 재혼 배우자 가정 유류분소송 문제로 문의드리게 됐습니다.

저는 재혼한 남편과 25년간 함께했고 저희 둘 사이에 자식이 하나 있습니다.
남편은 전처 사이에서 아들 2명을 두고 있었고요.
올해 초에 남편이 사망하였고 공동상속인은 4명(저, 저희 딸, 전처 아들 둘)입니다.

장례식 이후 남편이 저 몰래 전처 아들들에게 은행계좌로 일정 금액을 이체해왔다는 것을 알게 되었습니다. 이건 상속에서 제외, 그러니까 공제되는 금액 아닌가요?
정확한 금액을 파악하고자 은행에서 계좌내역을 받으려 하는데 어떤 절차를 밟는 것인가요?

또 이체 내역금액 액수가 중요해지나요? 만약 그렇다면 얼마 정도 이상이 되어야 최종적으로 그들에게 갈 금액이 적어지게 되는 거죠?

이런 상속소송도 대법원소송까지 가고 그러는 게 흔한 일인가요? 상속재산 액수가 대략 10억 전후라 저희는 변호사를 선임해서 소송을 할 생각입니다. 저와 저희 딸 모르게 입금된 금액이 참 억울하네요. 소송을 하더라도 제대로 된 분할을 하고 싶습니다. 꼭 답변 부탁드립니다. 수고하세요.

Answers ■ ■ ■

안녕하세요, 재혼가정 상속문제 법무법인 천명의 경태현 대표변호사입니다.

귀하께서 질문하신 내용을 보니 전혼 자녀들을 상대로 한 상속문제가 있어 도움이 필요하신 것으로 보입니다.

질문하신 것들을 순차적으로 답변해 드리겠습니다.

1. 피상속인이 전처 아들들에게 이체한 내역

이것을 증여로 보아 상속개시 전 미리 상속분을 선급 받은 것으로 간주한다면 남은 상속재산에서 그들이 받은 금액이 공제될 것입니다. 그러니까 특별수익으로 인정이 된다면 당연히 최종적으로 받아 가는 상속분 몫이 줄어들 것입니다. 다만 소액은 안 되고 대략 500~1,000만 원 이상 정도가 특별수익에 해당한다고 보시면 됩니다.

거래내역의 경우에는 은행에 가셔서 남편분의 기본증명서, 가족관계증명서를 제출하시고 전체 총괄거래내역서를 받아보시기 바랍니다. 이를 통해 은행별로 각 계좌별 거래내역을 확인하실 수 있습니다. 또 여기서 나오지 않는 부분은 소송과정에서 전표조회, 수표조회 등 금융거래정보제공명령을 통하여 확인하실 수 있습니다.

2. 상속 소송이 대법원까지 가는지 여부

통상 1심에서 종결이 되는 편이지만 복잡한 케이스의 경우 2, 3심까지 갈 수는 있습니다. 하지만 말씀하신 대로 3심은 드문 케이스라고 보시면 되겠습니다.

※ 민법

제1008조(특별수익자의 상속분)

공동상속인 중에 피상속인으로부터 재산의 증여 또는 유증을 받은 자가 있는 경우에 그 수증재산이 자기의 상속분에 달하지 못한 때에는 그 부족한 부분의 한도에서 상속분이 있다. 〈개정 1977. 12. 31.〉

※ 판례

"여기서 어떠한 생전 증여가 특별수익에 해당하는지는 피상속인의 생전의 자산, 수입, 생활수준, 가정상황 등을 참작하고 공동상속인들 사이의 형평을 고려하여 당해 생전 증여가 장차 상속인으로 될 자에게 돌아갈 상속재산 중 그의 몫의 일부를 미리 주는 것이라고 볼 수 있는지에 의하여 결정하여야 한다." (대법원 2022. 3. 17. 선고 2021다230083(본소), 2021다230090(반소) 판결)

사 례

유류분소송에서 원물반환, 가액반환 여부는 어떻게 정해질까요?

안녕하세요. 법무법인 천명의 경태현 대표변호사입니다.

우리 민법은 유류분 제도를 규정하고 있습니다. 유류분이란 고인의 의사와 상관없이 법에 따라 유족들이 받을 수 있는 최소한의 유산 비율로, 상속인의 생계를 고려해 상속액의 일정부분을 법정상속인의 몫으로 남겨두는 것을 말합니다. 이러한 유류분을 보장받기 위해 유류분반환청구소송이라는 절차를 진행할 수 있는데, 이렇게 소송을 통해 유류분 반환을 하게 되었을 때 그 반환목적물을 원물로 반환해야 하는지, 혹은 가액으로 반환해야 하는지 궁금하실 수 있습니다.

오늘은 유류분 반환과 관련한 문제를 가지고 저희 법무법인 천명을 찾아주신 사례를 통해 위 질문에 대한 해답을 알려드리도록 하겠습니다.

Questions ■ ■ ■

안녕하세요 경태현 변호사님.
유류분반환 관련해서 질문이 생겨서 상속전문변호사께 조언을 구하려고 합니다.

아버지께서 생전에 저에게 아파트를 한 채 증여해주셨는데, 현재 아파트 가액은 14억 원 정도 됩니다.
그 아파트에서 현재 저와 제 아내, 자녀들이 함께 거주하고 있습니다.
그런데 오래 연락이 안 됐던 동생이 갑자기 유류분반환소송을 제기했고, 여러 법률자문을 구해봤는데 저희 측이 패소할 것으로 예상되더라구요.

동생은 아파트 지분을 달라고 강력히 요구하고 있습니다.

제 입장에서는 현금반환을 하는 게 더 깔끔할 것 같아서 그렇게 했으면 싶은데요.
이렇게 의견이 다를 경우에 어떤 방식으로 반환하게 될까요?
저희 측에서 현금반환을 주장하면 그것이 받아들여질 수 있을까요?

변호사님의 현명한 조언 부탁드립니다.

Answers ■ ■ ■

귀하께서는 유류분소송에서 반환의무자가 현물반환을 주장하고, 유류분권리자가 가액반환을 주장할 때 법원의 판결이 어떻게 날지 궁금하신 것 같습니다. 이에 대해 판례를 통해 설명해 드리겠습니다.

1. 원물반환이 원칙

우선, 원칙적으로 유류분은 원물로써 반환해야 합니다.

"우리 민법은 유류분제도를 인정하여 제1112조부터 제1118조까지 이에 관하여 규정하면서도 유류분의 반환방법에 관하여 별도의 규정을 두고 있지 않으나, 증여 또는 유증대상 재산 그 자체를 반환하는 것이 통상적인 반환방법이라고 할 것이므로, 유류분 권리자가 원물반환의 방법에 의하여 유류분반환을 청구하고 그와 같은 원물반환이 가능하다면 달리 특별한 사정이 없는 이상 법원은 유류분권리자가 청구하는 방법에 따라 원물반환을 명하여야 한다"(대법원 2014. 2. 13. 선고 2013다65963 판결)

2. 원물반환이 불가능하거나 현저히 곤란한 경우 가액반환 가능

그러나 가액반환이 가능한 경우도 있습니다.

"반환의무자는 통상적으로 증여 또는 유증 대상 재산 자체를 반환하면 될 것이나 원물반환이 불가능한 경우에는 가액 상당액을 반환할 수밖에 없다."(대법원 2013. 3. 14. 선고 2010다

42624,42631 판결)

"한편 증여나 유증 후 그 목적물에 관하여 제3자가 저당권이나 지상권 등의 권리를 취득한 경우에는 원물반환이 불가능하거나 현저히 곤란하여 반환의무자가 목적물을 저당권 등의 제한이 없는 상태로 회복하여 이전하여 줄 수 있다는 등의 예외적인 사정이 없는 한 유류분권리자는 반환의무자를 상대로 원물반환 대신 그 가액 상당의 반환을 구할 수도 있을 것이나, 그렇다고 하여 유류분권리자가 스스로 위험이나 불이익을 감수하면서 원물반환을 구하는 것까지 허용되지 아니한다고 볼 것은 아니므로, 그 경우에도 법원은 유류분권리자가 청구하는 방법에 따라 원물반환을 명하여야 한다."(대법원 2014. 2. 13. 선고 2013다65963 판결)

원칙은 원물반환이지만, 원물로써 반환하는 것이 불가능하거나 현저히 곤란한 경우에는 가액반환을 할 수 있다는 것입니다. 예를 들어 증여 부동산을 매매하여 현재 소유권을 가지고 있지 않다면 원물반환이 불가능할 것입니다. 또한 증여 부동산에 근저당권을 설정했다면 원물반환, 즉 부동산지분으로 반환받을 경우 근저당권채무를 함께 떠안게 되는 불이익이 있을 수 있겠지요. 그러나 판례에서는 원물반환이 현저히 곤란한 경우일지라도 유류분권리자가 위험 및 불이익을 감수하고 원물반환을 원한다면 법원은 원물반환을 명해야 한다고 판시하고 있습니다.

3. 가액반환에 대한 쌍방 합의 등이 존재하는 경우 가액반환 가능

뿐만 아니라, 지분으로 받을 경우 목적물에 대한 공유관계를 형성하게 되기 때문에 각자 온전한 소유권을 행사하는 데 어려움이 존재할 수 있습니다. 그래서 몇몇 분들께서는 부동산 지분으로 반환받기보다는 현금으로써 정산받는 것을 원하기도 하십니다. 이런 경우 쌍방이 가액반환을 합의하였거나 유류분권리자가 가액반환청구를 하고 반환의무자가 이를 반대하지 않는다면 재판부에서 당연히 가액반환을 명할 것입니다.

"원물반환이 가능하더라도 유류분권리자와 반환의무자 사이에 가액으로 이를 반환하기로 협의가 이루어지거나 유류분권리자의 가액반환청구에 대하여 반환의무자가 이를 다투지 않은 경우에는 법원은 가액반환을 명할 수 있지만..."(대법원 2013. 3. 14. 선고 2010다42624,42631 판결)

그러나 유류분권리자가 원물반환을 고집한다면 원칙에 따라 법원은 원물반환을 명할 것입니다. 또한, 유류분권리자의 가액반환청구에 대해 반환의무자가 원물반환을 주장하며 가액반환에 반대하는 의사를 표시했다면 이때에도 법원은 원물반환을 명하게 될 것입니다.

"유류분권리자의 가액반환청구에 대하여 반환의무자가 원물반환을 주장하며 가액반환에 반대하는 의사를 표시한 경우에는 반환의무자의 의사에 반하여 원물반환이 가능한 재산에 대하여 가액반환을 명할 수 없다."(대법원 2013. 3. 14. 선고 2010다42624,42631 판결)

정리하면, 실무에서는 원물반환을 원칙으로 하나 원물반환이 불가능(혹은 현저히 곤란)하거나 가액반환에 대한 쌍방의 합의가 이루어진 경우에는 가액반환이 가능하다는 것입니다. 그러나 원물반환이 가능하다는 전제하에 반환의무자 혹은 유류분권리자 중 한쪽이라도 원물반환을 고집한다면 원칙에 따라 원물반환을 하는 것으로 판결이 날 것입니다.

사 례

유류분 반환 목적물이 매매(처분)되었다면 양수인(매수인)에 대한 유류분청구

안녕하세요, 법무법인 천명의 경태현 대표변호사입니다.

피상속인이 특정 상속인에게 생전에 증여한 재산은 추후 상속이 개시되었을 때 유류분반환청구의 대상이 될 수 있습니다. 이렇게 유류분반환청구의 대상이 된 재산은 원물로써 반환하는 것이 원칙입니다. 하지만 유류분을 반환하기 전 이미 목적물이 처분되었다면 어떻게 될까요? 처분한 상속인을 대상으로 반환을 청구해야 하는지, 아니라면 목적물을 양수한 양수인을 대상으로 반환을 청구해야 하는지 고민되실 것입니다.

오늘은 저희 법무법인 천명을 찾아주신 사례를 통해 유류분 반환목적물이 처분되었을 때 양수인에게 반환을 청구할 수 있을지 알아보도록 하겠습니다.

Questions ■ ■ ■

안녕하세요 변호사님, 상속 문제 관련하여 고민이 있어 상속전문변호사님께 도움을 구하려 합니다.

저희 아버지는 오래전 돌아가셨고 어머니 슬하에 세 자매가 있습니다.
저희 어머니가 얼마 전 돌아가셨는데, 돌아가시기 바로 전 막내에게 어머니의 전 재산인 부동산을 증여하셨습니다.
그래서 저와 둘째 동생은 그 부동산에 대해 유류분반환청구를 하게 되었는데요.

막내가 어머니 사망 직후 이미 다른 사람에게 그 부동산을 팔아버려서 자신은 반환해줄 수 없다는 식으로 말을 해서요.

이 경우 상속부동산을 반환받을 수 있는 방법이 없나요?
제가 직접 양수인(매수인)에게 반환을 청구할 수는 없을까요?

변호사님의 현명한 조언을 기다리겠습니다.

Answers ■ ■ ■

귀하께서는 막내에게 생전 증여된 부동산이 처분되었을 때 반환청구 방법에 대해 궁금하신 것 같습니다. 피상속인께서 생전에 특정상속인에게 증여한 부동산이 있다면 상속개시 이후 해당 부동산에 대한 유류분반환청구를 제기할 수 있는데, 현재 부동산을 증여받은 막내가 이미 해당 부동산을 타인에게 처분한 상태여서 문제가 발생한 것인데요.

우선 이러한 경우에 막내에게 가액으로 유류분을 반환할 것을 청구할 수 있습니다. 유류분은 원물로 반환하는 것이 원칙이기 때문에 부동산이 증여된 경우 특별한 사정이 없다면 부동산 지분으로 유류분을 반환해야 하겠지만, 원물반환이 불가능하거나 현저히 곤란한 경우에는 가액반환이 이루어질 수 있습니다. 원물반환이 불가능하거나 현저히 곤란한 상황의 예로는 상속인이 증여부동산을 이미 처분했거나 제3자가 목적물에 관하여 저당권을 취득한 경우 등이 있을 텐데, 귀하의 경우 첫 번째 상황에 해당하므로 가액반환을 청구할 수 있습니다. 이때 그 가액은 상속개시 당시가 아닌 사실심 변론종결시를 기준으로 산정하게 됩니다.

제3자인 양수인으로부터 직접 부동산을 반환받을 수 있도록 한다면 선의의 제3자를 보호하지 못하고 거래안전을 해치는 결과를 초래할 수 있기 때문에 법원은 원칙적으로 이를 인정하지 않고 있습니다.

그러나 판례에 따르면 제3자에게 부동산 반환을 청구할 수 있는 특정 경우가 존재합니다. 바로 제3자가 부동산을 취득할 당시 유류분 권리자의 권리를 침해한다는 것을 알고 있는 경우에 그러합니다.

따라서 귀하께서 양수인이 부동산을 양수할 당시 악의였다는 사실을 증명하신다면 양수인을 상대로 유류분 목적물 반환 청구를 하실 수 있을 것입니다. 여기서 악의라는 것은 앞서 말씀드린 바와 같이 유류분 권리자를 해한다는 사실을 알고 있다는 것을 나타냅니다.

혹여나 양수인의 악의를 증명하지 못하더라도 막내에게 가액으로 막내의 다른 일체의 소유재산(부동산, 예금, 주식 등)을 상대로 유류분을 반환할 것을 청구하실 수 있기 때문에 귀하께서는 귀하 몫의 유류분을 보장받을 수 있으실 것입니다. 상속 과정에서 가장 복잡하게 다루어지는 것이 유류분반환청구의 문제입니다. 오늘 살펴본 경우와 같이 유류분 반환 문제로 고민하고 계시다면 체계적인 상속전문가의 도움을 받아 문제를 효율적으로 해결해 나가시길 권해드립니다.

※ 민법

제1115조(유류분의 보전)

① 유류분권리자가 피상속인의 제1114조에 규정된 증여 및 유증으로 인하여 그 유류분에 부족이 생긴 때에는 부족한 한도에서 그 재산의 반환을 청구할 수 있다.

② 제1항의 경우에 증여 및 유증을 받은 자가 수인인 때에는 각자가 얻은 유증가액의 비례로 반환하여야 한다.

[본조신설 1977. 12. 31.]

※ 판례

유류분반환청구권의 행사에 의하여 반환하여야 할 유증 또는 증여의 목적이 된 재산이 타인에게 양도된 경우 그 양수인이 양도 당시 유류분권리자를 해함을 안 때에는 양수인에 대하여도 그 재산의 반환을 청구할 수 있다고 보아야 할 것이다. (대법원 2002. 4. 26. 선고 2000다8878 판결)

민법 제 1115조 제1항은 "유류분권리자가 피상속인의 제1114조에 규정된 증여 및 유증으로 인하여 그 유류분에 부족이 생긴 때에는 부족한 한도에서 그 재산의 반환을 청구할 수 있다."라고 규정하고 있는바, 유류분반환청구권의 행사에 의하여 반환하여야 할 증여 또는 유증의 목적이 된 재산이 타인에게 양도된 경우, 그 양수인이 양도 당시 유류분권리자를 해함을 안 때에는 양수인에 대하여도 그 재산의 반환을 청구할 수 있다. (대법원 2016. 1. 28. 선고 2013다75281 판결)

당해 반환의무자에 대하여 반환하여야 할 재산의 범위를 확정한 다음 그 원물반환이 불가능하여 가액반환을 명하는 경우에 그 가액은 사실심 변론종결시를 기준으로 산정하여야 한다 (대법원 2021. 6. 10. 선고 2021다213514 판결)

사 례

증여를 받은 상속인이 사망한 경우 유류분청구

안녕하세요, 법무법인 천명의 경태현 대표변호사입니다.

공동상속인 중 한 명이 피상속인으로부터 증여받은 재산이 있다면, 해당 재산은 상속이 개시된 이후 유류분반환청구의 대상이 된다는 점을 알고 계실 것입니다. 그렇다면 유류분을 반환받기 위해서는 상속개시 이후 수증자에게 유류분을 반환할 것을 요구하거나 소송을 제기해야 할 것입니다. 이때 만일 증여를 받은 상속인으로부터 유류분을 반환받기 이전에 해당 상속인이 사망한다면 어떻게 유류분을 반환받을 수 있을까요?

오늘은 증여를 받은 상속인이 사망한 이후의 유류분 반환에 관한 이야기를 드려보도록 하겠습니다.

Questions

안녕하세요, 변호사님 유류분 관련해서 간단한 질문을 하나 드리려 합니다.

저희 아버지께서는 할아버지로부터 주택을 증여받으셨습니다.
지금까지도 그 주택에서 저희 가족이 조부모님과 함께 살고 있습니다.
이런 상황에서 얼마 전 아버지께서 돌아가셨습니다.
다른 상속인이 없기 때문에 주택은 저에게 상속이 될 것 같은데,
이런 경우 고모와 큰아버지께서 저에게 유류분반환청구를 하실 수 있나요?

답변 기다리겠습니다.
감사합니다.

Answers ■ ■ ■

할아버지의 상속인들은 할머니와 자녀 3명(아버님, 큰아버님, 고모)입니다. 따라서 법정상속분은 배우자인 할머니께서 3/9지분, 자녀들이 2/9지분씩입니다. 유류분은 법정상속분의 절반이기 때문에 할머니께서 3/18지분, 자녀들이 1/9지분씩이 됩니다.

만일 이러한 상황에서 할아버지께서 먼저 돌아가셨다면 아버님 이외의 공동상속인들은 아버님께서 증여받으신 주택에 대해 유류분부족액 만큼 유류분반환청구를 할 수 있을 것입니다.

그런데 할아버지께서 돌아가시기 전에 아버지가 먼저 돌아가시고 해당 주택이 귀하에게 상속된다면 아버지가 아닌 귀하를 상대로 유류분반환청구소송을 제기할 수 있습니다. 상속이란 포괄적 승계이기 때문에 단순히 재산뿐만 아니라 재산과 관련된 법률관계와 채무 등을 상속인이 포괄적으로 승계하게 되는 것이지요.

따라서 유류분반환청구소송이 제기된다면 귀하께서는 해당 주택의 지분이나 경우에 따라서는 가액으로 유류분을 반환하셔야 할 것으로 보입니다. 다만 할아버지께서 증여하신 주택 이외에 남기신 상속재산 가액, 다른 공동상속인들이 증여받은 재산의 유무 등에 따라 유류분반환을 하지 않으셔도 될 수 있습니다.

만일 다른 상속인들이 이미 증여받은 재산이 있거나 추후 할아버지로부터 상속받을 재산이 있다면 이 부분은 유류분액에서 공제될 것입니다. 그러므로 이에 대한 증빙자료들을 가능한 미리 준비해두시기 바랍니다.

※ 민법

제1008조(특별수익자의 상속분)

공동상속인 중에 피상속인으로부터 재산의 증여 또는 유증을 받은 자가 있는 경우에 그 수증재산이 자기의 상속분에 달하지 못한 때에는 그 부족한 부분의 한도에서 상속분이 있다. 〈개정 1977. 12. 31.〉

제1009조(법정상속분)
① 동순위의 상속인이 수인인 때에는 그 상속분은 균분으로 한다. 〈개정 1977. 12. 31., 1990. 1. 13.〉
② 피상속인의 배우자의 상속분은 직계비속과 공동으로 상속하는 때에는 직계비속의 상속분의 5할을 가산하고, 직계존속과 공동으로 상속하는 때에는 직계존속의 상속분의 5할을 가산한다. 〈개정 1990. 1. 13.〉
③ 삭제 〈1990. 1. 13.〉

제1112조(유류분의 권리자와 유류분) 상속인의 유류분은 다음 각호에 의한다.
1. 피상속인의 직계비속은 그 법정상속분의 2분의 1
2. 피상속인의 배우자는 그 법정상속분의 2분의 1
3. 피상속인의 직계존속은 그 법정상속분의 3분의 1
4. 피상속인의 형제자매는 그 법정상속분의 3분의 1

[본조신설 1977. 12. 31.][단순위헌, 2020헌가4, 2024.4.25, 민법(1977. 12. 31. 법률 제3051호로 개정된 것) 제1112조 제4호는 헌법에 위반된다.][헌법불합치, 2020헌가4, 2024.4.25, 민법(1977. 12. 31. 법률 제3051호로 개정된 것) 제1112조 제1호부터 제3호 및 제1118조는 모두 헌법에 합치되지 아니한다. 위 조항들은 2025. 12. 31.을 시한으로 입법자가 개정할 때까지 계속 적용된다.]

제1115조(유류분의 보전) ① 유류분권리자가 피상속인의 제1114조에 규정된 증여 및 유증으로 인하여 그 유류분에 부족이 생긴 때에는 부족한 한도에서 그 재산의 반환을 청구할 수 있다.
② 제1항의 경우에 증여 및 유증을 받은 자가 수인인 때에는 각자가 얻은 유증가액의 비례로 반환하여야 한다.
[본조신설 1977. 12. 31.]

사례

봉양을 조건으로 부모님의 재산을 증여받았을 때 유류분계산

안녕하세요, 법무법인 천명의 경태현 대표변호사입니다.

저희 법무법인을 찾아주시는 사례를 살펴보다 보면, 효도계약이라는 것을 꽤 많이 접하게 됩니다. 효도계약이란 부모와 자식 간의 계약으로, 부모 봉양을 조건으로 부모가 가진 재산을 증여하는 계약입니다. 효도계약의 조건은 자식이 부모를 같은 집에서 부양할 것, 주기적으로 방문 및 연락할 것, 매달 용돈을 지급할 것 등이 있습니다. 일종의 의무이자 도리인 효도를 계약의 조건으로 하는 것이 어색하게 들리기도 하지만, 부양의무와 재산을 거래해 부모와 자식 서로에게 확실한 담보가 보장된다는 점에서 매력적으로 다가오는 것 같습니다.

오늘 다룰 내용은 이러한 효도계약을 통해 증여받은 재산에 대한 유류분반환청구입니다. 효도계약을 통해 증여받은 재산이 있다면 그 증여재산도 유류분 산정 기초재산에 포함될까요? 오늘은 저희 법무법인을 찾아주신 사례를 통해 이에 대한 해답을 쉽게 풀어 알려드리도록 하겠습니다.

Questions ■ ■ ■

안녕하세요 변호사님.
변호사님께서 상속 분야의 권위자라고 소개받아 이렇게 질문드리게 되었습니다.

저와 아버지는 아버지 살아생전에 효도계약을 체결했습니다.
아버지가 살아계실 동안 매달 80만 원을 지급하고 부양하는 것을 조건으로 당시 시가로 3억 가량의 아파트를 증여받았는데요.

얼마 전 아버지가 돌아가셨는데, 동생이 그 아파트에 대해 유류분반환청구를 제기할 거라고 하네요.
현재는 아파트 시가가 4억 원 정도인데, 이런 경우 아파트 가격은 어느 시점을 기준으로 산정해야 하나요?

그 가액에서 제가 매달 보내드린 돈은 제외하고 계산하면 되나요?
혼자 해결하려니 너무 복잡하고 힘이 듭니다.

변호사님의 조언을 부탁드립니다.

Answers ■ ■ ■

귀하께서는 효도계약을 통해 생전 증여받은 아파트에 대한 유류분 계산 방법이 궁금하신 것 같습니다. 시간이 지남에 따라 그 아파트의 가격 변동이 있는 점도 고려해야 할 것입니다.

우선 귀하께서 체결하신 효도계약은 일종의 부담부증여로 볼 수 있겠습니다. 부담부증여의 유류분을 산정함에 있어서는 부담의 가액을 공제한 나머지만 포함한다는 견해와 부담을 고려하지 않은 증여가액 전액을 포함한다는 견해가 대립합니다.

그러나 임차권 또는 근저당권이 설정된 목적물을 특정유증한 경우를 다룬 대법원 판례는 아래와 같이 판시하고 있습니다.

"유언자가 임차권 또는 근저당권이 설정된 목적물을 특정유증하면서 유증을 받은 자가 그 임대차보증금반환채무 또는 피담보채무를 인수할 것을 부담으로 정한 경우 상속인이 상속개시 시에 유증 목적물과 그에 관한 임대차보증금반환채무 또는 피담보채무를 상속하므로 이를 전제로 유류분 산정의 기초가 되는 재산액을 확정하여 유류분액을 산정하여야 한다. 나아가 부담부유증의 경우 유증 전체의 가액에서 부담의 가액을 공제한 차액 상당을 유증 받은 것으로 보아 유류분반환범위를 정하여야 한다."(대법원 2022. 9. 29. 선고

2022다203583 판결)

즉 위 판례에 따르면 임차권 또는 근저당권이 설정된 목적물을 특정유증하면서 유증을 받은 자가 그 임대차보증금반환채무 또는 피담보채무를 인수할 것을 부담으로 정했다면 이는 부담부유증이고, 부담부유증이 이루어진 경우 유류분액을 산정할 때 유증 전체의 가액에서 부담의 가액을 공제한 차액을 기준으로 유류분반환범위를 정하여야 한다고 판단한 것으로 볼 수 있겠습니다.

이러한 대법원 판례의 관점에서 생각건대, 일종의 부담부증여인 효도계약 또한 상속인이 경제적 대가가 필요한 의무의 이행을 조건으로 목적물을 증여받았다면 증여재산가액에서 조건이행비용을 뺀 금액을 기준으로 유류분을 산정하는 것이 합리적일 것입니다. 따라서 귀하의 경우 산정된 부동산 가액에서 아버님께 매달 보내드린 금액을 공제하여 유류분을 계산하는 것이 바람직할 것으로 보입니다.

그렇다면 부동산 가액은 어떻게 산정하게 될까요? 판례는 이렇게 판시하고 있습니다.

"이때 유류분액을 산정함에 있어 반환의무자가 유증받은 재산의 시가는 상속개시 당시를 기준으로 산정하여야 하고 그 반환의무자에 대하여 반환하여야 할 재산의 범위를 확정한 다음 원물반환이 불가능하여 가액반환을 명하는 경우 가액은 사실심 변론종결시를 기준으로 산정하여야 한다"(동 판결)

유류분 반환은 원물반환이 원칙이고, 위 판례에 따르면 원물반환을 할 때에는 증여시점이 아닌 상속개시 당시를 기준으로 산정하여야 합니다. 그리고 부동산 가액은 공시지가가 아닌 국토부실거래가, kb시세, 법원 감정가를 순차적으로 고려한 시가를 기준으로 유류분 계산이 이루어질 것입니다. 그러므로 귀하의 경우 증여 당시 시가인 3억이 아닌 현재 시가인 4억 원에서 아버님께 매달 보내드린 금액을 공제하여 산출된 금액을 기준으로 유류분을 산정해야 할 것입니다.

또한, 효도계약인 부담부증여계약의 경우 별도로 기여분이 인정될 수 있는 사안이라면 최근 헌법재판소에서는 유류분청구에 대해서 기여분을 반영하지 않는 것은 헌법에 반한다고 하면서 2025. 12. 31.까지 민법 개정을 하라고 헌법불합치결정을 하였습니다. 그러므로 앞으로는 이런 사안의 유류분청구에 기여분 부분이 반영될 것으로 예상됩니다.

오늘 살펴본 사례는 부담부증여와 유류분반환청구, 기여분반영 등이라는 아주 복잡한 쟁점을 가지고 있었습니다. 만일 이와 비슷한 문제를 갖고 계신다면 혼자서 고민하지 마시고 처음부터 상속전문가의 도움을 받아 체계적으로 절차를 밟으시는 것이 가장 좋습니다. 저희 법무법인 천명은 오랜 경력을 가진 상속 특화 로펌으로서 언제나 의뢰인에게 최선의 결과를 보장하고 있습니다.

사 례

증여와 유증이 함께 있을 때 유류분반환 순서는

안녕하세요, 법무법인 천명의 경태현 대표변호사입니다.

피상속인이 생전 증여하거나 유언을 통해 유증한 재산이 있다면, 공동상속인들은 유류분반환청구를 통해 수증자(수유자)로부터 유류분 부족액만큼을 반환받을 수 있습니다. 다만, 증여를 받은 자와 유증을 받은 자가 각각 다른 사람이라면 누구에게서 얼마만큼의 금액을 반환받아야 할지가 문제될 수 있습니다.

만일 피상속인이 유언을 남기지는 않고, 생전 여러 명에게 재산을 증여해서 수증자가 수인인 경우에는 각 증여가액에 비례해서 유류분을 반환받으면 됩니다. 과연 이러한 법리를 수증자와 수유자가 따로 존재하는 경우에도 동일하게 적용할 수 있을까요?

정답은 그렇지 않습니다. 우리 민법에서는 수증자와 수유자가 따로 존재하는 경우에는 단순히 증여(유증)가액에 비례해서 유류분을 반환하는 것이 아닌 다른 방법을 취하고 있습니다.

그렇다면 위와 같은 경우에는 어떻게 유류분을 반환하게 되는지를 아래 질문과 답변을 통해 살펴보도록 하겠습니다.

Questions ■ ■ ■

안녕하세요, 변호사님. 유류분 관련해서 권위 있는 변호사이시라 소개받고 이렇게 글 남깁니다.

저희 아버지께서 얼마 전 돌아가셨고, 상속인으로는 어머니와 저 그리고 형이 있습니다. 아버지께서는 예전에 형에게 재산을 증여하신 적이 있고, 돌아가시기 전에는 생판 남인 분에게 남은 재산을 모두 유증하고 돌아가셨습니다.

저와 어머니는 형에게는 유류분반환청구를 하고 싶지 않고 그 제3자에게서만 유류분을 반환받고 싶습니다.

이렇게도 반환청구를 진행할 수 있을까요?

답변 기다리겠습니다.

Answers ■ ■ ■

귀하께서는 아버님으로부터 재산을 유증받은 제3자에게 유류분반환청구를 제기하고자 하시는 것 같습니다.

기본적으로 피상속인으로부터 유증이나 증여를 받은 자가 수인인 경우에는 각자 받은 유증 또는 증여가액의 비율에 따라 유류분을 반환하게 됩니다. 다만, 수유자와 수증자가 동시에 존재하는 경우에는 수유자로부터 먼저 유류분을 반환받은 이후에 그럼에도 유류분 부족액이 존재하는 경우 비로소 수증자에게 유류분반환청구를 제기할 수 있습니다. 이러한 법리는 우리 민법 제1116조에 근거를 두고 있습니다.

이와 관련해서 대법원 판례에서도, "유류분반환청구의 목적인 증여나 유증이 병존하고 있는 경우에는 유류분권리자는 먼저 유증을 받은 자를 상대로 유류분침해액의 반환을 구하여야 하고, 그 이후에도 여전히 유류분침해액이 남아 있는 경우에 한하여 증여를 받은 자에 대하여 그 부족분을 청구할 수 있는 것이며...(대법원 2001. 11. 30. 선고 2001다6947 판결)" 라고 판시하고 있는 것을 확인하실 수 있습니다.

따라서 귀하의 경우, 형님과 제3자(수유자)의 증여, 유증가액을 통해 유류분 부족액을 산정해 보시고 제3자가 받은 유증가액에 따라 유류분반환청구를 제기하시면 될 것으로 보입니다. 자세한 유류분 반환 가액과 절차가 궁금하시다면 관련 서류를 지참하신 후 저희 법무법인 천명으로 방문해 주시면 되겠습니다.

※ 민법

제1115조(유류분의 보전)

① 유류분권리자가 피상속인의 제1114조에 규정된 증여 및 유증으로 인하여 그 유류분에 부족이 생긴 때에는 부족한 한도에서 그 재산의 반환을 청구할 수 있다.

② 제1항의 경우에 증여 및 유증을 받은 자가 수인인 때에는 각자가 얻은 유증가액의 비례로 반환하여야 한다.

[본조신설 1977. 12. 31.]

제1116조(반환의 순서)

증여에 대하여는 유증을 반환받은 후가 아니면 이것을 청구할 수 없다

※ 판례

증여 또는 유증을 받은 재산 등의 가액이 자기 고유의 유류분액을 초과하는 수인의 공동상속인이 유류분권리자에게 반환하여야 할 재산과 범위를 정할 때에, 수인의 공동상속인이 유증받은 재산의 총 가액이 유류분권리자의 유류분 부족액을 초과하는 경우에는 유류분 부족액의 범위 내에서 각자의 수유재산(受遺財産)을 반환하면 되는 것이지 이를 놓아두고 수증재산(受贈財産)을 반환할 것은 아니다. 이 경우 수인의 공동상속인이 유류분권리자의 유류분 부족액을 각자의 수유재산으로 반환할 때 분담하여야 할 액은 각자 증여 또는 유증을 받은 재산 등의 가액이 자기 고유의 유류분액을 초과하는 가액의 비율에 따라 안분하여 정하되, 그중 어느 공동상속인의 수유재산의 가액이 그의 분담액에 미치지 못하여 분담액 부족분이 발생하더라도 이를 그의 수증재산으로 반환할 것이 아니라, 자신의 수유재산의 가액이 자신의 분담액을 초과하는 다른 공동상속인들이 위 분담액 부족분을 위 비율에 따라 다시 안분하여 그들의 수유재산으로 반환하여야 한다. (대법원 2013. 3. 14. 선고 2010다42624,42631 판결)

사례

형제 중 한 명이 유류분청구를 포기하면 제 유류분이 증가하나요?

안녕하세요, 법무법인 천명의 경태현 대표변호사입니다.

우리 민법에서는 상속인의 신고에 따라 상속포기를 할 수 있는 제도를 마련해두고 있습니다. 상속인은 상속개시있음을 안 날로부터 3월 내에 가정법원에 신고를 하여 상속포기를 할 수 있고, 상속포기를 한 상속인은 상속개시로 소급하여 상속인이 아니었던 것으로 취급됩니다. 또한 유류분권은 상속권을 전제로 하는 권리이기 때문에 상속포기가 있다면 유류분권 또한 자연히 소멸하게 될 것입니다.

다만 사례를 살펴보면, 상속포기는 하지 않은 채로 유류분만을 포기하는 경우를 볼 수 있습니다. 유류분 포기라는 제도가 법률상 따로 존재하는 것은 아니고 유류분권을 행사할 수 있음에도 행사하지 않거나 각서 혹은 협의서를 통해 유류분을 청구하지 않을 것을 약속하는 경우를 생각해보실 수 있습니다.

먼저 아래 질문을 읽어보신 후 유류분 포기에 관해 더 자세한 설명을 드리도록 하겠습니다.

Questions ■ ■ ■

안녕하세요 변호사님. 유류분 관련해서 질문드리고자 글 남깁니다.

피상속인의 상속인으로 자녀 3명이 있습니다.

첫째가 유증을 통해 전 재산을 상속받았고, 둘째는 유류분 반환청구를 할 예정이고, 셋째는 유류분 청구를 포기했다고 했을 때, 셋째가 유류분을 포기함에 따라 둘째가 청구할 수 있는 유류분이 증가하게 되나요? 답변 기다리겠습니다. 감사합니다.

Answers ■ ■ ■

귀하께서는 상속인 중 한 명이 유류분반환청구를 포기했을 때 나머지 상속인이 청구할 수 있는 유류분이 증가하는가에 관해 궁금해하고 계신 것 같습니다.

우선 피상속인의 자녀들이 3명이라면 법정상속분은 각 1/3지분씩이고, 유류분은 그 절반에 해당하는 1/6지분씩입니다. 만일 첫째가 유언을 통해 모든 재산을 유증받았다면 나머지 자녀들은 첫째에 대해 유류분반환청구를 제기할 수 있습니다.

이때 셋째가 유류분반환청구를 포기했다고 해서 둘째가 청구할 수 있는 유류분이 증가하지는 않습니다. 셋째가 단순히 유류분 청구를 포기한 것이 아니라 민법 제1019조 제1항에서 규정하고 있는 상속포기를 한 것이라면 셋째가 더 이상 상속인이 아닌 것으로 취급되어 나머지 형제들의 상속분 및 유류분이 증가하게 됩니다.

더욱 자세히 설명해 드리면, 셋째가 상속포기를 할 시 첫째와 둘째만 상속인인 것으로 보아 법정상속분은 각 1/2지분씩, 유류분은 그 절반에 해당하는 1/4지분씩이 됩니다. 그렇다면 둘째는 기존 1/6지분의 유류분에서 증가한 1/4지분의 유류분을 행사할 수 있게 되는 것이지요.

위와 같이 상속포기에 의한 것이 아니라 단순히 유류분반환청구를 포기한 것에 불과하다면 다른 상속인들의 상속분이나 유류분이 증가하게 되지는 않을 것입니다.

※ 민법

제1009조(법정상속분)

① 동순위의 상속인이 수인인 때에는 그 상속분은 균분으로 한다. 〈개정 1977. 12. 31., 1990. 1. 13.〉

② 피상속인의 배우자의 상속분은 직계비속과 공동으로 상속하는 때에는 직계비속의 상속분의 5할을 가산하고, 직계존속과 공동으로 상속하는 때에는 직계존속의 상속분의

5할을 가산한다. 〈개정 1990. 1. 13.〉
③ 삭제 〈1990. 1. 13.〉

제1019조(승인, 포기의 기간)
① 상속인은 상속개시있음을 안 날로부터 3월내에 단순승인이나 한정승인 또는 포기를 할 수 있다. 그러나 그 기간은 이해관계인 또는 검사의 청구에 의하여 가정법원이 이를 연장할 수 있다. 〈개정 1990. 1. 13.〉
② 상속인은 제1항의 승인 또는 포기를 하기 전에 상속재산을 조사할 수 있다. 〈개정 2002. 1. 14.〉
③ 제1항에도 불구하고 상속인은 상속채무가 상속재산을 초과하는 사실(이하 이 조에서 "상속채무 초과사실"이라 한다)을 중대한 과실 없이 제1항의 기간 내에 알지 못하고 단순승인(제1026조제1호 및 제2호에 따라 단순승인한 것으로 보는 경우를 포함한다. 이하 이 조에서 같다)을 한 경우에는 그 사실을 안 날부터 3개월 내에 한정승인을 할 수 있다. 〈개정 2022. 12. 13.〉
④ 제1항에도 불구하고 미성년자인 상속인이 상속채무가 상속재산을 초과하는 상속을 성년이 되기 전에 단순승인한 경우에는 성년이 된 후 그 상속의 상속채무 초과사실을 안 날부터 3개월 내에 한정승인을 할 수 있다. 미성년자인 상속인이 제3항에 따른 한정승인을 하지 아니하였거나 할 수 없었던 경우에도 또한 같다. 〈신설 2022. 12. 13.〉

제1112조(유류분의 권리자와 유류분) 상속인의 유류분은 다음 각호에 의한다.
1. 피상속인의 직계비속은 그 법정상속분의 2분의 1
2. 피상속인의 배우자는 그 법정상속분의 2분의 1
3. 피상속인의 직계존속은 그 법정상속분의 3분의 1
4. 피상속인의 형제자매는 그 법정상속분의 3분의 1

[본조신설 1977. 12. 31.][단순위헌, 2020헌가4, 2024.4.25, 민법(1977. 12. 31. 법률 제3051호로 개정된 것) 제1112조 제4호는 헌법에 위반된다.][헌법불합치, 2020헌가4, 2024.4.25, 민법(1977. 12. 31. 법률 제3051호로 개정된 것) 제1112조 제1호부터 제3호 및 제1118조는 모두 헌법에 합치되지 아니한다. 위 조항들은 2025. 12. 31.을 시한으로 입법자가 개정할 때까지 계속 적용된다.]

사 례

증여받은 후 변경된 토지에 대한 유류분반환방법과 유류분계산

Questions ■ ■ ■

유류분소송에 대해서 문의드립니다.

12년 전에 토지를 증여받았는데, 그 후에 대지로 용도변경을 해서 3층 상가를 신축했습니다. 이런 경우에 유류분은 어떻게 되나요?
만일 지분이 아닌 돈으로 유류분을 지급해야 한다면 어느 시점으로 계산되나요?

그리고 약 5년 전에 아버지가 제 아들인 손자에게 1억 원을 증여해 주어서 증여세 신고를 했습니다. 이것도 유류분에 포함되나요?

Answers ■ ■ ■

안녕하세요. 법무법인 천명 대표변호사 경태현입니다.

원칙적으로 유류분 반환의 대상인 증여재산은 증여할 당시의 상태를 기준으로 합니다. 따라서 귀하께서 아버님으로부터 전 또는 답이나 잡종지인 상태의 토지를 증여받아 그 후에 귀하의 노력과 자금으로 대지로 용도변경을 했다면 귀하가 증여받은 것은 대지가 아니라 용도변경 이전의 상태인 전이나 답 또는 잡종지이므로 그 당시의 상태를 전제로 증여금액을 산정하게 됩니다.

이러한 상태에서 만일 귀하가 유류분을 지분이 아닌 돈으로 지급하고자 한다면, 용도변경 전의 상태를 전제로 재판이 끝나는 시점의 시가를 기준으로 지급하게 됩니다.

또한 아버님이 귀하의 자녀인 손자에게 어떤 재산을 증여한 경우에는 두 가지로 판단해야 합니다.

만일 귀하의 자녀에게 증여한 것이 사실상 귀하에게 증여한 것과 같다고 보이면 기간의 제한이 없이 귀하가 유류분을 반환해줘야 합니다.

반면에 귀하와 구분되어 손자가 받은 것으로 본다면 아버님의 사망 1년 이전에 증여받은 것이므로 원칙적으로는 유류분반환의 대상에서 배제됩니다.

다만 이러한 경우에도 당시 아버님이 갖고 있던 재산의 1/2 이상이고 유류분권자의 권리를 해할 것을 알고 한 경우라고 판단되면 유류분반환대상에 포함이 됩니다.

보다 구체적인 상담은 아버님의 가족관계증명서, 증여받은 부동산의 등기부등본과 토지대장 및 증여받은 토지 위에 신축한 건물의 부동산등기부등본, 손자의 증여세 신고내역서, 손자에게 증여할 당시 아버님이 소유하던 재산내역 등을 지참해서 방문상담예약을 해주시길 바랍니다.

※ 민법

제1114조(산입될 증여)

증여는 상속개시 전의 1년간에 행한 것에 한하여 제1113조의 규정에 의하여 그 가액을 산정한다. 당사자 쌍방이 유류분권리자에 손해를 가할 것을 알고 증여를 한 때에는 1년전에 한 것도 같다.

[본조신설 1977. 12. 31.]

※ 판례

"다만 증여 이후 수증자나 수증자로부터 증여재산을 양수받은 사람이 자기의 비용으로 증여재산의 성상(성상) 등을 변경하여 상속개시 당시 그 가액이 증가되어 있는 경우, 유류분 부족액을 산정할 때 기준이 되는 증여재산의 가액에 관해서는 위와 같이 변경된 성상 등을 기준으로 증여재산의 상속개시 당시 가액을 산정하면 유류분권리자에게 부당한 이익을 주게 되므로, 그와 같은 변경이 있기 전 증여 당시의 성상 등을 기준으로 상속개시 당시 가액을 산정해야 한다." (대법원 2022. 2. 10. 선고 2020다250783 판결)

증여 또는 유증의 경위, 증여나 유증된 물건의 가치, 성질, 수증자와 관계된 상속인이 실제 받은 이익 등을 고려하여 실질적으로 피상속인으로부터 상속인에게 직접 증여된 것과 다르지 않다고 인정되는 경우에는 상속인의 직계비속, 배우자, 직계존속 등에게 이루어진 증여나 유증도 특별수익으로서 이를 고려할 수 있다(대법원 2007. 8. 28.자 2006스3,4 결정)

'공동상속인이 아닌 제3자에 대한 증여는 원칙적으로 상속개시 전의 1년간에 행한 것에 한하여 유류분반환청구를 할 수 있고, 다만 당사자 쌍방이 증여 당시에 유류분권리자에 손해를 가할 것을 알고 증여를 한 때에는 상속개시 1년 전에 한 것에 대하여도 유류분반환청구가 허용된다. 증여 당시 법정상속분의 2분의 1을 유류분으로 갖는 직계비속들이 공동상속인으로서 유류분권리자가 되리라고 예상할 수 있는 경우에, 제3자에 대한 증여가 유류분권리자에게 손해를 가할 것을 알고 행해진 것이라고 보기 위해서는, 당사자 쌍방이 증여 당시 증여재산의 가액이 증여하고 남은 재산의 가액을 초과한다는 점을 알았던 사정뿐만 아니라, 장래 상속개시일에 이르기까지 피상속인의 재산이 증가하지 않으리라는 점까지 예견하고 증여를 행한 사정이 인정되어야 하고, 이러한 당사자 쌍방의 가해의 인식은 증여 당시를 기준으로 판단하여야 한다(대법원 2012.05.24. 선고 2010다50809 판결).'

사 례

증여한 지 10년이 넘었다면 유류분소송을 못하나요?

Questions ■ ■ ■

아버지가 돌아가신 지 1년이 거의 다 되어 가네요.

형제들은 3남 3녀 총 6남매입니다.

큰형인 장남에게 대다수 재산을 증여한 지 10년이 넘었으면 유류분반환청구소송 못하나요? 분명히 큰형에게 모든 토지, 상가 등을 줬는데 20년 전, 15년 전, 8년 전, 5년 전 계속적으로 증여했는데 정확한 시점은 모르겠습니다.

20년 전에 줬는지, 5년 전에 줬는지 정확히 모르지만 주변에서는 증여한 지 10년 지나면 유류분소송을 못 한다고 하던데 맞나요?

그리고 아버지가 큰형에게만 모두 증여한 것을 증여 당시부터 사망 전에 형제들 모두 이미 알고 있었는데 증여 사실을 과거에 알았고 1년이 지났다면 유류분소송을 할 수 없나요?

Answers ■ ■ ■

아버지의 상속인들은 6남매이므로 1인당 법정상속분은 각 1/6지분씩이고 유류분은 법정상속분의 절반인 각 1/12지분씩입니다.

귀하의 경우 유류분반환청구소송의 대상이 되는 증여의 시기와 유류분반환청구소송을 할 수 있는 소멸시효를 구분해서 판단해야 합니다.

1. 유류분반환청구소송의 대상이 되는 증여

민법과 대법원 판례에 의하면 공동상속인에게 증여한 부분은 그 증여시기가 1년, 10년 등의 제한 없이 모두 유류분반환청구소송의 대상이 됩니다.

2. 유류분반환청구소송의 소멸시효

증여재산에 대한 유류분반환청구소송을 제기할 수 있는 기한은 망인이 사망한 이후 증여사실을 안 날로부터 1년(만약 증여사실을 사망 전에 알았다면 사망일로부터 1년) 이내입니다. 그리고 늦어도 망인 사망한 날로부터 10년입니다.

여기서 주의할 것은

1) 사망 전에 비록 증여를 알았어도 사망 전에는 유류분청구를 할 수 없으니 시효가 기산되지 않습니다. 따라서, 이런 경우에는 사망일로부터 1년 내에 유류분소송을 제기하면 됩니다.

2) 사망일로부터 10년 이내에 유류분소송을 해야 하지만, 사망 이후 증여사실 혹은 유언사실을 알았다면 비록 10년이 경과하지 않았어도 반드시 안 날로부터 1년 이내에 유류분소송을 해야 합니다.
그러므로 귀하의 경우 공동상속인에 대한 증여한 시점은 10년 등의 기간 경과는 상관없고 아직 사망한 지 10년이 넘지 않았기에 사전증여사실을 언제 알았는지가 중요하고 그 사실을 안 날로부터 1년이 경과하지 않았다면 유류분청구소송을 할 수 있습니다.

유류분반환청구소송 등을 보다 구체적인 것은 아래 자료를 기초로 상담을 받아보시길 바랍니다.

- 피상속인(망인)의 기본증명서, 가족관계증명서, 혼인관계증명서, 주민등록말소자초본
- 유류분소송을 하고자 하는 상속인의 기본증명서, 가족관계증명서, 주민등록초본
- 사전증여재산인 부동산등기부등본 혹은 유언재산인 부동산등기부등본

※ 민법

제1117조(소멸시효)

반환의 청구권은 유류분권리자가 상속의 개시와 반환하여야 할 증여 또는 유증을 한 사실을 안 때로부터 1년 내에 하지 아니하면 시효에 의하여 소멸한다. 상속이 개시한 때로부터 10년을 경과한 때도 같다.

※ 판례

공동상속인 중에 피상속인으로부터 재산의 생전 증여에 의하여 특별수익을 한 자가 있는 경우에는 민법 제1114조의 규정은 그 적용이 배제되고, 따라서 그 증여는 상속개시 1년 이전의 것인지 여부, 당사자 쌍방이 손해를 가할 것을 알고서 하였는지 여부에 관계없이 유류분산정을 위한 기초재산에 산입된다(대법원 1996. 2. 9. 선고 95다17885 판결).

민법 제1117조가 규정하는 유류분반환청구권의 단기(1년0소멸시효기간의 기산점인 '유류분권리자가 상속의 개시와 반환하여야 할 증여 또는 유증을 한 사실을 안 때'는 유류분권리자가 상속이 개시되었다는 사실과 증여 또는 유증이 있었다는 사실 및 그것이 반환하여야 할 것임을 안 때를 뜻한다(대법원 2006. 11. 10. 선고 2006다46346 판결).

사례

유류분청구권 소멸시효기간 이후에도 유류분을 반환받을 수 있나요?

안녕하세요, 법무법인 천명의 경태현 대표변호사입니다.

아마 많은 분들께서 유류분반환청구권에 소멸시효가 존재한다는 사실을 잘 알고 계실 것입니다. 유류분반환청구권은 유류분권리자가 상속개시와 반환청구권의 대상이 되는 증여와 유증 사실을 안 날로부터 1년, 혹은 상속이 개시된 때로부터 10년이 경과하면 소멸시효가 완성되어 더 이상 유류분반환청구권을 행사할 수 없게 됩니다.

예를 들어 갑과 을이라는 자의 아버지가 을에게 1억 원을 증여한 후 아무런 재산을 남기지 않고 사망했다고 하겠습니다. 그렇다면 갑은 1) 아버지의 사망 사실과 을이 1억 원을 증여받았다는 사실을 알았다면 그 사실을 안 날로부터 1년이 경과하면, 혹은 2) 앞의 사실들을 몰랐다고 하더라도 아버지가 사망한 날로부터 10년이 경과하면, 더 이상 을에 대해 유류분반환청구권을 행사할 수 없게 되는 것입니다.

그렇다면 이때 만일 유류분반환의무자와 권리자가 서로 합의하여 유류분반환청구권의 소멸시효가 완성된 이후에 유류분을 반환하기로 한 경우에는 어떻게 되는 것일까요? 쉽게 말해, 유류분에 대한 합의는 소멸시효 기간 내에 진행하지만 실제로 유류분 반환은 소멸시효 완성 이후에 이루어지는 경우를 생각해보시면 됩니다.

위와 같은 상황에 관하여 제게 주신 질문이 있었습니다. 우선 이 질문을 읽어보신 이후에 이어지는 설명을 읽어보시면 되겠습니다.

Questions ■ ■ ■

안녕하세요, 변호사님.
유류분 합의 중 궁금한 사항이 있어서 질문드립니다.

우선 제가 유류분반환 의무자로부터 1억 원 정도를 반환받아야 하는 상황입니다.
그런데 지금 반환의무자가 1억 원을 반환할 수 없는 사정이 있습니다.
그래서 지금 5년이 지난 후 반환하겠다는 각서를 쓰겠다고 합니다(이자 및 물가상승 반영).
저는 돈은 5년 뒤에 받는 것은 상관이 없습니다.

다만 유류분반환청구권의 소멸시효가 증여를 안 날로부터 1년이라고 하는데, 소멸시효가 완성된 이후에 유류분을 반환하겠다는 각서가 유효한지 궁금합니다.

답변 주시면 감사하겠습니다.

Answers ■ ■ ■

귀하께서는 유류분반환청구권의 소멸시효가 완성된 이후에 유류분을 반환하겠다는 각서가 유효한지에 관해 궁금해하고 계신 것 같습니다.

원칙적으로 유류분권리자는 증여가 있음을 안 날로부터 1년 이내에 유류분반환청구를 해야 합니다. 다만, 유류분청구권자와 유류분반환의무자 쌍방이 합의하여 합의서 내지 각서를 작성한다면 그 합의서의 내용에 따라 유류분을 반환받으실 수 있습니다.

유류분반환청구권이란 이름 그대로 유류분반환을 청구할 수 있는 권리입니다. 따라서 청구, 합의, 의사표시 등 '내가 유류분을 반환받고자 한다는 표시'를 소멸시효 이내에 반환의무자에게 하면 되는 것이고, 반드시 실제로 유류분을 소멸시효 기간 내에 반환받으셔야 하는 것은 아닙니다.

따라서 본인이 소멸시효 기간 이내에 적법하게 유류분반환청구권을 행사했다면, 이후 1년이 경과했다고 해서 유류분을 반환받을 수 없게 되거나 소멸시효가 문제가 되지는 않는다고 이해하시면 될 것입니다.

추가적으로, 가능하다면 유류분 합의를 하실 때 인감도장날인, 인감증명서를 첨부하고 지급보증인, 연대보증 혹은 물적담보인 근저당설정까지 한다면 보다 명확하게 계약내용을 이행하실 수 있으실 것입니다.

※ 민법

제1117조(소멸시효)
반환의 청구권은 유류분권리자가 상속의 개시와 반환하여야 할 증여 또는 유증을 한 사실을 안 때로부터 1년내에 하지 아니하면 시효에 의하여 소멸한다. 상속이 개시한 때로부터 10년을 경과한 때도 같다.
[본조신설 1977. 12. 31.]

※ 판례

유류분반환청구권의 행사는 재판상 또는 재판 외에서 상대방에 대한 의사표시의 방법으로 할 수 있고, 이 경우 그 의사표시는 침해를 받은 유증 또는 증여행위를 지정하여 이에 대한 반환청구의 의사를 표시하면 그것으로 족하고 그로 인하여 생긴 목적물의 이전등기청구권이나 인도청구권 등을 행사하는 것과는 달리 그 목적물을 구체적으로 특정하여야 하는 것은 아니라 할 것이고, 민법 제 1117조 소정의 소멸시효의 진행도 위 의사표시로 중단된다고 할 것이다. (대법원 1995. 6. 30. 선고 93다11715 판결)

사 례

생전증여와 유류분청구소송 기간제한

Questions ■ ■ ■

변호사님, 안녕하세요.
유류분에 대해 여쭙겠습니다.

법률적 지식이 부족하여 변호사 사무실 상담 전에 이리저리 스스로 알아보고 있습니다.
시아버님이 거주하고 계신 아파트를 아주버님에게 증여 양도하여 명의이전한 것을 최근에 알게 되었습니다.
저희에게 말씀해주신 것도 아니고 어느 순간 갑자기 명의이전이 되어 있었습니다.

연세 있으시지만 건강하시기에 아주버님 혼자 단독으로 하신 것 같진 않고, 두 분 사이에 이야기가 오간 것 같은데 아직 저희에게는 말씀이 없는 상황입니다.

아파트는 일산에 있고 현재 12억 상당입니다.
시아버지가 돌아가시고 나면 제 남편이 유류분반환청구소송을 할 수 있는 건가요?

제가 알기로는 청구기한이 있는 것으로 아는데 지금 알아버렸으니 이제부터 기한이 시작되나요?

Answers ■ ■ ■

안녕하세요. 유류분반환청구소송 법무법인 천명 대표변호사 경태현입니다.

아직 사망 전 즉 상속개시 전에 재산명의이전을 무상으로 한 경우 즉 증여된 경우에 그 증여된 사실을 알았어도 그때로부터 1년 이내에 유류분반환청구소송을 해야 하는 것은 아니고 실제 불가능합니다.

즉, 사망하기 전에 생전증여에 대해서 곧바로 증여사실을 알았어도 유류분반환청구는 사망 즉 상속개시가 되지 않으면 불가능합니다.

따라서, 생전 증여에 대해선 증여사실을 알았어도 사망한 날로부터 비로소 유류분반환청구가 가능하므로 사망일로부터 1년 이내에 유류분반환청구소송을 제기하시면 될 것입니다.

그리고 여기서 공동상속인에 대한 생전증여한 시기는 무관하고 증여한 지 10년, 20년, 30년 등 경과된 것은 기간제한 없이 모두 유류분반환청구소송의 대상이 됩니다.

※ 민법

제1005조(상속과 포괄적 권리의무의 승계)
상속인은 상속개시된 때로부터 피상속인의 재산에 관한 포괄적 권리의무를 승계한다. 그러나 피상속인의 일신에 전속한 것은 그러하지 아니하다. 〈개정 1990. 1. 13.〉

제1117조(소멸시효)
반환의 청구권은 유류분권리자가 상속의 개시와 반환하여야 할 증여 또는 유증을 한 사실을 안 때로부터 1년 내에 하지 아니하면 시효에 의하여 소멸한다. 상속이 개시한 때로부터 10년을 경과한 때도 같다.
[본조신설 1977. 12. 31.]

※ 판례

공동상속인 중에 피상속인으로부터 재산의 증여에 의하여 특별수익을 한 자가 있는 경우에는 민법 제1114조의 규정은 그 적용이 배제되고, 따라서 그 증여는 상속개시 전의 1년 간에 행한 것인지 여부에 관계없이 유류분산정을 위한 기초재산에 산입된다. (대법원 1995. 6. 30. 선고 93다11715 판결)

사례

유류분청구권의 소멸시효 증명 방법

안녕하세요, 법무법인 천명의 경태현 대표변호사입니다.

오늘은 유류분반환청구권의 소멸시효에 관하여 이야기해 보도록 하겠습니다. 우리 민법 제1117조에서는 유류분반환청구권의 소멸시효에 관해 규정하고 있습니다.

조문을 잘 보시면 '증여 또는 유증을 한 사실을 안 때로부터 1년'이라고 규정되어 있는 것을 확인해 보실 수 있습니다. 이 부분에 관하여 반환청구권자가 증여 사실을 알았는가를 어떻게 외부에서 알 수 있는지를 여쭤보시는 분들이 많습니다.

예를 들어, 반환청구권자가 증여 사실을 알았음에도 권리를 행사하지 않고 3년의 세월이 흐른 뒤에 유류분반환청구권을 행사한다고 하더라도 3년 전에 이미 증여 사실을 알고 있었다는 것을 어떻게 증명할 수 있냐는 이야기입니다.

위 내용에 관하여 질문과 답변을 통해 간단한 설명을 드리겠습니다.

Questions ■ ■ ■

안녕하세요 변호사님. 유류분반환청구소송 관련하여 도움을 받고자 글 남깁니다.

얼마 전, 유류분반환청구소송 소장을 받아 피고로 재판을 진행하게 되었습니다.
제가 10년 전 증여받은 부동산에 대한 유류분반환청구소송이고 원고는 친동생입니다.
그런데, 피상속인인 아버지께서 돌아가신 지는 이미 6년이 지났고, 소송을 제기한 동생을 포함하여 모든 가족이 분명 아버지께서 돌아가시기 전부터 증여사실을 알고 있었습니다.

그런데도 동생은 사전증여 사실을 몰랐고 5개월 전에 알게 되었다며 소장을 보내왔습니다.

이런 상황에서 유류분반환청구권 소멸시효 완성을 주장하려면 어떻게 해야 할까요?
증거로는 원고 외 다른 가족들의 아버지 사망 전 증여를 인지하고 있었다는 진술서가 있습니다.

조언 기다리겠습니다. 감사합니다.

Answers ■■■

유류분반환청구권은 피상속인이 사망하고 10년이 경과하면 소멸시효가 완성되지만, 증여 사실을 인지한 경우 그 사실을 안 날로부터 유류분반환청구를 해야 하는 단기 소멸시효가 있습니다.

따라서 귀하의 주장대로 동생분께서 아버님 사망 이전에 사전증여 사실을 알고 있었다면, 아버님 사망일로부터 1년 이내에 유류분반환청구를 해야 합니다.

다만, 증여를 안 사실에 대한 부분은 피고 측에 입증책임이 있습니다. 따라서 동생분이 증여사실을 알고 있었다는 사실을 유류분소송의 피고인 귀하께서 입증하셔야 하는 것입니다. 입증은 직접증거와 모든 간접증거를 통해 이루어질 수 있습니다. 특히 간접증거의 경우 물적증거 및 인적증거(증인 진술 등)를 모두 종합하셔서 주장하셔야 합니다.

언급하신 다른 가족분들의 진술서만으로는, 동생분이 증여 사실을 알고 있었다는 것을 입증하기에 부족해 보입니다. 따라서 동생분과의 메시지, 증인 등을 최대한 활용하셔서 법원이 원고가 증여 사실을 몰랐을 리 없을 것이라는 확신을 갖게 해야 합니다. 만일 충분한 입증이 이루어진다면 단기 소멸시효가 인정되어 더 이상 유류분반환청구를 할 수 없게 될 것입니다.

저희 로펌에서도 유류분반환청구권의 단기 소멸시효에 관한 많은 의뢰를 수행한 바 있습니다. 오늘 글을 자세히 읽어보시고 보다 자세한 상담을 원하신다면 관련 서류들을 기초로 법무법인 천명에 방문상담을 요청해 주시면 되겠습니다.

※ 민법

제1117조(소멸시효)

반환의 청구권은 유류분권리자가 상속의 개시와 반환하여야 할 증여 또는 유증을 한 사실을 안 때로부터 1년 내에 하지 아니하면 시효에 의하여 소멸한다. 상속이 개시한 때로부터 10년을 경과한 때도 같다.

사 례

기여분이 있는 자녀는 유류분을 더 받을 수 있나요?

Questions ■ ■ ■

저는 2남 4녀인 6남매 중 장녀입니다.

부친과 모친은 어릴 때부터 장녀인 저에게 많은 희생을 강요했습니다. 학교는 제대로 보내주지도 않고 집안일을 시켰고, 고등학교 졸업하자마자 부친 가게에서 시집갈 때까지 거의 10년 넘게 일을 했습니다. 하지만, 제대로 된 월급도 못 받았습니다.

시집간 이후에도 부모님 병원 모시고 다니는 일, 집안 행사 등 대소사를 전부 장녀인 제가 도맡아서 진행해왔습니다. 특히 남동생들은 저와 달리 의무는 이행하지 않고 무한한 혜택만 받아왔습니다.

어머님이 5년 전에 돌아가실 당시에도 장례 등 모든 집안일 도맡아서 해왔습니다.
그런데 최근 부친께서 돌아가셨는데 알고 보니 부친 소유 부동산들(상가, 주택, 토지 등) 전부를 남동생 2명에게 미리 2년 전에 증여된 사실을 알게 되었습니다. 남은 재산은 전혀 없습니다.

너무나도 억울해서 저를 포함한 딸들 4명은 아들 2명을 상대로 유류분청구를 알아보고 있는데, 저와 같이 법률에서 정해진 유류분 이외에 다른 자식들과 특별하게 차별화되는 기여도를 입증할 수 있다면 추가적으로 유류분을 더 확보할 수 있나요?

유류분반환청구소송에서는 유류분에 대해서만 주장 가능한지 아니면 기여분을 추가입증하면 유류분에 기여분도 더 받을 수 있는지요? 받을 수 있다면 어떤 법적 절차를 밟아야 하는지 여쭤봅니다.

Answers ■ ■ ■

귀하 사례처럼 특별한 희생을 동반한 기여분이 있는 상속인과 실제 증여, 유언받은 상속인이 통상적으로 일치할 때가 많지만 간혹 서로 달라 억울한 경우가 발생할 수 있습니다.

돌아가신 부친의 상속인들은 6남매이고 법정상속분은 1인당 각 1/6지분씩이고, 유류분은 그 절반이므로 각 1/12지분씩입니다.

부친이 거의 전 재산을 미리 생전에 아들 2명에게만 증여한 것으로 보입니다.

이런 경우 나머지 딸들 4명은 아들 2명을 상대로 증여재산의 1/12에 해당하는 유류분을 청구할 수 있습니다.

다만, 귀하처럼 다른 자녀보다 특별한 희생을 동반한 기여분이 있다면 유류분 이외에 기여분을 추가로 인정받을 수 있는지가 문제 됩니다.

유류분반환청구소송은 상속재산이 아닌 이미 증여된 혹은 유증된 재산에 대해서 침해된 유류분을 청구하는 것입니다. 반면에 기여분은 상속재산에 대한 청구이므로 그 영역이 다릅니다.
만약 증여 혹은 유언되지 않은 상속재산이 남아있다면 이는 별도의 기여분청구소송을 통해서 기여분을 인정받아야 하고 유류분소송에서 추가할 수는 없습니다. 특히 귀하의 사안은 상속재산이 없는 경우이므로 기여분청구조차도 어려워 보입니다.

따라서, 안타깝지만 질의하신 것처럼 기여분이 있는 상속인이 유류분침해를 원인으로 해서 유류분반환청구소송을 하면서 민법상 정해진 유류분보다 기여분을 추가로 받을 수는 없습니다.

위 부분과 별도로 기여분이 있는 상속인이 증여 혹은 유증받아 유류분청구소송의 피고가 된 경우 기여분으로 유류분을 방어할 수 있는지 여부에 대해서는 최근 헌법재판소에서는 유류분청구에 대해서 기여분을 반영하지 않는 것은 헌법에 반한다고 하면서 2025. 12. 31.까지 민법 개정을 하라고 헌법불합치결정을 하였습니다. 그러므로 앞으로는 유류분청구 소송에서 방어 차원에서 기여분 부분이 반영될 것으로 예상됩니다.

유류분청구소송 등 보다 자세한 것은 아래 자료를 지참해서 방문상담을 해주시길 바랍니다.

- 아버지 제적등본 기본증명서, 가족관계증명서, 혼인관계증명서, 주민등록말소자초본
- 증여 혹은 유증된 부동산등기부등본

※ 민법

제1008조의2(기여분)

① 공동상속인 중에 상당한 기간 동거·간호 그 밖의 방법으로 피상속인을 특별히 부양하거나 피상속인의 재산의 유지 또는 증가에 특별히 기여한 자가 있을 때에는 상속개시 당시의 피상속인의 재산가액에서 공동상속인의 협의로 정한 그 자의 기여분을 공제한 것을 상속재산으로 보고 제1009조 및 제1010조에 의하여 산정한 상속분에 기여분을 가산한 액으로써 그 자의 상속분으로 한다.

② 제1항의 협의가 되지 아니하거나 협의할 수 없는 때에는 가정법원은 제1항에 규정된 기여자의 청구에 의하여 기여의 시기·방법 및 정도와 상속재산의 액 기타의 사정을 참작하여 기여분을 정한다.

③ 기여분은 상속이 개시된 때의 피상속인의 재산가액에서 유증의 가액을 공제한 액을 넘지 못한다.

④ 제2항의 규정에 의한 청구는 제1013조제2항의 규정에 의한 청구가 있을 경우 또는 제1014조에 규정하는 경우에 할 수 있다.

사 례

유류분소송을 기여분으로 방어할 수 있을까요?

안녕하세요, 법무법인 천명의 경태현 대표변호사입니다.

우리 민법은 피상속인에게 기여를 한 바가 있는 상속인에 대해서 일정한 요건에 따라 '기여분'을 인정하고 있습니다. 기여분 규정을 통해 피상속인에게 특별히 기여한 상속인은 법정상속분에 기여분을 가산한 만큼의 상속분을 상속받을 수 있습니다. 다만 기여분에서 말하는 기여란 상속인과 피상속인의 관계로 보았을 때 통상적으로 기여되는 수준을 넘어서는 특별한 기여가 있는 것을 의미합니다.

이러한 기여분이 유류분반환청구와 함께 문제 되는 경우도 있습니다. 예를 들어 사전증여를 받은 상속인에게 유류분반환청구를 하는데, 증여받은 상속인이 피상속인에게 기여한 바가 있어 기여분을 주장하는 경우를 생각해 볼 수 있습니다. 만일 유류분반환청구에 대한 대응으로서 기여분을 주장하는 것을 인정한다면, 위와 같은 상황에서 반환청구권자의 유류분은 감소하거나 사라지게 될 수 있습니다. 관련해서 아래의 질문을 읽어보신 후 기여분과 유류분반환청구에 대한 설명을 계속 드려보도록 하겠습니다.

Questions ■ ■ ■

안녕하세요.
저희 가족이 상속문제를 처리하고 있는데 분쟁이 조금 있어서 조언 구하고자 글 남깁니다.
우선 저희 가족은 3남매입니다. 이중 장남이 홀로 남으신 어머니를 거의 20년간 부양했습니다.
이후 어머니께서 돌아가시며, 어머니는 모든 재산을 장남에게 유증해 주셨습니다.
따라서 나머지 형제들이 유류분반환청구를 하는데, 장남이 20년간 어머니를 부양한 것에 대한 기여분을 주장하는 상황입니다.
이러한 상황에서 나머지 형제들이 반환받을 수 있는 유류분에 변동이 있을까요?

답변 기다리겠습니다. 감사합니다.

Answers ■ ■ ■

귀하께서는 공동상속인의 유류분반환청구에 대해 기여분으로 대응할 수 있는지에 관해 궁금해하고 계신 것 같습니다.

우선 어머님께서 돌아가신다면 원칙적으로 자녀들이 법정상속분에 따라 균등한 비율로 상속을 받게 됩니다. 다만 어머님께서 특별히 재산을 유증하고자 하는 자녀가 있다면 유언을 통해 그 자녀에게 전 재산을 물려줄 수 있습니다. 만일 이렇게 유언을 남기시고 어머님이 돌아가시게 된다면 해당 자녀가 어머님의 전 재산을 유증받을 수 있게 됩니다.

이러한 유증 과정에서 자신의 법정상속분의 절반에 해당하는 유류분을 침해받은 상속인이 있다면, 이를 이유로 유증을 받은 자녀에게 유류분반환청구소송을 제기할 수 있습니다. 이때 유류분청구소송을 제기당한 피고(증여받은 상속인)가 자신의 기여분을 주장하여 유류분을 감축하거나 완전히 방어할 수 있을지가 질문의 핵심입니다.

유류분청구소송에 대해서 피고 측에서 기여분으로 방어할 수 있는지에 대해서는 그동안 대법원 판례는 원칙적으로 유류분반환청구에 대해서 피고의 기여분 공제항변은 인정하지 않았습니다.

그런데 최근 대법원은 '피상속인으로부터 생전 증여를 받은 상속인이 피상속인을 특별히 부양하였거나 피상속인의 재산의 유지 또는 증가에 특별히 기여하였고, 피상속인의 생전 증여에 상속인의 위와 같은 특별한 부양 내지 기여에 대한 대가의 의미가 포함되어 있는 경우와 같이 상속인이 증여받은 재산을 상속분의 선급으로 취급한다면 오히려 공동상속인들 사이의 실질적인 형평을 해치는 결과가 초래되는 경우에는 그러한 한도 내에서 생전 증여를 특별수익에서 제외할 수 있다'라고 판시[대법원 2022. 3. 17. 선고 2021다230083(본소), 2021다230090(반소) 판결]하였는데, 위와 같이 극히 예외적인 경우 기여분을 우회적으로 인정해서 유류분방어를 할 수 있게 하였습니다.

뿐만 아니라 2024. 4. 25. 헌법재판소에서는 유류분청구에 대해서 기여분을 반영하지 않는 것은 헌법에 반한다고 하면서 2025. 12. 31.까지 민법 개정을 하라고 헌법불합치결정을 하였습니다. 그러므로 앞으로는 유류분청구소송에서 기여분방어부분이 보다 적극적으로 반영될 것으로 예상됩니다.

※ 민법

제1008조의2(기여분)

① 공동상속인 중에 상당한 기간 동거ㆍ간호 그 밖의 방법으로 피상속인을 특별히 부양하거나 피상속인의 재산의 유지 또는 증가에 특별히 기여한 자가 있을 때에는 상속개시 당시의 피상속인의 재산가액에서 공동상속인의 협의로 정한 그 자의 기여분을 공제한 것을 상속재산으로 보고 제1009조 및 제1010조에 의하여 산정한 상속분에 기여분을 가산한 액으로써 그 자의 상속분으로 한다. 〈개정 2005. 3. 31.〉

② 제1항의 협의가 되지 아니하거나 협의할 수 없는 때에는 가정법원은 제1항에 규정된 기여자의 청구에 의하여 기여의 시기ㆍ방법 및 정도와 상속재산의 액 기타의 사정을 참작하여 기여분을 정한다.

③ 기여분은 상속이 개시된 때의 피상속인의 재산가액에서 유증의 가액을 공제한 액을 넘지 못한다.

④ 제2항의 규정에 의한 청구는 제1013조제2항의 규정에 의한 청구가 있을 경우 또는 제1014조에 규정하는 경우에 할 수 있다.

[본조신설 1990. 1. 13.]

제1112조(유류분의 권리자와 유류분)

상속인의 유류분은 다음 각호에 의한다.

1. 피상속인의 직계비속은 그 법정상속분의 2분의 1
2. 피상속인의 배우자는 그 법정상속분의 2분의 1
3. 피상속인의 직계존속은 그 법정상속분의 3분의 1
4. 피상속인의 형제자매는 그 법정상속분의 3분의 1

[본조신설 1977. 12. 31.]

[단순위헌, 2020헌가4, 2024.4.26, 민법(1977. 12. 31. 법률 제3051호로 개정된 것) 제1112조 제4호는 헌법에 위반된다.][헌법불합치, 2020헌가4, 2024.4.26, 민법(1977. 12. 31. 법률 제3051호로 개정된 것) 제1112조 제1호부터 제3호 및 제1118조는 모두 헌법에 합치되지 아니한다. 위 조항들은 2025. 12. 31.을 시한으로 입법자가 개정할

때까지 계속 적용된다.]

제1118조(준용규정) 제1001조, 제1008조, 제1010조의 규정은 유류분에 이를 준용한다.
[본조신설 1977. 12. 31.]
[헌법불합치, 2020헌가4, 2024.4.26, 민법(1977. 12. 31. 법률 제3051호로 개정된 것) 제1112조 제1호부터 제3호 및 제1118조는 모두 헌법에 합치되지 아니한다. 위 조항들은 2025. 12. 31.을 시한으로 입법자가 개정할 때까지 계속 적용된다.]

※ 판례

"기여분은 상속재산분할의 전제 문제로서의 성격을 가지는 것으로서, 상속인들의 상속분을 일정 부분 보장하기 위하여 피상속인의 재산처분의 자유를 제한하는 유류분과는 서로 관계가 없다고 할 것이다. 따라서 공동상속인 중에 상당한 기간 동거 · 간호 그 밖의 방법으로 피상속인을 특별히 부양하거나 피상속인의 재산의 유지 또는 증가에 특별히 기여한 사람이 있을지라도 공동상속인의 협의 또는 가정법원의 심판으로 기여분이 결정되지 않은 이상 유류분반환청구소송에서 자신의 기여분을 주장할 수 없음은 물론이거니와(대법원 1994. 10. 14. 선고 94다8334 판결 참조), 설령 공동상속인의 협의 또는 가정법원의 심판으로 기여분이 결정되었다고 하더라도 유류분을 산정함에 있어 기여분을 공제할 수 없고, 기여분으로 인하여 유류분에 부족이 생겼다고 하여 기여분에 대하여 반환을 청구할 수도 없다." (대법원 2015. 10. 29. 선고 2013다60753 판결)

"피상속인으로부터 생전 증여를 받은 상속인이 피상속인을 특별히 부양하였거나 피상속인의 재산의 유지 또는 증가에 특별히 기여하였고, 피상속인의 생전 증여에 상속인의 위와 같은 특별한 부양 내지 기여에 대한 대가의 의미가 포함되어 있는 경우와 같이 상속인이 증여받은 재산을 상속분의 선급으로 취급한다면 오히려 공동상속인들 사이의 실질적인 형평을 해치는 결과가 초래되는 경우에는 그러한 한도 내에서 생전 증여를 특별수익에서 제외할 수 있다"[대법원 2022. 3. 17. 선고 2021다230083(본소), 2021다230090(반소) 판결]

사 례

증여부동산의 월세(임대료)도 유류분소송의 대상이 되나요?

안녕하세요, 법무법인 천명의 경태현 대표변호사입니다.

피상속인이 생전 어느 한 상속인에게 증여한 부동산이 있다면, 추후 상속이 개시된 후 다른 상속인들이 해당 부동산에 대해 유류분반환청구를 제기할 수 있습니다. 이는 많은 분들께서 이미 잘 알고 계신 내용일 것입니다. 다만 부동산을 증여받은 경우 월세와 같은 임대수익이 수반되는 경우가 많습니다. 그렇다면 이러한 경우 부동산으로부터 파생된 임대수익 또한 유류분반환청구의 대상이 되는 것인지 궁금하실 수 있습니다.

오늘은 이와 같이 증여부동산에서 임대수익이 발생한 경우의 유류분반환청구에 대해 설명해 드려보도록 하겠습니다.

Questions ■ ■ ■

안녕하세요 변호사님. 유류분 상속과 관련하여 질문 하나 여쭙겠습니다.

우선 배경을 설명해 드리자면 저희 아버지께서 살아계실 때 큰형에게 상가를 증여해 주셨습니다. 이후 아버지께서 돌아가시고 나머지 형제들이 큰형에게 유류분반환청구를 하려고 합니다. 일단 상가건물에 대해 유류분반환청구를 할 수 있는 것은 잘 알고 있습니다.
다만 형이 상가건물을 통해 얻은 월세가 유류분반환청구의 대상이 되는가에 대해 분쟁이 있는 상황입니다.

여기에서 질문을 드리자면,
1. 증여일부터 상속개시일까지 얻은 월세가 유류분반환청구의 대상이 되나요?

2. 상속개시일 이후부터 발생한 월세가 유류분반환청구의 대상이 되나요?

답변 기다리겠습니다. 감사합니다.

Answers ■ ■ ■

귀하께서는 상속인이 증여받은 부동산을 통해 얻은 임대수익이 유류분반환청구의 대상이 되는지에 관해 궁금해하고 계신 것 같습니다.

귀하의 질문에 순차적으로 답변드리도록 하겠습니다.

1. 증여일부터 상속개시일까지 발생한 임대수익(월세)

부동산 증여일로부터 상속개시일까지의 임대수익은 부동산의 법정과실에 해당하기 때문에 이는 증여재산이라고 보기 어렵습니다. 따라서 증여일부터 상속개시일까지 발생한 임대수익은 유류분반환청구소송의 대상이 되지 않습니다.

2. 상속개시일 이후부터 발생한 임대수익

상속개시일 이후 유류분권자가 유류분청구를 하고 유류분반환을 부동산지분으로 할 경우 해당 반환지분만큼은 소유권이 이전되는 것으로 봅니다. 따라서 소송제기일로부터 반환일까지 발생한 임대수익은 유류분권자의 권리에 속한다고 봄이 옳습니다. 따라서 그 부분에 해당하는 임대료는 반환해야 합니다.

소송에서는 본인의 권리를 제대로 알지 못하여 이를 적극적으로 주장하지 않을 경우, 본인이 가진 권리를 제대로 보장받지 못하는 불이익을 안게 되실 수 있습니다. 따라서 소송을 제기하셔야 하는 상황이라면 반드시 사전에 전문가의 도움을 받으셔서 본인의 권리를 꼼꼼하게 검토해 보시고 불이익 발생을 방지하시기 바랍니다.

※ 판례

유류분 가액의 산정에 있어 상속부동산에 대한 월 임대료 수익은 그 부동산의 상속 당시 시가인 교환가격에 포함되어 있으므로 별도의 상속재산이라 할 수 없고,…(창원지법 1992. 9. 25. 선고 90가합9001)

사 례

유류분소송과 채권자대위권

안녕하세요, 법무법인 천명의 경태현 대표변호사입니다.

채무자가 채무를 변제하지 않으면서, 자신의 상속분을 다른 상속인에게 양도하는 경우가 존재합니다. 이때 등장하는 것이 바로 사해행위취소소송입니다. 사해행위취소소송을 제기한다면 해당 상속재산분할협의를 취소하여 채권을 보호할 수 있게 됩니다.

오늘 소개해드릴 내용은 앞서 말씀드린 협의분할과 사해행위취소와 유사한듯하지만, 차이가 있는 '채무자가 유류분반환청구권을 행사할 수 있는데도 불구하고 행사하지 않을 경우 채권자가 이를 대위하여 행사할 수 있는가'에 대해 설명해 드리도록 하겠습니다.

Questions ■ ■ ■

안녕하세요 변호사님. 유류분반환과 관련하여 질문드릴 내용이 있어서 글 남깁니다.

저에게 돈을 빌려 갔던 채무자가 있습니다. 얼마 전 그 채무자의 남편이 사망하여 상속이 이루어졌는데 채무자가 재산을 일체 상속 받지 않고 모든 상속재산이 채무자의 아들들에게 상속된 것 같습니다. 채무자의 남편이 아들들에게 유증한 것인지 채무자가 상속을 포기한 것인지 그 경위는 정확하게 알지 못합니다.

당연히 채무자는 아들에게 유류분반환청구를 할 생각도 없어 보입니다. 이런 상황에서 채권자인 제가 채무자를 대신하여 아들들을 상대로 유류분반환청구소송이 가능한지 궁금합니다.

답변 기다리겠습니다. 감사합니다.

Answers ■ ■ ■

귀하께서는 채무자의 유류분반환청구권을 채권자인 귀하가 대위해서 행사할 수 있는지에 대해 궁금해하고 계신 것 같습니다.

우리 민법은 제404조 제1항에 채권자대위권에 관해 규정하고 있습니다.

> 제404조(채권자대위권)
> ① 채권자는 자기의 채권을 보전하기 위하여 채무자의 권리를 행사할 수 있다. 그러나 일신에 전속한 권리는 그러하지 아니하다.

채권자대위권을 통해 채권자는 일정한 경우 채권을 보전하기 위해 채무자의 권리를 대신 행사할 수 있습니다. 다만 단서를 보시면 일신에 전속한 권리에 대해서는 채권자대위권을 행사할 수 없다고 규정해 놓은 것을 확인하실 수 있습니다. 일신전속권이란 권리의 주체만이 행사할 수 있는 권리를 의미합니다. 따라서 만일 유류분반환청구권이 일신전속권이라면 채권자대위권의 목적이 될 수 없을 것입니다.

이에 관해 대법원 판례를 보시면, '유류분반환청구권은 그 행사 여부가 유류분권리자의 인격적 이익을 위하여 그의 자유로운 의사결정에 전적으로 맡겨진 권리로서 행사상의 일신전속성을 가진다고 보아야 하므로, 유류분권리자에게 그 권리행사의 확정적 의사가 있다고 인정되는 경우가 아니라면 채권자대위권의 목적이 될 수 없다(대법원 2010. 5. 27. 선고 2009다93992 판결).'라고 하여 유류분반환청구권은 일신전속권이며 채권자대위권의 목적이 될 수 없음을 판시하고 있습니다. 따라서 귀하의 경우 채권자대위권을 행사하시는 일에는 무리가 있습니다.

다만, 채무자의 남편의 재산을 상속하는 과정에서 상속포기를 한 것이 아니라 협의분할상속을 통해 재산이 자녀들에게 상속되도록 한 것이라면 협의분할상속이 사해행위임을 이유로 사해행위취소소송을 제기할 수는 있습니다.

오늘 소개해드린 내용 마지막을 보시면, 상속포기가 아니라 협의분할상속을 했을 경우에만 사해행위취소소송을 제기할 수 있다고 설명해 드렸습니다. 왜 상속포기의 경우 사해행위취소소송을 제기할 수 없을까요?

그 이유는 상속포기 역시 유류분반환청구권과 마찬가지로 일신전속권에 해당하기 때문입니다. 따라서 채무자가 상속포기를 선택한 경우, 이는 채권자대위권 혹은 사해행위취소의 대상이 되지 않습니다.

사 례

유언대용신탁을 하면 유류분소송을 제기할 수 없게 되나요?

안녕하세요, 법무법인 천명의 경태현 대표변호사입니다.

상속에 관심을 두고 계신 분이라면 유언대용신탁을 들어보셨을 겁니다. 이 유언대용신탁은 유언대용신탁계약을 통해서 생전에 수탁자(은행 혹은 자녀 중 1인)에 자산을 신탁하여 소유권을 수탁자로 이전해놓고 수익발생 시 이를 원하는 자에게 지정하여 증여 및 상속을 하는 방식입니다. 결국 내 의지대로, 내가 원하는 사람에게 상속을 할 수 있는 것이지요.

이에 반해 유류분반환청구소송은 망인의 의지와는 상관없이 법적으로 보장된 비율만큼의 유류분을 청구할 수 있는 소송입니다. 이 유류분소송은 아무리 내가 유언공증을 받아 자녀 한 명에게만 재산을 몰아주었다고 하더라도 이를 깨트릴 수 있을 만큼 강력한 제도라고 할 수 있는데요, 오늘의 주제인 유언대용신탁의 방법을 택할 경우에 유류분청구가 가능한지 혹은 그렇지 않은지는 아직 100% 확립되지 않은 상황입니다.

아래에서 더 자세한 내용을 살펴보도록 하겠습니다.

Questions ■ ■ ■

안녕하세요. 가족 간에 유언신탁 문제가 있어서 변호사님 조언을 구하고자 합니다.

시아버지, 시어머니, 아주버님(첫째아들)과 아들 둘, 남편(둘째 아들)과 저, 저희 딸 이렇게가 한 식구라 보시면 됩니다. 아주버님 처, 그러니까 형님은 돌아가신 지 10년 넘었습니다.

저희 시부모님은 장자 우선이라는 생각이 뿌리 깊게 박히신 분들입니다. 또 손주들 중에서 저희는 딸이지만 아주버님네는 둘 다 아들을 둬서 편애가 엄청 심하세요. 둘째 아들네는 알아서 잘 살지 않느냐며 불쌍한 첫째아들과 그 자식들만 눈에 보이시나 봅니다.

아무튼 시부모님이 유언대용신탁하실 것 같은데요. 어머님이 제 딸에게는 그래도 얼마는 주신다고 하셨는데 확실치는 않습니다. 모든 재산이 아주버님 그리고 손주 두 명한테 넘어갈 것 같아 걱정이 앞서고 있네요.

유언대용신탁을 해버리면 우리 가족은 그 손주들을 상대로 유류분소송을 할 수 없는 건가요? 원래 받아야 할 몫을 받지를 못한 건데…. 유언공증은 유류분청구를 할 수 있다고 하던데 유언대용신탁이 있을 시에는 무조건 그 유언대용신탁이 우선하는지가 궁금합니다.

답변 기다리겠습니다. 미리 감사드립니다~

Answers ■ ■ ■

질문하신 내용 중에 '소송'이라 함은 유류분반환청구소송을 말씀하시는 것 같습니다. 원칙적으로 자녀들에 대한 증여는 시기와 무관하게 유류분청구소송의 대상이 되고 유언 역시 그 제한이 없다고 보시면 됩니다.

그러나 공동상속인이 아닌 손자, 손녀의 경우를 제3자라고 부르는데 이들에 대한 증여는 피상속인의 사망 1년 이내인 경우에만 유류분청구소송의 대상이 될 수 있습니다(물론 악의적인 침해가 있었다고 한다면 1년 이전이어도 소송 대상이 될 수 있습니다). 하지만 유언의 경우에는 제3자라고 할지라도 기간 제한 없이 유류분 청구가 가능하게 됩니다.

위에서 증여, 유언 각각을 공동상속인일 경우와 제3자일 경우로 구분 지어 말씀드렸는데, 귀하의 아주버님은 공동상속인이고, 아주버님의 자녀들은 제3자에 해당합니다. 결국 시부모님이 유언장을 작성하여 다른 손자들에게 재산을 몰아준다고 하더라도 유류분반환청구 소송을 할 수 있습니다.

만약 유언장이 문제가 되신다면 충분한 답변이 됐을 테지만 유언대용신탁의 경우라면 문제가 있습니다. 하급심에서 유언대용신탁의 경우 유류분 청구를 할 수 없다는 판례와 유류분청구를 할 수 있다는 판례 모두 있습니다.

다만 대법원에서 확립된 판례는 없는 상황이고 유언대용신탁의 경우에만 유류분 적용을 배제하는 것이 현행법상의 유류분 제도를 형해화 또는 무력화시킬 수 있기 때문에 유류분을 적용해야 한다는 학계 의견이 다수입니다.

이 부분은 아직 논란이 있는 상황이고 일반적으로 인정된 것은 아니라고 정리해드릴 수 있겠습니다. 자세한 부분은 전화 또는 방문상담을 통해서 도와드리도록 하겠습니다.

※ 신탁법

제59조(유언대용신탁)

① 다음 각 호의 어느 하나에 해당하는 신탁의 경우에는 위탁자가 수익자를 변경할 권리를 갖는다. 다만, 신탁행위로 달리 정한 경우에는 그에 따른다.

1. 수익자가 될 자로 지정된 자가 위탁자의 사망 시에 수익권을 취득하는 신탁
2. 수익자가 위탁자의 사망 이후에 신탁재산에 기한 급부를 받는 신탁

② 제1항제2호의 수익자는 위탁자가 사망할 때까지 수익자로서의 권리를 행사하지 못한다. 다만, 신탁행위로 달리 정한 경우에는 그에 따른다.

※ 민법

제1008조(특별수익자의 상속분)

공동상속인 중에 피상속인으로부터 재산의 증여 또는 유증을 받은 자가 있는 경우에 그 수증재산이 자기의 상속분에 달하지 못한 때에는 그 부족한 부분의 한도에서 상속분이 있다. 〈개정 1977. 12. 31.〉

제1114조(산입될 증여)
증여는 상속개시 전의 1년간에 행한 것에 한하여 제1113조의 규정에 의하여 그 가액을 산정한다. 당사자 쌍방이 유류분권리자에 손해를 가할 것을 알고 증여를 한 때에는 1년전에 한 것도 같다.
[본조신설 1977. 12. 31.]

※ 판례

공동상속인 중에 피상속인으로부터 재산의 생전 증여에 의하여 특별수익을 한 자가 있는 경우에는 민법 제1114조의 규정은 그 적용이 배제된다고 할 것이고, 따라서 그 증여는 상속개시 1년 이전의 것인지 여부, 당사자 쌍방이 손해를 가할 것을 알고서 하였는지 여부에 관계없이 유류분 산정을 위한 기초재산에 산입된다고 할 것이다. (대법원 1996. 2. 9. 선고 95다17885 판결)

사 례

사망보험금과 유류분 그리고 상속세

안녕하세요. 유류분전문 법무법인 천명의 대표변호사 경태현입니다.

피상속인의 사망으로 상속이 개시되면, 상속인들은 피상속인의 재산을 나누어 상속받게 됩니다. 그런데, 피상속인이 사망보험을 들어놓았다면 그 사망보험금, 혹은 보험금지급청구권은 상속재산에 포함될까요? 아니면 특정인의 고유재산이 될까요?

피상속인이 자신을 피보험자 겸 보험수익자로 지정하여 생명보험계약을 체결하고 보험금을 납입하였다면 그 보험금지급청구권은 상속재산이 됩니다. 그러나, 피상속인이 이러한 계약에서 ① 보험수익자를 공동상속인들 중 특정인으로 지정하거나, ② 추상적으로 '상속인'이라고만 지정하거나, ③ 상속인이 아닌 제3자를 지정하거나, ④ 보험수익자를 지정하지 않은 경우 이는 모두 고유재산이고 상속재산에 속하지 않습니다.

오늘은 저희 법무법인 천명을 찾아주신 사례를 통해 사망보험금의 성격과 유류분대상여부에 대해 더 자세히 알아보도록 하겠습니다.

Questions ■ ■ ■

저의 어머니께서 얼마 전 돌아가셨습니다.
자녀들은 저와 여동생들 2명이 있고 아버지는 이혼하셨습니다.

어머니의 상속재산을 조회하던 중 어머니께서 생전에 보험에 가입하신 것을 알게 되었습니다.

살아생전에는 어머니께서 매월 연금을 받고, 보험계약자인 어머니가 돌아가신 이후에는 그 사망보험금을 보험수익자에게 지급하는 형식의 계약(상속형 즉시연금보험)인데요.

제가 해당 보험의 보험수익자가 본인으로 지정되었다는 것을 알게 되었습니다.
그래서 보험회사에 가서 사망보험금을 수령했는데요.

인터넷에서 상속세에 대해 찾아보니 사망보험금은 상속재산이 아닌 고유재산이므로 상속세를 납부하지 않아도 된다는 얘기가 있었습니다.

그리고 여동생들이 저를 상대로 유류분청구소송을 할 수 있나요? 고유재산이라서 유류분소송을 할 수 없다고 하던데 이것이 맞는 얘기일까요?

사망보험금에 대해 상속세 납부 여부와 유류분반환 여부가 너무 궁금합니다.
상속전문변호사이신 경태현 변호사님에게 정말 정확하게 묻고 싶습니다.

Answers ■ ■ ■

사망보험금이 상속재산인지 고유재산인지 문제 그리고 상속세를 납부해야 하는지 그리고 유류분반환대상인지가 궁금하신 것 같습니다.

먼저 보험계약에 따른 사망보험금이 상속재산인지, 상속인의 고유재산인지 여부를 먼저 판단한 후 상속세 부과대상인지와 유류분반환대상인지를 순차적으로 판단해야 할 것입니다.

● <u>고유재산 여부</u>

결론부터 말씀드리면, 피상속인의 사망으로 인해 지급될 사망보험금이 있는 경우에 보험수익자가 특정상속인으로 지정된 경우 그 사망보험금은 상속재산이 아닌 상속인의 고유재산에 해당합니다.

구체적으로 살펴보면, 보험계약자는 어머니, 피보험자도 어머니로 하되 어머니가 사망할 경우 보험수익자를 자녀로 지정한 생명보험계약에 있어서 피보험자의 사망이라는 보험사고가 발생하였을 때 자녀는 보험수익자의 지위에서 보험자에 대하여 보험금 지급을 청구할 수 있고, 이와 같은 권리는 보험계약의 효력으로 당연히 생기는 것으로서 해당 보험금은 상속인의 고유재산에 해당하게 됩니다.

귀하의 사안처럼 보험자(보험회사)가 보험수익자(어머니)에게 매월 생존연금을 지급하다가 만기가 도래하기 전에 피보험자(어머니)가 사망하면 사망보험금을 보험수익자에게 지급하는 상속형 즉시연금보험의 사망보험금 성격에 대해서 대법원은 상속형 즉시연금보험 계약 역시 생명보험으로서 인정하였고, 이에 따라 피상속인의 사망 후 지급되는 보험금은 보험수익자의 고유재산이라고 판단하였습니다. (대법원 2023. 6. 29. 선고 2019다300934 판결)

● 상속세 부과대상여부

사망보험금이 상속재산이 아닌 고유재산으로 인정되는 경우라도 상속세에서는 다르게 취급하게 됩니다. 즉, 고유재산인 사망보험금의 경우에도 상속세 및 증여세법 제8조에 의해서 상속세부과에 있어서는 상속재산으로 간주하여 과세하게 됩니다.

참고

※ 상속세 및 증여세법

제8조(상속재산으로 보는 보험금)

① 피상속인의 사망으로 인하여 받는 생명보험 또는 손해보험의 보험금으로서 피상속인이 보험계약자인 보험계약에 의하여 받는 것은 상속재산으로 본다.

② 보험계약자가 피상속인이 아닌 경우에도 피상속인이 실질적으로 보험료를 납부하였을 때에는 피상속인을 보험계약자로 보아 제1항을 적용한다.

● 유류분반환여부

다음으로 사망보험금에 대한 유류분반환여부가 문제가 되는데, 보험금이 고유재산으로 인정되어 상속재산이 아닌 경우에도 유류분 내지 간주상속재산 산정을 위한 특별수익에는 해당할 수 있다는 점을 간과해서는 안 됩니다. 이에 관해서는 대법원 판례를 보시면 더 쉽게 이해되실 것입니다.

"피상속인이 자신을 피보험자로 하되 공동상속인이 아닌 제3자를 보험수익자로 지정한 생명보험계약을 체결하거나 중간에 제3자로 보험수익자를 변경하고 보험회사에 보험료를 납입하다 사망하여 그 제3자가 생명보험금을 수령하는 경우, 피상속인은 보험수익자인 제3자에게 유류분 산정의 기초재산에 포함되는 증여를 하였다고 봄이 타당하다." (대법원 2022. 8. 11. 선고 2020다247428 판결)

다만, 위 판례의 경우 공동상속인이 아닌 제3자에 대한 증여이므로 민법 제1114조에 따라 보험수익자를 제3자로 지정 또는 변경한 것이 상속개시 전 1년간에 이루어졌거나 당사자 쌍방이 그 당시 유류분권리자에 손해를 가할 것을 알고 이루어졌어야 유류분 산정 기초재산에 포함되는 증여가 있었다고 볼 수 있을 것입니다.

나아가 피상속인이 피보험자를 자신으로, 보험수익자를 상속인 중 일부로 하여 생명보험계약을 맺고 보험료를 피상속인이 모두 부담함으로써 피상속인 사망 시 공동상속인 중 보험수익자로 된 일부만이 보험금을 지급받는 경우에 있어서 이러한 보험금 청구권은 상속재산은 아니라고 할지라도 공동상속인의 특별수익에는 해당한다고 보아 유류분 산정의 기초가 되는 재산액에 포함하는 하급심 판례도 계속되고 있습니다. (서울고등법원 2016. 4. 8. 선고 2015나4124 판결 등)

따라서, 상속사건의 처리에 있어 피상속인의 사망으로 지급될 보험금이 있는 경우 해당 보험계약의 성질과 수익자를 살펴 상속재산인지 고유재산인지를 파악해야 합니다. 그리고 상속인의 고유재산에 해당하는 보험금이 존재하는 경우라면, 이를 고유재산으로만 보아 상속문제에서 간과할 것이 아니라 상속세 부과여부와 유류분반환여부를 면밀히 검토해서 대응해야 할 것입니다.

사례

유류분소송 결과 공유된 부동산의 해결 방법

Questions ■ ■ ■

아버지께서 사망하신 후에 유언공증으로 제가 상속을 받았습니다.
그러자 오래전에 부모님과 싸우고 연락도 하지 않고 살던 형이 자기도 상속인이라고 하면서 유류분반환청구소송을 신청해서 6분의 1이 형 명의로 넘어갔습니다.

여동생이 한 명 있었지만, 그 동생은 유류분소송을 하지 않았습니다.
저는 집을 형과 함께 지분으로 갖고 있는 것이 불편하고 여러 문제가 있으나 팔아서 나누자고 했지만, 형은 거부하면서 제가 소유권을 행사하지 못하게 하겠다고 합니다.
제가 지분가보다 시세를 더 쳐서 주겠다고 해도 팔지 않고 경매를 해서 함께 망하겠다고까지 합니다.

이런 경우에 소수지분을 갖은 사람이 끝까지 안 판다고 하면 저는 방법이 없나요?
만일 경매를 넣으면 어떻게 되나요?

Answers ■ ■ ■

안녕하세요. 법무법인 천명 대표변호사 경태현입니다.

그 과정이 어떻든 간에 하나의 부동산을 여러 명이 소유한 경우에 이러한 공유상태를 해소할 수 있는 방법은 몇 가지가 있습니다.

일단 해당 부동산의 규모가 큰 토지라면 분필을 할 수 있습니다. 그러나 규모가 작아서 소수지분권자의 면적이 최소분할면적에 미달하는 경우에는 분필을 할 수 없습니다. 이러한 분할면적은 각 지방자치단체의 조례로 규정하고 있습니다.

또한 하나의 단독주택같이 분할이 어려운 상태라면 마찬가지로 분할이 어렵게 됩니다.

이외에도 어떤 사정으로 분할을 하는 것이 부적합한 경우에는 공유지분권자 일부의 신청으로 법원에 공유물분할청구를 할 수 있습니다.

이때 보통 분할방법은 경매를 해서 비용을 제외한 나머지 금액을 지분대로 취득하는 방법인 **경매분할방법**이 있고, 일부 지분권자가 다른 지분권자의 지분을 매수하는 방식인 **현금분할방식**이 있습니다. 그리고 마지막으로 공유 부동산이 여러 개인 경우 단독으로 취득할 부동산을 지정한 후 그 차액을 현금으로 정산하는 **대상분할방식**이 있습니다.

그런데 귀하의 경우 하나의 부동산으로 보입니다. 이런 경우에는 귀하가 먼저 법원에 공유물분할신청을 한 후에 소수지분권자인 형의 지분에 해당하는 금액(가액에 대해서는 법원 감정평가를 별도로 거쳐야 할 것입니다)을 지급하고 귀하가 그 지분을 취득하는 방법으로 분할을 요구할 수 있습니다.

다만 이러한 경우라고 하더라도 법원이 어떤 분할방법을 택할 것인지의 여부는 법원이 피상속인인 아버님의 의사, 해당 부동산의 상태와 성격 등을 모두 반영해서 직권으로 판단하게 됩니다.

그러나 수많은 공유물분할청구소송 실무의 경험에 의하면 귀하와 같은 경우는 귀하가 부동산의 소유권을 전부 취득하고 소수지분권자인 형에게 금액(가액에 대해서는 법원 감정평가를 별도로 거쳐야 할 것입니다)을 지급하는 방법으로 공유관계를 정리할 가능성이 높은 것으로 보입니다.

기타 보다 자세한 상담을 원하시면 아버님의 가족관계등록부, 유언장 사본, 해당 부동산의 등기부등본, 형과의 유류분반환청구소송 판결을 준비해서 방문상담해 주시기 바랍니다.

사례

유증 부동산에 대한 유류분소송 중 부동산처분금지가처분

안녕하세요, 법무법인 천명의 경태현 대표변호사입니다.

유류분반환청구소송을 진행하시다 보면 필요한 경우 가압류 또는 가처분을 하게 되실 수 있습니다. 가압류 또는 가처분은 일반적으로 채권이나 청구권 등을 보전하기 위해 이루어지기 때문에 부동산이나 현금과 같이 재산에 관한 소송인 유류분반환청구소송에서도 당연히 볼 수 있는 것이지요. 오늘 소개해드릴 사안은 그 중 유증 부동산에 대한 부동산처분금지가처분에 관해 질문 주신 내용입니다.

Questions ■ ■ ■

안녕하세요 변호사님. 유류분/상속과 관련하여 국내 최고 전문가라고 소개받아 이렇게 글 남깁니다.

아버지께서 돌아가시면서 유언을 통해 저에게 부동산을 유증해 주셨습니다. 저는 2남 1녀 중 장남인데, 제가 유증받은 부동산이 아버지의 유일한 재산이었기 때문에 형제들이 저에게 유류분반환청구소송을 제기했습니다. 이러한 상황을 바탕으로 몇 가지 질문드리도록 하겠습니다.

1. 형제들이 현재 부동산처분금지가처분 신청을 하였습니다. 하지만 형제들은 금전으로 반환하는 가액반환을 요구하고 있는데 이러한 경우에도 부동산처분금지가처분이 가능한가요?

2. 소송이 완료되어 유류분을 반환해야 한다면, 해당 금액을 공탁하면 자동으로 가처분이 해제되는 것인가요?

답변 기다리도록 하겠습니다. 감사합니다.

Answers ■ ■ ■

안녕하세요, 유류분 법무법인 천명의 경태현 대표변호사입니다.
귀하의 질문에 순차적으로 답변드리도록 하겠습니다.

1. 귀하께서는 가액반환을 요구하면서 신청한 부동산처분금지가처분에 대해 의문을 가지고 계신 것 같습니다. 유류분반환은 원물반환이 원칙이기 때문에 부동산을 유증받은 경우 부동산 지분의 반환을 청구하면서 그에 따라 부동산처분금지가처분을 하기도 합니다. 하지만 쌍방이 가액반환에 합의하는 등의 사정이 존재한다면 가액으로 반환하는 것 또한 가능하고 이 경우 가처분이 아닌 가압류를 신청하는 것이 일반적인 모습이기는 합니다.

그렇다고 하여 유류분반환청구권을 피보전권리로 하는 부동산처분금지가처분이 불가능한 것이 아니고, 간혹 변칙적으로 가처분을 하면서 금전 가액으로 유류분반환청구를 하는 경우도 존재하기 때문에 형제분들께서 신청하신 부동산처분금지가처분에는 별문제가 없을 것으로 보입니다.

2. 유류분을 지급하시거나 가액을 공탁한다고 해서 가처분이 자동으로 해제되는 것은 아닙니다. 반환 혹은 공탁을 하신 후에 원고들에게 가처분을 해제해 달라고 요청하시고, 원고들이 자진해서 가처분을 해제하지 않는다면 가처분을 해제해달라는 신청(가처분의신청 또는 가처분취소신청)을 별도로 법원에 하시면 됩니다.

유류분반환청구소송을 진행하다 보면 검토해야 할 부분이 상당히 많습니다. 반환을 해야 하는가 하지 않아도 되는가, 얼마를 반환해야 하는가 하는 본질적인 문제 이외에도 오늘 보신 바와 같이 가처분, 가압류, 공탁 등 고려해야 할 것이 한두 가지가 아니지요. 유류분반환청구소송을 준비하고 계신다면 법무법인 천명을 통해 소송 전 과정에서 전문가의 도움을 받아보시기 바랍니다.

"우리 민법은 유류분제도를 인정하여 제1112조부터 제1118조까지 이에 관하여 규정하면서도 유류분의 반환방법에 관하여 별도의 규정을 두고 있지 않으나, 증여 또는 유증대상 재산 그 자체를 반환하는 것이 통상적인 반환방법이라고 할 것이므로, 유류분 권리자가 원물반환의 방법에 의하여 유류분반환을 청구하고 그와 같은 원물반환이 가능하다면 달리 특별한 사정이 없는 이상 법원은 유류분권리자가 청구하는 방법에 따라 원물반환을 명하여야 한다"(대법원 2014. 2. 13. 선고 2013다65963 판결)

※ 판례

"반환의무자는 통상적으로 증여 또는 유증 대상 재산 자체를 반환하면 될 것이나 원물반환이 불가능한 경우에는 가액 상당액을 반환할 수밖에 없다."(대법원 2013. 3. 14. 선고 2010다42624,42631 판결)

"한편 증여나 유증 후 그 목적물에 관하여 제3자가 저당권이나 지상권 등의 권리를 취득한 경우에는 원물반환이 불가능하거나 현저히 곤란하여 반환의무자가 목적물을 저당권 등의 제한이 없는 상태로 회복하여 이전하여 줄 수 있다는 등의 예외적인 사정이 없는 한 유류분권리자는 반환의무자를 상대로 원물반환 대신 그 가액 상당의 반환을 구할 수도 있을 것이나, 그렇다고 하여 유류분권리자가 스스로 위험이나 불이익을 감수하면서 원물반환을 구하는 것까지 허용되지 아니한다고 볼 것은 아니므로, 그 경우에도 법원은 유류분권리자가 청구하는 방법에 따라 원물반환을 명하여야 한다."(대법원 2014. 2. 13. 선고 2013다65963 판결)

"유류분권리자의 가액반환청구에 대하여 반환의무자가 원물반환을 주장하며 가액반환에 반대하는 의사를 표시한 경우에는 반환의무자의 의사에 반하여 원물반환이 가능한 재산에 대하여 가액반환을 명할 수 없다."(대법원 2013. 3. 14. 선고 2010다42624,42631 판결)

사 례

증여, 유언(유증), 사인증여의 공통점과 차이점 그리고 유류분문제

Questions ■ ■ ■

모친으로부터 재산을 물려받을 계획이 있습니다. 부친은 5년 전에 돌아가셨습니다. 당시 상속문제로 형제들이 총 4남매인데 심하게 다툼이 있었습니다.

그래서 모친께서는 얼마 되지는 않지만 자신 소유 재산들을 미리 장남인 제가 받는 것을 알아보라고 지시하셔서 알아보는 중입니다.

알아보던 중 증여, 유언, 사인증여 등이 있던데 어떤 차이가 있는 것인가요? 유류분문제는 차이가 있나요?

Answers ■ ■ ■

안녕하세요. 상속전문변호사 경태현입니다.

증여, 유언, 사인증여의 공통점과 차이점 그리고 유류분관련에서 궁금하신 것을 질문하신 것으로 보입니다.

● **공통점**

증여자 또는 유언자의 재산(부동산과 예금 등)을 수증자에게 이전한다는 측면에서 동일합니다. 그리고 유류분반환문제는 증여, 사인증여, 유증(유언) 모두 동일하게 발생됩니다.

● 차이점

하지만, 아래에서 살펴보는 바와 같이 각각의 법률적 차이점이 분명히 있습니다.

1. 증여

본질적으로 증여계약은 증여자와 수증자의 "계약"으로서 구속력이 발생됩니다.

증여자가 수증자(자녀)에게 살아생전에 부동산 명의이전 혹은 예금이전 내지 현금교부 등 실질적으로 재산권을 이전하는 것으로서 증여계약입니다.

증여계약은 구두계약도 효력이 있지만 구두계약은 증여자가 언제든지 해제할 수 있습니다. 반면에 서면에 의한 증여계약은 일방적 해제가 안 되고 구속력이 발생합니다.

따라서, 조건 없는 증여계약을 체결하면 그 증여계약에 따른 소유권이전의무가 발생됩니다. 그리고 증여계약을 체결해서 실제 명의변경이 된다면 소유권 자체가 증여자로부터 수증자에게로 확정적으로 변경됩니다.

그리고 별도의 조건이 없었다면 증여 완료된 부동산이나 예금에 대해서는 증여자가 수증자에게 반환청구를 할 수 없습니다.

2. 유언(유증)

본질적으로 유언은 계약이 아닌 유언자의 "단독행위"로서 구속력이 없어 사망 시까지 언제든지 철회가 가능하고 새로운 유언을 할 수 있습니다. 다만, 유언자가 기존 유언을 철회하지 않고 사망할 경우 사망 시부터 그 효력이 있고 구속력이 발생합니다.

유언자가 미리 자신의 의사로 적법한 유언을 통해 사망 이후의 유언자의 재산(부동산과 예금 등)에 대한 소유권을 귀속시키는 것으로서 계약이 아닌 유언자의 일방적인 단독행위입니다. 따라서, 유언을 할 경우 상속인들의 동의를 받을 필요가 없습니다.

다만, 반드시 민법에 규정된 5가지 방식(자필, 녹음, 유언공증, 비밀, 구수)을 따라야만 적법, 유효한 유언이 될 것입니다.

적법, 유효한 유언이 성립될 경우 유언자가 사망하면 그 유언에 따라 소유권이 귀속될 것입니다. 그런데 유언의 효력이 있어도 유언집행방법의 차이점이 발생됩니다. 즉, 유언공증의 경우는 유언공정증서 정본만으로 유언집행이 가능하고 다른 상속인들의 동의나 검인절차가 불필요합니다. 하지만, 나머지 유언의 경우(자필, 녹음, 구수, 비밀)은 다른 상속인들의 동의나 검인절차를 밟아야 할 것이고 만약 동의하지 않는다면 별도의 유언집행소송이나 유언효력확인소송이 필요합니다.

3. 사인증여

사인증여는 그 본질은 기본적으로 본질은 "증여계약"이고 증여자의 단독행위는 아닙니다. 따라서, 사인증여계약이라면 그 사인증여계약에 구속력이 발생됩니다.
사인증여는 구두계약도 가능하고 서면에 의한 계약도 모두 가능합니다.

다만, 증여와의 차이는 증여자의 사망으로 인해 효력이 발생된다는 점이고 사망으로 인해 효력이 발생된다는 점에서 유증(유언)과 동일합니다.

사인증여의 경우 증여자가 사망하면 수증자는 상속인들을 상대로 사인증여계약에 따른 소유권을 이전해달라고 청구할 수 있습니다.

즉, 사인증여는 효력발생 측면에서는 유증과 동일하고 계약형식과 구속력에서는 증여와 동일합니다.

4. 유언 VS 사인증여

사인증여와 유언의 가장 큰 차이는 증여자와 수증자 사이의 구속력이 발생되는 계약인지(사인증여) 아니면 유언자의 단독행위인지(유증) 여부입니다.

그런데 사인증여를 한 후 서로 배치되는 유언을 하거나 혹은 유언을 한 후 서로 배치되는 사인증여를 한 경우에 어느 것이 우선해서 효력이 발생되는지에 대해서 문제가 됩니다.

이에 대한 우리나라 대법원 판례와 학계 다수설은 사망 시를 기준으로 최후에 작성된 것이 우선한다는 입장입니다.

● **유류분반환문제**

증여, 사인증여, 유증(유언) 모두 증여자 혹은 유언자(피상속인)의 재산이 이전된다는 측면에서도 동일합니다. 그런데 증여, 사인증여, 유증(유언)이 된 이후 상속이 개시된 경우 상속인들 중 피상속인으로부터 생전에 증여 혹은 유증 내지 상속을 받지 못하였거나 받았어도 자신의 법정상속분의 절반에 못 미치게 받은 경우에는 유류분침해가 발생됩니다.

따라서, 자신의 고유한 유류분액이 침해된 경우 침해받은 상속인은 증여 혹은 사인증여 내지 유증을 받은 사람을 상대로 침해된 유류분을 반환해달라고 할 수 있습니다. 이를 "유류분반환청구소송"이라고 합니다.

유류분반환문제와 관련해서 사인증여의 경우에는 유증의 규정이 준용될 뿐만 아니라 그 실제적 기능도 유증과 달리 볼 필요가 없으므로 유증과 같이 보게 됩니다. 따라서, 사인증여는 유증과 동일하게 취급하면 될 것입니다.

특히, 유류분반환순서와 관련해서 증여와 유증, 사인증여가 병존하는 경우 증여보다는 유언과 사인증여가 우선해서 반환해야 합니다. 즉, 유류분을 침해하는 유증, 사인증여와 증여가 있는 경우 유류분권리자는 우선적으로 유증, 사인증여에 대하여 반환청구를 하여야 합니다(민법 1116조)

위와 같이 증여, 사인증여, 유증(유언)는 각자의 독특한 법률적인 성질과 특징이 있고 이에 따른 집행방법과 유류분반환문제 등 복잡한 문제가 있습니다. 저희 법무법인 천명에서는 각자의 성질에 따른 각종 법률문제를 사례별로 자세히 다루고 있으니 보다 자세한 것은 관련 자료를 지참해서 방문상담을 해주시길 바랍니다.

※ 민법

제1116조(반환의 순서)
증여에 대하여는 유증을 반환받은 후가 아니면 이것을 청구할 수 없다

※ 판례

유류분반환청구의 목적인 증여나 유증이 병존하고 있는 경우에는 유류분권리자는 먼저 유증을 받은 자를 상대로 유류분침해액의 반환을 구하여야 하고, 그 이후에도 여전히 유류분침해액이 남아 있는 경우에 한하여 증여를 받은 자에 대하여 그 부족분을 청구할 수 있는 것이며, 사인증여의 경우에는 유증의 규정이 준용될 뿐만 아니라 그 실제적 기능도 유증과 달리 볼 필요가 없으므로 유증과 같이 보아야 할 것이다(대법원 2001. 11. 30. 선고 2001다6947 판결)

증여 또는 유증을 받은 재산 등의 가액이 자기 고유의 유류분액을 초과하는 수인의 공동상속인이 유류분권리자에게 반환하여야 할 재산과 범위를 정할 때에, 수인의 공동상속인이 유증받은 재산의 총 가액이 유류분권리자의 유류분 부족액을 초과하는 경우에는 유류분 부족액의 범위 내에서 각자의 수유재산(受遺財産)을 반환하면 되는 것이지 이를 놓아두고 수증재산(受贈財産)을 반환할 것은 아니다. 이 경우 수인의 공동상속인이 유류분권리자의 유류분 부족액을 각자의 수유재산으로 반환할 때 분담하여야 할 액은 각자 증여 또는 유증을 받은 재산 등의 가액이 자기 고유의 유류분액을 초과하는 가액의 비율에 따라 안분하여 정하되, 그중 어느 공동상속인의 수유재산의 가액이 그의 분담액에 미치지 못하여 분담액 부족분이 발생하더라도 이를 그의 수증재산으로 반환할 것이 아니라, 자신의 수유재산의 가액이 자신의 분담액을 초과하는 다른 공동상속인들이 위 분담액 부족분을 위 비율에 따라 다시 안분하여 그들의 수유재산으로 반환하여야 한다. (대법원 2013. 3. 14. 선고 2010다42624,42631 판결)

제5장
유언의 효력과 집행
(유언검인, 유언효력확인소송 등)

사 례

핸드폰 동영상으로 유언을 할 수 있나요?

Questions ■ ■ ■

저희 어머님이 핸드폰으로 동영상 유언을 하려고 합니다.

현재 가지고 계신 재산인 거주하고 계신 아파트 1채와 금융재산입니다.
형제들은 저와 남동생 2명입니다.
연세가 들어감에 따라 미래가 불안하신지 건강도 좋지 않아 유언을 하시려고 하면서 저에게 유언을 알아보라고 하십니다.

유언공증도 좋지만 우선 어머님 육성으로 동영상 유언을 핸드폰으로 하고 싶습니다.
어머님이 앞으로 보유자산이 현재와 달리 변동 등이 있을 텐데 모든 재산에 대한 자세한 유언을 해야 하나요? 포괄적으로 전 재산을 물려주겠다고 하는 것도 가능하나요?

핸드폰 동영상으로 유효한 유언을 하려면 어떻게 해야 하나요?

Answers ■ ■ ■

유언자는 유언 당시 자신이 보유한 재산을 특정해서 유언을 할 수 있고(이를 특정유언이라고 합니다), 사망 당시까지 병원비, 생활비, 공과금 등을 사용하고 남은 일체의 부동산, 예금 등 전 재산을 포괄해서 유언할 수도 있습니다.

실무적으로는 통상적으로 자필유언이나 녹음유언, 유언공증을 할 경우 유언 당시 보유한 재산을 최대한 정리하고 언급하고 사망 당시 일체 재산에 대한 포괄유언의 취지를 남기는 방식을 취하고 있습니다.

요청하신 어머님의 핸드폰 동영상 유언은 민법상 유언방식 중 녹음유언을 의미하는 것입니다. 핸드폰 녹음만 해도 되고 동영상을 촬영해도 무방합니다. 다만, 이왕 명확히 어머님의 얼굴과 목소리가 나오게 동영상 유언이 바람직해 보입니다.

유언녹음방식은 유언자가 직접 녹음기에 유언의 내용, 성명, 연월일을 구술하고, 반드시 1인 이상의 증인이 '유언자 본인의 유언이 틀림없다'는 것과 증인 자신의 성명을 구술하는 방식입니다.

증인이 1명 이상이어야 하고 증인 1명도 없다면 해당 유언은 무효입니다. 그리고 녹음유언 당시 유언 받을 사람(수유자)이 녹음현장에 있든 없든 녹음유언의 효력에 영향이 없습니다.

유언녹음의 장점은 유언자의 육성을 사후에도 보존할 수 있고 녹음기, 핸드폰 등만 있으면 누구나 간편하게 유언할 수 있다는 것입니다. 다만, 녹음유언 역시 유언자 사망 이후 유언검인절차를 밟아야 합니다.

※ 민법

제1067조(녹음에 의한 유언)
녹음에 의한 유언은 유언자가 유언의 취지, 그 성명과 연월일을 구술하고 이에 참여한 증인이 유언의 정확함과 그 성명을 구술하여야 한다.

사례

유언공증 서류, 절차, 방법 등

안녕하세요.
유언공증 법무법인 천명 경태현 대표변호사입니다.

피상속인이 사망한 경우 그 재산에 대해 법정상속비율에 따라 배우자는 1.5지분, 자녀는 1지분을 갖게 됩니다. 그러나 여러 가지 사정에 따라 동등하게 상속받지 않고 상속인 중 일부에게 상속하고자 하는 경우가 있습니다. 이러한 경우 사전에 유언 혹은 증여 등의 조치를 해놓지 않는다면 사후 상속재산 다툼의 문제가 발생할 수 있으므로 미리 준비해놓으실 필요가 있을 것 입니다. 우리 민법 제1065조에서 규정하고 있는 유언의 방식은 총 5가지이고, 그 중 자주 이용되는 것은 자필유언, 유언공증(공정증서), 녹음유언 3가지입니다.

오늘은 위 유언 방법 중 무엇을 선택하는 것이 좋을지 저희 법무법인 천명에서 다루었던 사례를 통해 설명해 드리려고 합니다.

Questions ■ ■ ■

안녕하세요 변호사님.

저에게는 어머니와 동생 세 명이 있습니다.
어머니께는 각 5억 정도 하는 집이 두 채 있으셨는데 그중 한 채는 몇 년 전 둘째 동생에게 사전증여하셨습니다.

제가 독립한 이후로 쭉 어머니를 모시고 살고 있는데요.
얼마 전 어머니께서 나머지 집 한 채는 저에게 상속하겠다고 말씀하셨습니다.
그러나 그것을 나머지 동생이 탐탁지 않아 하고 있는 상황이라 문제 발생할 것을 막기 위해 미리 유언을 하려고 합니다.

유언 방법이 여러 가지가 있던데, 어떤 방법을 이용하는 것이 가장 좋을지 궁금합니다. 변호사님께서 상속 문제의 전문가라고 들었는데, 좋은 답변해주시면 감사하겠습니다.

Answers ■ ■ ■

말씀 주신 사안에서 모친이 돌아가시고 상속이 개시될 시 귀하와 동생 3명이 공동상속인이 될 것입니다. 이 경우 현재 모친이 갖고 계신 집 한 채에 대해 법정상속분을 각 1/4씩 갖게 됩니다. 문제가 되는 것은 둘째 동생이 이미 집 한 채를 사전증여 받은 사실입니다. 이런 경우 그 동생은 자신의 상속분을 초과해서 증여받은 것이 되므로 후에 상속재산 분할의 문제에서 자신의 지분을 주장할 수 없게 됩니다. 그러므로, 모친이 갖고 있는 집 한 채에 대해 둘째 동생을 제외한 3명의 자녀가 각 1/3의 법정지분을 갖게 될 것입니다.

이러한 상황에서 귀하는 어머니의 뜻대로 그 주택을 단독으로 상속받고자 하시는 것 같습니다. 이러한 경우 모친 생전에 증여등기를 하시는 것이 바람직합니다. 그러나 부득이 세금 등의 문제 때문에 증여가 어려우시다면 유언공증절차를 통해 유언공증 하시는 것을 추천드립니다.

자필유언, 녹음유언도 그 형식상 요건을 갖추면 법적 효력을 갖지만 추후 모친께서 사망하신 후에 다른 상속인들의 동의, 서류 등을 받거나 판결을 받아야 유언집행이 가능하다는 단점이 있습니다. 귀하의 경우 단독 상속을 받는 상황에서 다른 형제들이 찬성하지 않고 있는 상황이기 때문에 추후 번거로움이 있을 것으로 사료됩니다.

반면에 유언공증은 비용이나 증인 섭외 등 절차상 까다로움이 있지만 상속개시 시 다른 절차(상속인들 동의) 없이 유언집행이 바로 가능합니다. 그러므로 귀하께서 모친 사후에 상속 재산 분할 과정에서의 문제를 방지하고 싶으시다면 유언공증절차를 추천드립니다.

저희 법무법인 천명은 유언공증 과정에서 많은 분들이 어려움을 겪으시는 증인 섭외 등은 물론 유언공증의 전반적인 절차에 대해 도움드리고 있습니다.

저희 로펌을 통해서 진행되는 구체적인 유언공증절차는 아래 3단계 순서와 절차이고, 기타 궁금하신 것은 전화상담(02-592-2434, 02-3481-9870)을 해주시길 바랍니다.

● 1단계 : 유언공증에 필요한 서류 준비

1. **유언자**
   - 가족관계증명서(상세), 주민등록초본, 인감증명서 1통
2. **수증자**(유언으로 재산을 받을 분 : 귀하 혹은 여러 명이라면 여러 명 각자)
   - 기본증명서(상세), 주민등록초본

   *** 수증자가 미국 시민권자라면 미국여권사본, 미국주소(영문과 한글주소 병기- 백지에 기재), 한국국적 상실 전 과거 주민번호 자료(제적등본상 주민번호)**
3. **증인 2인** : 수증자의 배우자, 자녀들은 자격이 없고 친구, 이웃, 직장 동료 등 법적으로 남남이면 됩니다.
   - 기본증명서(상세), 주민등록초본

   *** 시간, 서류, 가족사 공개 거부감 등의 이유로 적절한 증인을 구할 수 없어 증인서비스를 원하시면 별도 연락해주시길 바랍니다.**
4. **유언할 부동산의 등기부등본 전부, 유언자 명의 임대차계약서**(전세계약서)
5. **은행잔고증명서 사본, 주식잔고증명서 사본**(예금이나 주식을 유언할 경우에만 준비)
6. **유언내용**(재산분배내역을 a4에 간략적으로 기재. 다만 유언취지, 기타 당부 및 남기고 싶은 말도 있다면 간략히 기재)
7. **자필유언장 칼리복시본**(자필유언장을 작성해 놓은 경우)

   *** 포괄유언공증을 원하는 경우=>현재 보유하고 있는 위 재산내역을 최대한 준비하시고, 유언공증 내용에 사망 시까지 변동불문하고 포괄유언효력이 있게 기재하면 완벽한 대비가능!!**

● 2단계 : 유언공증서 초안 작성 및 확정

위 서류 지참해서 방문상담(02-3481-9870,02-592-2434)을 해주시거나 위 서류를 스캔해서 이메일(oklawcafe@naver.com) 혹은 등기우편으로 보내주시길 바랍니다.

위 서류를 기초로 구체적 사안에 맞춰 유언공증서 초안(유언장 작성비용과 공증수수료도 포함)을 준비해서 이메일로 보내드리고, 오타, 수정, 추가 등을 통해 최종 확정됩니다.

※ 우편주소

서울시 서초구 서초대로 286 (서초프라자, 905호) 법무법인 천명 경태현 대표변호사 앞
(약도 : 교대역 9번 출구 바로 앞 서초프라자 빌딩 905호)

※ 상담전화 : 02-3481-9870, 02-592-2434

● 3단계 : 실제 유언공증 진행

유언공증서 초안 확정 후 유언공증할 시간약속을 해주시고, 공증시간에 유언자는 신분증과 인감도장, 증인 2명은 각자 도장(막도장도 가능)과 신분증을 지참해서 저희 사무실로 방문하시면 될 것입니다. 수증자는 참석할 필요는 없지만 유언자와 증인 2명은 반드시 참석해야 할 것입니다.

* **거동불편 등으로 인해 출장공증을 원하시면 이는 별도 전화상담(02-3481-9870,02-592-2434)을 해주시길 바랍니다.**

※ 민법

제1068조(공정증서에 의한 유언)

공정증서에 의한 유언은 유언자가 증인 2인이 참여한 공증인의 면전에서 유언의 취지를 구수하고 공증인이 이를 필기낭독하여 유언자와 증인이 그 정확함을 승인한 후 각자 서명 또는 기명날인하여야 한다.

사례

자녀나 사위, 며느리 유언공증 증인으로 괜찮을까요?

안녕하세요, 법무법인 천명의 경태현 대표변호사입니다.

우리 민법에서는 유언의 방식은 5가지로 한정하고 있습니다. 이 5가지 방식 중 실무에서 가장 많이 활용되는 방식은 자필유언과 유언공증입니다. 자필유언은 유언 작성이 간단하기 때문에, 유언공증은 집행과정이 다른 유언에 비해 수월하다는 장점 때문에 많은 분들께서 이를 활용하고 계십니다.

다만, 자필유언은 상속개시 이후 집행과정이 까다롭다는 단점이 있고, 유언공증의 경우 비용 문제와 증인섭외와 같은 번거로움이 존재합니다. 특히 유언공증의 경우 증인섭외에서 어려움을 겪으시는 분들이 꽤 많이 계셨습니다.

유언공증 증인은 추후 유언의 효력에 영향을 미칠 수도 있기 때문에 반드시 적합한 증인인가를 검토하고 넘어가셔야 합니다.

따라서 오늘 글에서는 유언공증 증인에 관하여 자세한 설명을 드리도록 하겠습니다.

Questions ■ ■ ■

안녕하세요 변호사님.
제가 유언공증을 남기려고 합니다.

자녀 2명에 대해서 재산을 나누어 주는 내용으로 유언을 남기려고 하는데,
이런 경우 유증을 받는 2명의 자녀가 입회하여 공증 진행하면 별도의 증인이 없어도 되나요?
만일 아니라면 며느리나 사위를 증인으로 할 수 있을까요?
답변 기다리겠습니다.

Answers ■ ■ ■

유언공증의 경우 공증인과 증인 2명의 입회가 반드시 필요합니다.

이때 유증을 받는 수증자는 증인이 될 수 없습니다. 그리고 사위나 며느리 등 수증자의 배우자와 직계혈족 또한 증인결격자로서 유효한 증인이 될 수 없습니다. 유언공증 증인 결격자를 아래 정리해 두었으니 이를 참고하셔서 적합한 증인을 섭외해보시기를 바랍니다.

결격 요건 중 하나라도 해당이 된다면 결격자로서 증인이 될 수 없습니다. 만일 결격자를 증인으로 섭외하여 유언공증을 받게 된다면 해당 유언이 무효로 되어 내용에 따라 유언을 집행할 수 없게 됩니다. 따라서 가능한 혈족이 아닌 제3자를 증인으로 섭외하셔서 향후 발생할 수 있는 분쟁을 미연에 방지하심이 바람직합니다.

더불어, 간혹 유언집행자와 유언공증 증인 요건을 헷갈리시는 분들이 계십니다. 유언집행자는 증인과 달리 수증자 중에서 선정해도 무방하고 실제 수증자가 유언집행자로 지정되는 경우가 많습니다. 또한 유언집행자를 지정하지 않았다 하더라도 유언이 무효로 되지 않고 상속인이 유언집행자가 된다는 점을 알아두시면 되겠습니다.

※ 민법

제1068조(공정증서에 의한 유언)

공정증서에 의한 유언은 유언자가 증인 2인이 참여한 공증인의 면전에서 유언의 취지를 구수하고 공증인이 이를 필기낭독하여 유언자와 증인이 그 정확함을 승인한 후 각자 서명 또는 기명날인하여야 한다.

제1072조(증인의 결격사유)

① 다음 각 호의 어느 하나에 해당하는 사람은 유언에 참여하는 증인이 되지 못한다.

1. 미성년자
2. 피성년후견인과 피한정후견인
3. 유언으로 이익을 받을 사람, 그의 배우자와 직계혈족

② 공정증서에 의한 유언에는 「공증인법」에 따른 결격자는 증인이 되지 못한다.

※ 공증인법

제33조(통역인 · 참여인의 선정과 자격)

① 통역인과 참여인은 촉탁인이나 그 대리인이 선정하여야 한다.

② 참여인은 통역인을 겸할 수 있다.

③ 다음 각 호의 어느 하나에 해당하는 사람은 참여인이 될 수 없다. 다만, 제29조제2항에 따라 촉탁인이 참여인의 참여를 청구한 경우에는 그러하지 아니하다. 〈개정 2017. 12. 12.〉

1. 미성년자

1의2. 피성년후견인 또는 피한정후견인

2. 시각장애인이거나 문자를 해득하지 못하는 사람

3. 서명할 수 없는 사람

4. 촉탁 사항에 관하여 이해관계가 있는 사람

5. 촉탁 사항에 관하여 대리인 또는 보조인이거나 대리인 또는 보조인이었던 사람

6. 공증인의 친족, 피고용인 또는 동거인

7. 공증인의 보조자

[전문개정 2009. 2. 6.]

사 례

유언의 요건을 갖추지 못했을 때 사인증여로서의 효력

안녕하세요, 법무법인 천명의 대표변호사 경태현입니다.

많은 분들께서 헷갈려 하시는 것이 바로 유언과 사인증여의 차이입니다.

기본적으로 사인증여는 증여자와 수증자의 계약이고, 유증은 유언자의 단독행위입니다. 사인증여는 계약행위이기 때문에 증여자의 사망 이전에 계약이 이루어져야 합니다. 계약이 성립하기 위해서는 청약과 승낙의 의사표시가 합치해야 한다는 요건이 존재하는데, 앞서 말한 바와 같이 사인증여도 계약행위이므로 증여자와 수증자 사이의 청약과 승낙이 필요할 것입니다.

이와 달리 유증은 유언자의 단독행위이므로 수유자의 승낙을 요건으로 하지 않습니다. 따라서 사전에 수유자가 유증에 대해 승낙한 바가 없더라도 추후 유증이 이루어질 수 있습니다. 물론 수유자의 의사에 반한 유증의 경우 수유자는 그 유증을 포기할 수 있으나, 유증의 포기는 유언자 사망 후에 가능합니다.

오늘은 저희 법무법인을 찾아주신 분들 중에 유언과 사인증여의 관계가 중요하게 다루어진 사례가 있어 그에 대해 소개 드리고자 합니다.

Questions ■ ■ ■

안녕하세요 변호사님, 최근에 유언 관련해서 문제가 생겨서 질문드리게 되었습니다.
저희 아버지께서 유언을 통해 저와 제 형제들, 그리고 새어머니에게 재산을 분배하셨습니다.
유언 당시에는 새어머니는 오지 않았고 저와 제 형제들 일부만 참석했습니다.

그런데 상속이 개시되고 보니 그 유언이 법적 요건을 충족하지 않아 무효라는 것이 드러났는데요. 인터넷을 찾아보니 사인증여라는 것이 있다고 하더군요.
사인증여는 계약행위라고 하던데... 유언 당시에 참석한 저와 제 형제들만이라도 사인증여를 인정받을 수는 없을까요?

Answers ■ ■ ■

귀하께서는 요건을 갖추지 못한 유언이 사인증여로서의 효력을 인정받을 수 있는지 궁금하신 것 같습니다. 이와 관련한 최근 대법원 판례가 있는데, 그 판례와 함께 설명해 드리는 것이 이해하시는 데 더 편하실 것 같습니다.

※ 민법

제562조(사인증여)
증여자의 사망으로 인하여 효력이 생길 증여에는 유증에 관한 규정을 준용한다.

- **대법원 2023. 9. 27. 선고 2022다302237 판결 [소유권이전등기] [공2023하,1913]**

위 판례에서 원고 갑남은 망인은 유언(요건 갖추지 못하여 효력 없음)에서 그 소유의 각 부동산을 차남 갑남과 장남 을남에게 일부씩 분배하는 취지로 말하였고, 그 모습을 갑남이 동영상으로 촬영한 사실 등을 종합하여 망인의 유언이 망인의 갑남에 대한 사인증여로서 효력을 갖는다고 주장하였습니다.

그러나 원고의 주장에 대해 법원은 이렇게 판시하였습니다.

"그러나 망인이 단독행위로서 유증을 하였으나 유언의 요건을 갖추지 못하여 효력이 없는 경우 이를 '사인증여'로서 효력을 인정하려면 증여자와 수증자 사이에 청약과 승낙에 의한 의사합치가 이루어져야 하는데, 유언자인 망인이 자신의 상속인인 여러 명의 자녀들에게 재산을 분배하는 내용의 유언을 하였으나 민법상 요건을 갖추지 못하여 유언의 효력이 부정되는 경우 유언을 하는 자리에 동석하였던 일부 자녀와 사이에서만 '청약'과 '승낙'이 있다고 보아 사인증여로서의 효력을 인정한다면, 자신의 재산을 배우자와 자녀들에게 모두 배분하고자 하는 망인의 의사에 부합하지 않고 그 자리에 참석하지 않았던 나머지 상속인들과의 형평에도 맞지 않는 결과가 초래된다. 따라서 이러한 경우 유언자인 망인과 일부 상속인인 원고 사이에서만 사인증여로서의 효력을 인정하여야 할 특별한 사정이 없는 이상 그와 같은 효력을 인정하는 판단에는 신중을 기해야 한다." (2022다302237 판결)

위 판례에서 중요한 사실은 망인이 그의 재산을 갑남과 을남에게 나누어 상속해준다는 것에 더하여, 을남은 상속받은 날로부터 60일 이내에 망인의 딸들에게 각 2000만 원씩 지급해주라는 내용을 포함하여 유언했다는 것입니다. 따라서 망인은 유언으로써 자녀들인 갑남, 을남 및 딸들에게 상속재산을 분배하고 있고, 이러한 사실에서 망인과 갑남 사이에서만 의사 합치를 인정하여 사인증여로서 효력을 인정하는 것은 재산을 분배하고자 하는 망인의 의사에 부합하지 않을뿐더러 그 자리에 동석하지 않았던 을남 및 망인의 딸들에게 불리하고 갑남에게만 유리한 결과가 야기된다는 것입니다.

위 판결은 효력이 부정된 유언이 사인증여로 인정될 수 있는 가능성을 아예 부정한 것은 아니지만, 망인과 일부 상속인 사이에서만 사인증여로서의 효력을 인정하여야 할 특별한 사정이 있는 경우로만 그 가능성을 한정하고 있습니다. 따라서 위와 비슷한 사례의 경우 망인이 한 유언의 내용을 면밀히 살펴보아야 할 필요성이 제기됩니다.

질문주신 사안의 경우에도 귀하께서는 유언 당시 그 자리에 참석한 귀하와 일부 형제들에 대해서만 사인증여를 받을 수 있을지 물어보셨는데, 이는 참석 여부가 아닌 아버지께서 남기신 유언의 내용에 따라 결정될 문제이기 때문에 유언의 구체적 내용을 통해 상속 전문 변호사와 상담받으시는 것이 바람직할 것으로 보입니다.

오늘은 유언과 사인증여, 그리고 효력이 부정된 유언의 사인증여 인정 가능성에 대해 알아보았습니다. 만약 유언의 효력이 부정되었더라도 그것이 사인증여로 인정되어 망인의 뜻대로 유언을 받을 수 있기를 원하시는 분들이 계실 것입니다. 그런 경우 상속 특화 로펌인 저희 법무법인 천명이 전문적으로 도움드릴 수 있으니 상담 받아보시길 권해드립니다.

사례

유언과 유언대용신탁, 어떤 것이 더 유리한가요?

안녕하세요, 법무법인 천명의 경태현 대표변호사입니다.

요즘 많은 분들께서 유언을 남기는 대신 유언대용신탁을 하는 방법을 고려하시는 것 같습니다. 유언대용신탁은 위탁자(대부분 피상속인)가 수탁자와 신탁계약을 하여 재산의 소유권을 수탁자에게 이전하고, 향후 위탁자가 사망할 시 미리 정해놓은 수익자(혹은 권리귀속자)에게 신탁재산을 이전하는 계약입니다. 금융재산의 경우 수탁자는 통상 금융기관이 되기 때문에 금융재산의 경우 유언대용신탁을 일종의 금융상품으로 이해할 수 있겠습니다.

유언대용신탁이 많은 주목을 받게 된 이유는 유류분반환청구에서 자유롭다는 이야기 때문일 것입니다. 하지만 이 이야기가 사실이라고 보기에는 무리가 있습니다. 유언대용신탁을 통해 신탁된 재산이 유류분 산정 기초재산에 포함되지 않는다고 본 하급심 판례가 있었기 때문에 유류분반환청구를 방지하고자 하는 이유에서 유언대용신탁을 선택하시는 분들이 증가하셨을 것입니다.

하지만, 반대로 유언대용신탁을 통해 맡긴 재산을 유류분산정 기초재산에 포함된다고 보고 있는 판례 또한 나오기 시작한 시점에서는 더 이상 유언대용신탁이 유류분반환청구로부터 자유롭다고 이야기할 수는 없을 것입니다. 이와 관련해서는 확립된 대법원 판례가 없기 때문에 앞으로의 동향을 잘 살펴보아야 할 것입니다.

Questions ■ ■ ■

안녕하세요 변호사님. 유언상속 관련하여 질문 하나 드리고자 글 남깁니다.

저희 아버지께서 유언을 남기시기를 원하셔서 찾아보다 보니 유언대용신탁이라는 게 있더군요.

유언대용신탁이 어떤 것인지는 대충 알겠는데 유언을 남기는 게 유리한지 유언대용신탁을 하는 게 유리한지 잘 모르겠습니다.
어떤 것이 유리할지 간략하게 설명 주시면 감사하겠습니다.

Answers ■ ■ ■

안녕하세요, 유언 법무법인 천명의 경태현 대표변호사입니다.

귀하께서는 유언과 유언대용신탁 중 어떤 방법을 선택하는 것이 피상속인과 상속인에게 유리한지 궁금해하고 계신 것 같습니다.

무엇이 더 유리하다라고 딱 잘라 말씀드리기는 어려우나 두 방법의 장점을 간략하게 설명드릴 수 있을 것 같습니다.

● **유언대용신탁이 유언에 비해 유리한 점**

유언대용신탁은 유언과 달리 엄격한 방식을 요건으로 하지 않습니다. 유언의 경우 그 요건과 형식이 법률로 엄격하게 규정되어 있기 때문에 형식에 흠결이 있을 때에는 유언이 무효로 되어 유언자의 의사가 반영되지 못하는 경우가 있습니다. 이에 반해 유언대용신탁은 요식행위를 갖추지 못해서 피상속인의 의사가 무시되는 상황을 방지할 수 있습니다.

또한 유언대용신탁은 자필유언에서의 유언검인절차 혹은 유언효력확인소송과 같은 별도의 절차를 거치지 않아도 수익자가 비교적 신속하게 신탁재산을 받을 수 있습니다.

● **유언대용신탁이 유언에 비해 불리한 점**

다만 유언대용신탁은 유언에 비해 수정이나 철회가 까다로운 측면이 있습니다. 유언은 기본적으로 단독행위이기 때문에 임의로 철회하거나 수정할 수 있습니다. 하지만 유언대용신탁은 수탁자와의 계약이기 때문에 계약 내용에 따른 임의 철회도 설계 가능하지만 원칙적으로는 위탁자가 임의로 이를 철회할 수 없습니다.

또한 비용적인 측면에서도 차이가 있습니다. 만일 피상속인이 자필유언을 남기게 된다면 별도의 비용 없이도 유언을 남길 수 있습니다. 하지만 유언대용신탁을 하게 된다면 수수료 혹은 보수 등으로 일정한 비용이 지속적으로 발생할 수 있습니다.

오늘은 유언대용신탁과 유언의 특징과 차이점에 대해 설명을 드렸습니다. 다만 유언의 경우 자필유언만 있는 것이 아니라 유언공증 등 다양한 종류의 유언이 있습니다. 때문에, 경우에 따라서는 유언대용신탁을 하는 것보다 유언을 남겼을 때 재산 취득이 더 용이한 상황이 있을 수 있습니다. 따라서 이는 전문가와의 상담을 통해 개인의 사정을 고려하여 최종적으로 선택하심이 올바를 것입니다.

※ 신탁법

제59조(유언대용신탁)

① 다음 각호의 어느 하나에 해당하는 신탁의 경우에는 위탁자가 수익자를 변경할 권리를 갖는다. 다만, 신탁행위로 달리 정한 경우에는 그에 따른다.

1. 수익자가 될 자로 지정된 자가 위탁자의 사망 시에 수익권을 취득하는 신탁
2. 수익자가 위탁자의 사망 이후에 신탁재산에 기한 급부를 받는 신탁

② 제1항제2호의 수익자는 위탁자가 사망할 때까지 수익자로서의 권리를 행사하지 못한다. 다만, 신탁행위로 달리 정한 경우에는 그에 따른다.

사 례

유언공정증서, 유언장을 분실했습니다.

안녕하세요, 법무법인 천명의 경태현 대표변호사입니다.

피상속인은 사망하기 전에 자유로운 의사에 따라 유언을 남길 수 있습니다. 피상속인이 민법에 규정된 요건에 따라 적법한 유언을 남기게 된다면 피상속인의 유언에 따라 유증 내지 상속이 이루어지게 됩니다. 이때, 피상속인이 작성한 유언장이 훼손되거나 이를 분실하게 된다면 어떻게 되는 것일까요. 유언은 그 형식과 요건이 민법에 명확하게 기재되어 있기 때문에 규정된 요건을 결여한 유언은 무효로 됩니다. 그렇다면 유언장이 훼손되거나 분실되면 곧바로 유언이 무효로 될까요?

오늘은 유언공증을 받으신 분께서 유언공정증서를 분실하셔서 문제가 된 사례에 대해 설명을 드리며 유언에 관한 이야기를 이어 나가 보겠습니다.

Questions ■ ■ ■

안녕하세요 변호사님. 유언 과정에서 문제가 좀 생겨서 질문 남깁니다.

저희 아버지께서 돌아가시기 전에 유언을 남기셨습니다.
유언공증을 받았었고 그 이후 원본을 제가 보관하고 있었습니다.
그런데 아버지께서 돌아가시고 유언장을 찾아보니 아무래도 분실한 것 같습니다.
아무리 찾아봐도 없고, 작성한 곳에 전화해보니 복사본밖에 없다고 합니다.
일단 작성할 때 증인도 있고 공증인도 있긴 했는데, 이러한 경우 어떻게 하면 좋을까요?

답변 기다리겠습니다.

Answers ■ ■ ■

귀하께서는 유언공정증서를 분실하셔서 곤란한 상황에 놓이신 것 같습니다.

우선 자필유언장을 작성하고 유언자가 사망한 경우, 반드시 자필유언장 원본을 통해서 유언집행을 해야 합니다. 따라서 자필유언장 원본을 분실했다면 유언집행에 문제가 생길 수 있습니다.

그런데 유언공증을 받으신 경우 분실이나 훼손은 크게 걱정하지 않으셔도 됩니다. 유언공정증서를 분실하신 경우 공증을 받으신 공증사무소에서 20년간 원본을 보관하게 되어 있습니다. 따라서 이를 기초로 해당 공증사무소에 정본 재발급 요청을 하시면 됩니다.

위 설명 드린 내용과 같이 유언공증의 경우 분실이나 훼손이 크게 문제가 되지는 않습니다. 이러한 점이 유언공증의 장점이라고 할 수도 있겠지요. 하지만 유언자가 자필유언을 남긴 경우라면 유언장 원본의 분실이나 훼손은 유언집행에 있어 큰 문제가 될 수 있습니다.

일단 자필유언이라고 해도 분실이나 훼손이 있다고 해서 곧바로 유언이 무효로 되는 것은 아닙니다. 다만 민법에서 규정된 유언의 필수적인 요건이 기재된 부분에 훼손이 있다고 한다면 이후 검인절차 이후 해당 유언이 무효라 판단될 수 있습니다. 또한 분실한 경우에도 마찬가지로 원본이 없다면 유언을 증명하기가 매우 곤란해질 수 있습니다. 대부분의 경우 유언의 효력이 인정되지 않을 가능성이 높을 것입니다.

따라서 유언을 남기실 때에는 유언 방법들 각각의 장단점을 꼼꼼하게 따져 보신 후 유언자와 수유자에게 가장 도움이 되는 방식으로 유언을 남기시는 것이 올바를 것입니다.

※ 민법

제1066조(자필증서에 의한 유언)

① 자필증서에 의한 유언은 유언자가 그 전문과 연월일, 주소, 성명을 자서하고 날인하여야 한다.

② 전항의 증서에 문자의 삽입, 삭제 또는 변경을 함에는 유언자가 이를 자서하고 날인하여야 한다.

제1068조(공정증서에 의한 유언)

공정증서에 의한 유언은 유언자가 증인 2인이 참여한 공증인의 면전에서 유언의 취지를 구수하고 공증인이 이를 필기낭독하여 유언자와 증인이 그 정확함을 승인한 후 각자 서명 또는 기명날인하여야 한다.

사 례

공정증서유언(유언공증)에서도 위조하면 무효가 문제 되나요?

안녕하세요, 법무법인 천명의 경태현 대표변호사입니다.

유언을 남기고자 하실 때 유언공증의 방법을 선택하신다면 집행 절차가 간편해지기 때문에 저희 로펌에서는 유언공증을 추천해 드리고 유언공증서 작성부터 실제 유언공증진행을 해드리고 있습니다. 유언공증은 5가지 유언 방법 중 상속개시 이후 집행이 가장 수월하고 유언이 무효로 될 확률이 매우 낮은 것은 사실이지만, 유언공증을 받는다고 하여 유언이 무조건 유효하게 되는 것은 아닙니다. 유언공증의 경우에도 유언무효가 문제 되는 상황이 있을 수 있다는 이야기입니다.

오늘은 이 내용에 관하여 주신 질문과 그에 대한 답변을 소개해드리도록 하겠습니다.

Questions ■ ■ ■

안녕하세요. 유언 관련해서 상당히 당황스러운 일이 있어서 도움 구하고자 질문 남깁니다.

저희 어머니께서 얼마 전에 돌아가셨습니다. 저희 형제는 1남4녀인데, 둘째가 아버지께서 유언을 남기셨다며 유언공증증서를 보여주었습니다. 저를 포함한 다른 형제들 모두 어머니께서 유언을 남기셨다는 이야기는 처음 들었기 때문에 의아한 마음을 가졌습니다. 그런데 그 내용은 더욱 당황스러웠던 것이 어머니께서 모든 재산을 둘째에게 물려주신다는 내용이 적혀있었습니다.

분명 증인 2명의 서명과 도장도 있고 유언공증 증서가 맞긴 했는데 어딘가 미심쩍다는 생각이 들었습니다. 더욱이 증서 속 어머니 서명의 글씨체 또한 아무리 봐도 어머니의 글씨체 같지가 않았습니다. 저 말고 다른 형제들도 다들 그렇게 생각했기 때문에 어머니께서 남기신 유언이 맞냐고 둘째에게 물어보니, 어머니께서 남기신 게 맞으며 유언공증이기 때문에 반드시 이대로 유증이 이루어진다고 말했습니다.

지금은 먼저 전문기관에 필적감정을 의뢰해놓은 상황입니다. 필적감정 결과로 어머니의 글씨체가 아니라는 결론이 나올 경우 유언공증이 위조로 이루어졌다는 이야기인데 이게 가능한 일인가요? 또 저희 형제들은 어떻게 하면 되는 건가요?

두서없는 글 읽어주셔서 감사합니다.

Answers ■ ■ ■

귀하께서는 어머님께서 남기셨다는 유언공증에 의심을 품고 계신 것 같습니다.

우선 유언공정증서 즉 유언공증은 유언이 유효한 것으로 강력하게 추정된다는 것이지 유언이 무조건 유효한 것은 아닙니다. 따라서 유언공증 방식에 위배되거나 증인에 문제가 있는 경우, 공증인이나 유언자가 없었던 경우, 서명이 위조된 경우, 유언자의 정신상태가 정상이 아니었다는 등의 문제가 있다면 유언공증일지라도 무효가 될 수 있습니다.

그렇기 때문에 만일 어머님 서명이 어머님의 필적이 아니라고 판정될 경우 유언공증이 무효로 인정될 수 있습니다. 다른 유언에 비해 유언공증의 경우 유효한 것으로 강하게 추정되고 무효로 되는 경우가 극히 소수이긴 하나 서명이 위조되었다는 사실 또는 유언할 당시 유언자의 인지능력에 중대한 흠결이 있는 경우와 같이 확실한 무효사유와 증거가 있다면 충분히 무효로 될 수 있습니다.

다만 귀하께서 받으신 필적감정만으로 유언공증이 무효로 되는 것은 아니고, 추후 유언무효확인소송을 제기하셔서 법원 필적감정을 정식으로 거치신 후에 비로소 유언공증이 무효로 될 것입니다.

오늘 보신 내용과 유사하게 피상속인이 유언을 남기셨는데 유언장 위조가 의심되신다면 자필유언장 혹은 유언공증서, 필적감정서 등을 기초로 저희 법무법인 천명에서 상담을 받아보시기를 권해드립니다.

※ 민법

제1068조(공정증서에 의한 유언)

공정증서에 의한 유언은 유언자가 증인 2인이 참여한 공증인의 면전에서 유언의 취지를 구수하고 공증인이 이를 필기낭독하여 유언자와 증인이 그 정확함을 승인한 후 각자 서명 또는 기명날인하여야 한다.

사 례

치매환자인 아버지께서 하신 공정증서유언(유언공증)이 효력이 있을까요?

안녕하세요, 법무법인 천명의 경태현 대표변호사입니다.

유언의 경우 그 형식과 방법이 법률로써 엄격하게 정해져 있기 때문에 많은 분께서 어려워하신다는 사실을 여러 번 말씀드린 바 있습니다. 더욱이, 치매를 앓고 계신 분께서 유언을 남기시는 경우라면 그것은 더욱 어려운 일이 될 수밖에 없을 것입니다.

따라서 오늘은 치매환자 유언의 효력에 관한 설명을 드리고자 합니다. 오늘의 글을 자세히 읽어보시고 혹시 이와 유사한 문제를 가지고 계시다면 하단에 소개된 연락처로 문의 주시기 바랍니다.

Questions ■ ■ ■

안녕하세요 변호사님. 유언과 관련해서 질문드리고자 글을 쓰게 되었습니다.

저희 아버지께서 현재 치매를 앓고 계십니다. 센터에 다니고 계시면서 일상생활에 약간의 도움이 필요하시지만 본인과 자식들 이름, 생년월일, 글씨 등에는 큰 지장은 없으십니다. 또한 상속에 관해서는 치매에 걸리시기 전후로 일관된 생각을 가지고 계십니다.

아버지께서는 항상 저에게 본인의 재산을 물려주시겠다 말씀하셨고 지금까지도 계속 그렇게 말씀하고 계십니다. 저에게는 형과 누나가 3명 있기는 하지만 형과 누나들은 명절에도 거의 찾아온 적이 없고 아버지께서 치매에 걸리신 지금도 저 혼자 아버지를 보필하고 있습니다.

이러한 상태에서 유언공증을 받을 경우 아버지가 돌아가신 후 유언의 효력에 대해 다툼이 생길 여지가 있을까요? 공증의 효력이 없어지는 것은 아닌지 여쭙고자 이렇게 글을 남깁니다.

감사합니다.

Answers ■ ■ ■

귀하께서는 치매를 앓고 계신 아버님께서 유언공증의 방법으로 유언을 남기신다면 추후 그 효력이 무효로 될까 우려하고 계신 것으로 보입니다.

우선 치매환자가 남긴 유언이라고 해서 반드시 무효로 되는 것은 아닙니다. 치매환자의 유언 효력에 관한 최근 대법원의 판례를 보시면 "피성년후견인 또는 피한정후견인은 의사능력이 있는 한 성년후견인 또는 한정후견인의 동의 없이도 유언을 할 수 있다. (대법원 2022다261237 판결)"라고 하여, 피후견 치매환자의 유언장일지라도 의사능력이 있는 상태에서 유언이 이루어졌다면 그 효력을 인정할 수 있다고 판시한 바 있습니다.

따라서 실제 유언공증 당시 아버님이 어떠한 상태였는가 하는 사실이 중요할 것입니다. 본인의 이름과 생년월일, 숫자계산, 글씨, 자식에 대한 기억, 상속에 대한 일관된 의사표시 등이 있다면 유언공증이 더 원활하게 진행될 것입니다. 또한 유언과정을 녹음하거나 녹화한다면 그 효력이 더욱 인정될 수 있을 것입니다.

이러한 과정을 거쳤음에도 아버님이 돌아가신 후 유언의 효력이 문제되어 유언무효소송이 제기될 수 있습니다. 이때는 앞서 미리 확보해둔 증거와 신경정신과 진료기록을 기초로 아버님께서 유효한 유언을 할 수 있는 의사능력이 있는 상태였다는 것을 증명하셔야 합니다. 이를 증명하여 최종적인 법원의 판결을 통해 유언의 효력을 인정받으시면 될 것입니다.

앞서 보신 내용과 같이 치매환자의 유언공증을 원하신다면 전문성 있는 변호사의 도움을 받아 적절한 증거를 토대로 추후 일어날 수 있는 분쟁을 미리 준비해놓으시는 것이 바람직합니다. 저희 법무법인 천명은 오랜 시간 유언공증절차를 진행하며 풍부한 경험과 전문성을 갖추었다고 말씀드릴 수 있습니다. 만약 유언공증을 원하신다면 반드시 법무법인 천명의 도움을 받아보시길 자신 있게 권해드립니다.

※ 민법

제1068조(공정증서에 의한 유언)
공정증서에 의한 유언은 유언자가 증인 2인이 참여한 공증인의 면전에서 유언의 취지를 구수하고 공증인이 이를 필기낭독하여 유언자와 증인이 그 정확함을 승인한 후 각자 서명 또는 기명날인하여야 한다.

사 례

유증에도 소멸시효가 존재하나요?

안녕하세요, 법무법인 천명의 경태현 대표변호사입니다.

우리 법에는 소멸시효라는 제도가 존재합니다. 채권을 일정 기간 동안 행사하지 않으면 채권이 소멸하는 것이 바로 소멸시효입니다. 따라서 채권이 있다면 신속하게 행사하여야 권리를 보전할 수 있겠지요. 가끔 유언상속에서도 소멸시효가 문제 되는 경우가 있는데 오늘은 그 중 유증의 소멸시효에 관하여 설명해 드리려 합니다.

오늘 내용을 자세히 읽어보시고 유사한 문제가 있으시다면 법무법인 천명으로 연락 주시기 바랍니다.

Questions ■ ■ ■

안녕하세요 변호사님, 유언 상속과정에서 궁금한 점이 있어서 질문 남기게 됐습니다.

저에게는 형제 3명이 있는데 아버지께서 저에게 모든 재산을 유증한다는 유언공증을 해 두셨습니다. 그리고 얼마 전 아버지께서 돌아가셨는데 제가 개인적인 사정이 있어서 상속부동산을 바로 제 명의로 이전할 수 없는 상황입니다.

일단 상황이 좋아질 때까지 유증을 미루고 싶은데 언제까지 미룰 수 있을까요?

상속개시 후 특정 기간 안에 유증이 이루어져야 한다는 규정이 있는지 궁금합니다. 계속해서 미루다 보면 혹시 유언공증의 효력이 없어지는 것은 아닐까 걱정됩니다.

지금 상황으로 짐작해 보면 어림잡아 1년에서 2년 정도 유증을 미루고 싶습니다.

이렇게 해도 별문제 없을지 조언 부탁드립니다. 감사합니다.

Answers ■ ■ ■

귀하께서는 유증의 효력과 소멸시효 등에 관해 궁금해하고 계신 것 같습니다.

우선 귀하께서는 포괄유언을 통해 아버님의 재산과 채무를 포괄적으로 유언상속 받은 것으로 보입니다.

결론부터 말씀드리자면, 포괄유증의 경우 별다른 기간 제한이나 소멸시효는 없다고 볼 수 있겠습니다. 유증에는 특정유증과 포괄유증이 존재하는데, 귀하와 같은 포괄유증의 경우 유증의 효력이 발생함과 동시에 수증자는 피상속인의 재산과 채무를 포괄하여 취득하게 됩니다. 포괄유증의 경우 물권적 효력을 가진다는 것이 통설이기 때문에 별다른 소멸시효가 존재하지 않습니다.

하지만 특정유증은 이와 다릅니다. 특정유증을 받은 수증자는 곧바로 재산을 취득하는 것이 아니라 다른 상속인들에게 유증에 대한 이행청구권을 행사할 수 있게 됩니다. 다시 말해 다른 상속인들은 수증자에게 특정유증의 내용에 따라 이행할 의무, 수증자는 상속인들에게 이행을 청구할 채권을 가지게 되는 것이지요. 채권은 민법 제162조 제1항에서 정하는 바에 따라 10년의 소멸시효를 지닙니다. 10년 동안 채권을 행사하지 않으면 채권이 소멸해버리는 것입니다. 때문에 채권인 특정유증의 이행청구권에도 10년의 소멸시효가 존재하는 것입니다.

따라서 포괄유증을 받으신 귀하께서 1년 혹은 2년 정도 유언 집행을 미루는 것에는 큰 문제가 없어 보입니다. 다만, 포괄유증이 이루어졌다는 사실을 알지 못하는 다른 상속인(형제 등)이 법정상속등기를 하거나 권리를 행사할 경우 추후 분쟁이 생길 수 있으니 이 점 유의하셔서 유언상속등기 혹은 유언집행을 하시기 바랍니다. 저희 법무법인 천명에서는 유언공증과 유언상속등기 등을 원활하세 신속한 처리를 해드리고 있습니다.

오늘은 유증의 소멸시효에 관하여 소개해 드렸습니다. 포괄유증의 경우에는 문제 되지 않겠지만, 본인이 특정유증을 받으셨다면 가능한 신속하게 이행을 청구하는 것이 유리할 것입니다. 시간적 여유가 없으시거나 방법을 잘 알지 못해 이행청구를 미루고 계신다면 반드시 저희 법무법인 천명으로 연락 주셔서 전문가의 도움을 받아 보시기를 권해드립니다.

※ 민법

제162조(채권, 재산권의 소멸시효)

① 채권은 10년간 행사하지 아니하면 소멸시효가 완성한다.

② 채권 및 소유권 이외의 재산권은 20년간 행사하지 아니하면 소멸시효가 완성한다.

사례

자필유언 유언검인청구는 어떻게 하는 것인가요?

Questions

지난달에 아버님이 돌아가셨습니다.
형제들은 3남매이고 제가 장남입니다.

아버님이 작년 여름에 암투병하시면서 자필유언장을 작성해서 저에게 주셨습니다.
알아보니 유언검인을 청구해야 한다고 하던데요.

유언검인청구는 어떻게 해야 하나요?
지난달에 돌아가셨는데 언제까지 유언검인청구를 해야 하나요?
병원에서 돌아가셨는데 관할법원은 어디로 해야 하나요?

모든 것이 어렵네요. 변호사님에게 맡기면 알아서 해주시나요?

Answers

유언공증의 경우 별도의 유언검인절차 없이 유언집행이 가능한 반면, 자필증서, 녹음, 비밀증서, 구수증서의 경우 유언검인절차를 거쳐야만 비로서 유언집행(부동산등기, 예금인출 등)이 가능합니다.

다만, 유언검인절차는 유언의 효력을 확정짓는 절차는 아니며 가정법원으로부터 유언서의 존재 확인 및 위조ㆍ변조 등을 방지하며 보존을 확실히 하기 위한 검증절차(검인절차)를 의미합니다.

유언검인은 상속인, 수유자(유언 받은 사람), 유언집행자, 증인 등 법률상 이해관계인으로서 통상적으로는 유언을 보관하는 사람 혹은 발견한 사람이 청구합니다.

자필유언, 녹음유언의 경우 유언자의 사망 후 합리적 기간내에 지체없이 하시면 되고 특별히 정해진 기한은 없습니다.

유언검인청구의 관할법원은 유언자의 최후주소지의 가정법원이며(그 최후주소지가 외국인 경우 서울가정법원). 최후주소지는 사망한 병원이 하니라 주민등록등본 혹은 초본을 기준으로 합니다. 따라서, 유언자의 주민등록말소자초본의 최후주소지 관할법원이 됩니다.

유언검인청구를 직접할 수도 있지만 유언검인청구서 작성하는 것이 생소한 법률용어 등으로 상당한 어려움이 있고 추후 유언의 유무효에 중대한 영향을 미칠 수도 있으므로 저희 로펌에 자필유언, 녹음유언에 대한 유언검인청구를 의뢰해주시는 분들이 상당히 많습니다.

유언검인청구를 의뢰하시려면 아래 자료를 지참해서 방문상담을 해주시길 바랍니다.

- 유언자의 기본증명서, 가족관계증명서, 혼인관계증명서, 주민등록말소지초본
- 유언장 사본, 녹음유언 파일

※ 민법

제1091조(유언증서, 녹음의 검인)

① 유언의 증서나 녹음을 보관한 자 또는 이를 발견한 자는 유언자의 사망후 지체없이 법원에 제출하여 그 검인을 청구하여야 한다.

② 전항의 규정은 공정증서나 구수증서에 의한 유언에 적용하지 아니한다.

※가사소송규칙

제86조(유언증서, 녹음의 검인)

①「민법」제1091조제1항의 규정에 의한 유언의 증서 또는 녹음의 검인을 청구함에는 그 유언의 증서 또는 녹음대를 제출하여야 한다. 〈개정 2006. 3. 23.〉

② 봉인한 유언증서를 개봉하고자 할 때에는 미리 그 기일을 정하여 상속인 또는 그 대리인을 소환하고, 기타 이해관계인에게 통지하여야 한다.

③ 유언의 증서 또는 녹음을 검인함에 있어서는 유언방식에 관한 모든 사실을 조사하여야 한다.

제87조(조서작성)

① 유언증서의 개봉과 검인에 관하여는 조서를 작성하여야 한다.

② 조서에는 다음 각호의 사항을 기재하고, 판사, 법원사무관등이 기명날인하여야 한다. 〈개정 1998. 12. 4.〉

1. 제출자의 성명과 주소
2. 제출, 개봉과 검인의 일자
3. 참여인의 성명과 주소
4. 심문한 증인, 감정인, 상속인, 기타 이해관계인의 성명, 주소와 그 진술의 요지
5. 사실조사의 결과

사 례

자필유언에서 유언검인, 필수인가요?

안녕하세요 법무법인 천명의 경태현 대표변호사입니다.

피상속인이 자필유언을 남겼을 경우 유언검인절차를 거쳐야 한다는 이야기를 많이 들어보셨을 것입니다. 유언검인이란 간단히 말해 법원에 유언장을 제출하여 재판부가 유언장의 형태와 내용을 확인하는 절차라고 보시면 됩니다. 자필유언은 위조의 위험성이 크고, 상속인들 간 분쟁을 발생시킬 가능성이 높기 때문에 이러한 유언검인을 통해 유언의 형태와 내용을 검토하고 공동상속인들의 동의 여부를 확인하는 것이지요. 그렇다면 이러한 유언검인은 피상속인이 자필유언을 남겼을 때 반드시 실시해야 하는 것인지 궁금하실 것입니다. 오늘 글에서는 유언검인을 필수적으로 실시해야 하는가에 대한 설명을 드려보도록 하겠습니다.

Questions ■ ■ ■

안녕하세요 변호사님. 유언과 관련하여 질문드릴 사항이 있어서 글 남깁니다.

저희 부모님은 오래전 이혼하셨고 자식은 저 하나뿐입니다.
얼마 전 아버지께서 돌아가셔서 상속문제를 처리중입니다.
그런데 아버지께서 돌아가시기 3년 전에 남기신 자필유언이 있습니다.
이러한 경우 유언검인절차를 반드시 진행해야 하나요?

답변 주시면 감사하겠습니다.

Answers ■ ■ ■

귀하의 아버님께서 돌아가시기 3년 전 남기신 자필유언에 대해 반드시 유언검인을 진행해야 하는지 궁금해하고 계신 것 같습니다.

이러한 경우 아버님이 남기신 유언의 내용이 어떤 내용인가에 따라 유언검인이 필요할지 여부가 달라질 것으로 보입니다.

유언공증이 아닌 자필유언 혹은 녹음유언의 경우 원칙적으로는 유언검인절차를 거친 후 유언집행절차를 밟아야 합니다. 다만 피상속인인 아버님께서 이혼하신 상태였고, 자녀는 귀하 혼자라면 귀하가 유일한 상속인이 됩니다. 다시 말해 귀하께서 단독상속인이 되는 것입니다. 이러한 경우 유언내용이 귀하가 단독상속 받는다는 내용이었다면 별도로 유언검인절차를 진행하실 필요는 없습니다.

하지만 귀하께서 단독상속인이라 해도 유언의 내용이 귀하가 단독상속 받는다는 내용이 아니라면 해당 자필유언장에 대해 유언검인신청을 해야 할 것입니다. 또한 아버님께서 이혼하신 후 새롭게 재혼하신 사실이 존재하거나, 귀하 이외에 또 다른 자녀가 있는 등 다른 공동상속인이 있다면 이러한 경우에도 유언검인절차를 진행하셔야 합니다.

오늘은 유언검인절차가 반드시 필요한가에 대해 살펴보셨습니다. 오늘 사안에서, 단독상속인이 있을 때 피상속인이 그 단독상속인에게 전 재산을 물려준다는 유언을 남겼다면 반드시 유언검인절차를 거칠 필요가 없다고 설명해 드렸습니다. 하지만 이러한 경우는 매우 드물게 존재하고 거의 찾아볼 수 없습니다. 단독상속인이 있다면 유언을 별도로 남기지 않아도 재산이 모두 해당상속인에게 상속되기 때문에 또 한 번 같은 내용의 유언을 남길 필요는 없기 때문이지요.

따라서 자필유언을 남기는 경우는, 상속인이 수인(數人)이거나 피상속인이 상속인 이외의 다른 사람에게 재산을 유증하려는 경우가 대부분입니다. 이러한 경우 유언검인절차를 반드시 거쳐야 합니다. 따라서 자필유언을 남기게 된다면 거의 모든 경우에 유언검인절차를 거쳐야 할 것이라고 이해하셔도 무방합니다.

다만, 유언검인절차는 유언의 효력을 확정짓는 절차는 아니며 유언검인기일에서 다른 상속인들의 이의제기 등이 있다면 유언집행을 위해서 별도로 유언효력확인소송 또는 유언집행청구소송이 필요할 수도 있습니다.

※ 민법

제1066조(자필증서에 의한 유언)
① 자필증서에 의한 유언은 유언자가 그 전문과 연월일, 주소, 성명을 자서하고 날인하여야 한다.
② 전항의 증서에 문자의 삽입, 삭제 또는 변경을 함에는 유언자가 이를 자서하고 날인하여야 한다.

제1091조(유언증서, 녹음의 검인)
① 유언의 증서나 녹음을 보관한 자 또는 이를 발견한 자는 유언자의 사망후 지체없이 법원에 제출하여 그 검인을 청구하여야 한다.
② 전항의 규정은 공정증서나 구수증서에 의한 유언에 적용하지 아니한다.

사 례

연락두절인 공동상속인이 있는데 유언검인신청을 한다면 어떻게 되나요?

안녕하세요, 법무법인 천명의 경태현 대표변호사입니다.

민법에 규정된 유언의 방식에는 5가지(자필유언, 녹음유언, 공정증서유언, 비밀증서유언, 구수증서유언)가 있습니다. 이 중 자필유언, 녹음유언, 비밀유언의 경우에는 법원을 통해 검인절차를 밟아야하기에 피상속인 사망 이후 약간의 번거로움이 존재합니다. 많은 분들이 유언장만 있다면 상속이 일사천리로 진행된다고 생각하시지만 사실은 그렇지 않습니다.

자필유언장은 위조, 변조의 위험 등이 있기 때문에 유언장의 내용을 명확히 해야 하는 절차가 필요한데 그것이 바로 유언검인 제도입니다. 물론 검인을 거치지 않았다고 해서 유언장이 무효가 되는 것도 아니고, 검인을 거친다고 해서 유효로 확정되는 것 또한 아닙니다.

그렇다면 이쯤에서 아래와 같은 의문이 드실 겁니다.

"효력과 아무 상관이 없다면 대체 왜 유언검인을 해야 합니까?"

이에 대한 답변은 글 하단에 적어두었으니 아래 사례를 읽어보시고 마지막까지 꼭 확인해 보시기 바랍니다.

Questions ■ ■ ■

안녕하세요, 변호사님!

저희 형제들이 유언검인신청을 하려합니다. 상속인은 저 포함해서 총 3명인데 문제는 한명이 예전부터 연락 두절이었다는 점입니다. 해외에 나갔다가 돌아오고 반복했던 것 같은데... 세월이 너무 오래 지나서 어디사는지도 모르고 연락도 안 됩니다.

상속은 여러 절차에 있어서 상속인 전원이 필요하다고 들었는데 제 경우라면 어떻게 해야 하는지 알려주시면 감사하겠습니다.

혹시라도 검인을 못 받게 되는 것은 아닐까 걱정되네요...

Answers ■ ■ ■

귀하께서 유언검인신청을 말씀하시는 것을 보니 피상속인이 자필유언을 했다는 것을 가정하고 말씀드리겠습니다. 유언장의 내용대로 집행하기 위해서는 기본적으로 유언검인 신청을 해야 합니다. 유언검인신청을 하시면 유언자의 기본증명서, 가족관계증명서, 주민등록초본, 유언장 사본 등과 함께 상속인들의 주소가 기재된 자료가 첨부되어야 합니다.

여기서 부족한 부분이 있다면 법원에서는 보정명령이라는 것을 내려서 보완을 하도록 명하고 있습니다. 귀하의 형제분께서 연락이 되지 않는다고 하셨는데, 이처럼 폐문부재, 수취인불명 등의 원인이 있다면 공시송달절차가 진행이 될 것이니 걱정하실 것이 없습니다. 통지를 받은 상속인들은 검인기일에 출석을 할 것이고 공시송달된 상속인이라면 불출석이 된 상태로 기일이 진행될 것입니다. 유언검인조서를 받고 난 후에는 상속인들의 과반수 동의로 유언상속등기를 하실 수 있습니다. 그러므로 연락두절된 상속인이 있는 경우 유언검인절차를 진행하고 과반수 동의를 받아 부동산 유언상속등기를 진행할 수 있는 실익이 있습니다.

답변이 도움 되었기를 바랍니다.

※ 민법

제1066조(자필증서에 의한 유언)

① 자필증서에 의한 유언은 유언자가 그 전문과 연월일, 주소, 성명을 자서하고 날인하여야 한다.

② 전항의 증서에 문자의 삽입, 삭제 또는 변경을 함에는 유언자가 이를 자서하고 날인하여야 한다.

제1091조(유언증서, 녹음의 검인)

① 유언의 증서나 녹음을 보관한 자 또는 이를 발견한 자는 유언자의 사망후 지체없이 법원에 제출하여 그 검인을 청구하여야 한다.

② 전항의 규정은 공정증서나 구수증서에 의한 유언에 적용하지 아니한다.

※가사소송규칙

제86조(유언증서, 녹음의 검인)

①「민법」제1091조제1항의 규정에 의한 유언의 증서 또는 녹음의 검인을 청구함에는 그 유언의 증서 또는 녹음대를 제출하여야 한다. 〈개정 2006. 3. 23.〉

② 봉인한 유언증서를 개봉하고자 할 때에는 미리 그 기일을 정하여 상속인 또는 그 대리인을 소환하고, 기타 이해관계인에게 통지하여야 한다.

③ 유언의 증서 또는 녹음을 검인함에 있어서는 유언방식에 관한 모든 사실을 조사하여야 한다.

제87조(조서작성)

① 유언증서의 개봉과 검인에 관하여는 조서를 작성하여야 한다.

② 조서에는 다음 각호의 사항을 기재하고, 판사, 법원사무관등이 기명날인하여야 한다. 〈개정 1998. 12. 4.〉

1. 제출자의 성명과 주소
2. 제출, 개봉과 검인의 일자
3. 참여인의 성명과 주소
4. 심문한 증인, 감정인, 상속인, 기타 이해관계인의 성명, 주소와 그 진술의 요지
5. 사실조사의 결과

사 례

상속인들이 유언장에 동의하지 않는다면

안녕하세요, 법무법인 천명의 경태현 대표변호사입니다.

유언을 남기고자 할 때 가장 쉽게 접근할 수 있는 방법이 자필유언입니다. 자필유언은 작성과정에서 별도의 증인이나 공증을 필요로 하지 않기 때문에 많은 분들께서 선택하는 유언 방식입니다. 다만, 자필유언을 남길 경우 상속개시 이후에 유언집행과정에서 어려움이 생길 수 있습니다. 자필유언에 따른 유언집행이 이루어지기 위해서는 다른 상속인들의 동의가 있어야 하는데, 만일 동의를 받지 못하거나 이의를 제기하는 상속인이 있을 경우에는 유언집행이 곤란해지게 됩니다.

오늘 글에서는 피상속인이 남긴 자필유언에 대해 이의를 제기하는 상속인이 있는 경우에는 어떻게 대처해야 하는지에 관한 설명을 드려 보도록 하겠습니다.

Questions ■ ■ ■

안녕하세요, 변호사님. 유언 관련해서 질문 하나 여쭙고자 글 남깁니다.

얼마 전 저희 새아버지께서 자필유언장을 남기시고 돌아가셨습니다.
아버지 소유의 부동산을 저에게 유증한다는 내용인데,
이복형제들이 유언장 내용에 동의할 수 없다고 합니다.

이런 경우에는 어떤 절차를 밟아야 할까요.
답변 기다리겠습니다. 감사합니다.

Answers ■ ■ ■

아버님께서 남기신 자필유언에 대해 이복형제들이 동의하지 않는 것으로 보입니다.

기본적으로 자필유언에 대해서는 유언자(피상속인)가 사망한 이후 유언검인신청을 하셔서 유언검인기일을 진행하게 됩니다. 유언검인기일에는 상속인들 전원이 소환되고 상속인들은 출석하여 유언장에 대한 본인의 의견을 개진할 수 있습니다.

출석한 상속인들이 따로 이의제기를 하지 않는다면 상속인 과반수의 동의서(진술서)를 작성하고 인감도장날인, 인감증명서를 첨부해서 유증등기를 진행하시면 됩니다.

반면, 유언검인절차에서 이의를 제기하는 상속인이 있다면, 이의가 제기되었다는 내용이 유언검인조서에 기재됩니다. 유언검인조서에 이러한 내용이 기재된다면, 해당 유언검인조서만으로는 유언의 내용에 따라 유증등기를 할 수 없게 됩니다.

이러한 경우에는 유언효력확인소송 내지 유언집행청구소송을 제기하셔야 합니다. 소송을 통해 판결이 확정되면 해당 판결문을 바탕으로 유증등기를 진행하시면 됩니다.

오늘은 자필유언과 유언검인절차에 관해 알아보셨습니다. 위에서 살펴보신 내용과 같이 자필유언은 작성이 간편하지만 집행과정이 까다롭다는 단점이 있습니다. 이러한 점이 우려되신다면 자필유언이 아닌 유언공증의 방식으로 유언을 남기시는 것을 권해드립니다. 유언공증은 비용과 증인섭외 부분이 번거롭기는 하나 피상속인 사망 이후에 별도의 절차 없이 곧바로 집행 및 등기를 진행할 수 있다는 장점이 있습니다.

유언에 관하여 추가적으로 궁금하신 사항이 있으시다면 저희 법무법인 천명으로 연락주시면 되겠습니다.

※ 민법

제1066조(자필증서에 의한 유언)

① 자필증서에 의한 유언은 유언자가 그 전문과 연월일, 주소, 성명을 자서하고 날인하여야 한다.

② 전항의 증서에 문자의 삽입, 삭제 또는 변경을 함에는 유언자가 이를 자서하고 날인하여야 한다.

제1091조(유언증서, 녹음의 검인)

① 유언의 증서나 녹음을 보관한 자 또는 이를 발견한 자는 유언자의 사망후 지체없이 법원에 제출하여 그 검인을 청구하여야 한다.

② 전항의 규정은 공정증서나 구수증서에 의한 유언에 적용하지 아니한다.

※가사소송규칙

제86조(유언증서, 녹음의 검인)

①「민법」 제1091조제1항의 규정에 의한 유언의 증서 또는 녹음의 검인을 청구함에는 그 유언의 증서 또는 녹음대를 제출하여야 한다. 〈개정 2006. 3. 23.〉

② 봉인한 유언증서를 개봉하고자 할 때에는 미리 그 기일을 정하여 상속인 또는 그 대리인을 소환하고, 기타 이해관계인에게 통지하여야 한다.

③ 유언의 증서 또는 녹음을 검인함에 있어서는 유언방식에 관한 모든 사실을 조사하여야 한다.

제87조(조서작성)

① 유언증서의 개봉과 검인에 관하여는 조서를 작성하여야 한다.

② 조서에는 다음 각호의 사항을 기재하고, 판사, 법원사무관등이 기명날인하여야 한다. 〈개정 1998. 12. 4.〉

1. 제출자의 성명과 주소
2. 제출, 개봉과 검인의 일자
3. 참여인의 성명과 주소
4. 심문한 증인, 감정인, 상속인, 기타 이해관계인의 성명, 주소와 그 진술의 요지
5. 사실조사의 결과

사례

유언검인절차에서 이의를 제기한 상속인이 있는 경우 상속재산분할협의서 작성

안녕하세요. 상속전문변호사 경태현 변호사입니다.

피상속인이 자필유언, 녹음유언의 방식으로 유언을 남긴 경우 상속인들은 유언집행 전 해당 유언장의 효력 여부를 법원에서 확인하는 절차인 유언검인절차를 밟게 됩니다. 이러한 유언검인절차는 민법 제1091조에 규정되어 있습니다.

> **※ 민법**
>
> 제1091조(유언증서, 녹음의 검인)
>
> ① 유언의 증서나 녹음을 보관한 자 또는 이를 발견한 자는 유언자의 사망후 지체없이 법원에 제출하여 그 검인을 청구하여야 한다.
>
> ② 전항의 규정은 공정증서나 구수증서에 의한 유언에 적용하지 아니한다.

상속인은 유언검인절차에 참여할 수 있고, 검인절차에서 유언에 대한 이의를 제기하는 상속인이 있는 경우 해당 유언의 집행은 불가능합니다. 이런 경우 유언의 집행을 위해서 유언효력확인소송을 거치게 되는데요.

오늘은 저희 법무법인 천명을 찾아주신 사례를 통해 유언효력확인소송과 유류분소송 없이 상속재산을 분할하는 방법에 대해 알아보도록 하겠습니다.

Questions ■ ■ ■

제 어머니께서 얼마 전 돌아가셨습니다.
어머니 슬하에는 3형제가 있었고 아버지는 오래전 돌아가신 상황입니다.

어머니께서는 자필유언장을 남기셨는데요.
자필유언장에는 장남인 저와 막내에게만 재산을 물려주셨고 둘째는 제외되어 있습니다.

한 달 전 법원에서 유언검인기일이 진행되었는데, 3형제 중 둘째가 자신이 유언에서 제외되었다는 것을 이유로 이의를 표하여 유언상속등기 등 유언집행이 불가한 상황이었습니다.
어머니께서는 다른 사전증여를 하신 사실도 없고, 기여분이 인정될 만한 상속인도 딱히 없었습니다.

유언검인기일에서 이의제기를 한 둘째는 저와 막내에게 별도로 어머니의 주택, 땅 등에 대한 감정평가를 진행한 뒤 자신에게 소송 없이 유류분만큼을 주면 상속처리가 가능하도록 인감증명서 및 동의서를 써주겠다고 제안했습니다.

저는 상속전문변호사를 통해 계약서를 쓰고 진행하면 되는 것인지, 이것이 법적으로 유효한 것인지 궁금합니다.

이런 상황에 대한 조언을 구하기 위해 상속전문변호사에게 문의하고 싶습니다. 언급한 것처럼 진행이 가능한가요??

Answers ■ ■ ■

귀하의 질문에 구체적으로 답변 드리기 전에 구체적 사안을 정리해보면, 어머니의 상속인들은 자녀들 3명이고 법정상속분은 각 1/3지분씩입니다.

그런데 어머니께서는 생전에 별도로 유언을 남기신 것으로 보이고, 해당 유언의 내용에서 한 명이 배제된 것이 문제됩니다.

유언의 형식이 유언공증이 아닌 자필유언에 해당되어 유언검인절차를 진행하신 것으로 보입니다. (녹음유언의 경우에도 유언검인절차를 진행하게 됩니다.)

그런데 유언검인절차에서 유언에서 배제된 1인이 유언에 동의하지 않고 이의제기를 해서 유언검인조서에 기재된 경우 곧바로 유언상속등기 등 유언집행이 어렵습니다.

이런 경우 별도의 유언효력확인소송을 제기해 판결을 받아 유언집행을 해야 하고 나머지 배제된 1명은 유류분청구소송을 할 가능성이 큽니다.

하지만 이런 상황에서 반드시 유언효력확인소송과 유류분반환청구소송을 진행해야 하는 것은 아닙니다. 소송절차는 번거롭고 비용이 든다는 단점이 있기 때문에 많은 분들께서 가급적 소송 없이 문제를 해결하시기를 원하시는 것도 사실입니다.

유언에서 배제된 한 명이 유류분반환 협의의 가능성을 열어두고 있으므로, 상속인들 전원이 협의해서 상속재산분할협의서를 작성한다면 상속처리를 진행할 수 있을 것으로 보입니다. 이때 협의서에는 유언내용 인정과 유류분반환부분을 종합적으로 고려하고 협의한 내용이 포함되어야 할 것입니다.

그러나 위 협의서를 상속전문변호사의 도움 없이 작성할 경우, 추후 또다른 문제가 발생할 가능성이 있으므로, 처음부터 상속전문가의 조언과 도움을 받으셔서 작성하실 것을 권해드립니다.

저희 로펌에서는 유언검인신청, 유언상속등기, 유언효력확인소송, 유류분반환청구소송, 상속재산분할협의서, 유류분반환합의서 등 상속 · 유류분 관련한 일체의 진행을 도와드리고 있으니 보다 구체적인 도움은 유언검인조서 등을 기초로 상담받아보시기를 바랍니다.

사 례

유언공증과 상속예금인출 문제

Questions ■ ■ ■

어머니께서 지난 4월에 운명하셨습니다.

아버지와는 이혼했고 자녀는 1남 2녀입니다.
어머니께서는 작년 유방암진단을 받고서 유언공증을 증인 2명을 데리고 공증사무소에 가서 했습니다.

유언내용은 아파트와 예금 등 일체 상속재산을 아들인 저에게 상속한다는 내용입니다.
어머님 장례를 치르고 나서 유언공증을 가지고 아파트를 제 명의로 유언상속등기를 하였습니다.

그런데 문제는 은행에 예치된 상속예금 약 1억 2000만 원을 찾으려고 은행에 유언공증서를 가지고 갔는데 상속인들 전원 동의서를 받아오라고 하면서 지급거절을 했습니다.

(참고로 여동생 2명 중에 1명은 협조적이지만 1명은 유언공증에도 불구하고 강하게 반발하고 연락소차 되지 않은 상황입니다)

정말로 황당한 것은 국가기관인 등기소는 유언공증서에 따라 유언상속등기가 되었는데 상속예금을 은행에서 지급하지 않고 있다는 것을 도저히 이해할 수는 없습니다.

이런 상황에서 어떻게 해야 상속예금을 유언공증서에 따라 지급받을 수 있나요?

Answers ■ ■ ■

안녕하세요. 유언상속 전문 법무법인 천명 대표변호사 경태현입니다.

은행의 태도에 상당히 난감한 상황이신 것 같습니다.

어머님의 상속인은 자녀들 3명이고 법정상속분은 각 1/3지분씩입니다. 그런데 어머님이 증인 2명 입회하에 공증사무소에서 유언공증을 통해 일체의 재산을 아들인 귀하에게 상속하였다면 당연히 유언공증에 따라 귀하가 전부 상속받을 수 있습니다.

전체 재산을 귀하에게 유언을 하였으므로 이를 "포괄유증"이라고 합니다.

포괄유증의 경우 특정유증과 달리 어머니 사망과 동시에 일체의 소유권(부동산, 예금 등)이 당연히 포괄수증자인 귀하가 승계받게 됩니다.

따라서, 원칙적으로는 유언공증서를 기초로 아파트에 대해 다른 상속인들의 동의없이 유언상속등기를 할 수 있고, 상속예금 역시 은행으로부터 곧바로 지급받을 수 있어야 합니다.

그런데 문제는 국가기관인 등기소는 유언공증서의 효력을 인정해서 다른 상속인들의 동의없이 곧바로 유언상속등기를 해주었는데, 사기업인 금융기관(은행)이 유언공증서에도 불구하고 상속인들의 동의서를 요구하면서 상속예금 지급을 거절하는 경우가 많다는 것입니다.

이와 같이 유언공증서에도 불구하고 상속예금을 지급거절할 경우에는 아래와 같은 방법을 통해 순차적으로 해결을 해야 할 것입니다.

1. 내용증명 통보

포괄수증자의 지위에서 적법, 유효한 유언공증에 기초해서 은행에 대해 내용증명을 보냅니다. 이 경우 어느 은행에서는 유언공증서를 기초로 상속예금을 지급하는 경우가 있고, 그럼에도 불구하고 어느 은행은 다른 상속인들 전원 동의를 요구하는 경우가 있습니다.

2. 은행을 상대로 상속예금에 대한 유언집행소송

포괄수증자가 위 내용증명을 보냈음에도 불구하고 상속인들의 동의를 요구하면서 지급거절할 경우 은행을 상대로 곧바로 유언집행소송을 제기할 수 있습니다.

이 경우 은행의 태도는 아래와 같이 여러 가지 형태로 나올 수 있습니다.

가. 화해권고결정이나 강제조정결정을 통해 지급하겠다고 하는 경우

➔ 이 경우 2주간의 이의제기를 하지 않아 확정된 경우 확정된 결정문을 기초로 은행으로부터 상속예금을 지급받을 수 있게 됩니다. 다만, 소송비용, 이자 등은 각자 부담이므로 은행으로부터 회수할 수는 없게 될 것입니다.

나. 판결을 통해서 지급하겠다고 하는 경우

➔ 이 경우 판결을 받아 상속예금에 대한 강제집행을 할 수 있고, 소송비용과 이자 역시 청구가 가능할 것입니다.

다. 상속예금을 법원에 공탁하는 경우

➔ 은행에서 유언의 효력이나 다른 상속인들의 이의제기 등을 이유로 "불확지 변제공탁"을 할 경우가 있는데 이런 경우에는 은행의 변제공탁이 부적법 무효임을 주장해서 법원으로부터 불확지 변제공탁이 무효임을 확인받고 공탁과 무관하게 은행은 유언공정증서에 따라 지급하라고 판결을 받을 수도 있습니다.

반면에 법원이 불확지 공탁이 유효하다고 볼 경우에는 결국 포괄수증자의 입장에서는

다른 상속인들을 상대로 "공탁금출급확인소송"을 제기해서 판결을 받아야만 해당 상속예금을 지급받을 수 있을 것입니다.

위와 같이 은행의 부당한 태도로 인해 적법 유효한 유언공증을 집행하는 것에 불필요한 비용과 시간이 소요될 우려가 있습니다.

따라서, 이런 부당한 은행의 행태에 대해서는 화해권고결정 보다는 가능한 판결을 정당하게 받아서 소송비용과 이자를 모두 은행으로부터 받아야 하는 것이 타당하다고 보입니다.

저희 로펌에서는 위와 같은 경우 은행상대로 가장 신속하고 적절한 조치를 취해서 유언집행을 해드리고 있으니 보다 자세한 것은 유언공정증서, 은행잔고증명서 등 자료를 지참해서 방문상담을 해주시길 바랍니다.

사례

유언으로 법정상속순위를 변경할 수 있나요? 우선해서 상속할 수 있나요?

Questions ■ ■ ■

유언에 대해서 궁금해서 질문드립니다.

법적상속과 유언과 어떤게 먼저 적용되나요?
만약 제가 죽으면 법정상속순위가 1.배우자 2.자녀 3.부모님 4 형제 순서인 것으로는 알고 있습니다.

하지만, 유언을 통해서 법정상속순위를 변경해서 1.부모님 2.형제 3.배우자 4.자녀 순서로 상속하겠다고 하면 유언대로 이루어지나요?

Answers ■ ■ ■

민법상 규정된 법정상속순위 그 자체를 유언으로 변경할 수는 없습니다.

법정상속순위는 민법규정에 따라 규정된 것으로서 이를 유언으로 법정상속순위를 변경할 수는 없습니다.

반면에 유언으로 법정상속순위와 무관하게 상속재산을 자유롭게 원하시는대로 상속할 수 있습니다. 즉, 법정상속순위에 우선해서 상속할 수는 있습니다.
사실상 유언을 통해서 법정상속순위와 상속분을 변경하는 효과가 발생됩니다.

그러므로 유언을 통해서 1순위 배우자와 자녀들이 아닌 부모님에게 전재산 혹은 일부, 그리고 형제에게 전재산 혹은 일부를 물려줄 수 있습니다. 또한 유언을 통해서 부모님, 형제들, 배우자, 자녀들에게 유언자가 지정하는 비율로 재산을 상속할 수 있습니다.

다만, 위와 같이 유언을 통해서 자유롭게 재산상속을 할 수 있지만 유언으로 인해 선순위상속인의 유류분을 침해할 수는 없습니다.

즉, 선순위상속인들에 해당하는 배우자와 자녀들은 원래 법정상속분의 절반에 해당하는 유류분을 최소한 보장받게 됩니다.

선순위상속인들이 유언을 통해서 아무것도 상속받지 못한 경우에는 자신의 법정상속분의 절반을 유류분으로 청구할 수 있고, 유언을 통해서 일부만 상속받은 경우 그 상속받은 부분이 유류분액에도 못미치지는 경우 유류분부족액에 대해서 유류분청구소송을 할 수 있습니다.

사 례

유언의 철회 및 방법 그 효과

Questions ■ ■ ■

20년 전인 2004년경 부친께서 강남구 소재 상가건물을 저에게 유언공증을 해주셨습니다. 그런데 최근 부친이 동거, 제사 그리고 며느리 문제 등으로 인해 저와 관계가 소원한 상태인데 유언철회를 하실 수도 있을 것 같습니다.

참고로 가족은 어머님과 3남 2녀가 있고 제가 장남입니다.

유언철회에 대해서 자세히 알고 싶습니다.

Answers ■ ■ ■

안녕하세요. 유언상속 법무법인 천명 경태현 대표변호사입니다.

유언은 자유롭게 할 수도 있지만 유언철회 역시 자유롭습니다. 아래에서는 기존의 유언을 철회하는 방법과 그 효과에 대해서 살펴보도록 하겠습니다.

● **유언철회의 자유**

민법상 유효, 적법한 유언은 자필증서유언, 녹음유언, 공정증서유언(유언공증), 비밀증서유언, 구수증서유언 5가지가 있습니다. 민법상 유효한 유언방식과 절차에 대해서는 저희 저서의 내용을 참조해 주시길 바랍니다.

반면에 민법은 유언철회의 자유를 보장하고 있습니다(민법 제1108조).

즉, 유언자는 적법, 유효한 유언을 한 후에 사망 전에는 언제든지 자유롭게 유언을 전부 또는 일부를 철회할 수 있습니다. 따라서 기존에 유언을 받은 수증자의 동의조차도 불필요합니다.

● 유언철회의 방법

다만, 유언철회하는 방식은 자유롭게 마음대로 철회하는 것이 아닙니다.

유언방식도 엄격한 요건하에서만 유효하듯이 유언철회 역시도 엄격한 요건이 필요합니다. 유언철회에 대해서는 우리 민법은 2가지 방법을 규정하고 있습니다. 즉, 임의철회방식과 법정철회방식입니다.

1. 임의철회방식

유언자가 새로운 유언을 함으로써 기존의 유언의 전부나 일부를 철회할 수 있습니다. 여기서 주의할 점은 반드시 기존 유언을 철회할 경우 그 철회방식도 "유언"으로 해야 한다는 것입니다.
철회방식으로서 "유언"방식은 자필증서유언, 녹음유언, 공정증서유언(유언공증), 비밀증서유언, 구수증서유언 5가지가 모두 가능합니다.

그리고 기존의 유언방식과 동일한 유언방식으로 철회할 필요는 없습니다.
예를 들어 기존에 자필유언을 하였다면 공정증서유언(유언공증)으로도 철회가 가능합니다.

또한, 기존 유언을 반드시 전부 철회해야 하는 것도 아니고 전부 또는 일부 철회도 가능합니다. 일부 철회도 가능하므로 기존 유언을 정정하는 방식으로도 일부 철회가 가능합니다.

2. 법정철회방식

위에서 살펴 본 바와 같이 임의철회(새로운 유언을 해서 철회를 하는 것)가 아니라 아래와 같은 법정철회 사유가 발생되면 기존 유언을 철회한 것으로 간주됩니다.

① 전후 2개 이상의 유언의 내용이 객관적으로 저촉되는 경우(민법 제1109조)

유언자가 2개의 유언을 한 경우 유언내용이 저촉되는 부분이 있다면 처음의 유언은 철회된 것으로 간주됩니다. 예를 들어 "아파트를 장남에게 상속한다"라는 첫번째 유언을 한 다음 다시 "아파트를 차남에게 상속한다"라는 두번째 유언을 할 경우에는 첫번째 유언은 철회된 것이고 두번째 유언만 효력이 발생됩니다.

이를 "후유언우선의 원칙"이라고 합니다.

따라서, 유언자가 유언을 동일한 재산에 대해 여러차례에 걸쳐 유언한 경우 사망일에 가장 가까운 유언이 우선해서 효력이 있고 그 이전의 유언들은 철회된 것으로 간주됩니다.

② 유언 후 그것과 저촉되는 생전행위를 한 때(민법 제1109조)

유언자가 유언을 한 이후에 사망전에 해당 유언대상을 매각이나 경매 등으로 처분한 경우에는 사망 당시 유언대상이 존재하지 않으므로 유언을 철회한 것으로 간주됩니다.

예를 들어 "아파트를 장남에게 상속한다"라고 유언을 한 이후에 사망전에 유언자가 해당 아파트를 매각한 경우에는 그 유언은 철회한 것으로 간주됩니다. 또 예를 들어 "00은행 0000계좌의 금 0000원을 장남에게 상속한다"라고 유언을 한 이후 사망전에 유언자가 해당 예금을 모두 인출해서 부동산을 구입하거나 다른 은행에 예금한 경우 그 유언은 철회한 것으로 간주됩니다.

다만, 포괄유증(예를 들어 사망 당시 일체의 재산 중 1/2를 장남에게 상속한다는 유언)을 한 경우에는 유언자가 생전에 일부 재산을 개별적으로 처분해도 사망 당시 포괄유증의 효력이 발생되어 이는 저촉행위가 아니고 철회된 것으로 간주되지 않습니다.

③ 유언자가 고의로 유언증서 또는 유증의 목적물을 파훼한 때(제110조)
유언자가 유언을 한 이후 스스로 유언증서나 유증의 목적물을 멸실한 경우에는 유언을 철회한 것으로 간주됩니다.

● **유언철회의 효과**
유언이 철회되면 유언은 처음부터 없었던 것과 같습니다. 따라서 유언이 철회된 부분에 대해 추후 별도의 유언이 없다면 일반 상속과 마찬가지로 공동상속인들이 법정상속비율에 따라 상속된다고 할 것입니다.

※ 민법

제1108조(유언의 철회)
① 유언자는 언제든지 유언 또는 생전행위로써 유언의 전부나 일부를 철회할 수 있다.
② 유언자는 그 유언을 철회할 권리를 포기하지 못한다.

제1109조(유언의 저촉)
전후의 유언이 저촉되거나 유언후의 생전행위가 유언과 저촉되는 경우에는 그 저촉된 부분의 전유언은 이를 철회한 것으로 본다.

제1110조(파훼로 인한 유언의 철회)
유언자가 고의로 유언증서 또는 유증의 목적물을 파훼한 때에는 그 파훼한 부분에 관한 유언은 이를 철회한 것으로 본다.

사 례

아버지의 중복 유언, 효력은 어떻게 될까요?

안녕하세요, 법무법인 천명의 대표변호사 경태현입니다.

우리 민법은 자필유언, 녹음, 공정증서, 비밀증서, 구수증서의 5가지 유언의 방식을 규정하고 있습니다. 유언을 하려는 자는 이 방법 중 하나를 선택하여 법정요건을 갖추어 유언을 하면 됩니다. 그런데 만약 유언자가 두개의 유언을 한다면 그 중 어떤 유언이 유효한 유언이 될까요? 만약 피상속인이 사망한 이후 유언이 두개임이 발견된다면 상속인 분들은 큰 혼란에 빠질 것입니다.

저희 법무법인에도 이런 고민을 가지고 상담해주신 분이 계십니다. 오늘은 그 사례를 통해서 위 문제에 대한 답을 알려드리겠습니다.

Questions ■ ■ ■

안녕하세요.
제가 지금 유언 관련해서 큰 문제에 빠지게 되었는데요.
주변에서 경태현 변호사님이 유언상속 분야 최고 전문가라고 소개받아 이렇게 질문드리게 되었습니다.

저희 가족은 아버지 슬하에 저를 포함한 세 명의 자녀가 있고 어머니는 12년 전 돌아가셨습니다. 어머니가 돌아가시고 한동안 제가 아버지를 모시고 살았는데 그때 아버지가 저에게 상가건물을 유언공증 해주셨습니다.
근데 제가 유언공증 받은 이후에 막내가 아버지를 공증사무소에 모시고 가서는 자신이 전부 상속받는 내용의 새로운 유언공증을 했다지 뭡니까?
아버지 장례 치르느라 정신없던 와중에 막내는 아버지 사망신고 후 곧바로 아버지 전 재산을 자기 명의로 이전했더라구요.

정말 억울해서 잠도 안 오는 상황입니다.
아버지가 저에게 먼저 유언공증 해주셨는데 그러면 먼저 한 유언이 효과가 있는 것 아닌가요?
변호사님의 정확하고 자세한 설명 부탁드립니다.

Answers ■ ■ ■

귀하께서는 동일한 유언자의 중복 유언공증과 각 유언의 효력에 대해 궁금하신 것으로 보입니다.

원칙적으로 유언자가 유언을 한 경우 그 유언은 유언자가 사망한 이후에 효력이 발생합니다. 따라서, 유언을 한 이후 사망 전에 기존 유언과 다른 내용으로 새로운 유언을 하고 사망했다면 우리 민법은 기존 유언을 철회한 것으로 간주하게 됩니다.

결과적으로 유언자의 사망일에 가장 가까운 유언만이 유효한 유언으로 취급받게 될 것입니다. 귀하의 경우에도 안타깝지만 아버지께서 귀하에게 한 유언은 철회되고 막내에게 한 유언이 유효한 것으로 되겠습니다.

그러나 이후에 이루어진 유언공증이 중증 치매상태를 이용했다거나 불법강요 등에 의해 이루어진 것이라면 무효가 될 가능성도 존재합니다. 만약 막내에게 한 유언에 아버지의 의사가 제대로 반영되지 않았을 정황이나 진료기록 등이 있다면 지참하시어 유언무효소송에 대해 별도로 상담주시길 바랍니다.

막내에 대한 유언이 유효하다고 해도 나머지 상속인들은 자신의 법정상속분의 절반에 해당하는 유류분을 청구할 수 있습니다. 귀하의 가족관계로 볼 때 상속인들은 귀하를 포함한 3명의 자녀가 될 것이고 세 자녀의 법정상속분은 각 1/3지분입니다. 유류분은 그의 절반인 1/6지분이 될 것입니다. 따라서 귀하와 둘째 동생은 막내가 유언공증으로 가져간 전재산에 대해 1/6지분에 해당하는 유류분청구소송을 제기하실 수 있을 것으로 보입니다.

오늘 귀하께서 질문 주신 문제는 중복유언, 유언의 무효여부, 유류분반환청구소송 등 복잡한 쟁점이 얽혀있는 내용입니다. 그러므로 혼자서 고민하시기 보다는 상속 특화 로펌인 저희 법무법인 천명에 방문하셔서 체계적인 전문가의 도움을 받으시는 것이 바람직할 것으로 보입니다. 만약 이와 같은 문제로 고민하고 계시다면 부담없이 상담 주시길 바랍니다.

※ 민법

제1108조(유언의 철회)

① 유언자는 언제든지 유언 또는 생전행위로써 유언의 전부나 일부를 철회할 수 있다.

② 유언자는 그 유언을 철회할 권리를 포기하지 못한다.

제1109조(유언의 저촉)

전후의 유언이 저촉되거나 유언후의 생전행위가 유언과 저촉되는 경우에는 그 저촉된 부분의 전유언은 이를 철회한 것으로 본다.

제1112조(유류분의 권리자와 유류분) 상속인의 유류분은 다음 각호에 의한다.

1. 피상속인의 직계비속은 그 법정상속분의 2분의 1
2. 피상속인의 배우자는 그 법정상속분의 2분의 1
3. 피상속인의 직계존속은 그 법정상속분의 3분의 1
4. 피상속인의 형제자매는 그 법정상속분의 3분의 1

[본조신설 1977. 12. 31.][단순위헌, 2020헌가4, 2024.4.25, 민법(1977. 12. 31. 법률 제3051호로 개정된 것) 제1112조 제4호는 헌법에 위반된다.][헌법불합치, 2020헌가4, 2024.4.25, 민법(1977. 12. 31. 법률 제3051호로 개정된 것) 제1112조 제1호부터 제3호 및 제1118조는 모두 헌법에 합치되지 아니한다. 위 조항들은 2025. 12. 31.을 시한으로 입법자가 개정할 때까지 계속 적용된다.]

사례

무효인 유언장, 유언 내용에 따라 상속받는 방법

안녕하세요, 법무법인 천명의 경태현 대표변호사입니다.

유언을 남기고자 하신다면 반드시 민법에 규정되어 있는 5가지 방법 중 하나에 의해야 하고, 만일 법률로 규정된 요건에 흠결이 있다면 해당 유언은 무효로 되어 더 이상 유언 내용을 주장할 수 없게 됩니다. 다만, 유언이 무효로 되어도 유언 내용대로 상속을 받으실 수 있는 방법이 없는 것은 아닙니다.

오늘은 유언 요건에 흠결이 있을 때 유언 내용에 따라 상속을 받을 수 있는 방법에 관해 설명을 드려보도록 하겠습니다. 형식을 갖추지 못한 유언으로 인해 고민하고 계신 분들께서는 오늘 글을 자세히 읽어보시기 바랍니다.

Questions ■ ■ ■

안녕하세요, 변호사님. 유언 관련해서 질문 하나 드리고자 글 남깁니다.

저희 아버지께서 돌아가시기 전에 유언장을 남기시고 돌아가셨습니다.
그런데 그 유언장이 민법상 자필유언 형식을 갖추지 못했습니다.
이런 경우 유언은 무효인 것이겠지요?

공동상속인들은 유언 내용을 모두 알고 있고, 한명을 제외하고는 모두 유언 내용에 대해 협의가 됐습니다.
그 한명은 연락이 안 되는 상황입니다.
이런 경우, 유언 내용대로 상속받으려면 어떻게 해야할까요?

Answers ■ ■ ■

귀하께서는 법률상 요건을 결여한 자필유언에 따라 상속을 받을 수 있는 방법에 대해 궁금해하고 계신 것 같습니다.

우선 민법에 규정되어 있는 방식에 의하지 않은 유언은 법률상 무효입니다. 따라서 자필유언의 요건을 갖추지 못한 유언장 역시 무효인 유언으로서 효력이 없습니다.

따라서 유언의 내용에 따라 유증을 받으실 수 있는 방법은 전혀 존재하지 않습니다. 다만 상속인들 전원이 유언 내용에 따라 상속을 하기로 협의가 된다면, 이 내용대로 상속재산분할협의서를 작성하셔서 유지대로 상속을 받으실 수 있습니다.

귀하의 경우 아직 상속인 중 1명의 협조를 받지 못하신 것으로 보입니다. 앞서 말씀드린 바와 같이 유언 내용에 따라 상속재산분할협의를 진행하기 위해서는 상속인들 전원의 동의를 받아야 합니다. 따라서 최대한 나머지 상속인과 연락을 시도해보시고 협조를 받으셔야 할 것입니다.

만일 도저히 협조를 받으실 수 없다면 경우에 따라 기여분을 주장하시거나 상속재산분할소송을 제기하셔야 할 것입니다. 이는 의뢰인의 구체적인 사정에 따라 달라지는 부분이기 때문에 보다 자세한 내용은 유언장과 상속에 필요한 서류를 지참하셔서 방문상담을 진행하시면 되겠습니다.

추가적으로, 유언이 무효일지라도 사인증여의 요건을 갖추었을 경우 유언이 아닌 사인증여를 주장해볼 여지도 존재합니다.

※ 민법

제1060조(유언의 요식성)
유언은 본법의 정한 방식에 의하지 아니하면 효력이 생하지 아니한다.

제1013조(협의에 의한 분할)
① 전조의 경우외에는 공동상속인은 언제든지 그 협의에 의하여 상속재산을 분할할 수 있다.
② 제269조의 규정은 전항의 상속재산의 분할에 준용한다.

사례

유언공증 이후 재산변동이 우려되신다면(포괄유언)

안녕하세요. 유언공증 법무법인 천명의 경태현 대표변호사입니다.

유언의 내용에는 특정유증과 포괄유증이 있습니다. 특정유증이란 유언자가 본인의 재산 중 특정재산(예를 들어 1000만 원, 00부동산)을 유증하는 것을 의미하고, 포괄유증이란 전체 재산에 대한 일정한 비율에 따라 유증(예를 들어 전 재산, 재산의 30%)하는 것을 의미합니다. 둘 중 어떤 방식으로 유증하는 것이 올바른가는 유증자의 사정에 따라 다를 것입니다.

오늘은 위 두 가지 중 포괄유증에 관한 설명해 드리려 합니다. 아래 소개된 글을 자세히 읽어보시면 포괄유증에 관해 잘 이해하실 수 있을 것입니다.

Questions ■ ■ ■

안녕하세요 변호사님. 제가 유언공증을 준비하는 중인데 궁금한 점이 있어 이렇게 질문 남깁니다.

제가 상속인 중 한 명에게 모든 재산을 주려고 하는데, 듣기로는 이런 경우 포괄유언을 해야 한다고 하더군요. 그런데 제가 포괄유언에 관해 잘 알지 못합니다. 포괄유언도 자필유언, 유언공증 같이 유언의 종류인 것인가요?

더불어, 제가 재산이 다양해서 유언을 남길때 작성해야하는 재산목록이 많습니다. 이때 재산목록이 변경되거나 예금통장 금융사가 변경되는 등의 사정이 있으면 상속에 문제가 생길 수 있다고 들었습니다. 이런 문제를 방지할 수 있는 방법을 알려주시면 감사하겠습니다.

Answers ■ ■ ■

귀하께서는 유언공증을 통해 유언을 남기실 준비를 하고 계신 것으로 보입니다. 질문에 순차적으로 답변 드리도록 하겠습니다.

자필유언이나 유언공증은 우리 민법에서 규정하고 있는 유언의 방식에 해당합니다. 우리 민법에서는 유언공증, 자필유언, 녹음유언, 구수증서유언, 비밀증서유언이라는 다섯가지 방법으로 남긴 유언만을 인정하고 있습니다. 귀하께서 질문 주신 포괄유언은 유언의 방식은 아니고 재산을 어떤 방식으로 유증할지 결정하는 유언의 내용이라고 보시면 됩니다. 유언의 내용은 통상 두 가지로 구분되는데, 재산을 일정한 비율로 정해 유증한다면 포괄유증이 되고 특정한 재산만을 유증하는 유언은 특정유증이 되는 것입니다.

귀하께서는 특정 상속인에게 전 재산을 유언상속하시길 희망하고 계시므로 포괄유증을 선택하는 것이 바람직해보입니다. 더불어 포괄유증을 하시더라도 추후 유언집행을 원활히 하기 위해 가능한 재산을 특정하시고 사망시까지 병원비, 생활비, 공과금 등을 사용하고 남은 일체의 부동산, 예금, 유체동산 등 전재산을 포괄해서 유언상속한다는 내용을 기재하시면 됩니다.

이렇게 포괄유언공증을 남기신 이후 부동산과 예금 등 재산에 대한 자료를 최대한 준비해 놓으시면, 귀하께서 우려하시는 부분에 대한 대비가 가능할 것으로 보입니다.

오늘 보신 바와 같이 포괄유증을 하신다 하더라도 추후 변동사항 또는 유언집행과정을 대비해서 가능한 재산을 특정하시고 재산에 대한 증빙자료를 준비해놓으시는 것이 바람직합니다. 저희 로펌은 포괄유언공증을 빈틈없이 진행해드리고 있으니 자세한 것은 연락주시기 바랍니다.

사 례

포괄유증 받은 뒤 재산이 크게 변동되었다면

안녕하세요, 법무법인 천명의 대표변호사 경태현입니다.

포괄유증이란, 증여한 재산의 전부 또는 일부를 그 비율액(1/2, 1/3 등의 비율)으로 증여하는 것을 말합니다. 예를 들어, "내가 죽으면 내 유산의 전부를 손자에게 준다", "내가 죽으면 상속재산의 반은 장남에게, 나머지 반은 막내에게 유증한다" 등이 이에 해당합니다. 이렇게 포괄유증을 받은 포괄적 수증자는 상속인과 동일한 권리의무를 가지며, 유언자 사망시 수증분에 해당하는 상속재산을 포괄적으로 승계받게 됩니다.

그런데 만약 유언자에게 다른 상속인들이 있어 그 상속인들이 수증자에게 유류분 청구를 했다면 포괄유증의 대상이 된 재산의 가격이 포괄유증 당시에 비해 유언자 사망 시에 현저히 증가하거나 감소한 경우에 어느 시점을 기준으로 유류분을 계산하게 될까요? 오늘은 이와 관련한 고민을 해결하기 위해 저희 법무법인을 찾아주신 사례가 있어 소개해 드리고자 합니다.

Questions ■ ■ ■

안녕하세요 경태현 변호사님.
제가 유언 문제로 상당히 곤란한 상황에 놓이게 되어 상속전문변호사께 조언을 구하고자 질문드리게 되었습니다.

제 30년지기 친구가 얼마전 세상을 떠났습니다.
제 친구는 조실부모하였고 2명의 형제가 있었지만 사이가 좋지 않아 평생을 가족 없이 혼자서 살아왔습니다.

저와 제 친구는 가족보다도 더 가까운 사이라 친구는 본인이 사망한다면 전 재산을 제가 주겠다는 포괄유언공증을 하였는데요.
그렇게 공증한 뒤에 친구가 하던 사업이 상당히 잘 되어 사망 당시에는 재산이 3배 넘게 증가한 상태였습니다.

그런데 갑자기 친구의 형제들이 찾아와 유언공증한 당시에 있었던 재산에 대해서만 공증한 효력이 있고 그 이후에 불어난 재산에는 제 권리가 없다고 하지 뭡니까?
이러한 상황에서 저는 어떻게 해야하는지 변호사님께서 현명한 조언을 주시면 감사드리겠습니다.

Answers ■ ■ ■

귀하께서는 포괄유언공증 이후에 재산의 증감이 발생한 경우 유언한 시점과 사망 시점 중 어느 시점을 기준으로 유언의 효력을 판단하게 되는지 궁금하신 것 같습니다.

기본적으로 유언은 유언자 사망 당시에 바로 효력이 발생됩니다. 그렇기 때문에 유언자 사망 당시에 존재하던 일체 재산과 채무를 포괄하여 유언을 한 것이라면, 그 이후에 재산의 변동이 발생했다 하더라도 사망 당시를 기준으로 한 전체 재산과 채무를 귀하가 포괄유증 받게 될 것입니다.

그러나 이를 위해서는 포괄유증을 하는 경우일지라도 가능한 재산을 특정하고 사망 당시까지 변동되는 일체의 재산을 포괄하여 유언상속한다는 내용을 유언에 포함하는 것이 추후 일어날 수 있는 분쟁을 예방하는 효과가 있을 것으로 보입니다. 또한 포괄유증을 할 때에 부동산, 예금 등에 대한 증빙자료를 최대한 구비하여 포괄유증하는 것이 바람직할 것입니다.

다만, 친구분께서 재산을 특정하고 증빙자료 등을 준비해 포괄유증하여 문제없이 사망 당시의 재산을 포괄유증 받았더라도 친구분의 상속인이 되는 형제들이 유류분 소송을 제기할 수 있습니다. 피상속인의 형제자매들은 각 법정상속분의 1/3에 해당하는 유류분 지분을 갖게 되는데, 이는 법으로써 보장된 상속인의 몫이므로 유증자의 의사와 상관없이 귀하에게 유류분 청구를 할 수 있을 것입니다.

※참고

2024.4.25. 헌법재판소에서 선고된 유류분제도 위헌결정 등에 의해 피상속인의 형제자매의 유류분을 규정한 민법 제1112조 제4호 단순위헌결정되었습니다. 따라서, 이제 피상속인의 형제자매들은 위 사안에서 유류분반환청구소송을 할 수 없습니다.

그렇다 하더라도 유증 당시 재산에만 권리가 있고, 그 후 변동된 재산에 관해서는 권리가 없다는 상속인들의 주장은 틀린 것이므로 추후 있을 유류분 청구 소송을 잘 대비하시면 귀하의 권리를 최대한 보장받을 수 있을 것으로 보입니다.

유류분청구소송 등 상속 관련 문제에서 가장 중요하게 다루어지는 사안에 관해서는 상속 전문 변호사의 도움을 받는 것이 가장 적절합니다. 저희 법무법인 천명은 수년간 상속 특화 로펌으로서 쌓아온 데이터를 바탕으로 많은 의뢰인에게 도움을 드리고 있습니다. 그러므로 유류분 소송 방어방법에 관하여 상담이 필요하시다면 부담 없이 상담주시기 바랍니다.

※ 민법

제1073조(유언의 효력발생시기)

① 유언은 유언자가 사망한 때로부터 그 효력이 생긴다.

② 유언에 정지조건이 있는 경우에 그 조건이 유언자의 사망후에 성취한 때에는 그 조건성취한 때로부터 유언의 효력이 생긴다.

사례

유언공증된 부동산이 매각된 경우 매매대금에 대한 유언공증의 효력?

안녕하세요, 법무법인 천명의 경태현 대표변호사입니다.

피상속인은 유언을 통해 상속인 또는 제3자를 지정하여 재산을 유증할 수 있습니다. 이러한 유증은 특정한 재산을 개별적으로 지정하여 유증하는 특정유증의 형태로 이루어질 수도 있고, 본인의 재산에 대해 일정한 비율을 정하여 유증하는 포괄유증으로도 이루어질 수 있습니다. 예를 들어, 피상속인이 "나의 재산 중 X부동산을 갑에게 유증한다."라고 하는 유언을 남긴다면 이것은 특정유증이 되고, "나의 재산 50%를 갑에게 유증한다."라고 유언을 남기는 것이 포괄유증이라 생각하시면 되겠습니다.

특정유증과 포괄유증을 이와 같이 구분하는 이유는 그 효력에 분명한 차이가 존재하기 때문입니다. 먼저 포괄유증의 경우 상속이 개시되면 수유자가 피상속인으로부터 곧바로 유증재산에 대한 소유권을 취득하게 됩니다. 하지만 특정유증의 경우 피상속인으로부터 바로 유증재산의 소유권을 취득하는 것이 아니라, 상속인으로부터 그 재산에 대한 소유권 이전을 청구할 수 있는 권리를 취득하게 됩니다.

위 예시를 다시 가지고 와서 설명을 드리자면, "나의 재산 50%를 갑에게 유증한다."라는 유언을 남기고 피상속인이 사망했을 때 갑은 피상속인으로부터 곧바로 재산 50%의 소유권을 취득하게 됩니다. 하지만 "나의 재산 중 X부동산을 갑에게 유증한다."라는 유언을 남긴 경우에는 우선 X부동산은 공동상속인들에게 상속되고 갑은 상속인들에 대해 X부동산의 소유권 이전을 청구할 수 있는 채권적 권리를 가지게 되는 것이지요.

이러한 점 이외에도 특정유증과 포괄유증 간에는 다양한 차이점이 존재하는데, 먼저 아래 질문을 읽어보신 후 이에 대한 설명을 이어가 보도록 하겠습니다.

Questions ■■■

안녕하세요, 변호사님. 유언 관련한 질문을 하나 드리려 합니다.

몇 년 전 아버지께서 저에게 주택을 유증해 주신다는 유언공증을 받으셨습니다.
그런데 아버지께서 얼마 전 이 주택을 매매하셨다고 합니다.

이런 경우 유언공증의 효력이 없어지게 되는 것인가요,
아니면 매매한 대금을 유증 받을 수 있게 되는 것인가요?
아버지께서 가지고 계신 재산이 주택밖에 없었기 때문에, 만일 새롭게 유언을 남기게 된다면 모든 현금재산을 저에게 유증한다는 식으로 유언을 남기면 될까요?

답변 기다리겠습니다. 감사합니다.

Answers ■■■

귀하께서는 유언공증된 부동산이 매각된 경우 매매대금을 유증 받을 수 있는지에 관해 궁금해하고 계신 것 같습니다.

우선 아버님의 경우 주택에 대해 특정유증을 하는 유언을 남기셨고, 만일 생전에 이 주택을 매각한다면 유언이 철회된 것으로 보게 됩니다. 따라서 기존 유언공증으로는 매매대금 내지 금융재산에 대해 유언의 효력이 미치지 않을 것입니다.

이와 같은 경우, 처음 유언공증을 받을 때 유언의 내용으로 해당 주택을 유증하고 만일 주택이 생전 매각될 경우 그 매각대금과 사망 당시에 존재하는 일체의 부동산, 금융재산을 포괄유증한다고 남기셨더라면 별도로 유언공증을 새롭게 하실 필요가 없었을 것입니다.

그러므로 주택이 이미 매각되었다면, 위 설명드린대로 새롭게 포괄유언공증을 남기신다면 귀하께서 원하시는 대로 유언의 효력이 미치게 될 것입니다.

※ 민법

제1109조(유언의 저촉)

전후의 유언이 저촉되거나 유언후의 생전행위가 유언과 저촉되는 경우에는 그 저촉된 부분의 전유언은 이를 철회한 것으로 본다.

사례

재건축, 재개발이 예정된 부동산에 대한 유언공증

안녕하세요. 유언상속 전문 법무법인 천명의 경태현 대표변호사입니다.

유언은 피상속인이 사망한 후에 일어날 상속에 대비해야 하기 때문에 피상속인의 진의를 담은 적법한 유언을 남기는 것이 중요합니다. 하지만 피상속인 사후에 사정이 변경될 수도 있고, 유언에 오류가 있을 수도 있기 때문에 많은 문제가 발생하곤 합니다.

오늘의 주제는 재건축, 재개발 부동산에 대한 유언공증에 대해 설명 드리고자 합니다. 글을 자세히 읽어보시고 유사한 문제가 있으시다면 법무법인 천명에 연락하셔서 상속전문변호사의 도움을 받아보시기를 권해드립니다.

Questions ■ ■ ■

안녕하세요. 변호사님. 유언 관련해서 질문 드리고자 글 남겨봅니다.

아버지께서 저에게 재건축 정비구역 내 아파트 한 채를 물려주시기로 약속하시고 유언공증의 방법으로 이 내용의 유언을 남기셨습니다.

그런데 만일 아파트 재건축이 진행될 경우 나중에 재건축이 완료되면 아파트 이름, 동호수 등이 달라질 수 있다고 들었습니다.

그렇게 된다면 유언공증의 내용과 실제 부동산의 정보가 달리지게 될텐데, 이런 경우라면 유언공증을 다시 해야 하는 걸까요?

답변 기다리고 있겠습니다. 감사합니다.

Answers ■ ■ ■

귀하께서는 재건축, 재개발이 예정된 아파트에 대한 유언공증의 효력 등에 대해 궁금해하고 계신것 같습니다.

재건축, 재개발 부동산에 대한 유증을 계획하고 계신다면 주의해야 할 점이 많습니다. 재건축, 재개발 진행단계에 따라 해당 부동산이 멸실, 매각 내지 현금청산, 조합원지위(분양권 내지 입주권), 신탁, 새로운 신축부동산 소유권보존등기가 될 수 있습니다. 또한, 유언자는 어느 단계에서 사망해서 상속개시가 될지 모르기 때문입니다.

만일 상속이 재건축 과정이 진행되기 전에 개시된다면 문제가 없겠지만, 그렇지 않은 경우라면 유언집행에 있어 다양한 문제를 야기할 수 있습니다. 유언공증 후 상속이 개시되기 전 재건축이 진행된다면 피상속인 지위가 조합원지위(분양권)로 변경될 수 있고, 재건축 아파트에 대한 매각, 현금청산이 이루어질 가능성도 있습니다. 이러한 경우에서는 유언공증에서 의도한 상속이 이루어지지 않게 될 수 있습니다.

또한 상속이 개시되기 전 재건축이 완료된 경우라면 아 파트의 이름, 주소 등이 변경됨에 말미암아 분쟁의 여지가 있을 수 있습니다. 다른 상속인들이 해당 유언에 대해 무효주장 및 소송을 제기할 가능성이 있다는 것이지요.

따라서, 재건축, 재개발 예정인 부동산에 대한 유언공증의 효력을 확실하게 담보하는 방법은 재건축, 재개발 과정상의 모든 법적지위 등 경우의 수를 모두 따져본 후, 모든 단계에서의 유언공증 내용을 작성해서 사전에 완벽하게 대비하는 방법일 것입니다.

저희 법무법인 천명에서는 처음부터 유언공증을 진행할 때부터 "현재 부동산, 재건축, 재개발될 경우 조합원지위(분양권), 현금청산될 경우 현금청산금 일체, 매매될 경우 그 매매대금, 그리고 재건축, 재개발로 인해 새롭게 취득하는 부동산 일체"를 유언공증의 내용으로 구성해서 완벽한 유언공증을 진행해드리고 있습니다.

다만, 위와 같은 완벽한 유언공증을 준비하지 못한 상태에서 이미 상속개시된 사안에서 기존 유언공증의 효력에 대한 논란과 유언상속등기방법이 문제됩니다.

이에 대해서 아래의 등기선례에 의하면 유언공증 이후 재건축으로 기존 부동산이 멸실되고 새로운 부동산이 신축되어 유언자 이름으로 소유권보존등기가 된 경우에 관련해서 기존 유언공증서를 기초로 유증등기를 할 수 있다고 하고 있습니다. 따라서 아파트의 명칭 등이 변경된 경우일지라도 동일한 부동산이라는 증빙자료가 있다면, 변경되기 전의 명칭을 사용한 유언공증 일지라도 유효한 유언으로서 새로운 부동산에 대해서 유증등기를 할 수 있다 할 것입니다. 실제 저희 법무법인 천명 등기팀에서 이와 같은 동일한 사안에서 유증등기를 성공적으로 진행해드린 바 있습니다.

"공정증서에 의한 유언 이후에 유증의 목적물인 구분건물이 멸실되고 재건축으로 동일 지번에 새로운 구분건물이 신축되어 유증자 명의로 소유권보존등기가 마쳐진 상태에서 유증자가 사망한 경우, 유언공정증서상의 부동산의 표시(멸실된 구분건물)와 소유권이전 등기의 대상이 된 부동산의 표시(새로이 건축된 구분건물)가 부합하지 않는다 하더라도 공정증서를 첨부정보로 하여 유언집행자 또는 상속인은 수증자와 공동으로 소유권이전등기를 신청할 수 있다. 다만, 이 경우 유언공정증서상의 구분건물(종전 구분건물)이 소유권이전 등기의 대상이 된 구분건물로 변환되었음을 소명하는 자료(관리처분계획서 및 인가서, 이전고시증명서면 등)를 첨부하여야 할 것이다"(유증의 목적물인 구분건물이 재건축으로 인하여 새로운 구분건물로 변경된 경우에 유증으로 인한 소유권이전등기가 가능한지 여부 제정 2014. 3. 13. [등기선례 제9-246호, 시행])

재건축, 재개발 예정 부동산에 대한 유언공증의 효력에 대해 살펴보았는데 사실 실무에서는 위 설명해드린 내용 이외에도 상속세, 유류분문제 등 따져보아야 할 점이 다수 있습니다. 그러므로 상속전문변호사의 도움을 통해 다양한 방법 중 본인에게 가장 유리한 방법을 모색하여 상속과정에서 발생할 수 있는 불이익을 피하시기 바랍니다.

사례

유언공증의 내용을 알 수 없다면

안녕하세요, 법무법인 천명 대표변호사 경태현입니다.

피상속인이 사망할 경우 생전에 남긴 유언에 따라 상속재산이 분할되는 경우가 많습니다. 그리고 유언의 방법 중 많이 이용하시는 방법이 유언공증입니다. 우리 민법 제1068조를 보시면 "공정증서에 의한 유언은 유언자가 증인 2인이 참여한 공증인의 면전에서 유언의 취지를 구수하고 공증인이 이를 필기낭독하여 유언자와 증인이 그 정확함을 승인한 후 각자 서명 또는 기명날인하여야 한다." 라고 유언공증의 방법을 규정하고 있습니다.

그런데 간혹 피상속인께서 상속인 중 일부에게만 유언공증을 하여 다른 상속인들은 그 내용을 알 수 없는 경우가 있습니다. 이러한 경우 피상속인 사망 후 상속이 개시되면 재산 분할과 관련하여 여러가지 문제가 발생할 수 있습니다. 다른 상속인들은 어떤 방법을 통해서라도 그 유언공증의 내용을 파악하여 자신의 권리를 지키고자 하실 것입니다. 오늘은 저희 법무법인을 찾아주신 사례를 통해 이러한 경우 이용하실 수 있는 방법에 대해 알려드리겠습니다.

Questions ■ ■ ■

안녕하세요 변호사님.
저는 현재 돌아가신 부친의 재산분할을 준비하고 있습니다.
상속인은 저와 형 둘 뿐인데, 부친께서 돌아가시기 전에 형에 대해서만 유언공증을 하셨습니다.

부친께서 돌아가시고 형과 상속재산분할에 대해 얘기해보려 찾아갔는데, 형이 유언공증의 내용을 알려주지 않고 있습니다.
유언공증의 내용을 알아야 제 유류분을 지킬 수 있을 것 같은데 어떻게 해야할지 도저히 감이 안 잡히고 답답한 상황입니다.

여기저기 찾아보던 중 변호사님이 이 분야에 대해 잘 아실 것 같아 질문드립니다.
현명한 조언 부탁드립니다.

Answers ■ ■ ■

부친께서 돌아가신 상황에 생전 하신 유언공증의 내용을 알 수 없어 당혹스러우실 것 같습니다. 법률 규정에 따르면 유류분반환청구는 상속의 개시와 유증 사실을 안 때로부터 1년 내에 해야하므로 서둘러 알아보시는 것이 바람직할 것으로 보입니다. 그때 이용하실 수 있는 방법에 대해 알려드리겠습니다.

우선 유언공증서를 보관하고 있는 형님에게 복사본을 요청하여 받는 것이 가장 좋겠지만, 말씀주신 사안에서는 그것이 어려운 경우이므로 유언공증한 변호사 사무실을 알고 계시다면 그 변호사 사무실에 유언공정증서의 복사본, 등본 등을 요청하실 수 있을 것입니다. 이 경우 부친의 기본증명서, 가족관계증명서, 신분증을 지참하셔야 할 것입니다.

만약 공증사무소를 알지 못하거나 공증사무소에서 복사본을 교부하지 않는다면, 아버지의 상속부동산 중 "유증"을 등기원인으로 해서 소유권이 이전된 부동산을 찾아보시길 바랍니다. 그러한 부동산이 있는 경우 해당 등기소에 방문하여 유증등기신청서류 일체를 열람 및 복사해 보시길 바랍니다.

이렇게 유언공증서를 확인하셨다면 부친의 상속재산이 유언에 따라 어떻게 분할되었는지 아실 수 있을 텐데요. 귀하께서 아무것도 유증받지 못하셨거나 혹은 유증받으셨더라도 그 부분이 귀하의 법정상속분의 절반에 해당하는 유류분에 미치지 못한다면 그 부족한 유류분액에 대해서 반환청구를 하실 수 있을 것입니다.

저희 법무법인 천명은 피상속인에게서 유언공증을 받지 못하셨더라도 상속인의 유류분을 지켜드리기 위한 최선의 방법을 통해 도움드리고 있습니다. 만약 유류분 반환 청구 과정에서 상속 특화 법무법인의 도움을 찾고 계시다면 서류를 기초로 상담받아보시길 권해드립니다.

※ 민법

제1068조(공정증서에 의한 유언)
공정증서에 의한 유언은 유언자가 증인 2인이 참여한 공증인의 면전에서 유언의 취지를 구수하고 공증인이 이를 필기낭독하여 유언자와 증인이 그 정확함을 승인한 후 각자 서명 또는 기명날인하여야 한다.

제1115조(유류분의 보전)
① 유류분권리자가 피상속인의 제1114조에 규정된 증여 및 유증으로 인하여 그 유류분에 부족이 생긴 때에는 부족한 한도에서 그 재산의 반환을 청구할 수 있다.
② 제1항의 경우에 증여 및 유증을 받은 자가 수인인 때에는 각자가 얻은 유증가액의 비례로 반환하여야 한다.
[본조신설 1977. 12. 31.]

제1117조(소멸시효)
반환의 청구권은 유류분권리자가 상속의 개시와 반환하여야 할 증여 또는 유증을 한 사실을 안 때로부터 1년내에 하지 아니하면 시효에 의하여 소멸한다. 상속이 개시한 때로부터 10년을 경과한 때도 같다.
[본조신설 1977. 12. 31.]

사 례

유언공증 부동산에 근저당이 설정된 경우

안녕하세요, 법무법인 천명의 경태현 대표변호사입니다.

부동산을 특정 상속인에게 유증하려는 경우 피상속인은 유언을 남기게 됩니다. 피상속인이 부동산을 유증한다는 내용의 유언을 남기게 된다면 추후 피상속인이 사망하여 상속이 개시되었을 때 수유자가 부동산에 대한 권리를 취득할 수 있게 됩니다. 하지만, 피상속인이 유언을 남긴 이후에 경제적 혹은 기타 사정으로 인해 부동산에 근저당을 설정했다면 유언의 효력이나 부동산에 설정된 근저당은 어떻게 되는 것일까요.

오늘은 이렇게 유증의 목적 부동산에 근저당이 설정된 경우에 관하여 설명드려보도록 하겠습니다.

Questions ■ ■ ■

안녕하세요 변호사님. 부동산 상속과 유언에 관련하여 질문하나 드리고자 글 남깁니다.

부동산을 유증하는 유언공증을 한 경우에 대한 질문입니다.
만일 유언자가 유언공증을 남긴 이후에 부동산을 담보로 하는 대출을 받고 근저당권이 설정된다면, 유언의 효력에 문제가 생기나요?
혹시 유언공증을 다시 받아야 하는 것일까요?

답변 기다리겠습니다. 감사합니다.

Answers ■ ■ ■

귀하께서는 유언공증 목적 부동산에 근저당이 설정되었을 경우 새롭게 유언공증을 해야하는 것인지 궁금해하고 계신 것 같습니다.

결론부터 말씀드리자면 새로운 유언공증을 하실 필요는 없습니다. 유언공증의 효력은 상속이 개시되었을 때 발생하기 때문에 사망 전에는 부동산에 자유롭게 근저당을 설정할 수 있고, 근저당을 설정한다고 해서 유언공증의 효력이 없게 되는 것도 아닙니다.

다만 포괄유언이 아니라 부동산을 유증한다는 특정유언을 남기신 경우, 추후 해당 부동산을 매각한다면 그 유언은 철회한 것으로 간주됩니다. 따라서 해당 부동산이 경매로 매각되거나, 매매계약을 체결하실 경우 유언이 철회된다는 점을 알아두시기 바랍니다.

위와 같이 매매가 아닌 근저당권 설정은 유언공증의 효력과는 무관하기 때문에 새롭게 유언공증을 받으실 필요가 없습니다.

추가적으로 유증 부동산의 근저당권이 설정되어 있고 유언자가 사망하기 전까지 말소되지 않는다면, 특별한 사정이 없다면 유증을 받은 수유자가 그 근저당권채무도 함께 인수한 것으로 보게 됩니다.

따라서 유증 부동산에 근저당권이 설정된다고 하여 유언공증 내지 유언의 효력에 문제가 생기는 것은 아니지만, 상속개시 이전까지 근저당권이 말소되지 않는다면 수유자가 이를 인수하게 된다는 내용을 기억해두시기 바랍니다.

※ 민법

제1073조(유언의 효력발생시기)

① 유언은 유언자가 사망한 때로부터 그 효력이 생긴다.

② 유언에 정지조건이 있는 경우에 그 조건이 유언자의 사망후에 성취한 때에는 그 조건성취한 때로부터 유언의 효력이 생긴다.

제1109조(유언의 저촉)

전후의 유언이 저촉되거나 유언후의 생전행위가 유언과 저촉되는 경우에는 그 저촉된 부분의 전유언은 이를 철회한 것으로 본다.

※ 판례

"유언자가 임차권 또는 근저당권이 설정된 목적물을 특정유증하였다면 특별한 사정이 없는 한 유증을 받은 자가 그 임대보증금반환채무 또는 피담보채무를 인수할 것을 부담으로 정하여 유증하였다고 볼 수 있다. (대법원 2022. 1. 27. 선고 2017다265884 판결)"

사 례

아버지께서 저에게 하신 유증을 제 자녀가 받도록 할 수 있을까요?

안녕하세요, 법무법인 천명의 경태현 대표변호사입니다.

상속포기는 보통 피상속인의 적극재산(현금, 부동산 등)보다 소극재산(채무 등)이 더 많을 때 선택하는 방법입니다. 하지만 상속포기는 언제나 할 수 있는 것은 아닙니다. 상속개시 있음을 안 날로부터 3개월 이내에 포기 신고를 해야만 하지요. 가끔 이 기간을 알지 못하는 분들께서 불이익을 보시는 경우가 존재합니다. 만일 상속포기를 하셔야 하는 상황이라면 반드시 기한을 엄수하시어 상속과정에서 발생할 수 있는 불이익을 피하시기 바랍니다.

Questions ■ ■ ■

안녕하십니까 변호사님. 유언과 상속포기 관련하여 여쭤보고 싶은 것이 있어 이렇게 글 남깁니다.

저는 3남 3녀 중 막내딸입니다. 얼마 전 저희 아버지께서 돌아가시기 전에 유언공증을 남기셔서 제가 모든 재산을 유증받게 되었습니다. 그런데 제가 지금 개인적인 사정상 재산을 받기 힘든 상황이라 가능하다면 제 자녀가 유증받았으면 합니다. 어머니께서 옛날에 돌아가신 후 제가 아버지를 거의 모시고 살았기 때문에 형제들은 제가 재산을 유증받는 것에 큰 이의는 없는 것 같습니다.

제가 상속을 포기하면 제 자녀가 유증받게끔 할 수 있을까요?

답변 기다리고 있겠습니다. 감사합니다.

Answers ■ ■ ■

귀하께서는 유언공증을 통해 유증받게 된 재산을 귀하의 자녀가 상속 받기를 원하시는 것 같습니다.

우선 유언공증을 받으셨기 때문에 유언공증서를 기초로 다른 형제들의 동의 없이 유언 집행이 가능합니다. 하지만 이는 귀하에게 상속이 이루어지는 것이기 때문에, 유언공증에 의한 유증이 곧바로 귀하의 자녀에게 이루어지도록 할 수는 없습니다. 만약 귀하의 자녀께서 상속재산을 취득하기를 원하시는 것이라면 귀하께서 먼저 유증 받으신 후, 그 재산을 다시 귀하의 자녀에게 증여하는 방법을 선택할 수 있을 것입니다.

하지만 귀하께서 상속받을 수 없는 사정으로 인해 귀하의 자녀에게 상속이 이루어지기를 원하신다면 다음과 같은 방법을 취하실 수는 있습니다. 우선 귀하께서 상속포기를 하시면 수유자가 상속을 포기했기 때문에 공동상속인인 형제들이 상속재산분할협의 과정을 거치게 될 것입니다. 그 과정에서 형제들이 모두 상속포기를 하고 형제들의 자녀들까지 모두 상속포기 신고를 하여 결정문이 나온다면 그 결정문을 기초로 귀하의 자녀가 단독으로 상속등기를 진행할 수 있게 될 것입니다.

다만 두 번째 방법을 선택하실 경우 반드시 형제들과 협의를 거치시고, 피상속인 사망 3개월 이내에 상속포기가 이루어져야 함을 명심하시기 바랍니다.

상속 혹은 유증에서는 협의가 중요합니다. 보통 상속이나 유증은 형제, 자매, 부모 등 가족 간에 문제 되는 일입니다. 가족 간의 문제이기 때문에 항상 원활한 협의가 이루어질 것 같지만 그렇지 않은 경우가 상당히 많습니다. 원활하게 협의가 이루어지지 않는다면 과도한 시간과 비용을 지출하게 되는 불편을 감수하게 됩니다. 만일 협의가 이루어지지 않는다면 반드시 전문가에게 의뢰하시어 불필요한 감정 다툼을 피하시고 신속한 문제 해결을 이뤄보시기 바랍니다.

※ 민법

제1019조(승인, 포기의 기간)

① 상속인은 상속개시있음을 안 날로부터 3월내에 단순승인이나 한정승인 또는 포기를 할 수 있다. 그러나 그 기간은 이해관계인 또는 검사의 청구에 의하여 가정법원이 이를 연장할 수 있다. 〈개정 1990. 1. 13.〉

② 상속인은 제1항의 승인 또는 포기를 하기 전에 상속재산을 조사할 수 있다. 〈개정 2002. 1. 14.〉

③ 제1항에도 불구하고 상속인은 상속채무가 상속재산을 초과하는 사실(이하 이 조에서 "상속채무 초과사실"이라 한다)을 중대한 과실 없이 제1항의 기간 내에 알지 못하고 단순승인(제1026조제1호 및 제2호에 따라 단순승인한 것으로 보는 경우를 포함한다. 이하 이 조에서 같다)을 한 경우에는 그 사실을 안 날부터 3개월 내에 한정승인을 할 수 있다. 〈개정 2022. 12. 13.〉

④ 제1항에도 불구하고 미성년자인 상속인이 상속채무가 상속재산을 초과하는 상속을 성년이 되기 전에 단순승인한 경우에는 성년이 된 후 그 상속의 상속채무 초과사실을 안 날부터 3개월 내에 한정승인을 할 수 있다. 미성년자인 상속인이 제3항에 따른 한정승인을 하지 아니하였거나 할 수 없었던 경우에도 또한 같다. 〈신설 2022. 12. 13.〉

사 례

유언공증을 받은 상속인이 유언자보다 먼저 사망할 경우 유언공증의 효력

Questions

최근 할아버지께서 돌아가셨습니다. 할머니는 10년 전에 돌아가셨고요.

할아버지 자녀들은 2남 1녀인데 저의 아버지가 장남인데 4년전에 이미 돌아가셨습니다.

저의 가족은 어머니와 저와 여동생이 있습니다.

할아버지 유산으로는 아파트(시가 6억 원)과 작은 상가(시가 4억 원)이 있습니다.

할아버지께서는 10년전 아버지가 살아계실 때 아파트는 아버지에게 물려주고 상가는 작은 아버지에게 물려준다는 유언공증을 해놓으셨습니다.

할아버지 장례를 치르고 나서 작은 아버지가 이야기 하시길 자신이 물려받은 상가는 공증으로 유언상속등기를 할 것이고, 아버지가 물려받기로 한 아파트는 작은 아버지, 고모, 저희 가족이 1/3씩 상속받자고 하십니다.

1. 하지만 저희 가족은 받아드릴 수 없습니다. 할아버지가 유언공증을 아버지에게 해주셨다면 비록 아버지가 할아버지보다 먼저 돌아가셨어도 아버지가 물려받을 아파트는 저의 가족이 상속받아야 하는 것이 아닌가요?
2. 작은 아버지는 아버지가 할아버지 보다 먼저 사망해서 공증의 효력이 없다고 합니다. 이것이 맞는 내용인가요?
3. 그렇다면 작은 아버지가 물려받기로 한 공증도 무효가 아닌가요?

4. 작은 아버지 말이 맞다면 정말로 아파트는 1/3지분씩 상속되나요? 이럴 경우 작은 아버지는 상가도 유언상속받고 추가로 아파트 1/3를 받는 것인데 너무 불공평한 것은 아닌가요?
5. 저희 가족들은 앞으로 어떻게 해야 하나요?
6. 혹시 고모의 유류분반환청구소송의 문제가 발생되나요?

만약 법적으로 가능하다면 모든 것을 해보고 싶습니다. 너무 억울해서요.
경태현 변호사님이 상속분야에서 최고전문가라고 소개받아 연락드립니다. 명확히 알려주세요

Answers ■ ■ ■

매우 안타까운 상황이네요.
돌아가신 할아버지의 상속인들은 3남매(아버지, 작은 아버지, 고모)이고 법정상속분은 각 1/3지분씩입니다.

그런데 이미 아버지가 먼저 사망한 경우 아버지의 상속분은 없어지는 것이 아니라 어머니와 귀하 남매가 승계받습니다. 이를 대습상속권이라고 합니다.

하지만 할아버지가 이미 오래전에 유언공증을 한 상황입니다.
유언공증의 내용에 의하면 아파트는 아버지, 상가는 작은 아버지에게 물려주는 것으로 되어 있습니다.

유언공증은 할아버지가 사망하면 그 효력이 발생되는데 아파트 수증자인 아버지가 할아버지 보다 먼저 사망한 경우 유언의 효력이 문제됩니다.

이에 대해선 민법에 아래와 같이 규정되어 있습니다.

※ 민법

제1089조(유증효력발생전의 수증자의 사망)

① 유증은 유언자의 사망 전에 수증자가 사망한 때에는 그 효력이 생기지 아니한다.

1. 따라서, 수증자인 아버지가 유언자인 할아버지 사망전에 먼저 사망한 경우에는 아버지에 대한 유언은 그 효력이 발생되지 않습니다.

2. 이 경우 작은 아버지에 대한 상가부분에 대한 유언의 효력이 문제되는데 이 부분은 영향이 없다고 할 것이고 아버지에 대한 아파트 유언만이 무효가 될 것입니다.

3. 그렇다면 이제 아파트에 대한 유언은 없게 되는데 아파트를 어떻게 분할해야 하는지가 문제됩니다.

유언이 없는 아파트의 경우 이미 전체 상속재산에서 자신의 몫 1/3이상을 유언상속받은 작은 아버지는 구체적 상속분이 없게 되어 더 이상 작은아버지는 아파트에 대해서 상속권이 없게 됩니다.

(전체 상속재산 10억 원에서 작은 아버지의 상속분은 1/3지분인 3억3000만 원인데 유언공증을 통해서 4억 원을 상속받아 남은 아파트에서는 상속분이 없게 됩니다)

결국 유언이 없는 아파트는 고모와 귀하 가족이 절반씩(1/2) 상속을 받게 될 것입니다.

만약 작은 아버지가 상가도 유언상속을 받고 아파트에서도 1/3지분을 추가로 받으려고 한다면 고모와 귀하 가족은 작은 아버지를 상대로 상속재산분할심판청구소송을 제기해서 법원의 판결을 통해 작은 아버지를 배제하고 아파트를 고모와 귀하 가족이 1/2지분씩 상속을 받게 될 것입니다.

4. 유류분반환청구소송 문제

위 결론에 의하면 작은 아버지는 유언으로 통해 4억 원의 상가를 상속받고 고모는 아파트의 1/2지분(3억 원), 귀하 가족은 아파트의 1/2지분(3억 원)을 상속받게 됩니다.

따라서, 상속인 모두 자신의 유류분비율(1/6) 이상을 상속받았으므로 유류분반환청구소송의 문제는 전혀 발생되지 않을 것으로 보입니다.

유언자 사망 전 수증자 사망과 유언공증의 효력과 상속재산분할 등 보다 자세한 것은 아래 자료를 지참해서 방문상담을 해주시길 바랍니다.

- 할아버지 제적등본, 기본증명서, 가족관계증명서, 혼인관계증명서, 주민등록말소자초본
- 아버지 기본증명서, 가족관계증명서, 혼인관계증명서
- 귀하 가족의 각자 가족관계증명서, 주민등록초본
- 유언공정증서 사본
- 상속부동산등기부등본

사 례

공동상속인이 유언에 동의하지 않을 때 유언효력확인소송

안녕하세요, 법무법인 천명의 경태현 대표변호사입니다.

피상속인이 특정상속인에게 모든 혹은 대부분의 재산을 상속하기를 원한다면 유언을 남기게 됩니다. 유언을 남기더라도 유류분반환이 문제될 수는 있지만 유언 없이 상속이 이루어지는 것에 비해서는 많은 재산을 특정상속인에게 유증할 수 있습니다. 하지만 이러한 유언을 남겼을 때 다른 공동상속인이 유언을 인정하지 않거나 유언집행에 협조하지 않는다면 곤란한 상황에 놓이게 될 수 있습니다.

오늘은 피상속인이 남긴 유언에 대해 상속인 중 일부가 협조하지 않을 때 취해야 할 조치에 대해 설명 드리도록 하겠습니다.

Questions ■ ■ ■

안녕하세요 변호사님. 상속전문변호사님이라고 지인에게 소개받아 이렇게 도움을 구합니다.

저희 아버지께서 돌아가시기 전에 저에게 모든 재산을 유증한다는 유언을 남기셨습니다. 그리고는 얼마 전 아버지께서 돌아가시고 상속이 개시되어 유언검인까지 진행하여 유언검인조서를 받은 상태입니다.
이 유언검인조서에 따라 유언집행과 등기를 하려고 하니 공동상속인이 협조를 해주지 않습니다. 만약 분쟁이 길어질 것 같으면 세금 납부부터 우선적으로 처리하는게 좋을까요?

처음 접해보는 일이라 정신이 없고 복잡합니다.
답변 주시면 감사하겠습니다.

Answers ■ ■ ■

피상속인이 유언을 남기고 상속개시 이후 유언검인조서까지 받았으나 공동상속인이 협의 및 유증등기에 필요한 서류 협조를 하지 않는 상황으로 보입니다.

이러한 경우, 계속해서 협의가 되지 않는다면 법원에 유언효력확인소송을 제기해야 할 것으로 보입니다.

유언효력확인소송이란 단어 그대로 피상속인이 남긴 유언장에 효력이 있는지 여부를 확인하는 소송입니다. 유언효력확인소송에서는 유언이 민법에서 정하는 요건에 따라 작성되었는지, 절차상 하자는 없는지, 피상속인의 의사를 반영하고 있고 위조 가능성은 없는지 등을 판단하게 됩니다.

유언효력확인소송을 제기하신 후 확정판결을 받으신다면 해당 판결문을 기초로 유언집행 및 등기를 하실 수 있을 것입니다. 귀하께서 소송을 원치 않으신다면 우선 유류분 부분을 포함하여 공동상속인과 최대한 협의를 진행해 보시고 도저히 협의가 이루어지지 않는다면 어쩔 수 없이 유언효력확인소송을 진행해야 할 것입니다.

추가적으로 유언효력확인소송과 별개로 취득세나 상속세의 경우 6개월 내에 미리 납부해야만 가산세의 불이익을 피하실 수 있음을 염두에 두시기 바랍니다.

피상속인이 자필유언을 남기게 된다면 상속개시 이후 유언검인 등 별도의 절차를 거치셔야 하고 집행과정에서 어려움을 겪으실 수 있습니다. 그렇기 때문에 저희 로펌을 포함한 많은 로펌에서는 유언방법으로 유언공증(공정증서유언)을 추천드리고 있습니다. 유언공증은 비용과 증인섭외 측면에서 번거로운 부분이 존재하기는 하나 상속개시 이후 집행과정이 다른 유언에 비해 훨씬 수월하기 때문이지요.

유언에 대해 고민하고 계시거나 궁금하신 점이 있으시다면 언제든지 저희 법무법인 천명으로 연락주시기 바랍니다.

사 례

유언효력확인소송에서 부모님을 봉양한 사실에 대한 서류를 제출해도 되나요?

안녕하세요, 법무법인 천명의 경태현 대표변호사입니다.

오늘은 유언효력확인소송에서 부모님을 봉양한 사실에 대한 서류를 제출해도 되는지에 대한 답변과 함께 유언효력확인소송에 대해 알아보도록 하겠습니다.

먼저 유언효력확인소송(유언무효확인소송)은 유언이 유효하다는 것을 법원에 확인 요청하는 소송입니다. 유언이 제대로 된 형식과 요건을 갖추고 있지 않다면 법적인 효력을 가질 수 없기 때문에 법원의 인정을 받아야하는 것이지요.

Questions ■ ■ ■

변호사님! 유언효력확인 소송 때문에 질문드릴 것이 있어서 온라인 상담을 하게 되었습니다.

우선 저희는 삼남매이고 아버지께서는 돌아가시기 전에 자필유언장을 작성하셨습니다. 저랑 둘째가 자문을 받아서 내용에 큰 문제없게끔 유언장 초안을 만들었습니다. 대략 내용은 아래와 같습니다.

경기도에 있는 아파트는 첫째가 가지고 은행계좌에 있는 돈은 1/n을 한다. 어머니는 첫째가 모신다.

근데 이제 와서 막내가 저 아파트 부분을 허락할 수 없다고 하면서 공동으로 하기를 원하고 있습니다. 팔아서 똑같이 1/n 하자는 게 동생의 생각이고 저와 둘째는 반대입니다. 우선은 아버지께서 돌아가셨으니 유언검인을 받을 생각이고 유언효력확인소송도 할 생각입니다.

여기서 질문입니다.

1. 유언장 검인 접수를 하고 나면 법원에 직접 방문해야하나요? 아니면 찬성, 반대 의견만 제출하면 되나요?

2. 유언효력확인소송을 할 때 유언장말고도 제 의견을 관철시킬 수 있나요? 예를 들어 부모님 봉양을 한 사실 등..

Answers ■ ■ ■

귀하께서는 유언효력확인소송에 관하여 종합적인 질문을 해주셨기에 하나씩 답변해 드리도록 하겠습니다.

1. 유언장 검인 접수를 하고 나면 법원에 직접 방문해야 하나요? 아니면 찬성, 반대 의견만 제출하면 되나요?

- 가정법원에 유언검인신청을 하면 검인기일이 지정되고 출석통보서를 받으시게 될 것입니다. 상속인들은 사전에 의견서 제출이 가능하지만 통상적으로는 검인기일에 출석하셔서 진술을 하게 됩니다.

2. 유언효력확인소송을 할 때 유언장말고도 제 의견을 관철시킬 수 있나요? 예를 들어 부모님 봉양을 한 사실 등..

- 네, 당연히 도움이 될 것 입니다. 유언장을 작성하게 된 경위 등을 설명하셔도 좋습니다.

3. 유언효력확인소송에서 승소하기 위한 조건이 궁금합니다. 변호사님이 보시기엔 제가 승산이 있을까요?

- 자필유언장의 엄격한 요건들이 전부 갖추어져있고 아버지의 의사로 작성이 되었다고 한다면 유효확인 판결이 날 것입니다. 다만 여기서 승소하신다고 하더라도 유류분

문제는 별도로 발생할 수 있습니다.

4. 소송이 길어지면 소유권 이전을 할 수가 없는데 그러면 아파트 취득세 내는 기한인 6개월을 넘어갈 것 같습니다. 방법이 따로 없는지요?

- 소유권이전등기가 되지 않는다고 하더라도 6개월 내에 일단 유언장 사본 혹은 유언검인조서를 가지고 납부를 하시면 가산세 등의 불이익을 받지 않을 수 있습니다.

추가적으로 유언효력소송과 관련하여 상담이 필요하실 시에는 아래 자료를 기초로 방문상담해주시기 바랍니다.

- 아버지 제적등본, 기본증명서, 가족관계증명서, 혼인관계증명서, 주민등록말소자초본
- 자필유언장 사본
- 상속부동산등기부등본, 상속예금잔고증명서나 거래내역서
- 사전증여된 부동산등기부등본

만약 유언 형식에 흠결이 있을 시에는 효력이 인정되지 않을 것이고 무효로 판단이 날 경우 상속재산은 법정상속분 또는 기여분 및 상속재산분할을 통하여 배분이 될 것입니다.

즉 단순히 유언효력확인 소송으로 끝나지 않고 기나긴 싸움을 시작해야 할 수도 있습니다. 더불어 유언장 위조 등 여러 문제가 함께 있다면 형사사건으로 이어질 수 있기에 상속을 준비하는 데에 있어 상속전문변호사와 충분한 상담을 거치셔야 되겠습니다.

사 례

유언집행자를 지정하지 않은 자필유언

안녕하세요, 법무법인 천명의 경태현 대표변호사입니다.

유언자는 유언을 통해 유언집행자를 지정하거나, 지정을 제3자에게 위탁할 수 있습니다. 유언집행자 지정된 이후에 유언집행자가 선임되면 그 유언집행자는 유언의 집행을 위해 필요한 행위를 할 권리와 의무가 발생하게 됩니다. 다만, 실제 사례에서는 유언자가 유언집행자를 지정하지 않고 사망하는 경우도 상당히 많습니다.

유언집행자 지정이 유언의 필수적인 요건은 아니기 때문에 이를 지정하지 않는다고 하여 유언이 무효로 되지는 않습니다. 더불어 우리 민법에서는 유언자가 유언집행자를 지정하지 않은 상황에 대비하여, 유언집행자를 지정하지 않은 경우 상속인이 유언집행자가 되도록 하는 규정을 마련해두고 있습니다. 따라서 유언자가 유언집행자를 따로 지정하지 않았다면 상속인이 유언집행자가 되어 집행에 필요한 임무를 수행하면 되는 것이지요.

이처럼 유언집행자를 지정하지 않는다고 해서 유언의 효력 내지 집행과정에 큰 차질이 발생하는 것은 아닙니다. 하지만, 실무상으로는 유언자가 유언집행자를 지정하지 않고 사망했을 때 분쟁이 발생하게 될 우려가 존재합니다.

오늘은 유언자가 유언집행자를 지정하지 않았을 때 발생할 수 있는 분쟁과 이를 해결하기 위한 절차에 대해 설명을 드리도록 하겠습니다.

Questions ■ ■ ■

안녕하세요, 변호사님. 유언집행과정에서 질문이 생겨서 글 남깁니다.
저희 아버지께서 얼마 전에 돌아가셔서 상속 과정에 있습니다.
상속인으로는 저를 포함한 3자녀가 있습니다.

아버지께서는 돌아가시기 전 저에게 주택과 토지 등 부동산을 유증한다는 자필유언을 작성하셨습니다.
아버지께서 돌아가신 이후에 유언검인절차를 진행했는데, 다른 형제들은 연락이 되지 않아 공시송달로 진행한 상황입니다.

검인절차 이후에 등기를 하려고 보니 유언에 집행자가 지정되지 않아서 등기를 할 수 없었습니다.
따라서 유언효력확인소송을 진행하여 판결이 확정됐습니다.

이제는 별다른 소송을 거치지 않아도 등기를 진행할 수 있을까요?

Answers ■ ■ ■

귀하께서는 아버지로부터 자필유언장을 받으신 후 유언검인을 거쳐 유언효력확인소송을 진행하신 것으로 보입니다.

유언자가 자필유언을 작성한 경우 별도로 유언집행자를 지정하지 않았다고 하더라도 민법상의 요건을 갖추었다면 유효한 유언이 됩니다. 따라서 귀하의 아버님께서 작성하신 유언장은 유효한 자필유언으로 보입니다.

유언자가 유언집행자를 지정하지 않고 사망하는 경우 민법 제1095조에 따라 상속인이 유언집행자가 됩니다. 따라서 사례에서는 귀하를 포함한 3명의 자녀가 유언집행자가 될 것입니다.

일반적으로 상속인 전원이 유언집행자가 되었을 때에는 상속인 과반수의 의견에 따라 유언집행을 하게 됩니다. 귀하의 사안에서는 3명 중 2명이 연락 두절된 상황이기 때문에 과반수가 유언집행을 할 수 없는 상황입니다. 이러한 사정으로 인해 유언집행이 어려운 경우, 실무상으로는 유언효력확인소송 등을 통하여 유언집행을 하게 됩니다. 귀하께서도 이러한 이유로 인해 유언효력확인소송을 진행하신 것으로 보입니다.

유언검인절차와 유언효력확인소송을 모두 진행하셨고 적법한 자필유언장에 유증재산이 명확하게 특정된 경우라면 이를 기초로 유증등기를 진행하실 수 있고 별도로 추가적인 소송을 제기하실 필요는 없어 보입니다. 따라서 현재까지 진행하신 절차와 유언장을 바탕으로 유증등기를 진행하시면 됩니다. 저희 법무법인 천명에서는 증여등기, 유언상속등기 등 등기절차를 신속하게 처리해드리고 있으니 도움을 원하시면 연락주시길 바랍니다.

오늘은 유언집행자가 지정되지 않았을 때 자필유언 유증등기를 하는 방법에 대해 알아보셨습니다. 위에서 보신 바와 같이 유언집행자를 지정하지 않았다고 해서 유언이 무효로 되는 것은 아니라 할지라도 상속인의 수와 그들의 의견에 따라 유언집행 과정에서 추가적인 소송을 거치게 될 수도 있습니다. 따라서 자필유언을 남길 때 가능한 수유자를 유언집행자로 지정하신다면 보다 수월하게 집행절차를 진행하실 수 있다는 점을 기억해두시기 바랍니다.

※ 민법

제1093조(유언집행자의 지정)
유언자는 유언으로 유언집행자를 지정할 수 있고 그 지정을 제삼자에게 위탁할 수 있다.

제1095조(지정유언집행자가 없는 경우)
전2조의 규정에 의하여 지정된 유언집행자가 없는 때에는 상속인이 유언집행자가 된다.

사 례

유언집행자의 해임, 교체와 보수에 대해 궁금합니다

안녕하세요, 법무법인 천명의 경태현 대표변호사입니다.

유언집행자는 적법한 유언 집행 요구가 있을 시 지체 없이 임무를 수행하고, 성실히 책임을 다할 의무가 존재합니다. 하지만 유언집행자가 임무를 다하지 않고 비협조적인 태도로 일관하는 경우가 더러 존재합니다. 이러한 경우 유언집행자를 해임하고 새로운 유언집행자로 교체할 필요가 있습니다. 저희 로펌에서도 상당히 많은 유언집행자 해임청구 및 선임청구 의뢰를 진행하기도 했지요.

오늘은 유언자 사망 전, 사망 후에 유언집행자를 교체하는 방법과 유언집행자의 보수에 관해 설명드리도록 하겠습니다.

Questions ■ ■ ■

안녕하세요, 유언공증에서 유언집행자에 관하여 궁금한 사항을 여쭤보려고 합니다.

저희 아버지께서 얼마 전에 유언공증을 진행하셨습니다. 유언공증을 하시며 유언집행자를 지정하고자 하셨는데 장남의 성화에 못 이겨 장남을 유언집행자로 지정하셨습니다. 하지만 그 이후, 마음을 바꾸셔서 다른 사람을 새롭게 유언집행자로 지정하시길 원하십니다.

이 경우, 유언자가 일방적으로 유언집행자를 변경할 수 있을까요?

추가적으로 유언집행자의 보수는 어떻게 정해지는가도 함께 여쭤보고자 합니다.

답변 주시면 감사하겠습니다.

Answers ■ ■ ■

귀하께서는 유언집행자의 교체 방법과 보수에 관해 궁금해하고 계신 것 같습니다. 질문에 순차적으로 답변 드리도록 하겠습니다.

1. 유언자가 일방적으로 유언집행자를 변경할 수 있을까요?

유언은 유언자의 자유로운 의사로 남길 수 있는 것이기 때문에 사망하기 전 얼마든지 철회 혹은 내용변경이 가능합니다. 따라서 유언집행자를 변경하는 일 또한 가능하겠지요. 다만 이미 진행한 유언공증에서 유언집행자만 변경하는 것이 아닌, 다시 유언공증을 진행하셔서 유언집행자를 새로이 지정하셔야합니다.

만일 유언자가 살아생전 유언집행자를 변경하지 못하고 사망하셨더라도 유언집행자를 변경할 수 있는 방법이 존재합니다. 우리 민법 제1106조에서는 유언집행자의 해임에 관해 규정하고 있습니다.

따라서 상속이 개시된 이후 유언집행자가 적법한 유언집행을 거부하거나 협조적이지 않은 모습을 보인다면 가정법원에 해임을 청구하고 새로운 유언집행자 선임청구를 하실 수 있습니다.

2. 유언집행자의 보수 어떻게 정해지나요?

유언집행자의 보수는 미리 약정한 내용이 있다면 그 약정에 따라 정해지고, 약정한 내용이 없다면 법원에 보수청구를 할 수 있습니다. 법원에 보수청구를 하면 법원에서 상속재산의 규모, 관리 상황, 기타 사정을 종합하여 적정하게 보수를 정하게 될 것입니다.

유언은 전문가인 제가 따져 봐도 신경 써야 할 부분이 정말 많습니다. 원활하게 합의나 공증이 이루어져서 재산 부분에서 문제가 생기지 않더라도, 오늘 보신대로 유언집행인과 같이 예상치 못한 부분에서 문제가 생길 수도 있기 때문입니다. 따라서 유언을 진행하게 되신다면 주저하지 마시고 전문가의 도움을 받아보시기 바랍니다. 특히 저희 법무법인 천명을 통해 상속전문변호사의 도움을 받으신다면 유언 일체의 과정에서 전문적인 조력을 받으실 수 있을 것입니다.

※ 민법

제1104조(유언집행자의 보수)

① 유언자가 유언으로 그 집행자의 보수를 정하지 아니한 경우에는 법원은 상속재산의 상황 기타 사정을 참작하여 지정 또는 선임에 의한 유언집행자의 보수를 정할 수 있다.
② 유언집행자가 보수를 받는 경우에는 제686조제2항, 제3항의 규정을 준용한다.

제1106조(유언집행자의 해임)

지정 또는 선임에 의한 유언집행자에 그 임무를 해태하거나 적당하지 아니한 사유가 있는 때에는 법원은 상속인 기타 이해관계인의 청구에 의하여 유언집행자를 해임할 수 있다.

사 례

유언공증과 증여 중 세금 측면에서 어느 것이 유리한가요?

Questions

저의 어머님이 아파트 1채를 가지고 계십니다. 자녀들은 1남 2녀이고 제가 외동아들인데 아버지가 10년 전 돌아가신 이후부터는 저의 가족들이 어머님 집에 들어가서 모시고 살고 있습니다.

어머님이 저에게 아파트를 물려받으라고 하시는데 유언공증이 세금면에서 증여보다 더 유리할까요?

증여등기를 받는 것이 유언공증으로 받는 것보다 절세가 될까요?

증여는 당장 증여세를 납부해야 하는데 부담스럽네요. 어떻게 하는 것이 가장 좋을까요?

Answers

안녕하세요. 유언상속 법무법인 천명 대표변호사 경태현입니다.

증여의 경우 어머니 살아생전에 명의변경하고 당장 증여세를 신고납부해야 하고, 유언공증의 경우 어머님 사망 이후 6개월 이내에 상속세를 신고납부해야 합니다.

그런데 증여와 유언 중 어느 것이 세금 측면에서 유리한지 그리고 절세가 되는지에 대해서 단적으로 말하기 어려운 부분이 있습니다. 그 이유는 전체 재산의 규모와 가액, 앞으로 재산의 가치상승 가능성, 향후 상속개시 시점 등을 종합적으로 살펴보아야 하기 때문에 어느 경우에는 증여를 받는 것이 전체적인 절세가 되고, 어느 경우에는 유언을 받는 것이 절세가 되는 경우가 있기 때문입니다.

다만, 귀하의 경우처럼 아파트 1채만이 문제 되는 상황을 전제로 증여와 유언 중 세금 측면에서 유리한지 자세히 답변 드리겠습니다.

증여의 경우 직계비속인 자녀와 손주들에 대해는 10년에 한 번씩 각 5000만 원씩 공제됩니다(다만, 미성년자라면 2000만 원), 기타 친족인 경우 1000만 원이 공제됩니다.

유언공증의 경우 배우자가 생존하지 않아도 일괄공제 5억 원이 상속세에서 무조건 공제됩니다. 또한, 동거주택공제, 장례비공제, 금융재산공제 등 각종 공제항목이 많습니다.

따라서, 귀하 사안에서는 증여보다는 유언공증이 세금측면에서는 훨씬 유리합니다.

만약 아파트 가액이 5억 원을 넘는 경우 상속세의 일괄공제범위를 초과하는 액수, 즉 5억 원을 초과하는 액수에 관하여는 미리 증여를 해두면 증여세에 적용되는 직계비속 1인당 5000만 원의 공제도 함께 적용받을 수 있습니다. 즉, 증여를 공제범위 내에서 일부하시고 나머지를 유언을 하시는 결합형태도 절세포인트가 됩니다.

다만, 상속인에 대한 증여 후 10년(상속인이 아닌 손자인 경우 증여 후 5년)이 경과하기 전에 상속이 개시되면 그 증여액이 상속재산에 합산되므로 적어도 10년 이상에 대해 미리 설계 및 준비하면 절세에 도움이 될 것입니다.

기본적인 유언공증과 세금 그리고 증여와 세금 비교는 위와 같이 살펴보았고 보다 자세한 것은 저희 상속전문로펌인 법무법인 천명과 세무사의 자문을 동시에 받아 정확한 법률과 세무상담을 받아보시길 바랍니다.

제6장
성년후견제도, 증여무효소송,
유언무효소송, 상속예금무단인출

사 례

치매 어머니 재산을 마음대로 사용하고 처분하는 경우 성년후견제도의 필요성

Questions ■ ■ ■

성년후견제도에 대해 문의하고자 합니다.
저희 어머니께서는 지난 2010년부터 치매 증상이 발생되어 고려대학교 치매센터에서 치료를 받고 치매약을 투여받고 계십니다.

아버지께서는 이미 2000년 초반에 돌아가셨고, 2남 2녀가 있습니다.
저는 그 중에 1녀입니다.

어머니께서 치매에 걸리신 이후 모든 부동산과 예금을 장남이 관리하고 있습니다.
어머니 재산은 상가주택과 예금인데 이를 동거하는 장남이 마음대로 임대료도 받고 어머니 통장을 마음대로 사용하고 있습니다.

그동안은 장남이기에 장남이 어머니 재산을 마음대로 하는 것을 묵인했지만 최근에는 어머니를 요양병원에 모신다고 합니다. 어머니 상태가 더욱 악화되어 집에서는 도저히 못 모신다고 합니다. 큰며느리는 더욱 더 어머니를 모시지 않겠다고 합니다.

그렇다면 어머님도 모시지 않고 요양병원에 입원시켜 놓은 다음 장남은 어머니 재산을 마음대로 처분하고 사용할 자격이 없다고 생각합니다. 부양도 하지 않고 재산욕심만 부리는 것을 나머지 저희 3남매가 인정할 수 없습니다.

이런 상황에서 장남의 독단적인 행위를 막을 수 없나요?

최근 성년후견제도라는 것은 언론에서 봤는데 저희들도 해당되나요?

Answers ■ ■ ■

어머님의 현재 상태가 중증 치매상태라서 스스로 자신의 재산인 부동산과 예금 등을 관리할 수 없는 상황으로 보입니다.

이런 상태에서 장남이 어머님을 위해서가 아니라 자신의 이익을 위해서 어머님의 신분증, 인감도장 등을 이용해서 마음대로 임대수익과 통장을 인출해서 사용한다면 이는 법률적으로 문제가 있습니다.

따라서, 앞으로서 어머님의 재산관리가 투명하고, 오로지 재산관리가 재산 소유권자인 어머니를 위해서 사용될 수 있도록 해야 합니다.

이를 위해선 나머지 자녀들은 가정법원에 어머님에 대한 성년후견을 청구해야 합니다. 그리고 어머님의 재산관리 및 신병관리 등을 제대로 할 수 있는 자녀들 중 1인을 성년후견인으로 추천해야 할 것입니다.

1. 성년후견 개시여부에 대한 가정법원의 판단

가정법원에 성년후견을 청구하면 가정법원에서는 가사조사, 자녀들의 의견청취, 어머님에 대한 정신감정 혹은 정신기록감정 등을 통해 어머님의 정신상태 및 건강상태를 확인해서 정상적인 상태가 아니라면 어머님에 대한 성년후견개시를 결정하게 될 것입니다.

2. 성년후견인 지정

가정법원에서는 어머님에 대한 성년후견을 개시하게 된다면 어머님의 재산관리와 신병 등에 대한 관리를 위한 성년후견인을 지정하게 됩니다.

성년후견인은 가정법원에서 친자들 4명의 각자의 의견을 모두 종합해서 그 중 가장 어머님의 재산관리과 신병관리에 적합한지를 먼저 확인하고 만약 자녀들간 의견이 분분해서 누구를 특정하기 어렵다고 판단한다면 제3자인 변호사 혹은 사단법인 등을 지정하게 될 것입니다.

3. 성년후견인의 재산관리 및 신병관리 그리고 업무감독

가정법원으로부터 지정된 성년후견인(상황에 따라서는 신병관리 후견인과 재산관리 후견인을 구분해서 지정됩니다)은 어머님의 재산상황을 정리해서 가정법원에 보고하고 가정법원의 감독을 받아 재산을 관리하고 신병관리를 하게 될 것입니다.

귀하 형제들이 장남의 독단적인 어머님 재산관리와 신병관리에 대해 성년후견을 가정법원에 청구하고자 하신다면 아래 서류를 지참해서 자세한 상담을 해주시길 바랍니다.

- 아버지 제적등본
- 어머님 기본증명서, 가족관계증명서, 혼인관계증명서, 주민등록등본, 주민등록초본
- 어머님 치매 관련 병원진료기록 일체
- 어머님의 재산내역인 부동산등기부등본과 통장사본 등 관리한 필요한 어머님 재산내역

※ 민법

제9조(성년후견개시의 심판)

① 가정법원은 질병, 장애, 노령, 그 밖의 사유로 인한 정신적 제약으로 사무를 처리할 능력이 지속적으로 결여된 사람에 대하여 본인, 배우자, 4촌 이내의 친족, 미성년후견인, 미성년후견감독인, 한정후견인, 한정후견감독인, 특정후견인, 특정후견감독인, 검사 또는 지방자치단체의 장의 청구에 의하여 성년후견개시의 심판을 한다.

② 가정법원은 성년후견개시의 심판을 할 때 본인의 의사를 고려하여야 한다.

[전문개정 2011. 3. 7.]

제929조(성년후견심판에 의한 후견의 개시)

가정법원의 성년후견개시심판이 있는 경우에는 그 심판을 받은 사람의 성년후견인을 두어야 한다.
[전문개정 2011. 3. 7.]

제936조(성년후견인의 선임)
① 제929조에 따른 성년후견인은 가정법원이 직권으로 선임한다.
② 가정법원은 성년후견인이 사망, 결격, 그 밖의 사유로 없게 된 경우에도 직권으로 또는 피성년후견인, 친족, 이해관계인, 검사, 지방자치단체의 장의 청구에 의하여 성년후견인을 선임한다.
③ 가정법원은 성년후견인이 선임된 경우에도 필요하다고 인정하면 직권으로 또는 제2항의 청구권자나 성년후견인의 청구에 의하여 추가로 성년후견인을 선임할 수 있다.
④ 가정법원이 성년후견인을 선임할 때에는 피성년후견인의 의사를 존중하여야 하며, 그 밖에 피성년후견인의 건강, 생활관계, 재산상황, 성년후견인이 될 사람의 직업과 경험, 피성년후견인과의 이해관계의 유무(법인이 성년후견인이 될 때에는 사업의 종류와 내용, 법인이나 그 대표자와 피성년후견인 사이의 이해관계의 유무를 말한다) 등의 사정도 고려하여야 한다.
[전문개정 2011. 3. 7.]

제941조(재산조사와 목록작성)
① 후견인은 지체 없이 피후견인의 재산을 조사하여 2개월 내에 그 목록을 작성하여야 한다. 다만, 정당한 사유가 있는 경우에는 법원의 허가를 받아 그 기간을 연장할 수 있다.
② 후견감독인이 있는 경우 제1항에 따른 재산조사와 목록작성은 후견감독인의 참여가 없으면 효력이 없다.
[전문개정 2011. 3. 7.]

사례

치매를 앓고 계신 아버지의 재산이 무단으로 분배되었다면

안녕하세요, 법무법인 천명의 경태현 대표변호사입니다.

상속사건을 진행하다 보면 간혹 상속인이 피상속인의 노환 혹은 치매상태를 이용하여 불공평하게 재산을 분배하거나 특정 상속인에게 재산을 모두 증여하게 하는 경우가 있습니다. 추후 이러한 사실을 다른 상속인들이 알게 된다면 정당한 분배나 증여가 아니었다고 주장하며 분쟁이 발생하곤 합니다.

저에게 남겨주신 질문 중에서도 형제가 치매를 앓고 계신 아버지로 하여금 재산을 불공정하게 분배하게 하여 문제가 된 사연이 있었습니다. 오늘은 그 질문을 바탕으로 상속법에 관한 설명을 드리도록 하겠습니다.

Questions ■ ■ ■

안녕하세요, 변호사님. 아버지 유산 관련해서 문제가 생겨서 이렇게 질문 남깁니다.

저희 아버지께서 몇 년간 치매를 앓고 계셔서 지금도 요양원에 계십니다.

아버지께서 가지고 계시던 재산이 총 30억 정도 됩니다.

저희 형제들은 나중에 아버지께서 돌아가시게 되면 어차피 상속을 해야하니 일단은 재산을 그대로 두자고 했습니다.

그런데 얼마 전 여동생을 통해서 아버지 재산 중 5천만 원이 제 몫이라며 들어왔습니다.

저희는 4남매인데 어떻게 내 몫이 5천만 원이냐고 따졌지만 여동생은 아버지의 뜻이라고 합니다. (어머니는 예전에 돌아가셨습니다.)

아버지께서는 가족들 얼굴도 잘 못알아 보시는데 어떻게 재산을 분배하실 수 있나요.

이런 경우 소송을 제기해서 돌려받으면 되는 것인가요?

답변 기다리겠습니다. 감사합니다.

Answers ■ ■ ■

안녕하세요. 성년후견 상속전문 법무법인 천명의 경태현 대표변호사입니다.

귀하의 여동생분께서 아버님의 치매상태를 이용하여 재산을 자의적으로 분배한 상황인 것 같습니다.

아버님의 상태가 정상적이지 않음에도 불구하고 여동생분께서 아버지의 의사와 무관하게 임의로 유산을 분배한 경우에 이는 법률적으로는 무효입니다.

따라서, 이런 경우 가정법원에 아버지를 대신할 성년후견인 신청을 하시고 이를 통해 성년후견인이 지정되면 그 성년후견인이 가정법원의 허가를 받아 무단으로 분배된 재산을 다시 회수하는 조치를 취해야 할 것입니다. 그렇게 재산이 회수된다면 추후 아버지께서 돌아가셨을 때 올바른 법정상속분에 따라 상속절차를 진행하시면 될 것입니다.

만약, 성년후견 신청 도중에 아버님께서 사망하시거나 성년후견신청 등 조치를 취하지 않은 상태에서 돌아가실 경우 귀하는 정당한 상속분에 기초해서 무단으로 분배된 재산에 대해 상속회복청구소송을 제기하셔서 정당한 상속분을 되찾으실 수 있습니다.

다만, 지금 이루어진 재산분배가 진실로 아버지의 의지에 따라 이루어진 재산분배였을 가능성(아버지의 정상적인 의사능력이 확인되거나 미리 작성된 위임장과 유언장 등으로 인해)을 생각해볼 수 있습니다. 만에 하나 지금의 분배가 정당한 분배였다고 하더라도 귀하께서는 추후 아버지 사망이후 최소한 유류분 부족분에 따른 유류분반환청구를 제기하실 수 있습니다.

아버지의 재산은 30억 원이므로 4명의 자녀는 법정상속분은 각 1/4지분씩이므로 각 7억 5000만 원(30억 원/4)의 상속분을 가지게 됩니다. 유류분은 법정상속분의 절반에 해당하는 3억 7500만 원(30억 원/8)이 될 것입니다. 따라서 이 경우 귀하께서는 3억 2500만 원(3억 7500만 원 - 기지급받은 5000만 원)의 유류분부족분을 청구하실 수 있을 것입니다.

※ 민법

제9조(성년후견개시의 심판)
① 가정법원은 질병, 장애, 노령, 그 밖의 사유로 인한 정신적 제약으로 사무를 처리할 능력이 지속적으로 결여된 사람에 대하여 본인, 배우자, 4촌 이내의 친족, 미성년후견인, 미성년후견감독인, 한정후견인, 한정후견감독인, 특정후견인, 특정후견감독인, 검사 또는 지방자치단체의 장의 청구에 의하여 성년후견개시의 심판을 한다.
② 가정법원은 성년후견개시의 심판을 할 때 본인의 의사를 고려하여야 한다.
[전문개정 2011. 3. 7.]

제999조(상속회복청구권)
① 상속권이 참칭상속권자로 인하여 침해된 때에는 상속권자 또는 그 법정대리인은 상속회복의 소를 제기할 수 있다.
② 제1항의 상속회복청구권은 그 침해를 안 날부터 3년, 상속권의 침해행위가 있은 날부터 10년을 경과하면 소멸된다. 〈개정 2002. 1. 14.〉
[전문개정 1990. 1. 13.]

제1115조(유류분의 보전)
① 유류분권리자가 피상속인의 제1114조에 규정된 증여 및 유증으로 인하여 그 유류분에 부족이 생긴 때에는 부족한 한도에서 그 재산의 반환을 청구할 수 있다.
② 제1항의 경우에 증여 및 유증을 받은 자가 수인인 때에는 각자가 얻은 유증가액의 비례로 반환하여야 한다.
[본조신설 1977. 12. 31.]

사 례

지체장애 1급인 가족이 있을 때 상속재산분할협의서 작성하는 법

안녕하세요, 법무법인 천명의 경태현 대표변호사입니다.

가족중에 장애, 질병 등의 사유로 혼자서 삶을 영위하는 것이 어려운 분이 있다면 상속뿐만아니라 여러 법적인 절차를 진행하는 것이 매우 힘들어집니다. 특히 상속의 경우 공동상속인 전원의 동의가 필요한 일들이 많기 때문에 많은 분들이 저희 로펌에 도움을 청하시고 계십니다.

오랜 기간 상속 로펌의 대표변호사로 일하다보면 다양한 사례들을 접하곤 하는데요. 오늘의 주제는 위와 관련된 '지체장애 1급인 가족이 있을 때 상속재산분할협의서 작성하는 법'입니다. 아래 글을 읽어보시고 도움이 되셨으면 좋겠습니다.

Questions ■ ■ ■

변호사님께 상속포기 문제로 상담드리고 싶어서 이렇게 글을 적게 되었습니다. 저는 현재 임대아파트에 거주하고 있고 명의는 아버지로 되어있었습니다. 병원에 계시다가 돌아가셔서 재계약을 할 수 없던 상황이었구요.

알아보니까 상속재산분할협의를 해야지 문제가 해결될 것 같은데 우선 어머니는 가정법원에 상속포기를 할 예정입니다. 문제는 저희 형이 지체장애 1급이어서 상속포기를 스스로 할 수가 없습니다. 법적인 대리인을 구하라고 하는데 어떤 절차를 밟아야하는지 모르겠습니다. 저같은 상황에 처했을 시 어떻게 해야하는지 알려주시면 정말 감사하겠습니다.

Answers ■ ■ ■

안녕하세요. 성년후견 상속전문 법무법인 천명의 경태현 대표변호사입니다.

우선 돌아가신 아버지의 상속인들은 귀하의 어머니와 귀하, 그리고 형님 이렇게 세분입니다. 따라서 법정상속분은 어머니가 1.5지분, 형과 귀하가 각각 1지분씩입니다. 만약 어머님이 가정법원에 상속포기신청을 한 경우에는 형과 귀하가 1/2지분씩 공동상속합니다.

하지만 위 상속분에도 불구하고 귀하는 상속재산분할협의서를 작성하여 단독상속을 진행하시려는 듯합니다. 그런데 상속재산분할협의서 작성은 상속인들 전원의 동의가 필요한데 형님의 지체장애로 인하여 상속재산분할협의서 작성이 어려우시다면 가정법원에 성년후견 신청을 하시는 방법을 고려해볼 수 있습니다.

이런 경우 성년후견을 신청하면서 친족들 중 한명을 임시후견인으로 지정받아 거주보장을 위한 상속재산분할협의서 작성명령 등 사전처분을 받아보시기 바랍니다. 임시처분이 불가능하다면 최대한 빠르게 성년후견결정을 받아 법원의 허가를 통하여 상속재산분할협의서를 작성해야 할 것입니다.

아래에서는 기본적인 어머님의 상속포기 신청방법과 함께 성년후견인 제도에 대해 알려드리도록 하겠습니다.

1) 상속포기 신청서 접수

- 피상속인의 최후 주소지 관할 법원에 접수합니다.

2) 상속포기 수리 및 심판서 결정문 송부

- 상속포기 심사는 서류심사 원칙이라 신고로 진행이 됩니다. 법원의 재량에 따라 기간이 다르지만 일반적으로 2개월 정도 소요됩니다.

3) 수리

– 법원에서 결정문을 받았을 때 '수리한다'라고 기재되어있다면 상속포기 신고가 수리된 것입니다.

4) 각하

– 만약 요건불비로 인하여 각하된 때에는 심판 고지 일로부터 14일내에 항고가 가능합니다.

***성년후견제도란?**

–질병,장애 등의 사유로 정신적 제약을 가진 사람들의 법적 업무 등을 편리하게 봐주고 대리하여 관리해주는 사람을 성년후견인이라고 합니다. 본인을 대신하여 임대차계약이나 금융, 상속업무 등을 대리할 수 있습니다만 모든 사안에서 전부 가능한 것은 아니기 때문에 신청전에 상속전문변호사와 상담을 받아보시는 것을 권해드립니다.

※ 민법

제1041조(포기의 방식)

상속인이 상속을 포기할 때에는 제1019조제1항의 기간내에 가정법원에 포기의 신고를 하여야 한다. 〈개정 1990. 1. 13.〉

제9조(성년후견개시의 심판)

① 가정법원은 질병, 장애, 노령, 그 밖의 사유로 인한 정신적 제약으로 사무를 처리할 능력이 지속적으로 결여된 사람에 대하여 본인, 배우자, 4촌 이내의 친족, 미성년후견인, 미성년후견감독인, 한정후견인, 한정후견감독인, 특정후견인, 특정후견감독인, 검사 또는 지방자치단체의 장의 청구에 의하여 성년후견개시의 심판을 한다.

② 가정법원은 성년후견개시의 심판을 할 때 본인의 의사를 고려하여야 한다.

[전문개정 2011. 3. 7.]

※ 가사소송법

제62조(사전처분)

① 가사사건의 소의 제기, 심판청구 또는 조정의 신청이 있는 경우에 가정법원, 조정위원회 또는 조정담당판사는 사건을 해결하기 위하여 특히 필요하다고 인정하면 직권으로 또는 당사자의 신청에 의하여 상대방이나 그 밖의 관계인에게 현상(현상)을 변경하거나

물건을 처분하는 행위의 금지를 명할 수 있고, 사건에 관련된 재산의 보존을 위한 처분, 관계인의 감호(감호)와 양육을 위한 처분 등 적당하다고 인정되는 처분을 할 수 있다.
② 제1항의 처분을 할 때에는 제67조제1항에 따른 제재를 고지하여야 한다.
③ 급박한 경우에는 재판장이나 조정장은 단독으로 제1항의 처분을 할 수 있다.
④ 제1항과 제3항의 처분에 대하여는 즉시항고를 할 수 있다.
⑤ 제1항의 처분은 집행력을 갖지 아니한다.
[전문개정 2010.3.31.]

※ 가사소송규칙

제32조(사전처분)
① 성년후견, 한정후견, 특정후견 및 임의후견에 관한 사건에 있어서, 가정법원이 법 제62조에 따른 사전처분으로서 직무대행자를 선임한 때에는, 그 직무대행자에 대하여는 특별한 규정이 있는 경우를 제외하고 해당 후견인 또는 해당 후견감독인에 관한 규정을 준용한다.
② 제1항에 따른 직무대행자의 선임처분은 그 선임된 자, 해당 후견인 및 해당 후견감독인에게 고지하여야 하고, 가정법원의 법원사무관등은 지체 없이 사건본인에게 그 뜻을 통지하여야 한다.
③ 가정법원은 상당하다고 인정할 때에는 언제든지 제1항의 직무대행자에게, 사건본인의 신상보호 또는 재산관리에 필요한 명령을 할 수 있고, 그 선임한 직무대행자를 해임하거나 개임할 수 있다.
④ 가정법원이 법 제62조에 따른 사전처분으로 임시후견인을 선임한 경우, 특별한 규정이 있는 경우를 제외하고, 성년후견 및 한정후견에 관한 사건의 임시후견인에 대하여는 한정후견인에 관한 규정을, 특정후견에 관한 사건의 임시후견인에 대하여는 특정후견인에 관한 규정을 각 준용한다.
⑤ 제2항 및 제3항의 규정은 제4항의 임시후견인을 선임한 경우에 이를 준용한다.
⑥ 제1항의 직무대행자에 대하여는 사건본인의 재산 중에서, 제4항의 임시후견인에 대하여는 청구인 또는 사건본인의 재산 중에서 각 상당한 보수를 지급할 것을 명할 수 있다.
[전문개정 2013. 6. 5.]

사 례

이혼한 아버지의 뇌출혈과 상속재산 보존을 위한 성년후견인 신청

Questions ■ ■ ■

아버지 재산상속 문제로 문의드립니다.

저희 부모님은 저와 남동생을 두신 상태에서 14년 전에 이혼하셨습니다.
저희는 이혼 당시 성년이였지만(24살, 22살), 어머님과 그동안 생활해왔습니다.

아버지와 그동안 저는 10년 정도 연락을 서로 안하고 살아왔지만 남동생은 간혹 연락하면서 살아왔습니다.

그런데 지난 달에 남동생에게 고모분이 연락이 왔는데 아버지가 뇌출혈로 쓰러지셔서 중환자실에 있다는 것을 알게 되었습니다.

저와 남동생은 병원에 가서 아버지를 뵈었는데 현재 아버지는 뇌수술을 하고 병원에서 입원치료 중이더라구요. 뇌손상이 심해서 기억력 등이 너무 저하되어 있고 사람도 못알아 보시는 상태입니다.

형제분들인 고모와 작은 아버지가 병원에 모셨다고 합니다.
그런데 문제는 아버지 재산을 고모와 작은 아버지께서 서로 상의해서 처분하거나 나눠가질 것이라는 것을 노골적으로 이야기하는 것입니다.

아직 아버지가 살아계시는데 지금 뇌손상으로 인해 정신상태가 정상이 아닌데 상속인에 해당하는 저와 남동생 허락없이 마음대로 고모와 작은 아버지가 재산을 처분하거나 자신들이 취득할 수 있나요?

만약 이를 방지하려면 어떻게 해야 하나요?
아버지 재산으로는 아파트와 은행예금이 조금 있는 것으로 알고 있습니다.

Answers ■ ■ ■

아버지가 이혼한 상태이고 자녀들이 귀하와 남동생이라면
아버지의 상속인들은 귀하와 동생이고 법정상속분은 각 1/2지분씩입니다.
고모와 작은 아버지는 상속인이 아닙니다.

아버지의 상속은 아버지가 돌아가셔야만 비로소 개시되므로 살아생전에는 귀하와 남동생이 상속을 받을 수 없습니다.

그런데 아버지의 경우 현재 정상적인 의사소통이나 판단능력이 없으므로 이런 상태를 이용해서 무단으로 아버지 소유 재산을 상속인이 아닌 제3자(고모나 작은 아버지)가 처분하거나 증여를 받을 가능성도 있습니다.

이 부분에 대한 안전장치를 하고자 하신다면 귀하와 남동생은 조속히 가정법원에 성년후견 신청을 해서 성년후견인이 지정되도록 해서 함부로 친척등 제3자가 재산을 무단으로 인출, 처분이나 증여를 하지 못하도록 방지해야 할 것입니다.

만약 성년후견이 개시되면 아버지의 재산이 사망시까지 보존되어 아버지의 병원비, 기초 생활비로만 사용될 것입니다. 이후 사망 당시에 잔존하는 상속재산은 귀하와 남동생이 법정지분에 따라 상속받으시면 될 것입니다.

성년후견신청과 성년후견인제도 등 보다 자세한 것은 아래 자료를 지참해서 방문상담을 받아 보시길 바랍니다.

- 아버지 제적등본, 가족관계증명서, 혼인관계증명서, 주민등록초본
- 본인과 남동생의 각 기본증명서, 가족관계증명서, 주민등록초본
- 아버지 재산내역인 부동산등기부등본
- 아버지 병원진단서와 병원진료기록
- 귀하와 동생의 각자 가족관계증명서, 주민등록초본

※ 민법

제9조(성년후견개시의 심판)

① 가정법원은 질병, 장애, 노령, 그 밖의 사유로 인한 정신적 제약으로 사무를 처리할 능력이 지속적으로 결여된 사람에 대하여 본인, 배우자, 4촌 이내의 친족, 미성년후견인, 미성년후견감독인, 한정후견인, 한정후견감독인, 특정후견인, 특정후견감독인, 검사 또는 지방자치단체의 장의 청구에 의하여 성년후견개시의 심판을 한다.

② 가정법원은 성년후견개시의 심판을 할 때 본인의 의사를 고려하여야 한다.

[전문개정 2011. 3. 7.]

제929조(성년후견심판에 의한 후견의 개시)

가정법원의 성년후견개시심판이 있는 경우에는 그 심판을 받은 사람의 성년후견인을 두어야 한다.

[전문개정 2011. 3. 7.]

제936조(성년후견인의 선임)

① 제929조에 따른 성년후견인은 가정법원이 직권으로 선임한다.

② 가정법원은 성년후견인이 사망, 결격, 그 밖의 사유로 없게 된 경우에도 직권으로 또는 피성년후견인, 친족, 이해관계인, 검사, 지방자치단체의 장의 청구에 의하여 성년후견인을 선임한다.

③ 가정법원은 성년후견인이 선임된 경우에도 필요하다고 인정하면 직권으로 또는 제2항의 청구권자나 성년후견인의 청구에 의하여 추가로 성년후견인을 선임할 수 있다.

④ 가정법원이 성년후견인을 선임할 때에는 피성년후견인의 의사를 존중하여야 하며,

그 밖에 피성년후견인의 건강, 생활관계, 재산상황, 성년후견인이 될 사람의 직업과 경험, 피성년후견인과의 이해관계의 유무(법인이 성년후견인이 될 때에는 사업의 종류와 내용, 법인이나 그 대표자와 피성년후견인 사이의 이해관계의 유무를 말한다) 등의 사정도 고려하여야 한다.
[전문개정 2011. 3. 7.]

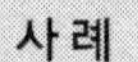

사 례

치매 초기 상태인 어머니를 위한 임의후견계약과 유언공증, 유언대용신탁

Questions

저의 어머니 재산상속 문제로 문의드립니다.

아버지는 오래전 돌아가시고 가족은 어머니, 저, 여동생 2명입니다.
여동생들은 모두 시집가서 출가했고요. 저 역시 결혼해서 어머니를 모시고 살고 있습니다.

어머니는 조그마한 상가주택을 가지고 계시고 임대료 수입으로 생활해오고 계십니다.
근데 최근 80대 초반이 되시니 기억력이 떨어져서 병원에 갔더니 치매 초기 증상이 있다고 합니다.

어머니께서는 가지고 계신 재산 전부를 외아들인 저에게 물려주고 싶어 하십니다. 그래서 증여를 알아 봤더니 증여세가 너무 많이 나와서 유언 혹은 유언대용신탁 등을 고려중입니다.

그리고 걱정거리가 있는데 제 바로 밑 여동생과 그 남편이 간혹 집에 와서 어머니 재산에 대해 언급하시면서 어머니가 치매증상이 있다고 하면서 재산관리는 자신이 하겠다는 등 이상한 소리를 자주 해서 어머니와 저는 불안한 상황입니다.

어머니께서 지금은 치매 초기지만 자신의 의사표현을 명확히 하시고 임대관리도 직접 혹은 저에게 심부름을 시켜 하시고 계십니다.

그런데 만약 추후 어머님이 치매가 중증이 되고 스스로 의사표현도 못하고 재산관리도 직접 못하시게 될 경우 여동생들을 걱정하시면서 법적으로 안전장치가 없는지 변호사님에게 문의해

보라고 하십니다. 어머니 의사는 만약 자신이 치매가 심각해지면 외아들이 저에게 전부 재산관리 등을 맡기고 싶어 하십니다.

이런 상황에서 변호사님이 대한민국에서 가장 유능한 상속전문변호사님으로 알고 있는데 도와줄 방법을 알려주시길 바랍니다.

Answers ■ ■ ■

어머님이 초기 치매라면 아직도 스스로 재산관리와 처분 등을 할 수 있습니다.
귀하의 상황에서 법률적인 안전장치는 2가지를 하시면 될 것입니다.

1. 유언공증 혹은 유언대용신탁

어머니 사망이후 어머니 재산을 전부 외아들인 귀하에게 물려준다는 의사표시를 미리 유언으로 해놓아야 할 것입니다. 이를 명확히 하기 위해선 아래와 같은 서류와 절차를 통해 유언공증을 해놓으시면 될 것입니다.

● 유언공증에 필요한 서류입니다.

① 유언자

- 가족관계증명서
- 주민등록등 또는 초본
- 인감증명서 1통

② 수증자(유언으로 재산을 받을 분 : 예를 들어 귀하, 여려명이라면 여러명 각자)

- 주민등록등본 또는 초본
- 기본증명서(동사무소 발급)
- 미국 시민권자라면 미국여권사본/미국주소(영문과 한글주소 병기- 백지에 기재)/한국국적 상실전 과거 주민번호 자료(제적등본상 주민번호)

③ 증인 2인 : 친인척은 자격이 없고 법적으로 남남이면 됩니다.

- 기본증명서(동사무소 발급)
- 주민등록등본 또는 초본

④ **유언부동산의 등기부등본 전부**

⑤ **유언통장사본, 주식잔고증명서사본**(예금이나 현금을 유언할 경우에 준비)

● 위 서류가 준비되시면 우선 방문상담을 예약해 주시길 바랍니다. 만약 방문이 어렵다면 서류라도 먼저 등기우편이나 스캔해서 이메일(oklawcafe@naver.com)로 보내주시고 전화통화를 (02-592-2434, 02-3481-9870)통해 진행을 해야 할 것입니다.

● 방문상담 혹은 전화상담을 통해 유언장 작성한 후 유증할 시간약속을 하면 될 것입니다. 위 서류를 미리 보내시면 유언장을 미리 작성해 놓고 약속시간에 유언자는 신분증과 인감도장 그리고 증인 2명은 각자 도장(막도장도 가능)과 신분증을 지참해서 방문하시면 될 것입니다. 수증자는 참석할 필요는 없습니다. 하지만 유언자와 증인 2명은 반드시 참석해야 할 것입니다.

위에서 살펴본 유언공증 이외에 수탁자를 귀하로 지정하고 사망전 수익자는 어머니 그리고 사망이후 수익자(권리귀속자)는 귀하로 지정하는 유언대용신탁등기도 가능합니다. 유언대용신탁등기의 장점과 절차 부분은 본 저서 “유언대용신탁”부분을 참고하시길 바랍니다.

2. 임의후견계약 공증

어머니 살아 생전에 추후 치매가 중증으로 심각해졌을 때 사망시까지 어머님이 믿고 의지할 후견인을 미리 외아들인 귀하로 지정해 놓을 수 있습니다. 이를 "임의후견계약"이라고 합니다.

임의후견계약 역시 공증 형태로 작성하시고 가정법원에 임의후견계약등기를 하시면 추후 어머님의 상태가 악화될 경우 귀하는 임의후견인으로서 가정법원에 임의후견감독인의 선임을 청구하여야 하고, 가정법원이 임의후견감독인을 선임한 때부터 임의후견계약에 따른 효력이 발생되어 귀하가 어머님의 성년후견인으로서 지위를 취득하고 권리, 의무가 발생됩니다.

임의후견계약공증에 필요한 서류와 절차는 아래와 같습니다.

● 임의후견계약공증에 필요한 서류입니다.

① 어머님

- 가족관계증명서
- 주민등록등 또는 초본
- 인감증명서 1통
- 후견등기사항부존재 증명서(말소 및 폐쇄사항 포함)=〉가정법원에서 발급

② 임의후견인(외아들인 귀하)

- 주민등록등본 또는 초본
- 기본증명서(동사무소 발급)
- 후견등기사항부존재 증명서(말소 및 폐쇄사항 포함)=〉가정법원에서 발급

③ 증인 2인 : 친인척은 자격이 없고 법적으로 남남이면 됩니다.

- 기본증명서(동사무소 발급)
- 주민등록등본 또는 초본

● 위 서류가 준비되시면 우선 방문상담을 예약해 주시길 바랍니다. 만약 방문이 어렵다면 서류라도 먼저 등기우편이나 스캔해서 이메일(oklawcafe@naver.com)로 보내주시고 전화통화를 (02-592-2434, 02-3481-9870)통해 진행을 해야 할 것입니다.

● 방문상담을 통해 미리 임의후견계약서를 작성한 후 공증할 시간약속을 하면 될 것입니다. 위 서류를 미리 보내시면 임의후견계약서를 미리 작성해 놓고 약속시간에 어머님은 신분증

과 인감도장 그리고 증인 2명은 각자 도장(막도장도 가능)과 신분증을 지참해서 방문하시면 될 것입니다.

※ 임의후견계약공증 후 가정법원에 후견등기신청

후견등기사무는 사건본인(어머니)의 주소지를 관할하는 가정법원에서 처리하며(후견등기에 관한 규칙 제9조 제1항), 후견등기에 관한 법률 제20조 제2항에 따라 후견계약에 관한 등기는 임의후견인이 신청하여야 합니다.

다만, 등기신청 시기에 관하여 명문의 규정은 없으나, 후견등기를 하지 않고 있다가 위임인이 사무를 처리할 능력이 부족한 상황에 빠진 경우, 민법 제936조 제2항의 청구권자가 임의후견계약 사실을 파악하지 못한 채, 성년후견 심판을 청구하게 되면, 본인의 의사에 반하여 임의후견인이 아닌 다른 자가 성년후견인으로 선임될 수 있으므로 후견계약 체결 후 지체 없이 임의후견등기를 신청하도록 하는 것이 바람직합니다.

임의후견인에 의한 후견등기 신청 시 첨부정보로 등기 원인을 증명하는 후견계약 공정증서 정본이 가정법원에 제공되어야 합니다.

※ 민법

제936조(성년후견인의 선임)

① 제929조에 따른 성년후견인은 가정법원이 직권으로 선임한다.

② 가정법원은 성년후견인이 사망, 결격, 그 밖의 사유로 없게 된 경우에도 직권으로 또는 피성년후견인, 친족, 이해관계인, 검사, 지방자치단체의 장의 청구에 의하여 성년후견인을 선임한다.

③ 가정법원은 성년후견인이 선임된 경우에도 필요하다고 인정하면 직권으로 또는 제2항의 청구권자나 성년후견인의 청구에 의하여 추가로 성년후견인을 선임할 수 있다.

④ 가정법원이 성년후견인을 선임할 때에는 피성년후견인의 의사를 존중하여야 하며, 그 밖에 피성년후견인의 건강, 생활관계, 재산상황, 성년후견인이 될 사람의 직업과 경험, 피성년후견인과의 이해관계의 유무(법인이 성년후견인이 될 때에는 사업의 종류와 내용,

법인이나 그 대표자와 피성년후견인 사이의 이해관계의 유무를 말한다) 등의 사정도 고려하여야 한다.
[전문개정 2011. 3. 7.]

제1068조(공정증서에 의한 유언)
공정증서에 의한 유언은 유언자가 증인 2인이 참여한 공증인의 면전에서 유언의 취지를 구수하고 공증인이 이를 필기낭독하여 유언자와 증인이 그 정확함을 승인한 후 각자 서명 또는 기명날인하여야 한다.

※ 후견등기에 관한 법률

제20조(촉탁 또는 신청에 의한 등기)
① 후견등기는 법률에 다른 규정이 있는 경우를 제외하고는 촉탁 또는 신청이 없으면 하지 못한다.
② 이 법 또는 다른 법률에 다른 규정이 있는 경우를 제외하고는 성년후견, 한정후견 또는 특정후견(이하 "성년후견등"이라 한다)에 관한 등기는 성년후견인등이 신청하고, 후견계약에 관한 등기는 임의후견인이 신청한다.
③ 촉탁에 따른 등기절차에 관하여는 법률에 다른 규정이 있는 경우를 제외하고는 신청에 의한 등기에 관한 규정을 준용한다.

※ 후견등기에 관한 규칙

제9조(관할 법원)
① 후견등기사무는 사건본인의 주소지를 관할하는 가정법원에서 처리한다. 다만, 사건본인의 주소가 대한민국에 없거나 그 주소를 알 수 없을 때에는 거소지를 관할하는 가정법원에서 처리하고, 거소가 없거나 거소를 알 수 없을 때에는 마지막 주소지를 관할하는 가정법원에서 처리한다.
② 제1항에도 불구하고 법원의 심판에 따른 후견등기사무는 그 사건의 제1심 가정법원에서 처리한다.
③ 사건본인의 마지막 주소가 대한민국에 없거나 그 주소를 알 수 없을 때에는 대법원 소재지를 관할하는 가정법원에서 처리한다.

사 례

치매 상태에서 이루어진 증여에 대한 증여무효소송

Questions ■ ■ ■

증여무효소송에 대해서 문의 드리려고 합니다.

아버지와 어머니가 상가 건물을 공동으로 소유하고 있었습니다. 그런데 등기부등본에 보면 어머니가 중증치매로 3년 동안 투병하시다가 돌아가시기 직전에 어머니 지분이 아버지에게 증여로 등기가 넘어갔습니다.
그런데 나중에 알고 보니 어머니가 돌아가시고 아버지 단독으로 상가가 되자 3년 후에 아버지는 아들에게 상가를 전부 증여해 주었습니다.
저와 동생이 그 사실을 알고 아버지에게 말하니 아버지가 저희들을 모두 불러 아들에게 건물을 똑같이 나누라고 하셨습니다.

그러나 아들은 이미 아버지가 준 것인데 그것을 딸들인 저희들이 아버지에게 강요하는 것은 받아들일 수 없다고 하면서 아버지 말을 거부했습니다.
그 후에 아버지는 아들이 괘씸하다고 하시면서 소송을 준비하셨지만, 아들을 상대로 소송하는 것이 차마 쉽지 않으셨는지 차일피일 미루다가 얼마 전에 돌아가셨습니다.

그래서 저희가 소송을 하려고 하는데, 답변 부탁드립니다.

1. 어머니가 돌아가시기 직전에 아버지 명의로 어머니 지분이 이전되었는데 그 부분에 대한 무효소송이 가능한지요?
   참고로 어머니는 돌아가시기 전부터 중증치매였기 때문에 증여를 할 수 있는 상황이 아니었습니다.

2. 만일 증여가 무효로 인정받는다면 어머니 지분에 해당하는 것 중에 저희 몫을 찾아 올 수 있는지요

3. 어머니에게서 아버지에게 등기가 넘어간 때로 오래 되었는데 어머니 동의 없이 넘어 갔다는 것을 증명할 수 있는지요, 있다면 어떤 방법으로 증명할 수 있는지요.

Answers ■ ■ ■

안녕하세요. 증여무효소송 상속전문 경태현 변호사입니다.

질문하신 내용은 오래 전에 증여된 부동산에 대한 무효소송을 보입니다.

아버지 명의로 이전된 부동산의 등기부등본의 접수일과 등기원인일 그리고 당시 어머니의 중증치매 상태, 인감발급대장과 대리발급여부 등을 포함해서 관련 증거를 수집하면, 당시 어머니가 정상적인 상태에서 증여해 준 것인지 아니면 어머니의 동의 없이 아버님이 일방적으로 등기를 이전한 것인지 어느 정도 확인이 가능할 것으로 보입니다.

그러나 등기소의 경우 소유권이전에 필요한 등기신청서는 통상 5년만 보관하기 때문에 등기일로 부터 5년이 지났다면 자료가 폐기되어 당시 서류를 확인하는데 어려움이 있을 것으로 보입니다.

따라서 일단 어머니의 치매관련해서 사망한 날까지 입원 혹은 진료받은 병원을 방문해서 병원진료기록과 간호기록 등을 발급받아 당시 어머니의 중증치매상태와 외출 여부 등을 확인할 필요가 있습니다.

만일 이러한 과정을 통해서 어머니의 의사와 무관하게 증여가 이루어졌다면 증여무효소송의 승소가능성이 있습니다.

증여무효소송은 법률적으로는 공동상속인들의 공동상속재산에 해당하므로 상속인 1인이 보존행위로서 가능하고, 귀하의 정당한 상속분에 대한 부당이득반환청구 내지 불법행위로 인한 손해배상청구를 하는 것으로서 이는 실질적으로 상속을 원인으로 하는 상속회복청구 소송의 형식의 일환에 해당합니다.

다만 이러한 증여무효소송은, 결국 어머니의 동의와 당시 어머니의 상태 등에 대한 구체적 증명이 중요한데 이 부분을 어떻게 증명할 것인지가 문제가 될 것으로 보입니다.

따라서 일단 병원진료기록과 당시 어머니에 대한 인감발급대장을 먼저 출력해서 확인하신 후 아래 자료를 지참해서 방문상담을 해주시기 바랍니다.

- 어머니와 아버지의 기본증명서, 가족관계증명서, 말소자초본
- 증여된 부동산의 등기부등본
- 어머니 병원진료기록 중 치매관련해서 사망한 날까지의 진료기록 일체
- 어머니의 인감증명발급대장
- 기타 사실관계를 증명하는데 도움이 될 수 있는 자료 일체

※ 민법

제265조(공유물의 관리, 보존)
공유물의 관리에 관한 사항은 공유자의 지분의 과반수로써 결정한다. 그러나 보존행위는 각자가 할 수 있다.

제741조(부당이득의 내용)
법률상 원인없이 타인의 재산 또는 노무로 인하여 이익을 얻고 이로 인하여 타인에게 손해를 가한 자는 그 이익을 반환하여야 한다.

제750조(불법행위의 내용)
고의 또는 과실로 인한 위법행위로 타인에게 손해를 가한 자는 그 손해를 배상할 책임이 있다.

제999조(상속회복청구권)
① 상속권이 참칭상속권자로 인하여 침해된 때에는 상속권자 또는 그 법정대리인은 상속회복의 소를 제기할 수 있다.
② 제1항의 상속회복청구권은 그 침해를 안 날부터 3년, 상속권의 침해행위가 있은 날부터 10년을 경과하면 소멸된다. 〈개정 2002. 1. 14.〉
[전문개정 1990. 1. 13.]

사 례

증여무효소송과 유류분소송의 관계

Questions ■ ■ ■

아버지가 돌아가셨고 상속인은 어머니와 3남 1녀가 있습니다.

장남과 차남은 아버지로부터 사망직전에 건물을 절반씩 증여받았고, 삼남도 아파트를 증여받았습니다. 저(1녀)는 아무 재산도 받지 못했습니다.

그런데 아버지가 돌아가시고 정말 조그만 땅이 남았는데 장남과 차남은 저에게 그 땅을 주는 것에 찬성했는데 삼남은 그것마저도 똑같이 4등분하자고 합니다.

그래서 유류분반환청구소송을 하려고 합니다.

그런데 아버지가 돌아가시기 한달 전쯤에 건물과 아파트가 아들들에게 명의이전됐는데 그때는 이미 아버지가 중환자실에 계셔서 정상적인 상태가 아니여서 재산을 줄 수 있는 상태가 아니었습니다.

혹시 중환자실에서 무단으로 명의이전된 부분을 증여무효소송을 통해서 혹은 유류분청구소송을 하면 똑같이 나눌 수 있을까요?

Answers ■ ■ ■

안녕하세요. 상속전문 법무법인 천명 경태현 대표변호사입니다.

아버지가 사망하고 상속인으로 어머니와 자녀들 4명이 있다면, 원칙적으로 법정상속지분은 어머님이 1.5지분, 자녀들이 각 1지분씩입니다. 이를 분모로 이해하기 쉽게 표시하면 어머님이 3/11지분, 자녀들이 각 2/11지분씩입니다.

그리고 최소한 보장되어야 할 유류분은 법정상속분의 절반이므로 귀하의 유류분은 1/11지분이 됩니다.

따라서 원칙적으로 귀하가 유류분청구소송을 하면 아무 재산도 증여받지 못한 귀하가 남은 잔존상속재산을 어머니 3/5지분, 귀하가 2/5지분을 상속받고 나머지 부족한 유류분을 청구할 수 있는데, 이때 청구가 가능한 유류분은 장남, 차남, 삼남이 증여받은 건물과 아파트 그리고 상속으로 남은 토지를 더한 금액의 1/11지분에 귀하가 잔존상속재산에서 상속받은 2/5지분에 해당하는 금액을 뺀 금액이 됩니다.

그러므로 귀하가 상속 혹은 유류분청구소송을 통해서 받게 되는 전체재산은 전체 재산의 유류분비율 1/11지분을 초과할 수 없습니다. 결국 유류분청구소송만으로는 귀하가 다른 상속인과 똑같이 나눌 수 없습니다.

그런데 장남, 차남, 3남에게 건물과 아파트가 증여될 당시에 아버님의 정신상태가 해당 부동산들을 증여할 수 없는 중환자실 상태였다면, 귀하는 아들들을 상대로 증여 무효를 주장할 수 있습니다.

물론 등기의 추정력으로 인해서 증여무효에 대한 증명책임은 귀하에게 있으나 만일 증여무효가 증명되면 아들들에게 명의이전된 건물과 아파트는 다시 공동상속재산이 되므로 어머니가 3/11지분, 귀하와 아들들이 각 2/11지분씩 공평하게 법정상속분에 따라 취득하게 됩니다.

그런데 이러한 경우에도 만일 아들들이 위 건물과 아파트 이외에 또 다른 재산을 증여받은 사실이 증명되면 그만큼은 상속에서 공제되므로 귀하가 취득할 구체적 상속분은 그만큼 더 올라가게 될 것입니다(이 경우 별도의 상속재산분할심판청구가 필요할 수도 있습니다).

따라서 이런 경우 우선적으로 귀하는 법정상속분의 절반인 유류분을 청구할 것이 아니라 법정상속분을 기준으로 취득할 수 있는 증여무효소송을 먼저 신청해야 할 것입니다.

물론 귀하의 이러한 무효주장이 받아들여지지 않을 수 있습니다.

그러나 귀하의 증여무효 주장이 받아들여지지 않는다고 하더라도 최소한의 유류분을 반환받는 데는 아무런 문제가 없습니다.

이런 상황에서 귀하가 취해야 할 구체적 소송방식으로는 "주위적으로 증여무효소송, 예비적으로 유류분반환청구소송"을 장남, 차남, 삼남을 상대로 진행하시면 될 것입니다.

※ 민법

제265조(공유물의 관리, 보존)
공유물의 관리에 관한 사항은 공유자의 지분의 과반수로써 결정한다. 그러나 보존행위는 각자가 할 수 있다.

제741조(부당이득의 내용)
법률상 원인없이 타인의 재산 또는 노무로 인하여 이익을 얻고 이로 인하여 타인에게 손해를 가한 자는 그 이익을 반환하여야 한다.

제750조(불법행위의 내용)
고의 또는 과실로 인한 위법행위로 타인에게 손해를 가한 자는 그 손해를 배상할 책임이 있다.

제999조(상속회복청구권)

① 상속권이 참칭상속권자로 인하여 침해된 때에는 상속권자 또는 그 법정대리인은 상속회복의 소를 제기할 수 있다.

② 제1항의 상속회복청구권은 그 침해를 안 날부터 3년, 상속권의 침해행위가 있은 날부터 10년을 경과하면 소멸된다. 〈개정 2002. 1. 14.〉

[전문개정 1990. 1. 13.]

제1115조(유류분의 보전)

① 유류분권리자가 피상속인의 제1114조에 규정된 증여 및 유증으로 인하여 그 유류분에 부족이 생긴 때에는 부족한 한도에서 그 재산의 반환을 청구할 수 있다.

② 제1항의 경우에 증여 및 유증을 받은 자가 수인인 때에는 각자가 얻은 유증가액의 비례로 반환하여야 한다.

[본조신설 1977. 12. 31.]

사례

사망 1달 전 투병 중인 상태에서 증여된 재산에 대한 증여무효소송과 유류분소송

Questions

저희 집안 재산상속에 대해서 여쭤봅니다.

저희 집은 부모님과 5남매(2남 3녀)입니다. 저는 차남입니다.

저희 아버지 땅이 총 2500평 현시가 10억 정도 되는 걸로 알고 있습니다.

앞으로 발전지역이어서 제 생각에는 시간이 지나면 가치가 상승할 것 같습니다.

항상 생전에 아버지가 옛날 분이셔서 땅에 대해서 형하고 저한테 반반 주신다고 항상 말씀하셨습니다.

나머지 자매들도 늘 들었던 이야기입니다.

그런데 아버지가 2014년 8월경 대장암으로 돌아가셨는데 돌아가시기 1달 전쯤 암말기 판정받고 병원 입원 중에 형은 이대로 돌아가시면 재산이 분할되니까 막으려고 간호를 돌아가면서 했는데 형이 혼자 간호할 때 지속적으로 "자기한테 상속해 주면 알아서 잘 나누겠다. 저랑 공동명의로 하면 돈이 더 든다. 누나들한테 빼앗긴다." 이런 식으로 아버지를 강요,설득하여 입원 중이어서 병원에서 나가면 안 되는 상황에서 몰래 아버지 데리고 법무사 사무실에 가서 모두 자신의 명의로 증여등기를 했습니다.

그래서 아버지 장례 치르고 나서 저는 형에게 상속에 관해서 물어보니 "돈 욕심 내냐? 그거 믿고 생활했냐?"는 식으로 난처하게 만들면서 알아서 하겠다는 식으로 계속 이야기했습니다.

제가 지분을 얼마나 줄 거냐고 지속적으로 물어봐도 막무가내로 대답을 회피하였고 마지막엔 10%도 안 되는 대답을 하였습니다. 그 또한 각서나 아무런 증거자료 없이 말로만 이야기하였습니다.

그리고 누나들도 형에게 재산분배를 요구했지만 아직까지도 아무런 답변이 없는 상태입니다. 아버지 평소 말씀대로 분할할 수는 없나요?

아버지가 투병 중인 상태에서 사망하기 1달 전에 아버지를 데리고 가서 일방적으로 진행한 증여는 무효 아닌가요?

벌써 아버지가 사망한 지 1년이 가까이 되는데 제가 법적으로 어떤 방법을 취해야 하나요?

Answers ■ ■ ■

안녕하세요, 증여무효소송 및 유류분소송 법무법인 천명의 경태현 대표변호사입니다.

원칙적으로 아버님이 생전에 증여나 유언이 없이 사망한 경우에는 어머님이 1.5지분 자녀들이 각 1지분씩 공동상속받고 이를 분모화하면 어머님이 3/13지분, 자녀들이 각 2/13지분씩 공동상속받습니다.

다만, 아버님의 평소 말씀에 대한 자필유언장이나 녹음유언 등 자료가 없다면 구두유언에 불과해서 법적인 효력이 없습니다.

그리고 망인이 비록 투병중이였고 완전히 의사무능력 상태(중증치매 혹은 중환자실, 식물인간 등)라는 것을 입증할 수 있다면 증여무효소송에서 승소할 수 있고 이를 입증하지 못하거나 입증이 부족할 경우 증여는 무효화되지 않을 것입니다. 따라서 귀하는 증여무효소송을 제기할 수 있지만 무효를 입증할 구체적인 병원진료기록 등을 준비해야 할 것입니다.

만약 병원진료기록감정 등을 통해서 증여무효를 입증할 수 없다면 이미 아버님 생전에 형님이 전부 아버님 재산을 증여로 받은 경우가 되어 이 경우 나머지 자녀들은 원래 상속분 2/13지분의 절반인 1/13지분씩에 대해 형님을 상대로 유류분반환청구를 할 수 있습니다. 물론 어머니 역시 자신의 법정상속분 3/13지분의 절반인 3/26지분에 대한 유류분반환청구를 할 수 있습니다.

귀하를 포함한 형제들은 먼저 형님과 협의해서 상속재산분배에 관한 이행각서 등 서류로 받아보시고 이것이 쉽지 않는다면 곧바로 형님을 상대로 "주위적으로는 증여무효소송, 예비적 으로는 유류분반환청구소송 그리고 가처분소송"을 모두 진행해야 할 것입니다.

참고로 증여무효소송은 그 기간제한이 별도로 없지만, 유류분소송은 아버님 사망 이후 그 증여사실을 안날로부터 1년 이내에 제기해야 단기소멸시효가 있으므로 귀하는 가능한 아버님 사망일로부터 1년 이내에 조속히 유류분소송을 제기해야 할 것입니다.

구체적인 증여무효소송과 유류분소송 등 보다 구체적인 것은 아버님의 기본증명서, 가족관계증명서, 주민등록말소자초본, 아버님의 생전에 보유했다가 증여된 부동산등기부등본등을 지참해서 방문상담을 해주시길 바랍니다.

※ 민법

제265조(공유물의 관리, 보존)

공유물의 관리에 관한 사항은 공유자의 지분의 과반수로써 결정한다. 그러나 보존행위는 각자가 할 수 있다.

제741조(부당이득의 내용)

법률상 원인없이 타인의 재산 또는 노무로 인하여 이익을 얻고 이로 인하여 타인에게 손해를 가한 자는 그 이익을 반환하여야 한다.

제750조(불법행위의 내용)

고의 또는 과실로 인한 위법행위로 타인에게 손해를 가한 자는 그 손해를 배상할 책임이 있다.

제999조(상속회복청구권)
① 상속권이 참칭상속권자로 인하여 침해된 때에는 상속권자 또는 그 법정대리인은 상속회복의 소를 제기할 수 있다.
② 제1항의 상속회복청구권은 그 침해를 안 날부터 3년, 상속권의 침해행위가 있은 날부터 10년을 경과하면 소멸된다. 〈개정 2002. 1. 14.〉
[전문개정 1990. 1. 13.]

제1115조(유류분의 보전)
① 유류분권리자가 피상속인의 제1114조에 규정된 증여 및 유증으로 인하여 그 유류분에 부족이 생긴 때에는 부족한 한도에서 그 재산의 반환을 청구할 수 있다.
② 제1항의 경우에 증여 및 유증을 받은 자가 수인인 때에는 각자가 얻은 유증가액의 비례로 반환하여야 한다.
[본조신설 1977. 12. 31.]

사례

제3자(내연녀, 동거녀, 사실혼 배우자)에게 증여된 경우 증여무효소송과 유류분소송

Questions ■ ■ ■

저희 작은 아버님이 간암 등으로 투병하시다가 작년 9월경에 운명하셨습니다.
유족으로는 작은 어머님과 이혼하고 딸만 2명입니다.

작은 아버님은 아파트 1채(시가 2억 원)을 보유하고 계셨는데, 작년 5월경 평소에 내연관계로서 간병을 해주었던 여자분에게 아파트 명의를 증여로 이전해 주었습니다.
현재 딸 2명이 증여사실을 알고 매우 분개하고 있는 상황입니다. 내연녀에게 아파트를 돌려달라고 요구하고 있는데, 내연녀는 돌려줄 생각이 전혀 없어 뵙니다.

아마도 딸들이 증여무효소송을 제기해야 할 것 같습니다. 유류분은 최소한 보장되지 않나요?

1. 딸들이 증여무효를 주장해서 내연녀의 아파트 명의를 다시 되찾을 수 있나요?
2. 만약 유류분을 반환받는다면 어느 정도인가요?
3. 할머님이 살아 계시는데 할머님은 유류분권이 없나요?

Answers ■ ■ ■

안녕하세요. 상속전문 법무법인 천명의 대표변호사 경태현입니다.

작은 아버지의 내연녀에 대한 사전증여에 대한 증여무효소송과 유류분반환청구소송에 대한 질문입니다.

순차적으로 답변 드리겠습니다.

1. 딸들이 증여무효를 주장해서 내연녀의 아파트 명의를 다시 되찾을 수 있나요?

: 딸들은 증여로 이전된 부분에 대해 무효를 원인으로 소유권이전등기말소소송을 제기하거나 유류분반환청구소송을 제기할 수 있습니다.

다만, 무효로 인해 승소하기 위해서는 망인 건강상태로 볼 때 망인의 자유의사가 아닌 무단, 강압, 혹은 사기 또는 서류위조를 한 것을 입증해야만 가능합니다.

따라서 투병 당시 병원진료 등을 통해서 망인의 의사가 아닌 무단으로 증여등기를 한 것인지를 먼저 확인해야 하고 이를 기초로 증여무효소송을 진행해야 할 것입니다.

2. 만약 유류분을 반환받는다면 어느 정도인가요?

: 작은 아버지의 상속인들은 이혼하였으므로 딸들 2명만 법정상속인입니다.

이혼한 어머니는 상속인이 아니고 혼인신고하지 않은 내연녀, 동거녀, 사실혼배우자 모두 상속인이 아닙니다. 그리고 할머니 역시 딸들이 있으므로 후순위로서 선순위 상속인이 아닙니다.

딸들은 원래 각자 1/2의 법정상속권을 갖고 있으므로 유류분은 그 절반인 각 1/4지분씩을 내연녀에게 유류분반환청구를 할 수 있습니다.

여기서 내연녀의 경우 상속인이 아닌 제3자이지만 사망하기 1년이내에 증여받은 경우이므로 민법 제1114조 전문에 의해서도 당연히 유류분반환의무를 부담하게 됩니다.

3. 할머님이 살아 계시는데 할머님은 유류분권이 없나요?

: 현재 망인의 상속인은 직계비속인 딸 2명이고 망인의 직계존속은 상속인이 아닙니다.

따라서, 할머님은 상속권자가 아니므로 유류분권도 없습니다.

구체적인 증여무효소송과 유류분반환청구소송 등은 망인의 기본증명서, 가족관계증명서, 부동산등기부등본, 병원진료기록 등 관련자료를 모두 지참해서 방문상담을 해주시길 바랍니다.

※ 민법

제741조(부당이득의 내용)
법률상 원인없이 타인의 재산 또는 노무로 인하여 이익을 얻고 이로 인하여 타인에게 손해를 가한 자는 그 이익을 반환하여야 한다.

제750조(불법행위의 내용)
고의 또는 과실로 인한 위법행위로 타인에게 손해를 가한 자는 그 손해를 배상할 책임이 있다.

제1115조(유류분의 보전)
① 유류분권리자가 피상속인의 제1114조에 규정된 증여 및 유증으로 인하여 그 유류분에 부족이 생긴 때에는 부족한 한도에서 그 재산의 반환을 청구할 수 있다.
② 제1항의 경우에 증여 및 유증을 받은 자가 수인인 때에는 각자가 얻은 유증가액의 비례로 반환하여야 한다.
[본조신설 1977. 12. 31.]

제999조(상속회복청구권)
① 상속권이 참칭상속권자로 인하여 침해된 때에는 상속권자 또는 그 법정대리인은 상속회복의 소를 제기할 수 있다.
② 제1항의 상속회복청구권은 그 침해를 안 날부터 3년, 상속권의 침해행위가 있은 날부터 10년을 경과하면 소멸된다. 〈개정 2002. 1. 14.〉
[전문개정 1990. 1. 13.]

제1114조(산입될 증여)
증여는 상속개시 전의 1년간에 행한 것에 한하여 제1113조의 규정에 의하여 그 가액을 산정한다. 당사자 쌍방이 유류분권리자에 손해를 가할 것을 알고 증여를 한 때에는 1년 전에 한 것도 같다.

사 례

이미 증여된 재산을 반환받는 방법(부담부증여 계약해제)

Questions ■ ■ ■

저의 아버지 재산관련 문의입니다.
저희 가족은 아버지, 어머니, 2남 2녀입니다.
저는 막내딸입니다.

아버지는 2008년경 용인 지역 3층 상가를 절세를 위해서 1남에게 증여하였습니다.
하지만, 그 상가에서 나오는 월세는 1남이 올해 2월 초까지 계속 1남이 아버님에게 꼬박꼬박 보내왔습니다.
그런데 올해 3월에 갑자기 아버지와 1남이 말다툼을 하면서 1남이 3월부터 아버지에게 월세를 보내지 않았습니다.

월세를 보내지 않아 대노하신 아버지께서 1남에게 내용증명을 보내셨습니다. 내용증명에서는 "이미 증여한 상가를 원상회복하라"입니다.
그러자 1남이 내용증명으로 "상가는 원래 자신의 몫이라며 반환할 수 없다"고 했습니다.

아버지는 1남의 배신에 더욱 화가 나서 1남을 상대로 소송까지 불사하겠다고 하십니다.
아버지가 1남을 상대로 소송을 한다면 상가를 찾아 올 수 있나요?

Answers ■ ■ ■

안녕하세요. 부담부 증여계약 법무법인 천명의 경태현 대표변호사입니다.

원칙적으로 아버님이 1남에게 순수한 애정 혹은 재산물림 목적으로 증여한 것이라면 즉, 무조건적 증여였다면 1남에게 증여재산에 대해 반환청구를 할 수 없습니다.

그러나 아버님이 상가를 증여하되 다만, 월세 지급을 받는 부담 내지 조건으로 1남에게 부동산을 증여한 경우(이를 부담부증여계약이라고 합니다), 증여된 이후 1남이 부담의무를 위반해서 월세지급을 중단한 경우에는 부담부증여(조건부증여)를 해제통보하고 소유권반환소송을 제기할 수 있습니다.

아버님이 내용증명을 보낸 것이 부담부증여계약을 해제통보한 것으로 해석할 수 있습니다.

다만, 아버님이 부담부증여로서 부담불이행을 이유로 계약을 해제하고 소송에서 승소하시려면 기본적으로 부담부증여계약인 사실과 부담인 월세지급을 중단한 사실을 입증해야 할 것입니다.

결국 소송을 제기한다면 귀하의 아버님의 사례가 부담부증여인지 여부가 핵심이 될 것으로 보이고 부담부증여로 구성해서 실제 소송을 진행해야 할 것입니다.

보다 구체적인 것은 아버님의 가족관계증명서, 주민등록초본, 증여한 부동산등기부등본(2건), 월세지급근거 통장내역서, 내용증명 등을 지참해서 방문상담을 해주시길 바랍니다.

※ 민법

제558조(해제와 이행완료부분)

전3조의 규정에 의한 계약의 해제는 이미 이행한 부분에 대하여는 영향을 미치지 아니한다.

제561조(부담부증여)
상대부담있는 증여에 대하여는 본절의 규정외에 쌍무계약에 관한 규정을 적용한다.

제543조(해지, 해제권)
① 계약 또는 법률의 규정에 의하여 당사자의 일방이나 쌍방이 해지 또는 해제의 권리가 있는 때에는 그 해지 또는 해제는 상대방에 대한 의사표시로 한다.
② 전항의 의사표시는 철회하지 못한다.

제548조(해제의 효과, 원상회복의무)
① 당사자 일방이 계약을 해제한 때에는 각 당사자는 그 상대방에 대하여 원상회복의 의무가 있다. 그러나 제삼자의 권리를 해하지 못한다.
② 전항의 경우에 반환할 금전에는 그 받은 날로부터 이자를 가하여야 한다.

사 례

상속재산분할심판 중 상대방이 위조 유언장을 제출했습니다!!!

안녕하세요. 법무법인 천명의 경태현 대표변호사입니다.

유언효력확인소송(유언무효확인소송)은 유언의 유무효 여부를 법원에 확인 요청하는 민사소송입니다. 유언이 제대로 된 형식과 요건을 갖추고 있지 않거나, 유언자의 의사를 반영하고 있지 않거나, 위조된 등의 사유가 있다면 법적인 효력을 가질 수 없기 때문에 효력이 의심되는 사유가 있다면 법원의 절차와 판결을 통해 유언의 효력을 확인받는 것이지요.

오늘은 상속재산분할심판청구소송과 유언효력확인소송(유언무효확인소송)의 관계 등에 대해 저희 법무법인 천명을 찾아주신 사례를 바탕으로 설명 드리고자 합니다.

Questions ■ ■ ■

안녕하세요, 유언 관련해서 궁금한 점이 생겨서 질문 남기게 되었습니다.

아버지께서 얼마전 돌아가셔서 다른 상속인들과 협의를 통해 재산을 분할하려고 노력하였으나 잘 이루어지지 않아 결국 상속재산분할심판청구소송으로 넘어가게 되었습니다.
그런데 그 소송에서 상대방이 위조로 의심되는 유언장을 제출했습니다.
저는 유언무효확인청구소송을 해서 그 결과를 상속재산분할심판청구소송 재판부에 제출하려고 합니다.

이런 경우 저는 어떻게 진행해야 할까요?

변호사님의 현명한 조언 부탁드리겠습니다.

Answers ▪▪▪

피상속인이 별도의 유언을 남기지 않고 사망했다면 상속재산에 대해 상속재산분할심판청구를 통해 구체적인 분할절차를 밟을 수 있습니다.

그러나 유언이 존재한다면 곧바로 상속재산분할심판청구 진행이 불가능하고 먼저 유언효력확인소송(유언무효확인소송)에서 유언의 유효 및 무효여부를 다투어야 합니다.
만약 무효일 경우 상속재산분할심판청구를 다시 진행해야 하고, 유효할 경우에는 유류분문제로 진행해야 합니다.

그러므로 상속재산분할심판청구에서 상대방측이 유언장을 제출하였는데, 그 유언이 위조 등의 사유로 무효로 보인다면 소송의 진행을 위해서 유언효력확인소송(유언무효확인소송) 내지 상속회복청구소송을 통한 유언의 효력에 대한 민사법원의 판결이 먼저 필요할 것입니다.

이때 민사법원으로부터 유언무효판결을 받게 된다면 유언은 존재하지 않게 되는 것이므로 가정법원에서 중단되었던 상속재산분할심판청구를 다시 진행하시면 됩니다.

그러나 만약 유언유효판결을 받게 된다면 앞서 말씀드렸듯 그 유효한 유언부분만큼은 상속재산분할심판청구를 진행할 수 없기 때문에 상속재산분할심판청구를 취하해야 하고 유류분반환청구소송으로 진행하셔야 할 것으로 보입니다.

이때 유언공증으로 유증등기 등 유언집행이 이미 완료된 경우 유언무효를 주장하는 상속인이 유언무효확인소송(소유권말소청구소송 혹은 진정명의회복청구소송)을 제기하게 되는데 이는 상속회복청구소송에 해당하므로 그 제척기한인 3년 내에 제기해야 합니다.

그리고 만에 하나 유언이 유효로 판결될 경우를 대비해서 예비적으로 유류분청구를 해야 하는데 유류분반환청구소송은 소멸시효기간을 준수해야 하므로 원칙적으로 유언의 존재를 안 날로부터 1년 내에 제기해야 할 것입니다. 따라서, 이런 경우 기한준수를 위해서 주위적으로는 유언무효확인소송(소유권말소청구소송 혹은 진정명의회복청구소송), 예비적으로는 유류분반환청구소송을 제기하는 것이 일반적입니다.

자필유언의 경우 자필유언장을 주장하는 상속인이 통상적으로는 유언검인을 거쳐 유언효력확인소송을 민사법원에 제기하면 필적감정신청, 진료기록감정 등 법원감정을 통해 유언의 유무효 여부를 가리게 됩니다. 이때 필적감정절차 또는 진료기록감정절차는 민사법원 해당 판사가 감정평가사 혹은 병원이나 의사를 지정하여 자필유언장 원본을 감정하게 하거나 진료기록을 감정하게 할 것입니다.

위와 같이 상속재산분할심판청구소송 도중에 유언장을 주장하는 사안이 발생될 경우 유언공증인지 아니면 자필유언인지 여부 그리고 그 효력유무에 따라 소송방식, 소송절차 등이 복잡해집니다. 따라서, 싱세한 소송비용 및 소송기간은 귀하 사안의 관련 소송기록과 쟁점 사항 등을 살펴보았을 때 그 복잡성 여부에 따라 달라질 것입니다. 그러므로 귀하께서 더 자세하고 구체적인 진행은 관련 자료를 최대한 준비해서 방문상담해주시는 것이 바람직할 것으로 보입니다.

※ 민법

제999조(상속회복청구권)

① 상속권이 참칭상속권자로 인하여 침해된 때에는 상속권자 또는 그 법정대리인은 상속회복의 소를 제기할 수 있다.

② 제1항의 상속회복청구권은 그 침해를 안 날부터 3년, 상속권의 침해행위가 있은 날부터 10년을 경과하면 소멸된다. 〈개정 2002. 1. 14.〉

[전문개정 1990. 1. 13.]

제1115조(유류분의 보전)

① 유류분권리자가 피상속인의 제1114조에 규정된 증여 및 유증으로 인하여 그 유류분에 부족이 생긴 때에는 부족한 한도에서 그 재산의 반환을 청구할 수 있다.

② 제1항의 경우에 증여 및 유증을 받은 자가 수인인 때에는 각자가 얻은 유증가액의 비례로 반환하여야 한다.
[본조신설 1977. 12. 31.]

제1117조(소멸시효)
반환의 청구권은 유류분권리자가 상속의 개시와 반환하여야 할 증여 또는 유증을 한 사실을 안 때로부터 1년내에 하지 아니하면 시효에 의하여 소멸한다. 상속이 개시한 때로부터 10년을 경과한 때도 같다.
[본조신설 1977. 12. 31.]

사례

유언공증에 대한 유언무효확인소송과 유류분반환청구소송의 관계

Questions

할아버지께서 최근 92세로 돌아가셨습니다.
유족은 1남 2녀입니다. 할머니는 2년전에 먼저 돌아가셨습니다.

할아버지는 5년전부터 치매진단을 받고 요양원에서 생활하셨습니다.
장례를 치르고 1남이 유언공증서를 내놓으시면서 1달전에 유언공증을 하셨다고 합니다.
유언공증서를 보니 모든 재산을 장남과 장손에게만 상속한다고 기재되어 있었습니다.
그리고 증인2명은 전혀 모르는 사람인데 나이로 볼때 장손 친구들로 보입니다.

할아버지가 치매가 중증이라서 할아버지 의사로 유언공증하였는지 너무나 의심스럽습니다.
협박 등으로 강제로 작성하게 한 것은 아닌지도 의문입니다.
유언공증서에 할아버지가 자필로 이름을 쓰신 것도 너무 떨려서 작성되어 이것도 할아버지 자필인지도 의심스러운 상황입니다.

평소 할아버지께서는 재산을 자녀들에게 균등하게 물려주시겠다고 하셨거든요
유언공증을 무효화할 수 있나요? 유언공증을 무효화하는 것이 어렵다고 하던데 어떤 자료를 준비해야 하나요?

그리고 만약 유언무효가 안된다면 유류분을 주장해야 할 것 같은데 유언무효확인소송과 유류분소송 2가지를 모두 제기해야 하나요?

Answers ■ ■ ■

할아버지의 상속인은 3남매이고 법정상속분은 각 1/3지분씩입니다.
그리고 유류분은 법정상속분의 절반이므로 각 1/6지분씩입니다.

일반적으로 유언공증이 존재하는 경우 공증의 강력한 추정력이 있어 무효화하는 것은 매우 어렵습니다.

하지만, 유언공증이라고 해서 절대적으로 유효하지는 않습니다.

즉, 1)유언자의 정신상태가 중증치매 등 정상적이지 않다는 것 또는 2)강제로 작성했다는 것을 입증하거나 3)유언공증 당시에 증인 2명이 입회하지 않았거나 혹은 증인결격자가 참석한 경우 또는 4)유언공증서상에 유언자의 필적이 아니라는 것을 필적감정 등으로 적극적으로 입증하면 해당 유언공증도 무효가 될 것입니다.

그러므로 위와 같은 유언공증의 무효사유에 해당하는 지에 대한 증거수집(위 1내지4)을 적극적으로 해서 유언무효확인소송(소유권말소청구소송 혹은 진정명의회복청구소송) 등을 진행해야 할 것입니다.

특히 1)과 관련된 유언자의 치매 관련 병원진료기록을 치매진단 후 요양원에서 사망할 때까지의 발급받아 이를 적극적으로 검토, 입증해야 할 것으로 보입니다.

만에 하나 유언무효가 입증부족 등으로 인정되지 않는다면 다른 상속인들은 예비적으로 법정상속분의 절반에 해당하는 유류분반환청구소송을 진행해야 할 것입니다.

구체적인 소송방법은 주위적으로 유언무효확인소송(소유권말소청구소송 혹은 진정명의회복청구소송)을, 예비적으로 유류분반환청구소송을 하나의 소송으로 동시에 진행할 수 있습니다. 특히 유류분반환청구소송은 소멸시효기간을 준수해야 하므로 원칙적으로 유언공증의 존재를 안 날로부터 1년 내에 제기해야 할 것입니다.

보다 자세한 것은 아래 자료를 모두 지참해서 방문상담을 해주시길 바랍니다.

- 할아버지 제적등본, 기본증명서, 가족관계증명서, 혼인관계증명서, 주민등록말소자초본
- 할아버지 병원진료기록일체(특히 신경정신과 자료로서 치매진단 후 요양원에서 사망할 당시까지의 병원진료기록)
- 할아버지 유언공증서 사본
- 할아버지 소유 부동산등기부등본

※ 민법

제999조(상속회복청구권)

① 상속권이 참칭상속권자로 인하여 침해된 때에는 상속권자 또는 그 법정대리인은 상속회복의 소를 제기할 수 있다.

② 제1항의 상속회복청구권은 그 침해를 안 날부터 3년, 상속권의 침해행위가 있은 날부터 10년을 경과하면 소멸된다. 〈개정 2002. 1. 14.〉

[전문개정 1990. 1. 13.]

제1115조(유류분의 보전)

① 유류분권리자가 피상속인의 제1114조에 규정된 증여 및 유증으로 인하여 그 유류분에 부족이 생긴 때에는 부족한 한도에서 그 재산의 반환을 청구할 수 있다.

② 제1항의 경우에 증여 및 유증을 받은 자가 수인인 때에는 각자가 얻은 유증가액의 비례로 반환하여야 한다.

[본조신설 1977. 12. 31.]

제1117조(소멸시효)

반환의 청구권은 유류분권리자가 상속의 개시와 반환하여야 할 증여 또는 유증을 한 사실을 안 때로부터 1년내에 하지 아니하면 시효에 의하여 소멸한다. 상속이 개시한 때로부터 10년을 경과한 때도 같다.

[본조신설 1977. 12. 31.]

사례

유언공중에서 제외된 형수와 조카들(대습상속인들)의 유언무효확인소송과 입증책임

Questions

모친께서 올해 초에 돌아가셨습니다. 부친께서는 오래전에 돌아가셨고 형님도 15년전에 돌아가셨습니다.

모친의 자녀는 2남 1녀이고 제가 차남입니다. 1남인 형님은 15년전에 암으로 돌아가시고 형수와 조카들 2명이 있습니다.

형님이 일찍 돌아가신 이후 제가 장남 역할을 하면서 모친을 보살펴드렸습니다.

형님 돌아가신 이후 형수님은 3년정도는 교류를 하였지만 점차적으로 교류가 적어졌고 결국 명절에도 찾아오지 않게 된지 벌써 10년이 넘었습니다. 물론 장례식장에는 형수와 조카들에게 누님이 이야기해서 왔습니다.

모친께서 상가주택 3층을 보유하고 계셨는데 3년전에 공증사무소에 가서 저에게 전부 물려주는 내용으로 유언공증을 해주셨습니다.

저는 모친 장례를 치르고 유언공증서로 제 단독명의로 유증등기를 하였습니다. 누님에게는 유증등기를 하고 알려주었고, 누님께서는 잘하셨다고 그동안 고생했다고 하면서 유류분도 자신은 받지 않겠다고 하였습니다. 하지만 형수와 조카들에게는 별도로 알려준 바는 없습니다.

그런데 갑자기 지난주에 소장을 받았습니다. 소장 내용에는 유언무효확인의소라고 하면서 초기중증 인지장애 진단기록을 증거로 제출했습니다.

유언공증(유증)에서 제외된 형수와 조카들(이를 대습상속인이라고 하더라고요)가 유언공증서를 작성할 당시 어머니의 의사능력이 비정상적이었다고 주장하면서 유언이 무효이니 자신의 상속분 1/3를 달라고 합니다.

여기서 질문드립니다.

형수와 조카들이 제출한 초기중증인지장애 진단기록만을 가지고 유언이 무효라고 법원에서 판결할 수 있나요?

그리고 분명히 모친께서는 약간의 치매끼가 있었지만 유언공증 당시 의사가 명확했는데 모친께서 유언장을 작성했을 당시 의식상태가 명료했다는 것을 제가 모두 입증해야 하나요?

마지막으로 유언이 무효가 아니라면 유류분을 반환하라고 하는데 유언이 무효라고 주장하니 유류분조차 주고 싶은 마음이 완전히 사라졌습니다. 유류분을 줘야 하나요?

Answers ■ ■ ■

안녕하세요. 유언무효확인의소 및 유류분 법무법인 천명 대표변호사 경태현입니다.

돌아가신 어머님의 상속인들은 3남매이고 법정상속분은 각 1/3지분씩입니다.

그리고 최소한 보장되어야 할 유류분은 법정상속분의 절반인 각 1/6지분씩입니다.

그런데 형님이 이미 15년전에 먼저 돌아가신 경우 형님의 법정상속분과 유류분은 형수와 조카들에게 그대로 승계 상속됩니다.

이를 대습상속권이라고 하고 형수와 조카들은 대습상속인들에게 해당합니다.
어머님이 오랜시간 홀로 장남 역할을 사실상 하였던 차남인 귀하에게 유언공증을 통해서 상가주택을 물려주신 것으로 보입니다.

이에 대해서 대습상속인들 형수와 조카들이 유언이 무효임을 확인해달라고 하면서 만일 무효가 아니더라도 유류분을 반환하라는 청구소송을 제기한 것입니다.

즉, 주위적으로는 유언무효확인이라고 하면서 법정상속분을 반환하고, 예비적으로는 만일 유효라면 유류분을 반환하라는 소송을 제기한 것입니다.

실제 실무적으로 많이 이루어지는 형태의 소송입니다.

유언의 효력과 관련해서 기본적으로 유언의 형식이나 요건이 맞다면 유언자가 진정하게 작성한 것이라고 "법률상 추정"을 받습니다.

따라서, 유언공증의 형식과 요건(공증인과 증인 2명 입회)이 맞고 유언자인 어머님이 작성한 것이 맞다면 일단 어머님의 정신상태가 정상적이었다는 것이 "추정"됩니다.

이런 경우에는 유언장 작성 당시 어머님의 정신상태가 정상적이지 않다고 주장하는 상속인들이 스스로 그 유언의 무효사실을 주장입증할 책임을 부담합니다.

즉, 유언무효를 입증할 책임은 무효를 주장하는 형수와 조카들입니다.

귀하의 경우 유언공증에서 배제된 대습상속인 형수와 조카들이 유언무효를 주장입증하기 위해서 초기중증인지장애 진단기록을 법원에 제출한 것으로 보입니다.

다만, 위 진단기록만으로 정상적인 의사능력이 없음을 입증했다고 보기는 어렵고 이를 기초로 법원에 "별도의 진료기록감정신청"을 해서 유언자의 유언 당시 정신상태에 대한 감정에서 정상적인 의사능력이 없음이 확인되어야만 할 것입니다.

반면에 유언자의 유언을 받은 귀하 등으로서는 유언자인 모친께서 유언 당시 고령과 질병 투병으로 인한 일부 장애가 있지만, 유언 당시에는 정상적인 의사능력이 있었다고 주장하고 이를 구체적인 입증까지는 아니더라도 병원진료기록에서 이를 소명확인할 수 있는 내용을 발췌하시고 유언증인의 진술서 내지 사실확인서를 제출해야 할 것입니다.

또한, 유언무효확인을 주장하는 원고측에서 법원에 진료기록감정신청을 하면 이에 대한 "감정의견서"를 귀하 입장에서 적극적으로 제시해서 대응해야 할 것으로 보입니다.

유류분반환청구소송과 관련해서는 귀하가 대응하기 위해선 형님이 생전에 미리 어머님으로부터 경제적 지원받은 금전, 부동산에 대한 주장과 이에 대한 증빙자료, 신의칙위반 및 권리남용, 귀하의 기여분에 대한 내용을 모두 준비해서 대응해야 할 것입니다.

특히, 유류분반환청구소송에 대해서 대습상속인들이 자신들의 권리만을 주장해서는 안되고 부양의무 등을 게을리한 것에 대해서 신의칙위반 내지 권리남용을 주장해서 조정이나 판결에 대응해야 할 것으로 보이고 최근 대법원과 헌법재판소 헌법불합치결정에서 인정된 귀하의 기여분을 주장입증해서 이를 유류분에 반영해야 할 것입니다.

보다 자세한 것은 소장 등 관련자료를 지참해서 방문상담을 해주시길 바랍니다.

※ 민법

제1001조(대습상속)

전조제1항제1호와 제3호의 규정에 의하여 상속인이 될 직계비속 또는 형제자매가 상속개시 전에 사망하거나 결격자가 된 경우에 그 직계비속이 있는 때에는 그 직계비속이 사망하거나 결격된 자의 순위에 갈음하여 상속인이 된다. 〈개정 2014. 12. 30.〉

제1115조(유류분의 보전)

① 유류분권리자가 피상속인의 제1114조에 규정된 증여 및 유증으로 인하여 그 유류분에 부족이 생긴 때에는 부족한 한도에서 그 재산의 반환을 청구할 수 있다.

② 제1항의 경우에 증여 및 유증을 받은 자가 수인인 때에는 각자가 얻은 유증가액의 비례로 반환하여야 한다.
[본조신설 1977. 12. 31.]

사 례

두 차례에 걸친 유언공증이 있는 경우 유언철회, 유언무효확인소송 및 유류분소송

Questions ■ ■ ■

아버님이 지난 4월말경에 향년 94세에 돌아가셨습니다.

어머니는 오래전에 돌아가셨고 형제들은 2남 2녀입니다. 저는 장남입니다.

아버님께서는 3층 상가건물을 보유하고 계셨고 여기서 나오는 월세로 생활을 해오셨습니다.

아버님이 8년전에 유언공증을 통해서 장남인 저에게 상가건물을 전부 물려주신다고 했습니다.

아버지 장례식이후 제가 유언공증서를 형제들에게 보여주었는데, 동생들 3명이 갑자기 자신들이 받은 유언공증서를 내놓았습니다.

동생들이 가지고 있는 유언공증서는 아버님이 92세때 작성한 것이고 그 내용은 4명이 균등하게 1/4지분씩 상속을 받는 내용이였습니다.

한마디로 유언공증이 2개가 존재하게 된 경우입니다. 이런 경우 어떤 유언공증이 유효한가요?

두번째 유언공증을 보니 아버지의 기명날인란에 필체가 아버지 평소 필적과는 틀린 것 같습니다.

아무래도 그 유언은 고령의 치매끼가 있는 아버님을 모시고 가서 유언공증을 받은 것으로 보입니다.

저는 두번째 유언공증을 인정할 수 없습니다.

이런 상황에서 제가 어떤 조치를 취해야 하나요?

소송을 통해서 필적감정을 해서 불일치라고 감정이 나오면 제가 받은 유언공증이 유효한가요?

만약 이런 경우 동생들이 유류분반환청구소송도 할 수 있나요?

공증이란게 정말 마음대로 할 수 있는 것 같아 황당합니다. 동생들이 지인들 두명 같이 가서 증인 세우고 공증인 앞에서 돈의 힘을 빌어 서류 작성했다면 무조건 유효하다고 주장할 수 있나요?

Answers ■ ■ ■

아버지의 상속인들은 자녀들 4명입니다.

법정상속분은 각 1/4지분씩이고, 유류분은 그 절반인 각 1/8지분씩입니다.

그런데 고령의 아버지께서 유언공증을 2차례에 걸쳐 작성한 것으로 보입니다.

귀하의 사례처럼 유언공증이 2차례에 걸쳐 작성되었고 서로 모순충돌되는 내용이라면 원칙적으로 사망시점에 가장 가까운 유언공증이 유효합니다. 즉, 최초의 유언공증은 2차 유언공증에 의해 철회된 것으로 간주됩니다.

따라서, 현재로서는 귀하가 받은 1차 유언공증은 동생들이 받은 2차 유언공증으로 인해 철회된 것으로 간주되어 동생들이 받은 유언공증이 유효해 보입니다.

다만, 이는 2차 유언공증이 적법, 유효할 경우를 전제하는 것이므로 2차 유언공증서가 아버님의 자필이 아닌 경우 혹은 중증 치매 등으로 인해 정상적인 의사능력이나 판단능력이 없다고 소송을 제기해서 법원에서 필적이 아니거나 정상적인 의사능력이 없다고 판단된 경우에는 2차 유언공증이 무효가 될 것이고 이 경우 귀하가 받은 1차 유언공증이 유효하게 될 것입니다.

다만, 귀하가 받은 1차 유언공증이 유효하더라도 동생들은 각자 1/8지분에 해당하는 유류분청구소송을 할 수 있습니다.

(참고로, 유언위조라는 것이 명확하게 입증되고 위조한 사람이 밝혀진 경우에는 그 사람은 상속결격자가 될 것입니다)

그리고 유류분청구소송에 대해서는 동생들이 과거 증여받은 내역이 있다면 그 증빙자료를 기초로 유류분에 대한 감축주장과 방어를 진행해야 할 것입니다

그러므로 귀하의 경우 우선적으로 2차 유언공증의 무효를 주장하는 유언무효확인소송(소유권말소소송 또는 진정명의회복청구소송 등 포함)을 제기해서 필적감정과 정신감정(진료기록감정)등을 통해서 무효를 확인받아야 할 것으로 보입니다.

보다 자세한 것은 아래 자료를 지참해서 방문상담을 해주시길 바랍니다.

- 아버지 제적등본, 기본증명서, 가족관계증명서, 혼인관계증명서, 주민등록말소자초본
- 1차 유언공증서 사본
- 2차 유언공증서 사본
- 아버지 평소 필적자료(일기장, 메모장, 송금영수증 등)

※ 민법

제1108조(유언의 철회)

① 유언자는 언제든지 유언 또는 생전행위로써 유언의 전부나 일부를 철회할 수 있다.

② 유언자는 그 유언을 철회할 권리를 포기하지 못한다.

제1109조(유언의 저촉)

전후의 유언이 저촉되거나 유언후의 생전행위가 유언과 저촉되는 경우에는 그 저촉된 부분의 전유언은 이를 철회한 것으로 본다.

제1115조(유류분의 보전)

① 유류분권리자가 피상속인의 제1114조에 규정된 증여 및 유증으로 인하여 그 유류분에 부족이 생긴 때에는 부족한 한도에서 그 재산의 반환을 청구할 수 있다.

② 제1항의 경우에 증여 및 유증을 받은 자가 수인인 때에는 각자가 얻은 유증가액의 비례로 반환하여야 한다.

[본조신설 1977. 12. 31.]

사 례

자필유언장이 있는 경우 유언검인과 유언효력확인소송, 유류분소송

Questions ■ ■ ■

아버님이 올해 7월경에 운명하셨습니다.

어머님은 오래전 돌아가셨고, 가족은 1남 2녀이고 저는 아들입니다.

아버님은 작년 폐암 투병하시면서 12월 중순경에 자택에서 아들인 저에게 모든 재산을 남긴다는 자필 유언장을 써주셨습니다.

아버님이 운명하시고 2주 정도 지나 유언장을 공개했습니다. 하지만, 여동생과 누나는 자필유언장을 인정할 수 없다고 하였습니다.

그래서 저는 어쩔수 없이 유언검인신청을 하게 되었고, 가정법원에 열린 유언검인기일을 진행했습니다. 하지만, 검인기일에 누이들은 아버지의 자필도 인정하지 않고 무조건 동의하지 않다고 진술했습니다.

이후 유언검인조서가 법원으로부터 나왔지만, 아직도 아버님 부동산을 유언상속등기를 하지 못하고 있는 상태입니다. 그리고 최근에 여동생과 누나가 제기한 유언무효확인소장을 받았습니다.

소장에는 주위적으로 유언무효확인이라고 하면서 예비적으로는 유류분을 청구하였습니다.

이런 상황에서 궁금한 것이 맞습니다.
우선 자필유언장에 따라 제 명의로 유언상속등기를 하려면 어떻게 해야 하나요?

다음으로 유언무효확인소송에서 승소하는 것은 알겠는데 유류분은 어떻게 계산되나요? 비율은 얼마인가요?

Answers ▪▪▪

민법상 자필유언장의 유효요건은 유언내용, 이름, 주소, 년월일을 반드시 자필로 기재하고 유언자의 도장날인이 있어야만 합니다.

위와 같은 자필유언의 요건을 모두 갖추고 유언검인까지 마쳤어도 유언검인기일에서 상속인들 중 일부가 자필유무에 대한 이의제기 및 유언 자체에 대한 이의제기를 한 경우에는 결국 유언효력확인소송이나 유언집행청구소송을 통해 유언집행을 해야 할 것입니다.

귀하의 경우 자필유언의 요건에 모두 맞고 유언검인까지 마쳤지만 나머지 상속인들이 자필유언장에 대해 이의를 제기한 경우이므로 귀하가 유언에 따라 유언상속등기를 하고자 하신다면 결국 나머지 형제들을 상대로 유언효력확인소송이나 유언집행소송을 제기해서 승소판결을 받아야 할 것입니다.

그리고 형제들이 유언무효확인소송을 제기하였으므로 귀하의 유언효력확인소송 내지 유언집행소송과 더불어 유언의 유효여부에 대해서 동시에 심리되어 판결이 나오게 될 것입니다.

또한 유류분을 예비적으로 청구하고 있으므로 원래 상속분 1/3의 절반인 1/6지분씩이 누이들의 각 유류분비율이 될 것입니다.

즉, 유언이 유효하다고 판단되더라도 누이들의 유류분반환청구권이 존재합니다. 비록 망인의 유언이 있더라도 누이들의 유류분 자체는 법적으로 보호됩니다.

다만, 유류분은 망인으로부터 아무것도 증여나 상속을 받지 못한 경우에 적용되므로 만약 생전에 증여나 상속을 받은 부분이 있다면 그 부분을 귀하가 주장, 입증한다면 그 부분만큼은 유류분반환액에서 공제될 것입니다.

보다 자세한 것은 아버님의 제적등본, 기본증명서, 가족관계증명서, 자필유언장 사본, 유언검인조서, 유언무효확인소장, 상속부동산등기부등본 등을 지참해서 방문상담을 해주시길 바랍니다.

※ 민법

제1066조(자필증서에 의한 유언)

① 자필증서에 의한 유언은 유언자가 그 전문과 연월일, 주소, 성명을 자서하고 날인하여야 한다.

② 전항의 증서에 문자의 삽입, 삭제 또는 변경을 함에는 유언자가 이를 자서하고 날인하여야 한다.

제1115조(유류분의 보전)

① 유류분권리자가 피상속인의 제1114조에 규정된 증여 및 유증으로 인하여 그 유류분에 부족이 생긴 때에는 부족한 한도에서 그 재산의 반환을 청구할 수 있다.

② 제1항의 경우에 증여 및 유증을 받은 자가 수인인 때에는 각자가 얻은 유증가액의 비례로 반환하여야 한다.

[본조신설 1977. 12. 31.]

사례

상속예금을 무단인출한 경우 등의 법적문제(형사, 민사)

Questions ■ ■ ■

저희 부친이 1달전에 사망하셨습니다. 어머니는 3년전에 돌아가셨고 자녀들은 2남 3녀입니다.

부친 상속 재산은 부동산은 거의 없고 작년에 매각한 아파트 매각대금 약 10억 원이 전부입니다. 그런데 부친 사망후 사망신고 전에 장남이 상속예금을 인터넷뱅킹과 은행창구에 가서 무단으로 10억 원 가량을 인출해 가져가 버렸습니다.

나머지 저희 형제들은 아무것도 모르고 있었고 연락이나 동의도 받지 않고 장남이 마음대로 해버렸습니다.

그래서 저희들은 장남에게 범죄이니 고소당해서 형사처벌을 받지 싫으면 원상회복해주고 상속분 1/5지분대로 반환할 것을 요구했습니다.

그러자 장남이 부친이 작성했다는 자필유언장과 녹음유언 모두 있고 그 돈은 자신이 유언대로 받았으니 돌려줄 수 없다고 합니다. 그리고 장남은 유언을 보여주지도 않고 있습니다.

하지만, 저희들은 자필유언장, 녹음유언 모두 인정할 수 없습니다. 이런 경우 어떻게 해야 하나요? 형사고소나 고발을 할 수 없나요? 만약 유언이 유효하다면 유류분만 받아야 하나요?

Answers ■ ■ ■

안녕하세요. 상속회복청구 및 유류분반환청구 상속 법무법인 천명 대표변호사 경태현입니다.

피상속인의 사망한 그 순간 상속재산인 부동산과 상속예금은 잠정적으로 상속인들의 공유재산이 됩니다. 다만, 적법유효한 유언이 존재할 경우에는 그 유언집행절차를 통해서 유언상속이 될 것입니다.

통상은 사망신고를 하면서 안심상속원스톱서비스를 신청하면 해당 금융기관에서는 사망사실을 통보받고 상속예금에 대한 동결조치를 하게 됩니다.

그런데 사안처럼 사망신고 전에는 금융기관은 그 사망사실을 모르기 때문에 위와 같은 동결조치를 취하지 않는 것을 이용하여, 통장, 도장, 비밀번호, 인터넷뱅킹 opt카드, 공인인증서, 체크카드 등을 보관하고 있는 상속인 중의 1인이 상속예금계좌 혹은 상속증권계좌에서 다른 상속인들 동의없이 무단으로 폰뱅킹, 인터넷뱅킹 등의 계좌이체, 은행창구에 가서 현금인출을 하는 경우가 종종 발생됩니다.

위와 같이 사망신고 전의 무단인출 행위 뿐만 아니라 사망 직전에 의식불명인 상태 혹은 중환자실 입원 등으로 인해 스스로 금융행위를 하거나 위임을 할 수 없는 상태에서 무단인출된 경우도 마찬가지의 법적인 문제가 발생됩니다.

위와 같이 상속예금에 대한 무단인출행위는 법률적으로 살펴보면 "형사적인 문제"와 "민사적인 문제"로 구분해서 판단될 부분입니다.

1. 형사

상속인 중 1인이 적법한 절차(유언이 없는 경우에는 상속인들 전원 동의, 유언이 존재할 경우 유언검인 및 유언효력확인판결)를 거치지 않고 무단으로 계좌이체, 현금인출 등을 한 것은 형법상 "컴퓨터등사용사기, 사전자기록등위작, 위작사전자기록등행사, 사문서위조 및 동행사, 사기"의 범죄에 해당할 수 있고 이에 대해서 나머지 상속인들이 형사고소, 고발한다면 형사처벌을 받을 수 있습니다. 다만, 적법유효한 유언이 존재해서 그 유언에 따라 취득한 것이라고 민사적으로 인정된다면 형사처벌부분에서는 무단인출 금액의 규모, 다른 상속인들에 대한 유류분반환여부와 합의 등을 종합적으로 고려해서 기소유예, 벌금, 집행유예가 될 수도 있습니다.

2. 민사

적법유효한 유언이 없거나 위조 및 중증치매 등으로 인한 의사무능력으로 인해 무효인 유언이라면 무단인출한 상속예금이나 증권주식 등에 대해서 상속분 1/5지분에 대한 부당이득반환청구소송 혹은 손해배상청구소송 즉 상속회복청구소송을 통해서 각자의 상속분을 회복할 수 있습니다. 그리고 채권보전을 위해서 가압류도 필요할 것입니다.

반면에 자필유언, 녹음유언 등 적법유효한 유언이 인정된다면 최소한의 유류분 1/10지분씩을 유류분반환청구를 통해서 반환받을 수 있습니다. 이 역시 채권보전을 위해서 가압류도 필요할 것입니다.

※ 민법

제741조(부당이득의 내용)
법률상 원인없이 타인의 재산 또는 노무로 인하여 이익을 얻고 이로 인하여 타인에게 손해를 가한 자는 그 이익을 반환하여야 한다.

제750조(불법행위의 내용)
고의 또는 과실로 인한 위법행위로 타인에게 손해를 가한 자는 그 손해를 배상할 책임이 있다.

제999조(상속회복청구권)
① 상속권이 참칭상속권자로 인하여 침해된 때에는 상속권자 또는 그 법정대리인은 상속회복의 소를 제기할 수 있다.
② 제1항의 상속회복청구권은 그 침해를 안 날부터 3년, 상속권의 침해행위가 있은 날부터 10년을 경과하면 소멸된다. 〈개정 2002. 1. 14.〉
[전문개정 1990. 1. 13.]

사 례

친족상도례에 대한 헌법재판소의 헌법불합치결정

안녕하세요. 상속전문변호사 경태현 변호사입니다.

2024년 6월 27일, 헌법재판소에서 형법 제328조 제1항에 대해 재판관 전원일치 의견으로 헌법불합치 결정을 내렸습니다. 형법 제328조 제1항은 가족간 절도, 횡령 등 재산범죄를 처벌하지 않도록 규정한 이른바 '친족상도례' 조항입니다.

그러나 이번 헌재 결정을 통해 해당 조항의 적용은 중지되고, 국회에서 법률 개정의 시한인 내년(2025년) 12월 31일까지 법을 개정하지 않을 경우 해당 조항은 효력을 잃게 됩니다.

이번 헌재 판결의 이해가 어려우셨다면 아래에서 헌법재판소의 결정을 질문과 답변의 형식으로 쉽게 풀어 설명드릴테니 참고해주시면 되겠습니다.

Questions ■ ■ ■

안녕하세요. 변호사님.

최근 친족상도례 규정이 헌법불합치 결정되었다는 뉴스를 보았습니다.

변호사님께서 이에 대해 이해하기 쉽게 설명해주시면 감사하겠습니다.

Answers ■ ■ ■

귀하께서는 2024년 6월 27일 선고된 형법상 친족상도례 규정에 대한 헌법불합치 결정에 대해 궁금하신 것 같습니다.

친족상도례란 친족간에 범해진 재산범죄에 있어 친족관계라는 특수사정을 고려하여 형을 면제하거나 고소가 있어야 공소를 제기할 수 있도록 한 특례를 말합니다.

헌법불합치 결정된 형법 제328조 제1항은 아래와 같이 규정되어 있습니다.

> **※ 형법**
> 제328조(친족간의 범행과 고소)
> ① 직계혈족, 배우자, 동거친족, 동거가족 또는 그 배우자간의 제323조의 죄는 그 형을 면제한다.

해당 조항은 직계혈족, 배우자, 동거친족, 호주, 가족 또는 그 배우자 간의 권리행사방해죄(형법 제323조)는 형을 면제한다고 규정하고 있고, 형법에서는 이 조항을 절도, 사기, 횡령, 배임 등에도 준용함으로써 재산범죄 전반에 친족상도례를 적용하고 있었습니다. 다만, 강도죄, 손괴죄 등은 적용에서 배제되었습니다.

이러한 친족상도례는 1953년 형법 제정과 함께 가족의 화평을 위해 친족간 재산범죄에 대해 국가권력이 간섭하지 않고 가족 내부의 결정을 존중하자는 취지로 도입되었는데요. 친족 사이에는 재산을 공동으로 관리하고 쓰는 경우가 많았던 것이 도입의 주된 이유였습니다.

그러나 시간이 지나며 친족간 유대나 교류가 줄어들고, 친족간 재산범죄는 증가하면서 친족상도례 규정이 헌법에 따른 재산권 보호와 행복추구권에 위반된다는 지적이 이어져 왔고, 규정을 현실에 맞게 고치거나 폐지해야 할 필요성이 대두됐습니다.

● **헌법재판소 헌법불합치결정의 판결요지**

헌재의 헌법불합치 판단 이유는 다음과 같습니다.

1. 심판대상조항은 재산범죄의 가해자와 피해자 사이의 일정한 친족관계를 요건으로 하여 일률적으로 형을 면제하도록 규정하고 있다.

2. 대륙법계 국가들의 입법례를 살펴보더라도, 일률적으로 광범위한 친족의 재산범죄에 대해 필요적으로 형을 면제하거나 고소 유무에 관계 없이 형사소추할 수 없도록 한 경우는 많지 않으며, 그 경우에도 대상 친족 및 재산범죄의 범위 등이 우리 형법이 규정한 것에 비해 훨씬 좁다.

3. 심판대상조항은 형사피해자가 법관에서 적절한 형벌권을 행사하여 줄 것을 청구할 수 없도록 하는 바, 이는 입법재량을 명백히 일탈하여 현저히 불합리하거나 불공정한 것으로서 형사피해자의 재판절차진술권을 침해한다.

다만 헌법재판소는 일정한 친족간 재산범죄와 관련하여 형사처벌의 특례를 인정할 필요성은 있다고 보았습니다. 그러나 일률적으로 형면제를 하는 것은 구체적 사안에서 형사피해자의 재판절차진술권을 침해하는 것이기 때문에, 해당 위헌성을 제거하는데 있어 현실적 가족/친족관계와 피해의 정도 및 가족/친족간 신뢰와 유대의 회복 가능성을 고려한 여러가지 방법이 존재할 수 있으며 입법자는 충분한 사회적 합의를 거쳐 그 방안을 강구할 필요가 있다고 설시하였습니다. 헌법재판소는 일례로 피해자의 가해사에 대한 처벌의 의사표시를 소추조건으로 하는 방안을 제시하기도 했습니다.

이에 따라 헌법재판소는 단순위헌결정을 하는 대신에 헌법불합치 결정을 함으로써 개정시한인 2025년 12월 31일까지 입법개선의 여지를 둔 것입니다. (단순위헌결정이 내려질 경우 결정 즉시 해당 법률의 효력이 사라집니다.) 다만, 개정 전까지 형법 제328조 제1항의 적용은 중지됩니다.

그러나 헌재는 이날 형법 제328조 2항에 대해서는 합헌 판단을 하였습니다.

※ 형법

제328조(친족간의 범행과 고소)

② 제1항이외의 친족간에 제323조의 죄를 범한 때에는 고소가 있어야 공소를 제기할 수 있다.

위 조항에 따르면, 직계혈족, 배우자, 동거 친족, 동거가족 또는 그 배우자 이외 친족의 경우 고소가 있어야 공소를 제기할 수 있습니다. 이른바 '친고죄' 규정입니다.

헌법재판소는 이에 대해 고소를 소추조건으로 규정하여 피해자의 의사에 따라 국가형벌권 행사가 가능하도록 한 조항은 형사피해자의 재판절차진술권 침해 여부가 문제되지 않는다고 보아 합헌 결정을 했습니다.

● **헌법불합치결정의 영향**

이러한 헌법재판소의 헌법불합치 결정은 향후 어떤 영향을 끼치게 될까요?

우선 제328조 제2항은 합헌이므로, 직계혈족, 배우자, 동거친족, 동거가족 또는 그 배우자 외의 친족의 재산범죄는 여전히 친고죄로서 고소가 있어야 처벌할 수 있을 것입니다.

헌법재판소는 제328조 제1항 형 면제 규정에 대해 적용중지 헌법불합치를 선언하였습니다. 적용중지 헌법불합치의 경우 형식상으로는 해당 규정이 존속합니다. 그러나 그 적용은 중지되므로, 해당 규정이 적용될 수 있는 사안들에 대한 재판절차가 정지되는 효과가 발생합니다. 그리고 이후 개선입법이 되었을 때 그것이 해당 법률관계에 소급하여 적용하게 되는데, 헌법불합치 결정의 원인이 되는 당해사건과 병행사건에는 개정입법이 소급하여 적용됩니다.

정리하면, 선고 이전의 행위에 대해서는 영향이 없을 것으로 보입니다. 그러나 선고 이후 개선입법이 있기 전, 또는 개선입법이 없는 경우 2026년 1월 1일 이전까지의 행위의 경우 원칙적으로 친족상도례 규정이 적용중지 되었으므로, 해당 규정(328조 제1항)이 없는 것과 같은 효과가 생기기 때문에 처벌이 가능해질 것으로 보입니다. 이는 2025년 12월 31일의 시한 내 개정이 이루어지는지 여부를 확인 후 더 자세히 살펴봐야 할 것으로 보입니다.

제7장
호적 및 가족관계등록부
(인지, 친생자, 이중호적)

사례

혼외자 인지 어떻게 하면 되나요?

안녕하세요, 법무법인 천명의 경태현 대표변호사입니다.

혼인외 출생자를 자녀로 등재하고자 하거나, 혼인외 출생자가 생부의 자녀로 등재되고자 하는 경우에는 인지절차를 거쳐야 합니다. 절차를 통해 생부가 혼외자를 인지하게 되면 자녀의 출생시로 소급하여 인지의 효력이 발생하게 됩니다. 다시 말해, 혼외자가 태어난 시점부터 친자관계가 성립한 것으로 보게 되는 것이지요. 따라서 혼외자가 태어난 시점에 소급하여 부양내지 양육 책임이 발생하고 상속권을 가지게 되는 것이지요.

위와 같이 인지절차를 거치기 위해서는 인지의 방법을 알아야 할 것입니다. 아래 질문과 답변에서 인지 방법에 관해 정리해 두었으니 이를 자세히 읽어보시면 되겠습니다.

Questions ■ ■ ■

안녕하세요, 변호사님. 가족관계 관련해서 질문 하나 남깁니다.

우선 배경을 설명 드리자면 제 아버지께서 다른 여자와 혼인 중에 저의 어머니와 함께 저를 낳으셨습니다.

당시에 어머니의 호적에만 등재되었습니다.

이후 아버지께서는 기존 배우자와 이혼을 하신 후 어머니와 혼인신고를 하셨습니다.

그 이후로 시간이 많이 흘렀는데, 이제 아버지의 자녀인 것으로 호적등재를 하고자 합니다. 어떻게 하면 좋을까요?

Answers ▪ ▪ ▪

자신 스스로 배를 통해서 출산하기 때문에 친모와의 법률적 친생자관계는 출생과 동시에 발생됩니다.

다만, 친모와의 법률적 친생자관계는 출생과 동시에 인정되지만 공식적, 외부적으로 인정받기 위해선 실제 출생신고, 호적 및 가족관계등록부가 등재가 필요합니다. 이를 위해서는 친모의 출생신고 내지 친모와의 친생자관계존재확인소송이 필요합니다.

반면에 친부와의 법률적 친생자관계는 출생과 동시에 발생되지 않고 친부가 스스로 법률혼관계에서 출생신고를 하거나 사실혼관계 혹은 혼외관계에서 인지신고를 해야 합니다. 만약 친부가 스스로 친생자관계를 인정하고 신고하는 절차를 밟지 않는다면 친부를 상대로 인지청구소송을 진행해야 할 것입니다.

사안에서 혼외자인 귀하께서 친부의 호적에 자녀로 등재될 수 있는 방법에 관해 문의하신 것 같습니다.

혼외자가 친부와의 친자관계를 인정받기 위해서는 인지절차를 거쳐야 합니다. 인지는 다음 두가지 절차 중 하나의 방법을 선택하실 수 있습니다.

1. 임의인지

임의인지는 친부와 혼외자 사이에서 호적등재 합의가 이루어지면 선택할 수 있는 방법입니다. 유언이나 출생신고를 통해서 임의인지를 하기도 하지만 통상적으로는 구청에 인지신고를 하여 인지를 하게 됩니다. 귀하의 경우에도 친부와 합의가 이루어진다면 인지신고를 통해 인지절차를 밟으시면 될 것으로 보입니다.

이 경우 별도로 유전자 검사를 받으실 필요가 없습니다.

2. 강제인지

재판상 인지라고도 하는 강제인지는 소송을 통해 인지를 하는 방법입니다. 혼외자와 그 직계비속 또는 법정대리인은 친부 또는 친모를 상대로 하여 인지청구의 소를 제기할 수 있습니다. 이때, 만일 친부 또는 친모가 사망한 경우에는 그 사망을 안 날로부터 2년 내에 검사를 상대로 하여 인지청구의 소를 제기할 수 있습니다.

이 경우 혼외자와 친부모 사이의 유전자 검사를 받아야 합니다.

친부와의 합의가 이루어진다면 임의인지의 방법이 훨씬 수월하므로 먼저 합의를 시도해 보시고, 도저히 친부와 합의가 이루어지지 않는다면 법원에 인지청구소송을 제기하셔야 할 것입니다.

※ 민법

제855조(인지)

① 혼인외의 출생자는 그 생부나 생모가 이를 인지할 수 있다. 부모의 혼인이 무효인 때에는 출생자는 혼인외의 출생자로 본다.

② 혼인외의 출생자는 그 부모가 혼인한 때에는 그때로부터 혼인 중의 출생자로 본다.

제863조(인지청구의 소)

자와 그 직계비속 또는 그 법정대리인은 부 또는 모를 상대로 하여 인지청구의 소를 제기할 수 있다.

제864조(부모의 사망과 인지청구의 소)

제862조 및 제863조의 경우에 부 또는 모가 사망한 때에는 그 사망을 안 날로부터 2년내에 검사를 상대로 하여 인지에 대한 이의 또는 인지청구의 소를 제기할 수 있다. 〈개정 2005. 3. 31.〉

사 례

인지하지 않은 친부가 사망했을 때 상속은?

안녕하세요, 법무법인 천명의 경태현 대표변호사입니다.

법률상의 인지란, 혼인 외의 출생자를 생부, 생모가 자기의 자녀로 인정하는 것을 말합니다. 모자관계에서는 출산의 특성상 자연적으로 인지가 발생하지만, 특히 혼외자가 자신의 친부와 법률적으로 부자관계가 있음을 인정받기 위해서는 인지가 필수입니다. 예를 들어 사실혼 관계에서 태어난 경우 또는 연인 사이에서 태어난 경우 등입니다.

인지는 임의인지, 강제인지, 유언을 통한 인지 총 3가지로 분류됩니다.

임의인지란 생부 또는 생모가 스스로의 의사로 인지하는 것이고, 유언을 통한 인지의 경우 유언집행자가 신고적격자가 되어 취임일로부터 1개월 내에 인지신고를 해야 합니다. 그리고 오늘 글에서 다룰 강제인지는 부모의 의사와는 관계없이 법원의 재판을 통해 인지의 효력을 발생시키는 것으로, 인지청구소송의 판결을 통해 이루어집니다.

이렇게 인지청구소송을 제기하여 승소한다면 혼외자는 친부의 가족관계등록부에 기재되게 됩니다. 가족관계등록부에 기재되면 친부의 상속인이 되어 상속분을 주장할 수 있는 권리가 생기게 되는데, 만약 인지청구가 제기되지 않은 상태에서 친부가 사망한다면 어떻게 될까요? 오늘은 이에 대한 고민을 가지고 저희 법무법인을 찾아주신 사례를 통해 이에 대해 설명 드리도록 하겠습니다.

Questions ■ ■ ■

안녕하세요 변호사님, 상속 관련해서 중요한 문제가 생겨서 이렇게 질문드리게 되었습니다.

저는 혼외자로 태어나 쭉 어머니 밑에서 자라왔습니다.

어머니는 10년 전쯤에 돌아가셨는데, 최근에 친부가 세상을 떠났다는 소식을 듣게 되었습니다.

제가 친부의 호적에 올라가 있지는 않은 상황인데, 제가 친부의 재산을 상속받을 수 있을까요?

변호사님께서 오랜 기간 동안 상속 사건을 전담하여 맡아오신 상속전문변호사시라고 들었는데, 현명한 조언을 부탁드리겠습니다.

Answers ■ ■ ■

귀하께서는 친부의 혼외자로서 상속이 가능한지 여부에 대해 궁금하신 것 같습니다.

귀하께서 아버지의 상속을 받기 위해서는 귀하가 아버지의 상속인으로서의 지위를 가지고 있어야 합니다. 만약 귀하께서 친부의 가족관계등록부에 자녀로 등재되어 있다면 정당한 상속인이 되겠지만 그것이 아닌 상황이므로 인지청구소송을 통해 서류상 자녀로 등재되는 것이 우선입니다.

우리 민법 제863조는 자와 그 직계비속 또는 그 법정대리인은 부 또는 모를 상대로 하여 인지청구의 소를 제기할 수 있다고 규정하고 있고, 동법 제864조에서는 부 또는 모가 사망한 때에는 그 사망을 안 날로부터 2년내에 검사를 상대로 한 인지에 대한 이의, 인지청구의 소를 제기할 수 있다고 규정하고 있습니다.

귀하의 경우에도 제864조와 같이 검사를 상대로 한 인지청구소송을 제기하시면 되겠습니다. 인지청구소송에서 판결을 받아 정당한 상속인이 되시면 상속재산분할, 상속회복, 유류분반환청구 등이 가능할 것입니다. 만일 귀하께서 정당한 상속인이 된 시점에 이미 다른 상속인들사이에 상속재산분할이 이루어진 상태라면 상속회복청구를 통해 상속분을 가액으로 반환받으실 수 있을 것입니다.

상속회복의 소란, 우리 민법 제999조에 규정된 것으로 참칭상속권자로 인해 상속권이 침해된 때에 상속권자 또는 그 법정대리인이 제기할 수 있는 소송입니다. 참칭상속권자란 상속권이 없음에도 불구하고 상속권이 있는 것으로 보이는 외관을 갖추었거나 스스로 상속인이라고 주장하는 사람을 의미하는데, 구체적인 사례로 보면 공동상속인이 정당한 이유 없이 본인의 상속분을 넘어 다른 공동상속인의 상속분을 침해하고 있는 경우 등이 그에 해당할 것입니다.

정리하면, 귀하께서는 우선 인지청구소송을 먼저 제기하시어 친부의 정당한 상속인으로서의 권리를 취득하셔야 상속재산분할, 상속회복, 유류분반환청구 등을 하실 수 있게 될 것입니다.

※ 민법

제855조(인지)
① 혼인외의 출생자는 그 생부나 생모가 이를 인지할 수 있다. 부모의 혼인이 무효인 때에는 출생자는 혼인외의 출생자로 본다.
② 혼인외의 출생자는 그 부모가 혼인한 때에는 그때로부터 혼인 중의 출생자로 본다.

제863조(인지청구의 소)
자와 그 직계비속 또는 그 법정대리인은 부 또는 모를 상대로 하여 인지청구의 소를 제기할 수 있다.

제864조(부모의 사망과 인지청구의 소)
제862조 및 제863조의 경우에 부 또는 모가 사망한 때에는 그 사망을 안 날로부터 2년내에 검사를 상대로 하여 인지에 대한 이의 또는 인지청구의 소를 제기할 수 있다. 〈개정

2005. 3. 31.〉

제999조(상속회복청구권)

① 상속권이 참칭상속권자로 인하여 침해된 때에는 상속권자 또는 그 법정대리인은 상속회복의 소를 제기할 수 있다.

② 제1항의 상속회복청구권은 그 침해를 안 날부터 3년, 상속권의 침해행위가 있은 날부터 10년을 경과하면 소멸된다. 〈개정 2002. 1. 14.〉

[전문개정 1990. 1. 13.]

사 례

친부로부터 양육비를 받고 있는데도 인지청구소송을 진행하는 것이 좋을까요?

안녕하세요, 법무법인 천명의 경태현 대표변호사입니다.

인지청구소송은 혼외자의 상속과도 직결되는 문제입니다.

예전에는 혼외자라면 어떠한 권리도 주장하지 못하게 해야 한다는 인식이 있었습니다.

법률혼이 아닌 외도를 통해서 낳은 자녀라는 이유로 상속은 꿈도 못 꾸는 상황들이 있었지요.

물론 현재도 법률상 부모-자식 관계가 아니라면 아무리 내가 자식이라고 주장을 하여도 상속을 받을 수는 없습니다.

다만 호적상 자녀가 아니라고 하더라도 일정한 조치를 취한다면 상속재산에 대한 권리를 주장할 수 있습니다.

오늘은 이 혼외자가 아직 미성년자인 경우, 인지청구소송을 진행하는 것이 좋을지에 대해 이야기를 나눠보려 합니다.

Questions ■ ■ ■

안녕하세요 변호사님!

저는 혼외자 딸을 낳아서 지금까지 둘이서 살고 있습니다.
딸 아빠 되는 사람은 가정이 있고 그 가족들 모두 저희 딸 존재를 알고 있습니다.

이혼은 안 한다는 입장이지만 매달 양육비를 받아 오고 있구요.
가뜩이나 자세한 상황을 모르는 제 아이가 더 크고 나면 혹여나 문제가 생기지는 않을까 노심초사했습니다.

결국 이렇게 상담요청을 드리게 되었네요.
아이아빠와 사이는 원만한 편입니다. 아빠로서 할 일을 하려는 사람이고요.
근데 그런 역할만 하고 있을 뿐 가족관계증명서에는 부로 나오고 있지 않습니다.

제 케이스라면 인지청구를 지금이라도 하는 게 좋을까요?
아니면 별 문제 없을 시 그냥 양육비만 받으면 되는 건지...
혹시라도 나중에 양육비 문제가 생길 경우에 그때 다시 인지청구소송을 해야 할지 잘 모르겠습니다.

나중에 아이한테 뭐가 되었든 문제가 덜 생기는 쪽으로 진행하고 싶습니다.
어떻게 하는 것이 좋을지 답변부탁드립니다~

Answers ■ ■ ■

혼외자의 경우 친부의 가족관계등록부에 등재하는 절차로는 2가지 방법이 있습니다.

첫 번째는 친부가 구청에 가서 스스로 인지신고를 하는 것이 있고
두 번째는 자진신고 협조가 안 될 경우 친모 또는 혼외자가 인지청구소송을 제기하는 방법입니다.

혼외자가 성년이라면 직접 친부를 상대로 인지청구소송을 하시면 되는데, 말씀을 들어보니 자녀분께서 미성년자인 것으로 보입니다. 이때에는 귀하께서 법정대리인 자격으로 친부를 상대로 하여 인지청구소송을 진행하시면 됩니다.
이 소송에서는 유전자검사명령이 내려지기 때문에 유전자검사가 필수적입니다.

또 양육비의 경우, 인지청구소송과 별도로 청구할 수가 있습니다.

그러니 인지청구소송과 양육비소송을 동시에 하셔도 되고, 인지청구소송 후에 양육비소송을 따로 진행하셔도 상관없습니다.

귀하는 현재 친부가 자진신고를 하지 않고 양육비만 지급하고 계신 상황이기에 양육비 합의가 이미 된 경우라면, 자녀가 성년이 될 때까지 기다리셔도 괜찮습니다.
하지만 인지신고 또는 인지청구소송 둘 중에 하나는 언젠가 진행하셔야 할 일입니다.

자녀의 가족관계등록부에 아버지로 나오게끔 하는 것이 자녀 입장에서 깔끔할뿐더러 추후 상속권을 인정받기 위해서는 꼭 필요한 절차라고 말씀드릴 수 있습니다.

다만 당장 급한 상황은 아니니 친부와 서로 상의를 하셔서 진행하시면 될 것 같습니다.

※ 민법

제855조(인지)
① 혼인외의 출생자는 그 생부나 생모가 이를 인지할 수 있다. 부모의 혼인이 무효인 때에는 출생자는 혼인외의 출생자로 본다.
② 혼인외의 출생자는 그 부모가 혼인한 때에는 그때로부터 혼인 중의 출생자로 본다.

제859조(인지의 효력발생)
① 인지는 「가족관계의 등록 등에 관한 법률」의 정하는 바에 의하여 신고함으로써 그 효력이 생긴다.

제863조(인지청구의 소)
자와 그 직계비속 또는 그 법정대리인은 부 또는 모를 상대로 하여 인지청구의 소를 제기할 수 있다.

사 례

큰아버지 자녀로 호적신고 되었으나 친부의 상속권을 주장하고 싶은 경우

Questions ■ ■ ■

안녕하세요. 저희 어머니께서는 태어나셨을 때 바로 큰아버지 집 호적에 올라가셨습니다. 큰아버지네 자식으로 출생신고도 마쳤다고 합니다. 어머니의 큰아버지와 큰어머니는 현재는 돌아가신지 오래입니다. 그런데 어머니의 친아버지, 즉 제게 외할아버지인 분이 최근에 돌아가셨는데 어머니에게는 유산을 안 물려주셨습니다. 어머니의 친오빠들에게만 물려주셨습니다.

이 경우 저희 아버지가 할아버지의 유류분을 받기 위해서 호적정리를 해야 한다고 들었는데 어떤 절차와 소송들을 거쳐야하는지요?

Answers ■ ■ ■

안녕하세요, 법무법인 천명 대표변호사 경태현입니다.

귀하의 상황을 정리해보자면, 어머니께서 큰아버지의 자녀로 호적신고가 되었으나 친부의 상속권을 주장하여 유류분을 반환받을 생각이신 것 같습니다.

이 경우 어머님이 친부의 호적에 먼저 등재되어야하므로 큰아버님네 사이에서 양친자관계부존재확인소송 내지 친생자관계부존재확인소송, 친부와의 인지청구소송이 필요합니다.

두 경우 모두 유전자검사가 필요한데 친부께서 화장을 하셨다면 친부의 또 다른 자녀와 유전자 검사를 해야 하고 다른 증인과 자료들로 자녀임을 입증해야합니다. 호적등재가 되고난 후에는 다른 자녀, 즉 재산을 물려받은 친오빠들에게 유류분청구가 가능할 것으로 보입니다.

※ 민법

제863조(인지청구의 소)
자와 그 직계비속 또는 그 법정대리인은 부 또는 모를 상대로 하여 인지청구의 소를 제기할 수 있다.

제865조(다른 사유를 원인으로 하는 친생관계존부확인의 소)
① 제845조, 제846조, 제848조, 제850조, 제851조, 제862조와 제863조의 규정에 의하여 소를 제기할 수 있는 자는 다른 사유를 원인으로 하여 친생자관계존부의 확인의 소를 제기할 수 있다.
② 제1항의 경우에 당사자일방이 사망한 때에는 그 사망을 안 날로부터 2년내에 검사를 상대로 하여 소를 제기할 수 있다. 〈개정 2005. 3. 31.〉

사 례

친생자관계부존재확인의 소와 인지청구

Questions ■ ■ ■

저의 아버지가 총각일 때 생모와 사이에서 저를 낳았지만 생모와 헤어지게 되어 저를 아버지의 형 그러니까 큰아버지의 호적으로 출생신고를 했습니다.

그런데 얼마 전에 큰아버지와 큰어머니가 이제는 호적을 정리해야 하지 않겠냐고 해서 저를 큰아버지와 큰어머니에게 빼서 아버지 밑으로 출생신고를 하려고 합니다. 생모는 아버지와 헤어지고 연락이 되지 않아 찾을 수 없다고 합니다.

아버지만이라도 바꾸고 싶은데 그러려면 소송을 해야 한다고 하는데 어떻게 해야 할지 몰라 질문을 드리게 되었습니다.

Answers ■ ■ ■

안녕하세요. 법무법인 천명 대표변호사 경태현입니다.

귀하의 경우에는 호적의 출생신고의 잘못으로 어긋난 신분관계를 정정하려는 것으로 보입니다.

이러한 경우에는 먼저 친생자관계부존재확인소송을 제기해서 귀하의 가족관계등록부에 부모로 기재된 분을 말소해야 합니다.

만일 이 판결을 받게 되면 귀하의 부모란은 공란이 됩니다.

그 후에 귀하의 아버지와 귀하 간에 인지를 해야 합니다.

인지는 친부가 친자를 자신의 호적에 올리는 방법입니다.

이러한 모든 절차는 귀하의 큰아버지와 큰어머니, 귀하 그리고 친부 간에 유전자검사로 확인되므로 4분이 모두 유전자검사를 받아야 합니다.

다만 귀하께서 큰아버지와 큰어머니에 대한 친생자관계부존재확인소송으로 호적이 말소되면 귀하의 기존의 기록이 말소되고 친부와 사이에 인지청구를 통해서 새로운 신분을 받게 되면 그동안 큰아버지와 큰어머니의 자녀로 살아왔던 기록을 친부의 자녀로 변경해야 합니다.

따라서 기존의 신분과 새로운 신분이 동일인이라는 사실을 증명해야 합니다.

또한 친생자관계부존재확인소송이 확정되면 귀하의 호적이 말소되어 귀하는 호적이 없게 되므로 이 부분도 감안해야 할 것입니다.

그러므로 단순히 친생자관계부존재확인소송과 인지청구로 해결할 수 있다고 생각하고 친생자관계부존재확인의 소를 신청하기보다 관련자들의 제적등본과 가족관계증명서 및 혼인관계증명서 등 신분자료를 보다 자세히 확인한 후 진행하시기 바랍니다.

보다 구체적인 조언은 큰아버지와 친부의 제적등본과 관련자들의 기본증명서, 가족관계증명서, 혼인관계증명서, 주민등록초본을 발급받아 방문상담해 주시기 바랍니다.

※ 민법

제855조(인지)

① 혼인외의 출생자는 그 생부나 생모가 이를 인지할 수 있다. 부모의 혼인이 무효인 때에는 출생자는 혼인외의 출생자로 본다.

② 혼인외의 출생자는 그 부모가 혼인한 때에는 그때로부터 혼인 중의 출생자로 본다.

제865조(다른 사유를 원인으로 하는 친생관계존부확인의 소)

① 제845조, 제846조, 제848조, 제850조, 제851조, 제862조와 제863조의 규정에 의하여 소를 제기할 수 있는 자는 다른 사유를 원인으로 하여 친생자관계존부의 확인의 소를 제기할 수 있다.

② 제1항의 경우에 당사자일방이 사망한 때에는 그 사망을 안 날로부터 2년내에 검사를 상대로 하여 소를 제기할 수 있다. 〈개정 2005. 3. 31.〉

사 례

외할머니와 어머니가 호적연결되지 않은 경우 외손자들이 상속받는 방법은?

Questions ■ ■ ■

안녕하세요. 외할머니 상속관련해서 문의드립니다.

아버지와 어머니는 10년 전에 돌아가시고 외할머니께서 저희 남매를 키워주셨습니다.
외할머니 자녀는 저의 어머니가 유일합니다.

최근 외할머니가 돌아가셨고 아파트 한 채를 유산으로 남기셨습니다.
그런데 어머니가 혼외자인 관계로 친외할머니가 아닌 외할아버지의 본처가 어머니로 잘못 등록되어있습니다.

저의 남매가 외할머니 유산을 대습상속을 받아야 한다고 하는데 호적상 남남 아무런 친족관계가 없는 상황입니다.

또한 이런 사정을 알고 있던 돌아가신 외할머니의 친오빠가 욕심에 상속을 받고자 나선 상태이구요. 저희 남매들이 상속받을 방법이 있을까요?

외할머니와 어머니가 호적이 연결되지 않아서 너무 어렵고 복잡하네요. 변호사님이 제발 도와주세요.

Answers ■ ■ ■

실질적으로 외할머니의 유일한 자녀는 어머니이고 어머니가 이미 10년 전에 돌아가셨으므로 귀하 남매가 외할머니의 대습상속인들이 됩니다.

따라서, 외할머니의 친오빠분보다는 선순위상속인들입니다.

다만, 문제는 호적상 외할머니와 어머니가 연결되지 않아 외부적으로는 상속인이라는 것을 확인해줄 수 없다는 것입니다.

그러므로 귀하 남매들이 진정한 선순위상속인으로서 상속권을 행사하고 상속을 받기 위해선 호적연결이 필요합니다.

즉, 친외할머니와 친어머니 사이의 친생자관계존재확인소송을 통해서 친외할머니와 친어머니 사이의 친자관계가 있다는 것을 입증할 수 있다면 친외손주들인 귀하들이 상속권을 주장할 수 있을 것입니다.

친생자관계존재확인소송 등을 위해선 아래 자료를 최대한 준비해서 방문상담을 자세히 받아 보시길 바랍니다.

- 친어머니의 제적등본, 기본증명서, 가족관계증명서, 혼인관계증명서, 주민등록말소자초본
- 친어머니의 초중고 각 생활기록부(동사무소에 발급가능)
- 귀하 남매의 각 기본증명서, 가족관계증명서, 혼인관계증명서, 주민등록초본
- 친어머니의 아버지 즉 외할아버지의 제적등본
- 친외할머니의 제적등본, 기본증명서, 가족관계증명서, 혼인관계증명서, 주민등록말소자초본

※ 민법

제1001조(대습상속)

전조제1항제1호와 제3호의 규정에 의하여 상속인이 될 직계비속 또는 형제자매가 상속개시 전에 사망하거나 결격자가 된 경우에 그 직계비속이 있는 때에는 그 직계비속이 사망하거나 결격된 자의 순위에 갈음하여 상속인이 된다. 〈개정 2014. 12. 30.〉

제865조(다른 사유를 원인으로 하는 친생관계존부확인의 소)

① 제845조, 제846조, 제848조, 제850조, 제851조, 제862조와 제863조의 규정에 의하여 소를 제기할 수 있는 자는 다른 사유를 원인으로 하여 친생자관계존부의 확인의 소를 제기할 수 있다.

② 제1항의 경우에 당사자일방이 사망한 때에는 그 사망을 안 날로부터 2년내에 검사를 상대로 하여 소를 제기할 수 있다. 〈개정 2005. 3. 31.〉

사 례

친생자관계부존재확인과 입양의 효력

안녕하세요, 법무법인 천명의 경태현 대표변호사입니다.

저희 로펌에서 상속 다음으로 많은 분들께 도움을 드리고 있는 부분이 바로 친생자입니다. 친생자 의뢰를 많이 수행하는 이유는 상속이라는 분야가 가족관계와 밀접한 관련을 맺고 있기 때문입니다. 상속이 가족관계를 중심으로 이루어진다는 사실은 이미 많은 분들께서 알고 계실 것입니다. 가족관계가 어떻게 형성되느냐에 따라 상속의 결과가 완전히 뒤바뀔 수 있기 때문에, 상속 분쟁을 방지하기 위해서는 친생자 문제를 미리 해결해 놓는 일이 중요할 것입니다.

오늘 소개해 드릴 글에서도 상속과 친생자가 함께 문제 된 사례를 다루어보려 합니다. 아래 글을 자세히 읽어보시면 친생자와 상속이 서로 어떤 영향을 미치는가를 잘 이해하실 수 있을 것입니다.

Questions ■ ■ ■

안녕하세요. 친생자 문제로 질문 하나 드리고자 이렇게 글을 남깁니다.

저는 아버지의 친자는 아니지만 호적상 자녀로 등재되어 있고 지금까지 서로를 가족이라 생각하며 살았습니다.

그러던 얼마전 아버지께서 돌아가셨습니다.

아버지께서 돌아가신 후, 아버지와 재혼한 계모가 재산상속 문제로 저에게 친생자관계부존재소송을 제기하여 상속인에서 배제하려 하고 있습니다.

이러한 상황이라면, 계모가 친생자소송을 제기해서 저를 상속 박탈시킬 수 있는 것인가요?

답변 기다리겠습니다. 감사합니다.

Answers ■ ■ ■

귀하께서는 아버님의 친자가 아님에도 상속을 받을 수 있을지 궁금해하고 계신 것 같습니다.

기본적으로 피상속인의 호적상 자녀로 등재되어 있다면 피상속인의 친자인 것으로 보아 상속을 받을 수 있게 됩니다. 다만 계모가 친생자관계부존재확인소송을 통해 귀하를 호적말소하여 상속인에서 배제하려 하는 것 같습니다.

이 경우 귀하께서는 친자가 아니라 할지라도 아버님께서 귀하를 자녀로 양육할 의사로 호적에 등재하여 실제 동거양육을 한 경우에 해당하기 때문에 입양의 효력이 있다라고 주장하셔야 할 것으로 보입니다. 만약 입양의 효력이 인정되는 경우, 친생자관계부존재확인소송을 통해 이를 부정하기 위해서는 당사자간 파양의 의사가 합치되어 합의가 이루어져야 합니다.

아버님과 귀하 간 파양 합의가 존재하지는 않는 것으로 보이므로, 귀하께서는 위와 같이 항변하면서 계모의 친생자관계부존재확인소송을 애당초 잘못된 소송으로서 각하해야 한다고 주장하시면 될 것으로 보입니다.

친생자관계부존재확인소송이 각하된다면 귀하께서는 적법한 상속인으로서 문제없이 아버님의 상속재산을 상속받으실 수 있을 것입니다.

※ 민법

제869조(입양의 의사표시)

① 양자가 될 사람이 13세 이상의 미성년자인 경우에는 법정대리인의 동의를 받아 입양을 승낙한다.

② 양자가 될 사람이 13세 미만인 경우에는 법정대리인이 그를 갈음하여 입양을 승낙한다.

③ 가정법원은 다음 각 호의 어느 하나에 해당하는 경우에는 제1항에 따른 동의 또는 제2항에 따른 승낙이 없더라도 제867조제1항에 따른 입양의 허가를 할 수 있다.

1. 법정대리인이 정당한 이유 없이 동의 또는 승낙을 거부하는 경우. 다만, 법정대리인이 친권자인 경우에는 제870조제2항의 사유가 있어야 한다.
2. 법정대리인의 소재를 알 수 없는 등의 사유로 동의 또는 승낙을 받을 수 없는 경우

④ 제3항제1호의 경우 가정법원은 법정대리인을 심문하여야 한다.

⑤ 제1항에 따른 동의 또는 제2항에 따른 승낙은 제867조제1항에 따른 입양의 허가가 있기 전까지 철회할 수 있다.

[전문개정 2012. 2. 10.]

※ 판례

당사자가 입양의 의사로 친생자 출생신고를 하고 거기에 입양의 실질적 요건이 구비되어 있다면 입양의 효력이 발생하고, 이 경우 허위의 친생자 출생신고는 법률상의 친자관계인 양친자관계를 공시하는 입양신고의 기능을 하게 되는 것이며, 또한 친생자 출생신고 당시에는 입양의 실질적 요건을 갖추지 못하였더라도 그 후에 입양의 실질적 요건을 갖추게 된 경우에는 무효인 친생자 출생신고는 소급적으로 입양신고로서의 효력을 갖게 된다고 할 것인데 민법 제869조에서 정한 입양승낙 없이 친생자로서의 출생신고 방법으로 입양된 15세 미만의 자가 입양의 승낙능력이 생긴 15세 이후에도 계속하여 자신을 입양한 상대방을 부모로 여기고 생활하는 등 입양의 실질적인 요건을 갖춘 이상 친생자로 신고된 자는 그가 15세가 된 이후에 상대방이 한 입양에 갈음하는 출생신고를 묵시적으로 추인하였다고 보는 것이 타당하다. 나아가 허위로 출생신고를 했다고 하더라도 입양의 효력이 발생되면, 파양에 의하여 그 양친자관계를 해소할 필요가 있는 등 특별한 사정이 없는 한 그 호적기재 자체를 말소하여 법률상 친자관계의 존재를 부인하게 하는 친생자관계부존재확인청구는 허용될 수 없다. (부산가정법원 2020. 5. 20. 선고 2019르20829 판결)

사 례

할아버지의 혼외자식을 할머니 상속인에서 빼는 방법

Questions ■ ■ ■

할머니께서 지난 2월 초에 돌아가셨습니다. 친자는 저희 어머니 혼자입니다.
할머니 명의로 상가주택 1채가 있어 상속등기를 진행하던 중에 할아버지의 혼외자식(첩의 자식)들 2명이 할머니의 가족관계증명서에 자녀로 나와 있는 것을 확인했습니다.

할아버지의 첩이였던 여자는 아직도 생존해 있고 평생 할머니는 그 첩과 그 자식들로 인해 마음고생을 하셨습니다.

아마도 그 혼외자식들은 할머니로부터 상속을 받으려는 것으로 보입니다.
하지만 저희 어머니는 한푼도 나눠줄수 없고 도저히 용납할 수 없다고 하십니다.
알아 보니 호적에서 빼면 상속권을 없앨 수 있다고 하던데 맞나요?

어떻게 해야 하는지 자세히 알려주시길 바랍니다.
그리고 상속등기는 언제해야 하고 세금 관련은 어떻게 해야 하나요?

Answers ■ ■ ■

할아버지께서 외도를 해서 혼외자식을 두셨는데 그 혼외자식들을 할머니의 자녀로 호적신고를 잘못하신 것으로 보입니다.

할머니의 친자식들이 아니고 할머니가 직접 키워준 것이 아니라면 친자녀인 어머님은 그 혼외자식들을 상태로 친생자관계부존재확인소송을 제기해서 승소판결을 받으면 할머니의 가족관계증명서에서 삭제 말소할 수 있고 이 경우 외할머니의 상속인에서 완전히 배제될 것입니다.

위와 같이 호적정리한 후 어머님이 단독상속인으로서 외할머니 재산을 상속등기하시면 될 것입니다.

따라서, 적극적으로 어머니께서는 친생자관계부존재확인소송을 제기해서 승소판결을 받아야 할 것이고 이때까지는 상속등기를 하실 필요가 없습니다.

상속과 관련된 세금은 상속세와 취득세가 문제되는데 6개월 내에만 신고납부하면 가산세가 나오지 않습니다. 세금을 납부하고 이후 상속등기는 친생자관계부존재확인판결을 받아 호적정리한 후 진행하시면 될 것입니다.

그리고 어머니와 혼외자식들간의 유전자검사가 필요한데 자진해서 협조를 해주지 않는다면 위 친생자관계부존재확인소송을 진행하면서 가정법원의 유전자검사명령을 받아서 유전자검사를 하시면 될 것입니다.

보다 구체적인 것은 아래 자료를 지참해서 방문상담을 해주시길 바랍니다.

- 할아버지 제적등본
- 할머니 기본증명서(상세), 가족관계증명서(상세),혼인관계증명서(상세), 주민등록말소자초본(과거주소이력포함)
- 어머니의 가족관계증명서(상세), 주민등록초본(상세),어머니 초중고 생활기록부

➜ 모두 어머니께서 신분증을 가지고 주민센터에서 발급이 가능합니다.

사 례

이혼한 전남편의 성본이 아닌 친모의 성본을 따르도록 정정하려면

안녕하세요, 법무법인 천명의 경태현 대표변호사입니다.

간혹 여러 사정으로 인해 본인의 자녀가 타인의 자녀인 것으로 법률상 추정되는 경우가 있습니다. 이 경우 다시 본래 사실과 합치하도록 호적을 정정하고자 할 때, 아이의 성본과 관련하여 문제가 발생할 수 있습니다.

만약 자녀가 타인의 성본이 아닌 본인의 성본을 따르게 하고자 할 경우, 친생부인의소 또는 친생자관계부존재확인소송을 진행하신 후 판결을 받아야 할 것입니다. 이를 통해야만 본인의 자녀로 출생신고 및 호적등재(가족관계증명서 형성)를 하여 본인의 성본을 따르도록 할 수 있습니다.

아래 사례를 통해 친생부인의소 또는 친생자관계부존재확인소송과 성본변경에 대해 더 자세히 살펴보도록 하겠습니다.

Questions ■ ■ ■

안녕하세요 변호사님. 가족관계 관련해서 질문 하나 드리고 싶습니다.

전남편과 혼인 중 별거를 하면서 다른 남자와의 사이에서 자녀가 생겼습니다.

아이를 출산한 이후 전 남편과 이혼을 했고 친부와 연락이 두절되어 제 부모님 호적에 자녀를 올려놓았습니다.

그러던 얼마 전, 이제는 제 호적에 자녀를 올려야 할 것 같아서 부모님 상대로 친생자관계존부확인소송 진행해서 판결까지 받았습니다.

이후 제 호적에 자녀를 올리려 하니 아이의 성본이 계속 전 남편을 따라간다고 합니다.

이런 상황에서 자녀가 제 성본을 따르게 하려면 어떻게 하면 될까요?

답변 부탁드립니다. 감사합니다.

Answers ■ ■ ■

귀하께서는 자녀가 귀하의 성본을 따르도록 성본변경을 하고자 하시는 것 같습니다.

귀하의 자녀는 전남편과 이혼하기 전에 태어난 아이이므로 법률상 전남편의 자녀로 추정됩니다. 이를 친생추정이라 합니다.

전남편이 자녀의 친부가 아니므로 전남편을 상대로 친생부인의소 또는 친생자관계부존재확인소송을 제기해서 판결을 받아야만 아이를 귀하의 자녀인 것으로 출생신고를 하여 호적등재 즉 가족관계(가족관계증명서)를 형성할 수 있습니다.

위 출생신고 과정에서 전남편의 성본이 아닌 귀하의 성과본으로 출생신고를 하신다면 자녀가 귀하의 성본을 따르도록 변경하실 수 있습니다.

친생부인의소 또는 친생자관계부존재확인소송 과정에서는 자녀와 전남편 사이의 친자관계가 존재하지 않음을 증명하기 위해 자녀와 전남편 사이의 유전자 검사 또는 자녀와 친부 사이의 유전자 검사를 받아야 할 것입니다.

※ 민법

제844조(남편의 친생자의 추정)

① 아내가 혼인 중에 임신한 자녀는 남편의 자녀로 추정한다.

② 혼인이 성립한 날부터 200일 후에 출생한 자녀는 혼인 중에 임신한 것으로 추정한다.

③ 혼인관계가 종료된 날부터 300일 이내에 출생한 자녀는 혼인 중에 임신한 것으로 추정한다.

[전문개정 2017. 10. 31.][2017. 10. 31. 법률 제14965호에 의하여 2015. 4. 30. 헌법재판소에서 헌법불합치 결정된 이 조를 개정함.]

제847조(친생부인의 소)

① 친생부인(친생부인)의 소(소)는 부(부) 또는 처(처)가 다른 일방 또는 자(자)를 상대로 하여 그 사유가 있음을 안 날부터 2년내에 이를 제기하여야 한다.

② 제1항의 경우에 상대방이 될 자가 모두 사망한 때에는 그 사망을 안 날부터 2년내에 검사를 상대로 하여 친생부인의 소를 제기할 수 있다.

[전문개정 2005.3.31]

제865조(다른 사유를 원인으로 하는 친생관계존부확인의 소)

① 제845조, 제846조, 제848조, 제850조, 제851조, 제862조와 제863조의 규정에 의하여 소를 제기할 수 있는 자는 다른 사유를 원인으로 하여 친생자관계존부의 확인의 소를 제기할 수 있다.

② 제1항의 경우에 당사자일방이 사망한 때에는 그 사망을 안 날로부터 2년내에 검사를 상대로 하여 소를 제기할 수 있다. 〈개정 2005. 3. 31.〉

사 례

친생자관계존부확인소송, 호적상 어머니가 친모가 아닌 경우

안녕하세요, 법무법인 천명의 경태현 대표변호사입니다.

제적등본, 호적, 가족관계등록부 등, 서류상에서 어머니로 기재되어 있는 사람이 사실은 친모가 아니라면 소송을 통해 이를 정정해야 합니다. 이때 활용되는 소송이 친생자관계존부확인소송입니다. 일반적으로는 친모가 아닌 서류상 모를 말소시키고 친모를 새롭게 서류에 등재하고자 하는 경우가 많기 때문에, 서류상 모를 말소시키기 위한 '친생자관계부존재확인소송'과 친모를 서류에 등재하기 위한 '친생자관계존재확인소송'을 함께 진행하곤 합니다.

다만, 간혹 친모가 누구인지 알지 못하는 상황에서 가족관계를 정리하고자 하시는 분들도 계십니다. 이러한 경우에는 어떤 방식으로 소송을 진행하면 되는 것인지 아래 질문과 답변을 통해 설명을 드리도록 하겠습니다.

Questions ■ ■ ■

안녕하세요 변호사님. 호적 정리 관련해서 질문 드리고자 글 남깁니다.

다름이 아니라 제 가족관계증명서에서의 어머니가 친모가 아닌 다른 분으로 등재되어 있습니다. 따라서 이를 정정하고자 합니다.

다만 제 친어머니가 누구인지, 생사조차 모릅니다.
이런 상황에서는 정정 소송을 어떻게 하면 되는지, 유전자 검사는 누구랑 하면 되는지 질문 드립니다.
감사합니다.

Answers ■ ■ ■

귀하의 가족관계증명서에 '모'로 기재되어 있는 사람이 친모가 아닌 다른 분인 것으로 보입니다.

이러한 경우 그 '모'로 기재되어 있는 사람을 상대로 친생자관계부존재확인소송을 제기해서 판결을 받는다면 귀하의 가족관계증명서에서 '모'를 공란으로 만들 수 있습니다.

일반적으로는 위 소송 이후 혹은 동시에 친모와의 친생자관계존재확인소송을 진행해서 공란이 된 '모'에 친모를 등재하는 경우가 많습니다. 이때는 대부분 친모와의 유전자 검사만으로도 두 소송이 모두 해결됩니다. 한 사람에 대해 친모가 두 명인 것은 불가능한 일이므로, 친모와의 유전자 검사를 통해 친모임이 확인된다면 자연히 서류상 모는 친모가 아님을 함께 증명할 수 있기 때문입니다.

다만 귀하께서는 친모의 생사와 소재를 알지 못하고 계신 것 같습니다. 그렇다면 친모와의 친생자관계존재확인소송을 진행하는 일에는 어려움이 있습니다. 따라서 서류상 모와의 친생자관계부존재확인소송을 통해 서류상 모를 말소하는 과정까지 진행하셔서 가족관계증명서에서 '모'를 공란으로 만드실 수는 있을 것으로 보이고, 이 경우에는 귀하와 서류상 모 사이의 유전자 검사를 받으셔야 할 것입니다.

※ 민법

제865조(다른 사유를 원인으로 하는 친생관계존부확인의 소)

① 제845조, 제846조, 제848조, 제850조, 제851조, 제862조와 제863조의 규정에 의하여 소를 제기할 수 있는 자는 다른 사유를 원인으로 하여 친생자관계존부의 확인의 소를 제기할 수 있다.

② 제1항의 경우에 당사자일방이 사망한 때에는 그 사망을 안 날로부터 2년내에 검사를 상대로 하여 소를 제기할 수 있다. 〈개정 2005. 3. 31.〉

사례

서류상 모(호적상 모)가 사망한 경우의 친생자관계부존재확인소송

안녕하세요, 법무법인 천명의 경태현 대표변호사입니다.

친모가 아닌 사람이 서류상 '모'(호적상 모)로 기재되어 있을 경우 이를 정정하는 절차를 거쳐야 합니다. 이를 해결하기 위해서는 많은 분들께서 잘 알고 계시는 친생자관계존부확인소송이 활용됩니다. 친생자관계존부확인소송을 통해 모친이 아닌 자를 서류에서 말소시키고 친모를 새롭게 등재할 수 있게 되는 것입니다.

이와 관련하여 만일 서류상 모(호적상 모)가 이미 사망한 경우에는 어떻게 해야 하는지 질문주신 내용이 있었습니다. 따라서 오늘은 서류상 모가 이미 사망한 경우에 서류상 어머니를 정정하는 방법에 관해 설명 드리도록 하겠습니다.

Questions ■ ■ ■

안녕하세요 변호사님. 친모정정 관련하여 질문 하나 드리려합니다.

현재, 제 가족관계증명서에 이미 돌아가신 분께서 어머니로 되어 있습니다. 이분은 제 친어머니가 아니고 친모는 현재 살아계신 상황입니다.

서류상 모를 정정하려면 친생자소송을 제기해야 하는 것은 알고있는데, 서류상 어머니로 등록된 분께서 이미 돌아가셔서 어떻게 해야할지 모르겠습니다.

제 상황에서 서류상 어머니를 친모로 변경하려면 어떻게 해야하는지 설명 부탁드립니다.

감사합니다.

Answers ■ ■ ■

귀하께서는 서류상 모를 친모로 정정하고자 하시는 것 같습니다.

일반적으로 이러한 경우 친모와 귀하의 모자관계가 가족관계증명서에 제대로 정정되기 위해서는 아래 두 가지 소송을 진행하셔야 합니다.

1. 귀하와 서류상 모(호적상 모) 사이의 친생자관계부존재확인소송
2. 귀하와 친모 사이의 친생자관계존재확인소송

위 소송을 진행하기 위해서는 귀하와 친모 사이의 유전자검사가 필요합니다. 만일 위 소송을 통해 법원의 판결을 받게 된다면 해당 판결문을 토대로 가족관계를 정정하실 수 있습니다.

다만 귀하께서는 서류상 어머니께서 이미 돌아가셨기 때문에 곤란한 상황에 놓이신 것 같습니다.

이러한 경우 너무 걱정하지 않으셔도 되는 것이, 우리 민법 제865조 제2항에서는 친생자관계존부확인소송에서 당사자 일방이 사망한 경우 그 사망을 안 날로부터 2년 내에 검사를 상대로 하여 소를 제기할 수 있음을 규정하고 있습니다.

따라서 귀하께서는 검사를 상대로 하여 친생자관계부존재확인소송을 진행하시고, 친모를 상대로 하여 친생자관계존재확인소송을 제기하시면 됩니다.

뿐만 아니라 위 방식이 아니라 친모가 원고가 되고 귀하가 피고가 되어 친생자관계부존재확인과 친생자관계존재확인소송을 동시에 진행할 수도 있습니다.

※ 민법

제865조(다른 사유를 원인으로 하는 친생관계존부확인의 소)

① 제845조, 제846조, 제848조, 제850조, 제851조, 제862조와 제863조의 규정에 의하여 소를 제기할 수 있는 자는 다른 사유를 원인으로 하여 친생자관계존부의 확인의 소를 제기할 수 있다.

② 제1항의 경우에 당사자일방이 사망한 때에는 그 사망을 안 날로부터 2년내에 검사를 상대로 하여 소를 제기할 수 있다. 〈개정 2005. 3. 31.〉

사례

자녀가 타인의 가족관계등록부에 등재되어 있다면

안녕하세요, 법무법인 천명의 경태현 대표변호사입니다.

친생자 문제를 처리하다 보면 자녀를 타인의 가족관계등록부에 등재한 경우를 자주 볼 수 있습니다. 단순히 착오로 인한 실수인 경우도 있으나, 개인적인 사정 때문에 본인의 호적에 등재하지 못하고 타인의 호적에 자녀를 등재하는 경우도 생기게 됩니다. 그리고 시간이 흐른 후에 가족관계등록부에 오류가 있다는 사실을 인지하거나, 자녀를 가족관계등록부에 등재할 수 없었던 문제가 해소된다면 가족관계를 사실에 합치하도록 정정하고자 저희 로펌을 찾아주시곤 합니다.

오늘 글에는 위와 같이 자녀가 타인의 가족관계등록부에 등재되어 있을 때 이를 정정하는 방법에 대해 설명해 드리도록 하겠습니다.

Questions ■ ■ ■

안녕하세요 변호사님. 아들 가족관계등록부에 문제가 있어서 질문 남깁니다.

제가 미혼모라 아이가 태어나고 출생신고를 할 때 저희 어머니의 자녀인 것으로 아이를 등재했습니다.

시간이 흘러 아이가 커가고 자신의 생각이 생기기 시작하니 이러한 가족관계에 의문을 가지기도 하고 상처를 받기도 하는 것 같습니다.

그래서 이제는 아들을 제 자녀로 올바르게 등록하고자 합니다.

이런 경우 제가 어떻게 하면 되는지 질문드립니다. 참고로 제 아버지는 돌아가시고 어머니만 계십니다. 감사합니다.

Answers ■ ■ ■

귀하께서는 아들을 귀하의 어머님의 자녀인 것으로 출생신고하신 것 같습니다. 이러한 경우 두 번의 소송을 통해 아들을 귀하의 자녀로 등록하실 수 있습니다.

1. 아이와 어머님(서류상 모) 사이의 친생자관계부존재확인소송
2. 아이와 귀하(친모) 사이의 친생자관계존재확인소송

먼저 1번 소송을 통해 어머님과 아이 사이의 모자관계를 말소시켜야 합니다. 1번 소송을 통해 판결을 받으신다면 해당 판결문을 바탕으로 2번 소송을 제기하시면 됩니다. 2번 소송을 진행하실 때에는 귀하와 아이 사이의 유전자검사를 받으셔야 할 것입니다.

2번 소송을 마치신다면 판결문을 바탕으로 비로소 아이를 귀하의 자녀로 등재하실 수 있습니다.

다만 실무에서는 1번 소송과 2번 소송을 따로 하지 않고 1번과 2번을 하나의 소송으로 신청함으로써 비교적 짧은 시간에 가족관계등록부를 바로 잡게 됩니다.

※ 민법

제865조(다른 사유를 원인으로 하는 친생관계존부확인의 소)

① 제845조, 제846조, 제848조, 제850조, 제851조, 제862조와 제863조의 규정에 의하여 소를 제기할 수 있는 자는 다른 사유를 원인으로 하여 친생자관계존부의 확인의 소를 제기할 수 있다.

② 제1항의 경우에 당사자 일방이 사망한 때에는 그 사망을 안 날로부터 2년 내에 검사를 상대로 하여 소를 제기할 수 있다. 〈개정 2005. 3. 31.〉

사례

어머니는 같고 아버지가 다른 형제(이부동복형제)가 존재하는 경우 호적정정과 상속

Questions ■ ■ ■

서로 아버지 다른 동복형제 그리고 저의 친어머니 호적 관련 문의드립니다.

어머니 친자식들은 총 4명입니다. 2남2녀입니다. 그런데 서로 아버지가 다릅니다. 어머니께서는 저의 친아버지와 결혼하지 않고 1남 1녀(저)를 두셨습니다.

하지만 어머니께서는 저의 아버지와는 오래 살지 않고 헤어지시고 새아버지 박00라는 분과 혼인을 하시고 동생 2명(1남 1녀)을 두셨습니다.

그런데 저희 남매 호적은 아버지와 아버지 본처로 되어 있습니다. 결국 호적상 친어머니와 저희는 법률상 남남으로 되어 있습니다.

알아보니 저희들 관계가 이부동복형제라고 하더라고요. 어머니는 같고 아버지는 다른 형제들입니다.

비록 저의 친아버지와는 헤어졌지만 저희 남매는 아버지가 아닌 친어머니와 생활했고, 새아버지 그리고 이부형제들 2명하고 어릴 때부터 생활해왔습니다.

그런데 새아버지께서는 지난 2005년경 돌아가셨고 저희 친어머니께서도 올해 3월경에 돌아가셨습니다.

어머니 소유 주택이 있는데 상속문제가 발생되어 문의드립니다.

저희 남매 호적에서는 어머니가 아닌 아버지의 본처가 모로 나옵니다. 저희 남매는 평생 아버지 본처를 본 적이 없습니다. 물론 아버지하고도 거의 교류하지 않고 살아왔습니다.
참고로 친아버지는 2007년경 돌아가시고 아버지 본처는 살아 계신 것으로 알고 있습니다.

저와 여동생이 어머니 소유 주택을 상속받을 수 있나요?
만약 호적상 어머니와 친어머니가 달라서 상속을 받을 수 없다면 어떻게 해야 하나요?
이부형제는 저희들이 친형제라는 것을 인정하지만 호적에 없다고 하면서 자기들끼리만 상속을 받겠다고 하는데 어떻게 해야 하나요?

Answers ■ ■ ■

귀하 사례는 "아버니는 다르지만 어머니는 같은 이부동복형제(동복이부형제) 관련 호적정정과 상속"에 관한 문제입니다.

귀하 남매의 경우 호적상 모로 등재된 분(아버지의 본처)과 친어머니가 서로 다른 경우입니다.

이런 경우 귀하 남매가 정상적으로 친어머니의 상속인으로서 지위를 인정받기 위해서는 아래와 같은 호적정정을 위한 소송을 진행해야 합니다.

1. 귀하 남매와 호적상 모(아버지 본처) 사이의 "친생자관계부존재확인소송"
2. 귀하 남매와 돌아가신 친모 사이의 "친생자관계존재확인소송"

다만, 위 2가지 소송을 모두 진행하기 위해선 이부동복형제들 중 한 명하고 귀하 남매는 "동일모계유전자검사"를 진행해야 할 것입니다.

위 친생자관계부존재확인소송과 친생자관계존재확인소송 과정에서 가정법원에 유전자검사명령을 신청하면 가정법원이 이부형제들에게 유전자수검명령(유전자검사명령)을 내리고 이를 기초로 유전자검사를 하면 됩니다. 만약 이부형제들이 거부하면 과태료명령이 나오게 되고 이마저도 거부한다면 귀하 남매 주장이 맞다는 것으로 간주되어 승소판결이 나오게 될 것입니다.

위 2가지 소송을 모두 거치면 귀하 남매와 친어머니는 호적상 모자관계로 호적정정이 될 것이고, 결국 친어머니의 상속재산을 친자녀들 4명이 각 1/4지분씩 공동상속받게 될 것입니다.

● **필요서류**

친생자관계부존재확인소송과 친생자관계존재확인소송을 구체적으로 진행하기 위해선 아래 서류가 기본적으로 필요합니다.

- 아버지 제적등본
- 호적상 모(아버지 본처)의 가족관계증명서(상세), 혼인관계증명서(상세), 주민등록초본
- 친어머니의 기본증명서(상세), 가족관계증명서(상세), 혼인관계증명서(상세), 주민등록말소자초본(과거주소포함)
- 귀하 남매의 기본증명서(상세), 가족관계증명서(상세), 주민등록초본(과거주소포함)
- 귀하 남매의 각 초중고 생활기록부(주민센터에서 전부 발급 가능합니다.)

※ 민법

제865조(다른 사유를 원인으로 하는 친생관계존부확인의 소)

① 제845조, 제846조, 제848조, 제850조, 제851조, 제862조와 제863조의 규정에 의하여 소를 제기할 수 있는 자는 다른 사유를 원인으로 하여 친생자관계존부의 확인의 소를 제기할 수 있다.

② 제1항의 경우에 당사자일방이 사망한 때에는 그 사망을 안 날로부터 2년내에 검사를 상대로 하여 소를 제기할 수 있다. 〈개정 2005. 3. 31.〉

사 례

친생자관계부존재확인소송 이후 가족관계등록부가 폐쇄되었다면?

안녕하세요, 법무법인 천명의 경태현 대표변호사입니다.

가족관계를 정리해야 할 때, 가족 간의 분쟁이 생길 것을 우려하여 이를 피하고 미루는 경우가 존재합니다. 하지만 가족관계가 사실과 다르게 가족관계등록부에 기재되었을 때 이를 방치한다면 추후 상속과 유언 등에서 그 문제가 더 커질 수 있다는 것을 함께 고려하심이 바람직합니다. 이와 같이 가족관계에 문제가 있으시다면 신속하게 전문가의 도움을 받아 이를 정정하실 것을 권해드립니다.

오늘 설명해 드릴 내용도 가족관계를 정리하는 과정을 소개해드리고자 준비하게 되었습니다. 아래 내용을 잘 읽어보시고 도움이 필요하시거나 비슷한 문제가 있으시다면 저희 법무법인 천명으로 연락해주시기 바랍니다.

Questions ■ ■ ■

안녕하세요 변호사님! 가족관계 관련하여 질문드리고자 글 쓰게 되었습니다.

일단 기본적인 배경을 설명해 드리자면 어머니께서 미혼모인 상태로 저를 낳으셨습니다. 그래서 어머니께서 제가 태어났을 때 어머니가 아닌 큰이모 댁의 호적으로 저를 올리셨습니다.

그리고 현재 등본상 부모님(큰이모, 큰이모부)은 다 살아계시는 데 이제 호적정리를 해달라고 요청하셨습니다. 저는 이에 응해드리고 싶은데 제 친어머니께서 채무가 조금 있으셔서 가족관계 등록부상 가족이 되는 것은 반대하십니다.

우선 현재 상황은 이러합니다. 이에 따라 질문을 드리고자 합니다.

1. 호적상 부모님을 상대로 어떤 소송을 진행하면 되는 건가요?

2. 호적상 부모님과 관계를 정리한 이후 친모와 가족관계를 형성하지 않는다면 가족관계 자체가 없게 되는 건가요? 만약 그렇다면 어떻게 해야 좋을까요?

답변 기다리겠습니다. 감사합니다.

Answers ■ ■ ■

귀하의 질문에 순차적으로 답변드리도록 하겠습니다.

1. 귀하의 경우 친모가 아닌 친척분의 자녀로 가족관계가 잘못 등재된 경우입니다. 이러한 경우 호적상 부모님을 상대로 친생자관계부존재확인의소를 제기하셔야 합니다. 이 과정에서 일반적으로 유전자 검사를 함께 실시하게 됩니다. 귀하의 경우 상대방과 가족관계 말소에 대한 의사가 합치하기 때문에 이 과정에서 별다른 분쟁이 생길 여지는 없다고 보입니다.
   귀하와 호적상 부모님 간 유전자검사를 실시한 후, 이를 근거로 재판을 진행하면 법원의 판결을 받게 됩니다. 이후 법원의 판결을 통해 호적상 부모님과 귀하 간의 가족관계를 말소시킬 수 있습니다.

2. 호적상 부모님과 친생자관계부존재확인소송을 진행하셔서 확정판결을 받은 후 가족관계가 말소된다면 귀하는 무호적자가 될 것입니다. 이 후, 귀하께서는 친모와 친생자관계존재확인소송을 진행하여 새로운 가족관계를 형성하실 수 있습니다. 하지만 특수한 사정으로 인해 이를 원치 않으신다면, 성본창설허가신청과 가족관계등록부창설허가신청을 통해 새로운 호적 및 가족관계등록부를 만들어야 할 것입니다.

※ 민법

제865조(다른 사유를 원인으로 하는 친생관계존부확인의 소)

① 제845조, 제846조, 제848조, 제850조, 제851조, 제862조와 제863조의 규정에 의하여 소를 제기할 수 있는 자는 다른 사유를 원인으로 하여 친생자관계존부의 확인의 소를 제기할 수 있다.

② 제1항의 경우에 당사자일방이 사망한 때에는 그 사망을 안 날로부터 2년내에 검사를 상대로 하여 소를 제기할 수 있다. 〈개정 2005. 3. 31.〉

제781조(자의 성과 본)

① 자는 부의 성과 본을 따른다. 다만, 부모가 혼인신고시 모의 성과 본을 따르기로 협의한 경우에는 모의 성과 본을 따른다.

② 부가 외국인인 경우에는 자는 모의 성과 본을 따를 수 있다.

③ 부를 알 수 없는 자는 모의 성과 본을 따른다.

④ 부모를 알 수 없는 자는 법원의 허가를 받아 성과 본을 창설한다. 다만, 성과 본을 창설한 후 부 또는 모를 알게 된 때에는 부 또는 모의 성과 본을 따를 수 있다.

⑤ 혼인외의 출생자가 인지된 경우 자는 부모의 협의에 따라 종전의 성과 본을 계속 사용할 수 있다. 다만, 부모가 협의할 수 없거나 협의가 이루어지지 아니한 경우에는 자는 법원의 허가를 받아 종전의 성과 본을 계속 사용할 수 있다.

⑥ 자의 복리를 위하여 자의 성과 본을 변경할 필요가 있을 때에는 부, 모 또는 자의 청구에 의하여 법원의 허가를 받아 이를 변경할 수 있다. 다만, 자가 미성년자이고 법정대리인이 청구할 수 없는 경우에는 제777조의 규정에 따른 친족 또는 검사가 청구할 수 있다.

※ 가족관계의 등록 등에 관한 법률

제101조(가족관계 등록 창설신고)

① 등록이 되어 있지 아니한 사람은 등록을 하려는 곳을 관할하는 가정법원의 허가를 받고 그 등본을 받은 날부터 1개월 이내에 가족관계 등록 창설(이하 "등록창설"이라 한다)의 신고를 하여야 한다.

② 신고서에는 제9조 제2항에 규정된 사항 외에 등록창설허가의 연월일을 기재하여야 한다.

③ 제2항의 신고서에는 등록창설허가의 등본을 첨부하여야 한다.

④ 제1항의 경우에 가정법원의 심리에 관하여는 제96조 제6항을 준용한다.

사 례

대습상속인 조카의 작은아버지를 상대로 한 친생자관계부존재확인소송

안녕하세요, 법무법인 천명의 경태현 대표변호사입니다.

오늘은 친자관계와 관련된 소송에 관하여 설명해 드리겠습니다.

현대 과학기술이 이뤄낸 발전 덕분에 유전자 검사를 통해 친자녀 관계를 입증하는 것은 그리 어렵지 않습니다. 하지만 유전자 검사 결과 친자로 나왔다고 해서 곧바로 가족관계등록부에 기재가 되는 것은 아닙니다. 반대로 친자가 아님에도 가족관계등록부에 자녀로 기재되어 있다면 유전자 검사를 통해 친자 아닌 사실이 증명되었다고 해서 자동적으로 말소가 되는 것도 아니지요.

후자의 경우와 같이 친자가 아닌데도 자녀로 기재가 되어 있다면, 상속인으로 인정을 받게 되어 친자녀들의 상속분이 감축되는 결과로 이어질 수 있습니다. 이러한 사태를 방지하기 위해서는 가족관계등록부상 친자관계를 사실에 합치하도록 정정하는 것이 중요합니다. 이때 필요한 것이 '친생자관계부존재확인의 소'라고 할 수 있습니다.

아래에서는 '친생부인의 소'와 '친생자관계부존재확인의 소'를 혼동한 사례에 관한 질문과 답변을 적어두었는데요.

법률상 친자관계를 정정하지 않아 상속 등에서 발생할 수 있는 불이익을 방지하시기 위해 아래 소개된 내용을 자세히 읽어보시기 바랍니다.

Questions ■ ■ ■

안녕하세요, 변호사님. 상속 카페에서 변호사님 글 보고 여기까지 넘어오게 되었습니다. 제가 법 지식이 부족하니 변호사님께서 친절하게 설명해주시면 너무 감사하겠습니다.

본론으로 들어가면, 친생자 소송이라는 것을 인터넷에서 보았습니다. 저희 할머니께서 최근에 돌아가셨는데(할아버지는 제가 태어나기도 전에 돌아가셨습니다) 자녀로는 제 아버지 말고 한 분이 더 계십니다. (저희 아버지는 10년 전에 사망하셔서 저는 대습상속인입니다)

할아버지가 예전에 외도를 하셔서 다른 여자에게서 태어난 아기가 있는데 호적에 할머니 아들로 올라와 있습니다. 그게 저희 작은아버지이구요. 그런데 저희랑은 관계가 없다고 할 수 있을 정도로 남남인 사이입니다... 할머니 역시 가족관계등록 상에만 엄마-아들로 되어 있지 실제로 연락하고 지내지도 않으셨습니다.

정리하자면 할머니, 할아버지, 아들1(사망), 아들2(혼외자) 이렇게 있는 건데요.

혹시 할머니의 친손자인 제가 작은아버지를 상대로 친생자소송을 제기할 수 있나요?

이것이 친생부인의 소가 맞는지도 확인 부탁드립니다. 할머니께서도 친자식이 아닌 작은아버지가 재산을 상속받지 않았으면 좋겠다고 누누이 말씀하셨습니다. 손자인 제게만 유산이 돌아오도록 할 수 있나요?

또 유전자 검사한다고 알고 있는데 만약 작은아버지가 거부할 시 어떻게 되나요?

답번 기다리겠습니다!

Answers ■ ■ ■

먼저 귀하께서는 친생자관계부존재확인의 소와 친생부인의 소를 혼동하고 계신 것 같습니다. 작은아버지께서 할머니의 친자가 아니고, 오랜 기간 동거양육한 양자도 아니라면 친생부인의 소가 아닌 친생자관계부존재확인의 소송을 제기하셔야합니다. 이를 통하여 작은아버지의 상속권을 박탈할 수가 있으며 귀하는 대습상속인으로서 1순위 상속인이기 때문에 작은아버지를 상대로 친생자관계부존재확인 소송제기가 가능합니다.

친생자관계부존재확인의 소를 제기할 수 있는 원고는 이를 통해 특정 권리를 얻게 되거나 의무를 면하는 등 직접적 이해관계가 있는 자라고 한다면 누구든지 가능합니다. 보다 자세하게 말씀드리면 '이해관계가 있는 자'란 친생자관계부존재판결이 확정이 되었을 시 본인의 권리, 의무, 법적 지위에 영향을 받는 자를 말합니다. 귀하는 피상속인의 직계비속이고 대습상속인이니 상속권 관련한 소송이 가능하다고 볼 수 있겠습니다.

마지막으로 유전자 검사의 경우 법원의 수검명령, 과태료, 감치 처분 등 강제성 있는 방법이 존재하기 때문에 작은아버지께서 원하지 않았더라도 결국에는 유전자 검사를 할 수밖에 없을 것입니다.

답변이 도움이 되셨기를 바랍니다.

우리 민법에서는 친생자의 추정에 관해 아래와 같이 크게 세 가지로 규정하고 있습니다.

1) 아내가 혼인 중에 임신한 자녀는 남편의 자녀로 추정한다.
2) 혼인이 성립한 날부터 200일 후에 출생한 자녀는 혼인 중에 임신한 것으로 추정한다.
3) 혼인관계가 종료된 날부터 300일 이내에 출생한 자녀는 혼인 중에 임신한 것으로 추정한다.

위 경우에 해당한다면 특이사항이 없는 한 민법상 친생추정을 받게 되어 있습니다. 이렇게 자녀가 아버지의 친생자로 추정된다면 민법상 친자관계가 성립한다고 인정이 됩니다. 이때 실제로는 친자관계가 성립하지 않는 경우라면 부부 일방은 친생부인의 소를 제기하여 그 관계를 부정할 수 있지요.

반대로 자녀가 아버지의 친생자로 추정되지 않는데도 불구하고 호적상 친자로 되어 있을 경우에는 '친생자관계부존재확인의 소'를 제기해야 합니다. 가족관계등록부상 자녀와 부모 사이로 기재가 되어 있다면 이 소송을 통하여 관계를 정정할 수 있게 됩니다.

※ 민법

제844조(남편의 친생자의 추정)
① 아내가 혼인 중에 임신한 자녀는 남편의 자녀로 추정한다.
② 혼인이 성립한 날부터 200일 후에 출생한 자녀는 혼인 중에 임신한 것으로 추정한다.
③ 혼인관계가 종료된 날부터 300일 이내에 출생한 자녀는 혼인 중에 임신한 것으로 추정한다.
[전문개정 2017. 10. 31.][2017. 10. 31. 법률 제14965호에 의하여 2015. 4. 30. 헌법재판소에서 헌법불합치 결정된 이 조를 개정함.]

제847조(친생부인의 소)
① 친생부인(親生否認)의 소(訴)는 부(夫) 또는 처(妻)가 다른 일방 또는 자(子)를 상대로 하여 그 사유가 있음을 안 날부터 2년 내에 이를 제기하여야 한다.
② 제1항의 경우에 상대방이 될 자가 모두 사망한 때에는 그 사망을 안 날부터 2년내에 검사를 상대로 하여 친생부인의 소를 제기할 수 있다.
[전문개정 2005. 3. 31.]

제865조(다른 사유를 원인으로 하는 친생관계존부확인의 소)
① 제845조, 제846조, 제848조, 제850조, 제851조, 제862조와 제863조의 규정에 의하여 소를 제기할 수 있는 자는 다른 사유를 원인으로 하여 친생자관계존부의 확인의 소를 제기할 수 있다.
② 제1항의 경우에 당사자 일방이 사망한 때에는 그 사망을 안 날로부터 2년내에 검사를 상대로 하여 소를 제기할 수 있다. 〈개정 2005. 3. 31.〉

제1001조(대습상속) 전조제1항제1호와 제3호의 규정에 의하여 상속인이 될 직계비속 또는 형제자매가 상속개시 전에 사망하거나 결격자가 된 경우에 그 직계비속이 있는 때에는 그 직계비속이 사망하거나 결격된 자의 순위에 갈음하여 상속인이 된다. 〈개정 2014. 12. 30.〉

사례

친생자관계부존재확인소송 중 어머니가 돌아가신 경우 어떻게 해야 하나요?

Questions ■ ■ ■

어머니 가족관계증명서에 친자가 아닌 사람이 있는데 아주 오래전에 동네 불쌍한 아이를 5살 때 데려왔다가 1년쯤 같이 살다가 헤어졌고 30년 넘게 본 적이 없어 어머님이 그 사람을 상대로 작년 겨울에 친생자부존재소송을 제기하셨습니다.

아버님 제적등본(호적)에는 저의 친동생인 것처럼 나오던데 저는 얼굴 본 기억조차 없습니다.

그런데 최근 건강이 너무 좋지 않던 중 갑작스럽게 돌아가셨습니다.
어머님이 돌아가시면 제기한 친생자부존재소송 자체가 없어지나요?

아니면 친자인 제가 진행할 수는 없나요?

앞으로 어떻게 해야 하나요? 어머님이 법무사를 통해서 소송을 진행하다가 갑작스럽게 돌아가셔서 어떻게 해야 할지 모르겠습니다. 변호사님이 제발 도와주세요.

Answers ■ ■ ■

아버지의 제적등본 그리고 어머님의 가족관계증명서에 친자 아닌 사람이 자녀로 등재되어 귀하의 친동생인 것처럼 표시된 경우입니다. 하지만 5살에 잠깐 같이 살다가 1년 후 헤어진 경우로서 그 이후 30년 넘게 교류 없고 남남처럼 살아온 경우입니다.

이런 경우 실제로 친자처럼 허위출생신고되어 호적 등재된 이후 만 15세까지 동거양육하지 않은 경우로서 입양의 효력이 발생되지 않아 양자로 인정되지 않을 것으로 보입니다.

어머님이 그 친자 아닌 사람을 상대로 친생자관계부존재확인소송을 진행하다가 돌아가신 경우에는 그 소송이 종료되지는 않습니다.

귀하는 어머님의 친자녀로서 소송수계를 통해서 친생자부존재확인소송을 계속 진행할 수 있습니다.

다만, 친생자관계부존재확인소송의 경우 승소를 받아 호적정리가 제대로 되기 위해서는
1) 친자 여부(유전자검사)
2) 양자 여부를 모두 판단 받아야만 할 것입니다.

보다 구체적인 것 아래 자료를 기초로 방문상담을 받아보시길 바랍니다.
- 어머님이 소송제기한 친생자관계부존재확인소송의 소장 등 소송기록일체

※ 민법

제865조(다른 사유를 원인으로 하는 친생관계존부확인의 소)
① 제845조, 제846조, 제848조, 제850조, 제851조, 제862조와 제863조의 규정에 의하여 소를 제기할 수 있는 자는 다른 사유를 원인으로 하여 친생자관계존부의 확인의 소를 제기할 수 있다.
② 제1항의 경우에 당사자 일방이 사망한 때에는 그 사망을 안 날로부터 2년 내에 검사를 상대로 하여 소를 제기할 수 있다. 〈개정 2005. 3. 31.〉

※ 판례

당사자가 양친자관계를 창설할 의사로 친생자 출생신고를 하고 거기에 입양의 실질적 요건이 모두 구비되어 있다면 그 형식에 다소 잘못이 있더라도 입양의 효력이 발생하고,

양친자관계는 파양에 의하여 해소될 수 있는 점을 제외하고는 법률적으로 친생자관계와 똑같은 내용을 갖게 되므로 이 경우의 허위의 친생자 출생신고는 법률상의 친자관계인 양친자관계를 공시하는 입양신고의 기능을 발휘하게 되는 것이지만, 여기서 입양의 실질적 요건이 구비되어 있다고 하기 위하여는 입양의 합의가 있을 것, 15세 미만자는 법정대리인의 대낙이 있을 것, 양자는 양부모의 존속 또는 연장자가 아닐 것 등 민법 제883조 각호 소정의 입양의 무효사유가 없어야 함은 물론 감호 · 양육 등 양친자로서의 신분적 생활사실이 반드시 수반되어야 하는 것으로서, 입양의 의사로 친생자 출생신고를 하였다 하더라도 위와 같은 요건을 갖추지 못한 경우에는 입양신고로서의 효력이 생기지 아니한다(대법원 2004. 11. 11. 선고 2004므1484 판결).

사 례

전남편과 혼인 중 임신한 자녀를 생부(친부)의 호적에 올리기 위한 친생부인의 소

안녕하세요, 법무법인 천명의 경태현 대표변호사입니다.

자녀의 출생은 참으로 기쁜 일이 아닐 수 없습니다. 그러나 출생한 자녀를 곧바로 출생신고할 수 없는 경우가 있습니다. 이런 상황이 발생하는 이유는 우리 민법에 규정되어 있는 친생추정 때문입니다.

그러므로 사정에 따라 자녀를 출생신고했을 때 생부의 호적이 아닌 전남편의 자녀로 출생신고되는 상황이 발생할 수 있는 것입니다.

그렇다면 자녀가 이렇게 친생추정을 받고 있을 때 어떻게 사실관계에 부합하도록 출생신고를 할 수 있을까요? 오늘은 저희 법무법인을 찾아주신 사례를 통해 위 방법에 대해 설명 드리겠습니다.

Questions ■ ■ ■

안녕하세요 변호사님, 친생추정 관련해서 궁금한 점이 생겨서 질문드리게 되었습니다.

얼마 전 제 딸이 태어났습니다.
그런데 사실 집사람은 다른 남자와 결혼생활을 하다가 이혼을 하고 저와 재혼을 하였습니다.
그리고 딸아이는 집사람이 전남편과 이혼을 하기 전에 출산한 아이입니다.
그래서 지금 상황에서 출생신고를 하면 제가 아닌 집사람 전남편의 딸로 출생신고가 된다고 하더라구요.
저는 제 딸이 그 사람의 딸로 출생신고가 되는 게 싫어서 아직까지 출생신고를 못 하고 있습니다.
제 딸을 제 호적에 올릴 수 있는 방법이 있나요?

혼자 해결하려니 정말 막막합니다.

변호사님께서 알려주시면 감사하겠습니다.

Answers ■ ■ ■

귀하의 상황을 살펴보면, 귀하의 부인이 전남편과 서류상 혼인관계를 유지하던 중 귀하와 부인 사이의 딸을 출산하게 되었고 그 후 부인께서 전남편과 이혼을 하고 귀하와 혼인신고를 한 것으로 보입니다. 지금 문제가 되는 것은 전남편과의 혼인관계 중에 출산한 딸아이의 출생신고인데요. 귀하의 딸은 혼인 중 출산한 자녀로서 우리 민법의 친생추정 규정에 의해 전남편의 자녀로 추정될 것입니다.

이런 상황에서 딸을 귀하의 자녀로 출생신고하기 위해서는 전남편을 상대로 친생부인의 소를 제기해야 합니다. 지금 딸이 받고 있는 친생추정을 깨야 비로소 귀하의 자녀로 출생신고가 가능해질 것이기 때문입니다. 친생추정을 깨기 위해서는 부인이 전남편과의 사이에서 자녀를 낳을 수 없다는 사정을 증명하는 것이 필요하고, 유전자검사 또한 요구될 것입니다. 유전자 검사는 귀하와 자녀 사이에 받으면 되고, 전남편과의 유전자검사는 필요하지 않습니다.

이렇게 유전자검사 및 사실 증명을 통해 전남편을 상대로 한 친생부인의 소에서 판결을 받게 되면 귀하의 딸을 귀하의 자녀로 출생신고할 수 있을 것입니다.

물론 이외에 일단 ① 전남편의 자녀로 출생신고를 한 후 ② 전남편과 귀하의 딸 사이에 친생부인의소 혹은 친생자관계부존재확인의 소를 제기하여 딸과 전남편의 관계를 끊고 ③ 귀하의 자녀로 출생신고하는 방법도 있습니다. 그러나 이 과정은 복잡할 뿐만 아니라 귀하의 딸이 전남편의 가족관계등록부에서 말소된 사실이 계속 기록에 남게 되는 불이익이 있습니다. 그러므로 귀하께서는 친생부인의 소를 통해 이러한 불이익을 방지하는 것이 바람직할 것으로 보입니다.

추가적으로 최근 민법의 개정으로 친생부인허가청구로 출생신고를 할 수 있는 경우가 있으나 친생부인허가청구로 출생신고가 가능한 경우는 이혼한 후 300일이 지나기 전에 출생한 자녀만 해당하기 때문에 전남편과 혼인 중에 자녀가 태어난 귀하께서는 친생부인허가청구제도를 이용하는 것이 어렵습니다.

※ 민법

제844조(남편의 친생자의 추정)
① 아내가 혼인 중에 임신한 자녀는 남편의 자녀로 추정한다.
② 혼인이 성립한 날부터 200일 후에 출생한 자녀는 혼인 중에 임신한 것으로 추정한다.
③ 혼인관계가 종료된 날부터 300일 이내에 출생한 자녀는 혼인 중에 임신한 것으로 추정한다.

제847조(친생부인의 소)
① 친생부인(親生否認)의 소(訴)는 부(夫) 또는 처(妻)가 다른 일방 또는 자(子)를 상대로 하여 그 사유가 있음을 안 날부터 2년 내에 이를 제기하여야 한다.
② 제1항의 경우에 상대방이 될 자가 모두 사망한 때에는 그 사망을 안 날부터 2년내에 검사를 상대로 하여 친생부인의 소를 제기할 수 있다.
[전문개정 2005. 3. 31.]

제854조의2(친생부인의 허가 청구)
① 어머니 또는 어머니의 전(前) 남편은 제844조제3항의 경우에 가정법원에 친생부인의 허가를 청구할 수 있다. 다만, 혼인 중의 자녀로 출생신고가 된 경우에는 그러하지 아니하다.
② 제1항의 청구가 있는 경우에 가정법원은 혈액채취에 의한 혈액형 검사, 유전인자의 검사 등 과학적 방법에 따른 검사결과 또는 장기간의 별거 등 그 밖의 사정을 고려하여 허가 여부를 정한다.
③ 제1항 및 제2항에 따른 허가를 받은 경우에는 제844조제1항 및 제3항의 추정이 미치지 아니한다.
[본조신설 2017. 10. 31.]

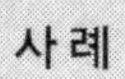

사 례

전 배우자의 자녀를 호적에서 정리하고 싶습니다

안녕하세요, 법무법인 천명의 경태현 대표변호사입니다.

배우자와 혼인을 하면 배우자와의 사이에서 자녀를 가지는 것이 보편적이지만, 배우자에게 이미 자녀가 있는 경우 그 자녀를 나의 친자녀인 것으로 가족관계등록부에 등재하는 경우가 있습니다. 이러한 경우 해당 자녀가 나의 친자녀가 아니라는 사실을 알고 있기 때문에, 만일 배우자와 이혼을 하게 된다면 가족관계를 정리하는 것이 비교적 수월할 것입니다. 하지만 자녀가 나의 친자녀가 아니라는 사실을 모르고 등재한 경우에는 어떻게 해야 할까요?

배우자가 출산한 자녀가 나의 친자가 아니라는 사실을 몰랐다는 것은 혼인 중에 출산하였기 때문일 확률이 높습니다. 이러한 경우에는 친생자 추정까지 함께 문제 되기 때문에 더욱 까다로운 일이 될 수 있습니다. 오늘 글에서는 이러한 문제를 해결하는 방법에 관해 이야기해 보도록 하겠습니다.

Questions ■ ■ ■

안녕하세요, 변호사님. 호적 관련해서 질문 하나 드리고자 글 남깁니다.

제가 10년 전쯤 이혼한 전 부인의 자녀가 아직 제 호적에 올라와 있습니다. 그 자녀가 태어난 것은 혼인하고 1년 정도 이후이고 저는 당연히 제 아이인 줄 알았습니다.

추후 제 아이가 아니라는 사실을 알게 되었지만 아직까지 호적정리는 이루어지지 않은 상황입니다.

이러한 상황이라면 어떻게 호적을 정리하면 좋을까요?

답변 기다리겠습니다. 감사합니다.

Answers ■ ■ ■

귀하께서는 이혼한 전 배우자의 자녀를 호적에서 말소하고자 하시는 것 같습니다.

우선 이혼한 전 배우자의 자녀가 친자녀라면 호적정리나 말소는 현재 불가능합니다. 하지만 친자녀가 아닌 경우에는 이를 정정할 수 있습니다. 다만 귀하의 경우, 해당 자녀가 혼인 중 출생했기 때문에 귀하의 자녀인 것으로 친생자 추정을 받고 있는 상황입니다.

만일 친자가 아닌 경우 혹은 이혼 당시까지 친자인 줄 알았는데 어떠한 계기로 친자가 아니라는 사실을 알게 되었거나 또는 친자가 아닐 것이 강력하게 의심되어 실제 확인하고자 하는 경우 그로부터 2년 이내에 아버지가 그 자녀로 등재된 사람을 상대로 친생부인의 소를 제기해서 판결을 받아야 합니다. 소송을 제기해서 판결을 받으신다면 해당 판결문을 바탕으로 호적정리가 가능할 것입니다.

다만 앞서 말씀드린 바와 같이 친생부인의 소의 제척기간은 2년입니다. 나의 친자가 아니라는 사실을 알게 된 날로부터 2년 이내에 제기해야 하는 것이지요. 귀하의 경우 이혼하신 지 10년이 경과하였고, 이미 해당 자녀가 친자가 아니라는 사실을 알고 계셨기 때문에 이 제척기간이 문제될 수 있을 것 같습니다.

따라서 이전에 확실한 유전자 검사를 통해 친자가 아니라는 사실을 알고 계셨던 것이 아니라면 지금이라도 신속하게 유전자 검사를 받으셔서 친생부인의 소를 제기해 보시고, 만일 명확하게 친생부인의 소 제척기간이 경과한 것이라면 친생자관계부존재확인소송을 통해 문제를 해결해 보아야 할 것입니다.

※ 민법

제844조(남편의 친생자의 추정)

① 아내가 혼인 중에 임신한 자녀는 남편의 자녀로 추정한다.

② 혼인이 성립한 날부터 200일 후에 출생한 자녀는 혼인 중에 임신한 것으로 추정한다.
③ 혼인관계가 종료된 날부터 300일 이내에 출생한 자녀는 혼인 중에 임신한 것으로 추정한다.
[전문개정 2017. 10. 31.][2017. 10. 31. 법률 제14965호에 의하여 2015. 4. 30. 헌법재판소에서 헌법불합치 결정된 이 조를 개정함.]

제847조(친생부인의 소)
① 친생부인(親生否認)의 소(訴)는 부(夫) 또는 처(妻)가 다른 일방 또는 자(子)를 상대로 하여 그 사유가 있음을 안 날부터 2년 내에 이를 제기하여야 한다.
② 제1항의 경우에 상대방이 될 자가 모두 사망한 때에는 그 사망을 안 날부터 2년내에 검사를 상대로 하여 친생부인의 소를 제기할 수 있다.
[전문개정 2005. 3. 31.]

제865조(다른 사유를 원인으로 하는 친생관계존부확인의 소)
① 제845조, 제846조, 제848조, 제850조, 제851조, 제862조와 제863조의 규정에 의하여 소를 제기할 수 있는 자는 다른 사유를 원인으로 하여 친생자관계존부의 확인의 소를 제기할 수 있다.
② 제1항의 경우에 당사자 일방이 사망한 때에는 그 사망을 안 날로부터 2년 내에 검사를 상대로 하여 소를 제기할 수 있다. 〈개정 2005. 3. 31.〉

사 례

친생부인의 소 제척기간

안녕하세요, 법무법인 천명의 경태현 대표변호사입니다.

배우자가 출산한 아이가 본인의 친생자가 아님을 알게 되었을 때 친생부인의 소를 제기하게 됩니다. 친생부인의 소를 제기하고자 하신다면 친생부인의 소에는 제척기간이 존재한다는 점을 유의하셔야 합니다.

> 제847조(친생부인의 소)
> ① 친생부인의 소는 부 또는 처가 다른 일방 또는 자(子)를 상대로 하여 그 사유가 있음을 안 날부터 2년내에 이를 제기하여야 한다.
> ② 제1항의 경우에 상대방이 될 자가 모두 사망한 때에는 그 사망을 안 날부터 2년내에 검사를 상대로 하여 친생부인의 소를 제기할 수 있다

조문을 보시면 '그 사유가 있음을 안 날로부터 2년 내에 이를 제기하여야 한다.'라고 규정된 것을 확인하실 수 있습니다. 오늘은 이 2년의 제척기간의 기산점에 관하여 질문 주신 내용에 답해드리도록 하겠습니다.

Questions ■ ■ ■

안녕하세요 변호사님. 친생부인의 소 관련해서 질문하나 드리려고 합니다.

친생부인의 소는 친생자가 아님을 안 날로부터 2년 이내에 소를 제기해야 하는 것으로 알고 있었습니다.

배우자가 아이를 가졌을 때 나누었던 대화를 통해 아이가 제 친자가 아닐 수도 있다는 것을 어렴풋이 알게 되었습니다. 그 이후 아이가 태어나고 유전자 검사를 해보고 나서야 비로소 제 아이가 아니라는 것을 확신할 수 있었습니다.

이러한 경우 친생부인의 소 제척기간은 아내와 대화를 나눈 시점부터 계산되는지, 유전자 검사 결과를 확인한 날부터인지 궁금합니다.

감사합니다.

Answers ■ ■ ■

귀하께서는 친생부인의 소 제척기간의 기산점이 언제인지 궁금해하고 계신 것 같습니다.

친생부인의 소는 귀하께서 알고 계신 내용과 같이 부 또는 처가 친생부인의 소의 사유가 있음을 안 날로부터 2년, 다시 말해 자녀가 친생자가 아님을 안 날로부터 2년 이내에 제기해야 합니다.

통상적으로 '모'의 경우라면, 오랜 시간 배우자와 별거했거나 사실상 이혼상태에서 아이를 포태한 경우 아이가 배우자의 친생자가 아니라는 사실을 출생 당시부터 알 수 있습니다. 따라서 이러한 경우 친모가 친생부인의 소를 제기하고자 한다면 출산 당시부터 2년 이내에 제기해야 할 것입니다.

하지만 '부'의 경우는 이와 다를 수 있습니다. 배우자가 포태한 아이가 본인의 친생자인지 아닌지 쉽게 확인할 수 없고, 아이가 출생한 후 유전자 검사를 실시해야만 비로소 친자가 아님을 확신할 수 있을 것입니다. 따라서 귀하와 같이 아이가 본인의 친생자인지 다른 남자의 친생자인지 불명확한 상황이었다면, 유전자 검사 결과를 확인한 날로부터 2년 이내에 친생부인의 소를 제기하면 될 것입니다.

생물학적으로 '모'는 아이를 직접 포태하고 출산하는 과정을 거치기 때문에 친모인가 아닌가 하는 사실을 수월하게 알 수 있습니다. 하지만 '부'의 경우는 친부인지 아닌지 확인하는 일이 상대적으로 복잡하기 때문에 법률적으로 모와는 다르게 취급될 수 있다는 사실을 염두에 두시기 바랍니다.

사 례

친생부인허가청구란 무엇인가요?

안녕하세요, 법무법인 천명의 경태현 대표변호사입니다.

친생자 문제와 관련해서 친생자관계존재 / 부존재확인소송과 친생부인의 소에 대해서는 많이 들어보셨을 것이라 생각합니다. 하지만 위 소송 이외에 '친생부인허가청구'에 관해서는 잘 알지 못하시는 경우가 많습니다. 아무래도 비교적 최근에 신설된 제도이다 보니 접하실 기회가 많지 않아 그럴 것이라 생각됩니다.

혼인관계 종료 후 300일 이내에 출생한 자녀는, 전 배우자의 자녀인 것으로 추정됩니다. 기존에는 이러한 친생추정을 배제하기 위해서 친생부인의 소를 제기해야 했습니다. 하지만 이러한 규정이 이혼한 모와 전남편이 새로운 가정을 꾸리는 데 부담이 되고, 자녀와 생부가 진실한 혈연관계를 회복하는 데 장애가 된다는 이유로 헌법재판소에서 헌법불합치 판결을 내렸고, 이에 따라 친생부인허가청구제도가 새롭게 도입되었습니다.

친생부인허가청구가 도입된 이후로는 혼인관계 종료 후 300일 이내에 출생한 자녀에 대해 친생부인의 소 없이 친생부인허가청구만으로 친생추정을 배제할 수 있게 되었습니다.

앞서 친생부인허가청구가 도입된 배경에 관해 간략히 소개해 드렸는데, 오늘은 이러한 친생부인허가청구에 대해 조금 더 자세히 알아보는 시간을 가져보도록 하겠습니다.

Questions ■ ■ ■

안녕하세요 변호사님. 친생자 관련하여 질문이 있어서 글을 남깁니다.

제가 작년 11월에 이혼을 한 후, 현 배우자와 12월에 혼인신고를 하고 이듬해 1월에 현 배우자의 아이를 출산하였습니다.

배우자가 아이의 출생신고를 하려 하니, 아이를 출생한 시점이 제가 이혼한 지 300일 이내여서 출생신고를 하지 못한다고 했습니다.

이러한 경우 어떻게 하면 아이를 현 배우자의 아이로 출생신고를 할 수 있을까요?

답변 기다리겠습니다. 감사합니다.

Answers ■ ■ ■

귀하가 이혼한 후 300일 이내에 태어난 아이는 실제로 현 배우자의 아이라 하더라도, 법률상 전 배우자의 아이인 것으로 추정받습니다. 이로 인하여 곧바로 친부의 자녀로 출생신고를 할 수 없는 상황에 놓이신 것 같습니다.

이러한 경우라면 친생부인의 소 없이 친생부인허가청구를 통해 해결하실 수 있습니다. 친생부인허가청구를 원하신다면 가정법원에 친생부인허가청구신청을 하신 후, 친생부인허가결정문과 송달확정증명원을 받는다면 곧바로 친부와 친모의 자녀로 출생신고를 하실 수 있으실 것입니다.

이를 위해서는 친부와 아이 사이의 유전자검사서를 증거로 제출하셔야 합니다. 친생부인허가청구와 관련하여 추가적으로 궁금하신 사항이 있으시거나 친생자 문제가 있으시다면 아래 안내된 연락처를 통해 저희 법무법인 천명으로 연락주시기 바랍니다.

※ 민법

제844조(남편의 친생자의 추정)

① 아내가 혼인 중에 임신한 자녀는 남편의 자녀로 추정한다.

② 혼인이 성립한 날부터 200일 후에 출생한 자녀는 혼인 중에 임신한 것으로 추정한다.

③ 혼인관계가 종료된 날부터 300일 이내에 출생한 자녀는 혼인 중에 임신한 것으로 추정한다.

[전문개정 2017. 10. 31.][2017. 10. 31. 법률 제14965호에 의하여 2015. 4. 30. 헌법재판소에서 헌법불합치 결정된 이 조를 개정함.]

제854조의2(친생부인의 허가 청구)

① 어머니 또는 어머니의 전(前) 남편은 제844조제3항의 경우에 가정법원에 친생부인의 허가를 청구할 수 있다. 다만, 혼인 중의 자녀로 출생신고가 된 경우에는 그러하지 아니하다.

② 제1항의 청구가 있는 경우에 가정법원은 혈액채취에 의한 혈액형 검사, 유전인자의 검사 등 과학적 방법에 따른 검사결과 또는 장기간의 별거 등 그 밖의 사정을 고려하여 허가 여부를 정한다.

③ 제1항 및 제2항에 따른 허가를 받은 경우에는 제844조제1항 및 제3항의 추정이 미치지 아니한다.

[본조신설 2017. 10. 31.]

사 례

전남편과의 소송 없이 진행할 수 있는 친생부인허가청구

안녕하세요, 법무법인 천명의 경태현 대표변호사입니다.

우리 민법에 따르면 아내가 혼인 중에 임신한 자녀는 남편의 자녀로 추정합니다.(제844조 1항) 또한 혼인이 성립한 날부터 200일 후에 출생한 자녀와 혼인관계가 종료된 날부터 300일 이내에 출생한 자녀는 혼인 중에 임신한 것으로 추정합니다.(제844조 2, 3항) 이를 친생추정이라고 합니다.

이러한 친자 관계를 바로잡기 위해서 친생부인의 소를 제기하여 그 추정을 번복할 수 있습니다. 그러나 많은 분들은 상담에서 전 배우자와의 소송을 원하지 않는다는 요청을 많이 주십니다. 이혼한 전 배우자와 다시 연락하여 다른 이와의 아이에 대해 알리는 것이 큰 부담으로 다가오실 것입니다. 이런 분들께 권해드리는 방법이 친생부인허가청구입니다.

오늘은 저희 법무법인을 찾아주신 사례를 통해 친생부인허가청구에 대해 자세히 알려드리도록 하겠습니다.

Questions ■ ■ ■

안녕하세요 경태현 변호사님.

저는 작년 1월에 이혼을 하고 2월에 현 남편과 혼인신고 후 3월에 아이를 출산하였습니다. 그 후 현 남편의 아이로 출생신고를 하려고 하니 구청으로부터 이혼 후 300일 이내에 출생한 자녀이기 때문에 출생신고를 할 수 없다는 연락을 받았습니다.
그리고 법원 측에서 친생부인허가라는 것을 청구하여 이 문제를 해결할 수 있다고 얘기한 것을 전달받았는데요.

제가 아는 것은 친생부인의 소밖에 없어서 헷갈리네요.

전남편과의 소송은 최대한 피하고 싶은데 친생부인허가청구는 소송이 아닌 건가요?

변호사님의 설명을 부탁드립니다.

Answers ■ ■ ■

친생부인허가청구란 민법 제844조 제2항이 모가 가정생활과 신분관계에서 누려야 할 인격권, 혼인과 가족생활에 관한 기본권을 침해한다는 헌법재판소의 위헌확인 사건 결정에 따라 신설된 제도입니다.

귀하의 경우에도 친생부인허가청구를 통해 친생부인의 소를 제기하지 않더라도 잘못된 친자관계를 바로잡을 수 있으실 것입니다. 친생부인허가청구는 혼인관계가 종료된 날부터 300일 이내에 출생한 자녀에 관해서만 가능하며, 생부가 아닌 친부(전남편) 혹은 친모가 청구해야 합니다. 여기서 중요한 것은 자녀에 대한 출생신고를 하지 않은 상태여야 한다는 점이므로 유념하시길 바랍니다.

혼인 중에 출생한 다른 남자의 자녀에 대한 친생부인의 소와 달리 이혼 후 300일 이내에 출생한 자녀에 대해서 출생신고를 하지 않은 상태에서 하는 친생부인허가청구는 비송사건이기 때문에 전 배우자에게 소장을 보낼 필요가 없습니다. 간혹 법원이 전 배우자에게 의견청취서를 송달하는 경우도 있어 전 배우자와의 접촉이 아예 없을 것이라고 단정하기는 어렵지만, 소송절차를 피할 수 있다는 점과 친생부인의 소에 비해 훨씬 절차적으로 간편하다는 점에서 많은 분들이 선호하시는 방법입니다.

청구에 필요한 서류로는 자녀와 친모의 주민등록등본 또는 초본, 기본 증명서, 자녀와 친부의 유전자검사서 등이 있습니다. 제출한 결과서를 통해 친자관계가 성립되지 않음을 객관적으로 입증하고, 필요서류를 잘 제출하였다면 빠른 시일 내 법원의 판결을 받을 수 있을 것입니다. 대개 필수 서류를 잘 제출한 경우 1~2개월 안에 판결이 나오므로, 되도록 처음부터 변호인의 도움을 받아 필수 서류를 꼼꼼히 제출하시길 바랍니다.

※ 민법

제844조(남편의 친생자의 추정)
① 아내가 혼인 중에 임신한 자녀는 남편의 자녀로 추정한다.
② 혼인이 성립한 날부터 200일 후에 출생한 자녀는 혼인 중에 임신한 것으로 추정한다.
③ 혼인관계가 종료된 날부터 300일 이내에 출생한 자녀는 혼인 중에 임신한 것으로 추정한다.
[전문개정 2017. 10. 31.][2017. 10. 31. 법률 제14965호에 의하여 2015. 4. 30. 헌법재판소에서 헌법불합치 결정된 이 조를 개정함.]

제854조의2(친생부인의 허가 청구)
① 어머니 또는 어머니의 전(前) 남편은 제844조제3항의 경우에 가정법원에 친생부인의 허가를 청구할 수 있다. 다만, 혼인 중의 자녀로 출생신고가 된 경우에는 그러하지 아니하다.
② 제1항의 청구가 있는 경우에 가정법원은 혈액채취에 의한 혈액형 검사, 유전인자의 검사 등 과학적 방법에 따른 검사결과 또는 장기간의 별거 등 그 밖의 사정을 고려하여 허가 여부를 정한다.
③ 제1항 및 제2항에 따른 허가를 받은 경우에는 제844조제1항 및 제3항의 추정이 미치지 아니한다.
[본조신설 2017. 10. 31.]

사 례

친생부인허가청구와 친생부인의 소

안녕하세요, 법무법인 천명의 경태현 대표변호사입니다.

친생추정을 배제하는 방법에는 친생부인의 소와 친생자관계부존재확인의소 이외에도 친생부인허가청구가 존재합니다. 많은 분들께서 이 제도에 관해서는 잘 알지 못하고 계시는 것 같습니다. 오늘의 내용을 자세히 읽어보신다면 친생부인허가청구에 대한 정보를 확인해 보실 수 있으실 것입니다.

글을 읽어보시고 추가적으로 궁금하신 사항이 있으시다거나 이와 관련한 문제가 있으시다면 아래 안내된 연락처와 이메일을 통해 저희 법무법인 천명으로 연락주시기 바랍니다.

Questions ■ ■ ■

안녕하세요 변호사님. 친생자 관련하여 질문드리고자 글을 쓰게 되었습니다.

우선 현재 전남편과는 이혼 숙려기간 중에 있습니다. 그러던 도중 제가 다른 사람의 아이를 출산하게 되었습니다.

빨리 아이의 출생신고를 해야 하는데 친생자추정이라는 게 있어서 출생신고 시 전남편의 자녀로 기재된다고 들었습니다.

1. 전 남편은 몇 년 전부터 교도소에 수감 중인 상태입니다. 이런 경우일지라도 추정이 인정되나요?

2. 제가 듣기로는 친생부인허가청구라는 게 존재한다고 들었습니다. 제 경우 소송 대신 친생부인

허가청구를 이용해서 친생자추정을 부인할 수 있을까요?

답변 기다리겠습니다. 감사합니다.

Answers ■ ■ ■

귀하께서는 출산한 자녀를 친부의 자녀로 기재하기를 원하시는 것 같습니다. 질문에 순차적으로 답변 드리도록 하겠습니다.

1. 귀하의 경우 이혼 숙려기간 즉 이혼이 완료되기 전에 자녀를 출산하였습니다. 이는 혼인 중에 자녀를 출산한 경우로서, 자녀는 전남편의 자녀인 것으로 추정받습니다. 하지만 만일 전남편이 교도소에 수감 중인 경우라면 재판 중에 이를 증명하여 추정을 번복할 수 있습니다.

2. 친생부인허가청구는 혼인 종료 후 300일 이내에 출생한 자녀에 대해, 기존 친생부인의 소가 아닌 친생부인허가청구를 통해 친생추정을 부인할 수 있도록 하는 제도입니다. 하지만 귀하의 경우는 이혼절차가 완료되기 전에 자녀가 출생한 경우이기 때문에 친생부인허가청구가 아니라 친생부인의 소를 통해서 친생추정을 부인해야 합니다.

따라서 귀하는 전남편을 상대로 친생부인의 소를 제기해야 할 것입니다. 소송을 제기한 후, 전남편의 수감증명과 자녀와 친부 간의 유전자 검사를 거쳐 법원의 판결을 받는다면 비로소 아이를 친부의 자녀로 출생신고 할 수 있게 됩니다.

※ 민법

제844조(남편의 친생자의 추정)

① 아내가 혼인 중에 임신한 자녀는 남편의 자녀로 추정한다.

② 혼인이 성립한 날부터 200일 후에 출생한 자녀는 혼인 중에 임신한 것으로 추정한다.
③ 혼인관계가 종료된 날부터 300일 이내에 출생한 자녀는 혼인 중에 임신한 것으로 추정한다.
[전문개정 2017. 10. 31.][2017. 10. 31. 법률 제14965호에 의하여 2015. 4. 30. 헌법재판소에서 헌법불합치 결정된 이 조를 개정함.]

제847조(친생부인의 소)
① 친생부인(親生否認)의 소(訴)는 부(夫) 또는 처(妻)가 다른 일방 또는 자(子)를 상대로 하여 그 사유가 있음을 안 날부터 2년내에 이를 제기하여야 한다.
② 제1항의 경우에 상대방이 될 자가 모두 사망한 때에는 그 사망을 안 날부터 2년내에 검사를 상대로 하여 친생부인의 소를 제기할 수 있다.
[전문개정 2005. 3. 31.]

제854조의2(친생부인의 허가 청구)
① 어머니 또는 어머니의 전(前) 남편은 제844조제3항의 경우에 가정법원에 친생부인의 허가를 청구할 수 있다. 다만, 혼인 중의 자녀로 출생신고가 된 경우에는 그러하지 아니하다.
② 제1항의 청구가 있는 경우에 가정법원은 혈액채취에 의한 혈액형 검사, 유전인자의 검사 등 과학적 방법에 따른 검사결과 또는 장기간의 별거 등 그 밖의 사정을 고려하여 허가 여부를 정한다.
③ 제1항 및 제2항에 따른 허가를 받은 경우에는 제844조제1항 및 제3항의 추정이 미치지 아니한다.
[본조신설 2017. 10. 31.]

사례

이혼 후 양육비를 지급해오다 친자녀가 아닌 것을 알게 된 경우 친생부인의 소

안녕하세요. 친생부인의소 법무법인 천명의 경태현 대표변호사입니다.

통상적인 친생부인의 소는 아래와 같은 대표적인 케이스에서 진행하게 됩니다.

① 혼인 중 다른 남자와의 사이에서 아이를 출산한 경우
② 이혼하지 않고 사실상 별거 상태에서 다른 남자와의 사이에서 아이를 출산한 경우
③ 이혼 소송 중에 다른 남자와의 사이에서 아이를 출산한 경우

위와 같이 법률혼 상태에서 남편의 아닌 다른 남자의 아이를 출산한 경우에 아이에 대한 정상적인 출생신고, 즉 출산 당시 서류상 남편의 아이가 아닌 생부의 아이로 출생신고를 하거나 친모의 자녀로만 출생신고를 하기 위해서는 친생부인의 소를 제기해야 합니다.

그런데 이번에 저희 법무법인 천명을 찾아주신 사례는 평상시 사례와 달리 "이혼 후 친자 아님을 알게 된 경우 가족관계등록부 정정방법으로서 친생부인의 소"에 관하여 알아보도록 하겠습니다.

Questions ■ ■ ■

안녕하세요 변호사님.

상속 관련 사안만 맡으시는 줄 알았는데, 호적 친생자 관련해서도 전문가시라는 얘기를 듣고 질문 남기게 되었습니다.

저는 몇 년 전 이혼을 했습니다.

저와 전부인 사이에 딸아이가 하나 있어서 이혼 후 지금까지 양육비를 지급해오고 있었습니다.

그런데 최근 너무 황당하게도 그 아이가 제 친자식이 아니라는 것을 알게 되었습니다. 그동안 조금의 의심이 있었지만 설마 했습니다. 그래도 아이가 클수록 저와 닮지 않은 것이 너무 눈에 보여 몰래 머리카락을 비교해서 유전자검사를 했더니 친자가 아니었습니다.

그래서 전 부인에게 다그쳐서 확인해 보니 결혼 전 부인이 다른 남자의 아이를 가지고 저와 결혼했던 것입니다.

지금이라도 잘못된 호적을 정정하고 싶습니다.

이런 상황에서 저는 어떻게 하면 될까요?
변호사님의 답변을 기다리겠습니다.

Answers ■ ■ ■

귀하께서는 전 부인과 결혼하시면서 아이를 친자로 인식하고 출생신고를 해서 귀하의 호적 및 가족관계등록부에 자녀로 등재된 경우입니다.

그런데 전 부인과 이혼 후 양육비를 지급하다가 아이가 자신의 친자가 아님을 알게 되신 것 같습니다. 이런 경우 귀하는 친생부인의 소를 이용해 가족관계등록부 정정을 할 수 있습니다.

이때 원고는 귀하, 피고는 친모로 소송을 제기하게 되고 아이는 사건본인이 될 것입니다. 혹은 피고를 아이로 하고 법정대리인을 친모로 하셔도 무방합니다. 만약 아이가 성년이라면 피고를 아이로 하면 될 것입니다.

다만, 가정법원에서는 친자관계없음을 증명하기 위해 귀하와 아이 사이의 유전자검사를 요구할 것입니다. 유전자검사는 미리 유전자검사업체에 의뢰해서 받아도 되고 가정법원의 유전자검사명령을 받아 진행해도 됩니다.

이때 친생부인의 소는 2년의 제척기간이 존재하므로, 반드시 친자가 아님을 안 날로부터 2년 이내에 친생부인의 소를 제기해야 한다는 것을 유념하시기 바랍니다. 만일 2년이 경과한다면 이후에는 가족관계등록부 정정이 불가합니다.

해당 소송에서 판결을 받은 후 귀하의 가족관계증명서에서 친자 아닌 아이를 삭제 및 말소할 수 있을 것입니다.

저희 법무법인은 상속 특화 로펌으로 잘 알려졌지만 친생자 사건도 주력으로 다루고 있습니다. 서류상 가족관계를 사실에 합치하도록 미리 정정해두어야 추후 발생할 수 있는 상속 문제를 미연에 방지할 수 있기 때문입니다. 친생부인의소를 구체적으로 진행하기 위해서 아래 자료를 지참해서 방문상담을 받아보시길 바랍니다.

- 귀하의 기본증명서, 가족관계증명서, 혼인관계증명서, 주민등록초본
- 친모의 기본증명서, 가족관계증명서, 혼인관계증명서, 주민등록초본
- 아이의 기본증명서, 가족관계증명서, 주민등록초본
- 귀하와 아이 사이의 유전자검사서

※ 민법

제847조(친생부인의 소)

① 친생부인(親生否認)의 소(訴)는 부(夫) 또는 처(妻)가 다른 일방 또는 자(子)를 상대로 하여 그 사유가 있음을 안 날부터 2년 내에 이를 제기하여야 한다.

② 제1항의 경우에 상대방이 될 자가 모두 사망한 때에는 그 사망을 안 날부터 2년 내에 검사를 상대로 하여 친생부인의 소를 제기할 수 있다.

[전문개정 2005. 3. 31.]

사례

두 번의 출생신고를 통해 이중호적이 발생했습니다

안녕하세요, 법무법인 천명의 경태현 대표변호사입니다.

가족관계증명서에 사실에 합치하는 올바른 사실을 기재고 오류가 있을 때 이를 정정하는 일은 중요한 일입니다. 가족관계증명서는 가족관계를 판단하는 중요한 기준이 되고 상속 등 법률관계에도 막대한 영향을 미치게 됩니다. 따라서 가족관계증명서에 오류가 있다는 사실을 알게 되셨다면, 반드시 전문가의 도움을 받으셔서 이를 정정하셔야만 추후 발생할 수 있는 불이익을 피하실 수 있습니다.

오늘은 가족관계증명서상에서 발생할 수 있는 문제 중 '이중호적'과 이를 정정하는 방법에 관하여 설명 드려보도록 하겠습니다.

Questions ■ ■ ■

안녕하세요 변호사님. 블로그와 홈페이지, 유튜브를 통해 좋은 정보들 잘 보고 있습니다.

다름이 아니라 제가 호적(가족관계증명서)에 문제가 좀 있어서 해결할 방법을 찾고자 글 남깁니다.

제가 몇 년 전 어머니께서 돌아가시면서 우연히 가족관계증명서를 보았는데 제가 출생신고가 두 번 되어 있다는 사실을 그때 알게 되었습니다.

사정을 자세히 알아보니 어머니께서 제 친아버지와 혼인하신 후 제가 태어났을 때 출생신고를 하시고,

아버지와 이혼하시고 새아버지와 재혼하셨을 때 저를 새아버지 자녀인 것으로 다시 출생신고를 하셨습니다.

친아버지께서는 이미 돌아가셨는데, 이러한 상황에서 호적을 정정할 방법이 있을 지 질문드립니다.

감사합니다.

Answers ■ ■ ■

귀하께서는 이중호적 문제를 정정하고자 하고 계신 것 같습니다.

우선 귀하의 경우는 친부모님의 혼인 이후 친아버지의 자녀로 출생신고된 후, 친어머니가 재혼하시면서 새아버지 호적에 다시 출생신고된 경우입니다. 이러한 경우라면 진정한 호적은 친아버지의 호적이고 새아버지의 호적은 잘못된 호적이라 할 수 있겠습니다.

따라서 귀하께서는 잘못된 새아버지의 호적을 정리하셔야 합니다. 잘못된 호적은 이를 말소하는 절차를 통해 정리하실 수 있습니다. 호적을 말소하기 위해서는 새아버지와 귀하 사이의 친생자관계부존재확인소송을 통해 하실 수 있습니다. 이 과정에서는 새아버지와 귀하 사이의 유전자검사를 받으셔야 할 것입니다.

또한 친아버지 호적과 새아버지 호적에 기재된 귀하라는 인물이 동일인물이라는 것에 대한 진술서를 친인척들이 작성해 준다면 효과적인 증거가 될 수 있습니다.

위와 같은 과정을 거쳐 친생자관계부존재확인소송에서 판결을 받으셨다면 해당 판결문을 기초로 잘못된 호적을 말소하실 수 있습니다. 이후 새아버지 호적에서 생활해온 내역을 전부 진정한 호적으로 이전하시면 될 것입니다.

위와 같은 상황에서, 오류가 있는 가족관계증명서를 정정하지 않고 방치한다면 추후 상속 등에서 혼란이 발생할 수 있습니다. 가족관계증명서에 오류가 있으시다면 전문가의 도움을 통해 사전에 이를 정정하시기 바랍니다.

※ 민법

제865조(다른 사유를 원인으로 하는 친생관계존부확인의 소)

① 제845조, 제846조, 제848조, 제850조, 제851조, 제862조와 제863조의 규정에 의하여 소를 제기할 수 있는 자는 다른 사유를 원인으로 하여 친생자관계존부의 확인의 소를 제기할 수 있다.

② 제1항의 경우에 당사자일방이 사망한 때에는 그 사망을 안 날로부터 2년내에 검사를 상대로 하여 소를 제기할 수 있다. 〈개정 2005. 3. 31.〉

사 례

부모님 이혼, 어머니의 재혼과 새아버지의 이중출생신고로 인한 이중호적정정 문제

Questions ■ ■ ■

어릴때 친부모님 이혼, 어머니 재혼으로 인해서 생긴 이중호적정정에 대해서 문의드립니다.

저는 올해 40대 초반이고 결혼해서 아이 2명을 둔 가정주부입니다.

저희 친정엄마는 제가 아주 어릴 때 친부와 이혼하시고 새아버지와 재혼을 하시면서 같은 년생의 한 달 차이나는 지금의 새아버지 성으로 출생신고를 하셨습니다.

저는 평생 새아버지 성으로 학교, 직장, 결혼도 하고 살아왔습니다.

친부 호적과 새아버지 호적 2개 이중호적 신분입니다.

친정엄마는 2년 전에 돌아가셨고 서류를 확인해 본 결과 친정엄마보다 친아버지가 2017년경 먼저 돌아가셨어요.

새아버지와는 교류를 하고 있는데 코로나로 인해 1년 동안 얼굴을 보지 않고 전화통화만 하는 상황입니다.

친아버지 상속재산이 있다고 친아버지 본가로부터 연락이 와서 상속을 받을려고 하는데 제가 이중호적이라서 이중호적을 정리해야만 상속이 가능하다고 하더라고요.

왜냐하면 친아버지 호적에 있는 원래의 저는 신분증이나 인감도장, 인감증명서가 전혀 없습니다.

친정 엄마, 친아버지가 모두 돌아가신 상황에서 이중호적정정이 가능한가요?

그리고 제가 평생 새아버지 호적으로 살아왔고 결혼하고 아이들도 있는데 이것을 유지할 방법이 없나요?

이중호적을 정리해도 성과 이름 모두 새아버지 성과 이름으로 살고 싶어요. 제발 도와주세요

진심으로 부탁드립니다.

Answers ■ ■ ■

안녕하세요. 이중호적 정정전문 법무법인 천명 대표변호사 경태현입니다.

귀하와 같은 경우 전형적인 이중호적 사례로서 이중호적정정이 복잡하지만 정정이 필요한 사안입니다.
친부와 친모가 혼인해서 귀하를 출생신고를 해서 진정한 호적이 형성된 이후, 친부모님이 이혼하면서 친모가 귀하를 데리고서 새아버지와 재혼하시는 과정에서 새아버지가 귀하에 대해서 이중으로 출생신고해서 허위의 이중호적이 생긴 경우입니다.

위 진정한 호적과 허위의 이중호적이 존재하는 바, 실체적 진실관계에 맞는 진정한 호적만이 유효하고 허위의 이중호적을 말소되어야 합니다.

그런데 통상 허위의 이중호적으로 신분증 등을 가지고 생활해온 경우가 일반적이라서 그 이중호적을 말소하는 절차는 생각보다 복잡하고 어렵습니다.

귀하의 경우 친부와 친모는 돌아가셨지만 새아버지가 살아계시므로 이중호적정리를 할 수 있어 보입니다.

1. 구체적으로서는 귀하와 새아버지 사이의 "친생자관계부존재확인소송"을 해야 하고 유전자검사 역시 받아야 합니다.

유전자검사는 귀하와 새아버지가 받아야 할 것입니다.

2. 위 친생자관계부존재확인소송을 통해서 이중호적을 정리한 이후에는, 귀하가 이중호적을 기반으로 결혼하거나 아이가 있으므로 "가족관계등록부정정절차"를 밟아야 할 것입니다.

3. 또한, 진정한 호적의 성이 이중호적의 성과 다를 경우 "성본변경허가신청"을 해야 할 것이고 필요하다면 "개명절차"도 진행해야 할 것입니다.

다 자세한 것은 아래 자료를 지참해서 방문상담을 받아 보시길 바랍니다

- 친부의 제적등본,기본증명서(상세), 가족관계증명서(상세),혼인관계증명서(상세),주민등록말소자초본
- 친모의 기본증명서(상세), 가족관계증명서(상세),혼인관계증명서(상세),주민등록말소자초본
- 친부 호적을 기준으로 한 진정한 호적(귀하)의 기본증명서(상세), 가족관계증명서(상세),혼인관계증명서(상세),주민등록초본
- 새아버지 제적등본, 기본증명서(상세), 가족관계증명서(상세),혼인관계증명서(상세),주민등록초본
- 새아버지 호적을 기준으로 한 이중호적(귀하)의 기본증명서(상세), 가족관계증명서(상세),혼인관계증명서(상세),주민등록초본, 신분증사본

※ 민법

제865조(다른 사유를 원인으로 하는 친생관계존부확인의 소)

① 제845조, 제846조, 제848조, 제850조, 제851조, 제862조와 제863조의 규정에 의하여 소를 제기할 수 있는 자는 다른 사유를 원인으로 하여 친생자관계존부의 확인의 소를 제기할 수 있다.

② 제1항의 경우에 당사자일방이 사망한 때에는 그 사망을 안 날로부터 2년내에 검사를 상대로 하여 소를 제기할 수 있다. 〈개정 2005. 3. 31.〉

사 례

친부가 이혼하고 재혼하여 계모가 있는 경우 계모와의 호적정리 가능한지요?

Questions ■ ■ ■

아버지가 이혼하시고서 50대에 다른 여성분이랑 재혼하셨는데 그 재혼한 여성분도 자식들 다 크고서 재혼하셨기에 두 분 사이에 아이는 없습니다. 아버지가 7년 전에 돌아가셨는데요. 아버지 상속문제는 원만히 종결되었습니다.

그런데 걱정이 있습니다. 아버지와 재혼한 여성분도 과거 전남편과 사이에서 낳은 자식이 있는데 제 호적이 지저분해지고 복잡한 게 너무 싫습니다.

저는 아직 미혼이고 어느 정도 재산을 가지고 있는데, 그 재혼한 여성분은 친부모가 아니어서 제가 죽어도 제 재산을 상속받지 못한다는 것은 알고 있습니다.

하지만, 너무나도 무서운 세상이라서 법을 신뢰할 수 없고 계속해서 신경쓰고 의심스러워서 너무나도 큰 스트레스를 받고 있는데 그 재혼한 여성분 동의하에 법적으로 호적정리할 수 있는 방법이 있나요?

Answers ■ ■ ■

안녕하세요. 호적정리 법무법인 천명 대표변호사 경태현입니다.

2008년에 호적제도는 폐지되고 현재는 가족관계등록부 제도입니다.
그러므로 현재는 호적정리라는 개념이 별도로 없습니다. 다만, 가족관계등록부정정 혹은 정리라는 개념만 있습니다.

현재는 각 개인을 기준으로 가족관계증명서를 확인하면 됩니다. 그런데 아버지가 재혼 등으로 인해 결혼한 여자 분이 있다면 아버지의 가족관계증명서 및 혼인관계증명서에만 나오고 귀하의 가족관계증명서에는 그 여자 분이 모로 나오지 않습니다.

그러므로 귀하의 가족관계증명서에는 계모가 아닌 친모가 나오게 될 것입니다.

따라서, 귀하가 언급하는 아버지 재혼녀와의 호적정리, 가족관계등록부정리 혹은 정정 등을 할 필요가 없고, 할 수도 없습니다.

사 례

호적상 남남인 친어머니로부터 증여세, 상속세없이 상속받는 방법

Questions ■ ■ ■

상속전문변호사님이신 경태현 변호사님을 소개받아 문의드립니다.

저의 집안은 복잡합니다.
친어머니께서는 유부남인 아버지와 사이에서 저를 출산했습니다.
호적신고는 아버지께서 제가 태어났을 때 본처의 자녀로 올려놓았습니다.

아버지는 본처 사이에서 2남 2녀를 두셨고요.
제 가족관계증명서를 보면 아버지 외 본처가 부모로 나오고 친어머니는 나오지 않습니다.
그리고 친어머니 가족관계증명서에는 제가 나오지 않습니다.
본처 가족관계증명서는 이복형제들 4명과 제가 자녀로 나옵니다.
저는 평생 친어머니와 살아왔습니다.

아버지와 본처는 이미 2011년과 2013년에 돌아가셨습니다.
현재 저의 친어머니는 살아 계시는데 분당에 5억 원가량의 조그만 아파트를 갖고 계십니다.
친어머니께서는 아파트를 유일한 자식인 저에게 물려주고 싶다고 하십니다.
그래서 증여를 알아보니 호적상 남남으로 되어 있어 자녀공제 5000만 원도 못 받고 증여세가 막대하다고 합니다.

그래서 유언공증도 알아보고 있습니다. 그런데 세무사에게 문의하니 유언공증을 받아도 친자녀라면 5억 원 미만이라면 상속세도 없지만 저의 경우는 호적상 남남으로 되어 있어 5억 원 공제를 못 받는다고 합니다. 그게 사실인가요?

그렇다면 상속세 5억 원 공제를 받기 위해서는 어떻게 해야 하나요?

제가 정당하게 친어머니의 자녀로서 상속을 받고 싶어 문의드립니다.
이런 경우 정말 어떻게 해야 하나요?
어머님이 건강이 가면 갈수록 좋지 않으신데 이러다가 갑자기 돌아가시면 어떻게요?
확실하고 안전하게 제가 친어머니로부터 정당하게 상속받는 방법이 궁금합니다.

제발 변호사님 도와주세요.

Answers ■ ■ ■

귀하의 경우 친어머니와 호적상 연결이 되지 않아 상속을 받을 수도 없고 세금공제도 전혀 못 받는 경우입니다.

친어머니가 친자식에게 증여할 경우 자녀공제 5000만 원을 받기 위해서는 호적상 모자관계가 있어야 합니다. 또한, 친어머니로부터 유언상속을 받을 경우에도 기본공제 5억 원을 받기 위해서도 호적상 모자관계가 있어야 합니다.

귀하의 경우 친어머니로부터 증여세, 상속세 없이 친자로서 상속받기 위해선 아래의 2가지 절차를 저희 로펌을 통해서 순차적으로 안전장치를 해놓으시면 됩니다.

● **유언공증절차 진행**

어머님의 건강이 좋지 않으므로 우선 안전장치로 먼저 하실 일은 유언공증입니다.
아래는 저희 로펌을 통해 진행할 유언공증에 필요한 서류입니다.

1. 유언자(어머니)
- 가족관계증명서

- 주민등록등 또는 초본
- 신분증
- 인감도장
- 인감증명서 1통

다만, 신분증과 도장은 미리 보내실 필요없이 유언공증을 할 당일날 지참해 주시길 바랍니다.

2. 수증자(유언으로 재산을 받을 분 : 예를 들어 귀하)
- 주민등록등본 또는 초본
- 기본증명서(동사무소 발급)

3. 증인 2인 : 친인척은 자격이 없고 법적으로 남남이면 됩니다.
- 기본증명서(동사무소 발급)
- 주민등록등본 또는 초본
- 신분증
- 도장(막도장도 가능)

다만, 신분증과 도장은 미리 보내실 필요없이 유언공증을 할 당일날 지참해 주시길 바랍니다.

4. 유언할 부동산의 등기부등본 전부

5. 유언통장사본, 주식잔고증명서사본(예금이나 현금을 유언할 경우에만 준비)

위 서류가 준비되시면 우선 방문상담을 예약해 주시길 바랍니다. 만약 방문이 어렵다면 서류라도 먼저 등기우편이나 이메일(oklawcafe@naver.com)로 스캔해서 보내주시고 전화통화를 통해 진행을 해야 할 것입니다.

방문상담예약 : 02-592-2434
우편주소 : 서울시 서초구 서초대로 286 (서초프라자, 905호)
법무법인 천명 경태현 대표변호사 앞
(약도 : 교대역 9번 출구 바로 앞 서초프라자 빌딩 905호)

방문상담을 통해 유언장 작성한 후 유증할 시간약속을 하면 될 것입니다.

위 서류를 미리 보내시면 유언장을 미리 작성해 놓고 약속시간에 유언자와 증인 2명이 도장과 신분증을 지참해서 방문하시면 될 것입니다. 수증자는 참석할 필요는 없습니다. 하지만 유언자와 증인 2명은 반드시 참석해야 할 것입니다.

● **친어머니와의 호적연결(친어머니 호적정정)**

유언공증으로 안전장치를 먼저 해놓으시고 아래와 같이 미리 친어머니와의 호적정정을 해놓는다면 추후 친어머니가 돌아가시면 법적 자녀로서 정당하게 상속을 받을 수 있고 상속공제 5억 원(기본공제 5억 원)을 통해 상속세 없이 친어머니 아파트를 전부 상속받을 수 있습니다.

이를 위해서는 아래와 같은 2가지 소송을 모두 진행해야 합니다.

1. 귀하와 돌아가신 호적상 모(아버지 본처) 사이의 친생자관계부존재확인소송
2. 귀하와 친어머니 사이의 친생자관계존재확인소송

위 친생자관계부존재확인소송과 친생자관계존재확인소송을 위해선 귀하와 친어머니 사이의 유전자검사를 받아야 합니다. 유전자검사는 검사업체를 통해 집에서 편안하게 출장검사를 받도록 저희 로펌에서 주선해드릴 것입니다.

구체적인 소송진행을 위해서는 아래 자료를 모두 준비해서 방문상담을 하시거나 등기우편으로 보내주시고 전화상담을 해주시길 바랍니다.

- 아버지 제적등본, 기본증명서, 가족관계증명서, 혼인관계증명서
- 아버지 본처 기본증명서, 가족관계증명서, 혼인관계증명서, 주민등록말소자초본
- 본인 기본증명서, 가족관계증명서, 주민등록초본
- 친어머니 가족관계증명서, 혼인관계증명서, 주민등록초본

제8장
혼외자의 상속권과 유류분

사 례

혼외자녀의 상속권과 유류분에 대해서

Questions

안녕하세요. 저는 40대 초반의 여성입니다. 저와 남동생은 혼외자입니다

친아버지께서는 현재 생존해계십니다. 친아버지는 본처와 결혼해서 1남1녀를 두고 있는 상태에서 저의 어머니를 만나 저희 남매들을 두셨습니다.

저희 어머니를 만날 때에는 이혼을 하신다고 했지만 아직까지 이혼을 하지 않으셨고 어머니는 처녀로 아직까지 홀로 되신 상태에서 저희 남매를 키우셨습니다. 친아버지로부터 극히 적은 생활비만 지원받아서 저희들을 양육하셨습니다.

저희들의 호적은 아버지께서 아버지 호적에 제대로 올려놓으셨습니다.

친아버지가 그동안은 저희 집과 본처 집을 번갈아 다니시면서 두 집 살림을 하였지만 5년 전부터는 건강이 좋지 않아 본처 집에서만 지내시고 있는 상황입니다.

친아버지께서는 상가건물 2채, 시골 땅, 단독주택을 가지고 계시고 임대수입으로 생활해 오셨습니다.

그런데 최근 본처가 상가건물 1채를 이미 자신 명의로 변경하고, 나머지 한 채는 매매해서 처분하려고 합니다.

아마도, 본처와 그 자녀들이 추후 아버지가 돌아가시면 상속을 저희들과 나눠야 하니 미리

재산을 정리하려는 것 같습니다.

이런 상황에서 저와 남동생이 친아버지 재산에 대해서 상속 혹은 분할받을 권리가 있는지 및 가능한 경우 소송 등에 걸리는 시간 및 비용이 궁금합니다.

Answers ■■■

귀하 남매는 아버지의 혼외자이고 이미 아버지 호적에 자녀들로 등재되어 있으므로 상속인에 해당합니다.

(만일 귀하 남매가 아버지의 호적에 자녀로 등재되지 않았다면 조속히 아버지를 상대로 인지청구소송을 해서 호적등재가 되어야만 상속인으로서 인정됩니다)

아버지의 가족구성은 현재 본처 그리고 그 사이의 자녀들 2명이 있고, 귀하와 남동생이 혼외자이고 친모가 별도로 계신 것으로 보입니다.

친아버지의 상속과 관련해서는 귀하 남매는 혼외자들이지만 아버지 호적에 등재되어 정당한 상속권자입니다.

친아버지가 돌아가시면 상속인들은 이혼하지 않은 본처, 친자들 4명(본처 자녀들 2명과 귀하 남매 2명)이고 법정상속분은 본처가 1.5지분, 친자들 4명이 각 1지분씩입니다.

이를 분모화하면 본처가 3/11지분, 자녀들이 각 2/11지분씩입니다.

그리고 증여나 유언이 있을 경우 최소한 보장받아야 할 유류분이 있는데 유류분은 법정상속분의 절반이므로 귀하 남매는 각 1/11지분에 해당하는 유류분이 있습니다.

친아버지 상속과 관련해서 상속권은 친아버지가 돌아가셔야만 비로소 행사할 수 있고 살아생전에는 상속권이 없어 친부에게 생전에 재산분할 등을 요구할 권리가 전혀 없습니다. 물론 친아버지에게 이야기하거나 요구해서 친아버지가 미리 귀하 남매에게 증여를 해주거나 유언을 해줄 수는 있지만 만약 아버지가 그런 요구를 받아들이지 않는다면 살아생전에는 재산을 분배받을 수 없습니다.

하지만, 친아버지 살아생전에 본처와 그 자녀들이 아버지 재산을 증여받는 경우에는 추후 아버지가 돌아가시면 귀하 남매로서는 아버지의 상속재산조회와 생전 증여재산을 조회해서 상속재산분할심판청구소송을 하시거나 유류분청구소송을 해야 합니다.

그러므로 현재로서는 친아버지의 재산변동내역을 등기부등본 등을 통해서 조사해 놓으시고 추후 친부가 돌아가시면 재산조사를 통해서 법적인 상속권 내지 유류분을 주장해 보시길 바랍니다.

아버지가 돌아가신다면 상속재산조회 방법 등은 저희 로펌의 도움을 받으시면 될 것입니다.

※ 민법

제863조(인지청구의 소)
자와 그 직계비속 또는 그 법정대리인은 부 또는 모를 상대로 하여 인지청구의 소를 제기할 수 있다.

제997조(상속개시의 원인)
상속은 사망으로 인하여 개시된다. 〈개정 1990. 1. 13.〉
[제목개정 1990. 1. 13.]

제1005조(상속과 포괄적 권리의무의 승계)
상속인은 상속개시된 때로부터 피상속인의 재산에 관한 포괄적 권리의무를 승계한다. 그러나 피상속인의 일신에 전속한 것은 그러하지 아니하다. 〈개정 1990. 1. 13.〉

제1009조(법정상속분)
① 동순위의 상속인이 수인인 때에는 그 상속분은 균분으로 한다. 〈개정 1977. 12. 31., 1990. 1. 13.〉
② 피상속인의 배우자의 상속분은 직계비속과 공동으로 상속하는 때에는 직계비속의 상속분의 5할을 가산하고, 직계존속과 공동으로 상속하는 때에는 직계존속의 상속분의 5할을 가산한다. 〈개정 1990. 1. 13.〉
③ 삭제 〈1990. 1. 13.〉

제1112조(유류분의 권리자와 유류분) 상속인의 유류분은 다음 각호에 의한다.
1. 피상속인의 직계비속은 그 법정상속분의 2분의 1
2. 피상속인의 배우자는 그 법정상속분의 2분의 1
3. 피상속인의 직계존속은 그 법정상속분의 3분의 1
4. 피상속인의 형제자매는 그 법정상속분의 3분의 1
[본조신설 1977. 12. 31.][단순위헌, 2020헌가4, 2024.4.25, 민법(1977. 12. 31. 법률 제3051호로 개정된 것) 제1112조 제4호는 헌법에 위반된다.][헌법불합치, 2020헌가4, 2024.4.25, 민법(1977. 12. 31. 법률 제3051호로 개정된 것) 제1112조 제1호부터 제3호 및 제1118조는 모두 헌법에 합치되지 아니한다. 위 조항들은 2025. 12. 31.을 시한으로 입법자가 개정할 때까지 계속 적용된다.]

제1115조(유류분의 보전)
① 유류분권리자가 피상속인의 제1114조에 규정된 증여 및 유증으로 인하여 그 유류분에 부족이 생긴 때에는 부족한 한도에서 그 재산의 반환을 청구할 수 있다.
② 제1항의 경우에 증여 및 유증을 받은 자가 수인인 때에는 각자가 얻은 유증가액의 비례로 반환하여야 한다.
[본조신설 1977. 12. 31.]

사례

혼외자 상속관련 법률적 쟁점(인지청구소송, 상속회복청구소송, 유류분소송)

Questions ■ ■ ■

저희 어머니는 혼외자입니다. 상속문제로 문의드립니다.

외할아버지가 돌아가신 것을 최근을 알게 되었습니다. 최근 지인을 통해서 외할아버지가 이미 6년 전에 돌아가셨다고 합니다.

외할아버지가 돌아가셨는데 어머니는 외할머니하고 평생 살아왔고 외할아버지 쪽 본처와 자녀들(2남 2녀)과는 전혀 그동안 교류를 하지 않았기 때문에 그쪽 가족들이 연락을 주지 않은 것 같습니다. 그리고 상속문제가 있으니 아마도 그쪽에서 의도적으로 어머니 쪽으로 연락을 하지 않은 것 같습니다.

참고로 어머니는 혼외자로서 외할아버지 호적에 등재되어 있지 않습니다. 어머니 가족관계증명서를 보면 외할머니만 나오고 외할아버지는 나오지 않습니다.

어머니는 외할아버지가 돌아가신 것을 알려주지 않고 임종을 지키지 못한 서러움이 있습니다.

그리고 상속문제로 인해 연락을 안 한 것에 대해 분노하고 계십니다.
변호사님의 블로그를 보니 혼외자도 상속권이 있다고 하던데 저희 어머니도 상속권이 있는지 문의드립니다. 장례식장에도 가지 못했고 이미 돌아가신지 6년이 지났는데 상속을 받을 수 있나요?

Answers ■ ■ ■

혼외자도 친자로서 당연히 상속권이 있습니다.

다만, 어머님이 외할아버지 호적에 등재되지 않았다면 현재로서는 상속권이 없고 호적등재가 되어야만 상속권이 발생됩니다.

그러므로 어머님이 외할아버지 호적에 등재되어 상속권을 행사하기 위해선 돌아가신 외할아버지를 상대로 "인지청구소송"을 제기해서 판결을 받아야만 합니다. 다만, 이미 사망한 경우에는 검사를 상대로 인지청구소송을 해야 할 것입니다.

그런데 이미 6년 전에 사망하였으므로 사망사실을 안 날로부터 반드시 "2년 내"에 인지청구소송을 제기해야 할 것입니다. 어머님의 경우 최근 지인을 통해 아버지가 돌아가신 것을 알게 되었으므로 안 시점부터 2년 내에는 인지청구소송을 반드시 제기해야 합니다.

인지청구소송에서 돌아가신 외할아버지와 어머니 사이의 유전자검사가 필요합니다. 그런데 외할아버지가 이미 사망해서 화장 등으로 인해 유전자검사가 안된다면 외할아버지의 다른 자녀들과 어머니가 동일부계 유전자검사를 통해 친자관계를 입증해야 할 것입니다.

만약 어머님이 외할아버지 사망사실을 안지 2년이 지났다면 인지청구소송을 진행하기 어렵습니다.

그리고 인지소송을 통해 외할아버지 호적에 어머님이 등재된 경우에는 어머님은 상속인의 지위를 취득합니다.

인지청구소송을 통해 상속인의 지위를 취득하면 돌아가신 외할아버지 상속재산과 과거 보유하다가 다른 상속인들에게 증여된 재산을 조회할 수 있고 이를 기초로 "상속회복청구소송" 혹은 "유류분반환청구소송"을 제기해서 정당한 상속분 내지 유류분(상속분의 절반)을 반환받게 될 것입니다.

보다 자세한 것은 어머님의 기본증명서, 가족관계증명서, 주민등록초본, 외할아버지의 인적사항(이름, 주민번호, 주소, 핸드폰 번호, 집전화번호, 교류했던 사진, 통장거래내역서, 문자, 편지 등)을 지참해서 방문상담을 해주시길 바랍니다.

※ 민법

제863조(인지청구의 소)
자와 그 직계비속 또는 그 법정대리인은 부 또는 모를 상대로 하여 인지청구의 소를 제기할 수 있다.

제864조(부모의 사망과 인지청구의 소)
제862조 및 제863조의 경우에 부 또는 모가 사망한 때에는 그 사망을 안 날로부터 2년내에 검사를 상대로 하여 인지에 대한 이의 또는 인지청구의 소를 제기할 수 있다. 〈개정 2005. 3. 31.〉

제999조(상속회복청구권)
① 상속권이 참칭상속권자로 인하여 침해된 때에는 상속권자 또는 그 법정대리인은 상속회복의 소를 제기할 수 있다.
② 제1항의 상속회복청구권은 그 침해를 안 날부터 3년, 상속권의 침해행위가 있은 날부터 10년을 경과하면 소멸된다. 〈개정 2002. 1. 14.〉
[전문개정 1990. 1. 13.]

제1115조(유류분의 보전)
① 유류분권리자가 피상속인의 제1114조에 규정된 증여 및 유증으로 인하여 그 유류분에 부족이 생긴 때에는 부족한 한도에서 그 재산의 반환을 청구할 수 있다.
② 제1항의 경우에 증여 및 유증을 받은 자가 수인인 때에는 각자가 얻은 유증가액의 비례로 반환하여야 한다.
[본조신설 1977. 12. 31.]

사 례

혼외자와의 상속재산분할협의

Questions ■ ■ ■

아버지께서 얼마 전에 돌아가시고 어머니와 2남 1녀가 있는데 혼외자식이 있어서 재산상속에 어려움이 있습니다. 유산으로는 어머니가 살고 있는 아파트가 있고 현금이 있는데 저희 형제들은 사시던 집은 어머니에게 상속해 드리려고 하는데 아버지의 혼외자인 딸이 3배의 가격에 해당하는 돈을 달라고 요구하고 있습니다.

그 딸은 지금 어머니의 자식으로도 되어 있습니다. 이런 경우에 어떻게 해야 집을 어머니 앞으로 상속할 수 있을까요? 그리고 지금 어머니 앞으로 해 놓아도 나중에 어머니가 돌아가시면 또 문제가 될 것 같은데 친자소송을 하면 그 딸을 어머니 호적에서 말소할 수 있을까요?

Answers ■ ■ ■

안녕하세요. 법무법인 천명 대표변호사 경태현입니다.
답변을 드리기 전에 사실관계를 확인하면 아버님의 상속인으로는 어머니, 귀하의 형제 3명 그리고 혼외자인 딸이 있는데 혼외자인 딸은 아버님과 어머니의 자녀로 등재되어 있는 것으로 보입니다.

그리고 상속재산으로는 아버님이 어머니와 함께 거주했던 아파트와 일부 현금이 있는데, 혼외자인 딸이 부동산에 대해서 3배의 금액을 요구하고 있는 것으로 보입니다. 이러한 사실관계를 전제로 답변을 드리겠습니다.

먼저 상속인이 배우자인 어머니와 4명의 자녀(귀하 형제들 3명과 혼외자)가 있으므로 어머니의 상속분은 3/11지분이 되고 자녀들은 혼외자 여부와 상관없이 모두 균등하게 2/11지분이 됩니다. 따라서 아버님으로부터 생전에 증여를 받은 상속인이 없다면 이와 같은 비율에 따라 상속재산이 분할됩니다.

그리고 만일 이때 일부 상속재산을 상속인 중 1명에게 단독상속하고 그만큼을 돈으로 정산하려고 한다면 정산할 시점의 금액을 기준으로 합니다. 따라서 귀하의 경우 혼외자에게 지급할 돈은 시가의 2/11지분에 해당하는 금액입니다.

그런데 만일 혼외자인 딸이 이러한 제안을 거부하고 자신의 상속분보다 훨씬 많은 금액을 요구해서 합의에 이르지 못하게 되면, 어머니와 귀하의 형제들은 혼외자인 딸을 상대로 상속재산분할심판청구소송을 제기해서 해당 아파트를 어머니에게 단독상속하고 혼외자의 지분에 해당하는 금액을 지급하는 것으로 주장할 수 있습니다.

다만 이와 같이 상속재산분할심판청구소송을 하는 경우에 어머니의 기여분도 함께 신청해서 혼외자인 딸에게 지급할 금액을 감축할 수 있습니다.

또한 현재 혼외자인 딸은 어머니의 친자가 아님에도 어머니의 가족관계등록부에 기재되어 있는데, 이러한 기록은 어머니 또는 귀하의 형제들이 혼외자를 상대로 친생자관계부존재확인의 소를 신청해서 판결을 받아 그 딸을 어머니의 호적(가족관계증명서)에서 삭제,말소할 수 있습니다.

다만 이 경우 혼외자인 딸인 어머니와 함께 생활했다면 입양의 효력을 주장할 수 있고 이때는 파양을 주장해야 합니다.

그러나 귀하께서 함께 생활한 부분에 대해서 말씀이 없으신 것으로 봐서는 함께 살지 않았던 것으로 보이므로 입양을 주장할 가능성은 많아 보이지 않습니다.

기타 상속재산분할심판청구와 기여분 주장, 분할 방법, 친생자관계부존재확인의 소에 대한 보다 상세한 것은 아버지의 제적등본, 기본증명서, 가족관계증명서, 혼인관계증명서, 주민등록초본, 어머니 가족관계증명서, 혼인관계증명서, 주민등록초본, 상속재산인 아파트의 부동산등기부등본과 예금의 잔고증명서를 준비해서 방문상담을 해주시길 바랍니다.

※ 민법

제865조(다른 사유를 원인으로 하는 친생관계존부확인의 소)

① 제845조, 제846조, 제848조, 제850조, 제851조, 제862조와 제863조의 규정에 의하여 소를 제기할 수 있는 자는 다른 사유를 원인으로 하여 친생자관계존부의 확인의 소를 제기할 수 있다.

② 제1항의 경우에 당사자일방이 사망한 때에는 그 사망을 안 날로부터 2년내에 검사를 상대로 하여 소를 제기할 수 있다. 〈개정 2005. 3. 31.〉

제1009조(법정상속분)

① 동순위의 상속인이 수인인 때에는 그 상속분은 균분으로 한다. 〈개정 1977. 12. 31., 1990. 1. 13.〉

② 피상속인의 배우자의 상속분은 직계비속과 공동으로 상속하는 때에는 직계비속의 상속분의 5할을 가산하고, 직계존속과 공동으로 상속하는 때에는 직계존속의 상속분의 5할을 가산한다. 〈개정 1990. 1. 13.〉

③ 삭제 〈1990. 1. 13.〉

사례

혼외자(이복형제)가 사망한 어머니 가족관계증명서에 친자녀로 나오는 경우 상속문제

Questions ■ ■ ■

지난 11월 초에 어머니께서 돌아가셨습니다.

가족은 저희 4남매입니다. 2남 2녀 중 제가 장남입니다.

아버지는 오래전에 돌아가셨고요.

어머니 소유 부동산이 몇 개 있어 이를 상속받고자 합니다.

그런데 문제가 있습니다.

사망진단서를 받아 동사무소에 어머니 사망신고 후 어머니 가족관계증명서를 발급해보니 과거 아버지가 생전에 바람피워 낳은 자식을 호적에 올려 저희들 형제로 잘못 등재되어 있습니다. 어머니 가족관계증명서에는 자식이 총 5명으로 나오고 있습니다.

저희 어머니의 상속재산을 저희 친 4형제끼리만 1/n로 분할상속을 받으려 하는데 상속등기나 상속세 신고 시 상속재산분할협의서를 작성하려고 할 때 아버지 혼외자 즉 이복형제의 인감도장, 인감증명서 또는 상속포기서 등이 필요한가요?

만약 이복형제가 상속포기에 협조를 해주지 않는다면 어떻게 해야 하나요?

구체적인 방법과 절차를 알려주시길 바랍니다.

Answers ■ ■ ■

아버지는 돌아가셨으므로 현재 돌아가신 어머니의 진정한 상속인은 친자들 4명입니다.

그런데 어머니의 가족관계증명서에는 4명 이외에 아버지의 혼외자 즉 이복형제가 나오는 경우입니다.

이런 경우 원칙적으로 어머님의 친자도 아니고 양자도 아니므로(실제 어머님이 동거양육한 것이 아닌 경우) 귀하 형제들은 그 이복형제를 상대로 친생자관계부존재확인소송을 제기해서 법원의 판결을 받는다면 어머님의 가족관계증명서에서 삭제 말소할 수 있고 이 경우 어머님의 상속인에서 배제됩니다.

위 친생자관계부존재확인소송에서는 친자인 귀하와 이복형제간에 유전자검사를 해야 할 것입니다.

친생자관계부존재확인소송을 통해서 어머니 가족관계증명서에서 이복형제를 삭제 말소하면 이후 친자들 4명이서만 상속재산분할협의서를 작성하고 이를 기초로 상속처리를 하시면 됩니다.

다만, 위 친생자관계부존재확인소송을 거치지 않고 상속처리를 하려면 형식적으로 상속인에 해당하는 그 이복형제로부터도 상속재산분할협의서에 인감도장날인, 인감증명서를 첨부해서 상속등기 등을 해야 할 것입니다.

만약 이복형제의 원만한 상속재산분할협의서 작성 등에 대해서 도저히 협조가 안 된다면 위 친생자관계부존재확인소송을 진행해야 할 것입니다.

친생자관계부존재확인소송, 상속재산분할협의서 작성 및 상속등기 등 보다 자세한 것은 아래 자료를 지참해서 방문상담을 받아 보시길 바랍니다.

※ 민법

제865조(다른 사유를 원인으로 하는 친생관계존부확인의 소)

① 제845조, 제846조, 제848조, 제850조, 제851조, 제862조와 제863조의 규정에 의하여 소를 제기할 수 있는 자는 다른 사유를 원인으로 하여 친생자관계존부의 확인의 소를 제기할 수 있다.

② 제1항의 경우에 당사자일방이 사망한 때에는 그 사망을 안 날로부터 2년내에 검사를 상대로 하여 소를 제기할 수 있다. 〈개정 2005. 3. 31.〉

제1013조(협의에 의한 분할)

① 전조의 경우외에는 공동상속인은 언제든지 그 협의에 의하여 상속재산을 분할할 수 있다.

② 제269조의 규정은 전항의 상속재산의 분할에 준용한다.

사 례

혼외자의 상속회복청구소송과 대응 방법

Questions ■ ■ ■

아버지가 2020년에 사망하셨고 당시 가족들 간에 협의해서 상속재산을 모두 어머니에게 드렸습니다.

그런데 이후 아버지의 자녀라는 혼외자가 나타나 인지청구소송을 해서 아버지의 친자로 판결이 났습니다.

그런데 얼마 전에 어머니를 상대로 상속재산분할 소장이 왔습니다.

인터넷을 검색해 보니 상속분을 줄 수밖에 없다고 하는데, 어머니는 아버지와 결혼생활을 해 오면서 맏며느리로 고생도 많이 하셨고 실제 아버지와 함께 장사를 해서 재산을 마련했습니다. 그리고 아버지가 약 4년간 투병을 하실 때 간병도 하시는 등 많은 고생을 하셨습니다.

그렇지만 집의 모든 재산은 아버지 명의로 해 놓았습니다. 만일에 어머니가 이혼을 했다면 1.5배보다 더 많은 재산을 분할받았을 것입니다.

혼외자가 아버지의 친자로 판결이 나서 줄 수밖에 없지만, 어머니가 혼외자에게 재산을 주고 나면 노후가 걱정됩니다.

혹시 이런 경우라도 안 줄 수 있는 방법은 없나요? 줄 수밖에 없다면 최대한 줄일 수 있는 방법은 어떤 게 있나요?

또한 저희가 대응하려면 어떤 자료를 준비해야 하나요.

Answers ■ ■ ■

먼저 혼외자의 소송에 대해서 말씀드리면, 이미 당시 상속인들이 상속재산분할을 마친 경우라면 상속세를 제외한 나머지 재산에서 혼외자에게 법정상속지분에 해당하는 금액을 가액으로 지급하는 것이 원칙입니다.

다만 이런 경우에도 다른 상속인이 사전증여를 받은 사실이 있다면 이러한 사전증여를 반영(합산해서 그만큼 공제한)한 수정된 상속분을 기준으로 합니다.

즉 만일 자녀들 중에 한 분이 생전에 아버지로부터 재산을 증여받은 사실이 있다면 그 자녀는 상속에서 배제되거나 사전증여받은 만큼을 공제하게 되므로 혼외자의 상속분은 그만큼 더 늘어나게 됩니다. 물론 혼외자가 아버지로부터 증여받은 경우에는 그 부분만큼 혼외자의 상속분은 감소됩니다.

반대로 어머니의 기여분이 인정된다면, 인정되는 기여분만큼은 상속재산에서 먼저 어머니의 기여분 몫으로 공제하고 나머지 재산만을 분할대상으로 하기 때문에, 혼외자의 상속분도 그만큼 줄어들게 됩니다.

다만 이러한 기여분은 기여분을 주장하는 당사자인 어머니가 아버님 명의의 재산을 형성하거나 유지하는데 특별한 기여를 한 사실이 인정되거나 아버님을 부양하고 간병하는데 특별한 기여를 한 사실이 인정되어야 합니다.

그런데 여기서 기여분의 인정 여부와 정도는 특별한 기여인지의 여부에 딸라 달라지게 되는데, 또한 한 측면으로는 배우자는 서로 상대방에 대한 부양의무와 가정을 유지할 의무가 있기 때문에, 어머니의 기여분에 대한 인정의 여부와 정도는 구체적인 사실관계를 확인해야 어느 정도 가능할 것으로 보입니다.

따라서 만일 혼외자에게 적은 재산을 분할해 주고 싶으시면, 첫 번째로 귀하의 가족들이 아버님으로부터 사전증여를 받은 사실이 없어야 하거나 혼외자가 아버지로부터 사전증여받은 사실이 입증되어야 하고, 그 다음으로는 어머니의 기여분이 인정되어야 합니다.

보다 자세한 상담과 주장을 위해서 준비할 자료는 이번에 법원에서 받은 소장을 지참하신 후에 방문상담을 통해서 안내받으시기 바랍니다.

※ 민법

제1008조(특별수익자의 상속분)
공동상속인 중에 피상속인으로부터 재산의 증여 또는 유증을 받은 자가 있는 경우에 그 수증재산이 자기의 상속분에 달하지 못한 때에는 그 부족한 부분의 한도에서 상속분이 있다. 〈개정 1977. 12. 31.〉

제1008조의2(기여분)
① 공동상속인 중에 상당한 기간 동거·간호 그 밖의 방법으로 피상속인을 특별히 부양하거나 피상속인의 재산의 유지 또는 증가에 특별히 기여한 자가 있을 때에는 상속개시 당시의 피상속인의 재산가액에서 공동상속인의 협의로 정한 그 자의 기여분을 공제한 것을 상속재산으로 보고 제1009조 및 제1010조에 의하여 산정한 상속분에 기여분을 가산한 액으로써 그 자의 상속분으로 한다. 〈개정 2005. 3. 31.〉
② 제1항의 협의가 되지 아니하거나 협의할 수 없는 때에는 가정법원은 제1항에 규정된 기여자의 청구에 의하여 기여의 시기·방법 및 정도와 상속재산의 액 기타의 사정을 참작하여 기여분을 정한다.
③ 기여분은 상속이 개시된 때의 피상속인의 재산가액에서 유증의 가액을 공제한 액을 넘지 못한다.
④ 제2항의 규정에 의한 청구는 제1013조제2항의 규정에 의한 청구가 있을 경우 또는 제1014조에 규정하는 경우에 할 수 있다.
[본조신설 1990. 1. 13.]

제1014조(분할후의 피인지자 등의 청구권)
상속개시후의 인지 또는 재판의 확정에 의하여 공동상속인이 된 자가 상속재산의 분할을 청구할 경우에 다른 공동상속인이 이미 분할 기타 처분을 한 때에는 그 상속분에 상당한 가액의 지급을 청구할 권리가 있다.

사 례

혼외자 상속문제와 관련된 인지청구소송과 상속회복청구소송 또는 유류분청구소송

Questions ■ ■ ■

저는 혼외자입니다.

아버니는 본처와 사이에서 아들 2명, 딸 1명이 있는 상태에서 이혼하지 않고 친모와 사이에서 저를 두셨습니다.

만약 아버지가 자산가이신데 아버지가 돌아가시면 상속은 본처, 이복형제들과 제가 받는 것으로 알고 있습니다.

그런데 문제는 제 가족관계증명서를 발급받으면 친모는 나오지만 아버지란은 공란으로 나옵니다.

제가 혼외자라고 하더라구요.

이런 경우에도 저도 아버지의 상속인이 되니요? 저도 친자인 게 확인되면 저도 상속인으로 권리를 받을 수 있나요?

만약 아버지가 갑자기 돌아가시면 저는 어떻게 해야 하나요? 상속을 받으려면 어떤 조치가 필요한가요?

Answers ■ ■ ■

상속 및 가족관계증명서 전문 법무법인 천명 경태현 대표변호사입니다.

아버지의 상속인이 되려면 기본적으로 아버지의 가족관계증명서상에 자녀로 등재되어야 합니다.

즉, 아버지의 호적(가족관계증명서)에 혼외자인 귀하가 등재되어야만 아버지의 상속인으로서 권리행사가 가능합니다.

아버지의 호적에 등재될 경우 상속인은 본처, 이복형제들 3명, 귀하 총 5명입니다.

법정상속분은 본처가 1.5지분, 이복형제들 3명과 귀하는 각 1지분씩입니다.

이를 분모화하면 본처가 3/11지분, 이복형제들 3명과 귀하는 2/11지분씩입니다.

그리고 최소한 보장받아야 할 유류분이 있는데 법정상속분의 절반이므로 귀하의 경우 1/11지분이 유류분이 됩니다.

현재 귀하의 가족관계증명서상에 아버지가 없다면 아버지에게 이야기해서 인지신고를 해달라고 요청하시고 만약 아버지가 인지신고를 거부할 경우 아버지를 상대로 인지청구소송을 제기해서 판결을 통해 아버지의 호적, 가족관계증명서상에 등재되도록 해야 할 것입니다.

그런데 만약 아버지가 인지신고를 해주지 않거나 인지청구소송을 하지 않은 상태에서 갑자기 돌아가시면 귀하는 아버지 사망이후 검사를 상대로 인지청구소송을 제기해서 인지판결을 받아서 아버지의 가족관계증명서에 자녀로 등재되어야 합니다.

위 인지판결을 통해서 자녀로 등재되면 정당한 상속권자로서 아버지 상속재산을 조회할 수 있습니다.

그런데 귀하를 배제하고 본처와 이복형제들이 재산을 분할한 경우라면 귀하는 본처와 이복형제들을 상대로 상속회복청구소송(혼외자의 가액반환청구소송)을 하거나 만약 아버지가 증여나 유언을 통해 본처와 이복형제들에게 전재산을 물려준 경우라면 유류분반환청구소송을 제기해야 할 것입니다.

보다 구체적인 것은 귀하의 기본증명서, 가족관계증명서, 아버지의 인적사항(이름, 주민번호, 주소, 연락처), 아버지 소유재산내역인 부동산등기부등본 등을 기초로 방문상담을 해주시길 바랍니다.

※ 민법

제855조(인지)

① 혼인외의 출생자는 그 생부나 생모가 이를 인지할 수 있다. 부모의 혼인이 무효인 때에는 출생자는 혼인외의 출생자로 본다.

② 혼인외의 출생자는 그 부모가 혼인한 때에는 그때로부터 혼인 중의 출생자로 본다.

제863조(인지청구의 소)

자와 그 직계비속 또는 그 법정대리인은 부 또는 모를 상대로 하여 인지청구의 소를 제기할 수 있다.

제864조(부모의 사망과 인지청구의 소)

제862조 및 제863조의 경우에 부 또는 모가 사망한 때에는 그 사망을 안 날로부터 2년내에 검사를 상대로 하여 인지에 대한 이의 또는 인지청구의 소를 제기할 수 있다. 〈개정 2005. 3. 31.〉

제999조(상속회복청구권)

① 상속권이 참칭상속권자로 인하여 침해된 때에는 상속권자 또는 그 법정대리인은 상속회복의 소를 제기할 수 있다.

② 제1항의 상속회복청구권은 그 침해를 안 날부터 3년, 상속권의 침해행위가 있은 날부터 10년을 경과하면 소멸된다. 〈개정 2002. 1. 14.〉
[전문개정 1990. 1. 13.]

제1009조(법정상속분)
① 동순위의 상속인이 수인인 때에는 그 상속분은 균분으로 한다. 〈개정 1977. 12. 31., 1990. 1. 13.〉
② 피상속인의 배우자의 상속분은 직계비속과 공동으로 상속하는 때에는 직계비속의 상속분의 5할을 가산하고, 직계존속과 공동으로 상속하는 때에는 직계존속의 상속분의 5할을 가산한다. 〈개정 1990. 1. 13.〉
③ 삭제 〈1990. 1. 13.〉

제1014조(분할후의 피인지자 등의 청구권)
상속개시후의 인지 또는 재판의 확정에 의하여 공동상속인이 된 자가 상속재산의 분할을 청구할 경우에 다른 공동상속인이 이미 분할 기타 처분을 한 때에는 그 상속분에 상당한 가액의 지급을 청구할 권리가 있다.

제1112조(유류분의 권리자와 유류분) 상속인의 유류분은 다음 각호에 의한다.
1. 피상속인의 직계비속은 그 법정상속분의 2분의 1
2. 피상속인의 배우자는 그 법정상속분의 2분의 1
3. 피상속인의 직계존속은 그 법정상속분의 3분의 1
4. 피상속인의 형제자매는 그 법정상속분의 3분의 1
[본조신설 1977. 12. 31.][단순위헌, 2020헌가4, 2024.4.25, 민법(1977. 12. 31. 법률 제3051호로 개정된 것) 제1112조 제4호는 헌법에 위반된다.][헌법불합치, 2020헌가4, 2024.4.25, 민법(1977. 12. 31. 법률 제3051호로 개정된 것) 제1112조 제1호부터 제3호 및 제1118조는 모두 헌법에 합치되지 아니한다. 위 조항들은 2025. 12. 31.을 시한으로 입법자가 개정할 때까지 계속 적용된다.]

제1115조(유류분의 보전)
① 유류분권리자가 피상속인의 제1114조에 규정된 증여 및 유증으로 인하여 그 유류분에 부족이 생긴 때에는 부족한 한도에서 그 재산의 반환을 청구할 수 있다.
② 제1항의 경우에 증여 및 유증을 받은 자가 수인인 때에는 각자가 얻은 유증가액의 비례로 반환하여야 한다.
[본조신설 1977. 12. 31.]

사 례

혼외자의 상속권과 유류분청구

Questions ■ ■ ■

얼마 전에 아버지가 돌아가셨습니다.

그런데 아버지가 생전에 유언장을 작성해서 모든 재산이 아버지의 부인과 자녀들에게 상속되었습니다.

저는 혼외자이다보니 아버지의 재산이 얼마가 있는지, 유언은 어떤지 알지 못합니다. 다만 최근에 아버지의 가족관계등록부를 보고 아버지가 사망하였고 아버지가 살고 있던 집이 유언으로 현재 처에게 상속된 것으로만 알고 있습니다.

이런 경우에 저에게 통보도 없이 작성된 유언장이 효력이 있는지요, 효력이 있다면 저는 아무 재산도 받을 수 없는 것인지요.

Answers ■ ■ ■

귀하가 혼외자라면 당연히 상속권이 있습니다. 다만 혼외자의 경우 단지 피상속인의 자녀라는 사실을 확인하는 것만으로는 부족하고 피상속인의 가족관계등록부에 기재되어 있어야 합니다.

귀하께서 아버님의 가족관계등록부를 발급받았다는 사실로 볼 때 귀하는 인지를 통해서 아버님의 가족관계등록부에 기재된 것으로 보입니다. 이 경우 귀하는 이미 상속인의 권리를 취득하게 됩니다.

그러나 만일 귀하가 아버님의 가족관계등록부에 기재되어 있지 않다면 인지청구를 통해서 귀하가 아버님의 가족관계등록부에 기재된 후에야 비로소 상속인이 될 수 있습니다.

아무튼 귀하가 현재 가족관계등록부에 기재되어 있는지 아니면 인지청구를 해야 하는지는 알 수 없으나, 일단 귀하가 상속인의 지위를 취득했다고 보고 설명을 드리도록 하겠습니다.

귀하가 혼외자인지의 여부를 떠나 아버님의 가족관계등록부에 기재되면 일부 다른 상속인과 차이는 있으나 원칙적으로 상속인의 지위를 취득한 사실에는 다름이 없습니다.

그런데 유언을 통해서 모든 재산이 아버님의 배우자와 다른 자녀들에게 상속되었다면 귀하는 당초 귀하가 갖게 되는 상속분의 절반을 유류분으로 취득하게 됩니다.

즉 아버님의 배우자가 있고 이복형제가 3명이라면 자녀들은 귀하까지 포함해서 4명이므로 이때 귀하의 법정상속분은 2/11지분입니다. 따라서 귀하는 그 절반인 1/11지분의 유류분을 취득하게 됩니다.

그런데 이러한 유류분반환청구권을 행하고자 한다면, 아버님이 다른 상속인들에게 증여하거나 유증한 재산을 확인해야 합니다. 그런데 귀하는 아버님의 재산내역을 잘 알지 못하므로, 유류분소송을 하기 전에 본인이 할 수 있는 기본적인 조사를 해야 할 것으로 보입니다.

먼저 부동산에 대해서 말씀드리면, 아버님의 기본증명서와 가족관계증명서를 발급받은 후에 가까운 구청이나 시청을 방문해서 아버님의 재산세납세증명을 발급받아 확인하시기 바랍니다.

또한 금융재산의 경우 위의 서류를 갖고 가까운 금융기관을 방문해서 상속인금융조회를 신청하시기 바랍니다.

이와 같이 일부 부동산과 아버님이 생전에 거래했던 금융기관의 각 계좌내역을 확인하면 나머지는 소송과정에서 법원에 사실조회 등을 신청해서 나머지 부족한 재산내역을 확인할 수 있습니다. 물론 이때 남은 상속재산이 있다면 이러한 상속재산도 확인됩니다.

기타 더 자세한 상담은 아버님의 기본증명서, 가족관계증명서, 전 주소가 기재된 말소자초본, 귀하가 확인한 아버님의 재산내역을 지참하신 후 방문상담해 주시기 바랍니다.

※ 민법

제863조(인지청구의 소)
자와 그 직계비속 또는 그 법정대리인은 부 또는 모를 상대로 하여 인지청구의 소를 제기할 수 있다.

제1009조(법정상속분)
① 동순위의 상속인이 수인인 때에는 그 상속분은 균분으로 한다. 〈개정 1977. 12. 31., 1990. 1. 13.〉
② 피상속인의 배우자의 상속분은 직계비속과 공동으로 상속하는 때에는 직계비속의 상속분의 5할을 가산하고, 직계존속과 공동으로 상속하는 때에는 직계존속의 상속분의 5할을 가산한다. 〈개정 1990. 1. 13.〉
③ 삭제 〈1990. 1. 13.〉

제1112조(유류분의 권리자와 유류분) 상속인의 유류분은 다음 각호에 의한다.
1. 피상속인의 직계비속은 그 법정상속분의 2분의 1
2. 피상속인의 배우자는 그 법정상속분의 2분의 1
3. 피상속인의 직계존속은 그 법정상속분의 3분의 1
4. 피상속인의 형제자매는 그 법정상속분의 3분의 1

[본조신설 1977. 12. 31.][단순위헌, 2020헌가4, 2024.4.25, 민법(1977. 12. 31. 법률 제3051호로 개정된 것) 제1112조 제4호는 헌법에 위반된다.][헌법불합치, 2020헌가4, 2024.4.25, 민법(1977. 12. 31. 법률 제3051호로 개정된 것) 제1112조 제1호부터 제3호 및 제1118조는 모두 헌법에 합치되지 아니한다. 위 조항들은 2025. 12. 31.을

시한으로 입법자가 개정할 때까지 계속 적용된다.]

제1115조(유류분의 보전)
① 유류분권리자가 피상속인의 제1114조에 규정된 증여 및 유증으로 인하여 그 유류분에 부족이 생긴 때에는 부족한 한도에서 그 재산의 반환을 청구할 수 있다.
② 제1항의 경우에 증여 및 유증을 받은 자가 수인인 때에는 각자가 얻은 유증가액의 비례로 반환하여야 한다.
[본조신설 1977. 12. 31.]

사 례

혼외자의 유류분청구소송과 상속세 등 세금

Questions ■ ■ ■

가족이 복잡합니다. 아버지는 결혼을 2번 하셨습니다. 첫 번째 부인과 사이에는 아들 1명, 두 번째 부인(장모님) 사이에는 딸만 2명입니다.

저는 장녀의 남편인 사위입니다.

그리고 아버지는 혼외자 딸이 1명 더 있는데, 아버지 호적에 등재되어 있어 앞으로 상속문제가 될 것 같습니다.

참고로 첫 번째 부인 사이의 아들과 장모님, 딸 2명은 유산상속분배에 합의가 된 상태이고 이를 아버지가 사전증여나 유언공증을 해주실 계획입니다.

다만, 추후 아버지가 돌아가신 이후 혼외자 딸이 나타나 자신의 유류분을 주장하면서 저희들을 상대로 유류분청구소송을 할 것 같습니다.

여기서 궁금한 것은

1. 만약 아버지가 며느리와 사위에게도 사전증여 또는 유언공증을 일부 한다면 그들이 부담하는 증여세와 상속세에 대하여 나중에 혼외자에게 유류분을 줄 때 구상이 가능한지요? 아니면 아들딸이 아니라서 구상권이 생기지 않는지요?

2. 그리고 추후 상속세 마련을 위하여 피상속인의 사망 후 일부 부동산을 시가로 처분할

때 상속세 금액이 늘어난다는 것을 본적이 있는데 이때 발생하는 양도세도 만만찮은데 그 금액을 상속세 과표에서 빼주는지요?

3. 또 유류분청구소송으로 유류분을 줄 때 상속 후 매각해서 발생된 양도세를 뺀 금액으로 산정하는지요? 양도세를 반영하지 않으면, 받지도 않았는데 상속세도 늘어나고 유류분도 늘어나게 되는지 궁금합니다.

Answers ■ ■ ■

아버지(귀하의 경우 장인)의 상속인은 배우자인 두번째 부인과 친자들 4명(아들, 딸, 딸, 혼외자 딸)입니다.

법정상속분은 배우자인 부인이 1.5지분, 자녀들이 각 1지분씩입니다. 이를 분모화하면 부인이 3/11지분, 자녀들이 각 2/11지분씩입니다.

다만, 아버지가 사전증여나 유언공증을 할 경우 혼외자는 자신의 법정상속분의 절반인 1/11지분에 대한 유류분청구소송을 할 수 있습니다.

귀하의 질문은 유류분소송과 세금 관련 문의로 보입니다. 순차적으로 설명해 드리겠습니다.

1. 만약 아버지가 며느리와 사위에게도 사전증여 또는 유언공증을 일부 한다면 그들이 부담하는 증여세와 상속세에 대하여 나중에 혼외자에게 유류분을 줄 때 구상이 가능한지요? 아니면 아들딸이 아니라서 구상권이 생기지 않는지요?

➜ 사전증여나 유언공증을 통해 상속을 받았는데 혼외자가 이를 대상으로 해서 유류분청구를 하게 되고 유류분을 일정부분을 반환하게 된다면 반환된 유류분만큼은 증여세 혹은 상속세에 대한 구상권을 행사할 수 있습니다.

다만, 이때 구상권 주체는 증여나 유언받은 사람이 유류분으로 반환해줄 경우 그 증여나 유언받은 사람이 될 것입니다.

그리고 여기서 상속인 여부는 문제되지 않습니다. 즉, 며느리, 사위가 유류분을 반환하게 된다면 며느리, 사위 역시 세금에 대한 구상권 행사를 할 수 있습니다.

2. 그리고 추후 상속세 마련을 위하여 피상속인의 사망 후 일부 부동산을 시가로 처분할 때 상속세 금액이 늘어난다는 것을 본 적이 있는데 이때 발생하는 양도세도 만만찮은데 그 금액을 상속세 과표에서 빼주는지요?

➜ 상속개시 후 6개월 내에 매매할 경우 그 매매가액이 상속세 과세표준이 되어 상속세는 증가하게 됩니다. 다만, 양도소득이 없으므로(상속가액과 매매금액이 동일하므로) 양도세는 발생되지 않습니다.

3. 또 유류분청구소송으로 유류분을 줄 때 상속 후 매각해서 발생된 양도세를 뺀 금액으로 산정하는지요? 양도세를 반영하지 않으면, 받지도 않았는데 상속세도 늘어나고 유류분도 늘어나게 되는지 궁금합니다.

➜ 유류분청구소송에서 유류분계산을 할 때 양도세, 증여세, 상속세는 고려되지 않습니다.

다만, 추후 유류분반환을 할 경우 이미 납부한 증여세는 환급청구, 상속세 부분은 상속인들 간 구상권 문제가 발생하고 서로 간 세금에 대해서 합의가 안 될 경우 별도 민사소송이 필요합니다.

※ 민법

제1009조(법정상속분)

① 동순위의 상속인이 수인인 때에는 그 상속분은 균분으로 한다. 〈개정 1977. 12. 31., 1990. 1. 13.〉

② 피상속인의 배우자의 상속분은 직계비속과 공동으로 상속하는 때에는 직계비속의 상속분의 5할을 가산하고, 직계존속과 공동으로 상속하는 때에는 직계존속의 상속분의 5할을 가산한다. 〈개정 1990. 1. 13.〉

③ 삭제 〈1990. 1. 13.〉

제1112조(유류분의 권리자와 유류분) 상속인의 유류분은 다음 각호에 의한다.

1. 피상속인의 직계비속은 그 법정상속분의 2분의 1
2. 피상속인의 배우자는 그 법정상속분의 2분의 1
3. 피상속인의 직계존속은 그 법정상속분의 3분의 1
4. 피상속인의 형제자매는 그 법정상속분의 3분의 1

[본조신설 1977. 12. 31.][단순위헌, 2020헌가4, 2024.4.25, 민법(1977. 12. 31. 법률 제3051호로 개정된 것) 제1112조 제4호는 헌법에 위반된다.][헌법불합치, 2020헌가4, 2024.4.25, 민법(1977. 12. 31. 법률 제3051호로 개정된 것) 제1112조 제1호부터 제3호 및 제1118조는 모두 헌법에 합치되지 아니한다. 위 조항들은 2025. 12. 31.을 시한으로 입법자가 개정할 때까지 계속 적용된다.]

제1115조(유류분의 보전)

① 유류분권리자가 피상속인의 제1114조에 규정된 증여 및 유증으로 인하여 그 유류분에 부족이 생긴 때에는 부족한 한도에서 그 재산의 반환을 청구할 수 있다.

② 제1항의 경우에 증여 및 유증을 받은 자가 수인인 때에는 각자가 얻은 유증가액의 비례로 반환하여야 한다.

[본조신설 1977. 12. 31.]

사 례

인지소송을 통해 호적등재된 혼외자 상속문제(아버지의 유언장)와 유류분소송

Questions ■ ■ ■

저는 혼외자입니다.
친부는 부인과 아들과 딸이 있었는데 저희 친모와 외도를 하셨고 저를 낳으셨습니다.
하지만, 친부는 호적에 올려주지 않으셨습니다.

그래서 2005년경 친모께서는 친부를 상대로 인지청구소송을 제기해서 판결을 받았고 현재 제 호적상 부로 친부가 나옵니다.
하지만, 그동안 제대로 된 양육비를 받은 적이 없습니다.

그런데 친부가 6개월 전에 돌아가셔서 상속에 대한 상담을 받고 싶어 글 남깁니다.
혼외자인 저도 친부의 유산을 받을 수 있나요?

과거 인지소송을 할 때 친부가 소송을 취하하라고 하면서 소송취하를 하지 않으면 모든 재산을 유언장을 작성해서 저에게는 한 푼도 물려주지 않았다고 한 적이 있습니다.

만약 친부 말씀대로 유언장을 작성해서, 저에게는 재산을 한 푼도 주지 말고 본처와 그 쪽 아이들에게만 상속하고 하는 것으로 했다면 저는 전혀 상속받지 못하나요?
그리고 유언이 아니라 미리 살아계실 때 증여를 한 경우에는 전혀 상속을 받지 못하나요?

Answers ■ ■ ■

귀하는 비록 혼외자이지만 친아버지의 자녀이고 이미 생전에 인지청구소송을 통해서 친아버지 호적에 등재되었으므로 당연히 상속권자입니다.

이 경우 법정상속분은 친아버지의 본처가 1.5지분, 자녀들 3명(그쪽 2명과 귀하)이 각 1지분씩입니다. 이를 분모화하면 본처가 3/9지분, 자녀들이 각 2/9지분씩입니다. 그리고 유류분은 법정상속분의 절반이므로 귀하는 1/9지분에 해당하는 유류분이 있습니다.

따라서, 혼외자인 귀하는 정당한 상속권리자이므로 만약 생전증여나 유언을 통해 친아버지 본처와 이복형제들이 모두 친아버지의 재산을 전부 상속받았다면 귀하는 원래 상속분의 절반에 대한 유류분을 청구할 수도 있습니다.

다만, 이를 위해선 최우선적으로 친아버지의 상속재산과 과거 증여재산내역을 먼저 파악해야 할 것입니다. 그러므로 아래와 같이 재산조사를 먼저 해보시길 바랍니다.

1. 기초 신분자료

피상속인(아버지)의 제적등본, 기본증명서, 가족관계증명서, 주민등록말소자초본(과거주소포함), 상속인(귀하)의 기본증명서, 가족관계증명서, 주민등록초본

➜ 귀하 신분증을 지참해서 인근 구청이나 주민센터(동사무소)에 가서 위 서류를 발급받을 수 있습니다. 여유 있게 각 5통 정도 발급받는 것이 좋습니다.

2. 안심상속 원스톱 서비스 신청

➜ 근처 아무 구청 혹은 주민센터에 가서 위 1번 서류와 귀하의 신분증을 가지고 가서 "안심상속 원스톱 서비스 신청"을 하시면 부동산과 금융 재산 등 상속재산을 조회할 수 있습니다.

1) 부동산 조회 : 개인별 토지내역서(조상땅찾기)

위 안심상속 원스톱 서비를 신청하면 곧바로 잔존하고 있는 상속부동산에 대한 조회가 되고(개인별 토지보유현황), 이후 조회된 부동산 주소지에 대한 등기부등본을 구청이나 대법원 인터넷 등기소를 통해 발급받아야 할 것입니다.

2) 상속금융재산

➔ 피상속인이 생전에 거래했던 해당 은행 등 금융기관 확인

위 안심상속 원스톱 서비스를 신청하고 금융감독원을 통해 상속금융재산에 대한 조회가 되고 금융감독원을 통해 2주 정도 지나면 인터넷이나 문자통보를 통해 확인된 금융기관에 가서 1번 서류와 귀하 신분증을 가지고 거래내역서와 잔고증명서를 확인해 보시길 바랍니다.

3. 생전증여한 부동산 내역

➔ 피상속인의 주민등록말소자 초본을 보고 피상속인이 거주했던 거주 관할 구청에 가서 위 1번 서류와 귀하의 신분증을 가지고 가서 과거 10년동안의 재산세 납부내역서를 발급받아 보시길 바랍니다. 발급시 주소를 나오게 발급받아야 그 주소를 보고 해당 등기부등본을 발급받을 수 있습니다. 물론 이미 증여한 부동산의 주소를 알고 있는 것이 있다면 그 역시 등기부등본이 필요할 것입니다.

4. 기타 다른 상속인들에게 증여한 부동산과 금융재산내역 조회

➔ 위에서 밝히지 못한 다른 상속인들에 대한 부동산과 금융재산에 대한 조회는 유류분소송을 제기해서 법원의 결정을 통해 사실조회나 금융정보제출명령을 통해 구체적인 조회가 가능합니다.

특히 금융조회를 통해 피상속인의 금융계좌에서 인출된 전표, 수표 추적이 가능할 것입니다.

상속재산과 증여재산에 대한 기초적인 자료 수집은 위와 같은 방법으로 진행되며 보다 추가적인 재산조회방법 등 자세한 것은 방문상담을 해주시길 바랍니다.

※ 민법

제1009조(법정상속분)

① 동순위의 상속인이 수인인 때에는 그 상속분은 균분으로 한다. 〈개정 1977. 12. 31., 1990. 1. 13.〉

② 피상속인의 배우자의 상속분은 직계비속과 공동으로 상속하는 때에는 직계비속의 상속분의 5할을 가산하고, 직계존속과 공동으로 상속하는 때에는 직계존속의 상속분의 5할을 가산한다. 〈개정 1990. 1. 13.〉

③ 삭제 〈1990. 1. 13.〉

제1112조(유류분의 권리자와 유류분) 상속인의 유류분은 다음 각호에 의한다.

1. 피상속인의 직계비속은 그 법정상속분의 2분의 1
2. 피상속인의 배우자는 그 법정상속분의 2분의 1
3. 피상속인의 직계존속은 그 법정상속분의 3분의 1
4. 피상속인의 형제자매는 그 법정상속분의 3분의 1

[본조신설 1977. 12. 31.][단순위헌, 2020헌가4, 2024.4.25, 민법(1977. 12. 31. 법률 제3051호로 개정된 것) 제1112조 제4호는 헌법에 위반된다.][헌법불합치, 2020헌가4, 2024.4.25, 민법(1977. 12. 31. 법률 제3051호로 개정된 것) 제1112조 제1호부터 제3호 및 제1118조는 모두 헌법에 합치되지 아니한다. 위 조항들은 2025. 12. 31.을 시한으로 입법자가 개정할 때까지 계속 적용된다.]

제1115조(유류분의 보전)

① 유류분권리자가 피상속인의 제1114조에 규정된 증여 및 유증으로 인하여 그 유류분에 부족이 생긴 때에는 부족한 한도에서 그 재산의 반환을 청구할 수 있다.

② 제1항의 경우에 증여 및 유증을 받은 자가 수인인 때에는 각자가 얻은 유증가액의 비례로 반환하여야 한다.

[본조신설 1977. 12. 31.]

사 례

혼외자(이복형제)가 모친 상속에 관해 유류분소송을 제기한 경우 대응방법

Questions ▪ ▪ ▪

아버지의 혼외 자식이 있습니다. 아버지 호적과 어머니 가족관계증명서에는 모친의 자식으로 함께 올라와 있습니다.

모친이 최근 사망하였는데, 사망 전에 친자에게 증여한 재산에 대해 나머지 상속인들이 유류분청구가 가능하다고 들었습니다.

유류분을 방어하기 위해서 제가 아버지 혼외자식을 상대로 친생자관계부존재확인소를 제기해서 혼외자와 모친이 친자관계가 아님을 판결받으면 유류분을 지급할 필요가 없나요?

그렇다면 친생자관계부존재확인의 소는 언제든지 청구할 수 있는 건지요?
혼외자식이 저를 상대로 유류분소송을 제기하지 않아도 진행하려고 합니다.

만약 혼외자식이 저를 상대로 유류분청구소송을 하면 그 때에 친생자관계부존재확인소송을 제기해도 되나요?

친생자관계부존재확인소송을 하려면 유전자검사가 필요한 것으로 알고 있는데 모친을 화장한 경우 유전자검사는 어떻게 해야 하나요?

Answers ■ ■ ■

아버지의 혼외자식이 모친의 가족관계증명서에 자녀로 잘못 등재된 경우입니다.

즉 모친의 친자녀도 아니고 동거양육한 양자도 아닌 사람이 자녀로 모친 가족관계증명서에 잘못등재된 경우입니다.

그리고 유류분청구소송은 진정한 상속인만이 주장할 수 있는 것으로서 만약 친생자관계부존재확인소송을 통해 친자관계가 없다는 판결을 받아 호적정리 즉, 모친의 가족관계증명서에서 삭제 말소된다면 유류분소송 자체가 성립되지 않습니다.

친생자관계부존재확인소송을 하려면 유전자검사가 필요한데 모친을 화장한 경우 유전자검사는 친자인 귀하와 혼외자식 사이에 동일모계 검사를 통해서 진행하시면 됩니다.

친생자관계부존재확인소송은 당사자인 모친과 친자 아닌 사람이 1명이라도 생존하고 있다면 언제든지 소송이 가능합니다. 만약 2명 모두 사망한 경우라면 2년 이내에 제기해야 합니다.

귀하의 경우 모친은 돌아가셨지만 친자 아닌 사람이 생존해 있으므로 생존하는 동안에는 언제든지 친생자관계부존재확인의소를 진행할 수 있습니다.

그러므로 지금 곧바로 귀하가 혼외자식을 상대로 친생자관계부존재확인소송을 제기해서 판결을 받을 수도 있고 그 혼외자식이 귀하를 상대로 유류분청구소송을 제기하였을 때 친생자관계부존재확인소송을 제기해서 판결을 받아 유류분청구소송을 방어할 수도 있습니다.

보다 자세한 것은 부친의 제적등본, 모친의 기본증명서, 가족관계증명서, 주민등록말소자초본 등을 지참해서 방문상담을 받아 보시길 바랍니다.

※ 민법

제865조(다른 사유를 원인으로 하는 친생관계존부확인의 소)

① 제845조, 제846조, 제848조, 제850조, 제851조, 제862조와 제863조의 규정에 의하여 소를 제기할 수 있는 자는 다른 사유를 원인으로 하여 친생자관계존부의 확인의 소를 제기할 수 있다.

② 제1항의 경우에 당사자일방이 사망한 때에는 그 사망을 안 날로부터 2년내에 검사를 상대로 하여 소를 제기할 수 있다. 〈개정 2005. 3. 31.〉

사례

사후 인지된 혼외자의 상속회복청구권 10년 제척기간(헌법재판소 위헌결정)

안녕하세요. 상속전문변호사 경태현 변호사입니다.

2024. 6. 27. 헌법재판소에서는 상속개시 후 인지된 상속인의 상속분가액지급청구권을 행사할 경우(민법 제1014조)에도 상속회복청구권에 관한 10년의 제척기간(민법 제999조 제2항)을 적용하는 민법 조항에 대해서 "위헌"결정을 하였습니다.

아래에서는 헌법재판소의 결정문에 대해서 자세히 살펴보도록 하겠습니다.

● **사건개요**

- 이○○(母)는 1969. 11. 7. 청구인을 출산한 다음 1984. 9. 1. 김□□와 혼인하였다. 김□□(表見父, 법률상 父)는 1984. 9. 17. 청구인을 인지 ('인지'란, 혼인외 출생자의 생부 또는 생모가 그 출생자를 자신의 子로 인정하여 법률상의 친자관계를 발생시키는 의사표시이다(민법 제855조). 이 사건에서 김□□는 청구인의 생부가 아니었으나 청구인을 子로 인지하여 청구인의 법률상 父가 되었다.

- 청구인은 2019. 2.경 이○○로부터 망 김△△(1998. 1. 20. 사망)가 생부(生父)라는 이야기를 듣고, 수원가정법원 여주지원에서 김□□(表見父)의 인지가 무효임을 확인받은 다음, 서울가정법원에서 청구인이 망 김△△(生父)의 친생자임을 인지받아 그 판결이 2021. 12. 21. 확정되었다.

- 청구인은 '상속권의 침해행위가 있은 날부터 10년'의 제척기간으로 인하여 다른 공동상속인에게 상속분가액지급청구권을 행사할 수 없게 되어 기본권이 침해된다고 주장하며, 2021. 12. 27. 이 사건 헌법소원심판을 청구하였다.

● 심판대상

청구인은 상속개시 후 인지 또는 재판확정에 의하여 공동상속인이 된 자가 다른 공동상속인에 대해 그 상속분에 상당한 가액의 지급에 관한 청구권(이하 '상속분가액지급청구권'이라 한다)을 행사할 경우에도 상속회복청구권에 관한 10년의 제척기간을 적용하는 부분의 위헌성을 다투고 있으므로, 이 사건 심판대상은 민법(2002. 1. 14. 법률 제6591호로 개정된 것) 제999조 제2항의 '상속권의 침해행위가 있은 날부터 10년' 중 제1014조에 관한 부분(이하 '심판대상조항'이라 한다)이 청구인의 기본권을 침해하는지 여부이다.

● 심판대상조항

※ 민법

제999조(상속회복청구권)

② 제1항의 상속회복청구권은 그 침해를 안 날부터 3년, 상속권의 침해행위가 있은 날부터 10년을 경과하면 소멸된다.

제1014조(분할후의 피인지자 등의 청구권)

상속개시후의 인지 또는 재판의 확정에 의하여 공동상속인이 된 자가 상속재산의 분할을 청구할 경우에 다른 공동상속인이 이미 분할 기타 처분을 한 때에는 그 상속분에 상당한 가액의 지급을 청구할 권리가 있다.

● 위헌결정 주문

민법(2002. 1. 14. 법률 제6591호로 개정된 것) 제999조 제2항의 '상속권의 침해행위가 있은 날부터 10년' 중 민법 제1014조에 관한 부분은 헌법에 위반된다.

● 위헌결정 법정의견 요지 (재판관 7명)

- 심판대상조항은 상속개시 후 인지 또는 재판확정에 의하여 공동상속인이 된 자가 상속분가액지급청구권을 행사할 경우 그 기간을 '상속권의 침해행위가 있은 날부터 10년'으로 한정하고 그 후에는 상속분가액지급청구의 소를 제기할 수 없도록 하고 있으므로, 청구인의 재산권과 재판청구권을 제한한다.

- 재산권의 내용과 한계 및 재판청구권의 실현은 형식적 의미의 법률에 의한 구체적 형성이 불가피하므로 원칙적으로 입법형성의 자유에 속한다. 다만, 헌법이 재산권 및 재판청구권을 법률로 구체화하도

록 정하고 있더라도(헌법 제23조 제1항, 제27조 제1항), 입법자가 이를 행사할 수 있는 형식적 권리나 이론적 가능성만을 제공할 뿐 권리구제의 실효성을 보장하지 않는다면 재산권 및 재판청구권의 보장은 사실상 무의미할 수 있으므로, 재산권 및 재판청구권에 관한 입법은 단지 형식적인 권리나 이론적인 가능성만을 허용해서는 아니되고, 권리구제의 실효성을 상당한 정도로 보장해야 한다.

- 민법 제1014조의 상속분가액지급청구권은 인지 또는 재판확정으로 공동상속인이 추가되기 전에 기존 공동상속인이 상속재산을 분할 · 처분한 경우, 추가된 공동상속인에게 민법 제999조의 상속회복청구의 방식 중 '원물반환의 방식'을 차단하여 그 분할 · 처분의 효력을 유지함으로써 제3취득자의 거래 안전을 존중하는 한편, 추가된 공동상속인에게는 '가액반환의 방식'만을 보장함으로써 기존 공동상속인, 제3취득자, 추가된 공동상속인 사이의 이해관계를 조정한다.

- 그런데 민법 제999조 제2항의 제척기간은 상속분가액지급청구권에서 제3취득자의 거래 안전과는 무관한 것이므로, 결국 '기존의 공동상속인과 추가된 공동상속인' 사이의 권리의무관계를 조속히 안정시킨다는 기능만 수행한다.

- 이때 '침해를 안 날'은 인지 또는 재판이 확정된 날을 의미하므로, 그로부터 3년의 제척기간은 공동상속인의 권리구제를 실효성 있게 보장하는 것으로 합리적 이유가 있다. 그러나 '침해행위가 있은 날'(상속재산의 분할 또는 처분일)부터 10년 후에 인지 또는 재판이 확정된 경우에도 추가된 공동상속인이 상속분가액지급청구권을 원천적으로 행사할 수 없도록 하는 것은 '가액반환의 방식'이라는 우회적 · 절충적 형태를 통해서라도 인지된 자의 상속권을 뒤늦게나마 보상해 주겠다는 입법취지에 반하며, 추가된 공동상속인의 권리구제 실효성을 완전히 박탈하는 결과를 초래한다.

- 물론, 기존 공동상속인으로서는 인지 또는 재판확정으로 가액을 반환하게 되는 것이 당혹스러울 수 있다. 그러나 ㉠ 기존 공동상속인이 받았던 상속재산은 자신의 노력이나 대가 없이 법률규정에 의해 취득한 재산이므로 '추가된 공동상속인의 상속권'을 회복 기회 없이 희생시키면서까지 '기존 공동상속인의 상속권'만을 더 보호해야 할 특별한 이유가 없는 점, ㉡ 기존 공동상속인이 상속재산의 유지 · 증가에 특별히 기여하였다면 그 기여분은 상속재산에서 공제되므로 이를 통해 기존 공동상속인과 추가된 공동상속인의 이해관계가 조정될 수 있는 점(민법 제1008조의2), ㉢ 민법 제1014조는 제3취득자 보호를 위해 원물반환을 인정하지 않는 대신 가액반환이라는 절충적 형태로 피인지자의 상속권을 보장하겠다는 취지이므로 그 가액반환청구권 행사가능성 자체를 박탈하는 것은 정당화되

기 어려운 점, ㉣ 제척기간은 일단 권리가 발생하여 일정기간 존속함을 전제로 하는데 '공동상속인이 아니었던 시점'에 이미 10년 제척기간이 도과된다면 상속분가액지급청구권의 보장은 시원적으로 형해화되는 점, ㉤ 민법은 인지청구의 소를 '사망을 안 날로부터 2년'으로 제한하고(제864조) 상속분가액지급청구권의 행사도 '침해를 안 날부터 3년'으로 제한하므로(제999조 제2항) 인지재판의 확정을 바탕으로 한 상속분가액지급청구권의 행사가 무한정 늦춰지지 않도록 이중으로 제한하는 점을 함께 고려해야 한다.

– 결국 상속개시 후 인지 또는 재판의 확정에 의하여 공동상속인이 된 자의 상속분가액지급청구권의 경우에도 '침해행위가 있은 날부터 10년'의 제척기간을 정하고 있는 것은, 법적 안정성만을 지나치게 중시한 나머지 사후에 공동상속인이 된 자의 권리구제 실효성을 외면하는 것이므로, 심판대상조항은 입법형성의 한계를 일탈하여 청구인의 재산권 및 재판청구권을 침해한다.

● 위헌결정의 의미

민법 제999조 제2항은 상속회복청구권의 제척기간을 '침해를 안 날부터 3년, 침해행위가 있은 날부터 10년'으로 정하고, 민법 제1014조는 상속개시 후 인지 또는 재판확정에 의해 공동상속인이 된 자의 '상속분가액지급청구권'을 정하고 있다.

이때 상속분가액지급청구권의 행사에는 상속회복청구권의 제척기간이 적용되며, 이번 위헌결정 이전에는 상속재산의 분할 또는 처분이 있은 후 인지 또는 재판확정된 경우 그 10년의 제척기간은 '인지 또는 재판확정일'이 아닌 '상속재산의 분할 또는 처분일'부터 기산되었습니다. 따라서, 과거 위 민법 조항에 따라, 망인(피상속인)의 사망으로 상속재산의 분할 또는 처분이 있은 날부터 10년이 지난 후에야 자신이 망인의 상속인인 사실을 알게 된 경우, 인지 또는 재판이 확정되어도 이미 10년의 제척기간이 도과됨으로써 진정한 상속인으로서의 권리(상속분가액지급청구권)를 진혀 행사할 수 없는 상황이 부당한 발생하여 왔습니다.

이 사건 위헌결정은, 상속개시 후 인지 또는 재판확정으로 공동상속인이 된 자에게 상속권 회복의 기회를 제공하지 아니한 심판대상조항이 입법형성의 한계를 일탈하여 재산권과 재판청구권을 침해함을 선언한 최초의 결정으로서 이 사건 위헌결정에 따라, 심판대상조항과 관련된 기존 합헌 결정(헌재 2010. 7. 29. 2005헌바89)은 이 사건 결정과 저촉되는 범위에서 변경되었습니다.

● **향후 사후 인지된 상속인(혼외자)의 상속회복청구소송 진행에 관하여**

이번 위헌결정으로 인해서 앞으로 친부의 사망사실을 알고 2년 이내에 검사를 상대로 인지청구소송을 제기해서 인지판결을 받은 사후 인지된 상속인(혼외자)은 자신을 제외한 다른 상속인들이 이미 상속재산의 분할 또는 처분을 완료하였다면,

비록 친부의 사망일로부터 10년이 경과했어도 제1014조의 상속분가액지급청구권(상속회복청구권)을 행사할 수 있습니다.

구체적으로 사후 인지자(혼외자)의 상속회복청구권의 10년 제척기간은 '상속재산의 분할 또는 처분일'이 아닌 '인지 또는 재판확정일'부터 기산될 것입니다.

제9장
부재자재산관리인선임과 실종선고

사례

상속재산분할협의 오랫동안 연락이 두절된 상속인이 있을 때

안녕하세요, 법무법인 천명의 경태현 대표변호사입니다.

피상속인이 유언 없이 사망했다면 상속인들은 상속재산분할협의를 거쳐 재산을 구체적으로 분할해야 합니다. 상속재산분할협의를 통해 상속인들은 법정상속분에 따라 혹은 상속인들 간 협의한 상속분에 따라 상속재산을 분할하게 되고, 협의에서 작성한 상속재산분할협의서를 바탕으로 상속등기를 하는 등 실질적으로 상속재산을 취득할 수 있게 되는 것입니다.

다만, 상속인들 중 실종된 자가 있거나 오랫동안 연락이 두절된 자가 있을 경우 위와 같은 협의를 거치기에 어려움이 있을 것입니다. 따라서 이 때에는 별도의 조치를 취하여 부재중인 상속인 없이도 상속을 진행할 수 있도록 해야지만 다른 상속인이 상속을 받지 못하는 불이익을 피할 수 있을 것입니다.

오늘은 이처럼 오랫동안 부재중인 상속인이 있을 때 상속처리를 할 수 있는 방법에 관하여 설명드리도록 하겠습니다.

Questions ■ ■ ■

안녕하세요 변호사님. 상속 관련해서 질문 하나 드리려 합니다.

얼마 전, 아버지께서 돌아가셨습니다. 아버지의 재산으로는 집 한 채가 있는데 이 집을 어머니가 상속받기로 모두 협의된 상황입니다.
다만 문제가 하나 있는데, 저희 형제 중 거의 20년이 넘도록 소식도 없고 어디에 있는지도 모르는 동생이 있습니다.

실종선고를 통해 사망처리를 하면 된다고 듣기는 했지만, 사망한지도 모르는데 사망처리를 한다는 게 영 내키지는 않습니다.
혹시 이런 경우에, 사망처리 없이 어머니에게 재산이 상속되도록 할 수 있는 방법이 있을까요?

감사합니다.

Answers ■ ■ ■

귀하의 형제 중 오랫동안 연락이 두절된 상속인이 있어, 상속절차에 어려움을 겪고 계신 것으로 보입니다.

아버님께서 별다른 유언 없이 사망한 경우 배우자인 어머니가 1.5지분, 자녀들이 각 1지분씩 공동상속을 받게 됩니다. 그런데 이 법정상속지분이 아닌 어머니의 단독상속으로 상속처리를 하고자 하신다면, 상속인들간 상속재산분할협의서를 작성한 후 상속인 전원이 인감도장날인, 인감증명서를 첨부하여 상속등기 신청을 하셔야 합니다.

상속인 중 연락이 두절된 자가 있을 경우 상속재산분할협의 및 서류제공에 어려움이 있을 수 있습니다. 이 경우 법원에 해당 상속인에 대한 실종선고를 청구해서 사망처리를 한 후 상속처리를 하는 방법으로 상속을 진행하실 수 있습니다.

만일 실종선고 청구를 원치 않으신다면, 부재자재산관리인을 선임하신 후 상속처리를 하실 수 있습니다. 다만 부재자재산관리인은 부재자의 재산을 관리할 수 있을 뿐이고 재산을 처분할 수는 없기 때문에, 어머님이 상속 부동산을 단독상속 하시려면 권한초과행위 허가청구를 통해 부재자재산관리인이 권한초과행위를 법원에 허가받아 상속처리를 진행해야 할 것입니다.

다만, 부재자관리인선임이나 실종선고청구는 6개월 내지 1년 정도의 시간이 소요될 수 있습니다. 따라서 일단 상속부동산에 대한 취득세는 6개월 이내에 납부 한 뒤, 위 절차를 통해 상속을 진행해야만 가산세의 불이익을 피할 수 있을 것입니다.

※ 민법

제23조(관리인의 개임)
부재자가 재산관리인을 정한 경우에 부재자의 생사가 분명하지 아니한 때에는 법원은 재산관리인, 이해관계인 또는 검사의 청구에 의하여 재산관리인을 개임할 수 있다.

제25조(관리인의 권한)
법원이 선임한 재산관리인이 제118조에 규정한 권한을 넘는 행위를 함에는 법원의 허가를 얻어야 한다. 부재자의 생사가 분명하지 아니한 경우에 부재자가 정한 재산관리인이 권한을 넘는 행위를 할 때에도 같다.

제27조(실종의 선고)
① 부재자의 생사가 5년간 분명하지 아니한 때에는 법원은 이해관계인이나 검사의 청구에 의하여 실종선고를 하여야 한다.
② 전지에 임한 자, 침몰한 선박 중에 있던 자, 추락한 항공기 중에 있던 자 기타 사망의 원인이 될 위난을 당한 자의 생사가 전쟁종지후 또는 선박의 침몰, 항공기의 추락 기타 위난이 종료한 후 1년간 분명하지 아니한 때에도 제1항과 같다. 〈개정 1984. 4. 10.〉

사 례

연락두절된 상속인이 있을 경우 부동산등기하는 방법

안녕하세요, 법무법인 천명의 경태현 대표변호사입니다.

돌아가신 분의 유언이 없을 경우에는 상속재산분할협의를 하여 의논을 하고 협의서대로 부동산등기를 진행하는 것이 일반적이지요.

그런데 이때 분할협의는 상속인의 전원 합의가 전제되어야 합니다. 즉, 단 한명이라도 빠졌다가는 협의가 무효가 되는 것입니다. 그렇다면 연락이 두절된 상속인이 있을 경우에는 어떻게 해야 할까요?

말씀드렸다시피 단순히 연락 두절된 자를 제외시켜둘 수는 없는 노릇입니다.

오늘은 이렇게 상속인 전원 참여가 필수적인 상속재산분할협의 또는 소송에서 오랜 기간 연락이 되지 않는 상속인이 있을 때 어떤 절차를 밟아야하는 지 알려드리도록 하겠습니다.

Questions ■ ■ ■

부동산 등기이전 문제로 조언이 필요합니다, 변호사님!

부친께서는 5개월 전에 돌아가셨고 유일한 재산인 땅을 저희 어머님 앞으로 명의 이전 하려 합니다. 이 부분은 어머님과 저희 형제들끼리는 이미 다 합의가 다 된 부분입니다.

근데 이게 상속이라서 피상속인의 부동산이 배우자에게 넘어갈 경우에는 저희 상속인들 전부의 사인이 필요하다고 들었습니다. 뭐 이름 주민번호 인감도장 등등이 필요한 서류를 제출해야 한다는데요.

문제는 저희 형제들 중에 연락두절된지 오래된 동생이 있다는 점입니다. 20년 넘었고 생사 알 길이 전혀 없습니다. 외국에 갔을 수도 있고, 개인적인 가족사가 있어서 하여튼 연락되는 사람이 단 한명도 없다고 보시면 됩니다.

이럴 경우 어떻게 상속처리를 해야 하나요?
빠르게 진행되었으면 하는데 연락두절 동생 때문에 일처리가 너무 늦어지고 있네요...

해결방안이 여러 가지 있는 걸로 아는데 저희한테 딱 맞는 방법이 무엇인지 알려주세요!

Answers ...

만약 귀하의 아버님께서 별다른 유언 없이 사망하셨을 경우 법정상속분은 어머니 1.5지분, 나머지 자녀들이 각 1지분씩 공동으로 상속받는 것이 원칙입니다.

그러나 귀하의 경우처럼 부동산을 어머님의 단독소유로 처리하고자 하신다면 상속재산분할 협의서를 작성하셔야 합니다. (본래는 협의서와 함께 상속인 전원이 인감도장 날인과 함께 인감증명서를 첨부하여 상속등기를 진행하시면 됩니다)

또 20년 동안 연락이 안 되는 동생이 있다고 하셨는데, 이 경우에는 세가지 방법이 있습니다.

첫째로는 법원에 실종선고를 청구하여 사망처리를 하신 뒤 상속절차를 밟는 것이고 두번째로는 부재자재산관리인을 선임하여 법원에 허가를 받아 상속을 진행하는 것이며, 세 번째로는 상속재산분할심판청구를 통해서 상속분할절차를 진행하는 것입니다.

다만 3가지 모두 시간적인 문제는 있습니다. 실종선고의 경우 공고 등으로 인해 1년 이상이 소요가 되고 부재자재산관리인 선임 청구 역시 6개월 이상이 걸리게 되며, 상속재산분할심판청구소송 역시 소송절차로서 6개월에서 1년 정도는 소요됩니다.

3가지 모두 시간문제가 있으니 먼저 취득세를 빠르게 납부하시고 나서 위 절차들을 진행하시기 바랍니다.

3가지 방법 중에 어떤 것을 택하는 게 맞는지는 구체적 사안에 따라 달라지므로 방문상담을 통해 자세한 내용을 파악해야 알려드릴 수 있겠습니다.

※ 민법

제23조(관리인의 개임)
부재자가 재산관리인을 정한 경우에 부재자의 생사가 분명하지 아니한 때에는 법원은 재산관리인, 이해관계인 또는 검사의 청구에 의하여 재산관리인을 개임할 수 있다.

제25조(관리인의 권한)
법원이 선임한 재산관리인이 제118조에 규정한 권한을 넘는 행위를 함에는 법원의 허가를 얻어야 한다. 부재자의 생사가 분명하지 아니한 경우에 부재자가 정한 재산관리인이 권한을 넘는 행위를 할 때에도 같다.

제27조(실종의 선고)
① 부재자의 생사가 5년간 분명하지 아니한 때에는 법원은 이해관계인이나 검사의 청구에 의하여 실종선고를 하여야 한다.
② 전지에 임한 자, 침몰한 선박 중에 있던 자, 추락한 항공기 중에 있던 자 기타 사망의 원인이 될 위난을 당한 자의 생사가 전쟁종지후 또는 선박의 침몰, 항공기의 추락 기타 위난이 종료한 후 1년간 분명하지 아니한 때에도 제1항과 같다. 〈개정 1984. 4. 10.〉

제1013조(협의에 의한 분할)
① 전조의 경우외에는 공동상속인은 언제든지 그 협의에 의하여 상속재산을 분할할 수 있다.
② 제269조의 규정은 전항의 상속재산의 분할에 준용한다.

사 례

공동상속인 중 행방불명된 상속인이 있을 때 상속재산분할을 하는 방법

안녕하세요, 부재자재산관리인 상속 로펌 법무법인 천명 경태현 대표변호사입니다.

부모님이 갑작스럽게 돌아가셔서 당장 상속 절차를 진행해야하는데 만약 예전부터 연락이 되지 않던 형제나 자매가 있다면 어떻게 해야 할까요?

민법에서는 이렇게 연락이 되지 않는 사람을 '부재자'라고 부르고 있습니다.

돌아가신 분께서 별도의 유언이 없으셨다면 공동상속인들은 서로 합의한 내용을 기반으로 하여 상속재산분할협의서를 작성하게 되는데요.

해당 부재자를 제외하고 나머지 공동상속인들끼리 합의를 하였다고 하더라도 단 한 명이라도 빠진 상속재산분할협의는 무효에 불과합니다.

오늘은 이 난관을 해결할 수 있는 실마리를 찾아보고자 "공동상속인 중 행방불명된 상속인이 있을 때 재산분할을 하는 방법"에 대하여 실제 상담자의 질문을 중심으로 답변내용을 살펴 보도록 하겠습니다.

Questions ■ ■ ■

상속전문변호사로 유명하신 경태현 변호사님께 문의 좀 드리려고 합니다.

어머니가 작고하셔서 저희 형제들끼리 유산 분할을 이야기 중에 있습니다.
형제는 총 5명인데 막내동생은 연락이 끊긴지 15년이 넘었습니다. 나머지 형제들끼리는 별다른 이견 없이 재산 분배에 관하여 이야기가 잘 된 상황이고요.

저희가 알아본 바로는 연락이 두절된 동생이 있는 경우, 부재자재산관리인을 선임하면 된다고 보았습니다.
이때 그 연락이 안 되는 동생의 몫으로 상속분을 남겨두어야 한다는데 재산관리인에게 따로 관리 보수를 챙겨주어야 하나요?

그렇다면 통상 얼마를 지급하는지 궁금합니다.
또 만약 재산관리인선임 청구를 한 뒤에 동생과 연락이 닿았고, 동생은 재산 분할에 있어서 협조가 되지 않을 경우에는 그냥 원래대로 재산관리인에게 몫을 보관시켜도 될까요?

변호사님께서 위 질문들에 대한 답변과 함께 부재자재산관리인에 대해 간략하게나마 설명해주시면 더욱더 감사드리겠습니다.

Answers ■ ■ ■

먼저 부재자재산관리인 선임에 대하여 설명을 드리고 나서, 귀하의 질문에 대하여 순차적인 답변을 드리도록 하겠습니다.

부재자재산관리인이란 주소가 불분명한 부재자의 재산을 보존하고 관리를 일임 받는 대리인 개념입니다.

단순히 동생분의 연락처를 모르시는 경우라면 일단 법원에 상속재산분할심판청구를 하시면 됩니다.

그리고 법원의 명령에 따라 동생분의 주민등록초본을 발급받아 해당 주소로 소장을 보내시면 됩니다.

그럼에도 불구하고 주소지가 나오지 않을 경우에는 공시송달(법원게시판 또는 신문 등에 알리는 제도)을 통하여 심판이 진행됩니다.

그러나 생사가 불분명한 경우 등에는 위에서 말씀드린 부재자재산관리인 선임청구를 하게 되는 것인데, 가정법원이 이해관계가 없는 친척 혹은 제3자를 선임할 수 있습니다.

부재자재산관리인은 재산을 개인적으로 처분할 수는 없으며 재산분할 협의에 관여해야 할 시에는 법원의 허가를 따로 받아야 합니다.

물론 재산관리인을 선임 청구를 한 뒤에도 행방불명된 부재자를 찾게 된다면 그 시점부터 다시 재산분할 협의를 진행할 수 있습니다.

아래는 여쭤보신 두 가지 질문에 대한 답변입니다.

1. 부재자재산관리인에게 따로 보수를 챙겨주어야 하나요?
- 통상적으로는 무료로 진행되지만 만약 보수를 원할 시 서로 합의를 하시면 되겠습니다. 보수를 지급할 경우 이는 부재자의 상속분 몫에서 지급하도록 하시면 됩니다.

2. 부재자를 찾게 될 시 재산관리인 선임은 어떻게 되는지
- 부재자, 즉 동생 분을 찾게 되시면 재산관리인 선임이 되지 않습니다. 이 경우 부재자인 동생 분과 협의를 하시고 협의가 안된다면 상속재산분할심판청구를 하시면 되겠습니다.

※ 민법

제23조(관리인의 개임)

부재자가 재산관리인을 정한 경우에 부재자의 생사가 분명하지 아니한 때에는 법원은 재산관리인, 이해관계인 또는 검사의 청구에 의하여 재산관리인을 개임할 수 있다.

제25조(관리인의 권한)

법원이 선임한 재산관리인이 제118조에 규정한 권한을 넘는 행위를 함에는 법원의 허가를 얻어야 한다. 부재자의 생사가 분명하지 아니한 경우에 부재자가 정한 재산관리인이 권한을 넘는 행위를 할 때에도 같다.

제1013조(협의에 의한 분할)

① 전조의 경우외에는 공동상속인은 언제든지 그 협의에 의하여 상속재산을 분할할 수 있다.

② 제269조의 규정은 전항의 상속재산의 분할에 준용한다.

사례

상속재산분할과 입양 가서 행방을 알 수 없게 된 형제가 있는 경우 상속방법

Questions ■ ■ ■

형제 중 한 명이 얼마 전에 세상을 달리했는데 결혼을 하지 않고 부모님도 돌아가셔서 저희 형제들이 상속을 받게 되었습니다.

그런데 어릴 때 해외로 입양을 가서 지금까지 생사도 알 수 없게 된 형제가 있습니다. 물론 연락처도 모릅니다.

오래전 어머니로부터 들은 말로는 아버지가 일찍 돌아가셔서 어머니가 일을 하셔야 하는데 그때 막냇동생이 태어난 지 얼마 되지 않아 어쩔 수 없이 입양을 보냈다고 하십니다. 지금은 어머니도 돌아가신 상태입니다.

아무튼 형제가 사망하고 남은 상속재산으로 은평구에 있는 아파트와 얼마간의 현금이 있어서 상속처리를 하려고 하는데 형제 중 한 명이 없어서 부재자재산관리인을 선임하려고 합니다.

선임 후에는 권한초과행위허가 청구를 하여 법정지분별로 상속재산분할 협의를 할 예정인데, 만일 그렇게 되면 언제까지 부재자 이름으로 두어야 하는지 이런 고민에 너무나도 혼란스럽습니다.

이런 경우에 실종선고를 해서 정리하는 것이 가능한지요. 만일 할 수 없다면 부재자재산관리인을 선임해야 하는 방법밖에 없는지요.

Answers ■ ■ ■

안녕하세요 법무법인 천명 대표변호사 경태현입니다.

먼저 상속은 가족관계등록부와 호적을 기준으로 하므로, 상속에서 입양된 형제를 뺄 수 없습니다. 만일 그 형제의 생사가 불분명하면 실종선고가 가능하나, 이 경우 법원에 실종선고에 대한 신청을 한 후 법원의 확인에 따라 확인이 되지 않으면 실종선고를 받을 수 있습니다. 그러나 단지 연락이 되지 않는다고 하여 입양 간 사실이 명백한 형제에 대한 실종을 곧바로 선고하지는 않고 사망을 추정할 수 있는 별도의 자료와 입증을 요구할 수 있습니다.

따라서 실종선고에 대한 신청이 가능하나, 법원의 입장과 확인에 따라 인정되지 않을 가능성도 배제할 수 없으므로, 신청할 때에는 이러한 가능성도 염두에 두시고 신청하시기 바랍니다.

또한 실종선고가 어려워서 부재자재산관리인을 선임해서 법정상속지분을 기준으로 분할을 마치게 되면, 부재자의 사망이 확인될 때까지 부재자재산관리인이 부재자 명의로 된 재산을 관리해야 합니다.

그리고 만일 상속받은 부동산에 부재자 명의의 상속등기를 마친 후에 해당 부동산을 매각하거나 임대 등을 하고자 한다면, 별도의 법원 허가를 받아야 합니다.

또한 부재자 몫의 상속예금을 출금한 경우에도 해당 금액은 부재자의 생사가 확인될 때까지 부재자재산관리인이 보관할 의무가 있습니다.

따라서 이와 같은 부동산의 효율적인 관리를 위하여 상속인들이 부재자재산관리인을 상대로 상속재산분할심판소송을 신청해서 상속재산을 효율적으로 관리할 수 있도록 하는 방법을 택하기도 합니다.

이때 어떠한 방식으로 소송을 제기하고 분할방법을 어떻게 하는지는 상속재산의 성격, 규모와 비율, 상속인들과의 관계 등에 따라 세분화되고 달라지게 됩니다.

그러므로 이외에 보다 자세한 조언은 부모님의 사망사실과 입양된 동생분이 기재된 제적등본, 사망한 형제의 기본증명서, 가족관계증명서, 혼인관계증명서, 주민등록말소자초본, 각 상속인들의 가족관계증명서, 주민등록초본, 상속재산인 부동산등기부등본과 이외에 상속재산의 내역을 확인할 수 있는 자료 등을 준비하셔서 방문상담해 주시기 바랍니다.

※ 민법

제23조(관리인의 개임)
부재자가 재산관리인을 정한 경우에 부재자의 생사가 분명하지 아니한 때에는 법원은 재산관리인, 이해관계인 또는 검사의 청구에 의하여 재산관리인을 개임할 수 있다.

제25조(관리인의 권한)
법원이 선임한 재산관리인이 제118조에 규정한 권한을 넘는 행위를 함에는 법원의 허가를 얻어야 한다. 부재자의 생사가 분명하지 아니한 경우에 부재자가 정한 재산관리인이 권한을 넘는 행위를 할 때에도 같다.

제27조(실종의 선고)
① 부재자의 생사가 5년간 분명하지 아니한 때에는 법원은 이해관계인이나 검사의 청구에 의하여 실종선고를 하여야 한다.
② 전지에 임한 자, 침몰한 선박 중에 있던 자, 추락한 항공기 중에 있던 자 기타 사망의 원인이 될 위난을 당한 자의 생사가 전쟁종지후 또는 선박의 침몰, 항공기의 추락 기타 위난이 종료한 후 1년간 분명하지 아니한 때에도 제1항과 같다. 〈개정 1984. 4. 10.〉

제1013조(협의에 의한 분할)
① 전조의 경우외에는 공동상속인은 언제든지 그 협의에 의하여 상속재산을 분할할 수 있다.
② 제269조의 규정은 전항의 상속재산의 분할에 준용한다.

사 례

해외입양된 자녀에 대한 부재자재산관리인선임청구와 권한초과행위허가청구 등

Questions ■ ■ ■

어머님이 최근에 돌아가셨습니다. 유언은 별도로 없고요.

아버지는 오래전 돌아가셨고 형제들은 총 6남매입니다.
그런데 형제들 중 1녀는 수십 년 전에 해외입양 되었습니다.
과거 먹고 살기 어렵던 시절에 부모님이 어쩔 수 없이 해외입양을 보낸 것입니다.
독일로 해외입양 되었고 국적상실이 된 것으로 아버지 제적등본에 나옵니다.

어머니 소유로 단독주택이 있는데 상속처리를 하려고 하니 오래전에 해외입양 간 누님 때문에 아무것도 처리하지 못하고 있습니다.

변호사님 글을 보니 부재자재산관리인 선임방식이나 실종선고를 하면 된다고 하던데 이에 대해서 질문드립니다.

참고로 해외입양 된 기관에 가서 연락처를 확인하고 싶었는데 너무 오래되어 자료가 없다고 합니다.

1. 〈부재자재산관리인〉을 선임하면 관리인은 누가 되는 것인지요?
2. 〈부재자재산관리인〉 선임을 하면 바로 상속등기가 되는지요?
3. 변호사님 글을 보니 2차로 매매를 위한 〈권한초과행위허가청구〉를 해야 한다고 하셨는데, 이 청구는 부재자의 몫에 해당하는 상속분(정기예금)을 먼저 보관하고 진행하는지, 아니면 아파트를 먼저 매각하고 나서 그 돈에서 떼어 상속분을 예치하는지 순서가 궁금합니다.

4. 매각한 이후 부재자 몫의 상속분(정기예금) 금액산정 기준은 어떻게 되는지요?
5. 해외입양 된 누님이 끝내 나타나지 않는다면 예치된 부재자 상속분(정기예금)의 소유권은 어디로 귀속되는지요? 상속분을 예치해야 하는 기간이 따로 정해져 있는지도 궁금합니다.
6. 어머니 단독주택에 대출이 8000만 원가량이 있는데 매매할 때 이를 공제하고 1/6지분씩 분할하면 되고 부재자 누님의 몫 1/6지분을 정기예금에 보관하면 되나요?
7. 만약 누님에 대해 〈실종선고〉로 해야 한다면 〈부재자재산관리인〉 선임해서 하는 것과 어떤 차이가 있는지, 또 우리 경우는 어떤 경우가 효율적인지요?
8. 저희가 준비해야 하는 서류는 무엇이 있는지요?

Answers ■ ■ ■

어머님의 상속인들은 6명의 자녀들이고 별도의 유언이 없다면 각 1/6지분씩입니다. 그런데 1녀인 장녀가 오래전에 해외입양되어 연락두절된 경우 협의분할상속을 어려운 것으로 보입니다.
이런 경우 상속처리를 위해서는 2가지 방법이 모두 가능합니다.

〈1〉 부재자재산관리인선임청구와 권한초과행위허가청구(매매) 방법
〈2〉 실종선고청구 방법

귀하의 경우 위 2가지 모두 가능하고 순차적으로 진행하는 것도 모두 가능합니다.

다만, 시간적으로 실종선고청구방법은 1년 정도 소요되고 부재자재산관리인 방식은 6개월에서 8개월 정도 소요될 것으로 예상됩니다.

그러므로 이를 고려해서 적절한 방법을 선택하거나 순차적으로 진행해도 됩니다.

질문에 대해서는 순차적으로 답변 드리겠습니다.

1. 〈부재자재산관리인〉을 선임하면 관리인은 누가 되는 것인지요? 감사합니다.

➜ 부재자재산관리인을 친족들 중 1인으로 하면 되는데 형제들 중 1인 혹은 다른 친족들 중에서 선임해도 됩니다.

2. 〈부재자재산관리인〉 선임을 하면 바로 상속등기가 되는지요?

➜ 네 가능합니다. 다만, 법정상속지분등기를 해야 합니다. 즉, 부재자를 포함해서 각 1/6지분으로 등기해야 합니다.

3. 변호사님 글을 보니 2차로 매매를 위한 〈권한초과행위허가청구〉를 해야 한다고 하셨는데, 이 청구는 부재자의 몫에 해당하는 상속분(정기예금)을 먼저 보관하고 진행하는지, 아니면 아파트를 먼저 매각하고 나서 그 돈에서 떼어 상속분을 예치하는지 순서가 궁금합니다.

➜ 통상적으로 법원에 권한초과행위허가청구를 통해 매매허가를 받은 이후 매매절차를 밟고 매매대금 중 부재자의 몫을 정기예금 형태로 보관하면 됩니다.

4. 매각한 이후 부재자 몫의 상속분(정기예금) 금액산정 기준은 어떻게 되는지요?

➜ 실제 매매금액 중 각종 중개수수료, 등기비용, 세금 등의 비용과 상속채무를 공제한 나머지의 1/6지분이 될 것입니다.

5. 해외입양 된 누님이 끝내 나타나지 않는다면 예치된 부재자 상속분(정기예금)의 소유권은 어디로 귀속되는지요? 상속분을 예치해야 하는 기간이 따로 정해져 있는지도 궁금합니다.

➜ 따로 기간은 없지만 부재자의 몫을 최종적으로 나머지 상속인들이 분할받으려면 별도의 실종선고를 해서 상속처리를 진행해야 합니다.

6. 어머니 단독주택에 대출이 8000만 원가량이 있는데 매매할 때 이를 공제하고 1/6지분씩 분할하면 되고 부재자 누님의 몫 1/6지분을 정기예금에 보관하면 되나요?

➜ 네 상속채무인 대출금을 공제하고 나머지 비용등도 모두 공제하고 1/6지분 가액을 정기예금으로 예치하면 됩니다.

7. 만약 누님에 대해 〈실종선고〉로 해야 한다면 〈부재자재산관리인〉 선임해서 하는 것과 어떤 차이가 있는지, 또 우리 경우는 어떤 경우가 효율적인지요?

➜ 현재로서는 일단 부재자가 맞는 것으로 보입니다. 추후 실종선고 여부를 검토해 보셔야 할 것입니다. 다만, 부재자선임청구 없이 곧바로 실종선고청구도 가능하니 의사결정을 해서 진행순서를 결정하시면 됩니다.

8. 저희가 준비해야 하는 서류는 무엇이 있는지요?

➜ 부재자재산관리인을 선임하기 위한 기초 서류는 아래와 같습니다.

- 아버지 제적등본(수기, 타자, 컴퓨터로 된 것 전부)
- 어머니 기본증명서,가족관계증명서, 혼인관계증명서, 주민등록말소자초본
- 자녀들 6명의 각자 기본증명서, 가족관계증명서, 주민등록초본
- 상속처리할 단독주택 부동산등기부등본

위 서류 중 발급 가능한 것은 전부 발급해 보시고 부족한 것은 추후 법원을 통해 저희들이 발급받을 수 있습니다.

※ 민법

제23조(관리인의 개임)

부재자가 재산관리인을 정한 경우에 부재자의 생사가 분명하지 아니한 때에는 법원은 재산관리인, 이해관계인 또는 검사의 청구에 의하여 재산관리인을 개임할 수 있다.

제25조(관리인의 권한)

법원이 선임한 재산관리인이 제118조에 규정한 권한을 넘는 행위를 함에는 법원의 허가를 얻어야 한다. 부재자의 생사가 분명하지 아니한 경우에 부재자가 정한 재산관리인이 권한을 넘는 행위를 할 때에도 같다.

제27조(실종의 선고)

① 부재자의 생사가 5년간 분명하지 아니한 때에는 법원은 이해관계인이나 검사의 청구에

의하여 실종선고를 하여야 한다.
② 전지에 임한 자, 침몰한 선박 중에 있던 자, 추락한 항공기 중에 있던 자 기타 사망의 원인이 될 위난을 당한 자의 생사가 전쟁종지후 또는 선박의 침몰, 항공기의 추락 기타 위난이 종료한 후 1년간 분명하지 아니한 때에도 제1항과 같다. 〈개정 1984. 4. 10.〉

제1013조(협의에 의한 분할)
① 전조의 경우외에는 공동상속인은 언제든지 그 협의에 의하여 상속재산을 분할할 수 있다.
② 제269조의 규정은 전항의 상속재산의 분할에 준용한다.

사례

아버지의 행방을 알 수 없는데 어머니가 상속재산을 두고 사망했다면?

Questions ■ ■ ■

10년도 더 전에 아버지가 집을 나가셔서 연락이 끊어졌습니다. 주민등록초본을 발급받아 방문한 적도 있는데 주소만 되어 있을 뿐 실제 거주하지 않아 만나지 못했습니다.

그런데 얼마 전에 어머니께서 갑자기 돌아가셨습니다. 어머니는 그동안 거주하셨던 아파트와 얼마 간의 예금을 저희 남매에게 주고 가셨습니다.

그런데 아버지가 어머니와 이혼을 하지 않고 나가셔서 아직까지 아버지와 어머니는 혼인관계 중에 있어 아버지가 없이는 상속문제를 처리하기가 어렵습니다.

얼마 전에도 아버지 주민등록초본을 떼 봤는데 말소가 되어 있었습니다. 더 이상 아버지를 찾을 수 없는데 어떤 방법으로 해야 어머니 상속문제를 처리할 수 있는지요?

Answers ■ ■ ■

안녕하세요. 재산상속 전문 법무법인 천명 경태현 변호사입니다.

아버님이 오래 전에 가출했다고 하더라도 가족관계등록부상에 아버지와 어머님이 이혼하지 않았다면 어머니와 아버님은 혼인 중인 것으로 간주되므로 어머니가 사망하심으로써 어머니의 상속인은 아버님과 귀하의 남매가 됩니다.

이때 아버님의 상속분은 1.5지분이고 귀하 남매의 상속분은 각 1입니다. 만일 귀하 남매가 2명이면 아버님이 3/7지분, 귀하 남매가 각 2/7지분이고, 만일 귀하 남매가 3명이면, 아버님이 3/9지분, 귀하의 3남매가 각 2/9지분의 상속분을 취득하게 됩니다.

원칙적으로 이러한 경우 아버님을 찾아 해결하는 것이 가장 좋으나 현실적으로 어렵다면, 일단 위와 같은 법정상속비율에 따라 부동산에 대한 소유권이전등기를 마칠 수 있으나 금융기관에서 예금 지급을 거부할 가능성이 있습니다.

따라서 상속인 중 한 명인 아버님을 찾을 수 없다면, 부재자재산관리인선임을 통해서 아버님을 대신해서 상속문제를 처리할 사람을 대신 내세울 수도 있고, 실종선고를 통해서 아버님을 사망 처리한 후에 귀하 남매들만으로 상속을 정리할 수 있습니다. 다만 실종선고는 부재자재산관리인선임 등의 절차보다 더 많은 시간이 걸리는데 최소 1년 이상은 예상하셔야 될 것으로 보입니다.

이외에는 법원에 상속재산분할심판청구소송을 제기하는 방법으로 해결할 수 있습니다. 이때 아버님에 대한 송달은 법원에서 공고를 통해서 아버님이 법원 서류를 받은 것으로 간주하는 공시송달방식으로 진행될 가능성이 높지만, 아버님이 없다고 소송을 할 수 없는 것이 아니라 아버님을 찾지 못해도 소송하는 데는 문제가 없습니다. 물론 이 경우 법원에서 별도로 부재자재산관리인을 선임하도록 명령할 가능성도 있습니다.
다만 위와 같은 답변은 귀하의 질문만으로 조언하는 것이므로, 귀하의 사정에 맞는 구체적 방법선택은 사실관계 등의 확인을 위해 아버지 제적등본, 기본증명서, 혼인관계증명서, 가족관계증명서, 주민등록등본, 주민등록초본, 어머니 기본증명서, 가족관계증명서, 혼인관계증명서, 주민등록말소자초본, 어머니 명의의 아파트 등기부등본 등을 지참해서 상담하시기 바랍니다.

※ 민법

제23조(관리인의 개임)

부재자가 재산관리인을 정한 경우에 부재자의 생사가 분명하지 아니한 때에는 법원은 재산관리인, 이해관계인 또는 검사의 청구에 의하여 재산관리인을 개임할 수 있다.

제25조(관리인의 권한)

법원이 선임한 재산관리인이 제118조에 규정한 권한을 넘는 행위를 함에는 법원의 허가를 얻어야 한다. 부재자의 생사가 분명하지 아니한 경우에 부재자가 정한 재산관리인이 권한을 넘는 행위를 할 때에도 같다.

제27조(실종의 선고)

① 부재자의 생사가 5년간 분명하지 아니한 때에는 법원은 이해관계인이나 검사의 청구에 의하여 실종선고를 하여야 한다.

② 전지에 임한 자, 침몰한 선박 중에 있던 자, 추락한 항공기 중에 있던 자 기타 사망의 원인이 될 위난을 당한 자의 생사가 전쟁종지후 또는 선박의 침몰, 항공기의 추락 기타 위난이 종료한 후 1년간 분명하지 아니한 때에도 제1항과 같다. 〈개정 1984. 4. 10.〉

제1013조(협의에 의한 분할)

① 전조의 경우 외에는 공동상속인은 언제든지 그 협의에 의하여 상속재산을 분할할 수 있다.

② 제269조의 규정은 전항의 상속재산의 분할에 준용한다.

사 례

수십년전에 잃어버려 실종된 막내여동생에 대한 실종선고청구

Questions ■ ■ ■

저의 부친께서 지난 2월초에 돌아가셨습니다.

가족은 어머니와 자녀들 5명입니다.
부친 상속처리를 해야 하는데 문제가 있습니다.
저희 막내동생이 1980년 초반에 동네 시장에서 사라져서 실종된 상태입니다.
이로 인해 아버지 상속부동산, 상속예금 등 상속처리를 전혀 하지 못하고 있습니다.

그동안 별의별 방법을 통해서 부모님이 찾아보았지만 도저히 찾지를 못했습니다.
그래서 막내동생에 대한 실종선고심판청구를 하려는데요.

1. 어떤 준비서류가 필요한지요? 그리고 기간은 어느 정도 걸리나요?
2. 실종선고를 형제자매가 청구해도 되는지요?
3. 실종선고를 받으면 아버지 상속처리를 할 수 있나요?
4. 변호사님에게 실종선고를 의뢰하려면 어떻게 해야 하나요?

Answers ■ ■ ■

아버지의 상속에 관해서 별도의 유언이 없다면 법정상속인들은 어머니와 자녀들 5명입니다.
법정상속분은 어머니가 1.5지분, 자녀들이 각 1지분씩입니다.

그런데 상속처리를 하려면 상속인들 전원이 협의해야 하고 상속인들의 신분서류와 인감도장, 인감증명서가 필요합니다.

하지만, 막내 동생이 오래전에 실종되어 연락이 전혀 안되고 이로 인해 아버지 상속처리도 안 되는 경우입니다.

이런 경우 아버지 상속처리를 위해서는 부재자재산관리인선임방법, 실종선고심판청구방법, 상속재산분할심판청구방법을 고려할 수 있는데 귀하의 경우 실종선고심판청구에 대한 질문으로 보입니다.

1. 어떤 준비서류가 필요한지요? 그리고 기간은 어느 정도 걸리나요?

➜ 실종선고심판청구를 하려면 아래 신분자료가 필요합니다. 이 자료는 어머님이 전부 발급이 가능합니다.

- 아버지 제적등본, 기본증명서, 가족관계증명서, 혼인관계증명서, 주민등록말소자초본
- 어머니 기본증명서, 가족관계증명서, 혼인관계증명서, 주민등록초본
- 실종된 막내동생의 기본증명서, 가족관계증명서, 주민등록말소자초본

실종선고심판청구는 청구서 법원접수, 각종 사실조회 등을 통해 실종자 생존여부 확인, 공고 등의 절차를 모두 거쳐야 하는데 통상적으로 1년 이상이 소요될 것입니다.

2. 실종선고를 형제자매가 청구해도 되는지요?

➜ 실종선고는 실종자의 상속인만 할 수 있습니다.

실종된 막내 동생이 미혼이므로 상속인은 어머님만 해당합니다. 그러므로 어머님만이 실종선고청구를 할 수 있습니다. 어머님이 계신 경우 형제자매들은 실종선고를 청구할 수 없습니다.

3. 실종선고를 받으면 아버지 상속처리를 할 수 있나요?

➜ 네 실종선고가 되면 사망처리가 되어 상속인에서 배제됩니다. 이후에는 어머니와

나머지 자녀들 4명이 협의해서 상속처리를 진행하시면 될 것입니다. 실종선고 후 상속등기 등 후속절차는 저희 로펌에서 진행해드릴 수 있습니다.

4. 변호사님에게 실종선고를 의뢰하려면 어떻게 해야 하나요?

➜ 위 실종선고심판청구를 위한 위 서류를 모두 지참해서 방문상담을 해주시길 바랍니다.

※ 민법

제27조(실종의 선고)

① 부재자의 생사가 5년간 분명하지 아니한 때에는 법원은 이해관계인이나 검사의 청구에 의하여 실종선고를 하여야 한다.

② 전지에 임한 자, 침몰한 선박 중에 있던 자, 추락한 항공기 중에 있던 자 기타 사망의 원인이 될 위난을 당한 자의 생사가 전쟁종지후 또는 선박의 침몰, 항공기의 추락 기타 위난이 종료한 후 1년간 분명하지 아니한 때에도 제1항과 같다. 〈개정 1984. 4. 10.〉

사 례

오랜 시간 동안 생사불명 된 친자 아닌 형제에 대한 실종선고청구

Questions ■ ■ ■

아버지는 작년 11월, 어머니는 올해 3월에 운명하셨습니다.
저는 외동아들이고 독자입니다.

상속처리를 하려고 주민센터에 가서 아버지 제적등본, 가족관계증명서, 어머니 가족관계증명서를 떼어 보았는데 제가 얼굴도 모르는 형이 한 명 있었습니다.
그런데 그 형은 생년월일만 있고 주민번호가 전혀 기재되어 있지 않아 주민등록등본이나 초본도 없다고 합니다.

그래서 고모께 물어 봤는데 사실 제 위로 10살 많은 형이라는 사람이 있었는데 그 형은 부모님이 친자식이 아니고 동네 이웃 사람의 자녀였는데 당시 호적이 없어 부모님이 부탁을 받고 호적에만 등재해 준 것이라고 합니다. 그리고 실제 부모님이 키워준바도 전혀 없고 다만 호적에만 올려줬는데 당시 동네 사람이 이사가면서 연락이 완전 두절되었다고 합니다.

저는 독자로서 부모님 상속재산을 처리해야 하는데 이렇게 얼굴도 본적이 없고 부모님의 친자식도 아닌 사람이 부모님 호적에 등재된 경우에 어떻게 처리해야 하나요? 아무리 찾으려고 해도 주민번호도 없어 방법을 도대체 모르겠습니다.
제발 도와주세요!

인터넷에 보니 실종선고청구? 친생자관계부존재확인소송? 도대체 어느 것을 해야 하나요?

Answers ■ ■ ■

귀하의 경우 2가지 방법(친생자관계부존재확인소송 또는 실종선고청구)이 가능합니다.

1. 친생자관계부존재확인소송

부모님의 친자식이 아니고 호적에만 등재되어 있으므로 원칙적으로 귀하로서는 그 사람을 상대로 친생자관계부존재확인소송을 제기해서 판결을 받으면 부모님의 호적에서 말소할 수 있습니다.

다만, 문제는 귀하가 그 사람을 상대로 소송을 제기하려면 소장을 송달해야 하고 유전자검사를 해야 하는데 주민번호도 없어 소장송달과 유전자검사를 받기가 어렵습니다.

물론 이 경우에도 공시송달과 친인척들의 증인 진술, 귀하의 생활기록부, 가족사진 등의 간접증거를 통해 소송을 할 수도 있습니다.

그러나, 실제 재판에서 재판부가 위 간접증거를 통해 호적정리를 해주기 위해서는 면밀한 준비와 입증을 해야 할 것입니다.

2. 실종선고청구

친자식도 아니지만 일단 호적상 자녀로 등재되어 귀하의 형제로 호적상 표시됩니다. 이런 경우 오랜 시간 동안 연락두절, 생사불명인 상태이므로 가정법원에 실종선고청구를 통해 실종선고를 받는다면 그 형제로 표시된 사람에 대한 사망신고를 할 수 있고 이후 부모님의 상속인은 귀하가 유일하게 되므로 단독상속을 받을 수 있습니다.

단독상속인이 된다면 부모님 상속재산을 원활히 처리할 수 있습니다.

다만, 실종선고청구의 경우 가정법원에 실종된 사람에 대해 경찰서, 구청, 출입국사무소, 국민건강보험관리공단, 통신사 등 생존흔적을 찾기 위한 사실조회가 이루어지고 실종자를 찾기 위한 공고기간도 6개월 이상 소요되어 실제 실종선고를 받기 위해서는 1년 이상이 소요될 것입니다.

3. 필요서류

위 친생자관계부존재확인소송 또는 실종선고를 진행하기 위해서 기본적인 신분자료를 지참해서 자세한 방문상담을 해주시길 바랍니다.

- 아버지 제적등본, 기본증명서, 가족관계증명서, 혼인관계증명서, 주민등록말소자초본(과거변동내역포함)
- 어머니 기본증명서, 가족관계증명서, 혼인관계증명서, 주민등록말소자초본(과거변동내역포함)
- 본인의 기본증명서, 가족관계증명서, 주민등록초본(과거변동내역포함)

※ 민법

제27조(실종의 선고)

① 부재자의 생사가 5년간 분명하지 아니한 때에는 법원은 이해관계인이나 검사의 청구에 의하여 실종선고를 하여야 한다.

② 전지에 임한 자, 침몰한 선박 중에 있던 자, 추락한 항공기 중에 있던 자 기타 사망의 원인이 될 위난을 당한 자의 생사가 전쟁종지후 또는 선박의 침몰, 항공기의 추락 기타 위난이 종료한 후 1년간 분명하지 아니한 때에도 제1항과 같다. 〈개정 1984. 4. 10.〉

제865조(다른 사유를 원인으로 하는 친생관계존부확인의 소)

① 제845조, 제846조, 제848조, 제850조, 제851조, 제862조와 제863조의 규정에 의하여 소를 제기할 수 있는 자는 다른 사유를 원인으로 하여 친생자관계존부의 확인의 소를 제기할 수 있다.

② 제1항의 경우에 당사자일방이 사망한 때에는 그 사망을 안 날로부터 2년내에 검사를 상대로 하여 소를 제기할 수 있다. 〈개정 2005. 3. 31.〉

제10장
상속포기, 한정승인, 특별한정승인

사 례

채무가 있는 상속인의 상속재산분할

안녕하세요, 법무법인 천명의 경태현 대표변호사입니다.

채무가 있는 분께서 상속을 받게 된다면 채권자들은 그 재산으로 하여금 채무를 변제하게 하거나 강제집행하여 자신의 채권을 만족시키려 할 것입니다. 이런 상황을 피하기 위해서 취할 수 있는 방법은 어떤 것이 있을까요? 상속등기를 하지 않고 미루는 것이 그 해답이 될 수 있을까요?

오늘은 저희 법무법인 천명을 찾아주신 사례를 바탕으로 위 질문에 답변 드리려 합니다.

Questions ■ ■ ■

안녕하세요 경태현 변호사님.
상속 관련해서 여쭤볼게 있어 질문드립니다.

얼마 전 저희 아버지께서 돌아가시면서 주택 한 채를 남기셨습니다.
아버지의 상속인으로는 저와 동생 둘, 총 세 명이 있는데요.
제가 지금 채무가 좀 있는 상황이라 상속등기를 미뤄두었습니다.

그래서 주택 명의는 여전히 아버지로 되어 있습니다.
혹시 채권자들이 그 재산을 강제집행할 수 있을까요?

변호사님의 조언 부탁드립니다.

Answers ■ ■ ■

상속은 피상속인의 사망과 동시에 개시되고 피상속인의 상속재산은 상속등기 여부와 무관하게 법정지분에 따라 상속인들이 잠정적으로 공유하고 있는 것으로 보게 됩니다. 다만 이는 잠정적 공유에 불과하기 때문에 구체적 분할 등기 전까지는 재산조회를 했을 때 귀하의 명의로 조회되지는 않을 것입니다.

그러나 상속등기를 아예 하지 않을 수는 없고, 만일 채권자가 아버지의 상속 개시 사실을 알고 귀하가 상속인이라는 것을 알게 된다면 대위상속등기를 진행할 가능성이 있습니다. 대위상속등기란 민법 제404조에서 규정하고 있는 채권자대위권에서 유래된 것으로 채권자가 자기의 채권을 보전하기 위해 채무자의 권리에 속하는 상속등기를 대위하여 신청하는 것을 말합니다. 채권자는 대위상속등기를 통해 상속재산을 상속인 명의로 이전해야 가압류, 가처분, 강제집행 등을 통해 권리를 보전할 수 있을 것입니다.

이러한 관점에서 귀하의 상황을 살펴보면 아버지의 상속인은 귀하를 포함한 3명의 자녀이므로 상속재산에 대해 각 1/3지분씩을 가지게 될 것입니다. 이때 만일 귀하의 채권자가 대위상속등기를 신청하고 추후 강제집행 등을 한다고 해도 상속재산 전체에 대해 강제집행을 할 수 있는 것은 아니고 귀하의 상속분인 1/3지분에 대해서만 가능할 것입니다.

귀하께서는 상속재산에 대한 채권자의 대위상속등기 내지 강제집행이 이루어지지 않도록 하고 싶으신 것 같습니다. 이를 위해서는 귀하께서 상속포기를 하시는 것이 필요합니다. 아버지께서 사망하신 날로부터 3개월 내에 법원에 상속포기신청을 하시면 되겠습니다.

이때 중요한 것은 상속분양도를 할 경우, 상속포기와는 다르게 사해행위가 되어 채권자가 사해행위취소소송을 제기할 수 있습니다. 이와 달리 상속포기는 일신전속성을 가지는 행위로서 상속포기를 하게 되면 상속개시로 소급하여 상속인이 아닌 것으로 취급되는 것이므로 문제의 소지가 없고, 대법원 판례에서도 상속의 포기는 사해행위 취소의 대상이 되지 않는다고 판단하고 있습니다. 그러므로 미연의 문제를 방지하기 위해서는 상속포기를 하는 것이 바람직할 것입니다.

귀하께서 상속포기를 하실 경우 상속개시로 소급하여 상속인이 아니었던 것으로 취급되므로, 아버지의 상속인은 자녀 2명이 될 것입니다. 그러므로 자녀 2명이 상속재산을 각각 1/2지분씩 나눠갖게 될 것이고 전체 상속재산에 대한 채권자의 강제집행은 불가능할 것입니다.

※ 민법

제404조(채권자대위권)
① 채권자는 자기의 채권을 보전하기 위하여 채무자의 권리를 행사할 수 있다. 그러나 일신에 전속한 권리는 그러하지 아니하다.
② 채권자는 그 채권의 기한이 도래하기 전에는 법원의 허가없이 전항의 권리를 행사하지 못한다. 그러나 보전행위는 그러하지 아니하다.

제406조(채권자취소권)
① 채무자가 채권자를 해함을 알고 재산권을 목적으로 한 법률행위를 한 때에는 채권자는 그 취소 및 원상회복을 법원에 청구할 수 있다. 그러나 그 행위로 인하여 이익을 받은 자나 전득한 자가 그 행위 또는 전득 당시에 채권자를 해함을 알지 못한 경우에는 그러하지 아니하다.
② 전항의 소는 채권자가 취소원인을 안 날로부터 1년, 법률행위있은 날로부터 5년내에 제기하여야 한다.

제1019조(승인, 포기의 기간)
① 상속인은 상속개시있음을 안 날로부터 3월내에 단순승인이나 한정승인 또는 포기를 할 수 있다. 그러나 그 기간은 이해관계인 또는 검사의 청구에 의하여 가정법원이 이를 연장할 수 있다. 〈개정 1990. 1. 13.〉
② 상속인은 제1항의 승인 또는 포기를 하기 전에 상속재산을 조사할 수 있다. 〈개정 2002. 1. 14.〉
③ 제1항에도 불구하고 상속인은 상속채무가 상속재산을 초과하는 사실(이하 이 조에서 "상속채무 초과사실"이라 한다)을 중대한 과실 없이 제1항의 기간 내에 알지 못하고 단순승인(제1026조제1호 및 제2호에 따라 단순승인한 것으로 보는 경우를 포함한다. 이하

이 조에서 같다)을 한 경우에는 그 사실을 안 날부터 3개월 내에 한정승인을 할 수 있다. 〈개정 2022. 12. 13.〉
④ 제1항에도 불구하고 미성년자인 상속인이 상속채무가 상속재산을 초과하는 상속을 성년이 되기 전에 단순승인한 경우에는 성년이 된 후 그 상속의 상속채무 초과사실을 안 날부터 3개월 내에 한정승인을 할 수 있다. 미성년자인 상속인이 제3항에 따른 한정승인을 하지 아니하였거나 할 수 없었던 경우에도 또한 같다. 〈신설 2022. 12. 13.〉

제1041조(포기의 방식)
상속인이 상속을 포기할 때에는 제1019조제1항의 기간내에 가정법원에 포기의 신고를 하여야 한다. 〈개정 1990. 1. 13.〉

※ 부동산등기법

제28조(채권자대위권에 의한 등기신청)
① 채권자는 「민법」 제404조에 따라 채무자를 대위(代位)하여 등기를 신청할 수 있다.
② 등기관이 제1항 또는 다른 법령에 따른 대위신청에 의하여 등기를 할 때에는 대위자의 성명 또는 명칭, 주소 또는 사무소 소재지 및 대위원인을 기록하여야 한다.

※ 판례

"오히려 상속의 포기는 1차적으로 피상속인 또는 후순위상속인을 포함하여 다른 상속인 등과의 인격적 관계를 전체적으로 판단하여 행하여지는 '인적 결단'으로서의 성질을 가진다고 할 것이다. 그러한 행위에 대하여 비록 상속인인 채무자가 무자력상태에 있다고 하여서 그로 하여금 상속포기를 하지 못하게 하는 결과가 될 수 있는 채권자의 사해행위취소를 쉽사리 인정할 것이 아니다.... 위와 같이 상속인으로서의 자격 자체를 좌우하는 상속포기의 의사표시에 사해행위에 해당하는 법률행위에 대하여 채권자 자신과 수익자 또는 전득자 사이에서만 상대적으로 그 효력이 없는 것으로 하는 채권자취소권의 적용이 있다고 하면, 상속을 둘러싼 법률관계는 그 법적 처리의 출발점이 되는 상속인 확정의 단계에서부터 복잡하게 얽히게 되는 것을 면할 수 없다. ...상속의 포기는 민법 제406조 제1항에서 정하는 "재산권에 관한 법률행위"에 해당하지 아니하여 사해행위 취소의 대상이 되지 못한다고 함이 상당하다." (대법원 2011. 6. 9. 선고 2011다29307 판결)

사 례

아버지에 대해서 한 상속포기가 할아버지에 대한 상속포기로 이어질까요?

안녕하세요, 법무법인 천명의 경태현 대표변호사입니다.

우리 민법 제1019조 제1항에서는 "상속인은 상속개시있음을 안 날로부터 3월내에 단순승인이나 한정승인 또는 포기를 할 수 있다." 라고 규정하고 있습니다. 이를 통해 피상속인이 남긴 채무가 많다면 신속하게 상속포기 혹은 한정승인 신청을 하셔서 부당한 채무를 부담하게 되는 상황을 피하실 수 있을 것입니다.

또한 우리 민법 제1001조에서는 "...상속인이 될 직계비속 또는 형제자매가 상속개시 전에 사망하거나 결격자가 된 경우에 그 직계비속이 있는 때에는 그 직계비속이 사망하거나 결격된 자의 순위에 갈음하여 상속인이 된다." 라고 규정하고 있습니다. 이를 대습상속제도라고 합니다. 예를 들어 할아버지의 상속인인 아버지가 돌아가셨다면 할아버지의 재산에 대한 아버지의 상속분만큼을 본인이 물려받게 될 것입니다.

위 두 상황이 동시에 발생한다면 이러한 문제가 발생할 수 있습니다. 아버지가 사망해 본인이 아버지에 대한 상속포기를 한 후 할아버지가 사망한 경우를 예로 들어보겠습니다. 이런 경우에도 본인은 아버지의 대습상속인이 되어 할아버지의 재산을 상속받을 수 있을까요? 그게 아니라면 아버지의 재산에 대해 상속포기를 했으므로 그 효력이 그대로 할아버지에 대해서도 이어질까요?

오늘은 위 문제에 대해 저희 법무법인 천명을 찾아주신 사례를 바탕으로 자세히 설명 드리겠습니다.

Questions ■ ■ ■

안녕하세요 경태현 변호사님.

상속 문제에 대해 상당히 골치 아픈 상황이 생겨서 상속전문변호사님께 조언을 구해봅니다.

저희 아버지는 5년 전 돌아가셨고 아버지가 채무를 좀 남기셔서 저와 어머니 모두 상속포기를 했었습니다.
그러나 할머니와 할아버지(아버지의 부모님)께서는 아직 살아계십니다.

그런데 인터넷을 찾아보니 좀 헷갈리는 부분이 있어서요.
대습상속이라는 제도가 있어서 제가 아버지 몫의 상속지분만큼 물려받을 수 있는 것으로 알고 있는데, 제가 아버지에 대해 한 상속포기가 대습상속에도 영향을 미치나요?

지금은 할머니와 할아버지께서 요양원에 계시지만, 그 전까지 계속 저희 가족이 모셨는데 이런 이유로 상속을 받을 수 없게 된다면 억울할 것 같습니다.

변호사님의 조언을 기다리겠습니다.

Answers ■ ■ ■

귀하께서는 아버님 재산에 대해 상속포기를 하신 것으로 보입니다.

상속포기란 상속인으로서의 자격을 포기하는 의사표시로, 상속재산 일부 또는 조건부 포기는 허용되지 않고 반드시 상속재산 전부에 대해 포기해야 합니다. 상속포기의 효력은 소급해서 적용되어 처음부터 상속인이 아니었던 것으로 간주됩니다.

그렇지만, 아버지에 대한 상속포기를 했다고 해서 대습상속인의 지위를 잃게 되는 것은 아닙니다. 판례는 상속포기의 효력은 피상속인의 사망으로 개시된 상속에만 미치고, 그 후 피상속인을 피대습자로 하여 개시된 대습상속에까지 미치지는 않는다고 판시하고 있습니다. 그 이유는, 대습상속은 상속과 별개의 원인으로 발생하는 것이고 대습상속이 개시되기 전 이를 포기하는 것은 허용되지 않기 때문입니다.

> "따라서 피상속인의 사망 후 상속채무가 상속재산을 초과하여 상속인인 배우자와 자녀들이 상속포기를 하였는데, 그 후 피상속인의 직계존속이 사망하여 민법 1001조, 제1003조 제2항에 따라 대습상속이 개시된 경우에 대습상속인이 민법이 정한 절차와 방식에 따라 한정승인이나 상속포기를 하지 않으면 단순승인을 한 것으로 간주된다." (대법원 2017. 1. 12. 선고 2014다39824 판결)

대법원은 피상속인에 대한 상속포기가 피상속인의 직계존속의 사망으로 인한 대습상속도 포기하려는 의사가 있다고 볼 수 있지만, 그렇다 하더라도 그들이 상속포기의 절차와 방식에 따라 직계존속에 대한 상속포기를 해야 한다고 판시하면서 피상속인에 대한 상속포기를 이유로 대습상속 포기의 효력까지 인정하는 것은 상속포기제도의 취지가 잠탈될 우려가 있다고 하였습니다.

따라서 질문주신 경우, 귀하와 어머님은 대습상속인으로서 할머니와 할아버지의 재산을 상속받을 수 있을 것입니다.

이에 더불어, 사례에서 조부모님을 오랫동안 모시고 산 사실에 대한 기여분도 인정될 여지가 있습니다. 그러므로 조부모님께서 미리 기여분을 고려해서 증여 혹은 유언을 해주시면 좋을 것이고, 만약 별도의 증여나 유언이 없다면 상속개시 후 다른 상속인과 더불어 기여분을 협의할 수 있습니다. 협의가 되지 않는다면 기여분소송이 필요할 수도 있습니다.

※ 민법

제1019조(승인, 포기의 기간)

① 상속인은 상속개시있음을 안 날로부터 3월내에 단순승인이나 한정승인 또는 포기를 할 수 있다. 그러나 그 기간은 이해관계인 또는 검사의 청구에 의하여 가정법원이 이를 연장할 수 있다. 〈개정 1990. 1. 13.〉

② 상속인은 제1항의 승인 또는 포기를 하기 전에 상속재산을 조사할 수 있다. 〈개정 2002. 1. 14.〉
③ 제1항에도 불구하고 상속인은 상속채무가 상속재산을 초과하는 사실(이하 이 조에서 "상속채무 초과사실"이라 한다)을 중대한 과실 없이 제1항의 기간 내에 알지 못하고 단순승인(제1026조제1호 및 제2호에 따라 단순승인한 것으로 보는 경우를 포함한다. 이하 이 조에서 같다)을 한 경우에는 그 사실을 안 날부터 3개월 내에 한정승인을 할 수 있다. 〈개정 2022. 12. 13.〉
④ 제1항에도 불구하고 미성년자인 상속인이 상속채무가 상속재산을 초과하는 상속을 성년이 되기 전에 단순승인한 경우에는 성년이 된 후 그 상속의 상속채무 초과사실을 안 날부터 3개월 내에 한정승인을 할 수 있다. 미성년자인 상속인이 제3항에 따른 한정승인을 하지 아니하였거나 할 수 없었던 경우에도 또한 같다. 〈신설 2022. 12. 13.〉

제1001조(대습상속)
전조제1항제1호와 제3호의 규정에 의하여 상속인이 될 직계비속 또는 형제자매가 상속개시 전에 사망하거나 결격자가 된 경우에 그 직계비속이 있는 때에는 그 직계비속이 사망하거나 결격된 자의 순위에 갈음하여 상속인이 된다. 〈개정 2014. 12. 30.〉

제1008조의2(기여분)
① 공동상속인 중에 상당한 기간 동거·간호 그 밖의 방법으로 피상속인을 특별히 부양하거나 피상속인의 재산의 유지 또는 증가에 특별히 기여한 자가 있을 때에는 상속개시 당시의 피상속인의 재산가액에서 공동상속인의 협의로 정한 그 자의 기여분을 공제한 것을 상속재산으로 보고 제1009조 및 제1010조에 의하여 산정한 상속분에 기여분을 가산한 액으로써 그 자의 상속분으로 한다. 〈개정 2005. 3. 31.〉
② 제1항의 협의가 되지 아니하거나 협의할 수 없는 때에는 가정법원은 제1항에 규정된 기여자의 청구에 의하여 기여의 시기·방법 및 정도와 상속재산의 액 기타의 사정을 참작하여 기여분을 정한다.
③ 기여분은 상속이 개시된 때의 피상속인의 재산가액에서 유증의 가액을 공제한 액을 넘지 못한다.
④ 제2항의 규정에 의한 청구는 제1013조제2항의 규정에 의한 청구가 있을 경우 또는 제1014조에 규정하는 경우에 할 수 있다.
[본조신설 1990. 1. 13.]

사 례

배우자 한정승인, 자녀들 전부 상속포기한 경우 손자녀의 상속포기가 필요한가요?

Questions ■ ■ ■

최근 부친이 장기간 병투병을 하시다가 운명하셨습니다.

저희 가족은 모친과 2남2녀이고 각자 결혼 분가해서 며느리, 사위, 손자들만 9명입니다.
그런데 부친이 15년 전 사업 실패로 오래전부터 신용불량자였습니다.
그래서 저희 가족들은 상속포기, 한정승인을 하려고 합니다.

여기서 질문드리고 싶습니다. 친척들에게 피해가 되지 않게 어머님이 한정승인을 하고 자녀들 4명 모두 상속포기를 하고자 합니다.
그런데 며느리, 사위들은 상속포기를 하지 않아도 되나요?

그리고 정말 궁금한 것은 인터넷에 알아보니 직계비속인 손주들도 모두 상속포기를 해야 한다고 하던데 맞나요? 찾아보니 손주들이 상속포기를 하지 않으면 빚 채무를 전부 부담해야 한다고 하던데 맞나요? 정확하게 알려주세요.

Answers ■ ■ ■

안녕하세요. 상속전문 법무법인 천명 대표변호사 경태현입니다.

우리 민법 규정 제1000조 및 제1009조에 의하면 1순위 상속인은 배우자와 직계비속으로 구성되어 있습니다.

그리고 직계비속에는 자녀들과 손자녀들이 모두 포함됩니다. 며느리와 사위들은 대습상속의 경우가 아닌 이상 상속인이 되지 않으므로 상속포기 등을 할 필요가 전혀 없습니다.

그러므로 만약 어머니가 한정승인을 하고 자녀들이 상속포기를 하면 손자녀들이 직계비속으로서 상속인들이 되어 상속포기를 해야 하는지가 문제 됩니다.

과거 기존의 대법원 2015. 5. 14. 선고 2013다48852 판결에 의하면 피상속인의 배우자와 자녀 중 자녀 전부가 상속을 포기한 경우에는 배우자와 피상속인의 손자녀가 공동으로 상속인이 되므로, 이 사건의 경우 한정승인을 한 배우자와 손자녀들인 신청인들이 공동으로 상속인이 된다고 판시하면서 만약 손자녀들이 상속포기를 해야 한다고 판시한 바 있습니다.

하지만, 최근 대법원에서는 전원합의체 결정을 통하여, 상속에 관한 입법례와 민법의 입법 연혁, 민법 조문의 문언 및 체계적·논리적 해석, 채무상속에서 상속포기자의 의사, 실무상 문제 등을 종합하여 보면, 피상속인의 배우자와 자녀 중 자녀 전부가 상속을 포기한 경우에는 배우자가 단독상속인이 된다고 봄이 타당하다고 판단하여, 종래 판례를 변경하였습니다(대법원 2023. 3. 23.자 2020그42 전원합의체 결정).

따라서, 앞으로는 공동상속인인 배우자와 자녀들 중 자녀 전부가 상속을 포기한 경우 민법 제1043조에 따라 상속을 포기한 자녀의 상속분은 남아있는 '다른 상속인'인 배우자에게 귀속되어 배우자가 단독상속인이 된다고 보아야 할 것이고 이 경우 손자녀들은 별도의 상속포기를 할 필요가 없습니다.

※ 민법

제1000조(상속의 순위)

① 상속에 있어서는 다음 순위로 상속인이 된다. 〈개정 1990. 1. 13.〉

1. 피상속인의 직계비속

2. 피상속인의 직계존속
3. 피상속인의 형제자매
4. 피상속인의 4촌 이내의 방계혈족

② 전항의 경우에 동순위의 상속인이 수인인 때에는 최근친을 선순위로 하고 동친등의 상속인이 수인인 때에는 공동상속인이 된다.

제1019조(승인, 포기의 기간)
① 상속인은 상속개시있음을 안 날로부터 3월내에 단순승인이나 한정승인 또는 포기를 할 수 있다. 그러나 그 기간은 이해관계인 또는 검사의 청구에 의하여 가정법원이 이를 연장할 수 있다. 〈개정 1990. 1. 13.〉

제1043조(포기한 상속재산의 귀속)
상속인이 수인인 경우에 어느 상속인이 상속을 포기한 때에는 그 상속분은 다른 상속인의 상속분의 비율로 그 상속인에게 귀속된다.

※ 판례

피상속인의 배우자와 자녀 중 자녀 전부가 상속을 포기한 경우, 배우자가 단독상속인이 되는지 여부(적극)(대법원 2023. 3. 23.자 2020그42 전원합의체 결정)

사 례

신용불량자 상속포기와 사해행위 취소

안녕하세요, 법무법인 천명의 경태현 대표변호사입니다.

통상 상속포기는 피상속인이 남긴 적극재산(현금, 부동산 등)보다 소극재산(채무 등)이 많아 상속인들이 부당한 채무를 지게 할 가능성이 있을 때 선택하게 됩니다. 상속포기를 하게 된다면 상속개시로 소급하여 상속인이 아니었던 것으로 취급되기 때문에 피상속인의 채무를 부담하지 않을 수 있기 때문입니다.

위 경우와 달리 상속인에게 채무가 존재하는 경우에도 상속포기를 선택하는 경우가 있습니다. 만일 채무가 있는 상속인이 피상속인의 재산을 상속받게 된다면 채권자들은 그 상속재산을 통해 채권을 만족시키려 할 것입니다. 따라서 이러한 상황을 피하기 위해 채무가 있는 상속인이 상속포기를 하거나 본인의 상속분을 다른 상속인에게 양도(상속재산분할협의서 작성)하게 되는 것이지요.

다만 이러한 방법은 자칫 채권자들에게 지나치게 불리한 결과를 초래할 수 있습니다. 따라서 우리 민법에서는 채무자가 채권자를 해함을 알고 재산권을 목적으로 한 법률행위를 한 때에 채권자가 그 취소 및 원상회복을 법원에 청구할 수 있도록 하는 '채권자취소권'을 규정하고 있습니다. 다만 모든 경우에 채권자취소권을 행사할 수 있는 것은 아닙니다.

오늘 글에서는 상속인의 채권자가 채권자취소권을 행사할 수 있는 경우와 그렇지 않은 경우에 대해 설명 드리도록 하겠습니다.

Questions ■ ■ ■

안녕하세요, 변호사님. 상속법 전문가시라 소개받아서 이렇게 질문 남깁니다.

얼마 전 아버지께서 돌아가셨습니다.
어머니께서는 살아계시고, 자녀가 3명이기 때문에 저에게 돌아올 상속분은 약 4억 정도 되는 것으로 계산됩니다.

다만 제가 채무로 인해 현재 신용불량자인 상황입니다.
신용불량자도 상속을 받을 수 있나요?
만일 상속을 받는다고 해도 바로 압류가 들어올 것 같은데, 그럴 바에 차라리 어머니나 형제들에게 상속분을 양도하는 것이 나을까요?

답변 기다리겠습니다. 감사합니다.

Answers ■ ■ ■

귀하께서는 신용불량자의 상속에 관하여 궁금해 하고 계신 것 같습니다.

우선 신용불량자라고 해도 상속을 받으실 수는 있습니다. 다만 상속을 받게 된다면 채권자들이 상속받은 재산에 대해 압류추심을 할 수 있습니다. 채권자들은 귀하의 상속분인 4억원에 대해 압류추심 및 강제집행을 통해 채권을 만족시키고자 할 것입니다.

만일 이러한 상황을 피하고자 하신다면 상속개시(아버님 사망)로부터 3개월 이내에 상속포기 신청을 하셔야 합니다. 귀하께서 상속포기를 하지 않으시고 상속분을 다른 상속인들에게 양도한다면(상속재산분할협의서 작성) 이는 사해행위가 되어 사해행위취소소송의 대상이 될 것입니다.

하지만 상속포기를 하신다면 이는 사해행위취소소송의 대상이 되지 않습니다. 상속포기는 사해행위취소의 대상이 되지 않기 때문입니다. 관련해서 아래 판례를 참고해보시기 바랍니다.

"오히려 상속의 포기는 1차적으로 피상속인 또는 후순위상속인을 포함하여 다른 상속인 등과의 인격적 관계를 전체적으로 판단하여 행하여지는 '인적 결단'으로서의 성질을 가진다고 할 것이다. 그러한 행위에 대하여 비록 상속인인 채무자가 무자력상태에 있다고 하여서 그로 하여금 상속포기를 하지 못하게 하는 결과가 될 수 있는 채권자의 사해행위취소를 쉽사리 인정할 것이 아니다.... 위와 같이 상속인으로서의 자격 자체를 좌우하는 상속포기의 의사표시에 사해행위에 해당하는 법률행위에 대하여 채권자 자신과 수익자 또는 전득자 사이에서만 상대적으로 그 효력이 없는 것으로 하는 채권자취소권의 적용이 있다고 하면, 상속을 둘러싼 법률관계는 그 법적 처리의 출발점이 되는 상속인 확정의 단계에서부터 복잡하게 얽히게 되는 것을 면할 수 없다. ... 상속의 포기는 민법 제406조 제1항에서 정하는 "재산권에 관한 법률행위"에 해당하지 아니하여 사해행위 취소의 대상이 되지 못한다고 함이 상당하다." (대법원 2011. 6. 9. 선고 2011다29307 판결)

상속분의 양도(상속재산분할협의서 작성)는 자신의 상속분을 다른 상속인에게 양도하여 상속지분이 더 이상 존재하지 않도록 만드는 것입니다. 따라서 채무초과 상태에서 상속분을 양도하는 행위는 분명 채무가 재산보다 많은 상태에서 상속분이라는 재산을 다른 사람에게 양도하여 책임재산을 감소하게 만드는 사해행위라 볼 수 있을 것입니다.

하지만 상속포기는 이와 다릅니다. 상속포기를 하게 되면 상속개시로 소급하여 상속인이 아닌 것으로 취급됩니다. 따라서 상속포기를 선택한 상속인은 애당초 상속재산을 취득한 바가 없게 되는 것이지요. 이는 본인이 취득한 상속분을 다른 상속인에게 양도하는 '상속분 양도'와 명확한 차이를 가집니다.

또한 상속포기는 기본적으로 신분법상의 법률행위로서 일신전속성을 가지게 됩니다.

이러한 권리는 타인에 의해 강요될 수 없다는 특징을 가지는데, 만일 상속포기에 대해 채권자취소권을 인정한다면 실질적으로 상속포기를 하고자 하는 상속인에 대해 상속승인을 강요하는 부당한 결과를 발생시키게 될 것입니다.

이러한 이유로 인해 상속포기는 사해행위 취소의 대상이 되지 않고, 상속분 양도(상속재산분할협의서 작성)는 사해행위 취소의 대상이 된다는 점을 잘 기억해 두시기 바랍니다.

※ 민법

제1019조(승인, 포기의 기간)

① 상속인은 상속개시있음을 안 날로부터 3월 내에 단순승인이나 한정승인 또는 포기를 할 수 있다. 그러나 그 기간은 이해관계인 또는 검사의 청구에 의하여 가정법원이 이를 연장할 수 있다. 〈개정 1990. 1. 13.〉

② 상속인은 제1항의 승인 또는 포기를 하기 전에 상속재산을 조사할 수 있다. 〈개정 2002. 1. 14.〉

③ 제1항에도 불구하고 상속인은 상속채무가 상속재산을 초과하는 사실(이하 이 조에서 "상속채무 초과사실"이라 한다)을 중대한 과실 없이 제1항의 기간 내에 알지 못하고 단순승인(제1026조제1호 및 제2호에 따라 단순승인한 것으로 보는 경우를 포함한다. 이하 이 조에서 같다)을 한 경우에는 그 사실을 안 날부터 3개월 내에 한정승인을 할 수 있다. 〈개정 2022. 12. 13.〉

④ 제1항에도 불구하고 미성년자인 상속인이 상속채무가 상속재산을 초과하는 상속을 성년이 되기 전에 단순승인한 경우에는 성년이 된 후 그 상속의 상속채무 초과사실을 안 날부터 3개월 내에 한정승인을 할 수 있다. 미성년자인 상속인이 제3항에 따른 한정승인을 하지 아니하였거나 할 수 없었던 경우에도 또한 같다. 〈신설 2022. 12. 13.〉

사 례

이미 수리된 상속포기를 취소할 수 있을까요?

안녕하세요, 법무법인 천명의 경태현 대표변호사입니다.

상속인은 민법에서 규정하고 있는 바에 따라 상속을 받는 대신 상속포기를 선택할 수 있습니다. 상속인이 법원에 상속포기 신고를 하게 되면 상속인은 상속개시로 소급하여 상속인이 아니었던 것으로 취급됩니다. 이에 따라 상속포기를 한 상속인은 피상속인의 재산이나 채무 일체에 대해 상속을 면할 수 있게 되는 것이지요.

상속포기는 원칙적으로 취소할 수 없습니다. 따라서 한번 상속포기 신고를 했다면 상속포기 기간 내에도 단순변심을 원인으로 이를 취소하거나 철회할 수 없습니다.

다만 경우에 따라 예외적으로 상속포기의 취소가 허용되는 경우도 존재합니다. 아래 질문과 답변에서 상속포기의 취소와 관련한 자세한 내용을 소개해 드리도록 하겠습니다.

Questions ■ ■ ■

안녕하세요, 변호사님. 상속포기 관련해서 질문 하나 드리려고 글 남깁니다.

약 7년 정도 전에 아버지께서 돌아가시면서 유언으로 오빠에게 부동산을 남겨주셨습니다. 그 당시에는 아버지의 카드값이 조금 있고 유언으로 가져간 부동산이 얼마 되지 않으며 오빠랑 대화하기도 싫어서 그냥 유류분청구 없이 가정법원에 상속포기를 접수했습니다..
그런데 지금 그 부동산 가액이 몇 배나 오른 상황입니다.

혹시 지금이라도 상속포기를 취소하거나, 아니면 추후 어머니께서 돌아가실 때 이러한 내용을 상속에 반영할 수는 없을지 여쭤봅니다.

감사합니다.

Answers ■ ■ ■

귀하께서는 7년 전에 하신 아버님 상속에 대한 상속포기를 취소할 수 있는 방법을 찾고 계신 것 같습니다.

상속포기는 기본적으로 취소할 수 없음이 원칙입니다. 따라서 안타깝지만 7년 전 귀하의 의지대로 하신 상속포기를 지금 법률적으로 취소할 수는 없습니다.

> 민법 제1024조(승인, 포기의 취소금지)
> ① 상속의 승인이나 포기는 제1019조 제1항의 기간내에도 이를 취소하지 못한다.
> ② 전항의 규정은 총칙편의 규정에 의한 취소에 영향을 미치지 아니한다. 그러나 그 취소권은 추인할 수 있는 날로부터 3월, 승인 또는 포기한 날로부터 1년 내에 행사하지 아니하면 시효로 인하여 소멸된다.

제1024조 제2항을 보시면 취소금지에 대한 예외를 규정하고 있는 것을 확인해보실 수 있습니다. 조항을 읽어보시면 '총칙편의 규정에 의한 취소'에 영향을 미치지 않는다는 내용을 확인해보실 수 있습니다. 여기에서 이야기하는 '총칙편의 규정에 의한 취소'란 사기나 강박 혹은 착오로 인한 취소를 의미합니다. 만일 상속포기 과정에서 사기, 강박 혹은 착오가 있었더라면 이를 취소할 수 있는 예외규정을 마련해둔 것입니다.

다만, 귀하의 경우 부동산 가액상승을 이유로 상속포기를 취소하고자 하시므로 이는 사기, 강박, 착오에 해당한다고 보기 어렵습니다. 만일 사기, 강박, 착오 중 하나에 해당한다고 할지라도 제1024조 제2항 단서에 따라 이미 7년이 경과한 상속포기는 취소할 수 없습니다. (취소권은 추인할 수 있는 날로부터 3월, 승인 또는 포기한 날로부터 1년 내에 행사하지 않으면 시효로 인하여 소멸한다.)

또한 상속포기로 인해 상속받지 못하게 되신 상속분을 다른 상속에 반영할 수는 없습니다. 물론 오빠 분께서 이를 반영해서 어머님 상속절차에서 상속재산분할협의서를 작성해 줄 수는 있겠지만, 그러한 경우가 아니라면 법률상으로 아버님 상속에서의 상속포기를 어머니의 상속에 반영할 수는 없습니다.

※ 민법

민법 제1024조(승인, 포기의 취소금지)
① 상속의 승인이나 포기는 제1019조 제1항의 기간내에도 이를 취소하지 못한다.
② 전항의 규정은 총칙편의 규정에 의한 취소에 영향을 미치지 아니한다. 그러나 그 취소권은 추인할 수 있는 날로부터 3월, 승인 또는 포기한 날로부터 1년내에 행사하지 아니하면 시효로 인하여 소멸된다.

사 례

상속개시로부터 3개월이 경과한 이후 상속포기 가능할까요?

안녕하세요, 법무법인 천명의 경태현 대표변호사입니다.

우리민법 제 1019조 제1항에는 '상속인은 상속개시있음을 안 날로부터 3월내에 단순승인이나 한정승인 또는 포기를 할 수 있다.'라고 규정되어 있습니다. 만일 상속개시 있음을 안 날로부터 3개월이 경과하게 된다면 상속포기 혹은 한정승인을 할 수 없게 됩니다. 때문에, 피상속인이 남긴 채무가 많다면 신속하게 상속포기 혹은 한정승인 신청을 하셔서 부당한 채무를 부담하게 되는 상황을 피하셔야 합니다.

하지만 본인이 상속인이라는 사실 자체를 3개월 이후에 알게 된 경우라면 어떻게 해야 할까요? 예를 들어 친척이 사망했는데 선순위 상속인들이 모두 상속포기를 해서 상속개시로부터 3개월이 흐른 이후에 본인이 상속인이 되었다는 사실을 알게 된 경우에 상속포기를 할 수 있는지가 문제될 수 있습니다.

아래 소개해드린 질의응답 내용을 자세히 보신다면, 이 문제에 대한 답을 얻으실 수 있을 것입니다.

Questions ■ ■ ■

안녕하세요 변호사님. 상속포기 때문에 곤란한 상황이 좀 생겨서 질문 남깁니다.

제 사촌이 8개월 정도 전에 사망했습니다. 사촌이 사망했다는 사실을 그때부터 알고 있었습니다. 하지만 사촌의 재산이나 채무에 대해서는 알지도 못했고, 제가 상속인이 될 수도 있다는 사실을 생각도 하지 못했습니다.

그러다 얼마 전 집으로 사망한 사촌의 채무를 변제하라는 독촉장이 왔습니다.
사촌의 배우자, 자녀, 부모 형제 등이 모두 상속포기를 했다고 했습니다. 상속포기를 한 사람들이 저에게 상속포기를 알리지도 않았습니다.
어떻게든 상속포기를 하려고 삼촌의 가족관계증명서 등 서류를 발급받으려고 했는데 동사무소에서 거절당했습니다.

이러한 경우 제가 상속포기를 할 수 있을까요?

Answers ■ ■ ■

귀하께서는 사망한 사촌의 상속인이 되어 채무를 변제해야하는 상황에 놓이신 것 같습니다.

우리 민법에는 상속개시 있음을 안 날로부터 3개월 이내에 상속포기를 신청해야 한다고 규정하고 있습니다. 귀하의 경우 사촌이 사망했다는 사실을 8개월 전부터 알고 있었기 때문에 상속개시 있음을 안 날로부터 3개월이 경과했다고 해석할 여지가 있기는 합니다.

다만 우리 판례에서는 "상속개시 있음을 안 날로 부터 3월내에 단순승인이나 한정승인 또는 포기를 할 수 있다고 규정하고 있는 바 위 법의는 3월의 기간을 두어 상속인으로 하여금 상속의 승인 또는 포기를 함에 있어 조사 내지 고려의 유여를 주고자 함에 있으므로 상속개시 있음을 알 날이라 함은 상속인이 상속개시의 원인되는 사실의 발생을 안 날을 말함이 아니요 그 원인사실의 발생을 알고 또 이로써 자기가 상속인이 되었음을 안 날을 말하는 것으로 해석할 것이다. (대법원 1969. 4. 22. 선고 69다232 판결)"라고 판시하고 있는 것을 확인하실 수 있습니다. 이는 오래된 판례이기는 하지만 비교적 최근 있었던 2000년대의 하급심 판례에서도 이를 따르고 있는 판례가 있는 것을 보면 아직도 위와 같은 입장을 유지하고 있다는 사실을 알 수 있습니다

귀하께서는 피상속인이 사망했다는 사실은 8개월 이전부터 알고 있었지만, 상속인이

되었다는 사실은 채무 변제 독촉장을 받고 나서야 비로소 알게 되셨기 때문에 우편통지일로부터 3개월 내에 법원에 상속포기신청을 접수하시면 될 것으로 보입니다.

또한 삼촌의 신분서류에 관해서는 우선 채무를 갚으라는 우편물을 기초로 법원에 상속포기 신청을 하시고, 이후 삼촌의 신분서류를 제출하라는 법원의 보정명령이 나오면 이를 주민센터에 제출하셔서 서류를 발급받으실 수 있습니다.

상속포기는 기간을 엄수하는 것이 무엇보다 중요합니다. 따라서 상속포기의 방법을 모르시거나 상속포기를 해야 할지 고민하고 계신다면 반드시 전문가인 저희 법무법인 천명과의 상담을 통해 신속하게 결정을 내리셔서 추후 발생할 수 있는 불이익을 피하시기 바랍니다.

※ 민법

제1019조(승인, 포기의 기간)

① 상속인은 상속개시있음을 안 날로부터 3월내에 단순승인이나 한정승인 또는 포기를 할 수 있다. 그러나 그 기간은 이해관계인 또는 검사의 청구에 의하여 가정법원이 이를 연장할 수 있다. 〈개정 1990. 1. 13.〉

② 상속인은 제1항의 승인 또는 포기를 하기 전에 상속재산을 조사할 수 있다. 〈개정 2002. 1. 14.〉

③ 제1항에도 불구하고 상속인은 상속채무가 상속재산을 초과하는 사실(이하 이 조에서 "상속채무 초과사실"이라 한다)을 중대한 과실 없이 제1항의 기간 내에 알지 못하고 단순승인(제1026조제1호 및 제2호에 따라 단순승인한 것으로 보는 경우를 포함한다. 이하 이 조에서 같다)을 한 경우에는 그 사실을 안 날부터 3개월 내에 한정승인을 할 수 있다. 〈개정 2022. 12. 13.〉

④ 제1항에도 불구하고 미성년자인 상속인이 상속채무가 상속재산을 초과하는 상속을 성년이 되기 전에 단순승인한 경우에는 성년이 된 후 그 상속의 상속채무 초과사실을 안 날부터 3개월 내에 한정승인을 할 수 있다. 미성년자인 상속인이 제3항에 따른 한정승인을 하지 아니하였거나 할 수 없었던 경우에도 또한 같다. 〈신설 2022. 12. 13.〉

사 례

상속 개시 전에 상속포기각서, 상속재산분할협의서 작성해도 될까요?

안녕하세요, 법무법인 천명의 경태현 대표변호사입니다.

상속재산에 대한 상속인들 간의 협의나 상속포기는 모두 피상속인이 사망하여 상속이 개시된 이후에 이루어져야지만 유효합니다. 따라서 상속개시 이전에 상속재산분할협의를 하거나 상속포기각서, 유류분포기각서 등을 작성했다고 하더라도 이는 법률상 무효로 됩니다.

사실 이러한 내용은 일반적인 정서로 이해했을 때 납득하기 어려우실 수도 있습니다. 실제로도 상속 사건을 처리하다 보면 위와 같은 내용에 대해 억울함을 토로하시는 분들도 계십니다. 장차 상속인이 될 자식들이 합의한 내용인데 상속이 개시되지 않았다고 해서 무효로 취급하는 것은 부당하다는 말씀을 하십니다.

혹시 평소에 위와 같은 의문을 가지고 계셨다면 아래 질문과 답변을 자세히 읽어보신다면 어느 정도 해답을 얻어 보실 수 있을 것입니다.

Questions ■ ■ ■

안녕하세요 변호사님. 상속관련해서 질문 하나 드리고자 질문 남깁니다.

제 동생이 아버지께서 살아계실 때 사고를 많이 쳐서, 자진해서 미리 상속포기각서를 작성했었습니다.
그런데 얼마 전, 아버지께서 돌아가시자 언제 그랬다는 듯이 상속재산을 어떻게 분할할 것인지 저에게 물어보았습니다.
동생은 상속개시 이전에 작성한 상속포기각서는 법률상 효력이 없다며 상속권을 주장했습니다.

상속개시 이전에는 상속권이 없기 때문에 재산분할이나 상속포기를 할 수 없다는 것은 알겠습니다. 그런데 어차피 재산을 상속받을 자녀들끼리 미리 합의를 하는 것인데 굳이 이런 법리를 만든 이유가 무엇인가요?

사실 상속권이라는 게 실제로 존재하는 것도 아니고 가상의 법리인데 이를 근거로 협의나 각서를 무효로 한다는 것이 이해가 안 됩니다.

감정적인 글 읽어주셔서 감사합니다. 답변 기다리겠습니다.

Answers ▪▪▪

귀하께서는 상속개시 이전에 작성된 상속포기각서가 무효인 이유에 관해 궁금해 하고 계신 것 같습니다.

기본적으로 아버지께서 돌아가시기 이전에 작성된 상속포기각서는 법률상 무효입니다. 따라서 이후 아버지께서 돌아가신 다음에 동생 분께서는 유효하게 상속재산분할협의 혹은 유류분반환청구를 제기할 수 있습니다.

그 이유는 귀하께서 이미 알고계신 바와 같이 상속재산분할협의 혹은 상속포기는 상속이 개시되어 상속권이 존재할 때에만 할 수 있기 때문에, 아직 상속권이 존재하지 않는 상속개시 이전에는 유효한 상속재산분할협의서나 상속포기각서를 작성할 수 없습니다.

다만 이는 법리적인 내용이기 때문에 귀하께서 납득하시기에 충분치 않을 수 있습니다. 더 직관적인 설명을 위해 예시를 드리자면 우리 민법에는 대습상속이라는 제도가 존재합니다. 대습상속이란 상속인이 상속개시 이전에 사망하거나 결격자가 되었을 경우 그 자의 상속인이 사망하거나 결격자가 된 상속인의 순위에 갈음하여 상속인이 되도록 하는 제도입니다.

만일 상속개시 이전에 작성한 상속재산분할협의서나 상속포기각서가 유효하다고 한다면, 상속포기각서를 작성하고 사망한 상속인의 대습상속인이 본인의 의사와 무관하게(상속포기각서로 인해) 상속을 받지 못하게 되는 부당한 상황이 발생할 수 있습니다.

위와 같은 상황은 하나의 예시에 불과하고, 상속권의 발생 시기나 행사방법을 법리적으로 명확히 규정해놓지 않는다면 이외에도 다양한 문제가 발생하게 될 것입니다.

따라서 이러한 문제로 발생할 수 있는 혼란을 방지하기 위해 상속권과 그에 관한 법리를 규정하는 것이라 이해하시면 되겠습니다.

※ 민법

제1005조(상속과 포괄적 권리의무의 승계)
상속인은 상속개시된 때로부터 피상속인의 재산에 관한 포괄적 권리의무를 승계한다. 그러나 피상속인의 일신에 전속한 것은 그러하지 아니하다. 〈개정 1990. 1. 13.〉

※ 판례

"유류분을 포함한 상속의 포기는 상속이 개시된 후 일정한 기간 내에만 가능하고 가정법원에 신고하는 등 일정한 절차와 방식을 따라야만 그 효력이 있으므로, 상속개시 전에 한 상속포기약정은 그와 같은 절차와 방식에 따르지 아니한 것으로 그 효력이 없다 할 것이고(대법원 1994. 10. 14. 선고 94다8334 판결 참조), 따라서 상속인 중의 1인이 피상속인의 생존시에 피상속인에 대하여 상속을 포기하기로 약정하였다고 하더라도, 상속개시 후 민법이 정하는 절차와 방식에 따라 상속포기를 하지 아니한 이상, 상속개시 후에 자신의 상속권을 주장하는 것은 정당한 권리행사로서 권리남용에 해당하거나 또는 신의칙에 반하는 권리의 행사라고 할 수 없다고 할 것이다. (대법원 1998. 7. 24. 선고 98다9021 판결)"

사 례

상속분 양도(상속재산분할협의서)와 상속포기, 어떻게 다른가요?

안녕하세요, 법무법인 천명의 경태현 대표변호사입니다.

만일 피상속인으로부터 재산을 상속받기를 원하지 않는다면 다음 두 가지 방법 중 하나를 선택할 수 있을 것입니다. 첫 번째는 민법 제1019조에 규정된 내용에 따라 상속개시있음을 안 날로부터 3개월 이내에 법원에 상속포기를 신청하는 방법이고, 다른 방법은 상속재산분할협의를 통해 다른 상속인들에게 상속분을 양도하는 방법입니다. 이 두 가지 방법은 얼핏 비슷하게 보이나 법률적인 효과에서는 완전히 다르게 해석되는 부분입니다.

오늘 글에서는 '상속포기'와 '상속분양도(상속재산분할협의서)'의 차이에 관해 설명해 드리도록 하겠습니다.

Questions ■ ■ ■

안녕하세요 변호사님. 상속관련 글들 잘 보고 있습니다.
다름이 아니라 저희 어머니께서 얼마 전 돌아가셨는데 상속 관련하여 질문을 드리고자 글 남깁니다.

어머니께서 돌아가시면서 남기신 재산이 조금 있는데 형제들 협의를 통해 큰누나가 재산을 모두 상속받기로 했습니다.
이러한 경우 다른 상속인들은 상속포기를 한 것으로 볼 수 있는 것인가요?
상속법 내용이 많아서 헷갈리는 부분들이 있네요...

답변 주시면 감사하겠습니다.

Answers ■ ■ ■

귀하께서는 상속분 양도(상속재산분할협의서)와 상속포기를 혼동하고 계신 것 같습니다. 귀하와 형제분들께서 상속분을 포기한 것은 '상속포기'가 아닌 상속분을 다른 상속인에게 양도한 행위입니다.

우선 상속분 양도는 상속재산분할협의를 통해 자신의 상속분을 다른 상속인에게 양도하는 것을 의미합니다. 이러한 경우 상속분을 양도한 상속인은 상속분이 없다고 하더라도 여전히 상속인의 지위에 있습니다. 그렇기 때문에, 예를 들어 추후 다른 상속인에게 사전증여 재산이 있었다거나 하는 사정이 밝혀지는 경우 상속권을 바탕으로 유류분반환청구를 제기하는 것이 가능할 수 있습니다.

또한 중요한 부분 중 하나가 상속재산분할협의를 통한 상속분 양도는 채권자취소권을 바탕으로 한 사해행위취소소송의 대상이 될 수 있습니다. 사해행위취소라는 단어가 어렵게 느껴지실 수 있겠습니다. 쉽게 설명 드리면, 채무초과 상태인 상속인이 채무를 변제하지 않은 상태로 자신의 상속분을 상속받지 않고 다른 상속인에게 양도한다면(상속재산분할협의서 작성) 해당 상속인의 채권자가 곤란한 상황에 놓이게 될 수 있습니다. 이러한 상황에서 상속인의 채권자가 상속인이 상속분을 양도한 행위(상속재산분할협의서)를 취소하는 것이라 생각하시면 됩니다.

하지만 상속포기는 이와 다릅니다. 만일 민법 제1019조에 따라 법원에 상속포기 신청을 하게 된다면 상속개시로 소급하여 상속인이 아니었던 것으로 보게 됩니다. 상속인 지위를 잃게 되는 것이기 때문에 더 이상 상속인이 아니라고 보시면 됩니다. 따라서 추후 다른 상속인에게 사전증여 재산이 있었다는 사실이 밝혀진다 하더라도 유류분반환청구를 제기할 수 없을 것입니다

사해행위취소와 관련해서도 상속포기는 상속분 양도(상속재산분할협의서)와 다르게 해석됩니다. 기본적으로 상속포기는 일신전속성을 가지게 됩니다. 따라서 이는 타인에 의해

취소되거나 대위행사 될 수 없는 부분입니다. 관련하여 대법원 판례를 참고하시면, "그러한 행위에 대하여 비록 상속인인 채무자가 무자력상태에 있다고 하여서 그로 하여금 상속포기를 하지 못하게 하는 결과가 될 수 있는 채권자의 사해행위취소를 쉽사리 인정할 것이 아니다.... 이러한 점들을 종합적으로 고려하여 보면, 상속의 포기는 민법 제406조 제1항에서 정하는 "재산권에 관한 법률행위"에 해당하지 아니하여 사해행위취소의 대상이 되지 못한다.(대법원 2011. 6. 9. 선고 2011다29307 판결)" 라는 판시 내용을 확인해보실 수 있습니다.

따라서 상속포기와 상속분 양도(상속재산분할협의서) 중 하나의 방법을 선택하셔야 할 때에는 본인의 상황을 잘 고려하셔서 올바른 방법을 선택하셔야 할 것입니다. 만일 혼자 판단하는 일에 어려움이 있으시다면 반드시 전문가의 도움을 받으셔서 불이익을 피하시기 바랍니다.

※ 민법

제1013조(협의에 의한 분할)
① 전조의 경우외에는 공동상속인은 언제든지 그 협의에 의하여 상속재산을 분할할 수 있다.
② 제269조의 규정은 전항의 상속재산의 분할에 준용한다.

제1019조(승인, 포기의 기간)
① 상속인은 상속개시있음을 안 날로부터 3월내에 단순승인이나 한정승인 또는 포기를 할 수 있다. 그러나 그 기간은 이해관계인 또는 검사의 청구에 의하여 가정법원이 이를 연장할 수 있다. 〈개정 1990. 1. 13.〉
② 상속인은 제1항의 승인 또는 포기를 하기 전에 상속재산을 조사할 수 있다. 〈개정 2002. 1. 14.〉

제1041조(포기의 방식) 상속인이 상속을 포기할 때에는 제1019조제1항의 기간내에 가정법원에 포기의 신고를 하여야 한다. 〈개정 1990. 1. 13.〉

사 례

채무자가 채무를 변제하지 않고 상속분을 양도했습니다.

안녕하세요, 법무법인 천명의 경태현 대표변호사입니다.

채무자가 채무를 변제하지 않으면서 상속을 포기하거나 상속재산을 양도한다면 채권자는 채권을 만족하기 힘든 곤란한 상황에 놓이게 됩니다. 이때 고려해야 할 것이 바로 사해행위취소소송입니다. 사해행위취소소송의 근거는 민법 제 406조 제1항에 규정되어 있습니다.

Questions ■ ■ ■

안녕하세요 변호사님. 최근 조언을 구하고 싶은 일이 생겨서 이렇게 글을 남깁니다.

저에게 돈을 빌려 간 채무자(편의상 갑이라고 하겠습니다)가 있습니다. 갑은 항상 아버지의 재산이 많으니 아버지가 돌아가시면 재산을 상속받아 채무를 변제하겠다고 말했습니다.

얼마 전 갑의 아버지가 돌아가셨다는 소식을 들어 이제 빌려 간 돈을 갚으라고 이야기하니, 이미 큰오빠에게 모든 재산을 상속하기로 협의를 마쳤기 때문에 돈을 갚을 수 없다고 이야기했습니다.

상황이 이렇게 되고 나니 처음부터 이렇게 할 생각이었구나 하는 마음에 너무 화가 나고 억울합니다. 저도 경제적으로 여유 있는 상황이 아니라서 하루빨리 채권을 처리해야 합니다.

이런 상황이라면 어떻게 해야 할지 조언 부탁드립니다. 감사합니다.

Answers ■ ■ ■

귀하께서는 채무자가 채무를 변제하지 않고 상속재산을 모두 공동상속인에게 양도해버린 상황에 처하신 것 같습니다.

우선 채무자인 갑씨가 상속포기를 하였는지, 상속재산분할협의를 통해 재산을 공동상속인에게 양도한 것인지 파악해야 합니다. 만일 상속포기를 선택했다면 해당 상속인은 처음부터 상속인이 아니었던 것으로 취급되어 채권자가 달리 취할 수 있는 조치를 찾기 어렵습니다.

하지만 상속재산분할협의를 진행한 것이라면 귀하의 권리를 보호할 방법이 존재합니다. 상속재산분할협의는 계약의 일종이기 때문에 무효, 취소 등이 문제될 수 있습니다. 또한 대법원은 "상속재산의 분할협의는 상속이 개시되어 공동상속인 사이에 잠정적 공유가 된 상속재산에 대하여 그 전부 또는 일부를 각 상속인의 단독소유로 하거나 새로운 공유관계로 이행시킴으로써 상속재산의 귀속을 확정시키는 것으로 그 성질상 재산권을 목적으로 하는 법률행위이므로 사해행위취소권 행사의 대상이 될 수 있다. (대법원 2001. 2. 9. 선고 2000다51797 판결)" 라고 판시하며 상속재산분할협의가 사해행위취소의 대상이 될 수 있음을 판시한 바 있습니다.

귀하께서 기재하신 내용으로 짐작해보면 채무자가 상속재산분할협의를 통해 공동상속인에게 재산을 양도한 것으로 보이긴 하나, 재차 확인을 거치시고 상속재산분할협의를 거친 것이 맞다면 사해행위취소소송을 제기하시면 되겠습니다.

오늘은 상속재산분할협의에 대한 사해행위취소에 관해 설명드렸습니다. 사해행위취소와 관련하여 주의하실 점은 제척기간이 존재한다는 사실입니다. 민법 제 406조 제2항을 보시면 사해행위취소소송은 취소원인을 안 날로부터 1년, 법률행위가 있은 날로부터 5년 이내에 제기해야 한다고 규정되어 있습니다. 따라서 위와 같은 소송을 준비하고 계신다면 규정된 기간 내에 소를 제기해야한다는 사실을 유의하시기 바랍니다. 사해행위취소소송에 대해서 자세한 정보를 원하신다면 저희 법무법인 천명을 방문해주시길 바랍니다.

※ 민법

제406조(채권자취소권)

① 채무자가 채권자를 해함을 알고 재산권을 목적으로 한 법률행위를 한 때에는 채권자는 그 취소 및 원상회복을 법원에 청구할 수 있다. 그러나 그 행위로 인하여 이익을 받은 자나 전득한 자가 그 행위 또는 전득 당시에 채권자를 해함을 알지 못한 경우에는 그러하지 아니하다.

② 전항의 소는 채권자가 취소원인을 안 날로부터 1년, 법률행위있은 날로부터 5년내에 제기하여야 한다.

제1013조(협의에 의한 분할)

① 전조의 경우외에는 공동상속인은 언제든지 그 협의에 의하여 상속재산을 분할할 수 있다.

② 제269조의 규정은 전항의 상속재산의 분할에 준용한다.

제1019조(승인, 포기의 기간)

① 상속인은 상속개시있음을 안 날로부터 3월내에 단순승인이나 한정승인 또는 포기를 할 수 있다. 그러나 그 기간은 이해관계인 또는 검사의 청구에 의하여 가정법원이 이를 연장할 수 있다. 〈개정 1990. 1. 13.〉

② 상속인은 제1항의 승인 또는 포기를 하기 전에 상속재산을 조사할 수 있다. 〈개정 2002. 1. 14.〉

③ 제1항에도 불구하고 상속인은 상속채무가 상속재산을 초과하는 사실(이하 이 조에서 "상속채무 초과사실"이라 한다)을 중대한 과실 없이 제1항의 기간 내에 알지 못하고 단순승인(제1026조제1호 및 제2호에 따라 단순승인한 것으로 보는 경우를 포함한다. 이하 이 조에서 같다)을 한 경우에는 그 사실을 안 날부터 3개월 내에 한정승인을 할 수 있다. 〈개정 2022. 12. 13.〉

④ 제1항에도 불구하고 미성년자인 상속인이 상속채무가 상속재산을 초과하는 상속을 성년이 되기 전에 단순승인한 경우에는 성년이 된 후 그 상속의 상속채무 초과사실을 안 날부터 3개월 내에 한정승인을 할 수 있다. 미성년자인 상속인이 제3항에 따른 한정승인을 하지 아니하였거나 할 수 없었던 경우에도 또한 같다. 〈신설 2022. 12. 13.〉

사례

상속부동산을 어머니에게 상속등기하는 방법(상속포기와 사해행위취소소송)

Questions

상속등기 관련 문의드립니다.

아버지가 최근 돌아가셨습니다.
상속인은 어머니와 자녀들 3남매(2남1녀)입니다.
상속재산은 집과 전, 밭이 있는데 저희 형제들은 전부 어머님에게 상속등기를 하고 싶습니다.
그런데 문제는 1남이 사업실패로 인해서 신용불량자입니다.

이런 경우 상속등기를 어떻게 해야 하나요? 만약 1남의 채권자가 사해행위취소소송을 할 수 있다고 하던데 어떤 방식으로 해야만 안전한가요?
아버지가 돌아가시고 상속부동산을 어머니께 돌리기 위해서는 어떻게 해야 하나요?

자녀들이 모두 성인이며 모두 어머님이 전부 상속받는 것이 맞다고 생각하고 있으며 상속되는 재산에 대한 세금은 어떻게 나올지도 궁금합니다.

Answers

아버지의 상속인은 어머니와 자녀들 3명입니다.
법정상속분은 어머니가 1.5지분, 자녀들이 각 1지분씩입니다.
이를 분모화하면 어머님이 3/9지분, 자녀들이 각 2/9지분씩입니다.

다만, 위 법정상속분에도 불구하고 상속인들이 전원 협의해서 상속등기를 어머님이 단독상속받는 것으로 할 수 있습니다.

그런데 어머님 단독상속등기를 하는 방법은 아래의 3가지가 가능합니다.

1. 3개월 내에 자녀들이 전부 상속포기신청을 접수해서 상속포기결정문을 받은 후 어머님이 단독상속등기를 하는 방법

2. 3개월 내에 1남이 상속포기신청을 접수해서 상속포기결정문을 받은 후 나머지 어머님과 자녀들 2명이 상속재산분할협의서를 작성해서 어머님이 단독상속등기를 하는 방법

3. 어머니를 포함하여 상속인들 전부가 상속재산분할협의서를 작성해서 어머님 단독상속등기를 하는 방법(협의분할을 원인으로 한 상속등기)

위 1, 2번 방법의 경우 자녀들이 법원에 상속포기 신고하는 경우이므로 특별한 문제가 발생할 여지가 크지 않습니다.

하지만, 3번 방법의 경우 상속재산분할협의서를 작성해서 협의분할상속등기를 하는 것은 자녀분들 중에 신용불량자 등이 있다면 그 자녀분의 채권자가 어머니를 상대로 사해행위취소소송을 할 수도 있습니다.

따라서 자녀분 중에 신용불량자 등 빚이 많은 사람이 있다면 협의분할상속등기 보다는 1.2.번 방법으로 관할법원에 상속포기신청이 바람직합니다.

상속세 관련해서는 기본적으로 배우자공제 및 기본공제로 인해 총 10억 원 까지는 공제되어 상속세는 없고 초과금액에 대해서만 상속세가 부과될 것입니다.

귀하의 경우 1남이 신용불량자이므로 반드시 1, 2번 방법으로 어머님 단독상속등기절차를 밟아야 1남의 채권자들이 사해행위취소소송을 제기할 수 없을 것이고 제기되더라도 방어가 가능할 것입니다.

※ 민법

제1009조(법정상속분)
① 동순위의 상속인이 수인인 때에는 그 상속분은 균분으로 한다. 〈개정 1977. 12. 31., 1990. 1. 13.〉
② 피상속인의 배우자의 상속분은 직계비속과 공동으로 상속하는 때에는 직계비속의 상속분의 5할을 가산하고, 직계존속과 공동으로 상속하는 때에는 직계존속의 상속분의 5할을 가산한다. 〈개정 1990. 1. 13.〉
③ 삭제 〈1990. 1. 13.〉

제1019조(승인, 포기의 기간)
① 상속인은 상속개시있음을 안 날로부터 3월내에 단순승인이나 한정승인 또는 포기를 할 수 있다. 그러나 그 기간은 이해관계인 또는 검사의 청구에 의하여 가정법원이 이를 연장할 수 있다. 〈개정 1990. 1. 13.〉
② 상속인은 제1항의 승인 또는 포기를 하기 전에 상속재산을 조사할 수 있다. 〈개정 2002. 1. 14.〉

제1041조(포기의 방식)
상속인이 상속을 포기할 때에는 제1019조제1항의 기간내에 가정법원에 포기의 신고를 하여야 한다. 〈개정 1990. 1. 13.〉

사 례

자녀인 상속인들의 상속포기와 자녀의 가족들

Questions ■ ■ ■

안녕하세요.

최근에 아버님이 돌아가셨는데, 아버님이 생전에 빚이 많아서 상속포기 관련해서 문의 드리려고 합니다.

어머니는 예전에 돌아가시고 저의 형제는 4명이 있습니다.

모두 결혼을 했고 막내 동생만 미혼입니다.

아버지 빚을 받지 않으려면 한정승인이나 상속포기를 해야 하는 것으로 알고 있습니다.

그런데 형제들이 제각각 누구는 한정승인을 해야 한다고 하고 누구는 상속포기를 해야 한다고 하는데 어떤 선택을 해야 할지 모르겠습니다.

기혼인 저는 상속포기를 하려고 하는데 이 경우 저만 상속포기를 해도 되는지요?

아니면 저의 배우자와 저의 자녀들까지 모두 상속포기를 해야 하는지요?

Answers ■ ■ ■

안녕하세요. 상속전문 경태현 변호사입니다.

먼저 원칙적으로 말씀드리면 상속인들은 피상속인의 배우자와 자녀가 1순위 상속인이 됩니다.

그런데 배우자인 어머니는 이미 사망하셨기 때문에 자녀들만 상속포기 또는 한정승인을 결정하면 됩니다.

상속인 자녀들 중 1명은 한정승인, 그리고 나머지 3명은 상속포기를 해도 됩니다.

그러나 만약 상속인들인 자녀들이 모두 상속포기를 하게 되면, 피상속인인 아버님의 채무가 아버님의 손자와 손녀들인 자녀들의 자녀에게 상속됩니다.

따라서 만일 자녀들이 모두 상속포기를 하고자 한다면, 자녀들만 하지 말고 손자들까지 모두 상속포기 하는 것이 합당합니다.

다만 상속인의 배우자인 며느리나 사위는 상속인이 되지 않으므로 상속포기를 할 필요가 없습니다.

상속포기나 한정승인에 대해서 구체적으로 진행하고자 하시면 아래 자료를 지참해서 방문상담을 해주시길 바랍니다.

- 결혼하지 않은 상속인인 동생의 기본증명서, 가족관계증명서, 주민등록말소자초본
- 귀하의 기본증명서, 가족관계증명서, 주민등록초본, 인감도장, 인감증명서(본인발급)
- 귀하 자녀들이 성년인 경우에는 귀하 자녀들의 기본증명서, 가족관계증명서, 주민등록초본, 만일 자녀들이 성년인 경우에는 인감증명서(본인발급), 인감도장
- 자녀들이 미성년자인 경우에는 미성년인 귀하 자녀들의 수에 맞게 법정대리인인 부모(귀하와 배우자)의 가족관계증명서, 주민등록초본, 인감도장, 인감증명서

※ 민법

제1000조(상속의 순위)

① 상속에 있어서는 다음 순위로 상속인이 된다. 〈개정 1990. 1. 13.〉

1. 피상속인의 직계비속
2. 피상속인의 직계존속
3. 피상속인의 형제자매
4. 피상속인의 4촌 이내의 방계혈족

② 전항의 경우에 동순위의 상속인이 수인인 때에는 최근친을 선순위로 하고 동친등의

상속인이 수인인 때에는 공동상속인이 된다.
③ 태아는 상속순위에 관하여는 이미 출생한 것으로 본다. 〈개정 1990. 1. 13.〉
[제목개정 1990. 1. 13.]

제1019조(승인, 포기의 기간)
① 상속인은 상속개시있음을 안 날로부터 3월내에 단순승인이나 한정승인 또는 포기를 할 수 있다. 그러나 그 기간은 이해관계인 또는 검사의 청구에 의하여 가정법원이 이를 연장할 수 있다. 〈개정 1990. 1. 13.〉
② 상속인은 제1항의 승인 또는 포기를 하기 전에 상속재산을 조사할 수 있다. 〈개정 2002. 1. 14.〉
③ 제1항에도 불구하고 상속인은 상속채무가 상속재산을 초과하는 사실(이하 이 조에서 "상속채무 초과사실"이라 한다)을 중대한 과실 없이 제1항의 기간 내에 알지 못하고 단순승인(제1026조제1호 및 제2호에 따라 단순승인한 것으로 보는 경우를 포함한다. 이하 이 조에서 같다)을 한 경우에는 그 사실을 안 날부터 3개월 내에 한정승인을 할 수 있다. 〈개정 2022. 12. 13.〉
④ 제1항에도 불구하고 미성년자인 상속인이 상속채무가 상속재산을 초과하는 상속을 성년이 되기 전에 단순승인한 경우에는 성년이 된 후 그 상속의 상속채무 초과사실을 안 날부터 3개월 내에 한정승인을 할 수 있다. 미성년자인 상속인이 제3항에 따른 한정승인을 하지 아니하였거나 할 수 없었던 경우에도 또한 같다. 〈신설 2022. 12. 13.〉

사례

상속채무, 빚만 남기고 사망한 경우 상속포기와 한정승인 서류와 방법 등

Questions ■ ■ ■

아버지가 올해 7월초에 갑자기 돌아가셨습니다.
아버지 가족은 어머니 저 여동생이 전부입니다.
아버지가 생전에 사업실패로 인해 신용불량자로 생활해 오셨습니다.
그래서 이리 저리 알아보니 상속포기 한정승인을 해야 한다고 들었습니다.

아버지로부터 거의 상속받을 재산은 없고 빚만 있을 것으로 추정되어 상속포기 또는 한정승인을 하려고 합니다. 그래서 일단 주민센터에 가서 안심상속원스톱서비스를 통해 상속재산과 빚에 대한 조회를 하려고 합니다.

앞으로 저희들이 상속포기절차를 밟으려면
1. 주민센터에서 상속재산조회 시 필요한 서류 및 절차가 어떻게 되는지 궁금합니다.

2. 현재 어머니(배우자), 저, 여동생이 있는데 두 명 모두 상속포기를 해야 하는지요?
➜ 이때 필요한 것들(절차, 필요서류, 비용 등)이 무엇인지요?

3. 만약 저희들이 전부 상속포기하면 아버지의 형제 쪽으로 상속이 넘어간다고 하는데 최근 왕래도 없고 연락도 닿지 않아 웬만하면 피해를 안주고 싶은데 이럴 때 한정승인이란 게 있다고 하던데 아버지 상속재산이 전혀 없으면 한정승인이 불가능한가요?

Answers ■ ■ ■

귀하의 경우 아버지께서 상속재산은 거의 남겨놓지 않고 빚, 즉 상속채무만 남겨놓았다면 상속인들은 사망일로부터 3개월 내에 상속포기나 한정승인을 법원에 신청해야만 부당한 상속채무로부터 벗어날 수 있습니다.

이를 위해선 우선 사망신고와 동시에 아버지의 상속재산과 상속채무를 정확히 조회해야 할 것입니다.

1. 주민센터에 사망신고 및 안심상속원스톱서비스 신청
   사망신고를 하시면서 곧바로 아버지 기본증명서, 가족관계증명서, 귀하의 신분증을 기초로 "안심상속원스톱 서비스"를 신청해서 상속재산과 부채내역을 일괄조회할 수 있습니다.

2. 어머니와 자녀들 2명이 전부 상속포기를 할 수 있습니다.
   여기서 주의할 점은 손주들이 있다면 손주들도 모두 상속포기를 해야 합니다.

● 상속포기 서류는 아래와 같습니다.

> 1) 상속인 서류 : 가족관계증명서, 주민등록등본, 주민등록초본, 인감증명서(단, 아이의 것이 아니라 부모 인감증명서를 준비), 상속포기신청서에 인감도장을 날인해야 합니다.
>   * 아이가 미성년자인 경우 부모의 인감도장을 찍고, 인감증명서를 첨부하면 됩니다.
>
> 2) 망인 서류 : 기본증명서(사망신고가 표시), 가족관계증명서, 주민등록말소자등본, 주민등록말소자초본

3. 만약 어머니, 자녀들, 손주들이 전부 3개월 내에 상속포기를 하면 그 다음 상속인들은

아버지의 형제들입니다. 따라서, 그 형제들은 상속포기나 한정승인을 결정해야 하는 불편이 생깁니다. 그러므로 가능한 불편을 친척들에게 주지 않기 위해서는 어머님이 한정승인, 자녀들과 손주들이 상속포기 혹은 어머니와 자녀 1명은 상속포기, 자녀 1명은 한정승인을 하시면 다른 친척들에게로 상속이 승계되지 않고 불편을 주지 않습니다. 그리고 통상적으로 다른 친척들에게 불편을 주지 않기 위해서 위 방식을 많이 취하게 됩니다.

한정승인을 할 경우에는 상속재산목록을 제출해야 하는데 반드시 상속재산이 있어야 할 필요는 없습니다.

● 한정승인을 할 경우 해당 서류는 아래와 같습니다.

1) 상속인 서류 : 가족관계증명서, 주민등록등본, 주민등록초본, 인감증명서. 그리고 한정승인신청서에 상속인이 인감도장을 날인해야합니다.

2) 망인 서류 : 기본증명서(사망신고가 표시), 가족관계증명서 주민등록말소자등본, 주민등록말소자초본

3) 상속재산목록 (이미 처분한 재산이 있는 때에는 그 목록 및 가액 포함)

※ 민법

제1019조(승인, 포기의 기간)

① 상속인은 상속개시있음을 안 날로부터 3월내에 단순승인이나 한정승인 또는 포기를 할 수 있다. 그러나 그 기간은 이해관계인 또는 검사의 청구에 의하여 가정법원이 이를 연장할 수 있다. 〈개정 1990. 1. 13.〉

② 상속인은 제1항의 승인 또는 포기를 하기 전에 상속재산을 조사할 수 있다. 〈개정 2002. 1. 14.〉

③ 제1항에도 불구하고 상속인은 상속채무가 상속재산을 초과하는 사실(이하 이 조에서 "상속채무 초과사실"이라 한다)을 중대한 과실 없이 제1항의 기간 내에 알지 못하고 단순승인(제1026조제1호 및 제2호에 따라 단순승인한 것으로 보는 경우를 포함한다. 이하

이 조에서 같다)을 한 경우에는 그 사실을 안 날부터 3개월 내에 한정승인을 할 수 있다. 〈개정 2022. 12. 13.〉
④ 제1항에도 불구하고 미성년자인 상속인이 상속채무가 상속재산을 초과하는 상속을 성년이 되기 전에 단순승인한 경우에는 성년이 된 후 그 상속의 상속채무 초과사실을 안 날부터 3개월 내에 한정승인을 할 수 있다. 미성년자인 상속인이 제3항에 따른 한정승인을 하지 아니하였거나 할 수 없었던 경우에도 또한 같다. 〈신설 2022. 12. 13.〉

제1030조(한정승인의 방식)
① 상속인이 한정승인을 할 때에는 제1019조제1항ㆍ제3항 또는 제4항의 기간 내에 상속재산의 목록을 첨부하여 법원에 한정승인의 신고를 하여야 한다. 〈개정 2005. 3. 31., 2022. 12. 13.〉
② 제1019조제3항 또는 제4항에 따라 한정승인을 한 경우 상속재산 중 이미 처분한 재산이 있는 때에는 그 목록과 가액을 함께 제출하여야 한다. 〈신설 2005. 3. 31., 2022. 12. 13.〉

제1028조(한정승인의 효과)
상속인은 상속으로 인하여 취득할 재산의 한도에서 피상속인의 채무와 유증을 변제할 것을 조건으로 상속을 승인할 수 있다.

제1041조(포기의 방식)
상속인이 상속을 포기할 때에는 제1019조제1항의 기간내에 가정법원에 포기의 신고를 하여야 한다. 〈개정 1990. 1. 13.〉

사례

상속포기 VS 한정승인, 어떤 경우에 한정승인을 해야 할까요?

안녕하세요, 법무법인 천명의 경태현 대표변호사입니다.

우리 민법에서는 한정승인이라는 제도를 규정하고 있습니다.

민법

제1019조(승인, 포기의 기간)

① 상속인은 상속개시있음을 안 날로부터 3월내에 단순승인이나 한정승인 또는 포기를 할 수 있다. 그러나 그 기간은 이해관계인 또는 검사의 청구에 의하여 가정법원이 이를 연장할 수 있다.

제1028조(한정승인의 효과)

상속인은 상속으로 인하여 취득할 재산의 한도에서 피상속인의 채무와 유증을 변제할 것을 조건으로 상속을 승인할 수 있다.

조문을 살펴보면, 한정승인이란 상속인이 상속으로 인하여 취득할 재산의 한도에서 피상속인의 채무와 유증을 변제할 것을 조건으로 상속을 승인하는 의사표시라는 것을 알 수 있습니다. 이러한 한정승인은 상속포기와 어떤 점에서 다른 걸까요? 또, 한정승인을 해야 하는 경우에는 어떤 것이 있을까요? 오늘은 저희 법무법인을 찾아주신 사례를 통해 이에 대해 자세히 알려드리도록 하겠습니다.

Questions ■ ■ ■

안녕하세요 변호사님.

상속 관련해서 억울한 상황에 놓이게 되어 질문드리게 되었습니다.

저는 아주 어릴 때 이후로 아버지를 본적이 없고 어머니와 함께 지냈습니다.
얼마 전 가족관계증명서를 발급받아보니 아버지는 재혼한 상태였고 오래 전 돌아가셨더라구요.

그런데 어느 날 우편이 날아와서 보니 재혼한 부인과 그 딸, 그리고 저까지 아버지의 빚을 갚아야 한다고 하는데...

저는 얼굴도 잘 기억나지 않는 아버지의 빚을 갚아야만 하는 건가요?
변호사님의 현명한 조언 부탁드립니다.

Answers ■ ■ ■

귀하의 경우, 가족관계등록부 상 귀하가 아버지의 자녀로 기재되어 있다면 귀하는 아버지를 피상속인으로 하는 상속절차에서 상속인의 자격을 취득하게 될 것입니다. 기본적으로 우리 민법은 포괄상속주의를 취하기 때문에 피상속인이 사망하면 피상속인의 재산과 채무는 일단 법정상속분을 기준으로 각 상속인에게 상속되는 것으로 봅니다.

다만, 우리 민법에서는 포괄상속주의에 의해 상속인이 예측하지 못한 채무를 인수하게 되거나 피상속인의 사망으로 인하여 상속인이 본인의 의사와 다르게 막대한 채무를 상속받아 생활이 곤란해지는 것을 방지하기 위해 한정승인 및 상속포기의 규정을 두고 있습니다. 그렇다면 상속포기와 한정승인은 어떻게 다를까요?

상속포기는 상속인 지위 자체를 포기하는 것으로써 재산 또는 빚 자체를 물려받지 않겠다는 의사표시를 말합니다. 상속포기는 상속개시(피상속인의 사망)를 안 날로부터 3개월 이내에 가정법원에 신고해야 하는 기한이 존재합니다.

한정승인은 상속을 취득하는 재산의 한도 내에서 피상속인의 채무를 변제하겠다는 의사표시입니다. 한정승인도 상속포기와 마찬가지로 상속개시를 안 날로부터 3개월 이내에 한정승인 신고를 해야 합니다.

상속포기와 한정승인의 차이점은 후순위 상속인에게 상속재산 및 채무가 넘어가는지의 여부입니다. 상속포기의 경우 선순위 상속인이 포기를 한다면 후순위로 채무가 넘어가게 되지만, 한정승인은 다음 상속인에게 채무가 넘어가지 않습니다.

우리 민법에서는 피상속인의 직계비속, 직계존속, 형제자매, 4촌 이내의 방계혈족 순으로 상속순위를 규정하고 있습니다. 여기서 예를 들어 상속이 개시되었을 때 피상속인의 자녀와 어머니가 생존해있는 상황이라면, 선순위인 피상속인의 자녀가 상속포기를 할 경우 피상속인의 어머니가 그 재산 및 채무를 상속받게 되지만 한정승인을 한다면 그렇지 않게 되는 것입니다. 그러므로 후순위 상속인에게 채무가 승계되는 일을 방지하기 위해 한정승인을 선택하는 경우가 존재합니다.

그렇다면 한정승인을 하게 되는 또 다른 경우에는 어떤 것이 있을까요? 피상속인이 남긴 재산과 채무를 정확히 파악할 수 없는 상황에 놓였다고 가정하고 설명 드리겠습니다.

1. 피상속인이 남긴 재산(1억)이 채무(5천만 원)보다 많은 경우

이 경우에 단순승인을 하게 된다면 상속재산(1억) - 상속채무(5천만 원) = 5천만 원을 상속받게 될 것입니다. 그러나 상속포기를 한다면 취득할 수 있었던 5천만 원을 포기하게 될 것입니다.

2. 피상속인이 남긴 채무(1억)가 재산(5천만 원)보다 많은 경우

이 경우 상속포기를 한다면 상속재산(5천만 원)-상속채무(1억) = -5천만 원 의 채무를 상속받게 될 위험을 피할 수 있을 것입니다. 그러나 단순승인을 한다면 5천만 원의 채무를 부담하게 될 것입니다.

이와 같이 피상속인이 남긴 재산과 채무를 정확하게 파악할 수 없을 때 한정승인을 하게 된다면 그 한정승인이 자신의 취득한 재산만큼만 채임을 부담하게 하는 안전장치의 역할을 하게 되어 예기치 못한 채무를 상속받게 되거나 상속받을 수 있었던 재산을 포기하게 되는 일을 방지할 수 있는 것입니다.

상속포기와 한정승인은 절차상의 차이도 존재합니다. 한정승인의 경우 상속재산과 상속채무를 확인하고 그에 따른 각 소명자료를 직접 관계기관에 가서 발급을 받아 제출해야 하고 한정승인이 인정된 후에도 채무를 청산하는 과정이 남게 됩니다. 반면 상속포기는 법원에 상속포기를 신청하고 인정을 받으면 그것으로 상속인의 지위 자체를 상실하게 됩니다.

이렇게 상속포기와 한정승인에 대해 설명드렸습니다.
귀하의 경우 아버지의 사망사실을 모르다가 소장을 받고 아버지의 사망사실을 알게 되었으므로, 소장을 받은 날로부터 3개월 안에 상속포기나 한정승인을 신청하시면 됩니다.
오늘 설명드린 상속포기와 한정승인을 잘 비교하셔서 보다 귀하에게 유리한 방법을 선택하시기 바라며, 보다 구체적인 상담은 법무법인 천명에 방문상담을 해주시길 바랍니다.

사례

상속포기, 한정승인 기간이 지났더라도 할 수 있는 특별한정승인

안녕하세요, 법무법인 천명의 경태현 대표변호사입니다.

우리 민법에서는 상속포기 및 한정승인 제도를 규정하여 상속인이 부당한 상속채무를 떠안게 되는 불이익을 방지하고 있습니다. 그런데 우리 민법에는 이뿐만 아니라 특별한정승인이라는 제도도 존재합니다.

특별한정승인은 어떤 제도일까요? 오늘은 저희 법무법인을 찾아주신 사례를 통해 특별한정승인 제도에 대해 설명 드리도록 하겠습니다.

Questions

안녕하세요 변호사님.
상속 관련해서 정말 당혹스러운 일이 생겨서요.
찾아보니 이 분야에서 전문가이신 것 같아 질문드립니다.

아버지가 재작년에 돌아가셨고 상속인은 저를 포함한 3남매였습니다.
사망 당시 재산은 거의 없었고, 자녀들과는 거의 교류를 하지 않은 채 돌아가셨습니다.

그런데 최근 법원에서 소장이 날아왔어요.
내용은 아버지가 진 빚 3천만 원과 지연이자, 소송비용 등을 저희 3남매가 나눠서 갚으라는 내용이었습니다.
저희는 알지도 못했던 아버지의 빚을 갑자기 떠안게 되어서 무척 당황스러운 상황입니다.
상속포기나 한정승인은 이미 사망 후 3개월이 지나서 안 된다고 하는데 이대로 아버지의 빚을 갚아야만 하는 것인가요?

변호사님의 현명한 조언이 간절합니다.

Answers ■ ■ ■

귀하의 경우 아버님께서 남기신 상속재산은 거의 없고 상속채무만 있어 상속채무가 상속재산을 초과하는 상황인 것으로 보입니다. 이런 경우 상속인들은 상속개시 사실을 안 날로부터 3개월 내에 가정법원에 상속포기 신청이나 한정승인 신청을 하여 부당한 상속채무를 부담하는 것을 피할 수 있습니다. 그러나 귀하의 경우 상속포기 및 한정승인 신청을 기한 내에 하지 못한 것으로 보입니다.

귀하처럼 피상속인의 사망 후 시간이 지난 시점에서 피상속인의 채무를 알게 되었다면 취할 수 있는 방법이 있습니다. 바로 우리 민법에서 규정하고 있는 특별한정승인 제도를 이용하는 방법입니다.

민법 제1019조(승인, 포기의 기간)
① 상속인은 상속개시있음을 안 날로부터 3월내에 단순승인이나 한정승인 또는 포기를 할 수 있다. 그러나 그 기간은 이해관계인 또는 검사의 청구에 의하여 가정법원이 이를 연장할 수 있다. 〈개정 1990. 1. 13.〉
② 상속인은 제1항의 승인 또는 포기를 하기 전에 상속재산을 조사할 수 있다. 〈개정 2002. 1. 14.〉
③ 제1항에도 불구하고 상속인은 상속채무가 상속재산을 초과하는 사실(이하 이 조에서 "상속채무 초과사실"이라 한다)을 중대한 과실 없이 제1항의 기간 내에 알지 못하고 단순승인(제1026조제1호 및 제2호에 따라 단순승인한 것으로 보는 경우를 포함한다. 이하 이 조에서 같다)을 한 경우에는 그 사실을 안 날부터 3개월 내에 한정승인을 할 수 있다. 〈개정 2022. 12. 13.〉
④ 제1항에도 불구하고 미성년자인 상속인이 상속채무가 상속재산을 초과하는 상속을 성년이 되기 전에 단순승인한 경우에는 성년이 된 후 그 상속의 상속채무 초과사실을 안 날부터 3개월 내에 한정승인을 할 수 있다. 미성년자인 상속인이

제3항에 따른 한정승인을 하지 아니하였거나 할 수 없었던 경우에도 또한 같다. 〈신설 2022. 12. 13.〉

위 법률 규정에 따르면 상속인이 상속채무가 상속재산을 초과하는 사실을 중대한 과실 없이 상속개시 있음을 안 날로부터 3개월 내에 알지 못하고 단순승인을 한 경우 그 사실을 안 날로부터 3개월 내에 한정승인을 할 수 있습니다. 이를 '특별한정승인' 제도라고 합니다. 이때 특별한정승인 요건에 대한 증명책임은 상속인에게 있습니다.

이때 상속인이 조금만 주의를 기울였다면 상속채무가 상속재산을 초과한다는 사실을 알 수 있었음에도 이를 게을리하여 그러한 사실을 알지 못한 것이라면 상속인에게 중대한 과실이 있는 것으로 보게 됩니다. 판례에 따르면 중대한 과실의 판단은 아래와 같이 하게 됩니다.

"중대한 과실은 상속인의 나이, 직업, 피상속인과의 관계, 친밀도, 동거 여부, 상속개시 후 생활 양상, 생활의 근거지 등 개별 상속인의 개인적 사정에 비추어 상속재산에 대한 관리의무를 현저히 결여한 것을 뜻한다. 청구인들 각자의 개인적 사정에 따라 피상속인의 채무초과사실을 모른 데 중대한 과실이 있었는지 여부를 판단하여야 할 것이다."(서울가정법원 2005브85 판결)

이러한 관점에서 귀하께서는 상속채무가 상속재산을 초과한다는 사실을 몰랐던 것에 대한 중대한 과실이 없으므로 특별한정승인 신정이 가능할 것으로 보입니다. 그러므로 소장송달 혹은 부채통지를 받은 날로부터 3개월 내에 가정법원에 특별한정승인 신청을 하시면 되겠습니다. 가정법원으로부터 특별한정승인결정을 받으셔서 그 결정문을 민사소송 재판부에 제출하신다면 귀하의 고유재산으로 아버지의 채무를 변제할 불이익을 면할 수 있을 것입니다.

사례

사전증여받은 상속인이 상속포기한 경우 상속세 납부의무가 있나요?

Questions ■ ■ ■

저희 형제들은 5남매이고 저는 장남입니다.

어머님이 돌아가신 후 1달 정도 지나서 사정상 필요에 의해서 저는 가정법원에 상속포기신청을 해서 상속포기결정문을 받았습니다.

나머지 형제들 4명이 전부 상속받았습니다.
그리고 형제들이 상속세신고를 한다고 합니다. 그런데 저에게도 상속세를 납부해야 한다고 합니다. 저는 상속포기를 했는데 제가 7년 전에 어머님으로부터 아파트를 증여받은 것이 있어 그 증여재산도 합산해서 상속세를 납부해야 한다고 합니다.
정말 형제들의 말이 맞나요?

Answers ■ ■ ■

상속세를 산출하기 위한 상속세 과세가액에 상속인의 경우 10년 이전에 증여한 재산이 합산됩니다.

여기서 상속포기한 상속인에 대한 증여재산을 상속세 과세가액에 합산하는지가 문제되고 상속세 납부의무가 있는지 문제됩니다.

민법 제1019조에 제1항에 따라 상속개시 있음을 안 날로부터 3개월 내에 가정법원에 상속포기를 신고한 상속인의 경우 민법상 상속개시일로부터 상속인이 아니므로 원칙적으로는 상속세 납부의무가 없습니다.

그러나, 상속세 및 증여세법 제2조 제4호에 의하면 민법상 상속포기한 상속인이라도 증여받은 재산이 있다면 상속인으로 보아 상속재산에 합산하여 과세합니다.

즉, 민법상 상속포기자와 상속세 및 증여세법상의 상속포기자에 대한 법적취급이 다릅니다.

결론적으로 사전증여를 받지 않은 상속인이 상속포기한 경우 상속세납부의무가 없으나, 사전증여받은 상속인이 상속포기한 경우에는 그 증여재산도 합산해서 상속세납부의무를 부담합니다.

제11장
부동산등기

(증여등기, 상속등기, 유언상속등기, 유언대용신탁등기)

사 례

자녀 1인에게만 물려주는 방법(증여, 유언공증, 상속재산분할협의서, 상속포기)

Questions ■ ■ ■

저희 가족은 아버지와 2남 2녀입니다.
어머니는 오래전에 돌아가셨습니다.

아버지가 현재 73세이신데 막내아들이 아버지를 수발들고 간병하고 현재까지 결혼하지도 않고 같이 살고 있습니다.
저희 형제들은 아버지 유산에 대해 관심이 없고 전부 막내아들이 물려받기를 원하고 있습니다.

그래서 지난 추석 때 형제들이 모여 막내아들에게 아버지 유산을 전부 막내아들에게 주기로 합의했습니다.
크지는 않지만 살고 있는 집과 논, 밭이 있는데 막내아들에게 전부 물려줄 방법은 무엇이고 어떻게 준비해야 하나요?

Answers ■ ■ ■

만약 추후 아버지가 미리 생전에 증여나 유언 없이 사망할 경우 자녀들 4명이 각 1/4지분씩 공동상속 받습니다.

그런데 요청하신 것처럼 아버지 재산을 막내아들에게 전부 물려주려면 4가지 방법이 있습니다.

1. 증여등기

미리 아버지 생전에 재산 명의를 이전하는 절차를 밟으면 됩니다. 증여등기절차를 밟으면 됩니다. 증여등기를 위해선 아래의 서류를 기초로 해당 부동산 등기소에 증여등기신청을 하시면 됩니다.

1) 아버지 인감도장, 인감증명서, 등기권리증(분실의 경우 확인서면 작성, 확인서면은 변호사 사무실에서 작성가능), 가족관계증명서, 주민등록초본
2) 막내아들 도장(막도장도 가능), 주민등록초본

2. 유언공증과 유언상속등기

아버지께서 미리 자필유언이나 유언공증을 해놓으시면 추후 유언장에 따라 유언상속등기를 하시면 됩니다.

3. 상속재산분할협의서 작성을 통한 협의분할상속등기

아버지가 증여나 유언없이 사망할 경우 자녀들 4명 전부 상속재산분할협의서에 인감도장을 날인하고 인감증명서를 첨부해서 상속등기를 신청하시면 됩니다.

4. 상속포기신청과 단독상속등기신청

상속개시일로부터 3개월 내에 자녀들 3명이 가정법원에 상속포기신청을 하고 상속포기결정문을 첨부해서 1명이 단독상속등기를 신청하시면 됩니다.

귀하 형제들 전부 연락이 잘되고 분쟁이 없다면 위 4가지 방법 모두 가능합니다.

다만, 증여등기의 경우 5000만 원만 공제되고 초과금액에 대해서는 증여세가 나옵니다. 유언공증을 통한 상속이나 협의분할상속, 상속포기의 경우에는 총 5억 원까지는 상속세가 공제되므로 아버지 재산 규모에 비추어 절세가 되는 방법을 선택해 보시길 바랍니다.

그리고 만약 형제들 중 일부라도 반대할 사람이 있다면 당연히 증여등기나 유언공증의 방법을 취해야 하고 협의분할상속, 상속포기를 하시면 안 될 것입니다(그 협의분할상속은 상속인들 전원 동의를 받아야 하기 때문입니다.)

증여등기신청, 유언공증절차 진행, 협의분할상속등기신청, 상속포기 등 구체적인 진행은 저희 법무법인 천명에서 진행해드릴 수 있으니 보다 자세한 것은 아버지 가족관계증명서, 아버지 소유 부동산등기부등본 등을 지참해서 방문상담을 해주시길 바랍니다.

※ 민법

제1012조(유언에 의한 분할방법의 지정, 분할금지)
피상속인은 유언으로 상속재산의 분할방법을 정하거나 이를 정할 것을 제삼자에게 위탁할 수 있고 상속개시의 날로부터 5년을 초과하지 아니하는 기간내의 그 분할을 금지할 수 있다.

제1013조(협의에 의한 분할)
① 전조의 경우외에는 공동상속인은 언제든지 그 협의에 의하여 상속재산을 분할할 수 있다.
② 제269조의 규정은 전항의 상속재산의 분할에 준용한다.

사례

부동산 증여등기 서류 및 절차 등

Questions

안녕하세요 변호사님.

아들에게 부동산을 증여해주려고 합니다.
증여등기를 하려고 찾아보니 혼자서 준비하기에는 너무 어렵고 복잡해서요.

변호사님께서 증여등기 방법을 자세히 알려주시면 감사하겠습니다.
그리고 변호사님에게 증여등기를 의뢰해도 되는지요?

Answers

부동산증여의 경우 직계존비속간의 증여는 10년간 성인 자녀 1명별로 5000만 원(미성년자녀의 경우 2000만 원)까지는 공제되어 증여세가 없습니다. 초과금액에 대해서만 증여세 부과됩니다. (손자, 손녀에 대한 증여 등 세대를 건너뛴 증여이전도 가능합니다.)

1. 증여등기에 필요한 서류

1) 증여계약서 3통 (원본 1통, 사본 2통)

(증여계약서나 소유권이전등기신청서 서식 및 작성요령은 대법원 등기사이트 등 인터넷에서 다운받아 활용하시면 됩니다. 만약 직접 하실 것이 아니라 저희 로펌 등기팀에 의뢰하신다면 저희 로펌에서 준비해드릴 것입니다.)

2) 증여자(증여하는 사람)

① 인감증명서 1통

② 인감도장

③ 주민등록초본(주소지 변경 사항 전부 포함) 1통

④ 등기권리증(단, 등기권리증이 없는 경우 증여자의 확인서면 작성하고 신분증 첨부)

⑤ 등기부등본 1통

⑥ 토지대장등본 1통

⑦ 건축물대장등본 1통(아파트인 경우 : 토지, 건축물대장 각각 1통씩 첨부)

3) 수증자(증여를 받는 사람)

① 주민등록등본 1통

② 도장(인감이 아니어도 됩니다)

4) 소유권이전등기신청서 1통

(소유권이전등기신청서 서식 및 작성요령은 대법원 등기사이트 등 인터넷에서 다운받아 활용하시면 됩니다. 만약 직접 하실 것이 아니라 저희 로펌 등기팀에 의뢰하신다면 저희 로펌에서 준비해드릴 것입니다.)

2. 증여등기신청 접수 절차

1) 관할구청 지적과에서 증여계약서에 검인을 받습니다(3통).

2) 관할구청 세무과에 취득세신고를 하고 취득세(등록세 통합) 고지서를 받습니다.

3) 관할구청 소재 은행에 가서 고지서에 따른 취득세를 납부하고, 국민주택채권 , 수입인지, 법원증지(14,000원)를 매입합니다.

4) 납부한 취득세영수증, 법원증지 등을 증여등기신청서에 첨부합니다.

5) 취득세 고지서의 과세표준금액과 국민채권과 관련된 내용을 등기신청서에 기입합니다.

6) 증여등기 서류는 순서대로 등기신청서, 위임장, 인감증명서, 주민등록등/초본, 토지/건축물대장/등본을 첨부합니다.

7) 완성된 등기신청서를 해당 부동산소재지관할 등기소 등기과에 접수

3. 증여계약서 샘플

증 여 계 약 서

증여 부동산의 표시

○○시 ○○구 ○○ 동 ○○ 번지 대 353㎡

위 부동산은 증여인의 소유인 바 수증인 ○○○에게 증여할 것을 약정하고 수증인은 이를 수락하였으므로 이를 증명하기 위하여 각각 서명 날인한다.

2024년 0월 0일

증여인 000 (인) (인감도장 날인)

(주민번호 : –)

주소 : ○○시 ○○구 ○○ 대로 ○○ 번지

수증인 000 (인) (막도장도 날인가능)

(주민번호 : –)

○○시 ○○구 ○○ 대로 00번지

보다 명확한 증여등기진행 및 증여계약서작성, 증여등기신청서 작성과 접수 등 시간관계나 법률용어를 이해하기 어려워 증여등기진행 등을 직접 하시기 어렵다면 위 서류를 모두 지참해서 저희 로펌에 방문상담을 해주시면 저희 로펌에서 완벽하게 증여등기를 진행해드리겠습니다.

사 례

부동산 증여예약가등기 서류 및 절차 등

Questions

저는 서울에 주택을 하나 가지고 있는데요. 제 자녀로 15세와 17세인 딸 2명이 있습니다. 두 딸들 앞으로 미리 증여등기를 해주고 싶지만, 아직 딸들이 미성년자이기 때문에 행여나 주택이 잘못될까봐 걱정이 되어서 선뜻 증여를 해주기도 망설여지는 상황입니다.

이런 경우에는 어떤 절차를 통하여 딸들에게 증여하는게 가장 안전할까요? 너무 고민이 되어 변호사님께 이렇게 문의 드립니다.

Answers

안녕하세요 증여예약가등기 전문 법무법인 천명 대표변호사 경태현입니다.

귀하께서는 미성년자인 자녀에 대한 부동산 증여를 할 경우에 안전한 등기절차에 대한 문의를 주셨습니다.

귀하의 경우 안전하게 미성년자인 자녀분들에게 부동산을 증여하고자 하신다면 '증여예약가등기' 절차를 통하여 진행이 가능하십니다.

증여예약가등기란, 부동산 소유자가 고령 등으로 치매 초기와 같은 증상이 도래하기 전에 미리 향후 동거자 등이 소유자 본인을 이용하여 소유권을 일탈시킬 우려를 방지할 때나 부모가 재산을 나이가 아직 어려 재산을 탕진할 우려가 있는 어린 자녀에게 미리 증여예약을 해놓고, 일정 나이가 되면 증여가 되도록 하는 절차입니다.

증여예약가등기에 대하여 대법원에서는 '가등기는 그 청구권이 시기부 또는 정지조건부인 때 기타 장래에 있어서 확정될 것인 때에도 할 수 있으므로, 증여예약을 원인으로 하는 소유권이전등기청구권을 보전하기 위하여 가등기를 신청할 수도 있다.'라고 하면서 증여예약가등기를 실무상 인정해주고 있습니다.

그런데 증여예약가등기는 일반적인 증여등기와는 다르게 비용저렴하다는 큰 장점이 있습니다. 즉, 등록면허세는 부동산 가액의 2/1000만 납부하면 되고, 이 금액의 20/100인 교육세만 납부하면 됩니다. 또한 일반적인 증여등기와는 다르게 국민주택채권도 매입할 필요가 없으므로, 비용면에서 큰 절감효과가 있습니다.

증여예약가등기시 필요서류는 아래와 같습니다.

1. 등기 의무자(증여자) : 귀하

- 인감도장, 인감증명서, 주민등록초본(과거 모든 주소 포함), 등기권리증

2. 등기 권리자(수증자) : 자녀들

- 주민등록초본(과거 모든 주소 포함)

3. 증여예약서

4. 그 외 서류들

- 토지대장 또는 (일반 또는 집합)건축물대장, 등록면허세 영수증, 등기신청수수료 영수증

이 중 가장 중요한 것은 가등기의 원인증서인 '**증여예약서**'인데, 일반적인 증여등기시의 증여계약서와는 다르게 별도의 검인절차를 요하지 않는다는 것입니다.

또한 일반적인 증여등기 신청과는 다르게 부동산이 농지인 경우에도 농지자격증명원을 제출할 필요가 없습니다.

이렇듯 편리한 증여예약등기이지만, 증여예약서의 작성 등은 법률적인 기술을 요구하므로, 전문가의 도움이 반드시 필요합니다.

방문상담 예약 후 저희 로펌을 방문해주시면 증여예약가등기에 대한 추가적인 안내를 드리도록 하겠습니다.

※ 부동산등기법

제88조(가등기의 대상)

가등기는 제3조 각 호의 어느 하나에 해당하는 권리의 설정, 이전, 변경 또는 소멸의 청구권(청구권)을 보전(보전)하려는 때에 한다. 그 청구권이 시기부(시기부) 또는 정지조건부(정지조건부)일 경우나 그 밖에 장래에 확정될 것인 경우에도 같다.

사 례

사망한 사람의 부동산 매매와 상속등기

Questions ■ ■ ■

어머니가 얼마 전에 돌아가셨는데 어머니 명의로 된 아파트가 하나 있습니다. 아직 사망신고는 안 한 상태입니다.
그런데 아파트를 팔려고 하니 부동산에서는 아직 어머니 사망신고가 되어 있지 않아 어머니 서류를 떼서 매매하는 데 문제가 없다고 하네요.

다만 나중에 문제가 생길 수 있으니 저를 포함한 자녀들의 상속포기각서를 첨부하면 된다고 해요.

부동산에서 알려 준 방식으로 해도 문제가 없는지 궁금하고, 저희들의 상속포기각서 말고 더 필요한 서류가 있는지 궁금합니다.

Answers ■ ■ ■

원칙적으로 사망한 사람 명의의 부동산을 매매하거나 담보로 제공하려고 하면 사망한 사람의 명의로는 불가능하고 상속인들 명의로 소유권을 이전한 다음에 해야 합니다. 그 이유는 사망한 사람이 법률행위를 할 수 없기 때문입니다.

또한 형사적으로도 문제가 될 수 있는 매매를 위해서 사망한 분 명의의 매도용 인감증명서를 발급받으면 사망신고의 유무와 상관없이 그 자체로 불법이고 형사처벌 받을 수 있습니다.

다만, 예외적으로 어머니께서 사망하기 전에 이미 매매계약을 체결했는데 잔금을 받고 소유권을 이전해 주기 전에 사망한 경우에는 상속인들이 모두 자신들의 인감증명서를 첨부해서 어머니 명의에서 곧바로 매수인 명의로 매매등기할 수 있습니다. 이때 상속등기를 하지 않아도 됩니다.

사 례

상속등기의 기간과 방법

Questions ■ ■ ■

아버지가 돌아가시고 남기신 재산은 공시지가로 약 20억 원입니다. 부동산은 공시지가로 계산했고 시가는 잘 모릅니다.

그리고 상속인으로는 어머니와 저를 포함해서 3명의 자녀가 있습니다.
이런 경우 법정상속지분대로 상속처리를 한다면 4명이 각각 4분의 1씩 등기를 하면 되는지요.

만일 그렇게 하지 않고 저와 어머니 명의만으로 등기를 할 수 있는지요, 만일 할 수 있다면 그 방법은 무엇인지요.

그리고 아버지가 9월에 돌아가셔서 내년 3월까지 신고를 해야 할 듯한데, 우선 상속세 신고를 먼저하고 상속처리는 나중에 해도 된다고 알고 있는데 맞는지요?

4명이 모두 등기를 하든 아니면 어머니와 저 이렇게 두 명으로 등기를 했을 때 나중에 부동산을 처분하면 판 돈은 어떻게 나누게 되는지요.

답변 부탁드립니다.

Answers ■ ■ ■

안녕하세요. 경태현 변호사입니다.

질문의 순서에 맞춰서 답변 드립니다.

1) 법정상속지분대로 상속처리를 한다면 4명이 각각 4분의 1씩 등기를 하면 되는지요.

➜ 법정상속분은 배우자가 1.5지분, 자녀들이 각 1지분입니다. 따라서 법정상속지분을 기준으로 상속등기를 하고자 한다면, 어머니가 3/9지분, 자녀들이 각 2/9지분으로 상속등기를 할 수 있습니다.

2) 저와 어머니 명의만으로 등기를 할 수 있는지요, 만일 할 수 있다면 그 방법은 무엇인지요.

➜ 원칙적으로 상속인 전원 명의로 등기를 해야 하나, 만일 상속인 중 일부 명의로만 등기를 하고자 한다면 상속인 전원이 참여해서 상속재산을 상속인 중 일부가 상속받는 것으로 하는 상속재산분할협의서를 작성하거나, 가정법원에 상속재산분할심판청구를 판결을 받은 후에 그 판결의 내용대로 등기를 하는 방법이 있습니다.

그러나 어머니와 귀하를 뺀 다른 자녀들이 아버님으로부터 생전에 많은 재산을 증여받은 경우가 아니라면, 어머니와 귀하가 상속재산을 상속받는 것으로 하는 상속재산분할협의서를 작성해서 등기하는 방법으로 해야 할 것으로 보입니다.

3) 아버지가 9월에 돌아가셔서 내년 3월까지 신고를 해야 할 듯한데, 우선 상속세 신고를 먼저하고 상속처리는 나중에 해도 된다고 알고 있는데 맞는지요?

➜ 맞습니다. 상속세 신고는 피상속인이 사망한 날이 속한 달로부터 6개월이 되는 말일까지 신고가 가능합니다. 그리고 상속세를 해당 기간까지 신고하고 납부하면 그 다음에 상속재산을 어떻게 분할할지는 시간의 제한이 없습니다.

따라서 일단 내년 3월까지 상속세 신고와 납부를 한 후 상속처리는 충분한 시간을 갖고 상속인들이 협의하는 것도 가능합니다.

4) 4명이 모두 등기를 하든 아니면 어머니와 저 이렇게 두 명으로 등기를 했을 때 나중에 부동산을 처분하면 판 돈은 어떻게 나누게 되는지요.

➜ 원칙적으로 상속재산분할협의를 하고 그 내용에 따라 상속등기를 하든, 아니면 법정상속분대로 등기를 하든 일단 상속등기를 하면 그 내용대로 소유권을 취득한 것으로 추정됩니다. 따라서 일단 소유권을 취득하면 그 등기된 대로 매매대금을 취득하는 것이 원칙입니다.

그러나 어떤 사정으로 상속인 중 일부 상속인 명의로 등기를 하고 나중에 해당 부동산을 매각해서 법정상속지분을 기준으로 매매대금을 나누는 별도의 협의도 가능합니다.

그러나 이 경우 매각시기를 알 수 없고 새로운 분쟁이 발생할 여지가 있으므로, 가능하면 처음부터 실제 취득자를 기준으로 상속재산분할협의를 하고 상속등기를 마치기를 권해 드립니다.

※ 민법

제1009조(법정상속분)

① 동순위의 상속인이 수인인 때에는 그 상속분은 균분으로 한다. 〈개정 1977. 12. 31., 1990. 1. 13.〉

② 피상속인의 배우자의 상속분은 직계비속과 공동으로 상속하는 때에는 직계비속의 상속분의 5할을 가산하고, 직계존속과 공동으로 상속하는 때에는 직계존속의 상속분의 5할을 가산한다. 〈개정 1990. 1. 13.〉

③ 삭제 〈1990. 1. 13.〉

제1013조(협의에 의한 분할)

① 전조의 경우외에는 공동상속인은 언제든지 그 협의에 의하여 상속재산을 분할할 수 있다.

② 제269조의 규정은 전항의 상속재산의 분할에 준용한다.

사 례

다른 상속인의 동의 없이 가능한 법정상속등기

Questions ■ ■ ■

안녕하세요. 재산상속에 대해서 문의드립니다.

어머니가 돌아가셨고, 상속재산으로는 아파트가 있습니다. 상속인은 저를 포함한 3형제입니다. 저는 3형제가 똑같이 법정지분대로 3분의 1씩 등기를 하자는 입장이지만, 다른 형제들은 서로 의견이 달라서 아직까지 명의이전을 하지 못하고 있습니다.

이 경우 제 단독으로 3분의 1씩 똑같이 등기를 할 수 있나요?
만일 가능하다면 어떤 절차를 밟아야 하고, 비용은 얼마인지 알고 싶습니다.

또한 명의 이전 후에 매각하려면 어떤 절차를 밟아야 하나요?

Answers ■ ■ ■

안녕하세요. 경태현 변호사입니다.

어머니가 별도로 유언을 하지 않았다면 특별한 사정이 없는 한 귀하의 형제들은 법정상속분인 3분의 1씩 상속을 받게 됩니다.

이때 일반 상속인 중 일부가 다른 상속인들의 동의 없이 법정상속지분을 기준으로 등기하는 것은 가능합니다.

만일 법정상속지분대로 등기를 하고자 하면, 취득세와 등록세를 신고납부를 한 후 법정상속 등기를 등기소에 접수하시면 됩니다.

또한 귀하가 직접 등기신청을 하는 것이 어렵다면 부동산이 소재한 등기소 인근의 법무사에 의뢰하실 수 있고 부동산이 서울이나 수도권에 있다면 저희 로펌에서 등기신청이 가능합니다.

또한 비용은 부동산의 공시가에 따라 달라지고 이외에 변수가 있을 수 있으므로 보다 자세한 상담은 방문상담 해 주시기 바랍니다.

방문상담은 아래 자료를 모두 지참해서 해 주셔야 합니다.

- 어머님 기본증명서, 가족관계증명서, 혼인관계증명서, 말소자초본
- 귀하 기본증명서, 가족관계증명서, 주민등록초본
- 상속재산인 아파트의 부동산등기부등본

그리고 법정상속지분등기 후 형제들 간에 협의해서 매매를 하는 것이 가장 좋은 방법인데 만일 이 중 일부 상속인들의 거부로 매각이 어렵다면 법원에 상속재산분할청구소송을 제기해서 분할할 수 있습니다.

상속재산분할심판청구를 할 경우에 기여분여부, 특별수익여부 등 개별적 사안에 따라 다르기 때문에 보다 자세한 상담은 위의 자료를 지참해서 방문상담을 해 주셔야 할 것입니다.

※ 민법

제1009조(법정상속분)

① 동순위의 상속인이 수인인 때에는 그 상속분은 균분으로 한다. 〈개정 1977. 12. 31., 1990. 1. 13.〉

② 피상속인의 배우자의 상속분은 직계비속과 공동으로 상속하는 때에는 직계비속의 상속분의 5할을 가산하고, 직계존속과 공동으로 상속하는 때에는 직계존속의 상속분의 5할을 가산한다. 〈개정 1990. 1. 13.〉

③ 삭제 〈1990. 1. 13.〉

사 례

셀프상속등기하려면 지분율도 계산해야 할까요?

Questions ■ ■ ■

안녕하세요?

저희 아버지께서 최근에 돌아가셨는데 지방에 조그마한 땅 하나를 가지고 계셨습니다. 아버지 자녀로는 저 포함해서 총 7남매가 있었는데, 형제들이 많다보니 상속부동산을 어떻게 나누어 가질 지에 대해서 이런저런 불만들이 많네요.

결국에는 싸움만 하다가 아버지 부동산을 어떻게 나누어 상속받을지를 정하지 못하였는데요. 제가 알아본 바로는 법으로 정해진 지분에 따라서는 별도로 협의 없이도 등기를 칠 수 있다고 하더라구요.

그래서 이번에 경험삼아 셀프등기를 해보려고 하는데 여기서 궁금한 점이 있습니다.

그것은 바로 형제에 대한 법정상속분을 꼭 계산해서 등기소에 제출해야 하는지 만약에 제가 법정상속분을 잘못 적어서 등기소에 제출하더라도 나라에서 수정을 해주나요?

Answers ■ ■ ■

안녕하세요. 상속등기 전문 법무법인 천명 대표변호사 경태현입니다.

귀하께서는 법정상속등기를 셀프상속등기로 할 때 상속인들의 법정상속분을 신청인이 계산해서 내야하는지, 만약에 신청서에 법정상속분을 잘못 기재한 경우 등기소에서 수정을 해주는지에 대하여 문의를 주셨습니다.

상속등기는 민법상 규정하고 있는 법정상속분에 따라 상속등기를 하는 '법정상속등기'와 공동상속인들 전원의 협의에 따라 정한 상속지분에 따라 등기를 하는 '협의분할상속등기', 법원으로부터 상속재산분할심판을 받은 후 그 심판 내용에 따라 등기를 하는 '심판분할에 의한 상속등기'가 있습니다.

그런데 귀하의 경우에는 형제들 간의 분쟁으로 인하여 협의분할상속등기는 힘들어 보이고, 법정상속등기 또는 심판분할에 의한 상속등기를 시도해 볼 수 있는데, 현재 등기를 급하게 치셔야 하는 사정으로 보이기 때문에 공동상속인 중 일방이 등기를 신청할 수 있는 법정상속등기에 대한 안내를 드리고자 합니다.

기본적으로 법정상속등기의 경우 민법에 따른 상속지분은 망인의 배우자는 1.5, 자녀들은 1을 가지기 때문에 망인의 자녀들은 그 상속분이 1로써 균등합니다.

즉, 귀하의 사례의 경우 망인의 자녀들이 7명이기 때문에 각 자녀들은 1/7지분씩 상속을 하게 되고, 이 지분에 따라 법정상속등기를 할 수 있습니다.

그리고 법정상속등기의 경우 상속인들 전원의 동의나 인감증명서 등 서류 없이도 상속인들 중 일방이 신청이 가능하지만 이때 일방으로 등기 신청하는 상속인의 법정상속지분만을 등기를 신청할 수는 없고, 다른 나머지 공동상속인들 전원의 법정상속지분도 함께 등기를 신청해야 하며 그 취득세도 공동상속인 전원이 취득하는 상속부동산의 과표를 기준으로 납부해야 합니다.

또한 일방이 법정상속등기를 신청하는 경우에는 보통 다른 공동상속인들의 신분서류에 대한 협조를 기대하기는 힘든 상황이기 때문에 이때에는 우선 해당 관할 등기소에 다른 공동상속인들 신분서류 없이 등기신청서를 접수하면 관할 등기소에서는 공동상속인들 신분서류와 관련한 '보정명령'을 내리게 됩니다.

이 보정명령문을 가지고 가까운 주민센터나 시, 군, 구청에 가지고 가시면 다른 공동상속인들의 신분서류들을 모두 발급할 수 있습니다.

그리고 법정상속분의 경우에는 법정상속등기신청시에 신청서에 기재하시면 되고, 만약 계산을 잘못하여 공동상속인들의 법정상속지분을 잘못 표기하였다면 관할 등기소의 등기관이 제대로 법정상속분을 계산하여 보정하라는 내용의 보정명령을 내리게 되고 이에 따라 보정처리하시면 되겠습니다.

위와 같이 셀프상속등기로 법정상속등기 신청하는 경우에는 다른 공동상속인들의 동의 없이 등기를 신청할 수 있다는 점에서는 큰 장점을 가지고 있지만 자신의 법정상속분만을 등기를 신청할 수 없고, 취득세도 전체를 납부해야 하기 때문에 이 법정상속등기를 신청할 때에는 신중을 기해야 할 것입니다.

또한 위 법정상속등기에 따라 등기를 완료하더라도 다른 공동상속인이 상속재산분할 소송을 제기하게 되면 이 상속재산분할 소송 결과에 따라 얼마든지 그 상속지분에 대한 변동이 발생할 수 있고, 상속재산분할심판이 확정된다면, 법정상속등기에 대해서는 그 상속재산분할심판 내용에 따른 별도의 '소유권경정'등기 절차가 진행됩니다.

이처럼 일반 매매등기, 증여등기와는 다르게 상속등기의 경우에는 여러 가지의 상황을 고려해 보고 그에 따른 해결책을 강구해야 하기 때문에 직접 진행하시기에는 어려움이 있기 때문에 이러한 실무를 많이 경험해보고 직접 해결해본 법무법인 천명과 같은 상속등기 전문로펌을 통하여 진행하는 것이 의뢰인분들의 소중한 시간과 비용을 절약하는 지름길입니다.

간단한 질문도 괜찮고, 상속문제와 관련한 상담도 언제든지 환영합니다. 편하게 전화 주시면 의뢰인 분들의 상황에 따른 맞춤 전략을 세워 드리도록 하겠습니다.

사 례

협의분할상속등기는 어떤 과정을 통해야 할까요?

안녕하세요, 법무법인 천명 경태현 대표변호사입니다. 저희 법무법인에는 상속재산 분할이 원활히 되지 않거나 그 과정에 어려움이 있어 찾아주시는 의뢰인분들이 많이 계십니다. 그러나 만약 상속인 간의 의사소통이 원활히 이루어져 모두가 합의한 결론에 도달했다면 그에 따라 등기하실 수도 있을 것입니다.

그러나 상속 등기의 과정은 길고 복잡하여 어디서부터 어떻게 준비하고 실행해야 하는지 파악하실 때에 어려움이 있으실 것입니다. 오늘은 이와 관련해 저희 법무법인에 질문주신 사례를 활용하여 상속 등기의 과정을 순차적으로 설명 드리겠습니다.

Questions ■ ■ ■

안녕하세요 변호사님.

얼마 전 어머니가 돌아가셔서 오빠와 상속에 대해 얘기를 하게 되었습니다.
서로의 경제상황을 고려하여 저에게 모든 재산을 상속하는 것으로 합의하였는데요.

제가 직접 상속 등기를 하고 싶은데 인터넷을 찾아봐도 헷갈리는 부분이 많아 이렇게 질문드리게 되었습니다. 상속 등기 과정에 대해 자세히 알려주시면 감사하겠습니다.

그리고 변호사님에게 상속등기를 의뢰하고 싶은데 어떻게 의뢰하나요?

Answers ■ ■ ■

안녕하세요, 상속등기 법무법인 천명 경태현 대표변호사입니다.

귀하의 경우 부동산 상속등기 중 법정상속등기가 아닌 협의분할상속등기절차에 대한 질문주신 것으로 보입니다. 이에 관해 준비해야할 사항과 그 과정을 순차적으로 설명드릴테니 참고하시면 되겠습니다.

- 필요한 서류

※ 피상속인의 전호주제적등본, 제적등본, 기본증명서(상세), 가족관계증명서(상세), 혼인관계증명서(상세), 입양관계증명서(상세), 친입양관계증명서(상세), 주민등록말소자초본

※ 공동상속인들 전원(대습상속인들이 있는 경우 전부) 각자의 기본증명서(상세), 가족관계증명서(상세), 주민등록초본(과거 전주소 변동이력 다나오게), 인감증명서, 인감도장

※ 토지대장 및 토지등기부등본, 건축물대장 및 건축물등기부등본

- 협의분할상속등기를 위한 세부절차

1) 상속재산분할협의서 작성

상속재산분할협의서 작성 후 공동상속인 전원이 인감도장날인하고 인감증명서를 첨부해야 합니다. 협의서 작성요령 및 양식은 대법원 등기사이트를 참조하시면 되겠습니다. 상속인별로 작성해서 원본 1부는 해당 관할등기소에 제출하시고 남은 협의서는 공동상속인 각 1부씩 보관하시면 됩니다. 혹은 원본 1부를 작성하고 복사본을 공동상속인들이 보관하는 것으로 해도 무방합니다. 만약 저희 로펌에 의뢰하신다면 상속재산분할협의서를 저희 로펌에서 작성해드릴 것입니다.

2) 취득세 및 등록세 신고납부

부동산에 대한 취득세를 피상속인 돌아가신달 말일기준 6개월 내에 관할 시, 군, 구청

세정과(취득세과)에 가셔서 자진신고 하시고 취득세고지서를 발급받아 납부해야 합니다. 취득세(등록세 포함) 및 상속세의 경우 사망 후 6개월 내 신고납부를 하지 않으면 가산세(신고불성실, 납부불성실)를 추가로 부담해야 하므로 주의하시길 바랍니다. 이를 위해 앞서 말씀드린 신분서류, 부동산자료, 상속재산분할협의서를 준비하셔야 합니다.

참고) 가산세 및 취등록세율
- 무신고불성실가산세 : 20%
- 무납부불성실가산세 : 3/10,000 (연금리10.95%)
- 기본 취등록세율= 3.16%(취득세 2.8%+농특세0.2%+지방교육세0.16%).

3) 국민주택채권 매입 및 부동산수수료 납부

해당 관청(시, 구청) 내의 금융기관(신한, 농협, 우리은행 등)에 취득세 및 등록세를 납부하면서 국민주택채권을 매입하고, 국민주택채권 구입영수증을 준비합니다. 취득세영수증에 따른 시가표준과 채권할인율을 통해 계산된 실질 자기부담액을 납부하고 국민주택채권 구입영수증을 수령하시면 되겠습니다.

4) 협의분할에 의한 상속으로 인한 소유권이전등기신청서 작성 및 해당 관할등기소 접수

대법원인터넷등기소 사이트에서 "협의분할에 의한 상속으로 인한 소유권이전등기신청서"를 다운받아 꼼꼼히 작성하고, 이에 필요한 서류를 첨부하여 해당 관할등기소에 접수하시면 됩니다. 특히, "부동산의표시란"은 토지나 건물등기부등본에 나와있는 대로(소재지, 용도, 구조, 면적 등) 그대로 기입하셔야 하므로 주의하시길 바랍니다. 만약 저희 로펌에 의뢰하신다면 협의분할상속등기신청서 등을 저희 로펌에서 작성해드릴 것입니다.

참고) 소유권이전등기 첨부 서류
신분서류, 부동산서류, 취등록세영수증, 국민주택채권구입영수증, 부동산수수료영수증, 상속재산분할협의서

※ 민법

제1013조(협의에 의한 분할)

① 전조의 경우외에는 공동상속인은 언제든지 그 협의에 의하여 상속재산을 분할할 수 있다.

② 제269조의 규정은 전항의 상속재산의 분할에 준용한다.

사 례

부친 구두유언에 따른 부동산상속등기(협의분할상속등기) 서류 및 절차 등

Questions ■ ■ ■

아버지께서 지난 3월 말경에 갑작스럽게 돌아가셨습니다.
아버지의 유산으로는 시골에 논, 밭, 집터가 있습니다.
가족들은 어머니와 3남매입니다. 그 중 저는 장남입니다.

아버지 유산이 대대로 장손에게 넘겨진 땅이고 그다지 큰 재산가액이 아니어서 형제들과 어머님이 제 이름으로 단독상속받는 것에 동의했습니다.

아버지가 특별한 유언장을 남기신 것은 아니나 살아계셨을 때 수시로 구두로 고향의 땅을 장남인 저에게 물려주시기로 했으며(구두유언) 모든 형제들과 어머님도 알고 있는 사실입니다.

그래서 이런 상황에서 궁금한 점은 부친께서 구두유언으로 남기신 대로 시골에 있는 땅들을 저의 이름으로 단독상속을 받으려고 하면 어머니와 형제들이 어떤 서류와 절차 도움을 줘야 하고 구체적으로 어디에 가서 어떻게 신청을 하여야 하는 것인가요?

형제들과 어머님은 적극적으로 서류 협조 등을 한다고 합니다. 자세히 알려주십시오.

Answers ■ ■ ■

안녕하세요. 상속등기 법무법인 천명 경태현 대표변호사입니다.

아버지께서 별도의 유언이 없이 사망하신 경우 어머니와 자녀들 3명이 공동상속인이 됩니다.

법정상속분의 경우 어머님이 1.5지분, 자녀들이 각 1지분씩이고 이를 분모화하면 어머님이 3/9지분, 자녀들이 각 2/9지분씩입니다.

위 법정상속분에도 불구하고 상속인들 전원이 서로 협의해서 귀하 명의로 상속부동산에 대해서는 단독상속등기를 진행할 수 있습니다.

참고로 구두유언은 법적인 효력이 없습니다.

다만, 귀하의 경우 비록 구두유언이 효력이 없지만 구두유언에 따라서 상속인들 전원이 동의하는 경우로서 이런 경우 협의분할상속등기절차를 밟으면 될 것입니다.

상속부동산에 대해서 귀하가 단독상속등기를 하려면

1. "상속재산분할협의서(귀하에게 단독상속한다는 내용기재)를 작성해서 상속인들 전원이 인감도장날인, 인감증명서를 첨부하고, 각 신분서류인 기본증명서, 가족관계증명서, 주민등록초본을 첨부해서 협의분할을 원인으로 한 상속등기신청서를 작성하시고 이를 해당 관할 등기소에 접수"하시면 됩니다.

2. 협의분할상속등기신청서에 해당 관할 시청, 군청, 구청에서 취득세, 등록세, 교육세, 농특세, 등기신청수수료, 국민주택채권(할인) 영수증을 첨부해서 접수하시면 됩니다.

3. 그리고 기타 피상속인 아버지의 신분서류인 제적등본, 기본증명서, 가족관계증명서, 혼인관계증명서, 입양관계증명서, 친양자입양관계증명서, 주민등록말소자초본을 첨

부해야 합니다.

4. 저희 법무법인 천명에서는 "전국지역의 상속부동산"에 대해서 "상속등기 서비스"를 진행해드리고 있으니 부담 없이 언제든지 상담을 해주시길 바랍니다.

구체적으로 상속부동산에 대한 협의분할상속등기 서류 안내, 상속재산분할협의서 작성, 취득세 등록세 등 각종 공과금 납부 그리고 상속등기신청서 작성 및 접수 등 포괄적인 상속등기진행을 해드리고 있으니 아래 기본서류를 지참해서 방문상담을 해주시길 바랍니다.

- 피상속인(망인)의 제적등본, 기본증명서, 가족관계증명서, 혼인관계증명서, 입양관계증명서, 친양자입양관계증명서, 주민등록말소자초본
- 상인들의 각자 기본증명서, 가족관계증명서, 주민등록초본, 인감도장, 인감증명서
- 상속부동산등기부등본과 토지대장 내지 건축물대장

※ 민법

제1009조(법정상속분)

① 동순위의 상속인이 수인인 때에는 그 상속분은 균분으로 한다. 〈개정 1977. 12. 31., 1990. 1. 13.〉

② 피상속인의 배우자의 상속분은 직계비속과 공동으로 상속하는 때에는 직계비속의 상속분의 5할을 가산하고, 직계존속과 공동으로 상속하는 때에는 직계존속의 상속분의 5할을 가산한다. 〈개정 1990. 1. 13.〉

③ 삭제 〈1990. 1. 13.〉

제1013조(협의에 의한 분할)

① 전조의 경우외에는 공동상속인은 언제든지 그 협의에 의하여 상속재산을 분할할 수 있다.

② 제269조의 규정은 전항의 상속재산의 분할에 준용한다.

사례

해외거주 상속인이 있는 경우 상속등기절차 및 방법

Questions

저희 집안 상속 때문에 문의드립니다.

할아버지가 최근에 돌아가셨습니다. 할머니는 이미 먼저 돌아가셨고 자녀들이 2남 3녀입니다.
저희 아버지가 장남입니다. 그리고 막내딸인 막내고모가 해외거주 중입니다.
그리고 작은 아버지는 이미 5년 전에 먼저 돌아가셨습니다. 조금 복잡합니다.

돌아가신 할아버지 성함으로 된 2층 건물(토지포함)이 있습니다.
위 토지와 건물의 소유권을 아버지 명의로 모두 바꾸려 하는데 상속인들 전원의 각서와 동의서를 받아야 한다고 들었습니다.
거의 대다수 상속인들이 아버지가 상속받는 것에 동의하는 상황입니다.

근데 상속인들 중 한 명(막내 고모)이 해외거주 중인데 이 경우 상속등기를 어떻게 해야 하나요?

Answers

안녕하세요. 해외거주자 상속등기 방법 및 절차 법무법인 천명 대표변호사 경태현입니다.

최근에 돌아가신 할아버지의 부동산이 그대로 존재하는 경우이고 별도의 유언장이 없는 경우입니다.
이런 경우 할아버지의 자녀들 5명이 각 균등하게 각 1/5지분씩 법정상속받습니다.

그런데 만약 자녀들 중 사망한 자녀(작은 아버지)가 있다면 그 자녀의 상속분 1/5은 없어지지 않고 그 배우자와 자녀들에게 그대로 상속됩니다.
이를 대습상속이라고 합니다. 즉, 순차적으로 승계됩니다. 다만, 작은아버지의 배우자도 사망하면 그 자녀들에게만 상속됩니다.

물론 작은 아버지의 경우 자녀들과 배우자 없이 사망하면 그대로 그 지분은 다른 형제들에게 균등하게 상속됩니다. 이 경우에는 결국 4명의 자녀들만 남게 되어 각 1/4지분씩 공동상속을 받게 됩니다.
귀하의 경우 작은 아버지의 배우자와 자녀들이 존재하는지 여부에 따라 자녀들의 상속분이 각 1/5지분씩인지 아니면 각 1/4지분씩인지 결정될 것입니다.

다만, 위 법정상속분에 따라 공동상속받지만 상속인들 전원이 상속재산분할협의서를 작성해서 공동상속인들 중 1인이 단독상속받는 것으로 할 수 있습니다.
상속인들 전원의 동의를 통해서 상속부동산에 대한 협의분할상속등기절차를 진행할 수 있습니다.

이를 위해선 상속재산분할협의서에 공동상속인들 전원(작은 아버지의 배우자와 자녀들이 있다면 그 배우자와 자녀들 포함)이 인감도장날인하고, 인감증명서, 기본증명서, 가족관계증명서, 주민등록초본 등 필요서류가 첨부되어야 합니다.

그런데 문제는 "공동상속인들 중 일부가 해외거주 영주권자 혹은 외국국적인 시민권자가 있는 경우"입니다.
이런 경우 가장 쉬운 해결책으로는 한국의 대리인을 지정해서 아래와 같은 서류를 준비해서 국제우편으로 보내 한국의 대리인이 상속재산분할협의서 작성 및 상속등기를 진행하는 것입니다.

1. 해외거주 영주권자의 경우

- 해당 국가의 한국영사관에 가서 재외국민등록부등본 발급 내지 거주확인서 인증
- 위임장과 서명인증서 인증(한국영사관)

2. 해외거주 외국국적 시민권자의 경우

- 해당 국가 공증변호사 사무실에서 "동일인증명서, 거주확인서, 서명인증서, 위임장"을 공증 받고
- 아포스티유 협약체결국의 경우 아포스티유 첨부, 아포스티유 협약체결국이 아닌 경우 한국영사관 인증

기타 해외거주 상속인의 경우 자세한 것은 아래 자료를 지참해서 방문상담을 해주시길 바랍니다.

- 할아버지 제적등본
- 할아버지 기준 가계도 및 그에 따른 제적등본, 기본증명서, 가족관계증명서, 혼인관계증명서, 주민등록초본
- 상속받을 부동산등기부등본
- 해외거주자의 신분확인(영주권자 여부, 외국국적 시민권자여부)와 여권사본

※ 민법

제1009조(법정상속분)

① 동순위의 상속인이 수인인 때에는 그 상속분은 균분으로 한다. 〈개정 1977. 12. 31., 1990. 1. 13.〉

② 피상속인의 배우자의 상속분은 직계비속과 공동으로 상속하는 때에는 직계비속의 상속분의 5할을 가산하고, 직계존속과 공동으로 상속하는 때에는 직계존속의 상속분의 5할을 가산한다. 〈개정 1990. 1. 13.〉

③ 삭제 〈1990. 1. 13.〉

제1010조(대습상속분)

① 제1001조의 규정에 의하여 사망 또는 결격된 자에 갈음하여 상속인이 된 자의 상속분은 사망 또는 결격된 자의 상속분에 의한다. 〈개정 2014. 12. 30.〉

② 전항의 경우에 사망 또는 결격된 자의 직계비속이 수인인 때에는 그 상속분은 사망 또는 결격된 자의 상속분의 한도에서 제1009조의 규정에 의하여 이를 정한다. 제1003조 제2항의 경우에도 또한 같다.

제1013조(협의에 의한 분할)

① 전조의 경우외에는 공동상속인은 언제든지 그 협의에 의하여 상속재산을 분할할 수 있다.

② 제269조의 규정은 전항의 상속재산의 분할에 준용한다.

사 례

재외국민이 있는 경우 법정상속 또는 협의분할상속등기시 필요서류

Questions ■ ■ ■

안녕하세요 변호사님

최근 아버지께서 돌아가셔서 부동산에 대한 상속등기를 해야 되는 경우가 발생하여서 서류를 준비 중입니다.
그런데 상속인 중에 외국에 오래 거주하고 있고, 국적은 여전히 우리나라 국적인 사람이 있는데요. 아직 법정지분으로 등기를 할지 협의해서 등기를 할지 정하지를 못하고 있는데, 이 두 가지 경우에 따른 필요서류들이 다 다른가요?

아무래도 조금 더 서류를 준비하기 편한 방법으로 정해야 할 것 같은데, 상속인 중 재외국민이 있을 경우 법정지분등기와 협의분할등기 시 필요서류에 대하여 문의를 드립니다.

Answers ■ ■ ■

안녕하세요. 재외국민 상속등기 전문 법무법인 천명 대표변호사 경태현입니다.

상속인 중 재외국민이 존재하는 경우에는 아래와 같은 서류들이 추가 되는데요. 이 경우 상속인이 '법정상속'인 경우와 '협의분할상속' 등기신청 간에도 필요서류에서 큰 차이가 있습니다.

법정상속등기의 경우

1. 주소증명서류들

가. 재외국민 거주사실증명원
[재외국민 거주국의 한국대사관(재외국민 거주국 수도) 또는 영사관(재외국민 거주국 수도 이외)에서 발행]
나. 재외국민등록부등본
[재외국민 거주국의 한국 대사관 또는 영사관 발행 또는 국내에서 발급시에는 외교부 여권과(서울 서초구 남부순환로 2558)에 있는 영사서비스과에서 발급]
다. 주소를 공증+아포스티유 첨부한 공정증서
(재외국민 거주국의 대사관이나 영사관이 없는 경우로서 재외국민 거주국의 공증인의 공증 후 아포스티유를 첨부)+한글 번역문 반드시 필요

➜ 가, 나, 다 중 해당하는 하나를 발급

2. 말소된 주민등록초본 또는 부동산등기용등록번호 증명서
가. 재외국민의 주민등록번호가 있는 경우: 재외국민의 말소된 주민등록초본
나. 재외국민의 주민등록번호가 없는 경우: 부동산등기용등록번호증명서
[만약 재외국민이 국내거소신고번호를 부여받았더라도 그 거소신고번호를 부동산 등기용 등록번호로 사용할 수는 없고, 부동산등기용 등록번호를 별도로 부여받아야 함] 부등산등기용 등록번호를 최초 부여 받는 경우에는 전국출입국관리사무소에서는 불가능하고, 반드시 서울특별시 양천구 목동동로 151 서울출입국 · 외국인청에서 등록번호 신청을 해야 함.

3. 상속을 증명하는 서면 : 제적등본, 기본증명서(상세), 가족관계증명서(상세)

협의분할에 의한 상속등기의 경우

※ 재외국민이 거주국에서 직접 상속재산분할협의서에 인감날인하는 경우
1. 인감도장[다만, 재외국민의 상속재산의 협의분할시 인감증명은 상속재산 협의분할서상의 서면 또는 날인이 본인의 것임을 증명하는 재외공관의 확인서 또는 이에 관한 공정증서로 대신할 수 있다(등기예규 제776호).]

2. 주소증명관련 서류들
가. 재외국민 거주사실증명
(예: 일본국의 주민표, 스페인 왕국의 주민등록증명서 – 이 경우 한글 번역문

이 반드시 필요!!)

나. 재외국민등록부등본

[재외국민 거주국의 한국 대사관 또는 영사관 발행 또는 국내에서 발급시에는 외교부 여권과(서울 서초구 남부순환로 2558)에 있는 영사서비스과에서 발행]

다. 주소를 공증+아포스티유 첨부한 공정증서

(대사관이나 영사관이 없는 경우로서 거주국의 공증인의 공증)

→ 가, 나, 다 중 해당하는 하나를 발급

3. **상속재산분할협의서에 재외국민 인감도장 날인 후 '상속재산분할협의서' 자체에 해당 국가 한국 대사관 또는 영사관의 인증을 받으면 됩니다.** 이 경우 재외국민의 인감증명서는 필요 없습니다['재외국민 및 외국인의 부동산 등기신청절차에 관한 예규' 제9조 제1항].

이때, 만약 재외국민이 상속재산분할협의서 상에서 소유권을 취득하게 된다면, 아래 서류가 추가됩니다.

4. 말소된 주민등록초본 또는 부동산등기용등록번호 증명서

가. 재외국민의 주민등록번호가 있는 경우: 재외국민의 말소된 주민등록초본

나. 재외국민의 주민등록번호가 없는 경우: 부동산등기용등록번호증명서

[만약 재외국민이 국내거소신고번호를 부여받았더라도 그 거소신고번호를 부동산 등기용 등록번호로 사용할 수는 없고, 부동산등기용 등록번호를 부여받아야 함]

※ 재외국민이 입국하지 아니하고, 국내에 있는 사람에게 위임하는 경우

1. 인감도장

2. 주소증명관련 서류들

가. 재외국민 거주사실증명

(예: 일본국의 주민표, 스페인 왕국의 주민등록증명서 – 이 경우 한글 번역문이 반드시 필요!!)

나. 재외국민등록부등본

[재외국민 거주국의 한국 대사관 또는 영사관 발행 또는 국내에서 발급시에는 외교부 여권과(서울 서초구 남부순환로 2558)에 있는 영사서비스과에서 발행]

다. 주소를 공증+아포스티유 첨부한 공정증서
(대사관이나 영사관이 없는 경우로서 거주국의 공증인의 공증)

➜ 가, 나, 다 중 해당하는 하나를 발급

3. 위임장

가. 처분위임장
(위임행위 특정하고 수임자 인적사항 틀림없이 기재하고, 재외국민의 인감도장을 날인 후 재외국민 거주국 공증사무실에서 공증 후 재외국민 거주국 대사관 또는 영사관의 공증)

나. 인감증명서 발급 관련 위임장 서식
[인감증명법 시행령 별지 제13호 서식(재외국민의 인감도장을 날인 후 재외국민 거주국 대사관 또는 영사관의 공증)]

4. 상속재산분할협의서에 국내대리인의 인감도장을 날인하고, 위임을 받은 국내 대리인의 인감증명서, 주민등록초본을 첨부

이때, 만약 재외국민이 상속재산분할협의서 상에서 소유권을 취득하게 된다면, 아래 서류가 추가됩니다.

가. 재외국민의 주민등록번호가 있는 경우: 재외국민의 말소된 주민등록초본

나. 재외국민의 주민등록번호가 없는 경우: 부동산등기용등록번호증명서
[그런데 재외국민이 국내거소신고번호를 부여받았더라도 그 거소신고번호를 부동산 등기용 등록번호로 사용할 수는 없고, 부동산등기용 등록번호를 부여받아야 함]

사례

미국시민권자가 있는 경우 법정상속 또는 협의분할상속등기시 필요서류

Questions ■ ■ ■

안녕하세요 변호사님

최근 어머니께서 돌아가셔서 상속등기에 대한 서류를 알아보고 있는 중인데요.
그런데 상속인 중에 미국국적을 취득한 미국시민권자가 있고, 한국에 있는 다른 상속인들 간에도 미국시민권자 서류 때문에 골머리를 앓아 법정등기를 할지 협의등기를 할지 갈피를 못 잡고 있습니다.

변호사님께서 외국인상속등기를 전문적으로 하신다고 들어 이러한 경우 법정등기 또는 협의분할 상속등기 할 때 어떤 서류가 필요한지에 대한 답변을 듣고자 문의드립니다.

상세한 설명 부탁드립니다.

Answers ■ ■ ■

안녕하세요. 외국인상속등기 전문 법무법인 천명 경태현 대표변호사입니다.

상속인 중 시민권자(외국인)이 존재하는 경우에는 아래와 같은 서류들이 추가되는데요.
이 경우 '법정상속'과 '협의분할상속' 등기신청 간에도 필요서류에서 큰 차이가 있습니다.

또한 외국인의 국적인 국가가 아포스티유 협약국에 해당할 때(예: 미국, 영국, 일본 등)와 그렇지 않은 경우(예: 캐나다 등)에 따라서도 필요한 서류에서 큰 차이가 있습니다.

이번에는 가장 많이 사례가 많은 미국시민권자인 경우로서 '외국인의 국적국이 아포스티유 협약국인 경우 법정상속 또는 협의분할상속등기시 필요서류'에 대하여 알려드리도록 하겠습니다.

법정 상속의 경우

1. 주소증명관련 서류들

2. 주소증명서류들
   가. 거주사실증명서
      [일본, 독일, 프랑스, 대만 등의 경우 해당국가 관공서에서 발급]
   나. 거주확인서
      [해당국가 공증인 공증+아포스티유 첨부]+한글 번역문 반드시 필요
   다. 국내거소신고를 한 경우는 국내거소사실증명원
      [전국 출입국관리사무소 발급]
   라. 국내에 외국인등록이 되어있는 경우에는 외국인등록사실증명원
      [전국 출입국관리사무소 발급]
   → 가, 나, 다, 라 중 해당하는 하나를 발급

3. 외국 국적으로 성명이 변경된 경우 해당국가 공증인이 공증+아포스티유 첨부한 동일인증명서+한글 번역문 반드시 필요

4. 부동산등기용등록번호증명서(전국 출입국관리사무소): 외국인이 등기권리자(부동산을 상속받는 사람)이고, 국내에 주민등록번호가 존재하지 않는 경우에 필요함.

5. 상속인의 상속을 증명하는 서면: 기본증명서(상세), 가족관계증명서(상세), 주민등록초본(없는 경우에는 위 '1. 주소증명관련 서류들'에 갈음)

6. 여권사본

협의분할에 의한 상속의 경우

그런데 협의분할에 의한 상속등기의 경우에도 시민권자(외국인)가 직접 상속재산분할협의서에 직접 사인을 하는 경우와 한국에 있는 대리인에게 위임을 맡기는 경우에서도 필요서류에서 큰 차이가 있습니다.

※ 시민권자(외국인)에게 직접 상속재산분할협의서에 서명 받을 때

1. 상속재산분할협의서
   [상속재산분할협의서 자체에 해당국가 공증인의 공증+아포스티유 첨부[단, 국내에 인감신고 되어 있는 외국인의 경우에는 인감증명 및 인감도장으로 가능]),+한글 번역문 반드시 필요

2. 주소증명서류들
   가. 거주사실증명서
   [일본, 독일, 프랑스, 대만 등의 경우 해당국가 관공서에서 발급]
   나. 거주확인서[해당국가 공증인 공증+아포스티유 첨부]+한글 번역문 반드시 필요
   다. 국내거소신고를 한 경우는 국내거소사실증명원
   (전국 출입국관리사무소 발급)
   라. 국내에 외국인등록이 되어있는 경우에는 외국인등록사실증명원
   (전국 출입국관리사무소 발급)
   ➜ 가, 나, 다, 라 중 해당하는 하나를 발급

3. 외국 국적으로 성명이 변경된 경우 해당국가 공증인이 공증+아포스티유 첨부한 동일인증명서+한글 번역문 반드시 필요

4. 부동산등기용등록번호증명서(전국출입국관리사무소): 외국인이 등기권리자(부동산을 상속받는 사람)이고, 국내에 주민등록번호가 존재하지 않는 경우에 필요함.

5. 여권사본

※ 시민권자(외국인)가 한국사람(대리인)에게 위임할 때 [가장 편리한 방법!!]

1. 처분위임장 및 서명인증서(위임행위 특정하고, 수임자 인적사항 틀림없이 기재하고 해당국가 공증인에게 공증+아포스티유 첨부)+한글 번역문 반드시 필요

2. 상속재산분할협의서에 시민권자(외국인)의 서명 대신 한국사람(대리인)의 인감도장을 날인 후 대리인의 인감증명서, 주민등록초본 첨부

3. 주소증명서류들
   가. 거주사실증명서
   [일본, 독일, 프랑스, 대만 등의 경우 해당국가 관공서에서 발급]
   나. 거주확인서[해당국가 공증인 공증+아포스티유 첨부]+한글 번역문 반드시 필요
   다. 국내거소신고를 한 경우는 국내거소사실증명원
   (전국 출입국관리사무소 발급)
   라. 국내에 외국인등록이 되어있는 경우에는 외국인등록사실증명원(전국 출입국관리사무소 발급)
   ➜ 가, 나, 다, 라 중 해당하는 하나를 발급

4. 외국 국적으로 성명이 변경된 경우 해당국가 공증인이 공증+아포스티유 첨부한 동일인증명서+한글 번역문 반드시 필요

5. 부동산등기용등록번호증명서(출입국관리사무소) : 외국인이 등기권리자(부동산을 상속받는 사람)이고, 국내에 주민등록번호가 존재하지 않는 경우에 필요함.

6. 여권사본

사 례

캐나다시민권자가 있는 경우 법정상속 또는 협의분할상속등기 시 필요서류

Questions ■ ■ ■

안녕하세요 변호사님

최근 아버님께서 돌아가셔서 상속등기에 대한 서류를 알아보고 있는 중인데요.

그런데 상속인 중에 캐나다국적을 취득한 캐나다시민권자가 있고, 한국에 있는 다른 상속인들 간에도 캐나다시민권자 서류 때문에 고민이 많아서 법정등기를 할지 협의를 해서 등기를 할지를 정하지고 못하고 있는데요.

변호사님께서 외국인상속등기를 전문적으로 다루신다고 들어 이러한 경우 법정등기 또는 협의분할상속등기 할 때 어떤 서류가 필요한지에 대한 답변을 듣고자 문의드립니다.

상세한 설명 부탁드립니다.

Answers ■ ■ ■

안녕하세요 외국인상속등기 전문 법무법인 천명 경태현 대표변호사입니다.

상속인 중 시민권자(외국인)이 존재하는 경우에는 아래와 같은 서류들이 추가되는데요. 이 경우 '법정상속'과 '협의분할상속' 등기신청 간에도 필요서류에서 큰 차이가 있습니다.

또한 외국인의 국적인 국가가 아포스티유 협약국에 해당할 때(예: 미국, 영국, 일본 등)와 그렇지 않은 경우(예: 캐나다 등)에 따라서도 필요한 서류에서 큰 차이가 있습니다.

캐나다시민권자인 경우로서 '외국인의 국적국이 아포스티유협약국이 아닌 경우 법정상속 또는 협의분할상속등기 시 필요서류'에 대하여 알아보도록 하겠습니다.

법정 상속의 경우

1. 주소증명관련 서류들

2. 주소증명서류들
   가. 거주사실증명서
   [일본, 독일, 프랑스, 대만 등의 경우 해당국가 관공서에서 발급]
   나. 거주확인서
   [해당국가 공증인 공증+아포스티유 첨부]+한글 번역문 반드시 필요
   다. 국내거소신고를 한 경우는 국내거소사실증명원
   [전국 출입국관리사무소 발급]
   라. 국내에 외국인등록이 되어있는 경우에는 외국인등록사실증명원
   [전국 출입국관리사무소 발급]
   ➜ 가, 나, 다, 라 중 해당하는 하나를 발급

3. 외국 국적으로 성명이 변경된 경우 해당국가 공증인이 공증+아포스티유 첨부한 동일인증명서+한글 번역문 반드시 필요

4. 부동산등기용등록번호증명서(전국 출입국관리사무소): 외국인이 등기권리자(부동산을 상속받는 사람)이고, 국내에 주민등록번호가 존재하지 않는 경우에 필요함.

5. 상속인의 상속을 증명하는 서면: 기본증명서(상세), 가족관계증명서(상세), 주민등록초본(없는 경우에는 위 '1. 주소증명관련 서류들'에 갈음)

6. 여권사본

협의분할에 의한 상속의 경우

그런데 협의분할에 의한 상속등기의 경우에도 시민권자(외국인)가 직접 상속재산분할협의서에 직접 사인을 하는 경우와 한국에 있는 대리인에게 위임을 맡기는

경우에서도 필요서류에서 큰 차이가 있습니다.

※ 시민권자(외국인)에게 직접 상속재산분할협의서에 서명 받을 때

1. 상속재산분할협의서
   [상속재산분할협의서 자체에 해당국가 공증인의 공증+아포스티유 첨부[단, 국내에 인감신고 되어 있는 외국인의 경우에는 인감증명 및 인감도장으로 가능]),+한글 번역문 반드시 필요

2. 주소증명서류들
   가. 거주사실증명서
   [일본, 독일, 프랑스, 대만 등의 경우 해당국가 관공서에서 발급]
   나. 거주확인서[해당국가 공증인 공증+아포스티유 첨부]+한글 번역문 반드시 필요
   다. 국내거소신고를 한 경우는 국내거소사실증명원
   (전국 출입국관리사무소 발급)
   라. 국내에 외국인등록이 되어있는 경우에는 외국인등록사실증명원
   (전국 출입국관리사무소 발급)
   ➜ 가, 나, 다, 라 중 해당하는 하나를 발급

3. 외국 국적으로 성명이 변경된 경우 해당국가 공증인이 공증+아포스티유 첨부한 동일인증명서+한글 번역문 반드시 필요

4. 부동산등기용등록번호증명서(전국출입국관리사무소): 외국인이 등기권리자(부동산을 상속받는 사람)이고, 국내에 주민등록번호가 존재하지 않는 경우에 필요함.

5. 여권사본

※ 시민권자(외국인)가 한국사람(대리인)에게 위임할 때 [가장 편리한 방법!!]

1. 처분위임장 및 서명인증서(위임행위 특정하고, 수임자 인적사항 틀림없이 기재하고 해당국가 공증인에게 공증+아포스티유 첨부)+한글 번역문 반드시 필요

2. 상속재산분할협의서에 시민권자(외국인)의 서명 대신 한국사람(대리인)의

인감도장을 날인 후 대리인의 인감증명서, 주민등록초본 첨부

3. 주소증명서류들
   가. 거주사실증명서
   [일본, 독일, 프랑스, 대만 등의 경우 해당국가 관공서에서 발급]
   나. 거주확인서[해당국가 공증인 공증+아포스티유 첨부]+한글 번역문 반드시 필요
   다. 국내거소신고를 한 경우는 국내거소사실증명원
   (전국 출입국관리사무소 발급)
   라. 국내에 외국인등록이 되어있는 경우에는 외국인등록사실증명원(전국 출입국관리사무소 발급)
   ➜ 가, 나, 다, 라 중 해당하는 하나를 발급

4. 외국 국적으로 성명이 변경된 경우 해당국가 공증인이 공증+아포스티유 첨부한 동일인증명서+한글 번역문 반드시 필요

5. 부동산등기용등록번호증명서(출입국관리사무소) : 외국인이 등기권리자(부동산을 상속받는 사람)이고, 국내에 주민등록번호가 존재하지 않는 경우에 필요함.

6. 여권사본

이와 같이 상속인이 시민권자(외국인)인 경우 시민권자의 국적국이 아포스티유 협약국이냐, 아니냐에 따라서도 준비하실 서류에서 큰 차이가 있습니다. 즉, 시민권자(외국인)의 국적국이 아포스티유 협약국인 경우에는 외국에서 작성된 서류들에 해당국가의 공증인의 공증 및 아포스티유를 첨부해야 되는 반면에, 아포스티유 협약국이 아닌 경우에는 외국에서 작성된 서류들에 해당국가의 공증인의 공증 및 해당국가내 한국영사관 또는 대사관에서 공증을 받아야 대한민국에서 서류가 효력을 가질 수 있습니다.

사 례

법정상속등기 후 상속재산분할협의서 또는 상속재산분할심판으로 변경(경정)등기

Questions

아버지 상속문제로 문의드립니다.

아버지가 지난 11월에 돌아가셨고 가족은 어머니, 1남 3녀 총 5명입니다.
아버지 유산으로 집, 임야, 전답 등이 있는데 상속등기를 해야 합니다.
4명 자녀들 중 3명은 어머니에게 모두 상속하는데 동의를 하려고 하는데 딸1인 장녀가 반대를 하고 있는 상황입니다.

알아보니 법정상속지분등기를 다른 상속인들 동의 없이 할 수 있다고 하던데 맞나요?
공동등기를 누구나 할 수 있나요?
만약 1녀가 자신의 지분만 상속등기도 할 수 있나요?
그리고 법정상속등기를 한 이후 추후 협의가 되면 어머니 명의로 단독명의로 변경이 가능한가요?

Answers

안녕하세요. 상속전문변호사 경태현입니다.

아버지의 상속인들은 어머니와 자녀들 4명입니다.
법정상속지분은 어머니가 1.5지분, 자녀들이 각 1지분씩입니다.
이를 분모화하면 어머니가 3/11지분, 자녀들이 각 2/11지분씩입니다.

부동산상속의 경우 상속인들 전원이 협의해서 상속재산분할협의서를 작성해서 상속등기를 할 수도 있습니다(협의분할상속등기).

반면에 전원 협의 없이 상속인들 중 1인이 단독으로 다른 상속인들 동의 없이 전체 상속인들의 법정상속지분대로 등기를 할 수 있습니다.
이를 법정상속지분등기라고 합니다.

법정상속지분등기에는 상속인들의 인감도장이나 인감증명서가 필요 없습니다. 그리고 다른 상속인들에 대한 신분서류인 기본증명서, 가족관계증명서, 주민등록초본은 일단 누락한 채 해당 등기소에 등기신청을 하시고 보정명령서를 받아 동사무소에 가서 서류를 발급받아 제출하시면 될 것입니다.

그런데 법정상속지분등기를 할 때 상속인들 전원의 지분등기를 해야 하고 일부만의 지분등기만 할 수는 없습니다. 그리고 상속등기를 위한 취득세 등은 전부 납부해야만 가능합니다.

다만, 법정상속지분등기는 일종의 잠정적인 상속등기에 해당합니다. 따라서 경정, 변경등기가 가능합니다.

구체적으로는 법정상속지분등기를 한 이후 상속인들 전원 협의가 되어 상속재산분할협의서를 작성해서 상속등기를 경정하거나 법원에 상속재산분할심판청구소송을 통해서 조정이나 판결을 받아 법정상속지분등기한 부동산의 소유권을 경정, 변경할 수 있습니다. 이를 "상속경정등기"라고 합니다.

만약 딸1인 장녀가 협의가 도저히 안 된다면 귀하의 경우 합의되는 4명(어머니와 3명 자녀)이 장녀를 상대로 상속재산분할심판청구소송을 제기해서 법원의 조정이나 판결을 통해 상속등기를 추후 변경해야 할 것입니다.

※ 민법

제1009조(법정상속분)

① 동순위의 상속인이 수인인 때에는 그 상속분은 균분으로 한다. 〈개정 1977. 12. 31., 1990. 1. 13.〉

② 피상속인의 배우자의 상속분은 직계비속과 공동으로 상속하는 때에는 직계비속의

상속분의 5할을 가산하고, 직계존속과 공동으로 상속하는 때에는 직계존속의 상속분의 5할을 가산한다. 〈개정 1990. 1. 13.〉
③ 삭제 〈1990. 1. 13.〉

제1013조(협의에 의한 분할)
① 전조의 경우외에는 공동상속인은 언제든지 그 협의에 의하여 상속재산을 분할할 수 있다.
② 제269조의 규정은 전항의 상속재산의 분할에 준용한다.

사례

대습상속인이 존재할 경우 할아버지 상속등기(협의분할상속등기) 시 필요한 서류

Questions ■ ■ ■

대습상속인이 있어 할아버지 상속등기문제로 문의드립니다.

할아버지가 지난 4월에 돌아가셨습니다.
할머니는 이미 오래전에 돌아가셨습니다.
자녀는 아버지, 고모, 작은아버지입니다.

그런데 아버지가 지난 2010년경에 먼저 돌아가셨습니다. 아버지 가족은 어머니와 저 그리고 여동생이 있습니다.
할아버지 집과 선산이 있는데 고모와 작은 아버지는 장손인 제가 모두 상속을 받으라고 합니다.
그래서 상속등기를 하려고 하는데 필요한 서류가 궁금합니다.
아버지가 먼저 돌아가셨으니 어머니, 저, 여동생 서류도 모두 필요한가요?

대습상속인이 있는 경우에 협의분할상속등기에 필요한 서류와 절차가 궁금합니다.
가족들 간에 합의는 모두 된 상태입니다.

Answers ■ ■ ■

할아버지의 상속인을 먼저 특정해야 합니다.
기본적으로 할아버지의 상속인은 자녀들 3명입니다. 법정상속지분은 각 1/3지분씩입니다.

그런데 아버지가 할아버지보다 먼저 돌아가신 경우 아버지의 상속지분이 그대로 어머니와 귀하, 여동생에게 대습상속됩니다.
즉, 어머니, 귀하, 여동생은 대습상속인이 됩니다.
결국 아버지를 대신한 어머니, 귀하, 여동생, 고모, 작은 아버지가 공동상속인이 됩니다.

대습상속인이 존재할 경우 대습상속인들 서류와 돌아가신 아버지 서류도 모두 필요합니다.
할아버지 재산에 대해 협의분할상속등기를 하기 위해서는(공동상속인들 전원이 협의해서 장손인 귀하가 전부 상속을 받기로 하였다면) 아래 서류를 준비해서 상속등기를 신청해야 합니다.

1. 모든 상속인들(고모, 작은 아버지, 어머니, 귀하, 여동생)이 공통적으로 필요한 서류
- 인감도장(협의분할상속의 경우만 필요, 법정상속지분등기에는 불필요)
- 인감증명서(협의분할상속의 경우만 필요, 법정상속지분등기에는 불필요)
- 기본증명서
- 가족관계증명서(어머니의 경우 혼인관계증명서도 추가)
- 주민등록초본

2. 피상속인(할아버지) 필요서류
- 망인의 제적등본
- 말소자 등본, 초본
- 망인의 아버지(즉, 증조할아버님)의 제적등본
- 망인의 기본증명서(사망신고로 사망이 표시되어야 함)
- 망인의 혼인관계증명서
- 망인의 가족관계증명서
- 망인의 입양관계증명서
- 망인의 친양자입양관계증명서

3. 이미 돌아가신 아버지 서류

- 기본증명서(사망신고로 사망이 표시되어야 함)
- 혼인관계증명서
- 가족관계증명서
- 입양관계증명서
- 친양자입양관계증명서

4. 상속재산분할협의서

법정상속지분등기시에는 필요없으나 단독상속이나 일부만 상속할 경우 필요합니다. 상속재산분할협의서에 상속인 전원의 인감도장을 날인하고 인감증명서를 첨부해야 할 것입니다. 양식은 대법원 등기사이트나 인터넷에서 구하실 수 있으나 구체적인 작성방법 등이 어렵다면 저희 로펌에 의뢰해 주시길 바랍니다.

5. 상속부동산등기부등본, 토지대장 및 건축물대장

상속등기를 위한 등록세 계산 및 국민주택채권 계산을 위해 필요합니다.

저희 로펌에서는 전국 등기소에 법정상속지분등기, 협의분할상속등기, 유언상속등기, 증여등기를 진행해드리고 있으니 위 기본 자료를 지참해서 방문상담을 통해 상속등기의뢰를 해주시길 바랍니다.

※ 민법

제1001조(대습상속)

전조제1항제1호와 제3호의 규정에 의하여 상속인이 될 직계비속 또는 형제자매가 상속개시 전에 사망하거나 결격자가 된 경우에 그 직계비속이 있는 때에는 그 직계비속이 사망하거나 결격된 자의 순위에 갈음하여 상속인이 된다. 〈개정 2014. 12. 30.〉

제1009조(법정상속분)

① 동순위의 상속인이 수인인 때에는 그 상속분은 균분으로 한다. 〈개정 1977. 12.

31., 1990. 1. 13.〉
② 피상속인의 배우자의 상속분은 직계비속과 공동으로 상속하는 때에는 직계비속의 상속분의 5할을 가산하고, 직계존속과 공동으로 상속하는 때에는 직계존속의 상속분의 5할을 가산한다. 〈개정 1990. 1. 13.〉
③ 삭제 〈1990. 1. 13.〉

제1010조(대습상속분)
① 제1001조의 규정에 의하여 사망 또는 결격된 자에 갈음하여 상속인이 된 자의 상속분은 사망 또는 결격된 자의 상속분에 의한다. 〈개정 2014. 12. 30.〉
② 전항의 경우에 사망 또는 결격된 자의 직계비속이 수인인 때에는 그 상속분은 사망 또는 결격된 자의 상속분의 한도에서 제1009조의 규정에 의하여 이를 정한다. 제1003조 제2항의 경우에도 또한 같다.

제1013조(협의에 의한 분할)
① 전조의 경우외에는 공동상속인은 언제든지 그 협의에 의하여 상속재산을 분할할 수 있다.
② 제269조의 규정은 전항의 상속재산의 분할에 준용한다.

사 례

미성년자 상속인이 있는 경우 협의분할에 의한 상속등기

Questions ■ ■ ■

남편이 지난 4월 말에 운명했습니다.
남편 명의도 아파트, 전과 답이 있는데 가족은 저와 미성년자 자녀 3명이 있습니다.
아파트 담보대출이 있어 제 명의로 상속등기를 하고 대출승계를 받으려고 합니다.

미성년자 자녀가 3명이라서 제 앞으로 상속등기를 하려면 특별대리인을 선임해야 한다고 하는데 미성년자가 3명이면 각각 선임해야 하나요?

특별대리인을 남편 쪽 친척을 선임해야 한다고 하는데 남편 형제는 누님, 남동생이 전부입니다.

시아버지와 시어머니는 안 계십니다. 물론 누님의 아들과 남동생의 딸이 있는데 성년입니다.

그럼 누구를 특별대리인으로 선임해야 하나요?
담보대출 승계는 어떤 절차를 거쳐야 하나요?
만약 누님, 남동생이 특별대리인을 해주지 않는다면 어떻게 해야 하나요?

Answers ■ ■ ■

협의분할에 의한 상속으로 인한 소유권이전(협의분할 상속등기)에 관한 문제인데 배우자인 처가 단독상속을 받기 위해선 상속재산분할협의서를 작성해서 상속등기를 신청해야 합니다. 그런데 미성년자가 3명이 있다면 협의분할에 의한 상속등기를 하려면 3명에 대한 각각 특별대리인을 가정법원에 선임청구해서 선임된 특별대리인으로부터 각각 인감 등 서류를 받아 상속재산분할협의서를 작성하시면 배우자인 귀하 명의로 단독상속등기를 할 수 있습니다.

만약 남편 쪽 시댁 중 일부가 특별대리인에 동의하지 않는다면 동의하지 않는 사유를 밝혀서 귀하의 친족들로(친정식구들) 가정법원에 특별대리인 선임을 신청해서 허가를 받아야 할 것입니다.

위와 같이 특별대리인선임허가결정이 나오면 그 특별대리인의 인감도장날인, 인감증명서 첨부를 해서 상속재산분할협의서를 작성하신 후 상속등기 절차를 밟으면 될 것입니다.

은행권에 대한 담보대출은 상속등기를 한 후 채무자를 단독소유자인 귀하가 승계받아야 할 것입니다. 물론 해당 부동산을 담보로 해서 저금리의 다른 금융기관으로 대환대출을 하셔도 될 것입니다. 구체적인 절차는 상속등기 후 해당 은행에 문의하시면 될 것입니다.

협의분할에 의한 상속으로 인한 소유권이전(협의분할 상속등기)과 미성년자의 특별대리인 선임 등 보다 자세한 것은 망인의 기본증명서, 가족관계증명서, 혼인관계증명서, 주민등록 말소자초본, 귀하와 아이들의 각자 가족관계증명서, 주민등록초본, 상속부동산등기부등본 등을 지참해서 방문상담을 해주시길 바랍니다.

※ 민법

제1013조(협의에 의한 분할)
전조의 경우외에는 공동상속인은 언제든지 그 협의에 의하여 상속재산을 분할할 수 있다.
② 제269조의 규정은 전항의 상속재산의 분할에 준용한다.

제921조(친권자와 그 자간 또는 수인의 자간의 이해상반행위)
① 법정대리인인 친권자와 그 자사이에 이해상반되는 행위를 함에는 친권자는 법원에 그 자의 특별대리인의 선임을 청구하여야 한다.

② 법정대리인인 친권자가 그 친권에 따르는 수인의 자 사이에 이해상반되는 행위를 함에는 법원에 그 자 일방의 특별대리인의 선임을 청구하여야 한다. 〈개정 2005. 3. 31.〉

사 례

아버지 상속부동산을 어머니에게 단독상속하는 방법(협의분할상속)

Questions ■ ■ ■

아버지께서 지난 11월에 돌아가셨습니다.

아버지 명의 아파트 전세, 단독주택과 상가1채가 있는데 모두 어머님에게 상속해드리려고 합니다.

저희 형제들은 2남 1녀인데 모두 동의한 상태입니다.
부동산상속등기를 해야 한다고 하는데 어떻게 해야 하나요?
아파트 전세금은 어떻게 해야 하나요?

Answers ■ ■ ■

아버지의 상속인들은 어머니와 자녀들 3명입니다.
법정상속비율은 어머님이 1.5지분, 자녀들이 각1지분씩입니다.
이를 분모화하면 어머님이 3/9지분, 자녀들이 각2/9지분씩입니다.

다만, 위 법정지분에도 불구하고 상속인들 전원이 협의를 해서 어머님 단독상속등기를 진행할 수 있습니다. 이를 위해선 아래와 같은 서류를 기초로 상속등기절차를 진행하시면 될 것입니다.

1. 모든 상속인들이 공통적으로 필요한 서류

- 인감도장(협의분할상속의 경우만 필요, 법정상속지분등기에는 불필요)
- 인감증명서(협의분할상속의 경우만 필요, 법정상속지분등기에는 불필요)
- 기본증명서
- 가족관계증명서
- 주민등록등본
- 주민등록초본

2. 망인(아버님) 필요서류

- 망인의 제적등본
- 말소자 등본, 초본
- 망인의 아버지(즉, 친할아버님)의 제적등본
- 망인의 기본증명서(사망신고로 사망이 표시되어야 함)
- 망인의 혼인관계증명서
- 망인의 가족관계증명서
- 망인의 입양관계증명서
- 망인의 친양자입양관계증명서

3. 상속재산분할협의서

법정상속지분등기시에는 필요 없으나 단독상속이나 일부만 상속할 경우 필요합니다. 상속재산분할협의서에 상속인전원의 인감도장을 날인하고 인감증명서를 첨부해야 할 것입니다.

상속재산분할협의서 양식은 대법원 등기사이트나 인터넷에서 구하신 후 귀하들 상속부동산과 인적사항을 기재하시면 될 것입니다. (다만, 저희 로펌에 의뢰하시게 된다면 별도로 양식을 준비할 필요가 없고 저희 사무실에서 작성하게 될 것입니다.)

4. 해당 부동산등기부등본, 토지대장 및 건축물대장

취,등록세 계산 및 국민주택채권 계산을 위해 필요합니다.

구체적인 취,등록세는 해당 시청, 군청, 구청 등에 직접 고지서를 발급받아 보시길 바랍니다.
(다만, 저희 로펌에 의뢰하시게 된다면 위 고지서는 저희 사무실에서 발급받게 될 것입니다.)

상속부동산이 주택이고 상속인이 무주택자라면 상속등기 시 취득세는 감면될 것입니다.

아파트 전세계약서 변경도 마찬가지로 위와 같이 상속인들 전원이 상속재산분할협의서와 인감도장날인, 인감증명서를 첨부해서 집주인과 재계약을 통해 상속을 받으시면 될 것입니다.

※ 민법

제1009조(법정상속분)

① 동순위의 상속인이 수인인 때에는 그 상속분은 균분으로 한다. 〈개정 1977. 12. 31., 1990. 1. 13.〉

② 피상속인의 배우자의 상속분은 직계비속과 공동으로 상속하는 때에는 직계비속의 상속분의 5할을 가산하고, 직계존속과 공동으로 상속하는 때에는 직계존속의 상속분의 5할을 가산한다. 〈개정 1990. 1. 13.〉

③ 삭제 〈1990. 1. 13.〉

제1013조(협의에 의한 분할)

① 전조의 경우외에는 공동상속인은 언제든지 그 협의에 의하여 상속재산을 분할할 수 있다.

② 제269조의 규정은 전항의 상속재산의 분할에 준용한다.

사 례

유언공증과 자필유언의 차이점

Questions ■ ■ ■

아버지께서 유언을 남기시려고 하는데 상속공증을 할지 자필유언공증을 진행하실지에 대하여 고민을 하고 계십니다.

그래서 아버지께서 깊은 고민에 빠지셨기 때문에 제가 상속공증을 할 때와 자필유언공증을 할 때 어떤 점에서 차이가 나는지 알아본 후에 아버지께 알려드리면 보다 빠른 결정을 하실 수 있을 것 같습니다.

상세한 설명을 부탁드립니다.

Answers ■ ■ ■

안녕하세요. 상속전변호사 경태현입니다.

귀하께서는 상속공증(정확하게는 '유언공증'이라고 합니다)과 자필유언의 차이점에 대한 문의를 주셨습니다.

유언방식 중 대표적인 방식으로는 유언공증과 자필유언(이외에도 녹음, 비밀증서에 의한 방식도 있습니다)이 있습니다.

그런데 말씀해주신 '자필유언공증'이라는 제도는 우리 민법상으로는 존재하지 않습니다.

아마도 자필유언증서를 가지고 공증사무소에서 인증받는 것을 말씀하시는 것으로 보이는데 이는 유언공증이 아니고, 자필유언장이라는 확인을 공증사무소에서 받는 것에 불과합니다.

자필유언의 경우, 유언자가 모두 자필로 유언의 전문과 연월일, 주소, 성명을 자서하고 도장이나 무인을 날인해야만 법적으로 유효합니다.

따라서 이러한 형식적 요건들을 제대로 갖추지 않았다면 유언은 무효가 됩니다.

그리고 자필유언이 요건을 모두 갖춘 경우라고 하더라도 추후 유언자가 사망하였을 때 유언집행방법과는 별개입니다.

즉, 자필유언이 유효하다고 하더라도 유언검인절차를 관할 법원에 신청하여 별도로 진행을 해야 하고, 유언집행자가 지정되지 않았을 경우에는 공동상속인들 중 과반수의 동의가 있어야만 유언집행을 할 수 있습니다.

반면에 유언공증의 경우 공증인 입회하에 증인 2명(가족은 안 됩니다, 지인이나 친구 가능)이 유언공증에 참여하면 그 요건이 유효하고, 유효한 경우 추후 유언자가 사망하였을 때 별도의 검인절차 없이 그리고 다른 공동상속인들의 동의 없이도 곧바로 지정된 유언집행자의 동의에 따라 유언집행이 가능합니다.

이러한 점을 고려하시어 보다 안전하고 확실한 유언방식에 대한 문의는 상담예약 후 방문해주시면 추가적인 안내를 드리도록 하겠습니다.

※ 민법

제1065조(유언의 보통방식)
유언의 방식은 자필증서, 녹음, 공정증서, 비밀증서와 구수증서의 5종으로 한다.

제1066조(자필증서에 의한 유언)
① 자필증서에 의한 유언은 유언자가 그 전문과 연월일, 주소, 성명을 자서하고 날인하여야 한다.
② 전항의 증서에 문자의 삽입, 삭제 또는 변경을 함에는 유언자가 이를 자서하고 날인하여야 한다.

제1091조(유언증서, 녹음의 검인)
① 유언의 증서나 녹음을 보관한 자 또는 이를 발견한 자는 유언자의 사망후 지체없이 법원에 제출하여 그 검인을 청구하여야 한다.
② 전항의 규정은 공정증서나 구수증서에 의한 유언에 적용하지 아니한다.

제1093조(유언집행자의 지정)
유언자는 유언으로 유언집행자를 지정할 수 있고 그 지정을 제삼자에게 위탁할 수 있다.

제1094조(위탁에 의한 유언집행자의 지정)
① 전조의 위탁을 받은 제삼자는 그 위탁있음을 안 후 지체없이 유언집행자를 지정하여 상속인에게 통지하여야 하며 그 위탁을 사퇴할 때에는 이를 상속인에게 통지하여야 한다.
② 상속인 기타 이해관계인은 상당한 기간을 정하여 그 기간내에 유언집행자를 지정할 것을 위탁 받은 자에게 최고할 수 있다. 그 기간내에 지정의 통지를 받지 못한 때에는 그 지정의 위탁을 사퇴한 것으로 본다.

제1095조(지정유언집행자가 없는 경우)
전2조의 규정에 의하여 지정된 유언집행자가 없는 때에는 상속인이 유언집행자가 된다.

제1102조(공동유언집행)
유언집행자가 수인인 경우에는 임무의 집행은 그 과반수의 찬성으로써 결정한다. 그러나 보존행위는 각자가 이를 할 수 있다.

사례

자필유언장에 의한 상속등기와 유증되지 않은 재산에 대한 등기

Questions ■ ■ ■

아버지는 오래 전에 돌아가셨는데 얼마 전에 어머니가 돌아가셨습니다. 자녀는 2남 1녀가 있고요.

어머니는 유언자필증서를 작성해 두었는데 장남이 가정법원에 검인을 신청해서 최근에 유언검인 조서를 법원에서 받았습니다.

어머니의 유언은 모든 재산의 3분의 2를 장남에게 준다고만 되어 있습니다. 나머지 차남과 딸에 대한 말은 아무 것도 없었습니다.

이런 경우에 장남이 2/3과 남은 1/3을 3등분 해서 7/9를 갖고, 차남과 딸이 남은 1/9씩 법정상속분대로 상속받게 되는 것이 민법의 상속규정에 맞는 것인지요, 아니면 다른 방법이 있는지요.

Answers ■ ■ ■

안녕하세요. 유증 상속등기 전문 법무법인 천명 경태현 변호사입니다.

피상속인이 유언으로 3분의 2를 장남에게 상속한다고 하였다면 우선 3분의 2에 대한 유증에 의한 상속등기만 가능할 것입니다.
그리고 나머지 3분의 1은 유언이 없으므로 상속인 중 일부 또는 전원이 합의해서 법정상속분을 기준으로 9분의 1씩 법정상속등기를 할 수 있습니다.

아니면 상속인들이 전원합의해서 협의한 내용을 기준으로 협의분할상속등기를 할 수 있습니다.

그런데 협의분할상속등기는 상속인 전원의 합의로 마쳐지기 때문에 문제가 없지만, 협의 없이 상속인 중 일부가 일방적으로 법정상속분을 기준으로 각 9분의 1씩 등기를 하면 다른 상속인 특히 유언을 받지 못한 차남이나 딸이 이의를 제기해서 상속재산분할심판청구소송을 통해서 장남을 제외한 나머지 2명이 유언되지 않은 3분의 1지분을 각각 2분의 1씩 상속받을 것을 주장할 수 있습니다.

이 경우 기여분 혹은 다른 형제들의 특별수익 등의 특별한 사정이 없다면 상속재산분할심판청구소송에서 장남은 이미 3분의 2를 유증받았으므로 남은 3분의 1지분은 차남과 딸이 각 2분의 1씩 분할받는 것으로 판결이 될 가능성이 높습니다.

따라서 이러한 상속재산분할심판청구소송을 기준으로 하면 장남이 3분의 2, 차남과 딸이 남은 3분의 1의 2분의 1인 각 6분의 1을 취득하게 되고 결국 어머니의 재산은 장남 6분의 4, 차남과 딸이 각 6분의 1씩 취득하게 됩니다. 차남과 딸은 결국 유류분에 해당하는 각 1/6지분씩을 상속받게 됩니다. 이 경우 유류분반환문제도 발생되지 않을 것입니다.

이 경우 장남은 어머니의 자필유언장을 근거로 유증에 의한 상속등기를 할 수 있고, 차남과 딸은 상속재산분할심판문(판결)을 근거로 상속등기를 하게 됩니다.

※ 민법

제1009조(법정상속분)

① 동순위의 상속인이 수인인 때에는 그 상속분은 균분으로 한다. 〈개정 1977. 12. 31., 1990. 1. 13.〉

② 피상속인의 배우자의 상속분은 직계비속과 공동으로 상속하는 때에는 직계비속의 상속분의 5할을 가산하고, 직계존속과 공동으로 상속하는 때에는 직계존속의 상속분의 5할을 가산한다. 〈개정 1990. 1. 13.〉
③ 삭제 〈1990. 1. 13.〉

제1013조(협의에 의한 분할)
① 전조의 경우외에는 공동상속인은 언제든지 그 협의에 의하여 상속재산을 분할할 수 있다.
② 제269조의 규정은 전항의 상속재산의 분할에 준용한다.

사 례

유언집행자와 유언자의 사망시기 선후(先後)에 따른 유언집행방법

Questions ■ ■ ■

저희 아버지께서는 생전에 유언공증을 하셨고, 아버지의 부동산을 모두 저에게 남긴다는 내용이었습니다.

그리고 유언장에는 유언집행자를 아버지의 친구분으로 지정하셨습니다.

그런데 아버지께서 사망하시기 전에 아버지 친구분이 병환으로 사망하셨고, 이후 3달 후에 아버지께서 사망하셨습니다.

참고로 아버지의 상속인으로는 저를 포함한 자녀 5명이 있고, 어머니는 아버지 돌아가시기 10년 전에 이미 돌아가셨습니다.

이러한 경우에 어떻게 유언집행을 해야 하나요?

Answers ■ ■ ■

안녕하세요. 유증 상속등기 전문 법무법인 천명 경태현 대표변호사입니다.

귀하께서는 유언집행자가 유언자보다 먼저 사망하였을 경우 유언집행 방법에 대한 문의를 주셨습니다.

유언자가 유언집행자를 지정한 이후 유언자와 유언집행자 중 누가 먼저 사망하였느냐에 따라 유언집행의 방식은 전혀 달라지게 됩니다.

먼저 유언자가 유언집행자보다 먼저 사망한 경우에는 유언자가 사망함으로써 이미 유언의 효력이 발생하였고, 이후에 유언집행자가 사망하였더라도 이는 유언집행자에 대한 해임사유가 발생했을 뿐이고, 이러한 경우에는 민법 제1096조에 따라 기존 유언집행자에 대한 해임 및 새로운 유언집행자에 대한 선임을 법원에 청구하여 그 결정을 받은 후 새로운 유언집행자에 의해 유언집행을 진행하시면 되겠습니다.

반면에 유언집행자가 유언자보다 먼저 사망한 경우에는 민법 제1089조 제1항(유증은 유언자의 사망전에 수증자가 사망한 때에는 그 효력이 생기지 아니한다.), 제2항(정지조건 있는 유증은 수증자가 그 조건성취전에 사망한 때에는 그 효력이 생기지 아니한다.), 제1090조(유증이 그 효력이 생기지 아니하거나 수증자가 이를 포기한 때에는 유증의 목적인 재산은 상속인에게 귀속한다. 그러나 유언자가 유언으로 다른 의사를 표시한 때에는 그 의사에 의한다.)의 규정을 유추 적용한다면, 유언집행자의 지정에 관한 유언의 효력은 유언집행자가 먼저 사망한 경우에는 발생하지 않기 때문에 원칙으로 돌아가 유언집행자가 지정되지 않은 경우인 민법 제1095조(지정된 유언집행자가 없는 때에는 상속인이 유언집행자가 된다.), 제1102조(유언집.행.자가 수인인 경우에는 임무의 집행은 그 과반수의 찬성으로써 결정한다.)가 적용되므로 "유언자의 공동상속인들의 과반수의 찬성"이 있어야만, 유언자의 유언집행을 할 수 있습니다.

따라서 귀하의 경우에는 유언집행자가 유언자보다 먼저 사망한 경우이기 때문에 유언자의 공동상속인들이 유언집행자가 되고, 유언집행자인 공동상속인들 과반수의 동의가 있어야지만 유언자의 유언집행을 할 수 있습니다.

이와 관련하여 보다 상세한 유언집행에 관한 방법이 궁금하신 분은 아래 서류들을 준비하신 후 방문상담 예약 후 방문 해주시면 상세한 안내를 드리도록 하겠습니다.

※ 민법

제1096조(법원에 의한 유언집행자의 선임)
① 유언집행자가 없거나 사망, 결격 기타 사유로 인하여 없게 된 때에는 법원은 이해관계인의 청구에 의하여 유언집행자를 선임하여야 한다.
② 법원이 유언집행자를 선임한 경우에는 그 임무에 관하여 필요한 처분을 명할 수 있다.

제1089조(유증효력발생전의 수증자의 사망)
① 유증은 유언자의 사망전에 수증자가 사망한 때에는 그 효력이 생기지 아니한다.
② 정지조건있는 유증은 수증자가 그 조건성취전에 사망한 때에는 그 효력이 생기지 아니한다.

제1090조(유증의 무효, 실효의 경우와 목적재산의 귀속)
유증이 그 효력이 생기지 아니하거나 수증자가 이를 포기한 때에는 유증의 목적인 재산은 상속인에게 귀속한다. 그러나 유언자가 유언으로 다른 의사를 표시한 때에는 그 의사에 의한다.

제1095조(지정유언집행자가 없는 경우)
전2조의 규정에 의하여 지정된 유언집행자가 없는 때에는 상속인이 유언집행자가 된다.

제1102조(공동유언집행)
유언집행자가 수인인 경우에는 임무의 집행은 그 과반수의 찬성으로써 결정한다. 그러나 보존행위는 각자가 이를 할 수 있다.

사 례

유언공증과 유언상속등기절차(유증등기) 그리고 상속세, 취등록세 등

Questions ■ ■ ■

지난주에 저의 모친이 돌아가셨습니다.
가족은 부친께서는 5년 전에 먼저 돌아가셨고, 2남 2녀이고 저는 장남입니다.
모친께서는 아파트 1채(8억 상당), 상가건물 1채(20억 상당) 그리고 예금(3억 원)을 가지고 계셨습니다.
그리고 모친께서는 아파트와 상가건물에 대해서는 2017년경 공증변호사 사무실에서 증인 2명이 있는 자리에서 유언공증을 해주셨습니다.

저는 모친이 남겨주신 유언공정증서 정본을 보관 중입니다.
유언공정증서 정본에 저에게 아파트, 상가건물을 전부 유언상속한다고 기재되어 있습니다.
그리고 유언집행자는 증인 중 1인인 제 친한 친구입니다.

하지만 예금은 유언을 남기지 않았습니다.
저는 모친 유언대로 아파트, 상가건물을 제가 상속받고 상속예금은 나머지 형제들 3명이 각 1억 원씩 상속받게 하고자 합니다.
물론 형제들이 이를 동의할지 안 할지는 모르겠지만요.

유언공증 상속처리에 관해 질문드립니다.

1. 무엇보다 모친께서 남기신 유언공증에 따라 유언상속등기를 진행하고 싶습니다.
   변호사님에게 의뢰하고 싶은데 사망신고 등 유증등기절차와 서류는 어떻게 되나요?
2. 유언상속등기를 진행하기 위해서 필요한 세금은 어떤 것이 나가나요? 취득세, 등록세 등

알려주세요.

3. 상속세는 언제까지 신고납부해야 하나요?

4. 형제들이 유류분반환청구소송을 하면 변호사님을 선임해서 대응할 수 있나요?

Answers ■ ■ ■

부친께서는 먼저 돌아가셨고 이번에는 모친 상속문제가 발생된 것입니다.

모친의 상속인들은 2남 2녀 총 4명이고 법정상속분은 각 1/4지분씩입니다. 그리고 유류분은 법정상속분의 절반이므로 각 1/8지분씩입니다.

그런데 모친의 경우 유언공증을 통해 아파트, 상가건물을 귀하에게 물려주신 것입니다. 반면에 예금은 유언공증을 하지 않아 공동상속이 되었습니다.

우선적으로 모친이 부동산에 대해서 유언공정증서 즉 유언공증을 하셨으므로 유언공증에 따른 상속등기절차(유증등기)를 진행해야 할 것입니다.

질문하신 것에 순차적으로 답변 드리겠습니다.

1. 무엇보다 모친께서 남기신 유언공증에 따라 유언상속등기를 진행하고 싶습니다. 변호사님에게 의뢰하고 싶은데 사망신고 등 유증등기절차와 서류는 어떻게 되나요?

➜ 최우선적으로는 유언공정증서에 따른 유증등기를 하려면 조속히 사망진단서를 병원에서 발급받아 "사망신고"를 하시길 바랍니다. 사망신고 후 1주일 정도 지나서 아래와 같이 **※유증에 의한 소유권이전등기 필요서류※**를 준비해 주시길 바랍니다.

① 유언자(어머님)

- 제적등본(출생~사망까지의 수기, 타자, 전산으로 작성된 전 제적을 포함한 모든 제적등본)
- 기본증명서(상세), 가족관계증명서(상세), 혼인관계증명서(상세), 입양관계증명서(상세), 친양자입양관계증명서(상세), 주민등록말소자초본(과거 모든 주소 기재)

→ 동사무소나 구청에 가서 수증자 신분증을 가지고 가서 위 서류를 전부 발급해달라고 하시면 됩니다.

② 배우자셨던 아버님

- 제적등본(출생~사망까지의 수기, 타자, 전산으로 작성된 전제적을 포함한 모든 제적등본)
- 기본증명서(상세), 가족관계증명서(상세), 혼인관계증명서(상세), 입양관계증명서(상세), 친양자입양관계증명서(상세), 주민등록말소자초본(과거 모든 주소 기재)

→ 동사무소나 구청에 가서 수증자 신분증을 가지고 가서 위 서류를 전부 발급해달라고 하시면 됩니다.

③ 유언집행자 및 수증자(본인과 유언집행자) 각자

- 본인 : 기본증명서(상세), 가족관계증명서(상세), 주민등록초본(과거 모든 주소 기재),신분증 앞, 뒷면 사본
- 유언집행자 : 인감증명서, 인감도장, 주민등록초본, 신분증 앞, 뒷면 사본

④ 유언공정증서 정본

⑤ 유증등기할 부동산등기권리증(아파트, 상가건물)

→ 이를 "등기필증"이라고도 합니다. 어머님 유품으로 등기필증을 보관하고 계시면 가져오시면 됩니다. 만약 보관하지 않거나 찾을 수 없다면 준비할 수 없을 것이니 "확인서면"을 저희 로펌이 준비 및 작성해드릴 것입니다.

위 서류가 준비되면 아래와 같이 **※유증등기신청서 준비 및 등기접수※**를 진행하게 됩니다.

① 위 서류에 토지대장, 건축물대장 등 추가로 준비해서 유증등기신청서 준비
② 취득세, 등록세, 농어촌특별세, 국민주택채권할인 등 공과금내역서 및 등기수수료 내역서 안내
③ 위 비용입금 후 각종 공과금영수증 첨부 후 유증등기신청서 관할등기소에 접수
④ 유증등기신청 접수 후 통상 1주일 이내에 등기완료(다만, 해당 등기소에서 부족한 서류에 대한 보정명령이 나오면 이에 따른 시간지연)
⑤ 등기완료 후 등기권리증 교부

2. 유언상속등기를 진행하기 위해서 필요한 세금은 어떤 것이 나가나요? 취득세, 등록세 등 알려주세요.

➜ 유증등기를 진행하려면 기본적으로 해당 부동산별로 취득세, 등록세, 농어촌특별세, 주민주택채권할인과 같은 세금과 공과금이 소요됩니다. 특히 이중 취등록세가 가장 큰 금액이 소요될 것입니다. 취등록세는 과세표준인 공시지가를 기준으로 산정됩니다.

3. 상속세는 언제까지 신고납부해야 하나요?

➜ 유증등기 완료여부와 무관하게 상속세는 전체 상속재산에 대해서 신고납부를 해야 합니다. 통상적으로 유증등기를 먼저 조속히 하고 상속세신고를 준비하게 됩니다. 상속세는 사망일로부터 6개월 이내에 신고납부를 하지 않으면 가산세의 불이익이 있습니다.

4. 형제들이 유류분반환청구소송을 하면 변호사님을 선임해서 대응할 수 있나요?

➜ 저희 로펌에서 유증등기 진행 그리고 유류분협의 내지 유류분청구소송에 대한 대응 등 모든 법률적 진행을 해드리고 있습니다. 유언상속등기, 유류분반환청구소송과 유류분계산 등 대응방법에 관하여 자세한 것은 위 유증등기 필요자료를 지참해서 방문상담을 해주시길 바랍니다.

사 례

유언공증에 의한 상속등기(유증등기)를 위한 유언집행자 해임 및 선임청구

Questions ■ ■ ■

저의 부친께서 15년 전에 저에게 유언공증을 해주셨습니다.
부친이 올해 3월 초에 돌아가셨습니다. 가족은 어머니와 1남 3녀입니다. 제가 외동아들입니다.

유언공증에 의한 상속등기(유증등기)를 진행하고 싶습니다.
변호사님에게 유증등기를 의뢰할 수 있나요?

유언공증한 재산은 토지 4필지입니다.
저에게 유언공정증서 정본이 있는데 이것으로 유언집행이 가능한가요?
혹시 정본이 아니라 유언공정증서 원본이 있어야 하나요?

그런데 문제가 있습니다. 15년 전에 유언공증을 할 당시 증인 2명은 아버지 친구 분이셨는데 증인 2분 중 1분을 유언집행자로 지정해 놓으셨는데, 그 분은 제가 잘 모르는 분이고 유언공증에 연락처도 나와 있지 않으며, 공증에 나와 있는 주소로 방문해서 찾아보려고도 했는데, 이미 재개발되어 아파트단지가 되었더라구요. 그래서 현재 유언집행자를 찾지 못하고 있습니다.

만약 유언집행자를 찾지 못하면 유언공증의 효력이 없어지는 것은 아닌지요?
그럼 어떻게 해야 하나요?
유언집행자를 변경하거나 유언공증이 효력을 유지할 수 있는 방법이 있을까요?

만약 유언집행자를 찾으면 어떤 서류를 준비해서 변호사님에게 유증등기를 의뢰해야 하나요?

변호사님의 소중한 고견 부탁드립니다.

Answers ■ ■ ■

부친께서 돌아가신 경우 상속인들은 어머니, 자녀들 1남 3녀가 공동상속인이 됩니다.

그리고 법정상속분은 어머니가 1.5지분, 자녀들이 각 1지분씩입니다. 이를 분모화하면 어머니가 3/11지분, 자녀들이 각 2/11지분씩입니다.

다만, 위 법정상속분은 부친의 유언이 없는 경우에 적용됩니다. 유언이 존재할 경우에는 유언에 따라 상속되어야 합니다.

귀하의 경우처럼 부친께서 유언공정증서 즉 유언공증을 받은 경우 해당 상속토지를 곧바로 다른 상속인들 동의 없이 유언상속등기 즉 유증등기를 할 수 있습니다. 이때 유언공정증서는 "정본"이 있어야 합니다.
유언공정증서 "원본"이 아니고 유언공정증서 **"정본"**이어야 유증등기신청이 가능합니다.

그런데 돌아가신 부친 토지를 유언공증에 따라 유언상속등기를 하려면 **"유언집행자"**가 등기신청을 해주어야 합니다.
그러므로 유언집행자를 찾아 서류협조를 요청해야 합니다. 그런데 귀하의 경우처럼 연락이 안 되는 상황이 있습니다.

유언집행자가 연락이 안 되거나 협조가 안 된다고 해서 유언공증의 효력이 없어지지는 않습니다. 다만, 유언집행자를 찾거나 해임, 선임절차를 거쳐야 하는 불편이 있습니다.

따라서, 이런 경우 유언공증의 유언집행자에 대해서 기존 주소로 내용증명을 보내고 송달이 안 되거나(우편반송처리), 도저히 연락이 안 된다면 이후 가정법원에 유언집행자 해임청구를 하시면서 수증자인 귀하를 유언집행자로 선임해달라고 청구해야 할 것입니다.

이를 **"유언집행자 해임청구 및 선임청구"**라고 합니다.

※ 민법

제1096조(법원에 의한 유언집행자의 선임)

① 유언집행자가 없거나 사망, 결격 기타 사유로 인하여 없게 된 때에는 법원은 이해관계인의 청구에 의하여 유언집행자를 선임하여야 한다.

② 법원이 유언집행자를 선임한 경우에는 그 임무에 관하여 필요한 처분을 명할 수 있다.

제1106조(유언집행자의 해임)

지정 또는 선임에 의한 유언집행자에 그 임무를 해태하거나 적당하지 아니한 사유가 있는 때에는 법원은 상속인 기타 이해관계인의 청구에 의하여 유언집행자를 해임할 수 있다.

사 례

유언집행자가 일부만 유증등기를 하고 나머지는 하지 않는 경우

Questions ■ ■ ■

안녕하세요. 변호사님 난감한 일이 생겨서 문의드립니다.

모친께서 상가건물을 보유하고 계셨는데 저희 남자형제들 2명인 형과 저에게 1/2지분씩 유언공증을 해주셨습니다.
유언공증을 주도한 것이 형이라서 유언집행자는 형의 친구로 지정했고요

모친께서 2달 전에 돌아가셔서 사망신고하고 유언공증에 따라 유언상속등기를 해야 하는데 유언집행자가 저와는 상의 없이 형의 몫 1/2지분만 단독으로 등기했습니다

저의 몫 1/2지분은 그대로 모친 명의로 있습니다.
저 역시 취득세 신고납부했는데, 유언상속등기를 진행하려고 하니 유언집행자만 가능하다고 해서 저는 신고를 못했습니다.
전 복사본만 있지 유언공증증서 원본이나 정본은 저에게 없습니다. 형과 유언집행자는 연락이 안 되고요.
정말 황당합니다. 이런 경우 어떻게 해야 하나요?

혼자 이리 저리 알아보다가 지쳤습니다. 변호사님에게 유언상속등기를 모두 맡기고 싶은데 어떻게 해야 하나요?

Answers ■ ■ ■

안녕하세요. 유언상속등기 법무법인 천명 대표변호사 경태현입니다.

유언자인 어머니가 적법, 유효한 유언공증을 통해서 유언부동산에 대해서 귀하 형제들 2명에게 1/2지분씩 공동으로 유증하면서 유언집행자를 제3자를 지정한 것으로 보입니다.

원칙적으로는 유언자 사망이후 유언집행자는 위 유언공증에 따라 귀하 형제들(수유자) 2명에게 각 1/2지분씩으로 유언상속등기 즉 유증등기를 진행해주어야 할 의무가 있습니다.

그런데 형의 친구인 유언집행자가 형의 1/2지분만 유증등기를 진행하고 귀하의 몫인 나머지 1/2지분을 유증등기를 해주지 않는 경우가 발생된 경우입니다. 이런 경우가 실무적으로 유언상속등기를 진행하다보면 종종 있습니다.

유언집행자가 전체 부동산 중 일부만 유증등기를 하거나 혹은 하나의 부동산에 일부 지분만 유언등기를 하고 나머지 지분에 대해서는 유언등기를 하지 않는 경우가 있을 수 있고 이런 경우 해결책이 필요합니다.

귀하 같은 사안에서는 1/2지분에 대한 유증등기를 받지 못한 수유자인 귀하는 유언집행자에게 내용증명의 형식으로 자신의 몫 1/2지분에 대한 조속한 유증등기를 요청하고 만일 이를 이행하지 않는다면 유언집행자해임청구 및 선임청구를 가정법원에 진행해서 유언집행자를 선임받은 후 유언등기를 진행해야 할 것입니다.

저희 법무법인 천명에서는 유언공증에 따른 유언상속등기(유언등기), 유언집행자 내용증명, 유언집행자해임청구 및 선임청구 등에 대해서 구체적으로 진행해드리고 있습니다. 보다 자세한 것은 아래 자료를 지참해서 방문상담을 받아보시길 바랍니다.

- 어머님의 기본증명서, 가족관계증명서, 혼인관계증명서, 주민등록말소자초본
- 본인의 기본증명서, 가족관계증명서, 주민등록초본
- 유언공증서 사본
- 유언한 부동산등기부등본

사 례

상속등기 후 신탁등기가 마쳐진 경우 유증등기 하는 방법

Questions ■ ■ ■

아버지께서 최근에 돌아가시고, 어머니는 아버지 돌아가시기 전에 이미 돌아가신 상황이라 상속인으로는 저희 3형제만 남아있는 상황입니다.

아버지께서는 생전에 저에게 위 주택을 저 혼자 모두 가지라는 내용의 유언공증을 하셨고, 이러한 사실을 다른 형제들에게도 알려주었지만, 저희 형은 이러한 유언내용에 반대하면서 공평하게 1/3씩 나눠가지자고 하였습니다.

이후 상속협의가 안 된 상황이 계속 이어졌는데, 위 주택이 최근 재건축에 들어간다는 이야기를 들은 게 있어 어느 날 부동산등기부를 발급해보니 1/3지분씩 법정지분등기가 되어있었고(아마도 형이 일방으로 상속등기를 한 것 같습니다), 재건축정비사업조합 명의로 신탁을 원인으로 이미 소유권이전등기가 완료되었습니다.

이러한 경우에는 아버지의 유언대로 유증등기를 하고 싶은데 방법이 없을까요?

Answers ■ ■ ■

안녕하세요. 유증 상속등기 전문 법무법인 천명 경태현 대표변호사입니다.

귀하께서는 유증을 원인으로 한 소유권이전등기가 되기 전에 이미 법정상속등기가 되었고, 이에 더하여 신탁등기까지 이루어진 경우 유증을 원인으로 한 소유권이전등기가 가능한지에 대한 문의를 주셨습니다.

피상속인이 사망한 후 상속부동산에 법정상속분에 의해 상속등기가 완료되었으나, 이후 피상속인이 상속인 중 한명에게 유언을 통하여 상속부동산을 유증하였다면, 법정상속등기가 된 상태에서 곧바로 유증을 원인으로 한 소유권이전등기 절차를 진행할 수 있습니다.

그런데 귀하의 경우와 같이 법정상속등기 이후 신탁등기가 이루어져 제3자에게 소유권이 이전된 경우와 관련하여 최근 등기선례에서는「유증을 원인으로 한 소유권이전등기 전에 상속등기가 마쳐진 후 제3자인 재건축정비사업조합에게 신탁을 원인으로 한 소유권이전등기 및 신탁등기가 마쳐진 경우, 원칙적으로 유증을 원인으로 한 소유권이전등기를 신청할 수 없으나(등기선례 8-206호 참조), 정당한 말소사유에 의하여 위 신탁등기가 말소되고(위 등기선례 참조), 상속인에게로 소유권이 회복(대법원 1991. 6. 25. 선고 90다14225 판결 참조)된 경우에는 유증을 원인으로 한 소유권이전등기를 신청할 수 있다.」라고 규정하고 있습니다.

결국 귀하의 사례의 경우 피상속인이 사망한 이후 법정상속등기가 완료되었고, 이후 재건축조합에 신탁을 원인으로 한 소유권이전등기까지 완료된 상황에서 피상속인이 상속인 중 한명에게 유언을 남겨 부동산을 전부 유증을 한 것을 원인으로 하여 제3자(재건축조합)명의 소유권이전등기를 귀하의 명의로 곧바로 할 수 있느냐가 쟁점이 되는 사안입니다.

이때 이미 완료된 법정상속등기 이후 아무런 소유권이전등기가 완료되지 않은 상황이라면 유증을 원인으로 소유권이전등기가 곧바로 가능하지만, 만약 법정상속등기 이후 신탁등기가 이루어져 소유권이 제3자에게 넘어간 상황이라고 한다면 신탁등기에 대한 정당한 말소사유가 있어 신탁등기가 말소된 경우이거나 상속인에게로 소유권이 회복된 경우에는 유증을 원인으로 한 소유권이전등기를 신청할 수 있습니다.

즉, 제3자에게 신탁등기가 된 상황이라면 반드시 정당한 사유로 신탁등기가 말소된 이후 다시 소유권이 법정상속등기 당시의 소유권자에게 소유권이 회복되었을 때 유증을 받은 수유자는 유증을 원인으로 한 소유권이전등기를 신청할 수 있습니다.

위와 같이 법정상속등기가 완료되었음에도 피상속인의 유언이 있어 이에 대한 유증등기를 할 수 있는 경우라고 하더라도 법정상속등기 이후 신탁등기 등이 되어 있어 소유권이 제3자로 넘어갔다면 다시 상속인으로 소유권이 회복되지 않는 이상 유언을 통하여 부동산을 유증받은 수유자는 유증을 원인으로 한 소유권이전등기 절차를 신청할 수 없고, 유증등기를 신청하기 위해서는 반드시 제3자로 앞으로 된 신탁등기를 말소해야 합니다.

※ 2023. 09. 06. 부동산등기과-2600 질의회답

상속등기 후 신탁을 원인으로 한 소유권이전등기가 마쳐진 경우 유증을 원인으로 한 소유권이전등기 가부

➜ 유증을 원인으로 한 소유권이전등기 전에 상속등기가 마쳐진 후 제3자인 재건축정비사업조합에게 신탁을 원인으로 한 소유권이전등기 및 신탁등기가 마쳐진 경우, 원칙적으로 유증을 원인으로 한 소유권이전등기를 신청할 수 없으나(등기선례 8-206호 참조), 정당한 말소사유에 의하여 위 신탁등기가 말소되고(위 등기선례 참조), 상속인에게로 소유권이 회복(대법원 1991. 6. 25. 선고 90다14225 판결 참조)된 경우에는 유증을 원인으로 한 소유권이전등기를 신청할 수 있다(등기예규 제1512호 3.).

사 례

사인증여에 의한 등기절차 상담

Questions ■ ■ ■

어머니께서 저에게 유언에 대해서 알아보라고 하십니다. 그런데 유언과 비슷한 사인증여라는 것이 있다고 해서 문의드립니다.

사인증여는 유언과 달리 가등기가 가능하다고 들었습니다. 그런데 나중에 어머니가 사망하면 등기를 어떻게 해야 하는지 몰라 질문드립니다.

어머니가 돌아가시면 그 후에 저 혼자 다른 상속인들에게 알리지 않고 소유권이 가능한가요?
아니면 다른 상속인들의 동의가 있어야 되나요?
이때 만일 다른 상속인들이 동의해 주지 않으면 등기를 어떻게 해야 하나요?

Answers ■ ■ ■

안녕하세요. 사인증여 전문 법무법인 천명 경태현 변호사입니다.

원칙적으로 사인증여는 생전에 증여한 행위와 사후에 효력이 발생하는 유언이 결합된 형태라고 보시면 됩니다. 즉 증여는 생전에 하지만 효력은 어머니가 사망한 후에 발생하게 되는 것입니다.

그러나 어머니께서 귀하에게 생전에 증여를 해주었으나 소유권이전등기를 하지 않았기 때문에 어머니의 귀하에 대한 증여를 원인으로 하는 소유권이전등기의무는 어머니의 상속인들에게 그대로 상속됩니다.

따라서 귀하가 사인증여를 원인으로 하는 소유권이전등기를 단독으로 할 수 없고, 유언집행자가 어머니를 대신해서 등기의무자가 되어 어머니가 생전에 하지 못한 소유권이전등기를 해줘야 합니다.

이때 유언집행자가 정해지지 않았다면 상속인이 유언집행자가 되는데, 유언집행자인 상속인이 여러 명일 경우에는 과반수의 동의만 있으면 가능합니다. 즉 상속인이 3명이면 이 중 2명의 동의만 있으면 됩니다.

그런데 만일 다른 상속인들이 동의를 해 주지 않아 과반을 채울 수 없다면 다른 상속인들을 상대로 사인증여를 원인으로 하는 소유권이전청구를 해서 판결을 받아 해당 판결문으로 소유권이전등기를 신청할 수 있습니다.

다만 이러한 경우에 다른 상속인들이 귀하의 사인증여를 무효라고 주장하면서도, 만일 귀하의 주장이 인정될 경우를 가정해서 반대청구로 유류분을 신청할 수 있습니다.

그리고 이러한 유류분청구를 이유로 귀하에게 어머니 지분의 전부를 이전할 것이 아니라 유류분만큼을 빼고 이전해 준다고 주장할 수 있습니다. 물론 이처럼 유류분을 주장하는 상속인이 있다고 하더라도 해당 상속인이 생전에 다른 재산을 증여받아 유류분 부족분이 없다면 이러한 점을 귀하가 다퉈서 반박할 수 있습니다.

저희 로펌에서는 사인증여계약서 작성, 가등기, 사인증여를 원인으로 한 상속등기 등을 구체적으로 진행해드리고 있으니 도움을 원하시면 방문상담을 해주시길 바랍니다.

※ 민법

제1095조(지정유언집행자가 없는 경우)
전2조의 규정에 의하여 지정된 유언집행자가 없는 때에는 상속인이 유언집행자가 된다.

제1102조(공동유언집행)
유언집행자가 수인인 경우에는 임무의 집행은 그 과반수의 찬성으로써 결정한다. 그러나 보존행위는 각자가 이를 할 수 있다.

사례

부동산 유언대용신탁을 하고 싶은데 어떻게 하는 것인가요?

Questions ■ ■ ■

저는 80대 노인입니다. 제 아내는 3년 전에 하늘나라로 갔습니다.
자식들은 1남 3녀가 있는데 말년을 막내 외동아들에게 의탁하고 싶습니다.

제가 임대용 상가건물 1채와 집, 약간의 예금이 있습니다.
예금은 제가 생활비, 병원비로 사용하면 될 것 같은데 상가건물에 대해서는 주변에서는 증여, 유언공증, 유언대용신탁을 알아보라고 하는데 저는 유언대용신탁을 알아보고 싶습니다.

부동산유언대용신탁을 어떻게 해야 하나요?
금융기관에 신탁해야 하나요?
금융기관이 아닌 아들을 수탁자로 지정할 수 없나요?

Answers ■ ■ ■

최근 위탁자가 증여, 유언대신 유언대용신탁을 통해서 상속문제를 대비하시는 분들이 상당히 많습니다.

유언대용신탁은 증여, 유언에 비해 자유로운 설계와 계약을 통해 다양한 형태로 구성이 가능한 많은 장점이 있습니다.

금융재산의 경우 수탁자를 금융기관, 사후수익자(권리귀속자)를 물려주고 싶은 자녀로 지정하는 경우가 일반적이지만, 부동산 유언대용신탁의 경우 수탁자와 사후수익자(권리귀속자)를 물려주고 싶은 자녀로 지정하는 경우가 일반적입니다.

특히 부모(위탁자)가 사망 시까지의 모든 부양(병원/간병/요양/생활비 등)을 자녀(수탁자)에게 유언대용신탁한 부동산의 보증금과 임대료에서 위탁자를 위해서 사용하도록 하는 조건으로도 많이 활용되고 있습니다.

귀하의 경우 부동산에 대해서 아들을 수탁자와 사후수익자로 지정하는 유언대용신탁을 하고 싶은 것으로 보입니다. 금융기관이 아닌 아들을 수탁자로 지정할 수 있습니다.

부동산에 대한 유언대용신탁등기(위탁자를 본인, 수탁자를 자녀, 사후수익자 내지 권리귀속자를 자녀)에 관하여는 저희 로펌에서 상당히 다양하고 많은 상담을 통해서 상담자(위탁자와 수탁자)의 가족관계 및 상황에 맞게 가장 적절한 유언대용신탁계약서를 작성해서 실제로 고객들이 원하는 내용으로 다양한 유언대용신탁등기를 진행해드리고 있습니다.

그러므로 부동산에 대한 유언대용신탁등기에 대한 관심과 실제 진행하고자 하시는 분은 아래 유언대용신탁등기에 필요한 기초자료를 지참해서 상담을 해주시길 바랍니다.

1. 위탁자

- 부동산등기부등본
- 등기권리증(분실시 확인서면 필요)
- 가족관계증명서
- 주민등록초본
- 인감증명서, 인감도장
- 국세 완납증명서(세무서에서 발급)
- 지방세 완납증명서(사용목적에 '부동산 신탁등기' 표시)

2. **수탁자**

- 주민등록초본
- 인감증명서, 인감도장
- 후견등기사항부존재증명서(전부)

3. **신탁원부 및 신탁계약서**

➜ 이 부분은 저희 법무법인 천명에서 구체적인 방문상담을 통해서 상담자(위탁자와 수탁자)의 가족관계 및 상황에 맞게 가장 적절한 유언대용신탁계약서를 준비해드릴 것입니다.

사 례

유류분반환 판결등기하는 방법

Questions ■ ■ ■

얼마 전에 저를 원고로 친언니 · 친오빠를 피고로 하여 유류분반환청구소송을 하여 2년 만에 최종적인 승소판결을 받게 되었는데요.

제가 알아보니 이러한 판결만 받는다고 자동으로 부동산등기가 되는 것이 아니라 별도로 등기소에 등기신청을 해야 된다고 해서 제가 살고 있는 곳 근처에 있는 몇몇 법률사무소를 갔는데 유류분판결등기 경험이 없다고 하면서 잘 모르겠다고 하더라구요.

변호사님께서 유류분 전문 변호사이시고 하셔서 혹시 이 부분에 대한 설명을 해주실 수 있으신지 궁금합니다.

Answers ■ ■ ■

안녕하세요. 유류분전문 법무법인 천명 대표변호사 경태현입니다.

귀하께서는 유류분반환 확정판결을 받은 후 판결내용에 따른 소유권이전등기절차를 어떻게 해야 되는지에 대한 문의를 주셨습니다.

유류분반환청구소송을 진행하여 최종적으로 법원으로부터 판결을 받거나, 판결 전에 당사자들 간에 원만하게 조정절차를 통하여 조정을 하였다면 조정조서를 작성하게 됩니다.

그리고 이러한 판결이나 조정절차를 통하여 사건이 종결되면, 법원에서는 '피고는 원고에게 별지목록 기재 부동산에 대하여 20XX.XX.XX 유류분반환을 원인으로 한 소유권이전등기 절차를 이행하라'는 내용으로 판결문 또는 조정조서를 작성하게 됩니다.

이렇게 판결문 또는 조정조서가 나오게 되면 판결문 또는 조정조서의 내용과 같이 유류분반환을 원인으로 한 소유권이전등기절차를 진행해야 합니다.

이러한 유류분반환을 원인으로 한 소유권이전등기 절차에 대하여 구체적으로 알아보도록 하겠습니다.

1. 판결문과 조정조서에 따른 유류분반환등기신청 시 필요서류의 차이

유류분반환판결을 받았을 경우에는 먼저 유류분반환판결문이 각 당사자에게 송달되고, 가장 늦게 판결문을 송달 받은 당사자의 판결문 수령일으로부터 "14일"이 경과하게 되면 최종적으로 유류분사건이 확정됩니다.

부동산 등기신청을 할때에도 반드시 판결정본, 송달증명원, 확정증명원이 필요합니다.

반면에 유류분반환과 관련하여 조정조서를 작성한 경우에는 법률실무상 '임의조정'이 되었다고 말하며, 이 경우에는 별도로 송달에 따라 확정일자를 따지지 않고, 조정조서가 작성된 조정기일에 사건이 확정된 것으로 봅니다.

따라서 부동산등기신청을 할 때에도 조정조서를 받은 경우에는 조정조서와 송달증명원만 제출하면 되고, 별도의 확정증명원을 요하지 않습니다.

2. 판결문 검인 절차

위와 같이 유류분반환청구소송 판결문, 송달증명원, 확정증명원 또는 조정조서, 송달증명원 등의 등기원인서류들이 모두 준비가 되었다면 이제 이 판결문 또는 조정조서에 대하여 유류분반환 대상 부동산 소재지 관할 관청으로부터 "검인"을 받아야 합니다(다만, 관할 관청별로 유류분반환판결에 대하여 검인 대상에 해당하는 지에 대하여 다르게 판단하는 곳도 있기 때문에 구체적인 사항은 관할 관청에 문의 하시면 정확한 답변을 들을 수 있습니다).

여기서 판결문 검인이란 판결문 상의 취득 부동산 소재지 관할 관청으로부터 판결문에 검인 확인을 받고, 검인 도장을 받는 것을 말하는데요.
이러한 판결문 검인 시 준비할 서류로는 판결문일 경우에는 판결문, 송달확정증명원 정본 및 각 사본(복사본), 조정조서일 경우에는 조정조서, 송달증명원 정본 및 각 사본(복사본)입니다.

위 서류들을 제출하게 되면 정본 서류들 중 판결문 또는 조정조서 1페이지 관할 관청의 검인이라 적힌 도장을 날인해주고, 각 서류들의 사본들은 관할관청에서 보관을 하게 됩니다.

3. 취득세 신고 절차

위와 같이 검인을 받은 판결문 또는 조정조서가 준비가 되었다면 취득세 신고서를 작성 후 위 검인된 서류들을 제출 후 취득세 고지서를 받으면 됩니다.

4. 그 외 공과금 납부 및 등기신청서 세팅

그리고 위 취득세 신고 후 수령한 취득세 고지서 상의 금액을 관할 관청에 납부하고, 그 외의 공과금인 등기신청수수료, 채권할인액을 납부하시면 됩니다.

보다 구체적인 유류분반환 판결등기에 대한 내용은 상담 예약 후 방문해주시면 추가적으로 안내드리도록 하겠습니다.

사 례

등기관의 처분에 대한 이의신청

Questions ■ ■ ■

최근에 아버지께서 돌아가셔서 법무사나 변호사를 맡기지 않고, 상속등기를 제가 셀프로 신청하였는데, 관할 등기소에서는 아버지의 부동산등기부상 주소가 아버지의 주민등록상에 없는 주소이고, 부동산등기부상 아버지의 주민등록번호도 기재되어 있지 않기 때문에 동일인으로 볼 수 없어 상속등기 신청을 각하한다는 결정을 저에게 우편으로 보냈습니다.

저는 요즘에 상속등기를 셀프로도 많이 하고 해서 간단한 등기인 줄 알았는데 예상치 못한 상황에 무척 당황스러운데요.

이러한 경우에 상속등기를 할 수 있는 방법은 없을까요?

Answers ■ ■ ■

안녕하세요. 등기관의 처분에 대한 이의신청 전문 법무법인 천명 대표변호사 경태현입니다.

귀하께서는 아버님이 사망하신 후 셀프로 상속등기를 신청하였는데, 등기신청서상 등기의무자(아버님)와 부동산등기부상 현재 소유자(아버님)가 동일인이 아니라는 이유로 관할 등기소로부터 각하결정을 받은 경우 이에 대한 대처 방안에 대한 문의를 주셨습니다.

관할등기소의 등기관은 등기신청인이 등기신청서를 접수하면 이를 심사하는 등기소의 공무원으로 이들의 심사권한은 실체법상의 권리관계와 일치 여부를 심사할 '실질적 심사권한'은 없고, 오직 신청서 및 그 첨부서류와 등기부에 의해 등기요건의 충족여부를 심사할 이른바 '형식적 심사권한'이 있습니다.

이러한 이유로 귀하의 사례와 같은 경우에 형식적 심사권한만 가진 등기관이 각하결정을 내리는 경우가 빈번합니다.

위와 같이 등기관이 등기신청에 대하여 각하결정을 내린 경우에는 등기신청인은 등기관과는 달리 실질적 심사권한을 가지는 관할 법원에 '등기관 처분에 대한 이의신청'을 할 수 있습니다.

이러한 '등기관 처분에 대한 이의신청 절차'와 관련하여 아래에서 구체적으로 설명 드리도록 하겠습니다.

1. 관할 법원 및 이의신청서 접수처

부동산등기신청 당시 관할 등기소가 속한 지역의 관할 지방법원 또는 지방법원지원에서 담당합니다. 예를 들어 서울 서초구에 있는 부동산에 대한 등기신청 후에 각하결정을 받아 등기관 처분에 대한 이의신청 절차를 진행한다면 관할 법원은 서울중앙지방법원이 되고, 경북 상주시에 있는 부동산에 대한 등기신청 후에 각하결정을 받아 등기관 처분에 대한 이의신청 절차를 진행한다면 관할 법원은 대구지방법원 상주지원이 됩니다.

다만, 등기관처분에 대한 이의신청서는 최초 등기신청을 하였던 관할 등기소에 접수를 해야 하고, 접수를 받은 관할 등기소에서는 이에 대한 등기관의 의견서를 첨부한 후 관할 법원에 전달합니다. 이에 대해서는 아래에서 좀 더 구체적으로 알아보도록 하겠습니다.

2. 신청비용

가. 인지대 : 1,000원

나. 송달료 : 3회분 송달료[2024. 6. 기준으로 1회분 송달료는 5,200원이므로 총 15,600원 (=5200원×3회분)]

3. 이의신청기간

이의신청기간을 제한하는 규정은 없지만, 보통 실무적으로는 각하결정문을 수령한 날로부터 2주내에 이의 신청서를 접수합니다.

4. 이의신청에 대한 등기관과 법원의 조치

앞서 말씀드린 바와 같이 등기관 처분에 대한 이의신청서는 관할 등기소에 접수가 되고, 이후 관할 지방법원 또는 지방법원지원으로 사건기록이 송부됩니다.

이때 등기관과 관할법원의 조치는 아래와 같습니다.

가. 등기관의 조치

- 이의신청에 이유가 있을 경우 : 등기관은 이의신청에 따른 상당한 처분(부동산등기 절차 실행)을 하여야 합니다.
- 이의신청에 이유가 없을 경우 : 등기관은 3일 이내 등기관의 의견서를 이의신청서에 붙여서 이의신청사건기록을 관할 지방법원 또는 지방법원지원에 송부하여야 합니다.

나. 관할 법원의 조치

- 이의신청에 이유가 있을 경우 : 등기관에게 상당한 처분(부동산등기 절차를 실행)을 명하고(등기관은 이 결정에 불복을 할 수 없습니다), 이의신청인과 등기상의 이해관계인에게 통지
- 이의신청에 이유가 없을 경우 : 신청기각(➜ 이 경우 이의신청인은 1심 사건의 상위 법원인 2심 법원에 항고를, 항고도 기각되었을 때에는 3심 법원인 대법원에 재항고를 할 수 있습니다.)

사례

부동산 상속을 받을 경우 취득세율이 어떻게 되나요?

Questions

부친이 돌아가신 상황에서 자녀들은 총 3남 2녀 5명입니다.

부친이 남기신 것이 아파트, 상가 건물, 토지, 논밭이 있는데 모두 취득세를 신고납부해야 한다고 알고 있습니다. 무주택 상속자가 주택을 상속을 받을 경우 취득세 감면을 받는다고 하던데 맞나요?

위 상속부동산에 대한 취득세율은 어떻게 되나요?

Answers

부동산을 상속을 받을 경우 취득세율과 이에 부수적인 세율은 아래와 같이 구분됩니다.

1. 주택, 토지, 건물, 상가

: 3.16%(상속취득세 2.8%+농어촌특별세0.2%+지방교육세0.16%)

2. 무주택자의 상속주택(1가구 1주택자) 취득세 감면(-2.2% 감면)

: 0.96%(상속취득세 0.8%+농어촌특별세0.0%+지방교육세0.16%)

여기서 주택가액이나 비규제지역여부 등 특별추가요건은 없습니다.

1가구 1주택이란 상속인과 같은 "세대별 주민등록표(주민등록등본)"에 함께 기재되어 있는 가족으로 구성된 1가구(상속인의 배우자, 상속인의 미혼인 30세 미만의 직계비속 또는 상속인이 미혼이고 30세 미만인 경우 그 부모는 각각 상속인과 같은 세대별 주민등록표에 기재되어 있지 아니하더라도 같은 가구에 속한 것으로 본다)가 국내에 1개의 주택을 소유하는 것을 의미합니다.

3. 농지의 경우(-0.5% 감면)

: 2.56%(상속취득세 2.3%+농어촌특별세0.2%+지방교육세0.06%)

4. 자경농민(2년이상 경작자)의 상속농지 취득세 감면(-2.2% 감면)

: 0.36%(상속취득세 0.3%+농어촌특별세0.0%+지방교육세0.06%)

지방세법 제15조(세율의 특례)

① 다음 각 호의 어느 하나에 해당하는 취득에 대한 취득세는 제11조 및 제12조에 따른 세율에서 중과기준세율을 뺀 세율로 산출한 금액을 그 세액으로 하되, 제11조제1항제8호에 따른 주택의 취득에 대한 취득세는 해당 세율에 100분의 50을 곱한 세율을 적용하여 산출한 금액을 그 세액으로 한다. 다만, 취득물건이 제13조제2항에 해당하는 경우에는 이 항 각 호 외의 부분 본문의 계산방법으로 산출한 세율의 100분의 300을 적용한다. [개정 2010.12.27, 2015.7.24, 2015.12.29, 2017.12.26] [[시행일 2018.1.1]]

1. 환매등기를 병행하는 부동산의 매매로서 환매기간 내에 매도자가 환매한 경우의 그 매도자와 매수자의 취득
2. 상속으로 인한 취득 중 다음 각 목의 어느 하나에 해당하는 취득
   가. 대통령령으로 정하는 1가구 1주택의 취득
   나. 「지방세특례제한법」 제6조제1항에 따라 취득세의 감면대상이 되는 농지의 취득

지방세법 시행령 제29조(1가구 1주택의 범위)

① 법 제15조제1항제2호가목에서 "대통령령으로 정하는 1가구 1주택"이란 상속인(「주민등록법」 제6조제1항제3호에 따른 재외국민은 제외한다. 이하 이 조에서 같다)과 같은 법에 따른 세대별 주민등록표(이하 이 조에서 "세대별 주민등록표"라 한다)에 함께 기재되어 있는 가족(동거인은 제외한다)으로 구성된 1가구(상속인의 배우자, 상속인의 미혼인 30세 미만의 직계비속 또는 상속인이 미혼이고 30세 미만인 경우 그 부모는 각각 상속인과 같은 세대별 주민등록표에 기재되어

있지 아니하더라도 같은 가구에 속한 것으로 본다)가 국내에 1개의 주택[주택(법 제11조제1항제8호에 따른 주택을 말한다)으로 사용하는 건축물과 그 부속토지를 말하되, 제28조제4항에 따른 고급주택은 제외한다)]을 소유하는 경우를 말한다. 〈개정 2015. 7. 24., 2015. 12. 31., 2016. 12. 30., 2017. 12. 29., 2018. 12. 31.〉

② 제1항을 적용할 때 1주택을 여러 사람이 공동으로 소유하는 경우에도 공동소유자 각각 1주택을 소유하는 것으로 보고, 주택의 부속토지만을 소유하는 경우에도 주택을 소유하는 것으로 본다. 〈신설 2015. 7. 24.〉

③ 제1항 및 제2항을 적용할 때 1주택을 여러 사람이 공동으로 상속받는 경우에는 지분이 가장 큰 상속인을 그 주택의 소유자로 본다. 이 경우 지분이 가장 큰 상속인이 두 명 이상일 때에는 지분이 가장 큰 상속인 중 다음 각 호의 순서에 따라 그 주택의 소유자를 판정한다. 〈개정 2015. 7. 24.〉

1. 그 주택에 거주하는 사람
2. 나이가 가장 많은 사람

지방세특례제한법 제6조(자경농민의 농지 등에 대한 감면)

① 대통령령으로 정하는 바에 따라 농업을 주업으로 하는 사람으로서 2년 이상 영농에 종사한 사람 또는 「후계농어업인 및 청년농어업인 육성 · 지원에 관한 법률」 제8조에 따른 후계농업경영인 및 청년창업형 후계농업경영인(이하 이 조에서 "자경농민"이라 한다)이 대통령령으로 정하는 기준에 따라 직접 경작할 목적으로 취득하는 대통령령으로 정하는 농지(이하 이 절에서 "농지"라 한다) 및 관계법령에 따라 농지를 조성하기 위하여 취득하는 임야에 대해서는 취득세의 100분의 50을 2023년 12월 31일까지 경감한다. 다만, 다음 각 호의 어느 하나에 해당하는 경우 그 해당 부분에 대해서는 경감된 취득세를 추징한다. 〈개정 2010. 12. 27., 2011. 12. 31., 2015. 12. 29., 2016. 12. 27., 2017. 12. 26., 2020. 5. 19., 2020. 12. 29., 2021. 12. 28.〉

1. 정당한 사유 없이 그 취득일부터 2년이 경과할 때까지 자경농민으로서 농지를 직접 경작하지 아니하거나 농지조성을 시작하지 아니하는 경우
2. 해당 농지를 직접 경작한 기간이 2년 미만인 상태에서 매각 · 증여하거나 다른 용도로 사용하는 경우

제12장
유류분 제도에 관한 헌법재판소 위헌결정과 헌법불합치결정과 향후 전망

안녕하세요. 상속유류분 전문 법무법인 천명의 경태현 대표변호사입니다.

2024년 4월 25일, 드디어 헌법재판소에서 유류분에 대한 위헌결정 등을 하였습니다.

다만, 위 판결에서 헌법재판소가 유류분제도 자체를 대상으로 위헌결정을 내린 것이 아니라 ① 형제자매의 유류분을 제외한 나머지 유류분제도에 대한 규정에 대해서는 합헌 결정을 내렸고 ② 형제자매의 유류분에 대해서는 위헌결정, ③ 유류분제도의 적용에서 유류분청구권 상실제도와 기여분의 반영에 대해서는 헌법불합치 결정을 내렸는데요.

위 판결이 잘 이해되지 않으셨다면 아래에 헌법재판소의 결정을 질문과 답변의 형식으로 쉽게 풀어 설명해드릴테니 참고해주시면 되겠습니다.

Questions ■ ■ ■

안녕하세요 변호사님.

최근 헌법재판소에서 유류분에 대한 판결이 나왔다고 하는데, 뉴스 등의 자료만 보고서는 이해가 잘 안 되어서 질문드립니다.

이번 판결을 통해 어떤 것이 바뀐 것인지 알려주시면 감사하겠습니다.

Answers ■ ■ ■

귀하께서는 헌법재판소에서 2024년 4월 25일 선고한 유류분제도에 대한 위헌결정과 헌법불합치결정 등에 대해 궁금하신 것 같습니다.

헌법재판소 선고요지는 아래와 같습니다.

① 피상속인의 형제자매의 유류분을 규정한 민법 제1112조 제4호: 단순위헌

② 유류분상실사유를 별도로 규정하지 아니한 민법 제1112조 제1호부터 제3호: 헌법불합치

③ 기여분에 관한 민법 제1008조의2를 준용하는 규정을 두지 아니한 민법 제1118조 : 헌법불합치

여기서 단순 위헌은 결정 즉시 해당 법률의 효력이 사라지지만, 헌법불합치 결정은 법 개정시까지 법률이 유효하다는 차이가 있습니다. 위 판결에서 법률 개정의 시한은 2025년 12월 31일이고, 이때까지 개정이 완료되지 않으면 법률은 효력을 잃게 됩니다.

● 헌법재판소 결정의 구체적 요지?

1) 유류분 제도 자체: 합헌

우선, 헌법재판소는 유류분제도 자체의 입법목적의 정당성은 인정된다고 하여 유류분제도 자체는 합헌 결정을 내렸습니다.

"… 유류분제도는 피상속인의 재산처분행위로부터 유족들의 생존권을 보호하고, 상속재산 형성에 대한 기여 및 상속재산에 대한 기대를 보장하려는 데에 그 취지가 있고, 가족의 연대가 종국적으로 단절되는 것을 저지하는 기능을 갖는다…. (판결 중)"

2) 피상속인의 형제자매의 유류분을 규정한 민법 제1112조 제4호: 단순위헌

다만, 개별조항인 민법 제1112조의 합리성을 판단하는 과정에서 헌법재판소는 피상속인의 형제자매는 상속재산형성에 대한 기여나 상속재산에 대한 기대 등이 거의 인정되지 않음에도 불구하고 유류분권을 부여하는 것은 그 타당한 이유를 찾기 어렵다고 판단하였습니다. 이에 따라 위 민법 제1112조의 제4호가 단순위헌이 되어 무효인 법률이 되었는데요.

이때 주의할 것은 형제자매의 유류분이라는 것은 부모님이 돌아가신 다음 부모님의 상속재산을 대상으로 한 형제자매들(즉, 직계비속) 사이의 상속분쟁을 얘기하는 것이 아닌, 피상속인이 선순위 상속인(배우자, 직계비속, 직계존속) 없이 사망하여 피상속인의 형제자매들이 상속인이 된 경우 그 형제자매들에게 유류분을 인정할 수 없다는 것입니다.

3) 유류분상실사유를 별도로 규정하지 아니한 민법 제1112조 제1호부터 제3호: 헌법불합치

헌법재판소는 민법 제1112조에 대한 합리성 여부 판단에서, 민법 제1112조 제1호부터 제3호가 유류분 상실사유를 별도로 규정하지 아니한 것이 불합리하다는 헌법불합치 결정을

내렸는데요. 피상속인을 장기간 유기하거나 정신적 · 신체적으로 학대하는 등의 패륜적인 행위를 일삼은 상속인의 유류분을 인정하는 것이 타당하지 않다는 것이 그 이유였습니다. 이에 따라 위 민법 제1112조 제1호부터 제3호에 대해 국회는 2025.12.31까지 유류분상실에 관한 구체적인 규정을 입법하여야 하고, 입법 전까지는 현행 규정이 그대로 적용됩니다.

> **제1112조(유류분의 권리자와 유류분)** 상속인의 유류분은 다음 각호에 의한다.
> 1. 피상속인의 직계비속은 그 법정상속분의 2분의 1
> 2. 피상속인의 배우자는 그 법정상속분의 2분의 1
> 3. 피상속인의 직계존속은 그 법정상속분의 3분의 1
> 4. 피상속인의 형제자매는 그 법정상속분의 3분의 1
>
> [본조신설 1977. 12. 31.]
> [단순위헌, 2020헌가4, 2024.4.25, 민법(1977. 12. 31. 법률 제3051호로 개정된 것) 제1112조 제4호는 헌법에 위반된다.]
> [헌법불합치, 2020헌가4, 2024.4.25, 민법(1977. 12. 31. 법률 제3051호로 개정된 것) 제1112조 제1호부터 제3호 및 제1118조는 모두 헌법에 합치되지 아니한다. 위 조항들은 2025. 12. 31.을 시한으로 입법자가 개정할 때까지 계속 적용된다.]

4) 기여분에 관한 민법 제1008조의2를 준용하는 규정을 두지 아니한 민법 제1118조: 헌법불합치

마지막으로 민법 제1118조에 대해 헌법재판소는 본 법률에서 민법 제1008조의2를 준용하는 규정을 두지 않은 것에 대한 헌법불합치 결정을 내렸는데요. 그 이유에 대해 헌법재판소는 피상속인을 오랜 기간 부양하거나 상속재산형성에 기여한 기여상속인이 그 보답으로 피상속인으로부터 재산의 일부를 증여받더라도 해당 증여 재산이 유류분 산정 기초재산에 산입되므로, 기여상속인은 비기여상속인의 유류분반환청구에 응하여 위 증여재산을 반환하여야 하는 부당하고 불합리한 상황이 발생하게 된다고 판시하였습니다. 따라서 민법 제1118조 또한 국회는 2025.12.31까지 기여분 인정에 관한 구체적 규정을 입법하여야 하고, 입법 전까지는 현행 규정 그대로 적용됩니다.

제1118조(준용규정) 제1001조, 제1008조, 제1010조의 규정은 유류분에 이를 준용한다.
[본조신설 1977. 12. 31.]
[헌법불합치, 2020헌가4, 2024.4.25, 민법(1977. 12. 31. 법률 제3051호로 개정된 것) 제1112조 제1호부터 제3호 및 제1118조는 모두 헌법에 합치되지 아니한다. 위 조항들은 2025. 12. 31.을 시한으로 입법자가 개정할 때까지 계속 적용된다.]

위 민법 제1112조와 제1118조를 제외한 나머지 유류분 관련 조항에 대해서 헌법재판소는 모두 합헌 결정을 내렸습니다.

참고

① 유류분 산정 기초재산을 규정하고 조건부권리 또는 불확정한 권리에 대한 가격을 감정인이 정하도록 한 민법 제1113조,
② 유류분 산정 기초재산에 산입되는 증여의 범위를 피상속인이 상속개시 전 1년간에 행한 증여로 한정하면서 예외적으로 당사자 쌍방이 해의를 가지고 증여한 경우에는 상속개시 1년 전에 행한 증여도 유류분 산정 기초재산에 산입하도록 하는 민법 제1114조,
③ 유류분 부족분을 원물로 반환하도록 하고 증여 및 유증을 받은 자가 수인인 경우 각자가 얻은 각각의 가액에 비례하여 유류분을 반환하도록 한 민법 제1115조 및
④ 유류분반환시 유증을 증여보다 먼저 반환하도록 한 민법 제1116조

➜ 모두 헌법 제37조 제2항에 따른 기본권제한의 입법한계를 일탈하지 아니하므로 합헌

즉 정리하자면 앞으로 형제자매 상속유류분문제가 아닌 이상 기존 유류분제도 자체는 합헌이므로, 2025.12.31까지는 기존대로 유류분반환청구소송 등이 진행될 것이며 그 이후에는 패륜 등에 관한 유류분상실제도와 기여분 부분이 유류분반환청구소송에서 구체적 유류분반환여부 및 반환범위에 영향을 미치게 될 것입니다.

● 유류분 소송과 판결에 미치는 영향은?

실질적으로, 앞으로 개정 신설될 유류분 상실제도는 이미 기존 대법원 및 하급심 판례에서 신의칙 위반 및 권리 남용의 법리를 이용해 일부 반영되고 있었습니다. 또한 기여분과 관련하여서도 대법원과 하급심에서 일부 반영되고 있었습니다.

> **참고**
>
> "상속인으로부터 생전 증여를 받은 상속인이 피상속인을 특별히 부양하였거나 피상속인의 재산의 유지 또는 증가에 특별히 기여하였고, 피상속인의 생전 증여에 상속인의 위와 같은 특별한 부양 내지 기여에 대한 대가의 의미가 포함되어 있는 경우와 같이 상속인이 증여받은 재산을 상속분의 선급으로 취급한다면 오히려 공동상속인들 사이의 실질적인 형평을 해치는 결과가 초래되는 경우에는 그러한 한도 내에서 생전 증여를 특별수익에서 제외할 수 있다(대법원 2022.3.17. 선고 2021다230083,230090 판결)"

따라서 헌법재판소의 결정에 따른 민법이 개정되기 전이더라도, 기존의 신의칙위반 및 권리남용 법리와 기여분을 보다 적극적으로 반영하여 판결이 나올 것으로 예상됩니다. 또한 기여분 반영의 경우에도 그 요건을 매우 엄격하게 판단하여 판결하는 경향이 있었으나 이번 헌법재판소 결정에 의해 그 판단이 좀 더 완화될 것으로 예상됩니다.

개정이 이루어진 이후에는 당연히 개정된 규정이 반영되게 됩니다.

● 민법이 2025. 12. 31.까지 개정이 되지 않는다면 유류분소송은?

원칙적으로 개정시한까지 헌법불합치 결정된 법률의 개정이 이루어지지 않는다면 그 법률의 효력은 사라집니다. 이 경우 판결은 두 가지 방향성을 띨 것으로 예상됩니다. 첫 번째는 법률개정시까지 유류분반환심판 등의 재판이 정지되는 것입니다. 두 번째는 이와 달리 재판이 정지되지 않고, 헌법재판소의 판결 취지를 반영하여 판결을 내릴 가능성도 존재합니다. 이는 2025.12.31의 시한 내 개정이 이루어지는지 여부를 확인한 후 더 자세히 살펴봐야 할 것으로 보입니다.

그렇다면 언급하신 자녀들 사이의 유류분소송은 위 헌법불합치결정에 따라서 앞으로는 유류분상실제도, 기여분 반영을 적극적으로 반영해서 진행될 것으로 예상됩니다.

● 이미 확정된 유류분판결에 대한 재심가능여부

헌법재판소법 제47조 제3항에 의하면 위헌결정 받은 조항이 "형벌조항"인 경우에는 법률의 제정시로 소급하여 그 효력을 모두 상실시키고, 유죄의 확정판결에 대하여 재심을 청구할 수 있습니다. 반면에 형벌규정이 아닌 기타규정인 경우에는 헌법재판소법 제47조 제2항 본문에 의하여 소급효가 아닌 장래효만 갖게 됩니다.

이미 유류분소송이 진행되어 유류분판결이 확정된 경우에는 형사처벌을 하는 형벌조항이 아니므로 원칙적으로 재심사유에 해당하지 않을 것입니다. 특히 헌법불합치결정 부분에서는 2025. 12. 31.까지 기존 민법을 잠정적용하라고 판시하였으므로 더욱더 이미 확정된 유류분판결에 대한 재심사유는 없어 보입니다.

결국 이미 유류분소송이 과거에 진행되어 확정된 경우에는 최근 위헌결정 또는 헌법불합치결정을 기초로 재심청구는 불가능할 것입니다.

다만, 위에서 살펴본 바와 같이 현재 진행 중이거나 앞으로 진행될 유류분소송은 위 위헌결정과 헙법불합치결정의 취지를 반영해서 재판진행이 될 것으로 예상됩니다.

※ 헌법재판소법

제47조(위헌결정의 효력)

① 법률의 위헌결정은 법원과 그 밖의 국가기관 및 지방자치단체를 기속(羈束)한다.

② 위헌으로 결정된 법률 또는 법률의 조항은 그 결정이 있는 날부터 효력을 상실한다. 〈개정 2014. 5. 20.〉

③ 제2항에도 불구하고 형벌에 관한 법률 또는 법률의 조항은 소급하여 그 효력을 상실한다. 다만, 해당 법률 또는 법률의 조항에 대하여 종전에 합헌으로 결정한 사건이 있는 경우에는 그 결정이 있는 날의 다음 날로 소급하여 효력을 상실한다. 〈신설 2014. 5. 20.〉

④ 제3항의 경우에 위헌으로 결정된 법률 또는 법률의 조항에 근거한 유죄의 확정판결에 대하여는 재심을 청구할 수 있다. 〈개정 2014. 5. 20.〉

⑤ 제4항의 재심에 대하여는 「형사소송법」을 준용한다. 〈개정 2014. 5. 20.〉
[전문개정 2011. 4. 5.]

제75조(인용결정)
① 헌법소원의 인용결정은 모든 국가기관과 지방자치단체를 기속한다.
② 제68조 제1항에 따른 헌법소원을 인용할 때에는 인용결정서의 주문에 침해된 기본권과 침해의 원인이 된 공권력의 행사 또는 불행사를 특정하여야 한다.
③ 제2항의 경우에 헌법재판소는 기본권 침해의 원인이 된 공권력의 행사를 취소하거나 그 불행사가 위헌임을 확인할 수 있다.
④ 헌법재판소가 공권력의 불행사에 대한 헌법소원을 인용하는 결정을 한 때에는 피청구인은 결정 취지에 따라 새로운 처분을 하여야 한다.
⑤ 제2항의 경우에 헌법재판소는 공권력의 행사 또는 불행사가 위헌인 법률 또는 법률의 조항에 기인한 것이라고 인정될 때에는 인용결정에서 해당 법률 또는 법률의 조항이 위헌임을 선고할 수 있다.
⑥ 제5항의 경우 및 제68조 제2항에 따른 헌법소원을 인용하는 경우에는 제45조 및 제47조를 준용한다.
⑦ 제68조 제2항에 따른 헌법소원이 인용된 경우에 해당 헌법소원과 관련된 소송사건이 이미 확정된 때에는 당사자는 재심을 청구할 수 있다.
⑧ 제7항에 따른 재심에서 형사사건에 대하여는 「형사소송법」을 준용하고, 그 외의 사건에 대하여는 「민사소송법」을 준용한다.
[전문개정 2011. 4. 5.]

※ 판례

"헌법재판소의 위헌결정의 효력은 위헌제청을 한 당해 사건, 위헌결정이 있기 전에 이와 동종의 위헌 여부에 관하여 헌법재판소에 위헌여부심판 제청을 하였거나 법원에 위헌여부심판제청신청을 한 경우의 당해 사건과 따로 위헌제청신청은 아니하였지만 당해 법률 또는 법률의 조항이 재판의 전제가 되어 법원에 계속중인 사건뿐만 아니라 위헌결정 이후에 위와 같은 이유로 제소된 일반사건에도 미치는 것이고(대법원 1993.1.15. 선고 92다12377 판결, 대법원 1995. 7. 28. 선고 94다20402 판결 참조), 반면에 판결확정 후에 그 판결의 전제가 된 법률에 관하여 헌법재판소의 위헌결정이 있었다고 하여 전소확정판결의 효력을 다툴 수 있게 되는 것은 아니라고 할 것이다(당원 1993.4.27. 선고 92누 9777 판결, 대법원

1995. 1. 24. 선고 94다28017 판결, 헌법재판소 2012. 11. 29. 선고 2011헌바 231 결정 등 참조)."

"헌법불합치결정에서 위헌적 법률의 잠정적 적용을 명한 경우 법원으로서는 헌법불합치결정에서 정한 시한까지는 종전의 위헌적 법률을 그대로 적용하여 재판할 수밖에 없고 그 적용대상이 위헌법률심판제청이 있었던 당해사건이라고 하여 달리볼 이유가 없으므로, 재심대상판결이 이 사건 헌법불합치결정에서 헌법불합치로 선언된 법률조항을 그대로 적용하여 원고의 상고를 기각하였다고 하여 재심대상판결에 재심사유가 있다고 할 수 없다(대법원 2015. 7. 23. 선고 2015재두 207 판결)"

저자소개

경태현

상속전문변호사(법무법인 천명 대표변호사)

학력 및 경력

충주고

서울대학교

사법시험 45회

사법연수원 35기

세무사

(현) 법무법인 천명 대표변호사

(현) 대한변호사협회 "상속전문변호사" 인증

(현) 네이버 지식IN "상속상담 전문변호사"

(전) 법무법인 세중 구성원 변호사

(전) LG화학 기업변호사

(전) 서울남부지방법원 조정위원

(전) 서울서부지방검찰청 실무연수

주요 활동

(현) 상속, 유류분 상속법연구소(KEPI)(www.oksangsok.co.kr)

(현) 친생자(호적)(www.birthlaw.co.kr)

(현) 상속포기, 한정승인(www.yessangsok.co.kr)

(현) 상속(유증)등기, 증여등기(www.yessangsok.co.kr)

(현) 법무법인 천명 대표홈페이지(www.lawfirmcm.com)

(현) 네이버상속블로그1,2(https://blog.naver.com/oklawblog, https://blog.naver.com/oklawcafe)

(현) 유튜브(www.youtube.com/@lawfirmcm/videos)

- 다수의 기여분소송, 상속재산분할청구소송 진행 및 처리
- 다수의 상속회복청구소송(증여무효소송 및 유언무효소송) 진행 및 처리
- 다수의 유류분반환청구소송 진행 및 처리
- 다수의 호적 및 친생자소송 진행 및 처리
- 다수의 상장사 및 비상장회사 기업관련 상속자문 및 분쟁소송 진행 및 처리

저서
- 유류분의 정석(2019. 06)
- 소송에 바로 쓰는 상속유류분 실무해설(2024. 12.)

언론보도
※ MBC, KBS, TV조선, JTBC, 연합뉴스, MBN 등 방송매체 다수출연
[MBC] 생방송 오늘아침 "돈 없으면 부모도 아냐? 상속법 바뀌는 속사정"
[MBC] 경찰청사람들 "친자확인에 관한 두이야기"
[MBC] 설특집 리얼스토리 눈 "남매간의 상속분쟁"
[KBS] "나도 모르는 사이 아들이 등록됐다?"
[TV조선] TV로펌 법대법 "유언 잘 하는법"
[JTBC] 다큐쇼 "유산 줄까? 말까?"
[MBN] '비운의 황태자' 이맹희 빚만 180억 원 남겨
[팍스경제TV] 재산 분배 '법정 싸움' 막으려면? 유언장도 효력 없는 '유류분' 뭐길래

※ 한국경제, 중앙일보, 동아일보, 연합뉴스, JTBC, MBN, 시사뉴스, 여성동아, 시민일보, 이데일리, 쿠키뉴스, 여성경제신문, 주간동아, 지상방송 드라마 자문 등 언론보도 상속자문변호사
- [한국경제] Law&Biz 상속 · 재산분할 사건 '캐시카우'로 로펌, 전담변호사 키워
- [동아일보] 사전상속 계획으로 분쟁 막아야
- [여성동아] 분란 · 세금 줄여 상속 잘 받았다고 소문나는법
- [시민일보] 상속전문 변호사 경태현, '상속분쟁 해결, 분쟁예방 및 절세 돕는다'
- [시사뉴스] 상속분쟁, '유류분반환청구소송'이 열쇠다
- [이데일리] 재산상속 문제에 꼭 따라오는 유류분반환청구
- [인터넷한국] 공평한 상속 위한 '유류분 반환청구 소송'이란?
- [중앙일보] 낙태하면 상속 못 받는다? 낙태 허용하면서 이 법은 놔둔 정부

- [백세시대] 공증사무실에서 유언공증서를 없앴답니다
- [주간한국] 유진투자증권 상속 재산 지급 거부 논란
- [주간동아] "내 몫 내놔" 툭 하면 송사
- [THE PEOPLE] 상속분쟁 · 재산상속 다툼, '유류분반환청구소송'이 답이다
- [백세시대] 형제간에 유산 다툼이 일어났어요
- [쿠키뉴스] 가족의 평화와 권리 사이에서… 유류분 반환청구 소송
- [뉴스에이] 상속전문 '경태현 변호사', 상속분쟁의 든든한 동반자 '고객만족도 높아'
- [시민일보] '가족 간 재산 분쟁 '유류분 반환청구 소송'으로 해결
- [여성경제신문] '연봉왕' 정태영 현대카드 부회장, '母유산 2억여 원 달라' 소송 건 까닭

이메일 : oklawcafe@naver.com

대표전화 : 02-592-2434 / 02-3481-9870

홈페이지 : www.oksangsok.co.kr

소송에 바로 쓰는

상속 · 유류분 실무해설

2025년 1월 10일 초판 1쇄 인쇄
2025년 1월 20일 초판 1쇄 발행

저　　자 경태현
발 행 인 김용성
발 행 처 법률출판사
서울시 동대문구 휘경로2길 3, 4층
☎ 02) 962-9154　팩스 02) 962-9156
등 록 번 호 제1-1982호
ISBN 978-89-5821-449-6 13360
e-mail : lawnbook@hanmail.net

정 가 60,000원